U0906623

宁夏调查年鉴

Ningxia Survey Yearbook

2020

国家统计局宁夏调查总队 编

Compiled by

Survey Office of the National Bureau of Statistics in Ningxia

图书在版编目（CIP）数据

宁夏调查年鉴. 2020 = Ningxia Survey Yearbook 2020 : 汉英对照 / 国家统计局宁夏调查总队编. -- 北京 : 中国统计出版社, 2020.11
ISBN 978-7-5037-9180-2

Ⅰ. ①宁… Ⅱ. ①国… Ⅲ. ①统计资料—宁夏—2020—年鉴—汉、英 Ⅳ. ①C832.43-54

中国版本图书馆 CIP 数据核字(2020)第 108820 号

宁夏调查年鉴-2020

作　　者/ 国家统计局宁夏调查总队
责任编辑/ 李　冲
编　　辑/ 张　洁
封面设计/ 黄　晨
出版发行/ 中国统计出版社有限公司
地　　址/ 北京市丰台区西三环南路甲 6 号　邮政编码/100073
电　　话/ 邮购（010）63376909　书店（010）68783171
网　　址/ http://www.zgtjcbs.com
印　　刷/ 河北鑫宏源印刷有限公司
经　　销/ 新华书店
开　　本/ 890mm×1240mm　1/16
字　　数/ 800 千字
印　　张/ 23　0.75 彩页
版　　别/ 2020 年 11 月第 1 版
版　　次/ 2020 年 11 月第 1 次印刷
定　　价/ 380.00 元

本书附同版本 CD-ROM 一张，光盘内容以书面文字为准。

The Grain Output in Main Years

主要年份粮食产量

The Grain Output of Summer and Autumn in Main Years

主要年份夏、秋粮产量

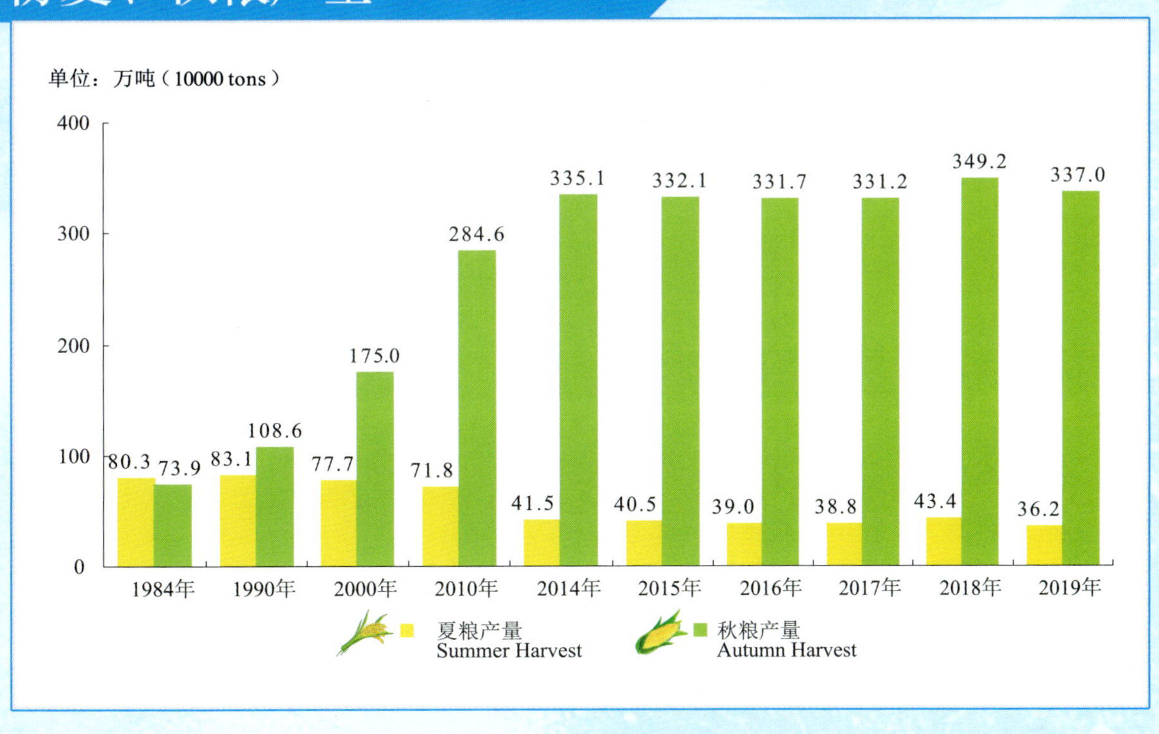

2010-2019年主要牲畜存栏

Number of Livestock in Stock（2010-2019）

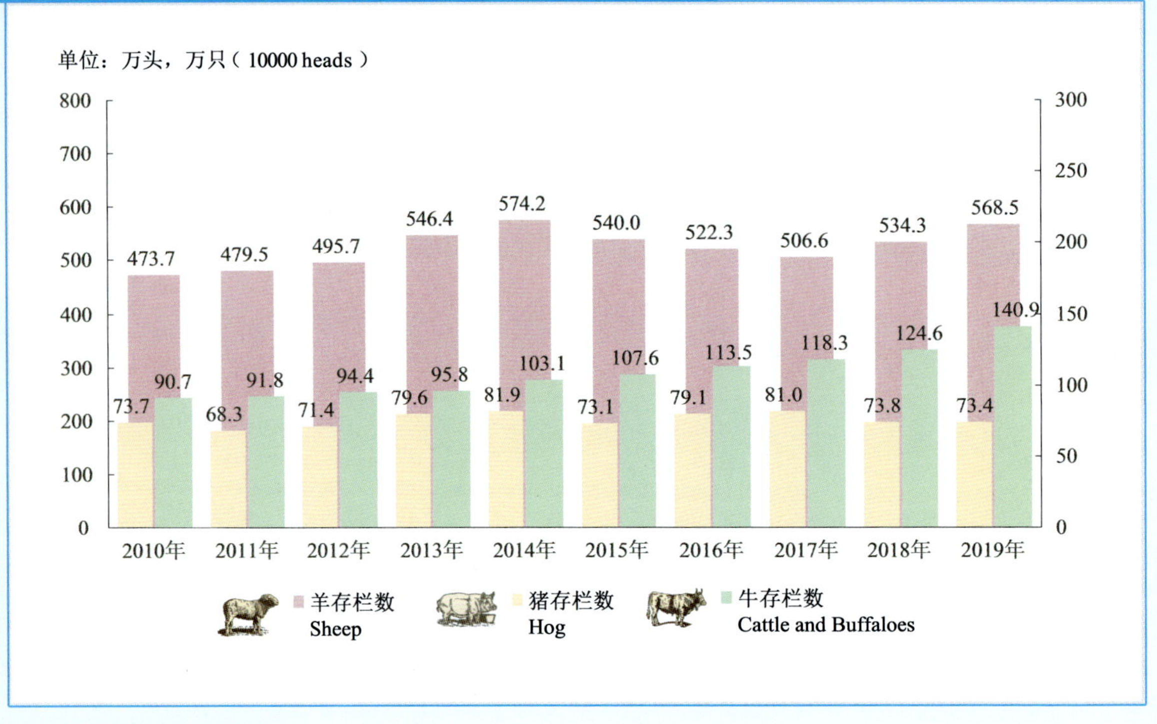

2010-2019年主要牲畜出栏

Number of Slaughtered Livestock（2010-2019）

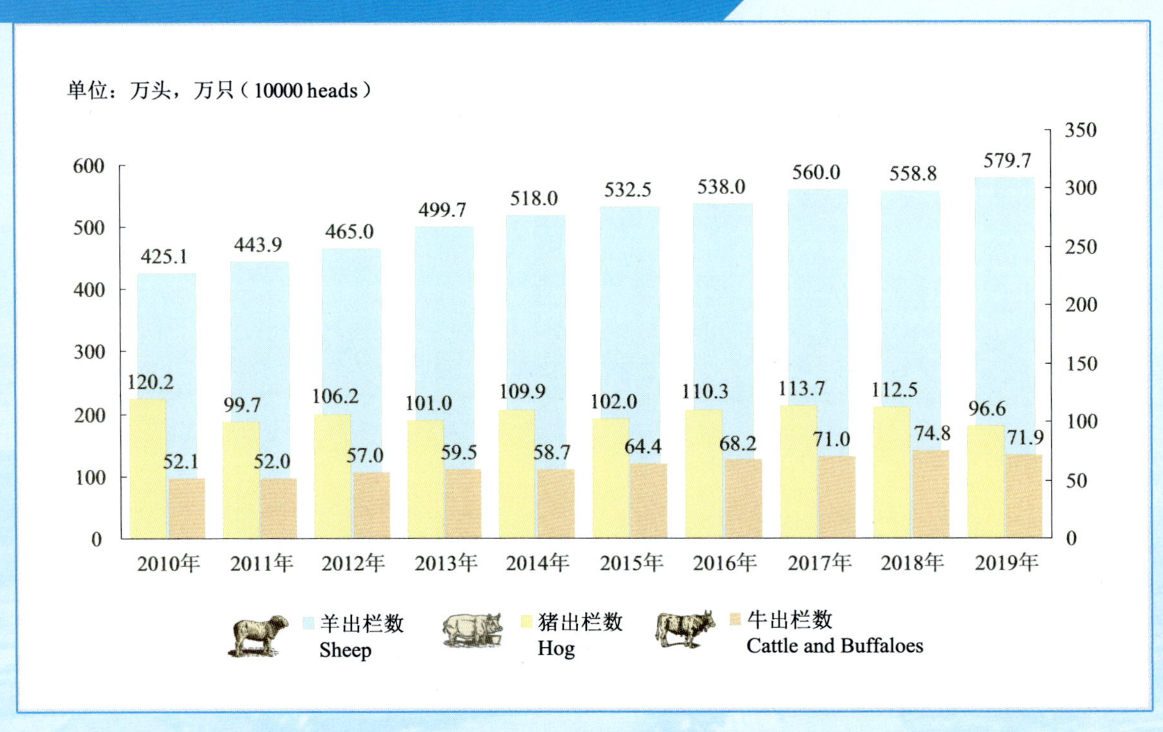

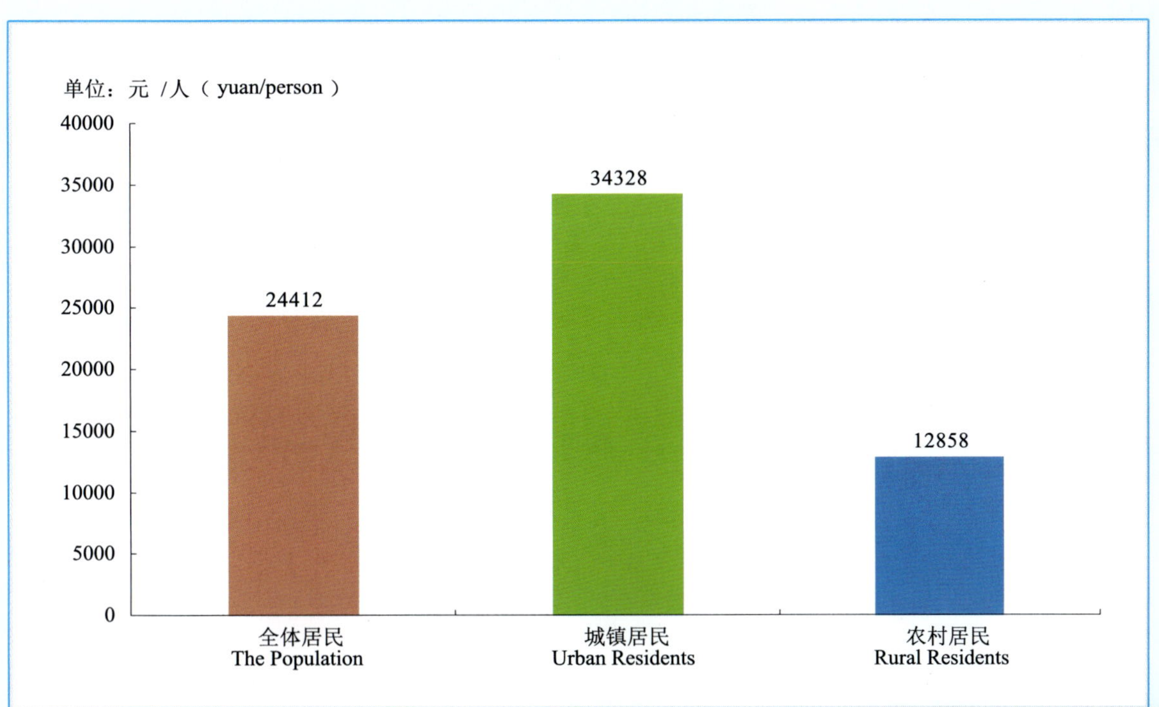

2019年宁夏居民人均可支配收入

Per Capita Disposable Income of Residents in Ningxia （2019）

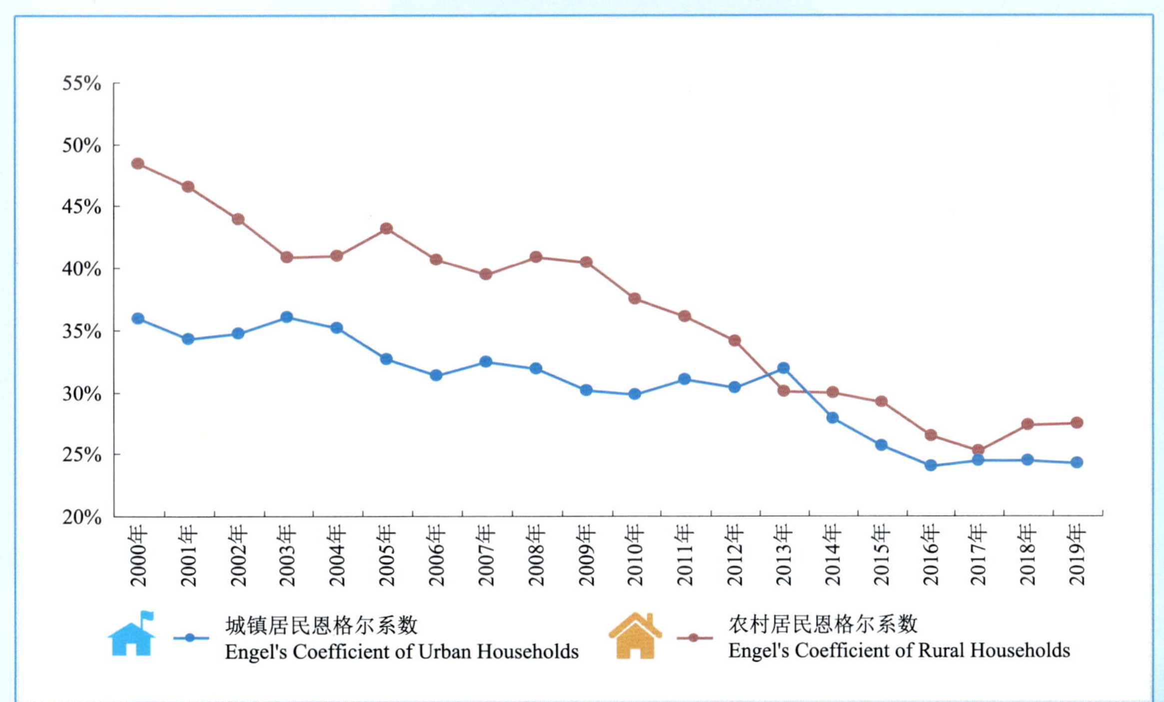

主要年份居民家庭恩格尔系数

Household's Engle's Coefficient in Main Years

主要年份城镇居民人均可支配收入

Per Capita Disposable Income of Urban Households in Main Years

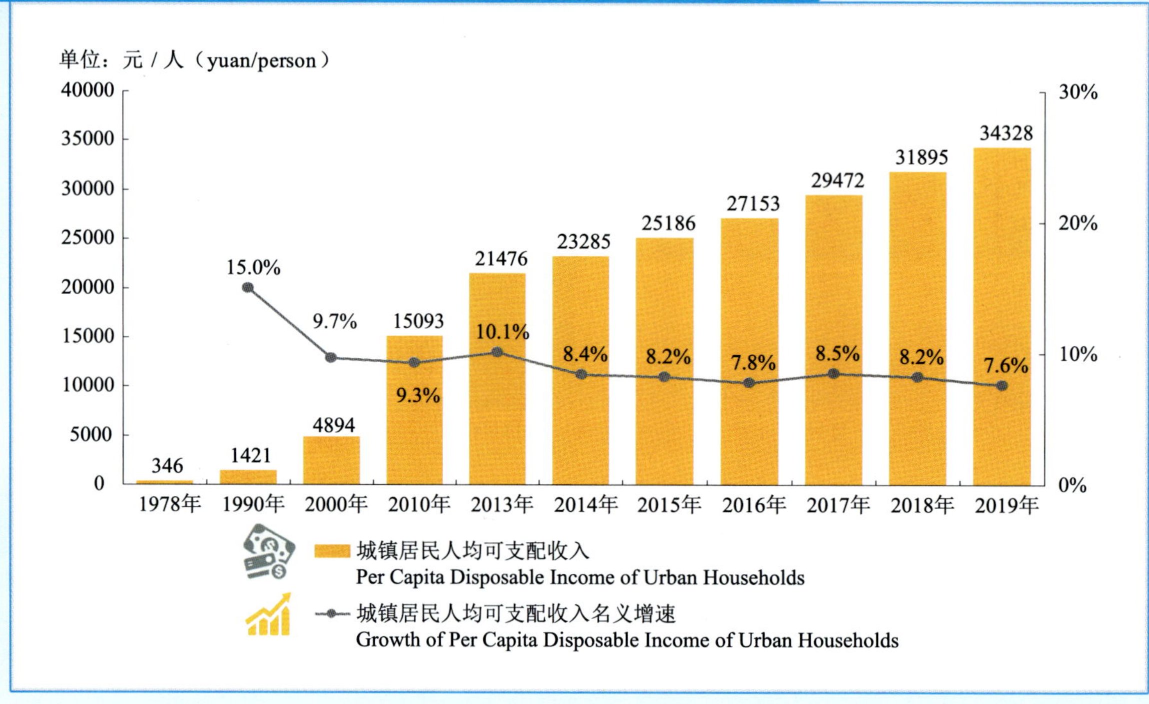

主要年份农村居民人均可支配收入

Per Capita Disposable Income of Rural Households in Main Years

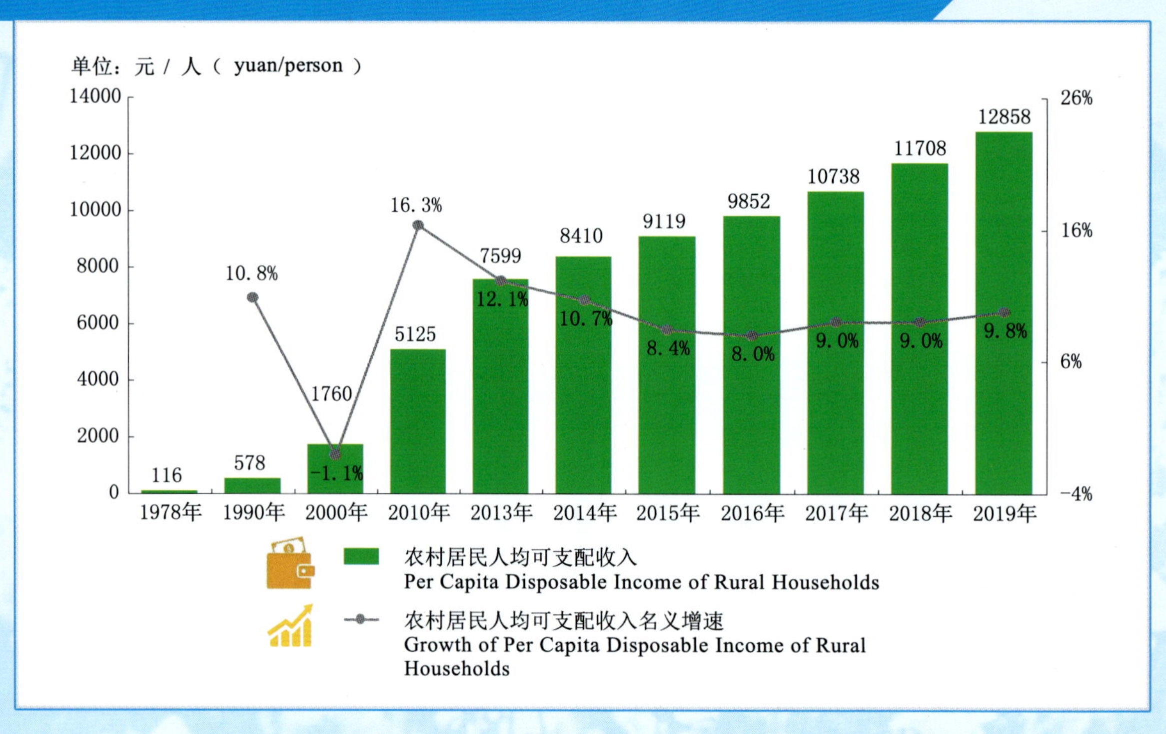

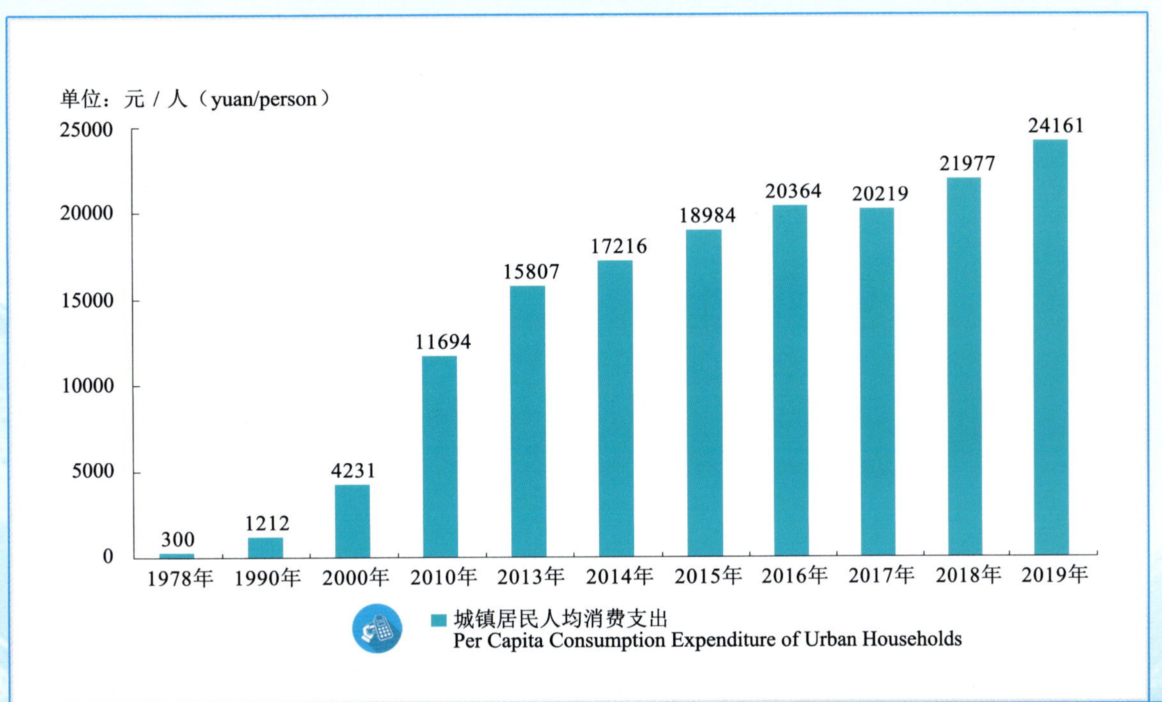

主要年份城镇居民人均消费支出

Per Capita Consumption Expenditure of Urban Households in Main Years

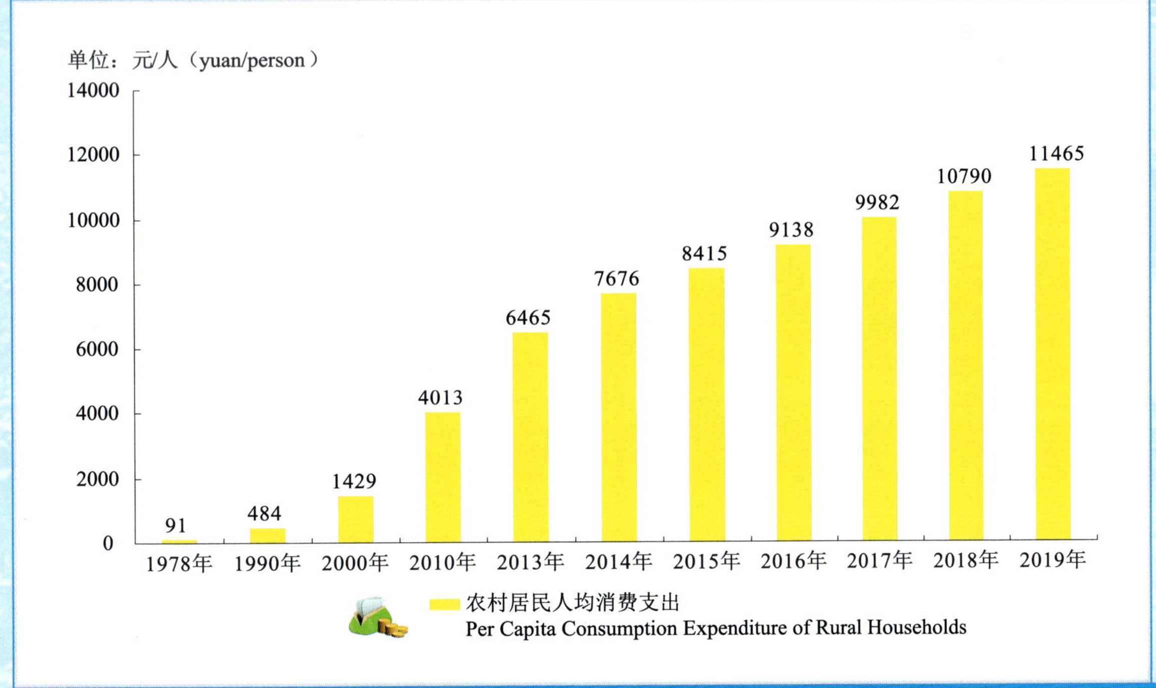

主要年份农村居民人均消费支出

Per Capita Consumption Expenditure of Rural Households in Main Years

城镇居民生活消费支出构成情况

The Composition of Expenditure of Urban Households

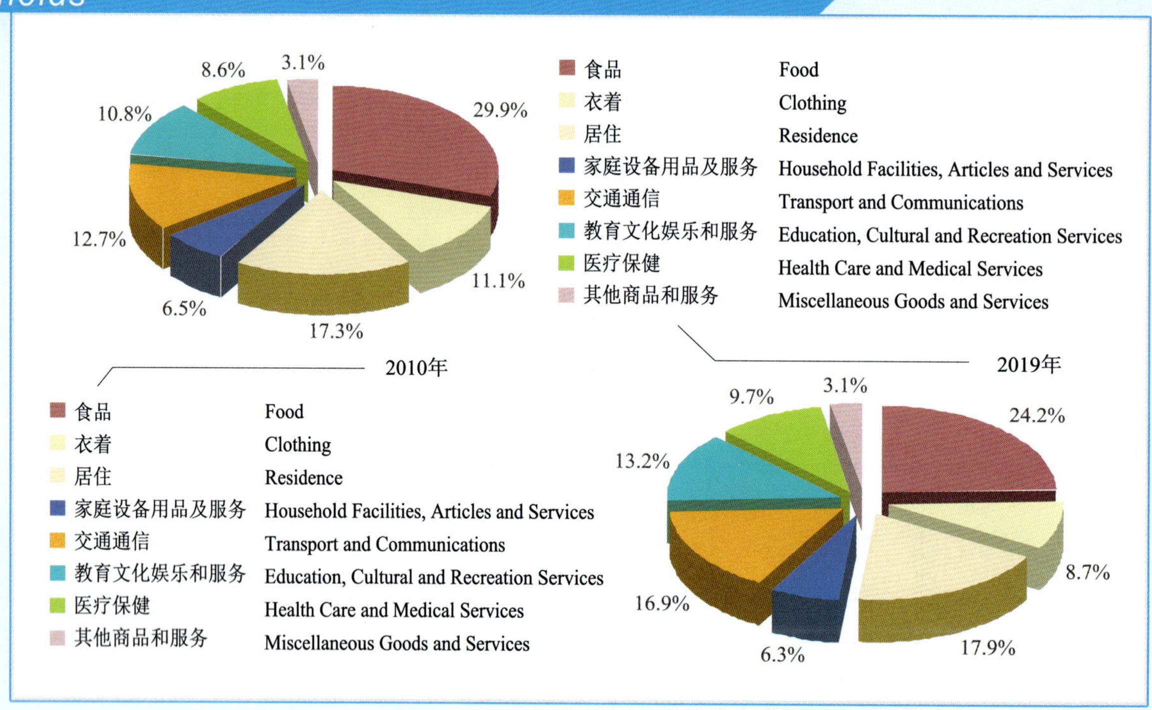

农村居民生活消费支出构成情况

The Composition of Expenditure of Rural Households

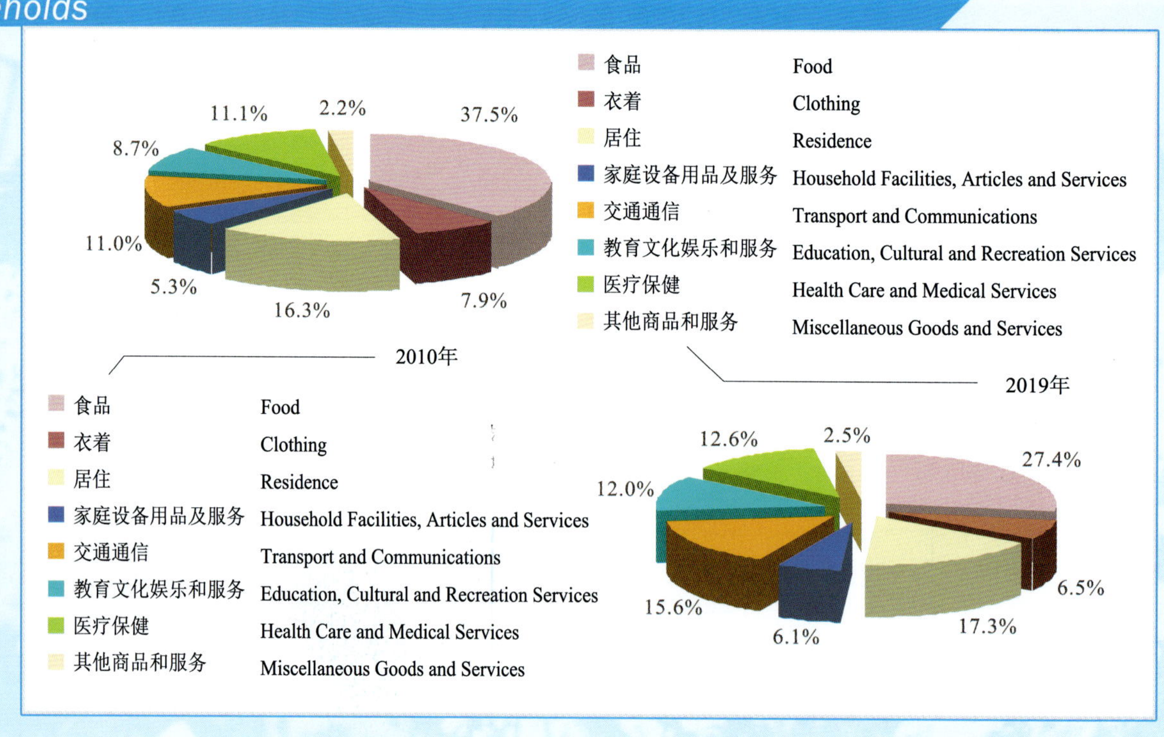

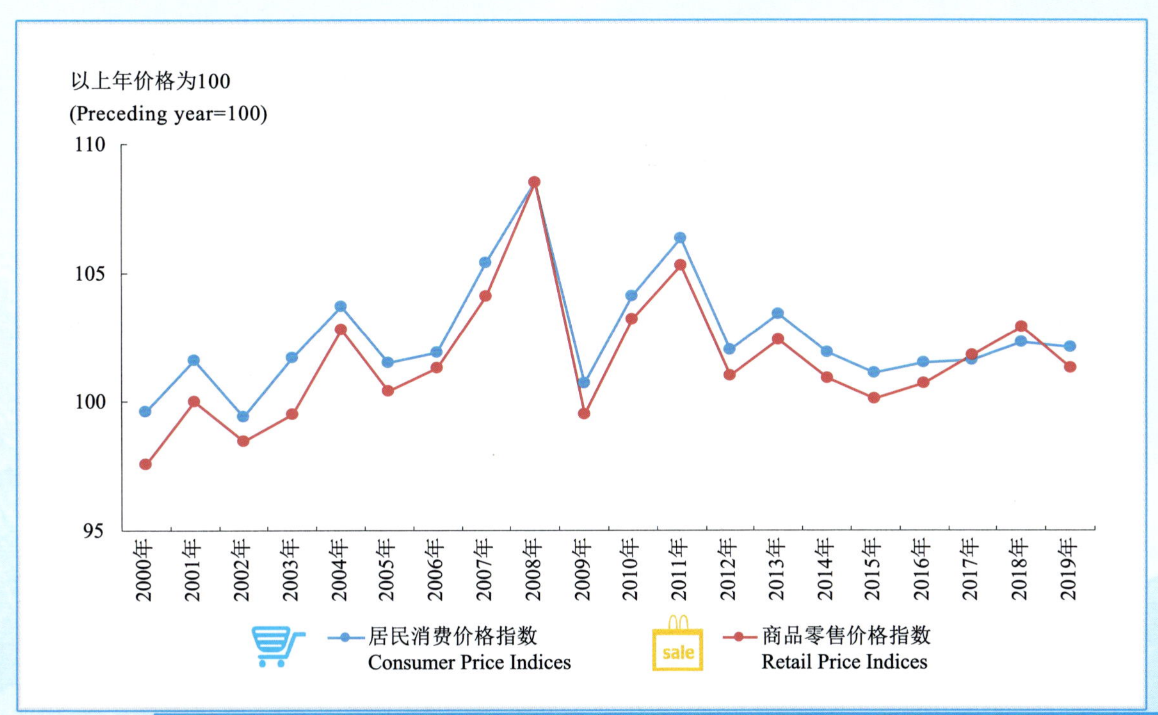

主要年份流通消费价格指数

Circulation Consumer Price Indices in Main Years

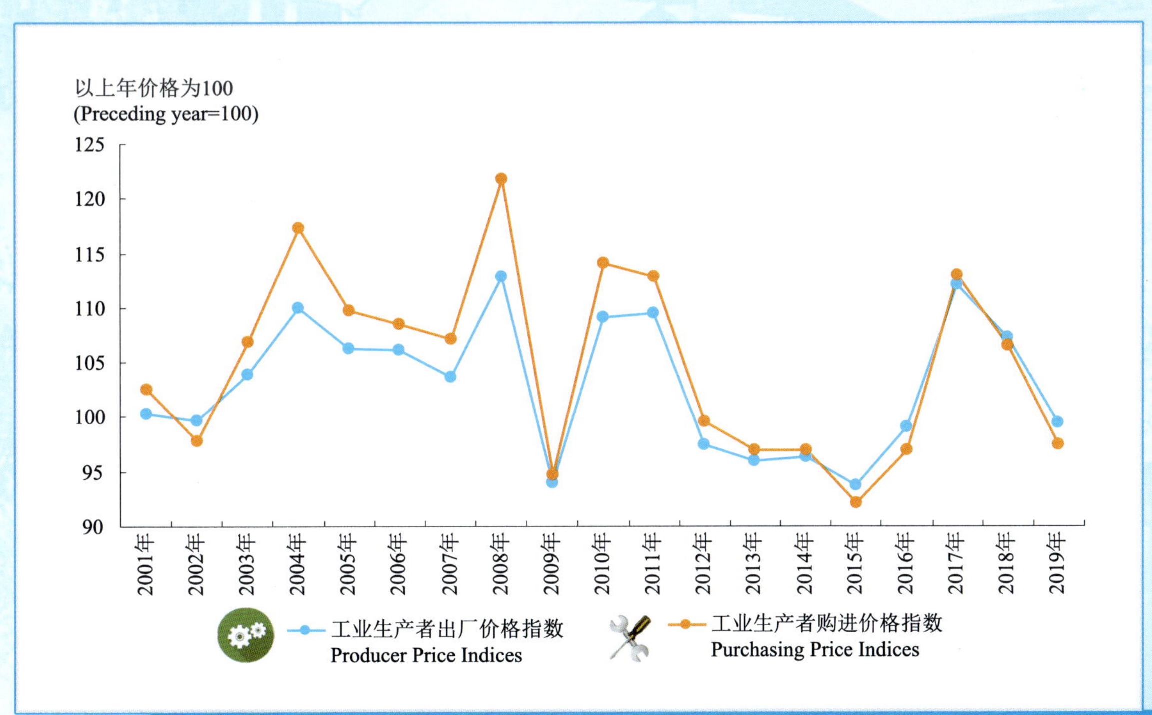

主要年份工业生产者价格指数

Producer Price Indices for Industry in Main Years

主要年份固定资产投资价格指数

Price Indices for Investment in Fixed Assets in Main Years

主要年份农产品生产者价格与农业生产资料价格指数

Producer Price Indices for Farm Products and Price Indices for Means of Agricultural Production in Main Years

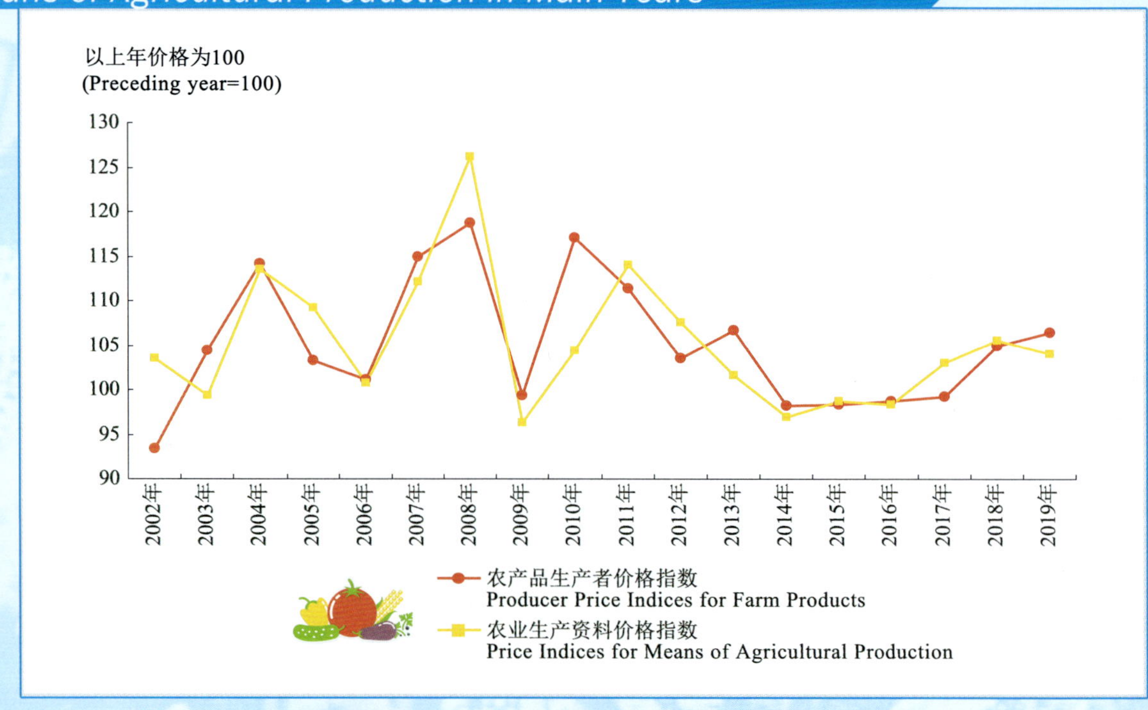

《宁夏调查年鉴-2020》

编委会和编辑人员

编 委 会

主　　任: 李　强

副 主 任: 黄自义　徐蒙生　王旭明　叶光军　刘晓冰

编　　委: (以姓氏笔画为序)

王亚娟　王克清　王振权　权淑霞　李振弼　吴宗信　张　坚

张　明　陈慧珍　罗占廷　周孝宁　郎　玲　赵梅兰　哈金才

徐志宏　姬博文

编辑工作人员

主　　编: 王旭明

副 主 编: 哈金才

编辑校对人员: (以姓氏笔画为序)

马仙蓉　王　娟　白文娟　江　宁　刘　嵩　苏春燕　杨志慧

宋晓捷　哈　婷　贺俊峰　晏　霞　郭　樑　龚淑玲　潘　晶

执行编辑: 哈金才　晏　霞

制　　图: 贺俊峰　晏　霞

英文翻译: 龚淑玲　赵　艳

NINGXIA SURVEY YEARBOOK-2020
EDITORIAL BOARD AND EDITORIAL STAFF

Editorial Board

Editorial Staff

编者说明

一、《宁夏调查年鉴—2020》是国家统计局宁夏调查总队编辑的集调查分析报告和统计调查数据于一体的资料性书籍。

二、《宁夏调查年鉴—2020》系统收录了宁夏全区及沿黄地区、中南部地区和各市、县（区）2019年城乡居民收入、物价、粮食产量、畜禽产品产量、农民工就业、农村贫困等统计调查数据，同时还整理了历史重要年份全国、全区主要统计调查数据，是一部从不同侧面反映宁夏经济和社会发展情况的资料性年刊。

三、本书正文内容分为七大篇章，即，1. 综合；2. 住户调查；3. 价格调查；4. 农业调查；5.农民工调查；6. 农村贫困调查；7. 附录。为方便读者使用，每篇调查数据前后分别附简要说明和主要指标解释，对本项调查的数据来源、主要指标口径变动情况、主要指标涵义等作了说明和解释。

四、本书所涉及的调查数据有的是调查样本数据超级汇总的结果，有的是根据调查样本数据计算的平均数，有的是根据调查样本数据计算的结构数，有的是根据调查样本数据加权推算的总体数据，在每篇数据前附有具体说明。

五、根据宁夏区情特点，本书除提供全区、市、县（市、区）调查数据外，还根据调查样本数据推算出沿黄地区、中南部地区汇总数据。沿黄地区包括兴庆区、西夏区、金凤区、永宁县、贺兰县、灵武市、大武口区、惠农区、平罗县、利通区、青铜峡市、沙坡头区、中宁县。中南部地区包括红寺堡区、盐池县、同心县、原州区、西吉县、隆德县、泾源县、彭阳县、海原县。银川市辖区包括：兴庆区、金凤区、西夏区。石嘴山市辖区包括：大武口区、惠农区。

六、本书中有些历史数据由于制度方法的改革，调查指标口径、范围、涵义等发生变化，为了便于可比，有的指标按现行方案规定作了调整，有的指标口径无法调整仍沿用过去口径。有的指标最近几年有，而过去没有；有的指标过去有，而现行指标体系已经取消。使用时要注意。

七、本书所使用的度量衡单位，均采用国际统一标准计量单位。

八、本书中部分数据合计数或相对数由于单位取舍不同而产生的计算误差，均未作机械调整。

九、符号使用说明：表中的“空格”表示该项统计指标数据不足本表最小单位数、不详或无该项数据；“#”表示其中的主要项；“*”或“①”表示本表下有注解。

Editor's Notes

Ⅰ. *Ningxia Survey Yearbook 2020* is an annual statistical publication compiled by Survey Office of the National Bureau of Statistics in Ningxia, which reflects comprehensively investigation analysis report and statistical data.

Ⅱ. *Ningxia Survey Yearbook 2020* covers income of urban and rural residents, price, grain yield, livestock and poultry yield, employment in migrant, rural poverty, etc of Ningxia, Plain Areas, Mountain Areas and Counties in 2019. It digested statistical data from historically important years at the national and the district, is an informative publication yearly which reflected Ningxia economic and social development from different aspects.

Ⅲ.The Yearbook contains 7 chapters: 1.General Survey; 2.Household Survey; 3.Price Survey; 4.Agriculture Survey; 5.Migrant Workers Survey; 6.Rural Poverty Survey; 7.Appendix. Brief description and explanatory note on main statistical indicators before and after each chapter is attached to the readers to use, it elaborates on the data source, the main indicators caliber changes in meaning, main index of the survey.

Ⅳ. The survey data of the Yearbook have a plenty of the super summary results, have a plenty of the average, have a plenty of the sample data structure, have a plenty of the weighted overall data, with details before each data.

Ⅴ. According to provincial characteristics of Ningxia, the Yearbook provides the survey data in addition to district, city and county (city, area), and calculates the summary data according to the sample data of Plain Areas and Mountain Areas. Plain Areas include Xingqing, Xixia, Jinfeng, Yongning, Helan, Lingwu, Dawukou, Huinong, Pingluo, Litong, Qingtongxia, Shapotou, Zhongning. Mountain Areas include Hongsipu, Yanchi, Tongxin, Yuanzhou, Xiji, Longde, Jingyuan, Pengyang, Haiyuan. Yinchuan area includes Xingqing, Jinfeng, Xixia district. Shizuishan area includes Dawukou, Huinong district.

Ⅵ. Some historical data as the reform of the system method, survey indicators caliber, scope, meaning, etc, in order to facilitate comparable, some indexes have adjusted on the current system, some indicators caliber are still using the past as failing adjust. Some indicators are in recent years, but not in the past; some index in the past and the current index system has been cancelled. Pay attention when using.

Ⅶ. The units of measurement used in this Yearbook are internationally standard measurement units.

Ⅷ. Statistical discrepancies on total and relative figures due to rounding are not adjusted in the Yearbook.

Ⅸ. Notations used in the Yearbook: (blank space) indicates that the figure is not large enough to be measured with the smallest unit in the table, or data are unknown, or are not available; "#" indicates a major breakdown of the total; and "*"or"①" indicates footnotes at the end of the table.

目　　录

Contents

第一篇　综　合

General Survey

第二篇　住户调查

Household Survey

第三篇 价格调查

Price Survey

第四篇 农业调查

Agriculture Survey

第五篇 农民工调查
Migrant Workers Survey

第六篇 农村贫困调查
Rural Poverty Survey

第七篇 附 录
Appendix

第一篇
综合
General Survey

宁夏回族自治区2019年国民经济和社会发展统计公报[1]

宁夏回族自治区统计局　国家统计局宁夏调查总队

2020年4月30日

2019年，面对国内外风险挑战明显上升的复杂局面，在自治区党委和政府的坚强领导下，全区各地各部门以习近平新时代中国特色社会主义思想为指导，认真贯彻习近平总书记视察宁夏时的重要讲话精神，全力落实党中央、国务院各项决策部署，坚持稳中求进工作总基调，坚定践行新发展理念，扎实做好“六稳”工作，以供给侧结构性改革为主线，主动对标对表高质量发展要求，统筹推进稳增长、促改革、调结构、惠民生、防风险、保稳定各项工作，全区经济运行呈现“总体平稳、稳中有进、稳中向好”的发展态势，结构调整深入推进，发展动能显著增强，质量效益稳步提升，民生福祉持续改善，为与全国同步全面建成小康社会打下了坚实基础。

一、综合

初步核算，全年全区实现生产总值[2]3748.48亿元，按可比价格计算，比上年增长6.5%。其中，第一产业增加值279.93亿元，增长3.2%；第二产业增加值1584.72亿元，增长6.7%；第三产业增加值1883.83亿元，增长6.8%。第一产业增加值占地区生产总值的比重为7.5%，第二产业增加值比重为42.3%，第三产业增加值比重为50.2%，比上年提高0.6个百分点。按常住人口计算，人均地区生产总值54217元，增长5.5%。

表1　2019年全区生产总值及其增长速度

指　　标	绝对值（亿元）	比上年增长（%）
全区生产总值	3748.48	6.5
农林牧渔业	297.66	3.2
工业	1270.02	7.4
建筑业	316.17	3.9
批发和零售业	200.85	4.4
交通运输、仓储和邮政业	178.21	5.3
住宿和餐饮业	53.72	4.8
金融业	302.01	5.3
房地产业	148.09	0.3
其他服务业	981.75	9.5
第一产业	279.93	3.2
第二产业	1584.72	6.7
第三产业	1883.83	6.8

年末全区常住人口694.66万人，比上年末增加6.55万人。其中城镇常住人口415.81万人，占常住人口比重（常住人口城镇化率）为59.86%，比上年末提高0.98个百分点。全年全区出生人口9.49万人，出生率为13.72‰；死亡人口3.93万人，死亡率为5.69‰；自然增长率为8.03‰。

表 2　2019 年年末全区人口数及其构成

指　　标	年末数（万人）	比重（%）
年末总人口	694.66	100.00
其中：城镇	415.81	59.86
乡村	278.85	40.14
其中：男性	350.19	50.41
女性	344.47	49.59
其中：0-15 周岁（含不满 16 周岁）[3]	155.19	22.34
16-59 周岁（含不满 60 周岁）	442.50	63.70
60 周岁及以上	96.97	13.96
其中：65 周岁及以上	67.38	9.70

全年全区城镇新增就业人员 7.83 万人，农村劳动力转移就业 79.42 万人，年末全区城镇登记失业率为 3.74%。全年全区农民工[4]总量为 106.1 万人，比上年增加 5.6 万人，增长 5.6%。其中，外出农民工 82.7 万人，比上年增加 5.4 万人，增长 7.0%；本地农民工 23.4 万人，增加 0.2 万人，增长 0.9%。

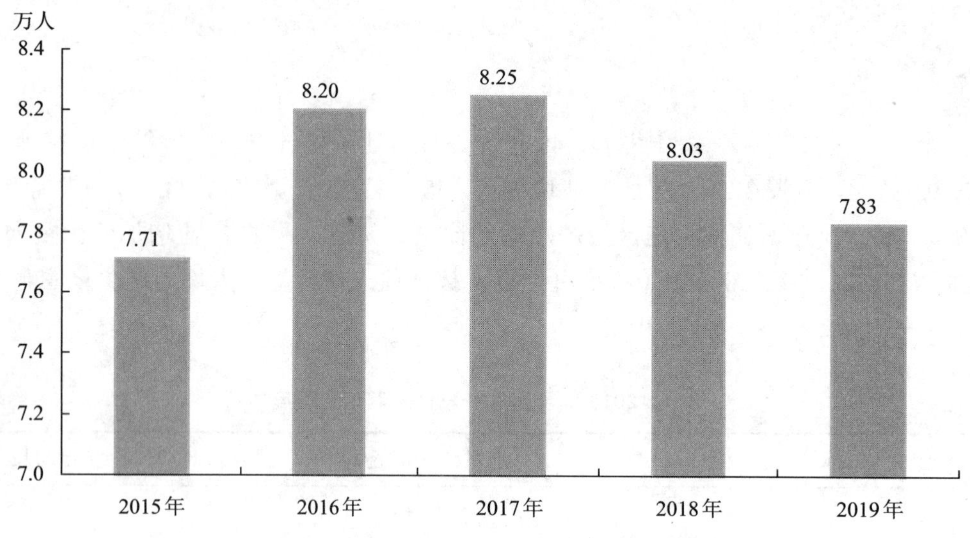

图 1　2015-2019 年全区城镇新增就业人数

全年全区居民消费价格比上年上涨 2.1%，工业生产者出厂价格下降 0.6%，工业生产者购进价格下降 2.5%，农产品生产者价格[5]上涨 6.4%。

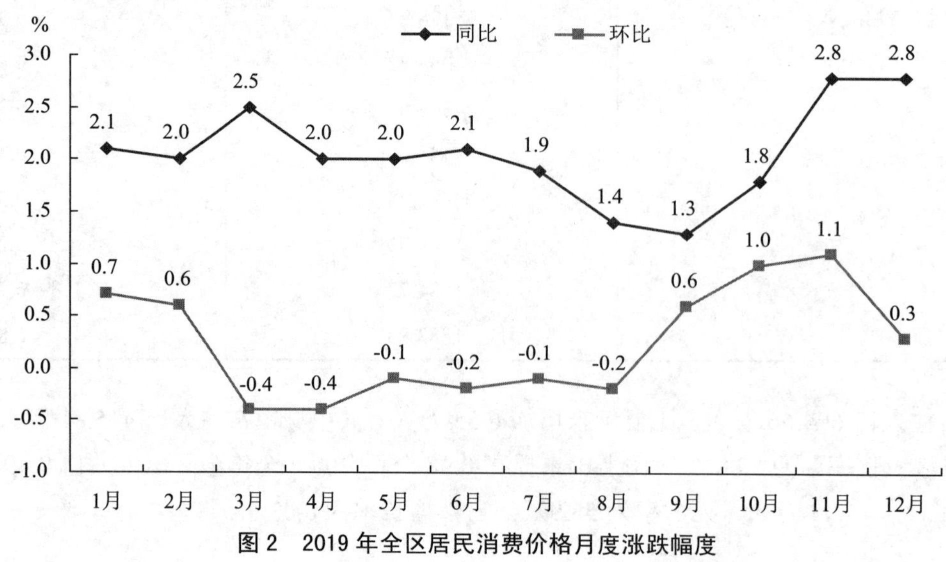

图 2　2019 年全区居民消费价格月度涨跌幅度

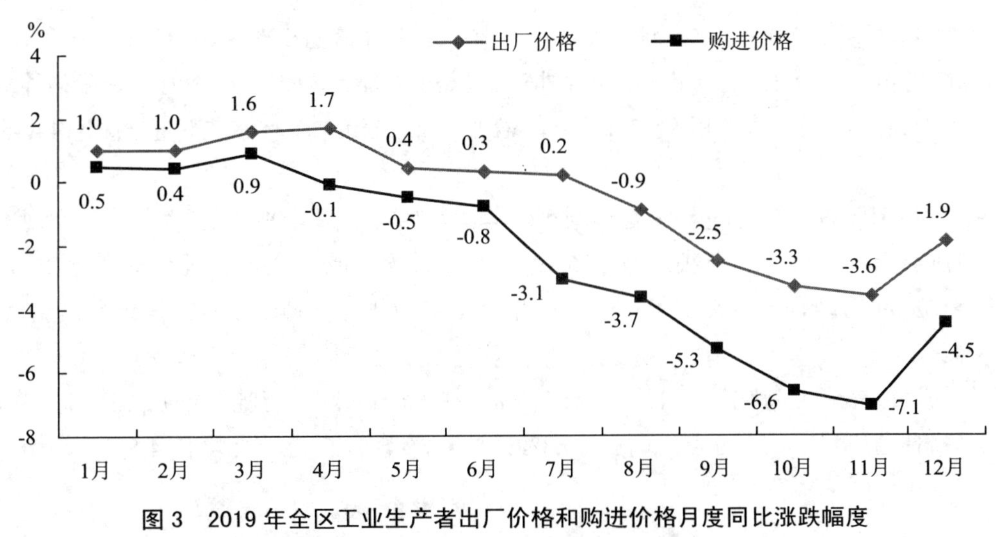

图 3　2019 年全区工业生产者出厂价格和购进价格月度同比涨跌幅度

表 3　2019 年 12 月份全区居民消费价格指数

指　　标	环比	同比	1-12 月累计
居民消费价格总指数	100.3	102.8	102.1
其中：食品烟酒	101.4	108.4	104.8
衣着	100.1	99.0	100.4
居住	99.5	100.3	101.1
生活用品及服务	100.3	99.8	100.0
交通通信	99.7	98.5	98.1
教育文化娱乐	99.8	101.2	100.3
医疗保健	100.0	102.0	104.0
其他用品及服务	99.3	102.9	103.9

供给侧结构性改革扎实推进。坚决淘汰落后产能，全年淘汰电石、建材等落后产能 408.6 万吨，整治“散乱污”企业 425 户。住宅待售面积继续减少，12 月末，全区商品房待售面积 957.57 万平方米，控制在 1000 万平方米以内。其中，住宅待售面积 344.51 万平方米，比上年末下降 10.4%。企业负债率持续下降，12 月末，全区规模以上工业企业资产负债率为 61.0%，比上年末下降 1.8 个百分点。企业成本不断下降，全年全区规模以上工业企业每百元营业收入中的成本为 83.48 元，比全国低 0.6 元。短板领域投资保持增长，全年全区研究与实验发展投资增长 2.4 倍，租赁和商务服务业投资增长 31.7%，居民和其他服务业投资增长 8.0%。

新动能新产业新业态加快成长。全年全区煤化工产业增加值比上年增长 30.1%，对规模以上工业增加值增长的贡献率达到 32.1%，专用设备制造业增长 10.3%。全年水电、风电、太阳能等可再生能源发电量 322.1 亿千瓦时，增长 6%。变压器增长 37.5%，电工仪器仪表增长 8.8%。全年全区工业技术改造投资[6]增长 17.2%。全年全区网上零售额[7]按卖家所在地分，实现零售额 105.2 亿元，比上年增长 22.5%，其中实物商品零售额 43 亿元，增长 11.5%；按买家所在地分，实现零售额 439.8 亿元，增长 35.2%。

区域协调发展扎实推进。充分发挥空间规划的引领作用，区域发展的协同性、联动性、整体性不断增强。全年沿黄生态经济带[8]实现生产总值 3089.31 亿元，占全区生产总值的 82.4%，按可比价格计算，比上年增长 6.3%。沿黄生态经济带对全区经济增长贡献率为 81.1%，拉动全区经济增长 5.3 个百分点。中南部地区生态建设和生态保护取得积极成效。

二、农业

全年全区粮食种植面积 1016.05 万亩，比上年减少 87.46 万亩。其中，小麦种植面积 161.66 万亩，减少

31.23万亩；水稻种植面积102.08万亩，减少14.94万亩；玉米种植面积449.67万亩，减少16.52万亩；薯类种植面积139.07万亩，减少25.82万亩。油料种植面积58.33万亩，增加7.74万亩。蔬菜种植面积198.06万亩，增加15.41万亩。瓜果种植面积98.71万亩，增加5.33万亩。园林水果种植面积144.45万亩，增加5.91万亩。

全年全区粮食总产量373.15万吨，比上年减产19.43万吨，下降4.9%，连续十六年实现丰收。其中，夏粮产量36.16万吨，下降16.6%；秋粮产量336.99万吨，下降3.5%。全年全区小麦产量34.61万吨，下降16.8%；水稻产量55.09万吨，下降17.2%；玉米产量230.47万吨，下降1.8%；马铃薯产量（折粮）39.43万吨，增长8.4%。

全年全区蔬菜产量565.58万吨，比上年增长2.7%；红枣产量7.10万吨，增长23.8%；枸杞产量10.20万吨，增长4.4%；葡萄产量24.54万吨，增长23.3%；油料产量7.62万吨，增长4.5%。

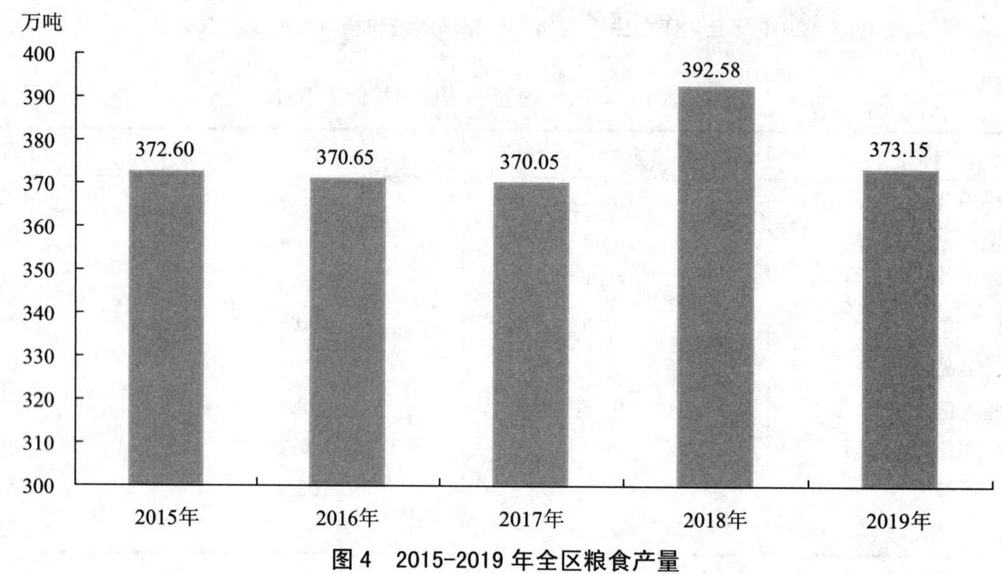

图4　2015-2019年全区粮食产量

表4　2019年全区主要农林牧渔业产品产量及其增长速度

单位：万吨

指　　标	产　量	比上年增长（%）
粮食	373.15	-4.9
小麦	34.61	-16.8
水稻	55.09	-17.2
玉米	230.47	-1.8
油料	7.62	4.5
蔬菜	565.58	2.7
瓜果	165.37	10.5
枸杞	10.20	4.4
葡萄	24.54	23.3
肉类总产量	33.53	-1.8
其中：猪、牛、羊肉产量	29.68	-1.9
禽蛋	13.86	-3.6
牛奶	183.36	9.0
水产品	15.77	-10.9

全年全区肉类总产量33.53万吨，比上年下降1.8%。其中，猪肉产量7.82万吨，下降11.6%；牛肉产量11.46万吨，下降0.5%；羊肉产量10.41万吨，增长5.1%；禽肉产量3.57万吨，增长0.1%。禽蛋产量13.86万吨，下降3.6%。牛奶产量183.36万吨，增长9.0%。水产品产量15.77万吨，下降10.9%。年末全区生猪存栏73.37万头，下降0.5%；生猪出栏96.56万头，下降14.1%；肉牛存栏97.12万头，增长15.0%；牛出栏71.90万头，下降3.9%；羊存栏568.46万只，增长6.4%；羊出栏579.66万只，增长3.7%；奶牛存栏43.73万头，增长8.9%；活家禽存栏1284.38万只，增长12.4%；活家禽出栏1723.94万只，下降6.7%。

三、工业和建筑业

全年全区全部工业增加值1270.02亿元，比上年增长7.4%。规模以上工业增加值增长7.6%。在规模以上工业中，分轻重工业看，轻工业增加值下降5.1%，重工业增长9.0%；分经济类型看，国有控股企业增加值增长7.6%，股份制企业增长10.1%，国有企业增长8.5%，外商及港澳台商投资企业下降26.1%，私营企业增长15.2%，非公有制工业增长7.6%；分门类看，采矿业增加值下降1.4%，制造业增长9.9%，电力、热力、燃气及水生产和供应业增长7.2%。

全年全区规模以上工业中，电力行业增加值增长6.1%、化工行业增长17.8%、冶金行业增长4.7%、有色行业增长0.9%、轻纺行业下降4.6%、机械行业增长17.4%、建材行业增长4.0%、医药行业下降11.5%、其他行业增长12.8%。工业产品销售率为98.0%。

年末全区发电装机容量5295.9万千瓦，比上年末增长12.3%。其中，火电装机容量3219.1万千瓦，增长13.2%；水电装机容量42.6万千瓦，与上年持平；风电装机容量1116.1万千瓦，增长10.4%；太阳能发电装机容量918.1万千瓦，增长12.5%。

全年全区规模以上工业企业实现利润218.1亿元，比上年增长10.0%。分经济类型看，国有控股企业实现利润74.0亿元，增长17.9%；股份制企业172.2亿元，增长29.3%；外商及港澳台商投资企业42.3亿元，下降25.8%。分门类看，采矿业实现利润31.3亿元，下降2.1%；制造业126.8亿元，增长16.6%；电力、热力、燃气及水生产和供应业60.0亿元，增长4.1%。

表5　2019年全区主要工业产品产量及其增长速度

指　标	单位	产量	比上年增长（%）
原　煤	万吨	7476.9	-4.6
发电量	亿千瓦时	1765.9	5.6
焦　炭	万吨	790.8	7.3
原铝（电解铝）	万吨	125.3	-2.0
农用化肥（折纯）	万吨	45.4	11.3
精甲醇	万吨	664.1	2.3
电石（碳化钙）	万吨	396.5	2.1
水　泥	万吨	1888.6	7.3
铁合金	万吨	377.4	5.6
乳制品	万吨	130.2	11.0
金属切削机床	台	1610	-34.0

全区具有资质的总承包和专业承包建筑业企业743家，全年完成建筑业总产值601.41亿元，比上年增长6.4%。建筑业企业房屋建筑施工面积2251.84万平方米，下降3.5%；房屋竣工面积679.08万平方米，下降15.3%；竣工产值299.87亿元，下降7.0%。按建筑业总产值计算的劳动生产率29.39万元/人，比上年增长10.0%。

四、固定资产投资

全年全区全社会固定资产投资比上年下降 11.1%。其中，固定资产投资（不含农户）下降 10.3%。

在固定资产投资（不含农户）中，第一产业投资比上年下降 8.2%，第二产业投资下降 3.9%，第三产业投资下降 14.7%。工业投资下降 3.9%，占固定资产投资（不含农户）的比重为 40.9%。基础设施投资[9]下降 11.2%，占固定资产投资（不含农户）的比重为 21.4%。民间固定资产投资[10]下降 13.6%，占固定资产投资（不含农户）的比重为 54.9%。

全年全区房地产开发投资 403.09 亿元，比上年下降 10.3%。其中，住宅投资 281.74 亿元，下降 6.2%；办公楼投资 6.89 亿元，下降 46.4%；商业营业用房投资 61.94 亿元，下降 31.5%。

表 6　2019 年全区房地产开发和销售主要指标完成情况及其增长速度

指　　标	单位	绝对数	比上年增长（%）
房地产开发投资	亿元	403.09	-10.3
房屋施工面积	万平方米	5936.59	-1.8
其中：住宅	万平方米	3789.29	-0.8
其中：本年新开工面积	万平方米	1185.67	19.2
房屋竣工面积	万平方米	1011.05	-16.7
其中：住宅	万平方米	718.11	-14.9
商品房销售面积	万平方米	1009.55	-1.7
其中：住宅	万平方米	887.35	-0.1
商品房待售面积	万平方米	957.57	2.0
其中：住宅	万平方米	344.51	-10.4
商品房销售额	亿元	573.90	10.9
其中：住宅	亿元	498.51	18.5
本年实际到位资金	亿元	581.76	-0.1
其中：国内贷款	亿元	64.52	9.9
自筹资金	亿元	125.89	-22.3
其他资金来源	亿元	391.35	8.3

五、国内贸易

全年全区社会消费品零售总额比上年增长 5.2%，按可比口径计算（剔除增值税因素影响）增长 7.8%。按经营地统计，城镇消费品零售额增长 4.7%；乡村消费品零售额增长 11.1%。按消费类型统计，商品零售额增长 4.5%；餐饮收入额增长 8.1%。

在限额以上单位商品零售额中，粮油、食品类零售额比上年增长 1.8%，饮料类下降 3.3%，烟酒类下降 6.4%，服装、鞋帽、针纺织品类下降 9.5%，化妆品类增长 5.6%，金银珠宝类下降 13.3%，日用品类下降 2.3%，家用电器和音像器材类下降 23.5%，中西药品类增长 24.8%，文化办公用品类下降 30.2%，通信器材类下降 12.3%，石油及制品类增长 18.9%，汽车类下降 9.9%。

六、对外经济[11]

全年全区货物贸易进出口总额 240.62 亿元，比上年下降 3.3%。其中，出口 148.92 亿元，下降 17.3%；进口 91.70 亿元，增长 33.4%。货物贸易进出口差额（出口减进口）57.22 亿元。对“一带一路”沿线国家和地区进出口总额 69.20 亿元，下降 5.1%。其中，出口 51.31 亿元，下降 20.6%；进口 17.89 亿元，增长 1.2 倍。

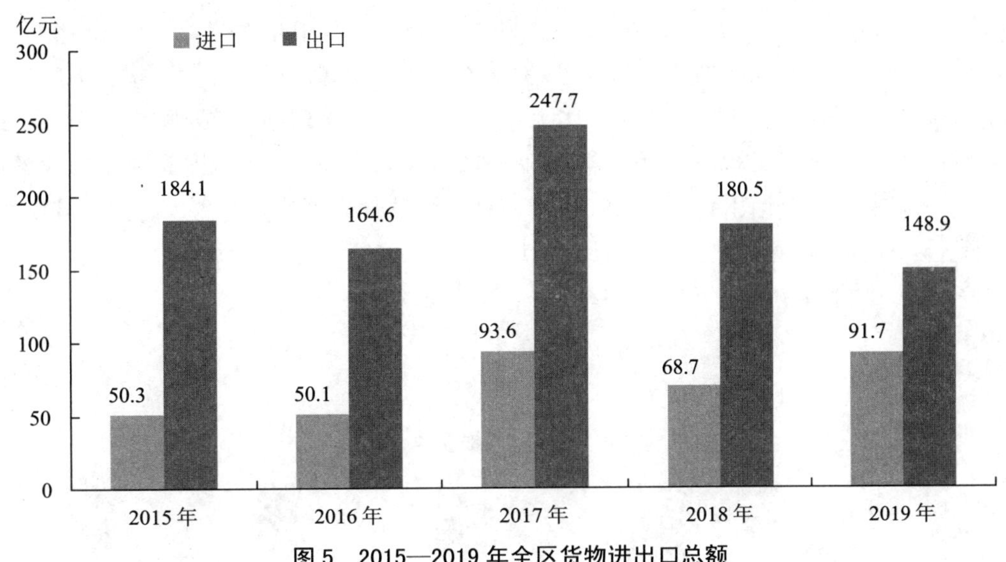

图5 2015—2019年全区货物进出口总额

表7 2019年全区主要商品出口金额及其增长速度

商品名称	出口值（亿元）	比上年增长（%）
金首饰及零件	34.37	190.5
金属锰	5.27	-39.3
新的充气橡胶轮胎	6.18	-25.8
铁合金	6.03	-26.0
双氰胺	6.36	-20.2
钽铌铍制品	3.65	-34.8
泰乐菌素	4.53	-13.8
机床及铸件	4.78	16.5

全年全区实际使用外商直接投资2.51亿美元，比上年增长17.2%。全区新设外商投资企业25个，合同外资金额52.12亿美元，增长31.7倍。其中信息传输、软件和信息技术服务业签订利用外商直接投资合同额0.80亿美元，增长59.7%。

七、交通和邮电

全年全区货物运输总量[12]4.37亿吨，货物运输周转量710.31亿吨公里。全年全区旅客运输总量0.61亿人，下降5.6%；旅客运输周转量158.57亿人公里，增长4.7%。

表8 2019年全区各种运输方式完成运输量及其增长速度[13]

运输方式	货物				旅客			
	运输总量		运输周转量		运输总量		运输周转量	
	绝对值（万吨）	比上年增长（%）	绝对值（亿吨公里）	比上年增长（%）	绝对值（万人）	比上年增长（%）	绝对值（亿人公里）	比上年增长（%）
总计	43661.84	—	710.31	—	6092.36	-5.60	158.57	4.71
铁路	8150.64	13.85	213.60	-6.92	666.40	2.05	40.93	0.37
公路	34360.00	—	437.39	—	4905.00	-8.18	46.01	-3.06
航空	3.33	31.80	0.41	24.00	520.96	13.56	71.63	13.35
管道	1147.87	-5.55	58.91	-9.01	—	—	—	—

年末全区民用汽车保有量 158.58 万辆，比上年末增长 8.9%，其中私人汽车保有量 143.81 万辆，增长 8.5%。民用轿车保有量 76.17 万辆，增长 8.4%，其中私人轿车保有量 72.55 万辆，增长 8.0%。

全年全区完成邮政业务总量[14]19.98 亿元，比上年增长 12.3%。邮政业完成邮政函件业务 272.03 万件，包裹业务 10.64 万件，快递业务量 4891.61 万件，快递业务收入 9.49 亿元。全年全区完成电信业务总量[15] 744.1 亿元，增长 60.9%。年末全区电话用户总数 882.2 万户，其中移动电话用户 828.3 万户。互联网宽带接入用户 259.1 万户，比上年增加 42.1 万户。移动互联网用户 685.9 万户，比上年减少 24.3 万户；移动互联网接入流量 87474.6 万 GB，增长 66.9%。

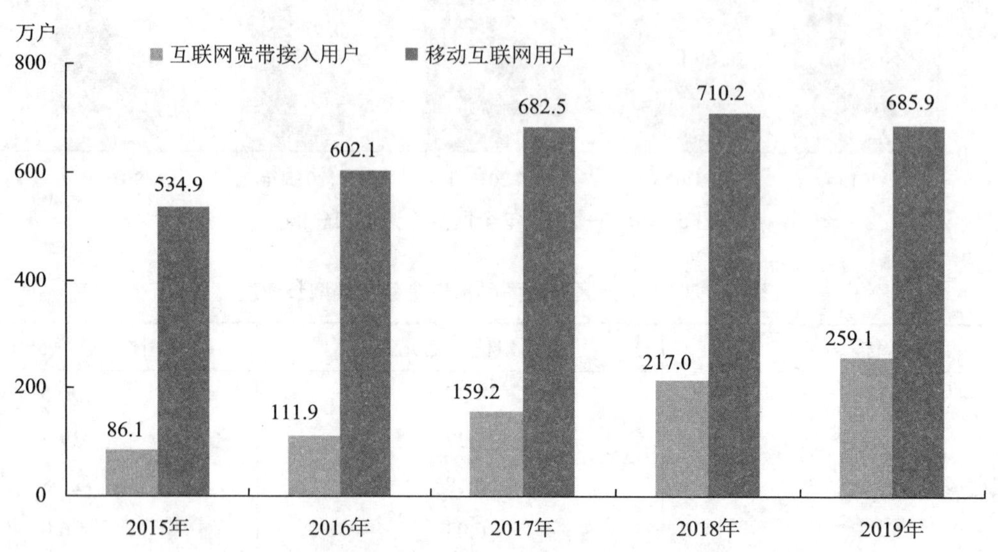

图 6　2015-2019 年年末全区互联网宽带接入用户数和移动互联网用户数

八、财政金融

全年全区一般公共预算总收入 747.76 亿元，同口径增长 6.6%。其中地方一般公共预算收入 423.55 亿元，同口径增长 7.2%。在地方一般公共预算收入中，税收收入 267.48 亿元，下降 10.3%，占地方一般公共预算收入的 63.2%。

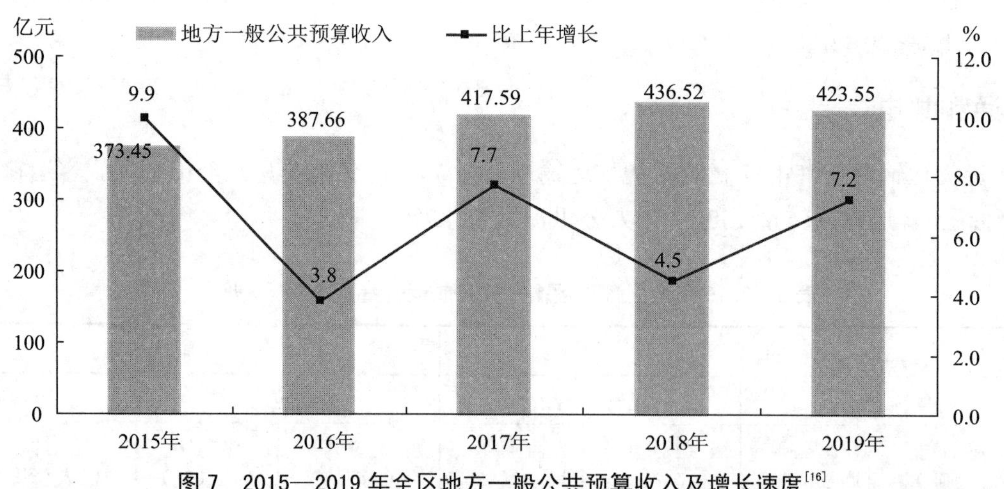

图 7　2015—2019 年全区地方一般公共预算收入及增长速度[16]

年末全区金融机构本外币各项存款余额 6460.42 亿元，比年初增加 413.22 亿元。其中人民币各项存款余额 6443.43 亿元，增加 413.99 亿元。金融机构本外币各项贷款余额 7427.57 亿元，比年初增加 358.81 亿元。其中人民币各项贷款余额 7216.79 亿元，增加 379.10 亿元。

年末全区上市公司 14 家，总股本 202.31 亿股，总市值 1272.32 亿元，比上年末增长 172.9%。其中流通市值 573.89 亿元，增长 79.3%。全年证券交易额 8726.82 亿元，增长 42.5%。年末全区在全国中小企业股份转让系统[17]挂牌公司 54 家，比上年末下降 6.9%。

年末全区省级营业性保险分公司 22 家，全年实现保费收入 197.67 亿元，比上年增长 8.1%。其中，财产险收入 68.16 亿元，增长 6.7%；寿险收入 87.71 亿元，增长 5.6%；健康险收入 36.23 亿元，增长 18.4%；意外伤害险收入 5.57 亿元，增长 6.5%。支付各类赔款和给付 63.57 亿元，增长 5.1%。其中，财产险赔款 37.12 亿元，增长 15.0%；寿险业务给付 16.39 亿元，下降 8.9%；健康险给付 8.37 亿元，下降 3.5%；意外伤害险赔款 1.69 亿元，增长 9.7%。

表 9　2019 年年末全区金融机构存贷款余额及其增长速度

指　　标	年末数（亿元）	当年新增（亿元）	比上年末增长（%）
本外币各项存款余额	6460.42	413.22	6.9
人民币存款余额	6443.43	413.99	6.9
其中：住户存款	3446.14	340.94	11.0
非金融企业存款	1377.61	35.76	2.7
机关团体及财政性存款	1507.27	58.13	4.0
本外币各项贷款余额	7427.57	358.81	5.5
人民币贷款余额	7216.79	379.10	6.0
其中：短期贷款	1975.33	28.43	1.8
中长期贷款	4564.13	332.45	7.9
票据融资	662.29	9.17	1.4

九、居民收入消费和社会保障

全年全区全体居民人均可支配收入 24412 元，比上年增长 9.0%。按常住地分，城镇居民人均可支配收入 34328 元，增长 7.6%；农村居民人均可支配收入 12858 元，增长 9.8%。

图 8　2015-2019 年全区城镇居民人均可支配收入及其增长速度

全年全区居民人均消费支出 18297 元，比上年增长 9.5%。按常住地分，城镇居民人均消费支出 24161 元，增长 9.9%；农村居民人均消费支出 11465 元，增长 6.3%。

脱贫攻坚成效显著。按照每人每年 2300 元（2010 年不变价）的农村贫困标准计算，年末全区农村贫困人口 1.88 万人，比上年末减少 10.3 万人；贫困发生率[18] 0.47%，比上年下降 2.53 个百分点。全年全区生态移民人均可支配收入 8387 元，比上年增长 10.3%。

年末全区参加城镇职工基本养老保险人数 226.6 万人，比上年末增加 10.28 万人。参加城乡居民基本养老保险人数 194.66 万人，增加 13.29 万人。参加基本医疗保险人数 633.74 万人，增加 7.49 万人。其中，参加城镇职工基本医疗保险人数 141.11 万人，增加 9.18 万人；参加城乡居民基本医疗保险人数 492.63 万人，减少 1.69 万人。参加失业保险人数 97.36 万人，增加 5.39 万人。参加工伤保险人数 119.58 万人，增加 26.26 万人。参加生育保险人数 94.69 万人，增加 6.62 万人。

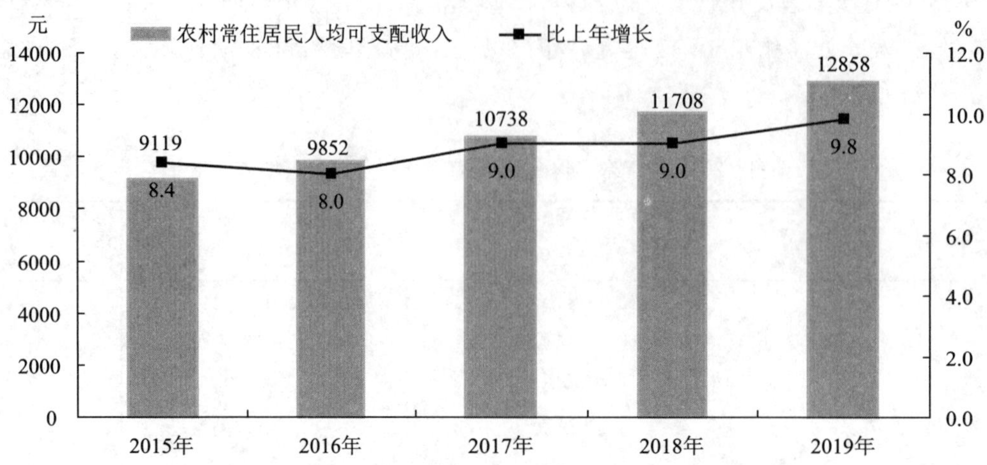

图 9　2015-2019 年全区农村居民人均可支配收入及其增长速度

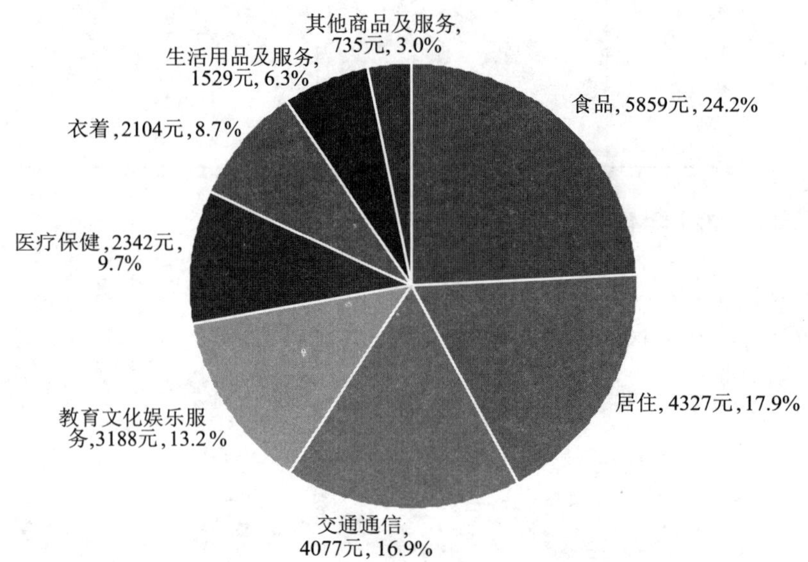

图 10　2019 年全区城镇居民人均消费支出及其构成

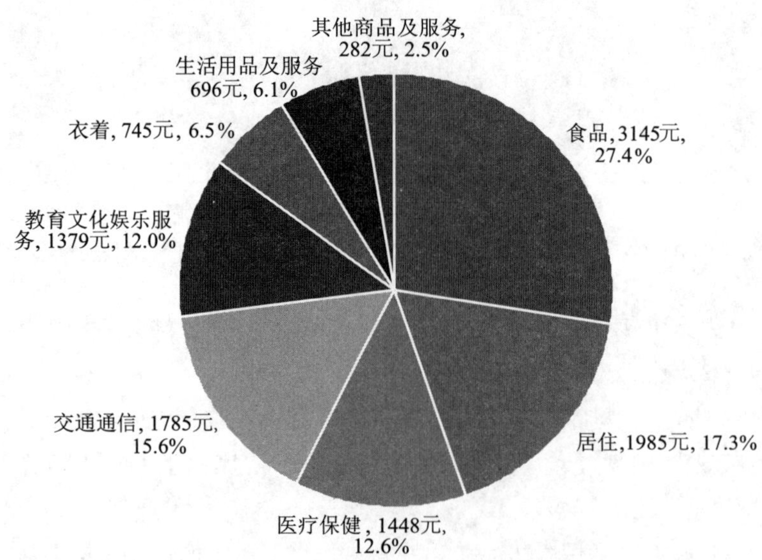

图 11　2019 年全区农村居民人均消费支出及其构成

十、教育、科学技术和文化体育

年末全区各级各类学校3439所（含小学教学点543所），教职工108841人。全年全区学前教育毛入园率86.35%，小学学龄人口入学率100.2%，初中阶段毛入学率115.5%，高中阶段毛入学率91.5%，高等教育毛入学率52.57%，小学六年巩固率为100.3%，初中三年巩固率为99.8%。

表10　2019年全区各级教育招生、在校、毕业生人数

类　　别	校数（所）	招生数（人）	在校学生数（人）	毕业学生数（人）
普通高等学校	19	47385	142835	33985
#研究生	4	3257	7657	1997
成人高等学校	1	16457	34592	9996
中等职业教育学校	29	27933	74640	22966
普通中学	316	153873	452202	139045
#高　中（含完全中学）	64	53619	153403	47318
初　中（含完全中学）	252	100254	298799	91727
普通小学（含教学点）	1731	101798	584149	100626
幼儿园	1329	115992	247838	106134
特殊教育学校	14	1212	6976	793

全年全区登记自治区级科技成果233项，比上年增长1.7%。其中，基础理论成果53项，应用技术成果167项，软科学成果13项。全年专利申请量9268件，下降5.8%，其中，发明专利2524件，下降15.5%。专利授权量5552件，下降1.8%，其中，发明专利598件，下降19.6%。全年共签订技术合同1930项，技术合同成交金额16.74亿元。年末全区拥有国家级工程技术研究中心3个，自治区级工程技术研究中心50个；国家级重点实验室3个，自治区级重点实验室32个（含省部共建国家重点实验室培育基地2个）；国家级企业（集团）技术中心（含分中心）13个，自治区级企业（集团）技术中心69个；自治区级产业技术协同创新中心5个，临床医学研究中心25个，自治区技术创新中心218个。

年末全区文化系统共有艺术表演团体14个、博物馆75个。全区共有公共图书馆27个、文化馆27个、档案馆28个。预计[19]全区有线广播电视在册用户数108万户，其中，有线数字电视在册用户106.9万户；广播节目综合人口覆盖率为99.61%，电视节目综合人口覆盖率为99.88%。全区出版各类报纸14种，出版期刊37种，出版图书3220种。2018年，全区文化及相关产业增加值90.41亿元，比上年增长19.2%（未扣除价格因素），占全区生产总值的比重为2.58%，比上年提高0.21个百分点。

全年全区运动员参加国际国内比赛共取得金牌39枚、银牌34枚、铜牌61枚。全年有207人达国家一级运动员等级标准，530人达国家二级运动员等级标准，299人获得国家一级裁判员等级称号。

十一、卫生和社会服务

年末全区共有医疗卫生机构4395个，其中医院217个；基层医疗卫生机构4077个，其中卫生院205个，城市社区卫生服务机构222个，村卫生室2173个；专业公共卫生机构90个，其中疾病预防控制中心25个，卫生监督机构24个。年末全区卫生技术人员55346人，其中执业医师和执业助理医师20733人，注册护士24289人。全区医疗卫生机构实有床位40877张，其中医院35324张，基层医疗卫生机构4099张。全年全区总诊疗人次[20]4365.55万人次，入院人数[21]123.28万人次。

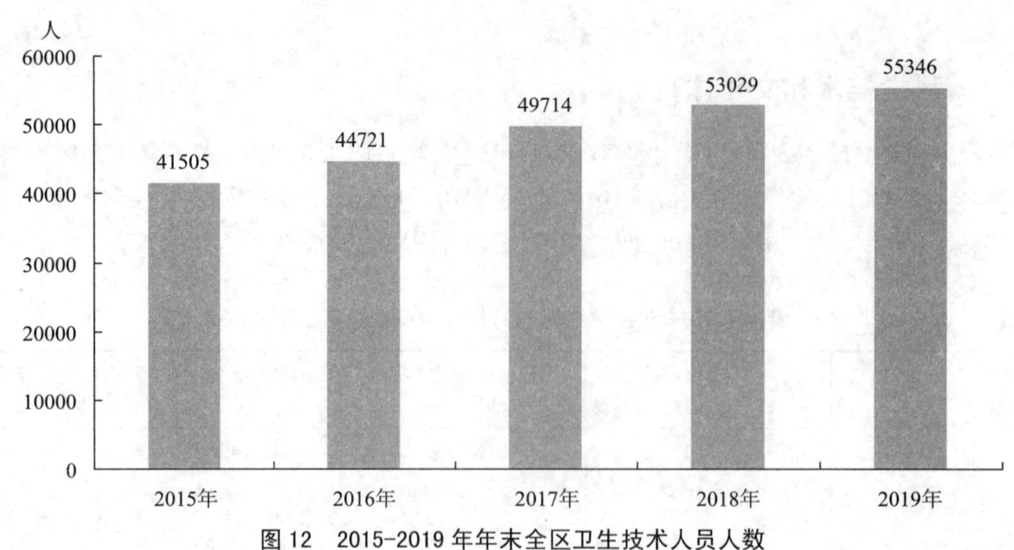

图 12　2015-2019 年年末全区卫生技术人员人数

年末全区共有各类提供住宿的社会服务机构 129 个，其中养老服务机构 107 个，儿童收养救助服务机构 7 个。社会服务床位[22] 19959 张（不包括社区床位数），其中养老床位 17334 张（不包括社会日间照料床位 5468 张、社会留宿床位 2357 张），儿童服务床位 946 张。年末全区共有社区服务机构和设施 2662 个，其中社区服务中心 57 个，社区服务站 2047 个。

十二、资源、环境和应急管理

全年全区水资源总量 12.58 亿立方米。平均降水量 346 毫米，比上年下降 11.05%。总用水量 69.90 亿立方米，增长 5.64%。其中，生活用水 3.10 亿立方米，下降 6.17%；工业用水 4.43 亿立方米，增长 1.91%；农业用水 61.71 亿立方米，增长 9.61%。万元地区生产总值用水量[23]207 立方米，下降 0.76%。万元工业增加值用水量 38 立方米，下降 5.09%。人均用水量 1011 立方米，增长 4.66%。

全年全区完成营造林面积 138.38 万亩，其中人工营造林面积 43.96 万亩。森林抚育面积 45.97 万亩。年末全区自然保护区 14 个，其中国家级自然保护区 9 个，自治区级自然保护区 5 个。

预计[24]全年全区供水普及率为 98.47%，比上年提高 0.33 个百分点；燃气普及率为 89.98%，比上年提高 1.07 个百分点；建成区绿地率为 37.99%，比上年提高 0.98 个百分点；生活垃圾处理率为 99.28%，比上年提高 0.59 个百分点。

全年黄河干流宁夏段入境至出境均为Ⅱ类优水质，所占比例达 100%。[25]地表水达到或好于Ⅲ类水体比例为 80.0%。5 个地级城市环境空气质量平均优良天数为 321 天，优良天数比例为 87.9%。细微颗粒（$PM_{2.5}$）平均浓度为 29 微克/立方米，比上年下降 3.3%。可吸入颗粒物（PM_{10}）平均浓度为 66 微克/立方米。五地市城市昼间区域声环境质量等级为二级，总体水平评价为较好。

全年全区累计发生各类生产经营性事故 222 起，比上年下降 8.3%，死亡 172 人，下降 8.5%。亿元 GDP 生产安全事故死亡人数为 0.046 人，下降 6.1%。道路交通万车死亡率为 2.032 人，下降 5.57%。煤矿百万吨死亡人数为 0.040 人，下降 65.2%。

注释：

[1] 本公报中数据均为初步统计数，正式数据以《宁夏统计年鉴 2020》为准。部分数据因四舍五入的原因，存在总计与分项合计不等的情况。

[2] 地区生产总值、各产业增加值和人均地区生产总值绝对数按现价计算，增长速度按不变价格计算。

[3] 2019 年年末，0-14 岁（含不满 15 周岁）人口为 145.60 万人，15-59 岁（含不满 60 周岁）人口为 452.09 万人。

[4] 年度农民工数量包括年内在本乡镇以外从业 6 个月及以上的外出农民工和在本乡镇内从事非农产业

6个月及以上的本地农民工两部分。

[5]农产品生产者价格是指农产品生产者直接出售其产品时的价格。

[6]工业技术改造投资是指工业企业利用新技术、新工艺、新设备、新材料对现有设施、工艺条件及生产服务等进行改造提升，实现内涵式发展的投资活动。

[7]网上零售额是指通过公共网络交易平台（主要从事实物商品交易的网上平台，包括自建网站和第三方平台）实现的商品和服务零售额。

[8]宁夏沿黄生态经济带的统计范围包括：兴庆区、金凤区、西夏区、永宁县、贺兰县、灵武市、大武口区、惠农区、平罗县、利通区、青铜峡市、沙坡头区、中宁县13个县（市、区）。

[9]基础设施投资包括交通运输、邮政业、电信、广播电视和卫星传输服务业，互联网和相关服务业，水利、环境和公共设施管理业投资。

[10]民间固定资产投资是指具有集体、私营、个人性质的内资企事业单位以及由其控股（包括绝对控股和相对控股）的企业单位建造或购置固定资产的投资。

[11]货物进出口采用人民币计价。实际使用外商直接投资由于技术原因仍主要沿用美元计价。

[12]交通运输部根据专项调查，调整2019年公路货物运输量、公路货物运输周转量统计口径，数据与上年不可比。

[13]由于2019年公路货物运输量、公路货物运输周转量统计口径变化，数据与上年不可比，因此2019年全区货物运输总量、货物运输周转量数据与上年也不可比。

[14]邮政行业业务总量按2010年价格计算。

[15]电信业务总量按2015年价格计算。

[16]2019年地方一般公共预算收入增长速度为同口径增速。

[17]全国中小企业股份转让系统又称“新三板”，是2012年经国务院批准设立的全国性证券交易场所。

[18]贫困发生率是指贫困人口占目标调查人口的比重。

[19]此数据为自治区广播电视局预计数。

[20]总诊疗人次指所有诊疗工作的总人次数，包括门诊、急诊、出诊、预约诊疗、单项健康检查、健康咨询指导（不含健康讲座）人次。

[21]入院人数指报告期内经门诊或急诊医生签发住院证并办理入院手续的住院病人。

[22]社会服务床位数除收养性机构外，还包括救助类机构、社区类机构以及军休所、军供站等机构的床位。

[23]万元地区生产总值用水量、万元工业增加值用水量按2015年价格计算。

[24]此数据为住房和城乡建设厅预计数。

[25]数据来源于《2019年宁夏环境质量状况》。地表水达到或好于Ⅲ类水体比例为15个国控断面监测统计结果；环境空气质量优良天数及比例为未剔除沙尘天气数据，PM_{10}、$PM_{2.5}$平均浓度均为剔除沙尘天气后数据。

资料来源：

本公报中城镇新增就业、登记失业率、社会保障数据来自自治区人力资源和社会保障厅；财政数据来自自治区财政厅；水资源数据来自自治区水利厅；林业数据来自自治区林草局；发电装机容量数据来自国网宁夏电力公司；铁路运输数据来自中国铁路兰州局集团有限公司；公路运输数据来自自治区交通运输厅；民航数据来自西部机场集团宁夏机场有限公司；电信业务总量、电话用户、宽带用户、移动互联网接入流量、互联网普及率等数据来自宁夏通信管理局；供水普及率、燃气普及率、建成区绿地率、生活垃圾处理率等数据来自自治区住房和城乡建设厅；货物进出口数据来自银川海关；外商直接投资等数据来自自治区商务厅；民用汽车数据来自自治区公安厅；管道数据来自中石油管道长庆输油气分公司和中石油东部管道有限公司银川管理处；邮政业务数据来自宁夏邮政管理局；货币金融数据来自人民银行银川中心支行；上市公司数据来自宁夏证监局；保险业数据来自宁夏银保监局；社会服务数据来自自治区民政厅；教育数据来自自治区教育厅；国家工程研究中心、国家工程实验室、企业技术中心等数据来自自治区科技厅；专利数据来自自治区市场监管厅（自治区知识产权局）；艺术表演团体、博物馆、公共图书馆、文化馆数据来自自治区文化和旅游厅；报纸、期刊、图书数据来自自治区党委宣传部；广播电视数据来自自治区广播电视局；体育数据来自自治区体育局；卫生数据来自自治区卫生健康委；环境监测数据来自自治区生态环境厅；安全生产数据来自自治区应急厅；其他数据均来自自治区统计局和国家统计局宁夏调查总队。

第二篇

住户调查

Household Survey

简要说明

为满足城乡统筹发展，更加全面准确地反映居民收入分配格局，国家统计局对长期分开进行的城镇住户调查和农村住户调查实施了一体化改革，建立了城乡一体化住户收支调查制度，并于2013年起在全国统一实施。从2014年开始，本年鉴中增加了宁夏全区、5个地级市及22个县（市、区）全体居民可支配收入及来源数据，增加了全体居民消费情况数据。同时为了和历史数据对比，在城乡一体化住户调查改革完成后，再统一对指标口径和历史数据进行调整。

城乡居民收支调查数据是根据抽样方法随机抽取的，分布在全区22个市县（区）范围的328个调查小区，3280户城乡居民家庭记账资料得到的。全区及银川市、石嘴山市、吴忠市、固原市、中卫市5个地级市、22个县（市、区）城乡可比的全体居民可支配收入与消费等数据，是根据城乡住户收支与生活状况调查记账数据和城镇化率加权汇总计算得出，住户人口特征、就业情况、住房情况、耐用消费品拥有情况等数据通过问卷方式获取。

Brief Description

In order to satisfy development of urban and rural as a whole, reflect the residents income distribution pattern more comprehensively and accurately, the National Bureau of Statistics carried out reform on the integration of urban and rural household survey, set up a unified survey system, and implemented throughout the whole country from 2013. Since 2014, the yearbook has added all the residents' disposable income and the source data of Ningxia district, 5 cities and 22 counties (city, area) in it, and added all the residents' consumption data. At the same time in order to contrast the historical data, after the completion of the integration of urban and rural household survey, uniformly adjust indicators caliber and historical data.

The survey data of urban and rural residents are based on random sampling method, distributed in 22 counties (districts) range of 328 survey area, from accounting information of 3280 urban and rural residents families. All the residents' disposable income and consumption data are weighted and summed according to the urban and rural residents and living conditions and urbanization rate of Ningxia district and 5 cities, 22 counties (cities, districts), the data of resident population characteristics, employment, housing, consumer durables are obtained through the questionnaire survey.

2019年宁夏居民收入和消费支出情况简析

一、居民收入情况

2019年，宁夏全体居民人均可支配收入24412元，比上年名义增长9.0%，扣除价格因素，实际增长6.8%。其中，城镇居民人均可支配收入34328元，增长（以下如无特别说明，均为同比名义增长）7.6%，扣除价格因素，实际增长5.5%；农村居民人均可支配收入12858元，增长9.8%，扣除价格因素，实际增长7.5%。

按收入来源分，宁夏全体居民人均工资性收入14887元，比上年增长10.8%，占可支配收入的比重为61.0%；人均经营净收入4198元，增长6.1%，占可支配收入的比重为17.2%；人均财产净收入944元，增长6.7%，占可支配收入的比重为3.8%；人均转移净收入4382元，增长6.5%，占可支配收入的比重为18.0%。其中：城镇居民收入增长的主要来源是工资性收入，人均23406元，增长9.7%，拉动可支配收入增长6.5个百分点，农村居民工资性收入、经营净收入、转移净收入同步增长，分别拉动农民可支配收入增长3.5、2.9和3.2个百分点。

表1　2019年宁夏城乡居民人均可支配收入来源表

指　　标	城镇居民人均可支配收入				农村居民人均可支配收入			
	绝对数（元）	增幅（%）	拉动收入增长百分点（%）	占可支配收入的比重（%）	绝对数（元）	增幅（%）	拉动收入增长百分点（%）	占可支配收入的比重（%）
可支配收入	34328	7.6	—	—	12858	9.8	—	—
工资性收入	23406	9.7	6.5	68.2	4963	9.1	3.5	38.6
经营净收入	3530	5.3	0.5	10.3	4976	7.3	2.9	38.7
财产净收入	1421	5.4	0.2	4.1	388	7.0	0.2	3.0
转移净收入	5971	2.0	0.4	17.4	2532	17.3	3.2	19.7

注：因四舍五入原因总数与分项数之和会有不平。

二、居民消费支出情况

2019年，宁夏全体居民人均消费支出18297元，比上年名义增长9.5%，扣除价格因素，实际增长7.4%。其中，城镇居民人均消费支出24161元，增长9.9%，扣除价格因素，实际增长7.7%；农村居民人均消费支出11465元，增长6.3%，扣除价格因素，实际增长4.1%。

宁夏全体居民人均食品烟酒消费支出4605元，比上年增长8.8%，占人均消费支出的比重为25.2%；人均衣着消费支出1477元，增长6.4%，占人均消费支出的比重为8.1%；人均居住消费支出3245元，增长7.7%，占人均消费支出的比重为17.7%；人均生活用品及服务消费支出1145元，增长7.2%，占人均消费支出的比重为6.3%；人均交通通信消费支出3018元，增长10.8%，占人均消费支出的比重为16.5%；人均教育文化娱乐消费支出2352元，增长10.0%，占人均消费支出的比重为12.8%；人均医疗保健消费支出1929元，增长11.7%，占人均消费支出的比重为10.5%；人均其他用品及服务消费支出525元，增长25.0%，占人均消费支出的比重为2.9%。按常住地来看，城镇居民用于衣着、交通通信和教育娱乐的支出相对农村居民要更多一些，农村居民用于食品烟酒、医疗保健的支出相对城镇居民要更多一些。

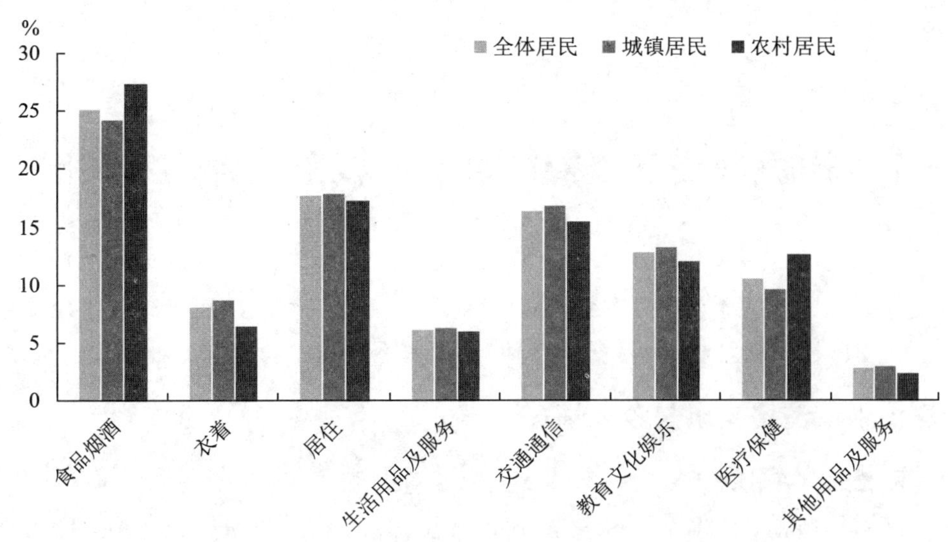

图 1　2019 年宁夏城乡居民人均消费支出构成

三、宁夏居民收入增长特点

城镇居民收入增长主力是工资性收入。2019 年宁夏城镇居民在没有明显增收政策的基础上，银川市文明城市奖停发给增收形成了困局，但是在全区效能奖提标预发、部分县 2019 年应休未休补贴预发、部分县住房补贴补发和预发以及各市县启动的临时增收措施的多方发力下，宁夏城镇居民收入实现了 7.6%的增幅，而工资性收入的增长成为可支配收入增长的主动力，对城镇居民的增收贡献率达到 85%，拉动城镇居民收入增长 6.5 个百分点。

农民收入较快增长依托于收入来源多途径、有亮点。2019 年宁夏农村居民可支配收入增长 9.8%，增幅高于上年 0.8 个百分点，与城镇居民收入高度依赖工资性收入不同的是，农村居民收入增长依托于工资性收入、经营净收入和转移净收入的同步增长，2019 年，在瓜果蔬菜价格明显下跌，主要粮食作物产量和价格均与上年变动不大的情况下，稳定增长的工资性收入和三产业收入以及精准脱贫政策支持下依然保持高速增长的转移性收入为农民收入增长奠定了坚实的基础。与此同时，在产业扶贫、乡村振兴战略的助力下，宁夏大部分市县完成了牧业增加投入扩大规模的阶段，产出效益开始提升，恰逢 2019 年牛羊肉价格一直保持在高位运行，猪肉价格大幅上涨，牧业收入成为宁夏农民增收的亮点，一定程度上促成了农民收入较快增长。

表 2　2019 年宁夏居民收支主要数据

指　　标	绝对量（元）	比上年增长（%）	指　　标	绝对量（元）	比上年增长（%）
（一）全体居民人均可支配收入	24412	9.0（6.8）	城镇居民	24161	9.9
按常住地分：			农村居民	11465	6.3
城镇居民	34328	7.6（5.5）	按消费类别分：		
农村居民	12858	9.8（7.5）	食品烟酒	4605	8.8
按收入来源分：			衣着	1477	6.4
工资性收入	14887	10.8	居住	3245	7.7
经营净收入	4198	6.1	生活用品及服务	1145	7.2
财产净收入	944	6.7	交通通信	3018	10.8
转移净收入	4382	6.5	教育文化娱乐	2352	10.0
（二）居民人均消费支出	18297	9.5	医疗保健	1929	11.7
按常住地分：			其他用品及服务	525	25.0

注：①比上年增长栏中，括号中数据为实际增速，其他为名义增速。

②居民人均可支配收入实际增速=[（1+居民人均可支配收入名义增速）/同期居民消费价格指数]-1。

（苏春燕）

宁夏居民消费支出持续增长　城乡差异依然突出

近年来，宁夏城乡居民收入不断增长，生活消费支出也在节节攀升，消费结构明显改善、热点纷呈，但城乡居民生活消费支出在消费结构、消费倾向等方面存在不同程度的差异，收入、消费差距依然突出。

一、城乡居民生活消费支出与收入情况

（一）城乡居民收入存在较大差距

近几年，在经济增长新常态背景下，宁夏多举措稳定经济增长、调整产业结构、努力创造就业岗位、不断完善基础设施建设，城乡居民收入持续稳定增长。2019 年，城乡居民人均可支配收入达到 34328 元和 12858 元，同比增加 2433 元和 1151 元，增长 7.6%和 9.8%。城乡居民人均可支配收入差距逐年拉大，从 2017 年的 18734 元增加到 2019 年的 21470 元。

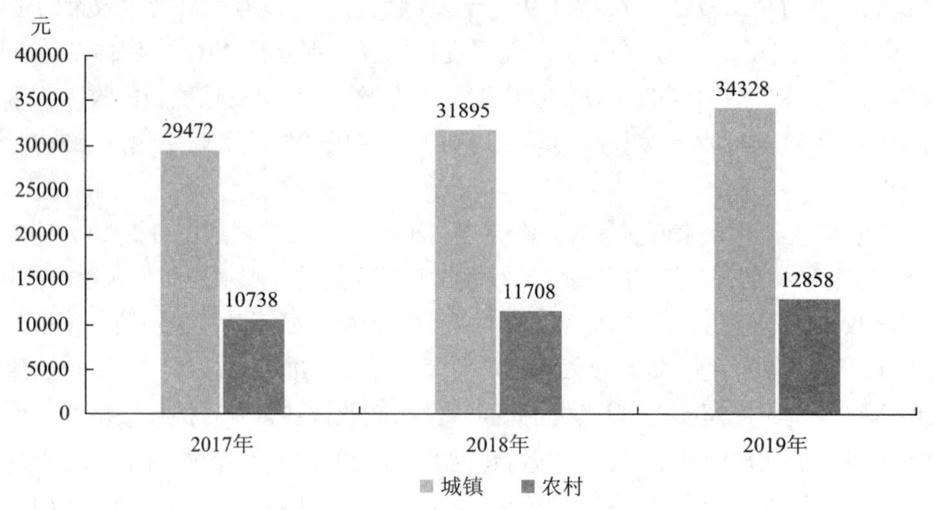

图 1　2017-2019 年城乡居民收入情况图

（二）农村居民生活消费水平远低于城镇

随着收入水平的提升，城乡居民生活消费支出也在不断增长，2019 年城镇居民人均生活消费支出 24161 元，比上年增加 2184 元、增长 9.9%。农村居民人均生活消费支出 11465 元，比上年增加 675 元、增长 6.3%，

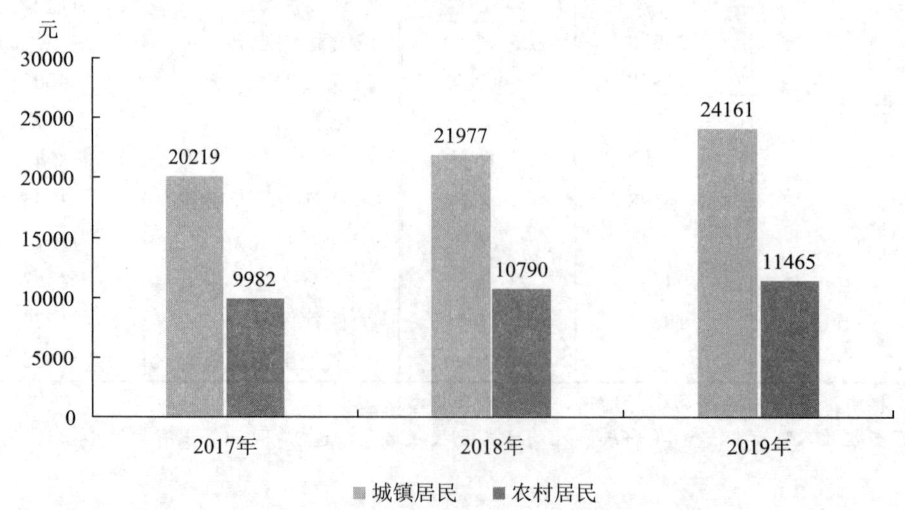

图 2　2017-2019 年城乡居民生活消费支出情况图

城镇快于农村 3.6 个百分点。但从绝对值看，农村居民消费水平与城镇居民相比还比较低。城镇居民与农村居民生活消费差距从 2017 年的 10237 元增加到 2019 年的 12696 元，城乡居民消费差距不断扩大。

（三）城乡居民消费结构存在较大差异

受消费观念、收入水平以及消费环境的影响，宁夏城乡居民在消费结构上存在明显差异。城乡居民消费在五个方面存在较大差异。

1. 食品消费方面。城乡居民食品支出占生活消费支出比重分别为 24.2%和 27.4%，从食品消费内部结构来看，城镇居民消费更注重于营养均衡，在豆类、水产品、蛋类、奶类等消费上均高于农村居民。

2. 衣着消费方面。城镇居民人均衣着支出占生活消费支出的 8.7%，农村居民人均衣着支出占生活消费支出的 6.5%，农村居民的衣着支出占比低于城镇 2.2 个百分点，城镇居民追求时尚、注重品位、崇尚品牌的消费观念是衣着消费增幅明显高于农村居民的主要原因。

3. 生活用品及服务方面。城镇居民人均生活用品及服务支出占生活消费支出的 6.3%，农村居民人均生活用品及服务支出占生活消费支出的 6.1%，据调查数据显示，虽然城乡居民人均生活消费支出占生活消费比重很接近，但农村居民在个人用品和家庭服务消费方面和城镇居民差距依然较大，生活质量仍然有待提升。

4. 交通通信方面。城镇居民人均交通通信支出占生活消费总支出的 16.9%，农村居民人均交通通信支出占生活消费总支出的 15.6%，农村居民的交通通信支出占比低于城镇 1.3 个百分点，城镇交通通信支出增长主要体现在购买交通工具和交通费上，城镇居民购买交通工具偏向享受型，主要以汽车为主，乘坐出租车、滴滴打车等便捷公共交通工具出行的人数较多，农村居民购买交通工具多倾向于电动车等价格实惠、方便的交通工具，出行方式比较单一，以公交车、骑摩托车为主。城乡居民购买交通工具和交通费人均消费支出差距达 745 元和 338 元。

5. 教育文化娱乐方面。城镇居民人均教育文化娱乐支出占生活消费总支出的 13.2%，农村居民人均教育文化娱乐支出占生活消费总支出的 12.0%，农村居民的教育文化娱乐支出占比低于城镇 1.2 个百分点，城镇居民在旅游、娱乐等享受型消费、高档消费方面的支出比例较高，而农村居民家庭虽然也有所提高，但与城镇居民相比仍有不足。

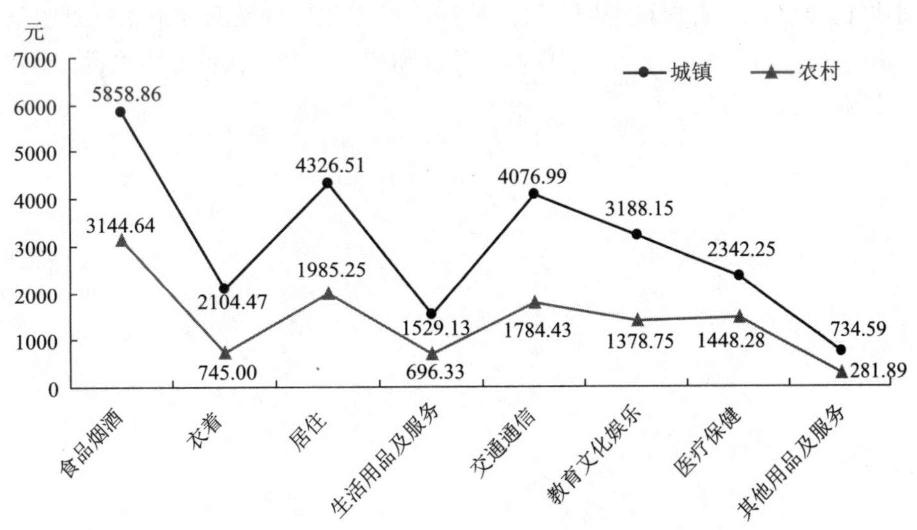

图 3　2019 年城乡居民八大类消费支出情况图

二、城乡居民消费差距较大的原因

（一）城乡居民收入差距是根本原因

收入的高低直接影响着消费水平的高低，近几年，城乡居民收入持续增长，但农村居民收入仍然远低于城镇居民收入水平，收入的差距影响了城乡居民的消费行为，进而直接影响着消费结构。另一方面，城镇居民各项社会保障及公共设施比较完善，城镇居民收入相对稳定，也为城镇居民在娱乐、交通工具等享受型消费提供了有力保障，反观农村居民，新型农村养老保险水平较低、公共设施也不够不完善，农民更偏向于基础生活需求消费，收入偏低在一定程度上制约了农村居民消费水平的提高。

（二）消费观念不同是主要原因

随着城镇化进程的推进，越来越多的青年农民进城转变为市民，农村常住人口以中老年人居多，这部分人思想观念陈旧、文化水平不高，直接制约了农村居民在教育、文化、通信、医疗、保险、旅游、娱乐等方面的消费。另一方面，信用卡、随薪贷等快捷便利的超前消费以及网购已成为城镇居民消费的两大热点，而农村居民超前消费和网购意识不足，办理信用卡及随薪贷等产品的条件不成熟，造成农村居民的消费水平比城镇居民低得多。

（三）消费环境差距是现实原因

在小城镇建设、美丽乡村工程及精准扶贫政策的推动下，农村居民消费环境和消费条件有了明显改善，但与城镇相比，医疗卫生、大型超市、商业综合体、休闲广场、公园及体育设施等明显滞后于城镇，这些都直接影响着农村居民消费质量的提高。

三、几点建议

（一）聚力乡村振兴，提高农民收入

一是提升现代农业。持续推进农业供给侧结构性改革，构建现代农业产业体系，依托龙头企业扩大农业示范园区规模，大力发展“一优四特”产业，带动周边农民致富；二是鼓励农民创业就业。依托农村商务创业园、返乡农民工创业合作社等平台，激发农民创业激情，做好农民工技能培训工作，引导农民工在三大工业园区实现就业。

（二）加强宣传引导，更新农民消费理念

农民文化程度不高，接受新事物较慢，因此，采取多种形式向农村居民传播科学文化知识及法律知识尤为重要，通过对农村居民的宣传和引导，促使农村居民改变传统消费观念，树立新型的、科学的现代消费观念，推动农民消费结构升级。

（三）加强基础设施建设，改善消费环境

进一步加快小城镇建设，改善农村电网、信息网络、批零住餐以及医疗卫生网点等基础环境，缩小城乡消费环境差距，拓宽农村居民消费空间；农闲时，开发和完善适合农民的旅游产品，丰富农村居民娱乐生活，刺激农民享受型消费支出增长。

（宋晓捷）

宁夏城镇居民增收的持续性有待增强

2019 年，宁夏城镇居民收入继续保持平稳增长，但增收结构不协调、不均衡的问题比较突出，增收面临更大压力，持续性有待增强。

一、城镇居民收入情况

据国家统计局宁夏调查总队监测，2019 年，宁夏城镇居民人均可支配收入为 34328 元，比 2018 年增加 2433 元，增长 7.6%。

表 1　2019 年宁夏城镇居民人均可支配收入增长情况表

指 标 名 称	2019 年	2018 年	比上年增加	增幅（%）
可支配收入	34328	31895	2433	7.6
工资性收入	23406	21337	2069	9.7
经营净收入	3530	3354	176	5.3
财产净收入	1421	1349	72	5.4
转移净收入	5971	5855	116	2.0

工资性收入稳定增加，同比增长 9.7%，高于可支配收入增速，对城镇居民增收贡献率达到 85.0%，是拉动居民收入增长的最主要因素。经营净收入平稳增长，同比增长 5.3%，其中第三产业带动作用明显，其对城镇居民经营净收入的增收贡献率为 52.4%，是拉动经营净收入增加的主要动力。转移净收入缓慢增长，同比增长 2.0%，其中养老金和离退休金收入同比增长 5.1%，继续稳步增长。财产净收入同比增长 5.4%，但其在城镇居民可支配收入中所占比重较低，对增收的影响不大。

二、拉动城镇居民收入增长的因素

宁夏城镇居民人均可支配收入来源以工资性收入为主，其次为转移净收入和经营净收入。调查数据显示，2019 年，宁夏城镇居民人均工资性收入占可支配收入比重为 68.2%，比上年上升 1.3 个百分点；转移净收入、经营净收入和财产净收入所占比重均有所下降，分别下降了 1.0、0.2 和 0.1 个百分点。

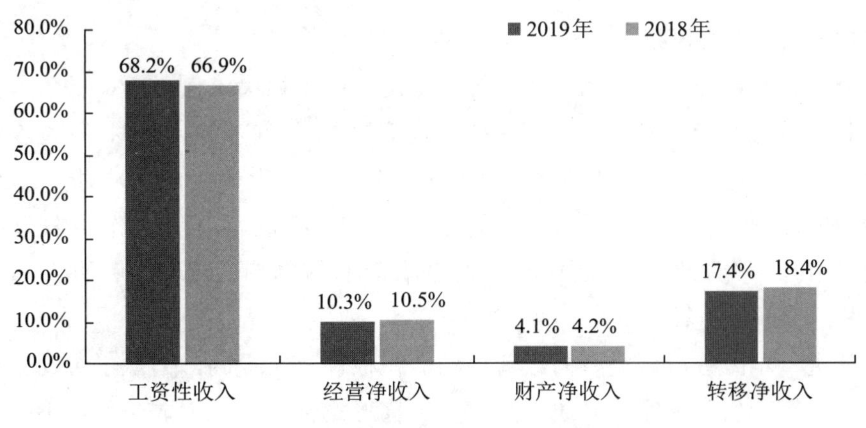

图 1　两年分项收入占比图

（一）工资性收入稳定增长

2019 年，宁夏城镇居民人均工资性收入 23406 元，同比增长 9.7%，拉动城镇居民可支配收入增长 6.5 个百分点。工资性收入增长较快的主要因素有：

一是就业形势保持稳定。2019 年宁夏各级党委、政府全面落实就业优先政策，稳就业措施效果显著，全区城镇新增就业 7.8 万人，城镇登记失业率控制在 4%以内，有力地保障了居民收入的稳定增加。

二是工业企业盈利能力增加。2019 年，全区规模以上工业企业实现利润总额 218.1 亿元，同比增长 10.0%，企业效益提升带动职工工资上涨，1-9 月份宁夏规模以上企业就业人员平均工资增长 8.3%。

三是企业工资指导线助推工资水平提高。2019 年宁夏企业工资指导线确定企业货币工资增长基准线和下线分别为 6.5%和 3%，合理确定了企业职工工资增长幅度，保障了职工的权益，提高了职工收入。

四是政策性增资带动机关事业单位职工工资增长。全区各市县完成机关事业单位基本工资调整，并补发了 2018 年后半年增资部分，同时，因基本工资增加，取暖费等与之相关的补贴相应增加。2019 年机关事业单位效能奖标准提高，预发金额也同步增加；应休未休补贴、住房补贴等项目的补发和发放拉动机关事业单位职工收入增长。

（二）经营净收入平稳增长

2019 年，宁夏城镇居民人均经营净收入 3530 元，同比增长 5.3%，拉动城镇居民可支配收入增长 0.5 个百分点。主要表现在：营商环境持续改善，稳岗就业积极推进，带动了城镇居民家庭经营收入增加。一是“三供一业”项目，辐射和带动建筑业、批零业、居民服务业发展；二是“商圈经济”持续发展，带动批零、住餐业的发展；三是旅游产业发展，在实现旅游收入增加的同时，促进批零住餐业的发展；四是长途货运运费增加，带动交通运输业收入的增加。

（三）转移净收入缓慢增长

2019 年，宁夏城镇居民人均转移净收入 5971 元，同比增长 2.0%，拉动城镇居民可支配收入增长 0.4 个百分点。受政策调整和居民社保意识增强影响，个人承担的养老、医疗保险费金额有所增加，城镇居民人均转移性支出同比增长 9.4%，抵消了离退休人员养老金、居民基础养老金调整、个人所得税政策变动等对城镇居民转移性收入增加的影响，拉低了转移净收入的增速。

（四）财产净收入拉动效应有限

2019 年，宁夏城镇居民人均转移净收入 1421 元，同比增长 5.4%，但其在城镇居民人均可支配收入中所占比重很小，拉动作用有限。

三、城镇居民增收的持续性有待增强

（一）工资性收入增长动力不足

一是新冠病毒疫情影响，与往年相比，企业开工不足、职工返岗比例下降、务工人员外出时间推迟等对城镇居民工资性收入有较大影响；二是政策性增资政策的翘尾影响随着时间推移逐步消除，对拉动工资性收入增长的作用消失；三是效能目标管理考核奖和未休年休假补贴等提前预发对于 2020 年是较为明显的减收因素，需出台政策以消化影响；四是银川市创建文明城市奖能否兑现对城镇居民增收影响较大，值得关注；五是与周边省相比，奖励性政策项目少、标准偏低，直接影响后续增收后劲。

（二）经营净收入增长压力较大

随着营商环境的进一步改善，居民参与经营活动的积极性有所提高，但从事劳动密集型、低技术行业的现状没有根本改变，经营领域不宽，同质化严重，经营形式传统，实力弱，效益不高，对收入增长的带动作用较弱。

（三）增收结构平衡性欠缺

2019 年，城镇居民工资性收入比重比上年上升 1.3 个百分点，同时转移净收入、经营净收入和财产净收入所占比重分别下降了 1.0、0.2 和 0.1 个百分点。收入结构不平衡，增收渠道过窄，收入增加严重依靠工资性收入的增长。而经营净收入和财产净收入虽然贡献尚可，但基数较低，潜力还没有真正挖掘。转移净收入基数虽高，但增量不足，对居民收入增加的带动作用发挥不够。

（贺俊峰）

2-1 2019年全体居民家庭基本情况
Basic Statistics of Urban and Rural Households (2019)

指标名称	Item	单位	Unit	总计 Total
一、调查样本住户数	**Number of Households Surveyed**	户	**household**	**2000**
(一)城镇住户	Number of Urban Households	户	household	1090
(二)农村住户	Number of Rural Households	户	household	910
二、户主文化程度	**Cultural Level of Head of a Household**	--	--	--
(一)未上过学	No Schooling	户	household	96
(二)小学	Primary School	户	household	441
(三)初中	Junior Secondary School	户	household	765
(四)高中	Senior Secondary School	户	household	330
(五)大学专科	Junior College	户	household	195
(六)大学本科	Undergraduate College	户	household	164
(七)研究生	Postgraduate	户	household	9
三、住户经营情况	**Business Condition of Households**	--	--	--
(一)生产经营户	Production Business Households	户	household	1059
(二)非生产经营户	Non-production Business Households	户	household	991
四、按家庭规模分的住户类型	**Households Type Divided by Family Size**	--	--	--
(一)一人户	One Person	户	household	70
(二)二人户	Two Persons	户	household	536
(三)三人户	Three Persons	户	household	522
(四)四人户	Four Persons	户	household	462
(五)五人户	Five Persons	户	household	214
(六)六人及以上户	Six Persons and over	户	household	196
五、按世代分的住户类型	**Households Type Divided by Generation**	--	--	--
(一)一代户	One-Generation Households	户	household	471
(二)二代户	Two-Generation Households	户	household	1179
(三)三代户	Three-Generation Households	户	household	345
(四)四代及以上户	Four-Generation Households and over	户	household	5
六、住户特征	**Household Characteristics**	--	--	--
(一)纯老人户	Households of only the Old	户	household	166
(二)家中有未成年子女户	Households of Couple with Minor Children	户	household	963
(三)年轻夫妻无子女户	Households of Young Couple without Children	户	household	12
(四)无劳动力户	Households without Labour Force	户	household	24

注：全书住户收支调查表中，“--”指此项指标不进行计算或汇总；“空格”指此项指标数据为0。
Note: The book "--" means the indicator of resident income and expenditure survey is not calculated or summary; "blank" means the data is zero.

2-2　2019年全体居民家庭房屋基本情况
Basic Statistics of House of Urban and Rural Households (2019)

指标名称	Item	单位	Unit	总计 Total
一、期末拥有住房情况	**Owning House Condition of Term End**	--	--	
(一)期末拥有房屋面积	House Floor Space of Term End	平方米/人	sq.m	32.5
其中：自有现住房面积	Floor Space of Current Housing	平方米/人	sq.m	31.5
(二)期末拥有房屋市场价月租金	The Market Rent per Month of House of Term End	元/人	yuan	183.7
其中：自有现住房市场价月租金	The Market Rent per Month of Current Housing	元/人	yuan	176.8
二、期内新购建住房情况	**Newly Bought or Built Residential Buildings Condition During Period**	--	--	
(一)期内新购住房建筑面积	House Floor Space of Newly Bought Residential Buildings	平方米/人	sq.m	
(二)新购住房总金额	Amount of Newly Bought Residential Buildings	元/人	yuan	
(三)新建住房竣工建筑面积	Completing Floor Space of Newly Built Residential Buildings	平方米/人	sq.m	0.4
(四)新建住房总费用	Total Cost of Newly Built Residential Buildings	元/人	yuan	343.0
三、期末现住房构成	**Housing Constitute of Term End**	--	--	
(一)本住户居住类型	Residence Type	%	%	100.0
其中：普通住宅	General Residence	%	%	100.0
(二)本住户居住空间样式	House Construction Space Style	%	%	100.0
1.单栋楼房	Single Building	%	%	1.3
2.单栋平房	Single Bungalow	%	%	43.8
3.四居室及以上单元房	House with Four Bedrooms and above	%	%	1.2
4.三居室单元房	House with Three Bedrooms	%	%	25.0
5.二居室单元房	House with Two Bedrooms	%	%	27.6
6.一居室单元房	House with One Bedrooms	%	%	1.0
7.其他	Others	%	%	0.1
(三)主要建筑材料	Main Building Materials	%	%	100.0
1.钢筋混凝土	Reinforced Concrete	%	%	36.1
2.砖混材料	Brick and Concrete	%	%	35.8
3.砖瓦砖木	Brick and Wood	%	%	27.1
4.竹草土坯	Bamboo Grass Adobe	%	%	0.8
5.其他	Others	%	%	0.2
(四)现住房房屋来源	Source of Current Housing	%	%	100.0
1.租赁公房	Public House Leasing	%	%	0.7
2.租赁私房	Private House Leasing	%	%	2.4
3.自建住房	Self-Built Housing	%	%	42.9
4.购买商品房	Commercial Residential Building	%	%	40.0
5.购买房改住房	Reformed Housing	%	%	2.7
6.购买保障性住房	Security Housing	%	%	1.7
7.拆迁安置房	Removal Settlement Housing	%	%	8.2
8.继承或获赠住房	Inheritance or Gift Housing	%	%	0.5
9.免费借用房	Borrow Housing for Free	%	%	0.7
10.其他	Others	%	%	0.2
(五)现住房建筑面积	Floor Space of Current Residential Buildings	%	%	100.0
1.10平方米以内	Less than 10 sq.m	%	%	
2.10-20平方米	10-20 sq.m	%	%	
3.20-30平方米	20-30 sq.m	%	%	0.1
4.30-60平方米	30-60 sq.m	%	%	7.0
5.60-90平方米	60-90 sq.m	%	%	28.4
6.90-120平方米	90-120 sq.m	%	%	38.2
7.120-200平方米	120-200 sq.m	%	%	23.9
8.200平方米以上	200 sq.m above	%	%	2.4

2-2 续表 continued

指标名称	Item	单位	Unit	总计 Total
(六)住宅有管道供水情况	Pipeline Water Supplying of Residential Buildings	%	%	
1.管道供水入户	Pipeline Water Supplying in the Home	%	%	
2.管道供水至公共取水点	Pipeline Water Supplying to Public Water Intaking Spot	%	%	
3.没有管道设施	No Pipeline Infrastructure	%	%	
(七)住户厕所类型	Residence Toilet Type	%	%	100.0
1.水冲式卫生厕所	Water Flushing Sanitary Toilet	%	%	62.6
2.水冲式非卫生厕所	Water Flushing Insanitary Toilet	%	%	2.9
3.卫生旱厕	Sanitary Pit Latrine	%	%	3.6
4.普通旱厕	General Pit Latrine	%	%	30.8
5.无厕所	No Toilet	%	%	0.1
(八)住户厕所使用情况	Using Condition of Residence Toilet	%	%	
1.本住户独用	Exclusive Use	%	%	
2.几户合用	Sharing with Several Households	%	%	
3.公用厕所	Public Toilet	%	%	
(九)住户洗澡设施情况	Residence Shower Equipment Condition	%	%	100.0
1.统一供热水	Unified Supply Hot Water	%	%	1.1
2.家庭自装热水器	House Self-Installing Water Heater	%	%	91.3
3.其他	Others	%	%	2.9
4.无洗澡设施	No Shower Equipment	%	%	4.7
(十)住户主要取暖设备状况	Residence Main Heating Equipment Condition	%	%	100.0
1.由市政或小区集中供暖	Central Heating by Government or Housing Estate	%	%	47.4
2.自行供暖	Self Heating	%	%	52.0
3.无取暖设备	No Heating Equipment	%	%	0.6
(十一)住户主要取暖用能源状况	Residence Main Heating Energy Condition	%	%	100.0
1.柴草	Firewood	%	%	0.1
2.煤炭	Coal	%	%	42.3
3.罐装液化石油气	Liquefied Petroleum Gas of Can Pack	%	%	
4.管道液化石油气	Liquefied Petroleum Gas of Pipeline	%	%	
5.管道煤气	Coal Gas of Pipeline	%	%	
6.管道天然气	Natural Gas of Pipeline	%	%	8.7
7.电	Electricity	%	%	1.1
8.燃料用油	Fuel Oils	%	%	
9.沼气	Biogas	%	%	
10.其他	Others	%	%	0.1
11.无取暖行为	No Heating Behavior	%	%	47.7
(十二)主要炊用能源状况	Main Condition of Cooking Energy	%	%	100.0
1.柴草	Firewood	%	%	1.8
2.煤炭	Coal	%	%	9.9
3.罐装液化石油气	Liquefied Petroleum Gas of Can Pack	%	%	9.3
4.管道液化石油气	Liquefied Petroleum Gas of Pipeline	%	%	0.1
5.管道煤气	Coal Gas of Pipeline	%	%	0.4
6.管道天然气	Natural Gas of Pipeline	%	%	46.0
7.电	Electricity	%	%	32.3
8.燃料用油	Fuel Oils	%	%	0.0
9.沼气	Biogas	%	%	0.0
10.其他	Others	%	%	
11.无炊用行为	No Heating Behavior	%	%	0.2

2-3 2019年全体居民家庭就业年龄及学历构成情况
Composition Statistics of Employment Age and Education of Urban and Rural Households (2019)

指标名称	Item	单位	Unit	总计 Total
一、基本情况	**Basic Statistics of Households Surveyed**	—	—	
(一)户均常住人口	Average Number of Permanent Residents per Household	人/户	person/household	3.3
(二)户均常住从业人口	Average Number of Employed Persons per Household	人/户	person/household	1.7
(三)平均每户家庭从业人口比重	Average Number of Employed Persons Percentage per Household	%	%	49.6
(四)平均每一从业人口负担人数	Average Number of Dependency Coefficient per Employed Persons	人	person	2.0
二、常住从业人员年龄构成	**Age Composition of Permanent Employed Persons**	**%**	**%**	**100.0**
(一)16-19岁	Aged 16-19	%	%	0.9
(二)20-24岁	Aged 20-24	%	%	4.6
(三)25-29岁	Aged 25-29	%	%	7.6
(四)30-34岁	Aged 30-34	%	%	9.6
(五)35-40岁	Aged 35-40	%	%	13.1
(六)41-50岁	Aged 41-50	%	%	29.2
(七)51-60岁	Aged 51-60	%	%	21.2
(八)61-65岁	Aged 61-65	%	%	7.5
(九)66岁及以上	Aged 66 and over	%	%	6.3
三、常住从业人员文化程度构成	**Degree of Education of Permanent Employed Persons**	**%**	**%**	**100.0**
(一)未上过学	No Schooling	%	%	8.6
(二)小学	Primary School	%	%	20.7
(三)初中	Junior Secondary School	%	%	33.5
(四)高中	Senior Secondary School	%	%	16.0
(五)大学专科	Junior College	%	%	11.8
(六)大学本科及以上	Bachelor Degree or above	%	%	8.8
(七)研究生	Graduate Student	%	%	0.6
四、常住从业人员就业类型	**Type of Employment of Permanent Employed Persons**	**%**	**%**	**100.0**
(一)雇主	Employer	%	%	0.4
(二)公职人员	Civil Servants	%	%	1.9
(三)事业单位人员	Institution Officers	%	%	5.2
(四)国有企业雇员	State-owned Enterprises Employees	%	%	4.6
(五)其他雇员	Other Employees	%	%	50.7
(六)农业自营	Self-employed of Agriculture	%	%	24.7
(七)非农自营	Self-employed of Non-Agriculture	%	%	12.5
五、常住从业人员从事主要行业	**Type of Industry of Permanent Employed Persons**	**%**	**%**	**100.0**
(一)第一产业	Primary Industry	%	%	28.3
(二)第二产业	Secondary Industry	%	%	22.5
(三)第三产业	Tertiary Industry	%	%	49.2

2-4 2019年全体居民家庭主要食品消费数量

Consumption of Major Foods by Urban and Rural Households (2019)

单位：公斤/人 (kg/person)

指 标 名 称	Item	总计 Total
一、粮食消费量	**Grain**	**106.7**
(一)谷物消费量	Cereal	99.7
1.小麦	Wheat	60.4
2.稻谷	Rice	35.6
3.玉米	Corn	1.1
4.其他谷物	Others	2.5
(二)薯类消费量	Tubers	2.5
1.红薯	Sweet Potato	0.4
2.马铃薯	Potato	1.7
3.其他薯类	Others	0.4
(三)豆类消费量	Beans	4.6
1.大豆	Soybeans	0.1
2.其他豆类	Others	4.5
二、蔬菜及菜制品消费量	**Vegetables and Processed Products**	**88.8**
其中：鲜菜	Fresh Vegetables	86.9
三、肉禽及其制品	**Meat, Poultry and Processed Products**	**24.0**
1.猪肉	Pork	6.3
2.牛肉	Beef	4.8
3.羊肉	Mutton	4.1
4.家禽	Poultry	6.9
5.其他肉禽及制品	Others	1.8
四、蛋类及蛋制品	**Eggs and Processed Products**	**6.2**
五、奶和奶制品	**Milk and Processed Products**	**14.6**
六、水产品	**Aquatic Products**	**3.0**
其中：鱼类	Fish	2.1
七、油脂类消费量	**Grease**	**7.6**
1.植物油	Vegetable Oil	7.5
2.动物油	Animal Oil	0.1
八、糖果糕点类	**Confection and Pastry**	**4.2**
九、干鲜瓜果类	**Melon and Fruits**	**79.2**
1.鲜瓜果	Melons	74.7
2.瓜果制品	Watermelon	1.0
3.坚果类	Nuts	3.5
十、消费茶叶	**Tea Leaves**	**0.3**
十一、酒	**Liquor**	**2.5**
1.白酒	White Spirit	0.6
2.啤酒	Beer	1.8
3.果酒	Fruit Wine	0.1

2-5 2019年全区及各市县全体居民人均可支配收入及来源

Per Capita Disposable Income of Urban and Rural Residents by Sources by City and County (2019)

单位：元 (yuan)

市 县	Region	可支配收入 Disposable Income	工资性收入 Income from Wages and Salaries	经营净收入 Net Business Income	财产净收入 Net Income from Property	转移净收入 Net Income from Transfer
全 区	**Total**	**24411.9**	**14887.5**	**4198.0**	**944.0**	**4382.4**
银川市	**Yinchuan**	**32023.4**	**20533.4**	**4325.3**	**1545.0**	**5619.8**
兴庆区	Xingqing	39776.8	24634.9	3835.9	2465.6	8840.4
西夏区	Xixia	29069.5	19359.5	2159.4	1150.5	6400.0
金凤区	Jinfeng	35633.1	24463.7	3105.7	1587.8	6475.9
永宁县	Yongning	21451.5	13103.0	5741.3	994.8	1612.4
贺兰县	Helan	23211.4	14514.4	4573.6	950.4	3173.1
灵武市	Lingwu	25217.1	15571.9	8598.8	326.2	720.2
石嘴山市	**Shizuishan**	**27725.5**	**16575.2**	**4222.7**	**711.0**	**6216.6**
大武口区	Dawukou	34576.4	22416.2	2780.2	982.1	8397.9
惠农区	Huinong	26341.5	16982.0	2915.6	504.8	5939.1
平罗县	Pingluo	20527.5	9127.1	7051.6	569.3	3779.5
吴忠市	**Wuzhong**	**19164.7**	**11058.9**	**5232.5**	**484.4**	**2388.9**
利通区	Litong	23379.0	14038.4	5160.8	863.8	3315.9
红寺堡区	Hongsipu	13752.5	8875.6	3451.4	168.8	1256.7
盐池县	Yanchi	19219.5	8852.0	7461.3	546.9	2359.4
同心县	Tongxin	13706.5	7051.1	4227.8	157.6	2270.0
青铜峡市	Qingtongxia	20615.5	12603.6	6035.5	380.2	1596.2
固原市	**Guyuan**	**15323.1**	**9122.1**	**4093.5**	**289.5**	**1818.0**
原州区	Yuanzhou	18826.7	12992.0	3508.4	525.4	1800.8
西吉县	Xiji	13218.0	6321.2	4952.1	110.1	1834.5
隆德县	Longde	13417.2	7806.6	3091.0	202.0	2317.6
泾源县	Jingyuan	13419.7	8442.4	3531.7	228.0	1217.7
彭阳县	Pengyang	13919.4	7325.1	4596.4	204.6	1793.3
中卫市	**Zhongwei**	**16904.3**	**10444.7**	**3867.1**	**411.9**	**2180.5**
沙坡头区	Shapotou	20376.3	13428.3	3752.0	594.3	2601.7
中宁县	Zhongning	19167.9	10927.2	5401.5	517.8	2321.4
海原县	Haiyuan	12188.4	7263.2	3134.7	159.8	1630.6

2-6 2019年全区及各市县全体居民人均消费支出情况

Basic Statistics of Consumption Expenditure of Urban and Rural Residents by City and County (2019)

单位：元 (yuan)

市县	Region	消费支出 Consumption Expenditure	1.食品烟酒 Food, Tobacco and Liquor	2.衣着 Clothing	3.居住 Residence	4.生活用品及服务 Household Facilities Articles and Services	5.交通通信 Transport and Communications	6.教育文化娱乐 Education, Cultural and Recreation	7.医疗保健 Health Care and Medical Services	8.其他用品及服务 Miscellaneous Goods and Services
全　区	**Total**	**18296.8**	**4605.2**	**1476.6**	**3245.1**	**1144.5**	**3018.1**	**2352.4**	**1929.3**	**525.5**
银川市	**Yinchuan**	**23733.6**	**6117.7**	**1979.4**	**4462.7**	**1394.9**	**3647.2**	**3238.9**	**2199.8**	**693.1**
兴庆区	Xingqing	30996.6	7969.2	2589.7	5669.6	1716.9	4646.4	4662.2	2717.5	1025.1
西夏区	Xixia	21231.6	5874.5	1555.2	3723.6	1391.6	3369.8	2183.4	2615.0	518.5
金凤区	Jinfeng	25450.4	6095.4	2118.7	5575.8	1444.1	3709.5	3609.7	2212.8	684.5
永宁县	Yongning	15690.8	4623.6	1323.7	2777.1	970.4	2368.6	1763.4	1406.6	457.2
贺兰县	Helan	17589.2	4625.3	1544.2	3031.3	1075.6	3131.4	2203.0	1486.0	492.4
灵武市	Lingwu	17156.1	4211.7	1543.7	2900.0	1097.8	3010.0	2279.3	1747.6	366.0
石嘴山市	**Shizuishan**	**17119.7**	**5488.2**	**1661.0**	**2517.0**	**945.0**	**2368.8**	**1933.9**	**1798.0**	**407.8**
大武口区	Dawukou	21565.9	6962.9	2298.9	2956.6	1225.2	3096.8	2529.0	1973.0	523.6
惠农区	Huinong	14877.8	5235.5	1343.8	2088.2	882.1	1718.1	1677.0	1632.3	300.8
平罗县	Pingluo	13395.7	3951.8	1139.8	2274.6	659.1	1912.4	1419.4	1698.9	339.7
吴忠市	**Wuzhong**	**13426.7**	**3862.0**	**1199.2**	**2443.4**	**879.9**	**2006.0**	**1415.1**	**1324.9**	**296.1**
利通区	Litong	16280.2	4663.0	1439.4	2632.7	1121.7	2645.3	1659.8	1695.6	422.7
红寺堡区	Hongsipu	11835.1	3523.1	991.6	2181.8	736.7	1856.2	1339.4	986.9	219.4
盐池县	Yanchi	13600.5	4135.8	1409.7	2371.8	777.4	1903.7	1553.0	1165.7	283.3
同心县	Tongxin	10589.6	2968.9	911.7	2485.7	653.6	1242.8	1112.7	1107.4	106.8
青铜峡市	Qingtongxia	12829.6	3689.8	1108.6	2191.2	866.1	2031.3	1363.3	1224.8	354.5
固原市	**Guyuan**	**11554.6**	**3280.2**	**888.1**	**2083.5**	**701.2**	**1878.3**	**1486.3**	**981.9**	**255.2**
原州区	Yuanzhou	14663.9	3762.7	1224.2	2538.1	947.3	2874.9	1598.8	1254.2	463.6
西吉县	Xiji	9408.0	2975.8	636.9	1618.5	524.4	1321.6	1472.5	743.8	114.4
隆德县	Longde	12385.7	3437.9	796.4	2478.7	812.1	1524.4	1816.8	1258.6	260.8
泾源县	Jingyuan	8953.9	2767.9	809.4	1777.7	517.3	1194.2	958.6	817.6	111.2
彭阳县	Pengyang	10059.8	3022.4	774.0	2005.2	576.4	1430.4	1328.9	766.9	155.7
中卫市	**Zhongwei**	**13222.1**	**3364.6**	**1072.6**	**2415.9**	**855.4**	**2070.5**	**1634.6**	**1526.9**	**281.5**
沙坡头区	Shapotou	16156.5	4213.3	1375.9	3143.4	1031.5	2175.8	1990.1	1760.6	465.9
中宁县	Zhongning	14682.2	3314.4	1034.5	2373.8	912.9	2906.4	1831.6	1988.5	320.0
海原县	Haiyuan	9821.1	2713.0	829.5	1853.8	668.3	1454.7	1186.0	1012.0	103.8

2-7 主要年份各市县全体居民人均可支配收入

Per Capita Annual Disposable Income of Urban and Rural Households by City and County in Main Years

单位：元 (yuan)

市 县	Region	2013	2014	2015	2016	2017	2018	2019
全 区	**Total**	**14566**	**15907**	**17329**	**18832**	**20562**	**22400**	**24412**
银川市	**Yinchuan**	**19914**	**21750**	**23551**	**25394**	**27517**	**29723**	**32023**
兴庆区	Xingqing	25011	27346	29542	31739	34329	36981	39777
西夏区	Xixia	18028	19683	21322	23033	24892	26906	29069
金凤区	Jinfeng	21829	23912	25960	27995	30399	32920	35633
永宁县	Yongning	13482	14722	16017	17239	18683	19846	21451
贺兰县	Helan	14314	15666	16955	18295	19844	21464	23211
灵武市	Lingwu	15653	17077	18460	19906	21611	23362	25217
石嘴山市	**Shizuishan**	**17294**	**18748**	**20220**	**21757**	**23613**	**25638**	**27725**
大武口区	Dawukou	21303	23125	25082	27033	29437	32000	34576
惠农区	Huinong	16524	17888	19306	20745	22495	24202	26341
平罗县	Pingluo	12786	13923	14974	16102	17450	19000	20527
吴忠市	**Wuzhong**	**11241**	**12322**	**13373**	**14500**	**15875**	**17416**	**19165**
利通区	Litong	14259	15571	16841	18149	19659	21421	23379
红寺堡区	Hongsipu	7741	8529	9307	10198	11250	12330	13752
盐池县	Yanchi	10570	11616	12720	13919	15300	16957	19220
同心县	Tongxin	7811	8635	9460	10329	11279	12266	13706
青铜峡市	Qingtongxia	12733	13924	15024	16144	17532	18941	20616
固原市	**Guyuan**	**8676**	**9591**	**10409**	**11400**	**12641**	**13958**	**15323**
原州区	Yuanzhou	10678	11761	12792	13898	15194	16804	18827
西吉县	Xiji	7445	8262	9017	9846	10803	11808	13218
隆德县	Longde	7587	8410	9102	9937	11002	12051	13417
泾源县	Jingyuan	7600	8414	9107	9921	10883	12053	13420
彭阳县	Pengyang	7741	8590	9361	10210	11266	12490	13919
中卫市	**Zhongwei**	**10140**	**11094**	**12011**	**12930**	**14080**	**15334**	**16904**
沙坡头区	Shapotou	12630	13778	14912	15993	17370	18825	20376
中宁县	Zhongning	11739	12817	13900	14998	16343	17660	19168
海原县	Haiyuan	6900	7641	8284	9046	9854	10773	12188

注：按照2013年城乡一体化住户调查新口径测算方法，根据城镇化率，测算出近年全体居民人均可支配收入。

Note: According to the integration of urban and rural household survey in 2013 new caliber measurement, basing on the urbanization rate, measure per capita disposable income of urban and rural household.

2-8 主要年份全区农村居民家庭基本情况

Basic Statistics of Rural Households in Main Years

年 份 Year	调查户数 (户) Number of Households Surveyed (household)	调查户常住人口 (人) Number of Permanent Residents in the Households Surveyed (person)	平均每户常住人口 (人) Average Number of Permanent Residents per Household (person)	平均每户整半劳动力 (人) Average Number of Able-bodied and Semi-able per Household (person)	整半劳动力占常住人口比重 (%) Able-bodied Labours as Percentage of Permanent Residents (%)	就业劳动力中 Culture Level of Employed Labours 不识字或识字很少比重(%) Illiterate or Semi-illiterate (%)	小学程度比重 (%) Primary School (%)	初中程度比重 (%) Junior Middle School (%)	高中程度比重 (%) Senior Middle School (%)	大中专及以上程度比重 (%) Technical Secondary School and above (%)
1983	480	2983	6.2	3.0	47.5	43.3	31.6	20.6	4.4	0.1
1984	480	2939	6.1	2.9	47.6	42.7	32.3	20.1	4.8	0.1
1985	1090	6588	6.0	3.0	49.9	43.4	27.6	23.8	5.2	0.1
1986	1090	6557	6.0	2.9	48.7	41.3	29.4	24.1	5.1	0.1
1987	1090	6454	5.9	2.9	48.6	40.1	30.9	23.9	5.1	0.0
1988	1090	6407	5.9	2.9	49.5	38.8	30.7	25.0	5.5	0.0
1989	1090	6286	5.8	2.9	50.6	37.0	30.8	26.3	5.8	0.0
1990	990	5753	5.8	3.0	50.9	37.3	30.2	27.1	5.4	0.1
1991	990	5561	5.6	3.0	52.6	35.2	30.9	27.5	6.0	0.5
1992	990	5434	5.5	2.9	53.1	34.4	30.5	28.8	6.0	0.3
1993	990	5358	5.4	3.0	56.2	32.3	30.5	30.2	6.6	0.4
1994	990	5377	5.4	3.1	57.7	31.2	30.6	31.2	6.5	0.5
1995	1050	5517	5.3	3.1	58.2	26.6	32.3	33.1	7.5	0.5
1996	1050	5398	5.1	3.1	59.5	24.0	32.6	36.2	6.9	0.3
1997	1050	5302	5.0	3.0	59.7	23.5	31.8	37.1	7.0	0.7
1998	1050	5118	4.9	2.9	58.6	21.6	31.2	38.2	8.5	0.5
1999	1050	5036	4.8	2.8	58.8	20.8	30.2	38.9	9.8	0.3
2000	600	2850	4.8	2.8	59.1	19.5	30.3	39.1	9.1	2.0
2001	600	2826	4.7	2.8	59.7	17.8	30.1	41.2	9.1	1.8
2002	600	2813	4.7	2.8	60.2	16.9	30.3	41.9	8.7	2.1
2003	600	2769	4.6	2.8	60.7	16.3	30.5	42.1	8.9	2.1
2004	600	2759	4.6	2.8	60.5	15.8	28.8	44.7	8.7	2.0
2005	600	2720	4.5	2.8	61.4	21.1	31.9	40.0	5.0	1.9
2006	600	2703	4.5	2.8	62.2	20.2	31.5	41.0	6.2	1.1
2007	600	2642	4.4	2.8	63.2	20.0	30.8	39.8	7.7	1.6
2008	600	2648	4.4	2.8	63.3	18.7	31.2	40.4	8.2	1.6
2009	600	2587	4.3	2.8	63.9	18.0	30.0	42.1	8.3	1.6
2010	600	2559	4.3	2.8	64.6	18.5	28.5	41.3	9.0	2.7
2011	800	3417	4.3	2.8	64.7	15.3	33.3	41.4	6.8	3.2
2012	800	3416	4.3	2.8	64.3	14.4	32.7	41.8	7.3	3.8
2013	891	3903	4.4	2.6	59.9	12.1	33.8	39.9	9.3	5.0
2014	998	3962	4.0	2.4	61.5	11.8	34.3	41.4	8.9	3.6
2015	1011	3962	3.9	2.4	61.4	11.4	32.7	43.1	9.7	3.0
2016	1006	3903	3.9	2.5	63.1	10.8	31.8	43.6	9.4	4.4
2017	1005	3826	3.8	2.4	63.6	12.6	31.3	42.0	9.8	4.4
2018	910	3551	3.8	2.4	62.5	16.0	33.3	37.1	9.7	3.9
2019	910	3503	3.8	2.4	61.6	15.9	35.2	36.2	8.8	3.9

注：2014年就业劳动力中文化程度分组指标中取消了“中专”，所以将以前年份的“中专”比重汇总到“大中专及以上”比重。

Note: In 2014, "secondary" has been cancelled by the cultural level of employed labors, so "technical secondary school and above" already contains "secondary" before 2014.

2-8 续表 continued

年 份 Year	年内新建房屋价值 (元/平方米) Value of Newly-built Houses (yuan/sq.m)	年末住房面积 (平方米/人) Floor Space of Living Houses at Year-end (sq.m/person)	砖木结构面积 Brick and Wood Structure	钢筋混凝土结构面积 Reinforced Concrete Structure	年末生产固定资产原值 (元/户) Original Value of Productive Fixed Assets at Year-end (yuan/household)	农业原值 Agriculture	工业原值 Industry	建筑业原值 Construction	交通运输业原值 Transport
1983	14.3	10.4			742.7	563.5	16.3		99.9
1984	14.4	11.0			818.9	655.7	37.7		34.2
1985	21.8	11.8	0.0		1170.7	732.9	37.3		250.4
1986	24.9	12.5	0.2		1361.3	772.3	51.8		353.7
1987	32.5	13.0	0.2		1508.5	745.0	64.1		488.7
1988	36.0	13.2	0.5	0.0	1707.8	803.7	74.1		599.6
1989	56.9	13.7	0.9	0.0	1974.6	836.6	77.7		823.9
1990	61.7	13.6	1.0	0.0	2128.9	924.2	84.5		849.1
1991	63.1	14.0	1.6	0.0	2354.7	1212.3	69.0		703.9
1992	70.3	14.6	1.9	0.0	2482.9	1245.5	90.6		778.4
1993	102.9	15.4	2.9	0.1	2757.1	1415.8	96.0		744.4
1994	62.8	16.3	3.3	0.1	3366.4	1767.7	112.2		863.1
1995	149.2	19.7	5.9	0.2	5153.0	2991.0	111.1		1237.0
1996	156.0	16.1	5.3		5426.1	3146.2	226.6		1102.6
1997	212.3	16.8	6.1	0.3	6825.0	3487.4	122.6		1290.9
1998	175.0	17.3	7.6	0.3	6722.5	3704.0	121.3		1399.9
1999	185.1	18.2	8.9	0.2	7086.5	3849.9	134.4		1552.0
2000	218.0	18.0	7.2	0.6	10168.1	6051.1	480.9	4.5	1658.6
2001	190.0	18.8	8.5	0.5	11069.9	6270.4	520.4	1.7	2199.3
2002	218.6	19.2	8.5	0.6	12024.1	6983.2	576.2	4.0	2288.6
2003	226.2	20.1	9.2	0.7	13058.2	7925.4	554.7	1.1	2388.8
2004	203.6	21.4	10.7	0.6	13735.1	9743.2	822.7	1.3	2430.2
2005	286.5	21.0	11.2	1.0	14811.2	7296.9	604.7	21.1	3527.3
2006	264.8	21.6	11.9	0.9	15368.2	7492.1	466.3	76.9	3806.6
2007	311.3	23.0	13.4	0.8	16918.0	8155.0	485.0	21.0	4717.0
2008	485.0	23.1	13.5	0.9	18245.0	9359.0	476.0	21.0	4367.0
2009	343.4	24.5	14.9	1.3	21310.0	10642.0	575.0	24.0	5253.0
2010	486.6	24.9	15.4	1.8	23405.0	10745.0	544.0	24.0	7676.0
2011	668.0	24.4	16.6	1.7	21418.0	10333.8	286.9	220.1	5212.6
2012	649.7	25.9	17.2	3.0	24266.2	11192.6	222.0	445.9	5323.6
2013	949.3	22.7	15.7	3.8	27986.0	11601.7	601.2	55.4	6326.6
2014	686.6	28.3	19.1	3.4	29649.3	18382.8	94.1	110.3	7242.4
2015	797.1	30.2	19.7	4.0	33112.0	16549.5	144.1	619.6	11433.0
2016	840.3	32.1	20.7	4.7	36579.0	16889.0	900.0	655.0	14075.0
2017	899.9	32.7	-	-	40277.0	19467.0	850.0	276.0	12495.0
2018	1046.6	29.2	-	-	40351.5	22646.5	577.8	1327.1	7705.1
2019	860.3	30.7	-	-	45297.2	26572.5	387.5	1526.2	8966.3

注：2017年房屋结构面积不再推算。
Note: No calculating of building area in 2017.

2-9 主要年份全区农村居民家庭主要产品出售情况

Basic Statistics of Production and Sale of Major Products of Rural Households in Main Years

年份 Year	出售粮食 (公斤/人) Sale Grain (kg/person)	出售油料 (公斤/人) Sale Oil-bearing (kg/person)	出售蔬菜 (公斤/人) Sale Vegetable (kg/person)	出售水果 (公斤/人) Sale Fruit (kg/person)	出售肉猪 (头/户) Sale Hog (head/household)	出售肉牛 (头/户) Sale Cattle and Buffaloes (head/household)
1983	123.98	7.49	113.72	0.15	0.30	
1984	134.52	4.82	141.44	0.17	0.29	
1985	238.70	4.87	212.04	3.97	0.46	0.02
1986	196.96	8.67	172.99	3.29	0.55	0.01
1987	176.79	3.98	141.75	4.33	0.53	
1988	217.26	3.26	156.60	4.43	0.35	
1989	272.84	5.35	183.04	4.06	0.37	
1990	258.52	5.81	170.14	3.13	0.51	0.01
1991	277.55	7.83	127.89	5.09	0.56	0.01
1992	222.52	3.91	157.74	11.83	0.55	0.02
1993	219.64	7.29	122.14	7.18	0.53	0.04
1994	250.91	7.29	115.92	10.85	0.64	0.05
1995	241.79	5.13	139.16	12.99	0.50	0.09
1996	270.05	4.91	153.74	19.60	0.49	0.07
1997	442.19	6.05	149.18	18.33	0.58	0.11
1998	430.43	10.26	173.60	16.98	0.64	0.11
1999	429.02	11.64	188.30	37.01	0.88	0.10
2000	381.95	4.99	164.20	18.22	1.35	0.11
2001	323.52	5.12	203.79	13.99	1.21	0.24
2002	407.01	10.62	183.09	19.22	1.27	0.18
2003	340.26	18.64	243.08	40.18	0.92	0.15
2004	434.09	19.36	242.94	31.31	0.76	0.13
2005	492.09	19.00	244.37	118.84	1.03	0.32
2006	476.89	14.50	243.80	56.89	1.43	0.40
2007	439.26	19.06	248.88	83.83	0.71	0.39
2008	417.15	26.65	251.48	61.52	0.54	0.31
2009	432.11	22.16	185.22	83.40	0.81	0.34
2010	401.35	17.26	151.67	49.88	0.85	0.31
2011	443.89	10.94	279.51	70.23	0.76	0.33
2012	504.04	10.99	299.20	40.90	0.67	0.30
2013	642.77	3.6	297.4	26.48	0.57	0.38
2014	758.11	7.31	181.92	43.83	0.67	0.28
2015	764.52	6.98	262.76	33.17	0.53	0.25
2016	1125.21	8.83	287.65	59.89	0.41	0.29
2017	840.99	3.91	298.86	28.21	0.41	0.38
2018	939.45	9.64	397.12	35.93	0.79	0.44
2019	917.52	3.94	509.15	118.27	0.55	0.51

2-9 续表 continued

单位：公斤/人 (kg/person)

年 份 Year	出售菜羊 (只/户) Sale Sheep (head/household)	出售家禽 (公斤/户) Sale Poultry (kg/household)	出售牛、羊奶 (公斤/户) Sale Milk (kg/household)	出售禽蛋 (公斤/户) Sale Egg (kg/household)	出售羊毛 (公斤/户) Sale Wool (kg/household)	出售水产品 (公斤/户) Sale Aquatic Products (kg/household)
1983	1.40	1.49		6.43	5.89	1.00
1984	1.13	1.11		13.09	7.14	1.11
1985	0.97	1.45	3.51	6.44	5.70	1.05
1986	0.99	2.47	6.90	8.83	5.79	3.27
1987	1.47	1.75	29.56	8.13	5.22	3.53
1988	1.16	1.55	54.14	6.76	5.18	3.75
1989	0.74	1.98	88.28	6.05	3.28	2.98
1990	1.21	3.39	128.34	5.51	4.41	3.75
1991	2.10	5.77	34.27	8.93	4.34	3.76
1992	2.04	4.65	46.52	12.53	3.06	3.63
1993	1.16	2.44	72.55	8.70	2.32	2.22
1994	0.93	1.83	99.12	25.37	2.91	1.12
1995	1.26	7.31	155.92	10.89	3.15	1.50
1996	1.67	5.06	265.66	16.20	3.36	8.83
1997	2.13	12.57	359.62	36.43	3.09	10.64
1998	1.90	10.70	338.20	49.80	2.90	21.87
1999	2.06	13.68	367.21	87.47	2.82	46.35
2000	2.32	16.04	416.62	70.02	2.32	30.20
2001	2.89	12.89	359.66	91.19	1.42	34.64
2002	2.69	18.96	368.68	99.03	1.78	36.12
2003	2.01	15.09	445.95	92.22	3.69	14.35
2004	1.81	20.50	436.48	72.58	2.98	6.00
2005	2.13	20.94	455.33	0.44	2.98	43.18
2006	2.13	36.15	556.96	0.19	3.93	54.40
2007	2.49	51.34	416.88	0.09	2.00	42.51
2008	2.00	56.55	348.42	2.25	1.89	38.97
2009	1.69	44.42	256.84	0.60	1.08	46.93
2010	1.81	37.19	226.9	0.03	1.81	26.25
2011	2.03	9.06	280.42	8.55	2.82	12.25
2012	1.99	10.13	401.19	12.63	3.98	14.06
2013	2.49	3.84	517.64	52.06	2.77	9.79
2014	1.15	1.56	427.05	0.41	2.26	
2015	1.91	1.81	21.95	4.55	2.73	0.58
2016	4.23	3.77		55.77	3.59	21.32
2017	3.47	7.66	0.01	34.73	1.43	36.81
2018	2.76	88.38	2.74	0.07	2.84	
2019	4.23	9.43		0.14	2.59	

2-10 主要年份全区农村居民家庭总收入来源情况
Basic Statistics of Total Income of Rural Households by Sources in Main Years

单位：元/人 (yuan/person)

年 份 Year	全年总收入 Total Revenue	1.工资性收入 Wages Income	2.经营性收入 Household Business Income	农业收入 Farming	林业收入 Forestry	牧业收入 Animal Husbandry	渔业收入 Fishery
1983	366.0	43.2	301.8	240.3	2.3	37.5	0.4
1984	396.0	58.6	318.3	246.7	3.8	39.3	0.5
1985	449.3	62.6	360.7	259.1	5.1	56.5	0.6
1986	526.4	77.1	425.9	307.5	4.6	68.9	2.3
1987	562.4	78.0	458.8	308.0	3.6	89.1	2.8
1988	693.6	86.4	581.7	387.8	5.8	126.0	2.8
1989	803.6	87.4	690.4	491.7	5.4	123.4	2.6
1990	860.0	78.9	754.3	565.1	4.8	121.5	2.6
1991	907.5	96.9	782.9	558.3	8.0	134.3	2.7
1992	952.2	114.3	806.1	557.5	7.1	150.5	2.6
1993	1010.7	134.4	843.4	592.3	6.6	142.0	1.9
1994	1414.7	146.4	1224.9	868.7	7.0	219.1	1.1
1995	1798.6	178.3	1567.8	1063.0	7.7	338.8	1.9
1996	2301.9	208.5	2031.3	1433.6	11.4	382.9	12.0
1997	2448.1	262.6	2127.2	1365.6	7.9	520.1	14.6
1998	2731.8	367.7	2281.8	1463.1	6.5	496.7	32.8
1999	2754.5	423.0	2228.2	1366.7	8.5	504.5	48.5
2000	2819.8	484.0	2170.0	1097.6	6.9	581.4	35.5
2001	2987.8	527.6	2304.9	1132.4	17.1	691.2	41.1
2002	3110.9	526.7	2396.8	1205.0	20.7	695.6	45.2
2003	3268.0	592.3	2446.5	1223.0	28.4	693.7	18.3
2004	3684.8	618.4	2853.5	1589.8	5.8	761.7	6.7
2005	4179.7	702.1	3200.8	1747.6	6.8	915.9	49.4
2006	4565.4	823.1	3444.2	1868.6	5.1	1013.7	76.9
2007	5245.2	1021.4	3896.2	2081.7	8.5	1171.1	83.0
2008	6173.9	1260.0	4503.3	2365.6	7.1	1511.8	89.1
2009	6627.3	1518.9	4656.2	2428.6	9.2	1489.9	97.4
2010	7330.8	1788.3	5034.6	2834.4	7.6	1407.2	53.6
2011	8388.9	2164.2	5650.8	3153.4	33.9	1678.7	37.1
2012	9485.8	2510.5	6302.3	3553.6	33.2	1838.7	34.5
2013	10666.8	2878.4	6912.6	3542.9	55.5	2254.6	17.1
2014	12862.7	3391.0	7809.5	3880.3	47.8	2356.8	
2015	13790.2	3614.3	8030.1	4126.3	95.1	1661.3	13.8
2016	15792.3	3906.1	9184.6	3909.1	75.2	2315.6	64.0
2017	16533.1	4224.0	9361.1	3728.0	83.3	2483.9	110.5
2018	18627.5	4547.8	10826.4	4202.8	121.9	3489.0	
2019	20233.6	4962.7	11632.1	4398.5	142.7	4009.3	

2-10 续表 continued

单位：元/人 (yuan/person)

年 份 Year	工业收入 Industry	建筑业收入 Construction	交通运输业收入 Transport, Post and Telecommunication	批发零售和住宿餐饮业收入 Wholesale, Retail, Lodging and Catering	社会服务业收入 Social Service	其他家庭经营收入 Others	3.财产及转移性收入 Property and Transfer Income
1983	5.3	7.6	4.2	2.5	0.9	0.9	21.1
1984	4.2	8.0	7.9	2.6	2.6	2.8	19.1
1985	3.8	7.1	17.8	3.1	3.1	4.6	26.0
1986	4.7	3.3	21.6	4.6	3.5	5.1	23.5
1987	5.5	4.1	25.6	6.0	7.3	6.6	24.2
1988	7.6	4.6	29.9	7.4	5.8	3.9	25.6
1989	8.4	3.7	35.4	9.2	5.7	5.0	25.0
1990	9.3	3.8	29.3	8.3	3.5	6.1	26.8
1991	9.5	5.9	35.7	11.6	4.8	12.0	27.8
1992	10.8	7.9	39.0	15.9	6.1	8.8	31.9
1993	8.9	6.6	41.5	27.7	6.5	9.4	32.9
1994	13.3	4.6	45.3	40.4	9.3	16.1	43.5
1995	19.4	7.5	71.2	36.2	6.7	15.4	52.5
1996	23.2	7.0	91.7	38.0	7.4	24.1	62.1
1997	33.7	15.1	98.1	45.2	8.8	18.1	58.3
1998	25.3	9.0	139.6	64.6	21.3	22.9	82.3
1999	35.5	14.1	128.3	71.2	23.7	27.2	103.4
2000	51.7	14.6	191.8	123.5	25.5	41.7	165.8
2001	54.8	6.3	202.3	104.7	19.6	35.5	155.2
2002	58.5	4.5	214.3	96.1	20.6	36.3	187.4
2003	69.2	7.9	252.6	109.2	16.5	24.3	229.3
2004	78.5	5.7	252.4	115.0	18.5	19.5	212.9
2005	85.8	13.7	203.7	148.7	19.2	9.7	276.8
2006	79.0	11.9	234.1	129.6	24.6	0.4	298.1
2007	125.5	7.7	278.3	103.5	30.1	6.9	327.6
2008	110.8		253.8	118.5	44.2	2.5	410.5
2009	123.5	0.2	314.0	141.3	46.7	5.4	452.2
2010	111.6		364.0	173.2	73.7	9.4	507.9
2011	42.0	10.1	371.6	266.7	47.3	10.0	573.9
2012	25.3	44.3	419.3	297.8	48.5	7.2	672.9
2013	29.2	54.1	414.9	441.8	86.4	16.2	875.8
2014	31.5	60.1	681.0	492.0	257.2	2.8	1662.2
2015	61.5	110.8	943.5	685.0	317.7	15.0	2145.8
2016	139.3	99.5	1464.8	786.2	302.1	28.9	2701.7
2017	110.8	200.4	1479.6	806.4	337.3	20.9	2948.0
2018	86.2	311.2	1016.4	1078.6	387.9	132.3	3253.3
2019	72.6	147.8	1247.9	977.1	466.7	169.4	3638.8

2-11 主要年份全区农村居民家庭分行业人均可支配收入情况
Basic Statistics of Disposable Income of Rural Households by Sector in Main Years

单位：元/人 (yuan/person)

年 份 Year	可支配收入 Disposable Income	1.工资性收入 Income from Wages and Salaries	2.经营净收入 Net Business Income	3.财产净收入 Net Income from Property	4.转移净收入 Net Income from Transfer
1983	288.7	45.5	224.0		19.2
1984	313.2	61.5	235.0		16.7
1985	321.2	61.7	237.7		21.8
1986	374.5	76.2	280.3		18.0
1987	382.7	77.2	285.9		19.6
1988	472.5	85.0	367.9		19.5
1989	521.9	84.7	418.0		19.1
1990	578.1	76.7	480.9		20.5
1991	590.0	94.0	474.6		21.4
1992	591.0	109.1	456.0		25.9
1993	636.4	128.2	481.2		27.0
1994	867.0	139.4	691.1		36.5
1995	998.7	171.7	780.6		46.5
1996	1397.8	205.9	1137.1		54.8
1997	1512.5	257.1	1204.5		50.9
1998	1733.9	386.0	1284.7	29.1	34.2
1999	1778.8	466.0	1236.9	15.2	60.7
2000	1759.7	494.5	1147.0	77.5	40.7
2001	1873.3	541.4	1213.9	60.0	57.9
2002	1983.7	542.7	1309.6	54.3	77.1
2003	2128.6	611.7	1303.3	64.2	149.5
2004	2434.8	640.8	1572.5	48.4	173.1
2005	2651.5	728.6	1634.9	44.6	243.4
2006	2937.9	858.0	1749.5	48.4	281.9
2007	3411.0	1071.5	1974.9	52.3	312.3
2008	3977.6	1324.2	2161.0	58.4	433.9
2009	4405.3	1603.9	2258.4	55.6	487.4
2010	5125.3	1894.9	2609.9	83.4	537.2
2011	5931.2	2297.9	2948.9	98.5	585.9
2012	6775.7	2656.7	3306.2	85.7	727.1
2013	7598.7	3030.9	3481.0	111.9	974.8
2014	8410.0	3391.0	3644.6	148.9	1225.4
2015	9118.7	3614.3	3837.0	189.9	1477.5
2016	9851.6	3906.1	3937.5	291.8	1716.3
2017	10737.9	4224.0	4252.0	323.8	1938.0
2018	11707.6	4547.8	4638.5	362.8	2158.5
2019	12858.4	4962.7	4976.1	388.1	2531.6

注：2013年以前的人均可支配收入国家统计局按照2013年城乡一体化住户调查新口径重新测算。
Note: The data of per capita disposable income before 2013 are recalculated according to the integration of urban and rural reform in 2013.

2-12 主要年份全区农村居民家庭总支出情况

Basic Statistics of Total Expenditure of Rural Households in Main Years

单位：元/人 (yuan/person)

年 份 Year	全年总支出 Total Expenditure	1.生活消费支出 Living Expenditure	食品烟酒 Food, Tobacco and Liquor	衣着 Clothing	居住 Residence	生活用品及服务 Household Facilities, Articles and Services	交通通信 Transport and Communications	教育文化娱乐 Education, Cultural and Recreation	医疗保健 Health Care and Medical Services	其他用品及服务 Miscellaneous Goods and Services
1983	327.6	208.9	126.6	28.8	23.3	15.7	1.2	7.3	4.9	1.1
1984	348.8	231.6	135.6	30.9	28.8	19.1	1.5	8.5	6.3	0.8
1985	409.5	265.2	155.0	32.8	31.0	20.6	1.3	14.6	8.2	1.6
1986	468.9	301.2	170.0	38.7	38.7	22.0	1.7	17.0	9.0	4.1
1987	523.4	334.7	190.0	40.3	44.7	25.1	2.5	17.1	11.1	4.0
1988	646.0	398.3	206.1	48.8	48.2	41.9	2.8	34.6	12.7	3.0
1989	772.2	460.8	241.2	53.3	69.0	37.7	3.4	37.5	16.1	2.6
1990	781.9	483.7	273.8	50.4	65.5	28.8	12.0	33.9	16.9	2.3
1991	843.8	508.3	287.1	57.1	61.3	35.8	10.0	32.6	20.7	3.7
1992	920.9	544.6	313.4	51.6	71.6	31.1	9.7	39.1	22.7	5.3
1993	987.2	556.6	313.9	50.7	73.6	34.1	14.2	38.9	24.6	6.6
1994	1395.2	806.7	471.8	64.9	103.2	45.2	25.6	49.9	28.5	17.6
1995	1945.9	1063.2	611.7	84.3	147.0	59.6	31.5	71.2	44.5	13.4
1996	2190.5	1235.7	730.9	94.6	156.5	66.8	31.4	78.9	55.5	21.1
1997	2247.0	1249.6	670.5	102.5	196.1	62.4	38.1	94.3	66.1	19.6
1998	2422.7	1331.4	708.6	104.7	204.2	70.0	49.6	96.1	79.6	18.7
1999	2374.7	1276.5	672.3	99.6	177.9	73.5	37.5	122.9	70.3	22.6
2000	2582.6	1429.0	692.5	97.9	222.6	63.5	80.2	156.6	89.9	25.8
2001	2672.1	1404.0	653.3	99.3	215.6	62.8	96.7	147.1	100.5	28.8
2002	2777.6	1437.6	632.4	99.4	194.8	72.9	111.6	169.8	126.7	30.0
2003	3029.8	1664.7	680.5	112.2	269.9	59.2	172.0	212.3	120.4	38.2
2004	3535.5	1965.4	806.2	126.2	302.0	69.5	156.3	267.4	194.8	42.9
2005	4126.9	2142.6	925.8	149.3	319.6	83.8	181.0	226.1	209.9	46.9
2006	4358.6	2305.1	936.6	167.8	379.9	115.5	231.0	221.9	200.1	52.5
2007	5050.7	2601.9	1026.1	195.2	407.4	122.2	271.1	260.9	257.1	62.1
2008	6095.0	3194.8	1305.5	233.1	522.7	141.2	307.7	271.6	347.5	65.5
2009	6411.0	3465.9	1402.5	274.5	442.5	193.9	373.3	314.5	388.0	76.8
2010	7191.6	4167.8	1563.7	329.2	679.6	220.5	458.2	364.3	462.5	89.9
2011	8669.9	4908.8	1773.5	412.8	801.6	312.5	495.5	506.8	491.5	114.6
2012	9988.8	5557.6	1893.2	504.1	870.5	362.7	634.0	601.0	544.9	147.1
2013	10988.8	6739.8	2027.0	496.5	1172.2	462.5	847.4	735.0	785.5	213.8
2014	16883.7	7676.5	2296.0	602.0	1388.1	496.1	961.4	866.6	856.9	209.2
2015	18280.7	8414.9	2452.7	664.0	1561.2	571.8	1070.9	995.4	926.0	172.9
2016	21077.6	9138.4	2419.1	672.9	1631.4	578.6	1509.6	1077.5	1040.6	208.7
2017	22513.1	9982.1	2522.2	718.6	1958.7	574.4	1675.3	1212.4	1131.2	189.3
2018	25131.8	10789.6	2949.9	752.2	1867.8	673.5	1818.7	1295.8	1248.6	183.1
2019	27057.7	11464.6	3144.6	745.0	1985.2	696.3	1784.4	1378.8	1448.3	281.9

2-12 续表 continued

单位：元/人 (yuan/person)

年 份 Year	2.生产经营费用支出 Expenditure for Household Business	农业生产支出 Farming	林业生产支出 Forestry	牧业生产支出 Animal Husbandry	渔业生产支出 Fishery	工业生产支出 Industry	建筑业支出 Construction
1983	74.6	60.9	0.1	11.7	0.0	0.7	
1984	77.9	59.6	0.5	13.9	0.4	0.9	
1985	97.6	67.3	0.9	20.0	0.6	1.3	
1986	117.1	78.1	1.0	27.2	1.1	1.4	
1987	140.3	90.2	1.3	31.4	2.2	2.0	
1988	174.9	108.9	0.3	45.8	1.5	3.1	
1989	217.9	136.4	0.5	56.8	1.7	3.4	0.0
1990	215.4	147.7	0.1	50.1	2.5	2.9	0.3
1991	245.9	173.1	1.2	47.2	1.2	3.9	0.1
1992	273.7	193.6	1.0	55.5	1.7	4.2	0.0
1993	279.0	187.0	1.5	65.7	1.0	3.1	0.6
1994	421.8	255.8	0.6	130.2	0.8	5.6	0.3
1995	652.6	372.6	0.4	235.2	3.5	6.2	0.3
1996	741.5	432.4	0.4	248.2	12.2	7.4	1.3
1997	732.8	386.3	0.5	284.1	10.1	9.3	1.2
1998	786.2	403.9	1.7	286.6	27.0	8.0	0.5
1999	762.2	393.4	1.1	274.1	36.5	10.2	2.3
2000	837.9	380.1	7.9	319.7	19.4	18.6	0.5
2001	911.2	379.0	3.9	405.1	29.3	24.6	1.1
2002	918.5	400.5	3.3	401.0	34.5	20.1	0.2
2003	969.6	429.8	7.0	410.4	14.3	29.1	0.2
2004	1122.0	533.7	1.7	477.2	5.6	32.4	0.6
2005	1418.4	637.0	0.7	607.3	32.7	44.9	1.8
2006	1551.2	689.0	1.1	678.4	60.2	31.9	1.3
2007	1769.9	754.9	4.1	795.1	64.5	66.0	0.5
2008	2194.4	935.8	1.7	1069.0	68.7	54.5	0.4
2009	2214.2	887.1	2.8	1092.5	67.0	60.1	0.1
2010	2244.6	1002.3	1.6	1011.0	18.1	56.6	0.1
2011	2584.5	1182.8	20.8	1163.5	11.0	13.6	4.5
2012	2851.2	1338.8	17.5	1264.3	8.9	7.0	34.8
2013	3275.7	1317.8	36.2	1630.4		2.4	8.4
2014	3666.2	1637.6	26.0	1689.3	0.0	6.2	7.2
2015	3628.5	1783.0	23.2	1065.7	11.9	29.3	41.5
2016	4623.0	1742.9	18.9	1611.8	47.8	50.1	43.4
2017	4439.8	1487.8	21.1	1643.2	89.6	30.1	138.0
2018	5484.0	1830.6	48.2	2535.0		71.6	158.9
2019	5856.7	2059.2	60.4	2836.4		33.3	29.1

2-13 主要年份全区农村居民家庭现金收支情况
Basic Statistics of Cash Income and Expenditure of Rural Households in Main Years

单位：元/人 (yuan/person)

年 份 Year	一、全年现金收入 Annual Cash Income	1.工资性收入 Wage Income	2.家庭经营收入 Household Business Income	农业收入 Farming	林业收入 Forestry	牧业收入 Animal Husbandry	渔业收入 Fishery	工业收入 Industry	建筑业收入 Construction	交通运输、邮电业收入 Transport, Post and Telecommunication	批发零售和住宿餐饮业收入 Wholesale, Retail, Lodging and Catering
1983	211.1	43.2	141.7	98.1	1.7	25.9	0.4		7.6	4.1	2.2
1984	241.4	58.0	158.7	104.2	3.3	28.2	0.5		8.0	7.9	2.6
1985	285.4	50.0	206.0	121.2	4.9	40.6	0.5	3.4	7.1	17.6	3.1
1986	360.6	77.1	254.0	158.4	4.0	47.2	2.2	4.3	3.3	21.6	4.5
1987	396.1	78.0	288.6	166.9	3.1	61.0	2.6	5.5	4.1	25.6	5.7
1988	498.6	86.4	376.4	218.6	5.2	90.6	2.7	7.6	4.6	29.9	7.4
1989	576.8	87.4	456.3	296.4	5.1	85.2	2.5	8.4	3.7	35.3	9.2
1990	580.9	78.9	449.4	295.8	4.8	86.2	2.5	9.3	3.8	29.2	8.3
1991	637.6	96.9	486.6	301.0	8.0	95.6	2.7	9.5	5.9	35.7	10.9
1992	659.8	113.9	489.6	284.4	6.9	107.4	2.5	10.8	7.9	39.0	15.9
1993	692.1	132.9	493.5	275.5	5.3	108.4	1.9	8.9	6.6	41.5	23.6
1994	942.6	146.4	719.1	402.9	5.8	177.2	1.1	13.3	4.6	45.3	40.4
1995	1252.2	178.3	996.2	544.1	7.7	279.6	1.9	19.4	7.5	71.2	36.2
1996	1453.7	208.5	1152.4	620.0	8.6	312.5	11.9	23.2	7.0	91.7	38.0
1997	1808.1	262.6	1425.6	731.7	7.8	436.9	14.2	33.7	15.1	98.1	45.2
1998	1988.0	367.7	1468.2	722.1	6.0	413.0	32.1	25.3	9.0	139.6	64.6
1999	2111.8	423.0	1504.9	710.6	6.4	424.2	48.1	35.5	14.1	128.3	71.2
2000	2169.2	484.0	1535.1	552.0	6.4	482.9	34.2	51.7	14.6	191.8	123.5
2001	2295.2	527.6	1623.2	538.2	16.8	586.5	39.7	54.8	6.3	202.3	104.7
2002	2456.8	525.7	1760.1	644.1	20.5	606.4	40.9	58.5	4.5	214.3	96.1
2003	2624.5	592.3	1862.2	703.2	28.6	632.7	18.1	69.2	7.9	252.6	109.2
2004	2979.3	618.4	2224.3	1033.0	5.7	689.5	6.6	78.5	5.7	252.4	115.0
2005	3463.4	702.1	2546.4	1170.6	6.4	839.4	49.0	85.8	13.7	203.7	148.7
2006	3728.6	823.0	2673.4	1172.5	4.0	940.6	76.4	79.0	11.9	234.1	129.6
2007	4316.8	1020.6	3061.4	1357.0	7.4	1063.3	81.8	125.5	7.7	278.3	103.5
2008	5004.1	1259.9	3392.6	1420.5	6.5	1347.0	89.0	110.8		253.8	118.5
2009	5379.9	1518.9	3496.9	1427.0	9.2	1334.0	95.5	123.7	0.2	314.0	141.3
2010	5879.2	1788.1	3655.1	1590.9	7.6	1272.0	52.8	111.6		364.0	173.2
2011	7034.3	2164.1	4370.1	1991.9	33.8	1560.0	36.8	42.0	10.1	371.6	266.7
2012	8247.0	2510.5	5092.5	2368.1	33.7	1814.2	34.2	25.3	44.3	419.3	297.8
2013	9629.9	2873.6	5987.4	2774.8	58.4	2094.5	17.1	29.2	54.1	414.9	441.8
2014	11405.1	3387.7	6636.8	2879.3	46.7	2186.1		31.5	60.1	681.0	492.0
2015	12517.4	3602.9	7087.6	3321.8	76.2	1542.2	13.8	61.5	110.8	943.5	685.0
2016	14894.5	3891.0	8679.6	3520.3	74.9	2200.0	63.7	139.3	99.5	1464.8	786.2
2017	15386.4	4209.8	8546.8	3006.8	82.4	2391.9	110.4	110.8	200.4	1479.6	806.4
2018	17349.8	4534.0	9899.1	3377.5	111.6	3397.3		86.2	311.2	1016.4	1078.6
2019	18674.3	4942.3	10510.9	3401.4	141.2	3886.7		72.6	147.8	1247.9	977.1

注：从2014年开始按照城乡一体化改革后计算新口径为全年现金收入。

Note: According to the integration of urban and rural reform in 2014 calculated the new caliber for the rural residents per capita cash income.

2-13 续表 1 continued

单位：元/人 (yuan/person)

年 份 Year	社会服务业收入 Social Service	其他家庭经营收入 Others	3.财产及转移性收入 Property and Transfer Income	4.非收入所得 Non-income Gain	5.借贷性所得 Credit Income	银行信用社得到的贷款 Repayment of Loans from Bank and Credit Association	借入款 Borrowed	收回借出款 Recover Loans	从银行信用社取回存款 Draw Saving Deposits	二、全年现金支出 Annual Cash Expenditure	1.生产费用支出 Expenditure for Production	家庭经营费用支出 Expenditure for Household Business
1983	0.8	0.9	26.4	-	37.3	12.0	9.2	2.1	5.7	196.7	63.1	41.8
1984	2.6	1.2	24.6	-	47.9	15.8	12.2	3.3	7.4	215.9	64.2	49.4
1985	3.1	4.6	29.3	-	65.3	24.9	16.4	3.7	10.9	274.8	94.7	64.3
1986	3.5	5.0	29.9	-	72.3	22.8	19.5	7.4	13.0	325.9	110.1	77.0
1987	7.3	6.6	29.5	-	84.9	23.7	26.2	6.8	15.0	379.7	132.2	101.7
1988	5.8	3.9	35.8	-	108.5	24.9	29.1	8.3	24.7	489.1	175.2	128.0
1989	5.7	5.0	32.4	-	111.5	19.9	49.4	10.8	31.2	666.4	226.8	165.1
1990	3.5	6.1	53.2	-	103.5	26.7	39.5	11.7	25.6	553.5	192.0	148.6
1991	4.8	11.9	54.2	-	136.0	32.7	58.1	20.3	24.9	604.3	218.2	174.0
1992	6.1	8.8	56.4	-	161.8	37.7	56.4	17.4	35.5	650.8	240.4	195.1
1993	6.5	15.3	65.7	-	172.5	39.6	54.4	28.4	45.5	714.3	257.1	199.3
1994	9.3	19.2	77.3	-	220.2	39.6	81.3	41.3	53.8	946.8	352.0	285.4
1995	6.7	22.5	77.8	-	336.9	80.9	120.1	54.8	80.8	1353.7	580.7	448.5
1996	7.4	32.1	92.9	-	338.2	76.1	131.8	41.5	88.8	1496.6	601.2	510.8
1997	8.8	34.1	119.8	-	381.3	90.7	130.3	31.8	128.4	1655.8	654.6	534.4
1998	21.3	35.2	152.4	-	410.6	92.8	157.0	40.9	119.8	1821.8	704.2	577.6
1999	23.7	42.9	183.9	-	477.6	106.1	182.0	38.8	149.7	1895.0	714.4	600.3
2000	25.5	41.7	150.1	-	564.9	152.1	155.1	73.7	141.3	2032.2	813.3	694.5
2001	19.6	35.6	145.4	-	528.2	132.8	160.3	38.4	85.0	2167.7	896.2	757.4
2002	20.6	36.3	171.1	-	605.2	167.8	166.9	77.9	112.1	2262.2	938.6	748.4
2003	16.5	24.3	170.1	-	836.7	299.6	188.5	55.9	97.3	2457.3	963.2	763.7
2004	18.5	19.5	136.7	-	651.5	144.7	204.9	46.0	135.2	2861.3	1132.0	887.5
2005	19.2	9.7	214.9	-	1064.4	348.7	272.6	73.9	223.9	3426.8	1489.1	1166.8
2006	24.6	0.4	232.3	-	794.8	250.8	268.9	28.4	117.8	3643.8	1517.7	1260.0
2007	30.1	6.9	234.9	-	1030.4	264.8	327.2	48.0	147.7	4306.9	1820.4	1442.6
2008	44.2	2.5	351.5	-	1153.7	249.4	416.7	62.3	183.4	5114.5	2151.7	1751.8
2009	46.7	5.3	364.1	-	1110.4	259.5	328.2	54.5	156.5	5423.5	2180.8	1797.1
2010	73.7	9.3	436.0	-	1567.8	378.3	561.6	32.3	198.4	6129.5	2100.7	1751.0
2011	47.3	10.0	500.0	-	3048.5	540.3	885.9	126.8	399.9	7795.1	2642.5	2230.8
2012	48.5	6.8	644.0	-	2230.6	376.6	721.8	141.7	419.7	9219.4	3015.7	2543.2
2013	86.4	16.2	769.0	-	3866.1	442.5	746.4	174.9	1407.5	10105.7	3438.6	2940.1
2014	257.2	2.8	1380.6	893.1	2672.5	676.7	772.8	224.7	998.4	15382.2	3309.4	3309.4
2015	317.7	15.0	1826.9	1582.4	3526.5	1114.3	864.9	234.2	1313.0	16788.7	3383.5	3383.5
2016	302.1	28.9	2323.8	4193.2	3350.8	1169.7	671.8	274.2	1057.8	19465.8	4384.7	4384.7
2017	337.3	20.9	2629.8	4185.4	3442.2	1005.2	742.0	107.2	1545.0	20712.5	4063.0	4063.0
2018	387.9	132.3	2916.7	2190.1	4736.1	1938.6	1220.5	273.8	1187.9	23250.6	4980.4	4980.4
2019	466.7	169.4	3221.1	2417.9	4455.3	1934.1	1248.6	193.0	1034.8	24991.6	5310.9	5310.9

2-13 续表 2 continued

单位：元/人 (yuan/person)

年 份 Year	农业生产支出 Farming	牧业生产支出 Animal Husbandry	购置生产用固定资产支出 Expenditure for Purchasing Productive Fixed Assets	2.税费支出 Expenditure for Taxes and Fees	3.生活消费支出 Living Expenditure	食品烟酒 Food, Tobacco and Liquor	衣着 Clothing	居住 Residence	生活用品及服务 Household Facilities, Articles and Services	医疗保健 Health Care and Medical Services
1983	34.1	6.5	21.3	2.5	115.4	39.2	28.5	17.6	15.7	4.9
1984	36.1	8.9	14.8	3.9	131.0	41.2	30.6	22.7	19.1	6.3
1985	42.3	11.9	30.4	7.7	152.9	47.7	32.7	26.4	20.5	8.2
1986	50.2	14.8	33.1	8.9	184.1	57.9	38.2	34.3	21.9	9.0
1987	64.4	19.0	30.6	12.2	206.0	68.3	39.6	39.4	24.7	10.9
1988	79.2	28.8	47.2	13.1	269.2	81.9	48.8	43.5	43.7	12.7
1989	105.0	35.5	61.7	17.3	308.6	95.1	53.1	63.6	37.5	16.0
1990	104.8	26.3	43.3	19.9	300.1	93.8	50.7	61.1	29.0	17.0
1991	121.8	26.7	44.2	19.3	320.1	100.4	58.1	56.4	36.5	21.1
1992	137.2	33.3	45.3	24.3	335.4	102.1	52.3	69.7	32.1	23.4
1993	137.9	35.4	57.7	25.7	375.8	119.1	55.2	72.8	37.0	26.8
1994	180.8	68.9	66.6	33.3	484.9	150.4	66.9	95.8	46.5	29.4
1995	276.2	127.6	132.2	35.9	654.4	215.0	83.8	136.5	59.3	44.3
1996	311.2	138.7	90.4	61.0	737.2	242.7	94.4	146.8	66.7	55.4
1997	286.5	185.9	120.2	65.6	821.0	238.3	105.2	189.6	64.0	67.8
1998	298.2	179.6	126.6	81.3	893.3	269.9	104.9	203.2	69.2	76.8
1999	304.9	196.0	114.1	83.2	922.0	276.8	103.2	190.4	76.4	75.1
2000	305.0	248.9	118.9	65.8	1017.4	302.7	96.7	216.2	62.1	88.5
2001	303.3	323.9	138.8	54.8	1036.3	306.9	97.5	214.9	60.7	98.2
2002	320.2	311.4	190.2	39.1	1079.4	304.5	97.5	193.7	69.8	123.3
2003	345.6	289.7	195.3	31.5	1273.0	323.9	109.1	278.3	56.1	116.3
2004	441.9	335.6	243.8	26.4	1488.8	379.6	122.5	316.2	65.3	186.9
2005	555.0	438.2	317.0	2.6	1648.5	484.1	143.1	338.5	77.2	198.8
2006	584.1	492.9	256.1	3.5	1824.9	523.9	159.1	397.8	104.3	187.6
2007	649.8	572.8	377.8	8.1	2115.9	621.6	184.3	435.5	109.3	239.4
2008	798.0	765.0	393.8	1.3	2559.7	768.4	217.2	567.3	123.9	318.8
2009	772.6	791.1	376.7	0.9	2782.2	834.2	256.3	497.3	169.0	356.4
2010	867.6	652.1	346.6	2.6	3446.8	975.4	302.6	776.4	188.1	417.9
2011	1053.7	938.9	409.1	1.6	4209.6	1245.4	380.0	935.2	264.6	444.7
2012	1255.2	1039.9	465.3	0.7	5172.2	1530.1	487.7	1087.5	321.0	518.1
2013	1221.5	1395.3	491.9	0.1	5917.2	1565.5	452.9	1407.0	371.0	701.4
2014	1523.9	1446.2	690.5	1.0	6531.7	1894.4	602.0	886.6	476.5	675.2
2015	1722.2	881.5	667.4	0.8	7167.9	2111.0	664.0	957.6	554.9	678.2
2016	1678.4	1438.0	1045.9	1.5	7764.9	2118.1	672.7	894.7	563.4	768.5
2017	1400.5	1353.8	869.7	3.4	8558.2	2228.4	718.5	1109.5	560.7	872.7
2018	1761.0	2101.0	1257.3	4.3	9412.0	2660.9	751.8	1088.9	658.9	970.6
2019	1996.8	2353.1	857.0	2.1	9944.2	2832.0	744.9	1142.6	693.1	1102.3

2-13 续表 3 continued

单位：元/人 (yuan/person)

年 份 Year	交通通信 Transport and Communications	教育文化娱乐 Education, Cultural and Recreation	其他用品及服务 Miscellaneous Goods and Services	4.财产及转移性支出 Property and Transfer Expenditure	5.部分商业保险支出 Commercial Insurance	6.购置财产及非经常性转移支出 Asset Acquisition and Non-recurring Transfer Expenditure	7.借贷性支出 Credit Expenditure	归还银行信用社贷款 Repayment Loans to Bank and Credit Association	归还借款 Repayment of Loans	存入银行信用社款 Deposit
1983	1.2	7.4	1.0	15.7	-	-	33.7	12.2	7.0	11.2
1984	1.5	9.9	0.8	16.8	-	-	44.2	16.0	6.7	18.6
1985	1.3	14.6	1.5	19.0	-	-	55.0	17.6	11.6	22.8
1986	1.7	17.0	4.0	22.5	-	-	54.3	18.1	11.6	21.9
1987	2.4	16.9	3.9	29.2	-	-	66.7	15.3	15.0	32.3
1988	2.8	34.6	1.2	31.5	-	-	81.8	16.6	16.0	46.9
1989	3.4	37.3	2.6	39.0	-	-	74.5	19.3	20.3	30.4
1990	12.1	34.1	2.3	41.6	-	-	84.7	14.8	21.1	44.4
1991	10.5	33.3	3.8	46.7	-	-	87.9	24.4	24.4	35.2
1992	10.0	40.3	5.5	50.7	-	-	116.4	26.2	28.9	50.2
1993	15.5	42.3	7.2	55.7	-	-	121.7	24.5	29.8	63.1
1994	26.4	51.4	18.1	76.7	-	-	152.8	28.8	29.2	87.4
1995	31.3	70.9	13.3	82.8	-	-	157.6	36.2	44.0	65.2
1996	31.3	78.8	21.1	97.2	-	-	215.2	32.8	49.0	118.7
1997	39.1	96.8	20.1	115.3	-	-	245.2	48.2	55.6	126.5
1998	53.0	97.1	19.2	143.0	-	-	372.5	52.5	89.5	208.0
1999	52.7	120.7	26.8	175.5	-	-	386.7	44.0	87.1	227.6
2000	79.8	145.0	26.4	135.8	-	-	282.2	48.5	77.4	138.2
2001	96.0	132.4	29.7	180.3	-	-	332.2	50.2	105.0	148.6
2002	111.0	148.2	31.4	205.2	-	-	383.3	109.4	120.9	142.1
2003	170.5	178.3	40.4	189.7	-	-	435.1	114.2	103.9	135.7
2004	155.3	217.1	46.1	214.1	-	-	460.0	116.0	124.1	101.2
2005	178.5	177.9	50.6	286.5	-	-	613.6	184.1	162.5	52.3
2006	226.4	168.9	56.9	297.8	-	-	661.6	202.6	171.5	72.9
2007	265.8	192.0	68.1	362.5	-	-	616.9	148.9	199.7	63.4
2008	299.3	192.6	72.2	401.8	-	-	804.6	149.4	191.7	77.6
2009	365.6	217.2	86.3	459.6	-	-	846.5	148.3	240.2	105.3
2010	444.0	241.1	101.2	579.4	-	-	1177.4	159.0	244.6	82.4
2011	483.4	324.4	131.8	941.4	-	-	1613.6	319.0	441.6	107.1
2012	653.5	393.0	181.3	1030.8	-	-	1649.2	275.1	412.1	101.9
2013	840.2	400.2	178.9	749.7	-	-	2337.9	285.8	362.5	616.6
2014	961.4	866.3	169.2	288.1	58.0	3581.2	1613.8	375.3	452.3	712.9
2015	1066.5	995.3	140.5	478.4	91.8	4264.2	1402.9	481.4	482.1	402.6
2016	1509.1	1077.4	160.9	693.6	94.5	5112.3	1415.7	802.6	455.0	117.7
2017	1675.3	1212.4	180.8	686.0	122.5	5844.0	1438.6	568.4	557.0	88.1
2018	1817.1	1295.5	168.2	732.0	160.4	5323.0	2642.8	1386.6	1049.5	49.4
2019	1784.1	1378.8	266.4	719.2	127.1	5950.9	2939.3	1729.1	956.7	49.9

2-14 主要年份全区农村居民家庭主要食物消费情况

Basic Statistics of Major Foods Consumption of Rural Households in Main Years

单位：公斤/人　　(kg/person)

年份 Year	谷物和薯类 Cereal and Tubers	细粮 Flour and Rice	蔬菜及制品 Vegetables and Related Products	豆类及制品 Soybeans and Related Products	植物油 Vegetable Oil	动物油 Animal Fat	猪肉 Pork	牛羊肉 Beef and Mutton
1983	246.9	193.4	101.9		3.0	0.8	4.6	2.3
1984	241.7	203.9	103.6		3.5	0.9	4.7	2.3
1985	261.1	229.5	103.0		3.8	0.9	5.4	1.9
1986	261.1	232.7	94.5		4.2	0.7	6.0	2.0
1987	258.4	233.1	85.0		4.3	0.6	6.1	2.2
1988	250.1	223.7	90.4		4.7	0.6	5.0	2.1
1989	253.6	231.5	96.4		4.8	0.5	5.0	2.2
1990	254.9	217.8	83.5	0.9	4.9	0.6	5.9	2.8
1991	272.7	233.8	76.4		5.1	0.5	6.9	3.3
1992	267.9	233.4	93.8		5.9	0.5	6.2	2.5
1993	264.4	234.8	71.0		6.1	0.5	5.6	2.1
1994	260.2	236.4	63.6		5.7	0.4	5.4	2.0
1995	274.7	234.7	76.3	0.6	6.8	0.4	5.5	2.0
1996	277.4	236.7	72.5		6.4	0.4	6.2	2.7
1997	255.5	225.4	70.3	0.5	6.5	0.1	6.8	3.1
1998	262.9	236.3	97.3	0.8	6.9	0.7	6.9	3.5
1999	250.6	223.9	83.1	1.0	7.1	0.9	7.9	3.5
2000	248.6	223.4	91.2	1.2	6.6	0.6	8.3	3.3
2001	236.5	216.2	82.6	0.9	7.2	0.9	7.2	3.1
2002	235.3	216.9	74.6	1.1	7.3	0.6	8.0	3.0
2003	224.1	212.9	84.4	1.3	7.1	0.1	7.8	3.5
2004	226.7	216.7	79.8	0.9	7.0	0.2	7.4	4.4
2005	233.2	221.0	82.7	0.9	7.8	0.1	7.7	5.5
2006	212.1	199.8	76.5	0.8	6.4	0.1	8.0	5.4
2007	202.6	192.8	76.5	0.8	6.1	0.1	7.8	4.5
2008	213.6	195.4	74.8	0.7	7.8	0.1	7.4	4.7
2009	202.1	190.0	75.9	0.8	9.5	0.1	7.9	6.2
2010	203.4	192.8	73.7	0.7	8.9	0.1	7.5	6.0
2011	201.6	191.4	77.6	1.2	8.4	0.1	6.0	6.7
2012	180.1	172.3	70.0	1.3	8.5	0.1	6.0	5.6
2013	164.7	155.3	66.2	2.1	7.8	0.1	8.4	4.7
2014	154.3	146.7	71.9	1.8	11.8	0.1	9.2	5.8
2015	146.5	139.7	75.4	2.3	8.5	0.0	6.8	7.7
2016	141.3	132.6	76.7	3.0	8.3	0.0	6.5	8.1
2017	125.4	118.6	76.9	2.8	7.7	0.1	6.0	7.5
2018	135.7	126.6	81.6	2.6	8.0	0.2	6.6	7.9
2019	125.4	117.8	80.9	2.9	8.2	0.1	5.9	9.1

2-14 续表 continued

单位：公斤/人 (kg/person)

年 份 Year	奶及奶制品 Milk and Dairy Products	家 禽 Poultry	水产品 Aquatic Products	糖果糕点类 Sugar and Pastry	酒 Liquor	干鲜瓜果类 Fruit
1983	0.1	0.3	0.0	0.9	0.4	
1984	0.1	0.2	0.1	1.0	0.4	
1985	0.2	0.3	0.1	1.3	0.7	
1986	0.1	0.4	0.1	1.5	0.1	
1987	0.1	0.5	0.1	1.6	0.9	
1988	0.2	0.4	0.2	1.5	0.8	7.0
1989	0.1	0.4	0.1	1.6	0.9	8.4
1990	0.0	0.3	0.2	1.6	0.9	3.1
1991	0.6	0.4	0.2	1.5	0.9	4.0
1992	1.0	0.6	0.3	1.6	0.8	4.3
1993	0.2	0.7	0.3	1.4	0.9	9.0
1994	0.3	0.6	0.3	1.5	0.8	8.4
1995	0.3	0.8	0.4	1.3	0.9	10.1
1996	0.5	0.8	0.4	1.5	1.0	19.2
1997	0.6	1.0	0.4	1.6	1.0	24.0
1998	0.6	1.5	0.4	1.7	1.1	46.8
1999	0.8	1.4	0.5	2.1	1.2	37.7
2000	0.9	1.9	0.5	1.6	1.6	39.0
2001	0.9	2.3	0.6	1.5	1.7	41.0
2002	1.4	2.7	0.8	1.8	1.8	40.9
2003	2.2	2.8	0.5	1.6	2.0	26.4
2004	2.8	2.4	0.3	1.6	2.1	22.1
2005	2.9	2.5	0.5	1.4	3.0	21.8
2006	2.6	2.8	0.6	1.3	3.1	16.9
2007	5.0	3.5	0.7	1.5	3.1	23.9
2008	6.5	4.5	0.7	1.5	3.0	20.2
2009	5.0	4.5	0.8	1.5	3.1	30.0
2010	4.5	4.5	0.7	1.4	3.2	21.6
2011	6.2	5.5	0.6	1.1	3.2	21.8
2012	7.0	6.0	0.7	1.1	3.2	25.3
2013	6.9	5.0	0.7	0.7	2.8	19.6
2014	9.0	6.6	1.1	2.6	4.3	50.5
2015	8.2	5.8	1.2	2.6	4.3	52.4
2016	8.1	5.7	1.2	2.7	3.5	63.0
2017	7.5	5.9	1.3	2.5	3.1	63.9
2018	8.5	7.7	1.4	3.0	2.6	72.0
2019	8.7	8.4	1.5	3.1	2.3	72.8

2-15 主要年份全区农村居民家庭主要耐用物品百户拥有情况
Ownership of Major Durable Consumer Goods per 100 Rural Households in Main Years

单位：百户均 (per 100 households)

年 份 Year	洗衣机 (台) Washing Machine (set)	电冰箱(柜) (台) Refrigerator (set)	摩托车 (辆) Motorcycle (unit)	彩色电视机 (台) Color TV set (set)	照相机 (台) Camera (unit)
1983	0.42				
1984	1.46				
1985	3.67		1.10	2.94	0.28
1986	8.17		0.73	6.15	0.09
1987	11.93		1.28	8.17	0.37
1988	16.97	0.09	2.75	11.74	0.55
1989	19.72	0.37	2.57	15.41	0.28
1990	19.60	0.20	2.70	17.90	0.50
1991	24.10	0.70	2.30	22.60	0.40
1992	24.10	0.70	1.80	25.80	0.50
1993	25.50	1.30	2.50	31.10	0.90
1994	27.30	1.40	3.20	35.60	1.10
1995	29.43	2.48	5.81	35.71	0.95
1996	30.00	2.76	7.43	39.71	1.52
1997	31.24	3.33	8.38	47.24	1.43
1998	31.62	4.19	12.00	49.71	1.52
1999	31.62	5.14	15.14	54.48	1.33
2000	37.55	6.00	25.83	67.00	3.33
2001	40.00	7.17	29.17	71.17	3.17
2002	42.33	9.50	36.50	78.17	3.50
2003	44.33	8.83	45.50	84.33	3.00
2004	48.33	10.00	50.67	91.00	5.67
2005	44.50	10.17	63.50	92.67	3.17
2006	49.33	12.33	67.33	98.67	2.33
2007	56.67	14.67	71.50	107.83	2.83
2008	63.17	18.67	78.33	115.17	2.67
2009	70.33	27.67	83.67	120.33	2.67
2010	76.17	35.33	85.83	118.83	5.83
2011	84.75	52.13	86.50	119.13	2.13
2012	91.63	61.13	85.25	123.25	2.63
2013	90.66	64.86	90.71	117.54	3.09
2014	94.88	77.19	85.87	116.76	3.02
2015	98.17	85.19	83.00	117.45	2.47
2016	99.97	91.58	79.21	115.04	1.29
2017	101.57	95.19	72.23	112.90	1.59
2018	102.81	97.69	63.73	108.58	1.67
2019	104.70	100.79	56.03	108.81	1.15

2-16 2019年各市县农村居民家庭主要经营情况和参加医疗保险情况

Business Condition and Joined Medical Insurance of Rural Households by City and County (2019)

市 县	Region	调查户数 (户) Number of Households Surveyed (household)	经营情况(按经营净收入比重分) Business Condition (By Percentage of Business Net Income) 1.生产经营户 (户) Production Households (household)	农业户 (户) Agricultural Households (household)	农 业 兼业户 (户) Agriculture with Combined Occupations (household)	非农业兼业户 (户) Non-agriculture with Combined Occupations (household)	非农业户 (户) Non-agricultural Households (household)	2.非生产经营户 (户) Non-production Households (household)	参加医疗保险情况 Joined Medical Insurance 参加新型农村合作医疗人数 (人) Joined New-type Cooperative Medical Service (person)	未参加任何医疗保险的人数 (人) Non-joined any Medical Insurance (person)
全 区	**Total**	**1830**	**1428**	**1119**	**114**	**114**	**218**	**623**	**995**	**55**
沿黄地区	**Plain**	**1000**	**755**	**543**	**62**	**71**	**157**	**364**	**530**	**49**
中南部地区	**Mountain Area**	**830**	**673**	**576**	**52**	**43**	**61**	**259**	**465**	**6**
银川市	**Yinchuan**	**410**	**299**	**198**	**26**	**33**	**70**	**157**	**295**	**23**
兴庆区	Xingqing	50	39	34	1	2	5	20		
西夏区	Xixia	50	33	20	2	5	10	21	5	4
金凤区	Jinfeng	50	23	12	1	3	9	32		5
永宁县	Yongning	80	53	31	7	2	16	37	5	12
贺兰县	Helan	90	73	56	9	6	4	27	279	
灵武市	Lingwu	90	78	45	6	15	26	20	6	2
石嘴山市	**Shizuishan**	**190**	**144**	**118**	**9**	**9**	**26**	**66**	**231**	**21**
大武口区	Dawukou	50	29	19		1	11	37	8	17
惠农区	Huinong	60	47	37	4	4	9	25	4	2
平罗县	Pingluo	80	68	62	5	4	6	4	219	2
吴忠市	**Wuzhong**	**440**	**337**	**266**	**26**	**23**	**53**	**151**	**5**	**5**
利通区	Litong	110	87	54	7	6	28	34	2	1
红寺堡区	Hongsipu	80	64	53	7	6	8	31	3	
盐池县	Yanchi	70	52	41	4	1	8	19		
同心县	Tongxin	100	71	65	2	3	4	39		
青铜峡市	Qingtongxia	80	63	53	6	7	5	28		4
固原市	**Guyuan**	**470**	**401**	**350**	**34**	**24**	**30**	**134**	**307**	**3**
原州区	Yuanzhou	120	77	64	7	7	12	59	5	
西吉县	Xiji	110	103	90	11	6	4	17	11	
隆德县	Longde	80	70	67	3	2	4	22	285	
泾源县	Jingyuan	70	65	57	5	5	1	13	6	
彭阳县	Pengyang	90	86	72	8	4	9	23		3
中卫市	**Zhongwei**	**320**	**247**	**187**	**19**	**25**	**39**	**115**	**157**	**3**
沙坡头区	Shapotou	110	80	63	3	5	14	42	2	
中宁县	Zhongning	100	82	57	11	11	14	37		
海原县	Haiyuan	110	85	67	5	9	11	36	155	3

2-17　2019年各市县农村居民家庭人口及劳动力就业情况
Household Size and Employed Labour Force of Rural Households by City and County (2019)

单位：人　　(person)

市　县	Region	家庭常住人口 Number of Permanent Residents in the Households	由本户供养的在校学生 Number of Students in School	整半劳动力数 Number of Able-bodied and Semi-able-bodied Labours	整劳动力 Number of Able-bodied Labours	男劳动力人数 Number of Male Labours	就业劳动力人数 Number of Employed
全　区	**Total**	**6699**	**1590**	**4285**	**2315**	**2183**	**3530**
沿黄地区	**Plain**	**3353**	**668**	**2323**	**1190**	**1188**	**1867**
中南部地区	**Mountain Area**	**3346**	**922**	**1962**	**1125**	**995**	**1663**
银川市	**Yinchuan**	**1371**	**289**	**944**	**521**	**478**	**738**
兴庆区	Xingqing	153	36	103	63	50	93
西夏区	Xixia	177	35	119	67	60	73
金凤区	Jinfeng	174	40	109	75	54	79
永宁县	Yongning	245	49	179	85	91	130
贺兰县	Helan	293	59	205	105	107	180
灵武市	Lingwu	330	70	229	126	116	183
石嘴山市	**Shizuishan**	**547**	**105**	**393**	**158**	**201**	**336**
大武口区	Dawukou	162	36	110	51	53	78
惠农区	Huinong	161	27	121	52	62	109
平罗县	Pingluo	224	42	162	55	86	149
吴忠市	**Wuzhong**	**1664**	**373**	**1099**	**610**	**561**	**902**
利通区	Litong	427	75	293	175	149	223
红寺堡区	Hongsipu	336	99	190	137	94	173
盐池县	Yanchi	205	35	156	67	76	133
同心县	Tongxin	406	109	241	128	124	176
青铜峡市	Qingtongxia	290	55	219	103	118	197
固原市	**Guyuan**	**1913**	**526**	**1114**	**637**	**567**	**956**
原州区	Yuanzhou	507	124	315	202	166	260
西吉县	Xiji	483	143	268	149	136	240
隆德县	Longde	304	78	178	77	89	155
泾源县	Jingyuan	278	82	156	96	79	126
彭阳县	Pengyang	341	99	197	113	97	175
中卫市	**Zhongwei**	**1205**	**297**	**735**	**389**	**376**	**598**
沙坡头区	Shapotou	357	65	251	117	129	196
中宁县	Zhongning	361	79	223	116	113	177
海原县	Haiyuan	487	153	261	156	134	225

2-17 续表 continued

单位：人 (person)

市　县	Region	就业劳动力文化程度 Culture Level of Labors					就业行业 Employed Sector	
		不识字或识字很少 Illiterate and Semi-illiterate	小学程度 Primary School	初中程度 Junior Middle School	高中程度 Senior Middle School	大专及以上 College and Higher	一产业就业劳动力 Primary Industry	非农产业就业劳动力 Non-agriculture
全　区	**Total**	**550**	**1441**	**1681**	**412**	**202**	**1679**	**1851**
沿黄地区	**Plain**	**202**	**668**	**1077**	**263**	**114**	**720**	**1147**
中南部地区	**Mountain Area**	**348**	**773**	**604**	**149**	**88**	**959**	**704**
银川市	**Yinchuan**	**72**	**282**	**436**	**102**	**52**	**248**	**490**
兴庆区	Xingqing	6	33	53	10	1	41	52
西夏区	Xixia	11	32	47	19	10	13	60
金凤区	Jinfeng	10	31	38	14	16	16	63
永宁县	Yongning	11	48	91	18	11	25	105
贺兰县	Helan	7	66	111	16	5	95	85
灵武市	Lingwu	27	72	96	25	9	58	125
石嘴山市	**Shizuishan**	**34**	**127**	**181**	**41**	**11**	**147**	**189**
大武口区	Dawukou	12	34	49	10	5	4	74
惠农区	Huinong	2	47	52	18	2	59	50
平罗县	Pingluo	20	46	80	13	4	84	65
吴忠市	**Wuzhong**	**126**	**374**	**434**	**104**	**61**	**387**	**515**
利通区	Litong	22	86	135	33	17	61	162
红寺堡区	Hongsipu	39	80	59	8	4	85	88
盐池县	Yanchi	16	56	63	10	11	74	59
同心县	Tongxin	34	109	67	19	12	79	97
青铜峡市	Qingtongxia	15	43	110	34	17	88	109
固原市	**Guyuan**	**224**	**416**	**330**	**94**	**50**	**569**	**387**
原州区	Yuanzhou	66	124	92	20	13	146	114
西吉县	Xiji	66	75	84	33	10	173	67
隆德县	Longde	34	57	59	16	12	84	71
泾源县	Jingyuan	11	80	55	4	6	54	72
彭阳县	Pengyang	47	80	40	21	9	112	63
中卫市	**Zhongwei**	**94**	**242**	**300**	**71**	**28**	**328**	**270**
沙坡头区	Shapotou	28	66	119	26	12	102	94
中宁县	Zhongning	31	64	96	27	5	74	103
海原县	Haiyuan	35	112	85	18	11	152	73

2-18 2019年各市县农村居民家庭拥有生产性固定资产情况
Ownership of Productive Fixed Assets of Rural Households by City and County (2019)

单位：元/人 (yuan/person)

市 县	Region	生产性固定资产原值 Original Value of Productive Fixed Assets	农 业 Farming	牧 业 Animal Husbandry	制造业 Manufacturing	交通运输业、仓储和邮政业 Transport, Storage and Post	批发零售和住宿餐饮业支出 Wholesale, Retail, Lodging and Catering
全 区	**Total**	**11990.3**	**3114.9**	**3415.4**	**61.0**	**2373.4**	**1416.9**
沿黄地区	**Plain**	**13904.6**	**3844.1**	**3295.2**	**890.5**	**3209.1**	**951.4**
中南部地区	**Mountain Area**	**9964.0**	**2487.5**	**4074.5**	**73.1**	**1678.4**	**957.6**
银川市	**Yinchuan**	**11307.6**	**2393.4**	**1555.6**	**4.6**	**5240.2**	**945.5**
兴庆区	Xingqing	8562.6	4578.2	665.9		2403.4	366.2
西夏区	Xixia	2392.5	677.6	29.2	5.7	472.4	57.2
金凤区	Jinfeng	4513.8	855.8	138.4		2041.8	376.6
永宁县	Yongning	6870.8	1197.7	471.0		3796.2	705.4
贺兰县	Helan	19652.4	5510.1	1694.1		8738.7	1787.1
灵武市	Lingwu	20858.2	1682.3	5386.0	22.5	10412.4	1699.6
石嘴山市	**Shizuishan**	**26259.4**	**6306.1**	**2620.3**	**11355.5**	**1437.3**	**1114.6**
大武口区	Dawukou	5794.6	2873.2	262.7	469.7	1049.8	404.6
惠农区	Huinong	16554.8	10953.1	1790.8	184.3	3304.0	8.7
平罗县	Pingluo	32056.8	6845.9	3244.5	14853.6	1405.7	1368.7
吴忠市	**Wuzhong**	**10306.7**	**2628.3**	**4475.2**	**77.5**	**1573.6**	**545.6**
利通区	Litong	8713.2	2438.6	2986.5	188.5	535.1	787.2
红寺堡区	Hongsipu	7769.4	1760.8	1808.4		2375.8	535.8
盐池县	Yanchi	15615.6	3913.1	2641.4		7149.8	1131.9
同心县	Tongxin	3376.4	54.8	1390.4	68.8	990.2	41.9
青铜峡市	Qingtongxia	21109.8	6324.1	12479.8		1405.8	709.4
固原市	**Guyuan**	**10650.3**	**3200.9**	**4449.1**	**103.1**	**545.3**	**1576.3**
原州区	Yuanzhou	10855.7	2286.4	6864.9		1092.6	316.2
西吉县	Xiji	6565.4	3420.3	212.1	274.6	9.2	1329.9
隆德县	Longde	10663.1	5036.1	4553.0		63.0	6.5
泾源县	Jingyuan	4076.6	244.0	2417.5		693.6	395.4
彭阳县	Pengyang	23515.6	4901.2	11140.5		1018.1	5981.0
中卫市	**Zhongwei**	**16063.7**	**3939.6**	**4148.0**	**1469.7**	**3914.3**	**717.6**
沙坡头区	Shapotou	20641.6	4231.9	3631.3	6550.8	1202.9	2229.1
中宁县	Zhongning	20180.0	7952.1	1167.2	67.2	5604.5	771.1
海原县	Haiyuan	12263.6	1971.2	5734.8		4265.2	63.8

2-18 续表 continued

市 县	Region	主要资产数量 Number of Major Assets							
		房屋及建筑物（平方米/百户）House and Building (sq.m/100 households)	大中型拖拉机（辆/百户）Large and Medium Tractor (unit/100 households)	小型农用拖拉机（辆/百户）Mini and Walking Tractor (unit/100 households)	机动脱粒机（台/百户）Motorized Threshing Machine (unit/100 households)	收割机（台/百户）Harvester (unit/100 households)	农用排灌动力机械（台/百户）Irrigation and Drainage Machine (unit/100 households)	役畜（头/百户）Draught Animal (unit/100 households)	产品畜（头/百户）Commodity Animal (unit/100 households)
全 区	**Total**	**6637.0**	**5.2**	**40.8**	**4.4**	**1.4**	**0.6**		**93.7**
沿黄地区	**Plain**	**3760.1**	**6.0**	**29.9**	**1.1**	**1.3**	**2.7**		**105.3**
中南部地区	**Mountain Area**	**8976.2**	**5.9**	**47.6**	**7.1**	**2.4**	**1.1**		**144.6**
银川市	**Yinchuan**	**2915.1**	**3.4**	**19.5**	**1.2**	**0.3**			**167.0**
兴庆区	Xingqing	2923.0		17.9					8.0
西夏区	Xixia	679.8		2.6	2.1				
金凤区	Jinfeng	1040.2	3.9	11.3					
永宁县	Yongning	242.3	5.1	12.3					13.9
贺兰县	Helan	7333.9	4.6	42.2					25.5
灵武市	Lingwu	5747.4	2.9	24.2	6.0	1.5			921.1
石嘴山市	**Shizuishan**	**6997.5**	**5.8**	**73.3**	**3.0**	**3.2**	**0.9**		**30.7**
大武口区	Dawukou	583.7	1.9						19.8
惠农区	Huinong	6801.7	7.1	65.1	1.0	3.4			1.0
平罗县	Pingluo	8401.2	6.6	89.8	3.8	3.9	1.2		35.2
吴忠市	**Wuzhong**	**7775.2**	**3.1**	**29.7**	**2.5**	**0.9**	**2.6**		**40.6**
利通区	Litong	9944.0	1.4	14.5			9.0		49.8
红寺堡区	Hongsipu	11215.6	2.7	47.2	5.8				
盐池县	Yanchi	13453.9	4.1	31.8	11.7	2.8			18.1
同心县	Tongxin	5840.2		3.1	1.9				
青铜峡市	Qingtongxia	3693.4	8.9	75.6	1.3	2.5			105.0
固原市	**Guyuan**	**8668.6**	**8.0**	**65.7**	**9.7**	**3.7**	**0.8**		**131.6**
原州区	Yuanzhou	6730.4	4.5	45.7	5.8	0.8			207.5
西吉县	Xiji	10080.4	12.2	94.6	19.2	8.6	0.8		17.2
隆德县	Longde	7096.3	8.7	58.5	7.4		1.3		58.0
泾源县	Jingyuan	3867.4	1.2	29.7			1.6		
彭阳县	Pengyang	12346.7	8.3	61.8	3.1	2.2	1.2		354.5
中卫市	**Zhongwei**	**6995.6**	**8.8**	**33.4**	**1.4**	**1.6**	**4.9**		**205.7**
沙坡头区	Shapotou	3183.2	6.7	22.7			5.0		128.1
中宁县	Zhongning	4654.7	18.1	57.1	3.4	5.9	7.8		37.2
海原县	Haiyuan	10520.7	4.6	25.6	0.9		3.2		347.6

2-19 2019年各市县农村居民家庭住房及经营土地情况

Residence and Area of Land Managed of Rural Households by City and County (2019)

市 县	Region	自有现住房面积(平方米/人) Floor Space of Living Houses (sq.m/person)	自有现住房价值(万元/人) Value of Living Houses (yuan/person)	期末实际经营的土地面积(亩/人) Area of Cultivated Land at Year-end (mu/person)					
					耕地(亩/人) Area of Permanent Crops (mu/person)	有效灌溉面积(亩/人) Area of Irrigable (mu/person)	林地、园地(亩/人) Area of Forest and Garden and Grassland (mu/person)	牧草地(亩/人) Area of Grassland (mu/person)	养殖水面(亩/人) Water Area for Fishery (mu/person)
全 区	**Total**	**30.4**	**2.9**	**4.4**	**3.6**	**1.9**	**0.5**	**0.3**	
沿黄地区	**Plain**	**34.0**	**3.5**	**3.8**	**2.8**	**2.7**	**0.9**		**0.0**
中南部地区	**Mountain Area**	**27.1**	**2.7**	**4.9**	**4.1**	**1.1**	**0.3**	**0.5**	
银川市	**Yinchuan**	**34.0**	**3.9**	**3.4**	**3.2**	**3.1**	**0.1**		**0.1**
兴庆区	Xingqing	34.8	3.1	4.4	3.8	3.7	0.4		0.3
西夏区	Xixia	28.1	3.8	1.6	1.6	1.6	0.0		
金凤区	Jinfeng	37.3	8.2	1.7	1.7	1.7			
永宁县	Yongning	34.3	4.2	5.3	5.1	5.1	0.2		
贺兰县	Helan	30.7	2.3	3.6	3.3	3.3	0.0		0.3
灵武市	Lingwu	35.4	2.1	1.7	1.7	1.5	0.0		
石嘴山市	**Shizuishan**	**38.2**	**2.7**	**7.0**	**6.9**	**6.9**	**0.1**		
大武口区	Dawukou	41.6	3.1	0.7	0.6	0.6	0.0		
惠农区	Huinong	35.7	3.0	10.9	10.9	10.9			
平罗县	Pingluo	37.5	2.5	8.3	8.2	8.2	0.1		
吴忠市	**Wuzhong**	**31.4**	**3.2**	**5.1**	**4.7**	**2.9**	**0.4**	**0.0**	
利通区	Litong	30.3	3.5	1.3	1.2	1.2	0.1		
红寺堡区	Hongsipu	37.4	3.3	4.5	4.0	2.8	0.4	0.2	
盐池县	Yanchi	25.5	2.5	19.7	19.7	8.8		0.0	
同心县	Tongxin	34.2	3.3	4.6	3.6	1.1	1.0	0.1	
青铜峡市	Qingtongxia	28.8	3.0	5.9	5.6	5.6	0.3		
固原市	**Guyuan**	**25.3**	**2.6**	**4.7**	**3.7**	**0.3**	**0.3**	**0.7**	
原州区	Yuanzhou	22.6	2.3	4.3	3.1	0.4	0.0	1.2	
西吉县	Xiji	23.6	2.2	5.0	4.5	0.3	0.0	0.4	
隆德县	Longde	27.6	3.5	4.2	3.4	0.1	0.0	0.8	
泾源县	Jingyuan	26.6	3.0	2.8	1.0		1.8		
彭阳县	Pengyang	31.9	3.4	6.1	4.7	0.1	0.7	0.6	
中卫市	**Zhongwei**	**31.7**	**2.9**	**4.3**	**2.7**	**2.0**	**1.5**	**0.1**	
沙坡头区	Shapotou	36.2	3.8	4.5	0.8	0.5	3.7		
中宁县	Zhongning	37.2	3.0	6.4	3.8	3.5	2.6		
海原县	Haiyuan	27.3	2.5	3.2	2.9	1.8	0.0	0.2	

2-20 2019年各市县农村居民家庭农作物种植情况
Basic Statistics of Farm Crop Planting of Rural Households by City and County (2019)

单位：亩/人 (mu/person)

市 县	Region	粮食播种面积 Sown Area of Grain Crops	小麦播种面积 Wheat	水稻播种面积 Rice	玉米播种面积 Corn	豆类播种面积 Soybeans	薯类播种面积 Tubers
全 区	**Total**	**2.48**	**0.35**	**0.29**	**1.64**	**0.04**	**0.16**
沿黄地区	**Plain**	**2.12**	**0.18**	**0.57**	**1.36**	**0.01**	**0.00**
中南部地区	**Mountain Area**	**2.33**	**0.35**		**1.66**	**0.00**	**0.31**
银川市	**Yinchuan**	**2.80**	**0.21**	**1.06**	**1.52**	**0.02**	**0.00**
兴庆区	Xingqing	3.54	0.05	3.34	0.15	0.00	
西夏区	Xixia	0.94	0.07		0.84		0.03
金凤区	Jinfeng	1.66	0.42	1.12	0.11		
永宁县	Yongning	4.43	0.09	0.61	3.73		
贺兰县	Helan	3.04	0.59	1.04	1.41		
灵武市	Lingwu	1.20	0.01	0.56	0.52	0.12	
石嘴山市	**Shizuishan**	**6.93**	**1.48**	**2.07**	**2.90**	**0.48**	
大武口区	Dawukou	0.64	0.09		0.55		
惠农区	Huinong	8.91	2.94		5.97		
平罗县	Pingluo	8.37	1.73	2.73	3.28	0.63	
吴忠市	**Wuzhong**	**1.93**	**0.28**	**0.21**	**1.35**	**0.01**	**0.07**
利通区	Litong	0.58		0.07	0.51		
红寺堡区	Hongsipu	3.18	0.54		2.61	0.04	
盐池县	Yanchi	2.71			2.57	0.05	0.09
同心县	Tongxin	1.72	0.43		1.09		0.20
青铜峡市	Qingtongxia	3.23	0.46	0.86	1.91	0.00	
固原市	**Guyuan**	**2.48**	**0.45**		**1.65**	**0.00**	**0.37**
原州区	Yuanzhou	2.52	0.20		2.07		0.25
西吉县	Xiji	2.68	0.83		1.18		0.67
隆德县	Longde	2.23	0.45		1.48	0.03	0.27
泾源县	Jingyuan	0.13	0.00		0.03		0.09
彭阳县	Pengyang	3.37	0.26		3.00		0.10
中卫市	**Zhongwei**	**1.95**	**0.04**	**0.08**	**1.67**	**0.01**	**0.14**
沙坡头区	Shapotou	0.41		0.03	0.34	0.03	
中宁县	Zhongning	3.15	0.13	0.32	2.69	0.01	
海原县	Haiyuan	2.05	0.02		1.76		0.27

2-20 续表 continued

单位：亩/人 (mu/person)

市 县	Region	经济作物播种面积 Sown Area of Economy Crops	油料播种面积 Oil-bearing	蔬菜播种面积 Vegetable	水果播种面积 Fruits	机耕面积 Plough Area by Machine	机播面积 Sown Area by Machine	机收面积 Reap Area by Machine	机电灌溉面积 Irrigate Area by Machine
全 区	**Total**	**0.51**	**0.10**	**0.19**	**0.22**	**3.06**	**2.65**	**1.94**	**0.20**
沿黄地区	**Plain**	**0.83**	**0.02**	**0.16**	**0.66**	**2.63**	**2.40**	**2.34**	**0.48**
中南部地区	**Mountain Area**	**0.33**	**0.15**	**0.17**	**0.01**	**3.35**	**2.78**	**1.35**	**0.33**
银川市	**Yinchuan**	**0.29**	**0.01**	**0.21**	**0.08**	**3.11**	**3.03**	**2.95**	**0.83**
兴庆区	Xingqing	0.21		0.21		3.74	3.71	3.70	3.74
西夏区	Xixia	0.19	0.05	0.03	0.11	0.89	0.88	0.86	1.33
金凤区	Jinfeng	0.05		0.02	0.03	1.70	1.69	1.69	1.70
永宁县	Yongning	0.24		0.16	0.08	5.02	4.98	4.96	
贺兰县	Helan	0.50	0.02	0.47		3.29	3.00	2.76	
灵武市	Lingwu	0.45		0.24	0.21	1.56	1.48	1.32	0.02
石嘴山市	**Shizuishan**	**0.41**	**0.32**	**0.09**		**6.88**	**6.09**	**6.36**	**0.08**
大武口区	Dawukou	0.04		0.01	0.02	0.58	0.55	0.39	0.40
惠农区	Huinong	2.14	2.01	0.13		10.80	10.80	10.79	
平罗县	Pingluo	0.38	0.28	0.10		8.19	7.16	7.56	
吴忠市	**Wuzhong**	**0.35**	**0.00**	**0.17**	**0.17**	**3.64**	**3.41**	**3.00**	**0.81**
利通区	Litong	0.32		0.04	0.28	0.84	0.78	0.82	0.80
红寺堡区	Hongsipu	0.65	0.01	0.39	0.25	3.02	2.74	2.13	
盐池县	Yanchi	0.06		0.06		16.14	15.13	15.27	1.68
同心县	Tongxin	0.16	0.00	0.16		2.12	1.96	1.33	1.07
青铜峡市	Qingtongxia	0.61		0.32	0.29	5.16	4.89	4.06	0.46
固原市	**Guyuan**	**0.40**	**0.21**	**0.19**	**0.00**	**3.24**	**2.58**	**0.49**	**0.14**
原州区	Yuanzhou	0.22	0.07	0.15		2.96	2.11	0.15	0.48
西吉县	Xiji	0.75	0.39	0.35	0.01	3.66	2.81	0.62	
隆德县	Longde	0.17	0.14	0.04		3.23	3.10	1.34	0.00
泾源县	Jingyuan	0.03	0.03			0.91	0.48		
彭阳县	Pengyang	0.22	0.15	0.06	0.00	4.03	3.76	0.60	0.01
中卫市	**Zhongwei**	**1.11**	**0.08**	**0.08**	**0.95**	**2.28**	**1.74**	**1.63**	**0.13**
沙坡头区	Shapotou	1.88	0.03	0.11	1.74	0.71	0.12	0.38	
中宁县	Zhongning	2.41	0.00	0.10	2.31	3.54	2.96	3.29	
海原县	Haiyuan	0.19	0.13	0.06		2.34	1.86	1.39	0.25

2-21 2019年各市县农村居民家庭农业生产情况
Basic Statistics of Agricultural Production of Rural Households by City and County (2019)

单位：公斤/人 (kg/person)

市县	Region	谷物产量 Output of Cereal	小麦产量 Output of Wheat	稻谷产量 Output of Rice	玉米产量 Output of Corn	薯类产量 Output of Tubers	豆类产量 Output of Soybeans	油料产量 Output of Oil-bearing
全区	**Total**	**1398.3**	**82.1**	**157.4**	**1138.7**	**44.5**	**5.4**	**10.3**
沿黄地区	**Plain**	**1557.1**	**87.7**	**384.6**	**1082.6**	**0.2**	**3.9**	**4.6**
中南部地区	**Mountain Area**	**982.7**	**59.0**		**887.0**	**97.4**	**4.3**	**14.0**
银川市	**Yinchuan**	**1643.0**	**79.9**	**542.4**	**1020.1**	**0.4**	**0.2**	**1.0**
兴庆区	Xingqing	1975.3	18.5	1840.2	116.6		1.0	
西夏区	Xixia	621.7	28.7		593.1	5.7		5.6
金凤区	Jinfeng	546.9	160.1	350.4	36.5			
永宁县	Yongning	2777.7	32.4	352.8	2392.4			
贺兰县	Helan	1900.4	237.3	532.3	1127.6			3.2
灵武市	Lingwu	695.1	1.6	318.1	375.4		0.5	
石嘴山市	**Shizuishan**	**3386.5**	**490.3**	**810.8**	**2085.3**		**28.9**	**41.4**
大武口区	Dawukou	256.2	64.8		191.4			
惠农区	Huinong	3540.4	545.1		2995.3		0.7	224.4
平罗县	Pingluo	4160.3	593.2	1069.9	2497.2		38.0	39.1
吴忠市	**Wuzhong**	**1202.7**	**14.9**	**125.7**	**1017.6**	**6.2**	**0.7**	**0.8**
利通区	Litong	456.7		45.1	411.7			
红寺堡区	Hongsipu	1635.1	39.6		1595.4		4.3	1.6
盐池县	Yanchi	1669.2			1244.0	9.5	2.4	2.3
同心县	Tongxin	1096.7	21.8		1047.2	17.5		1.5
青铜峡市	Qingtongxia	2005.2	20.9	504.1	1474.8		0.5	
固原市	**Guyuan**	**858.8**	**89.3**		**743.4**	**131.3**	**2.3**	**19.4**
原州区	Yuanzhou	885.1	40.4		844.7	56.2		5.3
西吉县	Xiji	694.6	161.3		473.0	267.6	2.2	34.9
隆德县	Longde	884.5	123.5		761.0	96.3	15.8	14.4
泾源县	Jingyuan	14.7	0.6		14.1	29.1		2.2
彭阳县	Pengyang	1647.1	37.1		1588.9	21.4	0.3	20.3
中卫市	**Zhongwei**	**1057.5**	**15.3**	**50.4**	**983.0**	**36.6**	**8.7**	**5.8**
沙坡头区	Shapotou	298.1		21.5	276.6		6.1	1.9
中宁县	Zhongning	1739.8	53.5	185.9	1492.0		1.5	0.2
海原县	Haiyuan	1059.6	4.0		1042.8	68.6	13.2	9.9

2-22 2019年各市县农村居民家庭农林牧渔业产品出售情况

Basic Statistics of Agriculture, Forestry, Animal Husbandry and Fishery Products Sales of Rural Households by City and County (2019)

单位：公斤/人、元/人 (kg/person,yuan/person)

市 县	Region	谷物 Cereal							
		数量 Quantity	金额 Amount	小麦 Wheat		稻谷 Rice		玉米 Corn	
				数量 Quantity	金额 Amount	数量 Quantity	金额 Amount	数量 Quantity	金额 Amount
全 区	**Total**	**884.4**	**1770.5**	**30.3**	**73.3**	**158.8**	**388.8**	**646.4**	**1168.4**
沿黄地区	**Plain**	**1180.1**	**2319.6**	**54.0**	**124.0**	**354.0**	**802.1**	**770.9**	**1390.7**
中南部地区	**Mountain Area**	**386.3**	**671.9**	**5.0**	**10.4**			**359.8**	**606.6**
银川市	**Yinchuan**	**1402.9**	**2848.3**	**48.8**	**120.4**	**477.8**	**1106.3**	**876.3**	**1621.6**
兴庆区	Xingqing	1832.6	3980.3	9.1	21.5	1661.4	3650.2	162.1	308.6
西夏区	Xixia	608.4	1028.3	21.3	60.0			587.1	968.2
金凤区	Jinfeng	477.6	1111.1	74.7	190.0	380.2	879.5	22.7	41.5
永宁县	Yongning	2650.9	5177.3	22.0	54.6	280.9	747.2	2348.0	4375.5
贺兰县	Helan	1278.1	2628.4	161.9	391.9	568.6	1248.6	547.6	987.8
灵武市	Lingwu	354.1	788.8			148.1	392.0	206.0	396.8
石嘴山市	**Shizuishan**	**2945.2**	**5620.3**	**310.9**	**668.9**	**1427.6**	**3071.5**	**1206.7**	**1879.9**
大武口区	Dawukou	19.9	42.1	6.6	18.0			13.4	24.1
惠农区	Huinong	1492.5	3059.5	585.4	1398.2			907.1	1661.3
平罗县	Pingluo	3778.4	7194.7	368.2	781.7	1883.8	4053.0	1526.4	2360.0
吴忠市	**Wuzhong**	**694.0**	**1223.4**	**1.9**	**4.7**	**37.3**	**93.4**	**644.0**	**1095.8**
利通区	Litong	459.7	562.6			23.5	59.9	436.1	502.7
红寺堡区	Hongsipu	1153.5	1886.3					1153.5	1886.3
盐池县	Yanchi	153.6	385.3	0.8	2.0			47.0	91.7
同心县	Tongxin	648.3	1064.1					645.9	1056.3
青铜峡市	Qingtongxia	1086.8	2373.1	8.4	20.2	135.9	339.2	936.2	1999.2
固原市	**Guyuan**	**255.7**	**470.5**	**8.4**	**17.6**			**221.7**	**387.8**
原州区	Yuanzhou	151.4	272.4					149.4	264.3
西吉县	Xiji	320.2	612.5	14.4	30.3			240.5	419.0
隆德县	Longde	300.9	527.3	19.4	38.9			281.5	488.4
泾源县	Jingyuan	5.9	9.9	0.8	1.6			2.1	3.0
彭阳县	Pengyang	402.8	713.0	7.4	16.1			393.7	690.6
中卫市	**Zhongwei**	**551.9**	**991.7**	**7.9**	**20.2**	**27.8**	**66.2**	**511.3**	**895.1**
沙坡头区	Shapotou	197.8	386.0			13.0	28.1	184.8	357.9
中宁县	Zhongning	993.2	1893.2	32.2	82.2	101.8	244.5	856.8	1561.0
海原县	Haiyuan	496.2	828.9					488.1	812.2

2-22 续表 1 continued

单位：公斤/人、元/人 (kg/person,yuan/person)

市 县	Region	薯类 Tubers 数量 Quantity	薯类 Tubers 金额 Amount	豆类 Soybeans 数量 Quantity	豆类 Soybeans 金额 Amount	油料 Oil-bearing 数量 Quantity	油料 Oil-bearing 金额 Amount	蔬菜及食用菌 Vegetable and Edible Fungus 数量 Quantity	蔬菜及食用菌 Vegetable and Edible Fungus 金额 Amount	瓜类 Melons 数量 Quantity	瓜类 Melons 金额 Amount
全 区	**Total**	**27.8**	**142.2**	**5.3**	**18.5**	**3.9**	**16.5**	**509.2**	**627.8**	**289.4**	**229.6**
沿黄地区	**Plain**	**0.1**	**1.1**	**3.2**	**11.9**	**3.1**	**7.3**	**745.0**	**1126.7**	**1087.8**	**863.8**
中南部地区	**Mountain Area**	**52.5**	**290.2**	**3.9**	**13.1**	**0.8**	**5.9**	**237.4**	**244.0**	**8.3**	**60.0**
银川市	**Yinchuan**	**0.4**	**2.9**	**0.4**	**1.9**	**0.8**	**4.2**	**1050.1**	**1450.2**	**31.5**	**49.8**
兴庆区	Xingqing			1.0	4.0			1387.0	3176.9		
西夏区	Xixia	5.6	41.0			7.8	46.6	246.0	203.6	23.5	20.6
金凤区	Jinfeng							57.3	91.0		
永宁县	Yongning			0.1	0.3			952.8	950.9	5.5	4.3
贺兰县	Helan			0.6	5.8	1.6	5.5	1984.8	3156.6	13.3	91.2
灵武市	Lingwu			0.6	1.7			1184.7	991.2	138.1	164.5
石嘴山市	**Shizuishan**			**17.1**	**59.3**	**28.9**	**59.4**	**572.2**	**182.8**		
大武口区	Dawukou							12.0	49.5		
惠农区	Huinong			1.5	5.4	12.0	56.1	356.6	219.1		
平罗县	Pingluo			22.5	77.8	37.3	74.6	727.4	213.7		
吴忠市	**Wuzhong**	**4.2**	**19.3**	**0.4**	**2.0**			**292.1**	**346.9**	**13.8**	**22.7**
利通区	Litong							233.1	426.9		
红寺堡区	Hongsipu			2.7	9.7			24.2	404.7		
盐池县	Yanchi	2.1	16.9	1.2	9.3			11.5	50.0		
同心县	Tongxin	13.0	58.1					2.1	5.9		
青铜峡市	Qingtongxia			0.5	1.8			982.7	798.8	61.9	102.0
固原市	**Guyuan**	**71.5**	**397.6**	**2.4**	**8.1**	**1.1**	**8.3**	**332.3**	**283.5**	**11.1**	**86.3**
原州区	Yuanzhou	7.5	34.3					0.4	1.7	38.2	300.0
西吉县	Xiji	161.1	911.9	2.2	6.5	2.3	18.4	850.5	635.6		
隆德县	Longde	68.0	354.2	15.4	54.7	1.1	7.1	33.7	23.0	1.4	2.2
泾源县	Jingyuan	9.6	48.1					2.6	4.5		
彭阳县	Pengyang	11.3	56.5	1.0	4.0	0.7	5.0	61.2	263.9		
中卫市	**Zhongwei**	**17.9**	**98.2**	**8.4**	**29.1**	**0.3**	**2.3**	**306.9**	**833.8**	**1835.5**	**1442.3**
沙坡头区	Shapotou			8.5	32.6			299.1	939.2	5257.4	4099.7
中宁县	Zhongning			1.8	6.8			672.7	1991.2	2714.8	2108.1
海原县	Haiyuan	33.6	184.2	11.3	38.0	0.6	4.2	141.9	257.4	6.4	29.6

2-22 续表 2 continued

单位：公斤/人、元/人 (kg/person,yuan/person)

市 县	Region	园林水果 Fruits		中药材 Medicinal Materials		林木种苗 Wood and Germchit		肉猪 Hog		
		数量 Quantity	金额 Amount	数量 Quantity	金额 Amount	数量 Quantity	金额 Amount	头数(头) Count (head)	毛 重 Gross Weight	金 额 Amount
全 区	**Total**	**118.3**	**248.5**	**4.7**	**127.7**	**11.6**	**125.7**	**0.1**	**21.0**	**378.9**
沿黄地区	**Plain**	**164.9**	**369.2**	**4.2**	**100.1**	**2.2**	**12.6**	**0.4**	**59.2**	**1004.9**
中南部地区	**Mountain Area**	**3.2**	**7.1**	**8.4**	**61.9**	**10.3**	**96.1**	**0.2**	**27.4**	**544.5**
银川市	**Yinchuan**	**37.0**	**135.8**	**2.4**	**97.7**	**2.1**	**19.2**	**0.1**	**18.0**	**291.3**
兴庆区	Xingqing	0.6	4.1	3.8	51.8			0.0	1.8	36.4
西夏区	Xixia	42.3	84.1	14.1	1044.3	2.4	1.2	0.3	32.6	357.8
金凤区	Jinfeng									
永宁县	Yongning	83.4	303.7	1.9	35.8	4.9	49.2			
贺兰县	Helan	6.9	34.9	2.4	43.4			0.0	0.7	31.4
灵武市	Lingwu	46.4	190.4			2.7	26.5	0.7	81.6	1360.9
石嘴山市	**Shizuishan**	**1.8**	**29.4**	**23.3**	**241.6**	**15.0**	**55.8**	**0.5**	**86.0**	**1226.8**
大武口区	Dawukou	7.7	147.9	0.1	3.4	1.1	6.1			
惠农区	Huinong			0.4	5.4			0.2	33.2	541.9
平罗县	Pingluo	0.4	1.8	30.7	317.6	19.5	72.1	0.6	111.2	1581.4
吴忠市	**Wuzhong**	**112.4**	**316.1**	**8.5**	**65.1**	**0.0**	**0.1**	**0.6**	**73.5**	**1297.1**
利通区	Litong	192.0	659.8			0.0	0.2	0.1	7.9	106.4
红寺堡区	Hongsipu	0.2	0.4	12.6	183.4			0.0	1.1	16.5
盐池县	Yanchi	1.6	12.4	89.8	593.5			0.2	23.1	514.7
同心县	Tongxin	13.4	15.0	0.2	1.0					
青铜峡市	Qingtongxia	228.8	510.6					2.4	310.5	5486.3
固原市	**Guyuan**	**1.1**	**4.4**	**8.4**	**39.3**	**19.8**	**184.9**	**0.4**	**43.2**	**858.2**
原州区	Yuanzhou			0.3	13.0			0.9	101.9	2056.4
西吉县	Xiji	0.8	2.2	0.7	2.2			0.2	25.3	456.3
隆德县	Longde	4.1	4.6	48.9	325.2			0.3	39.1	785.4
泾源县	Jingyuan					220.7	2093.3			
彭阳县	Pengyang	2.5	20.0	22.3	31.3	3.6	13.4	0.1	5.7	157.2
中卫市	**Zhongwei**	**167.7**	**291.1**	**3.0**	**103.9**			**0.0**	**1.6**	**31.8**
沙坡头区	Shapotou	599.9	1156.9	6.2	290.3					
中宁县	Zhongning	132.7	116.3	1.3	19.1			0.0	6.0	115.6
海原县	Haiyuan	4.0	11.1	2.4	65.3			0.0	0.3	6.4

2-22 续表 3 continued

单位：公斤/人、元/人 (kg/person,yuan/person)

市　县	Region	菜羊 Sheep			肉牛 Cattle			家禽 Poultry		蛋类 Eggs	
		只数(只) Count (head)	毛　重 Gross Weight	金　额 Amount	头数(头) Count (head)	毛　重 Gross Weight	金　额 Amount	重　量 Weight	金　额 Amount	数　量 Quantity	金　额 Amount
全　区	**Total**	**1.1**	**26.8**	**748.7**	**0.1**	**1857.2**	**63.0**	**7.5**	**130.3**	**0.0**	**0.4**
沿黄地区	**Plain**	**0.4**	**15.7**	**365.0**	**0.1**	**1288.0**	**48.0**	**6.8**	**69.8**	**0.1**	**0.5**
中南部地区	**Mountain Area**	**0.9**	**36.0**	**961.6**	**0.3**	**2034.3**	**71.0**	**3.9**	**62.4**	**13.9**	**118.6**
银川市	**Yinchuan**	**0.2**	**7.7**	**251.0**	**0.0**	**229.2**	**5.5**	**7.8**	**152.8**	**0.2**	**1.4**
兴庆区	Xingqing	0.3	6.7	273.3	0.0	485.5	11.3	23.0	451.6		
西夏区	Xixia	0.0	1.3	46.3				0.0	2.0		
金凤区	Jinfeng	0.0	1.9	71.9	0.0	691.3	15.2	0.6	11.4		
永宁县	Yongning							0.3	6.0		
贺兰县	Helan	0.2	4.5	203.2	0.0	204.8	5.1	2.4	60.1	0.1	1.2
灵武市	Lingwu	0.7	30.4	883.9	0.0	145.8	5.0	22.8	430.7	0.8	6.4
石嘴山市	**Shizuishan**	**1.0**	**47.5**	**338.6**	**0.1**	**848.1**	**36.0**	**36.7**	**7.5**		
大武口区	Dawukou										
惠农区	Huinong	0.9	32.9	951.6	0.0	477.8	16.6	1.1	27.2		
平罗县	Pingluo	1.3	60.3	381.1	0.1	1086.1	46.3	48.3	8.1		
吴忠市	**Wuzhong**	**0.9**	**38.1**	**1060.6**	**0.2**	**2641.7**	**100.7**	**1.0**	**23.1**	**0.1**	**1.2**
利通区	Litong	0.9	35.6	1020.4	0.4	4517.1	183.1	0.9	19.9		
红寺堡区	Hongsipu	0.1	4.0	121.6	0.1	1397.1	54.7	5.5	130.8		
盐池县	Yanchi	2.6	106.0	2845.2				1.4	36.3	1.1	14.7
同心县	Tongxin	1.1	53.6	1502.4	0.2	2247.1	79.5	0.1	0.9		
青铜峡市	Qingtongxia	0.2	8.5	219.7	0.1	2143.2	75.1	0.5	10.6	0.0	0.2
固原市	**Guyuan**	**0.3**	**12.0**	**309.9**	**0.2**	**2591.8**	**90.1**	**5.0**	**70.7**	**22.2**	**189.6**
原州区	Yuanzhou	0.4	10.9	302.4	0.2	3457.4	117.0	16.5	225.3	77.1	658.8
西吉县	Xiji	0.3	9.1	220.8	0.1	1523.9	53.5	0.0	0.4		
隆德县	Longde	0.2	5.5	166.8	0.2	2765.5	93.0	0.0	0.3		
泾源县	Jingyuan	0.3	8.8	237.8	0.3	3093.5	120.3	2.9	62.0		
彭阳县	Pengyang	0.6	26.0	655.3	0.2	3173.9	110.0	0.1	3.0	0.3	3.2
中卫市	**Zhongwei**	**1.3**	**51.2**	**1374.2**	**0.4**	**947.0**	**33.2**	**1.8**	**45.9**		
沙坡头区	Shapotou	0.1	4.4	130.0	0.1	1836.0	65.3	1.5	59.9		
中宁县	Zhongning	0.5	15.3	478.0	0.0	312.4	11.0	0.1	2.2		
海原县	Haiyuan	2.1	87.1	2304.6	0.8	868.9	30.0	2.7	60.1		

2-22 续表 4 continued

单位：公斤/人、元/人 (kg/person,yuan/person)

市 县	Region	畜皮 Fur		毛绒 Wool		奶类 Milk		鱼类 Fish	
		数量(张) Quantity (piece)	金额 Amount	数量 Quantity	金额 Amount	数量 Quantity	金额 Amount	数量 Quantity	金额 Amount
全　区	**Total**	**0.1**		**0.7**	**39.2**				
沿黄地区	**Plain**	**0.1**		**0.8**	**23.3**			**7.7**	**68.7**
中南部地区	**Mountain Area**	**0.1**		**1.6**	**26.8**				
银川市	**Yinchuan**	**0.1**		**1.4**	**27.3**			**20.7**	**183.7**
兴庆区	Xingqing			0.0	0.4			56.0	522.8
西夏区	Xixia								
金凤区	Jinfeng								
永宁县	Yongning			0.1	0.1				
贺兰县	Helan	0.0		0.3	19.4			76.7	662.8
灵武市	Lingwu	0.7		6.8	126.4				
石嘴山市	**Shizuishan**	**0.1**		**1.8**	**101.1**				
大武口区	Dawukou								
惠农区	Huinong	0.3		2.3	260.3				
平罗县	Pingluo	0.1		2.2	115.4				
吴忠市	**Wuzhong**	**0.2**		**1.1**	**49.6**				
利通区	Litong	0.0		0.4	3.4				
红寺堡区	Hongsipu	0.1		0.9	64.3				
盐池县	Yanchi	1.3		8.2	410.2				
同心县	Tongxin	0.1		0.7	29.2				
青铜峡市	Qingtongxia	0.0		0.2	1.3				
固原市	**Guyuan**	**0.0**		**1.3**	**4.7**				
原州区	Yuanzhou	0.0		0.1	2.8				
西吉县	Xiji	0.0		0.1	1.1				
隆德县	Longde			13.1	34.3				
泾源县	Jingyuan								
彭阳县	Pengyang	0.1		0.3	2.6				
中卫市	**Zhongwei**	**0.0**		**1.3**	**15.0**				
沙坡头区	Shapotou			0.1	0.5				
中宁县	Zhongning	0.0		0.1	19.1				
海原县	Haiyuan	0.0		2.4	19.1				

2-23 2019年各市县农村居民家庭总收入来源情况

Basic Statistics of Total Income of Rural Households by Sources by City and County (2019)

单位：元/人　　　　(yuan/person)

市　县	Region	总收入 Total Revenue	一、工资性收入 Wages Income	二、家庭经营性收入 Household Business	1.第一产业收入 Primary Industry	(1)农业收入 Farming	(2)林业收入 Forestry	(3)牧业收入 Animal Husbandry	(4)渔业收入 Fishery
全　区	**Total**	**20233.6**	**4962.7**	**11632.1**	**8550.5**	**4398.5**	**142.7**	**4009.3**	
沿黄地区	**Plain**	**22832.8**	**7007.7**	**13435.7**	**9752.0**	**6082.1**	**17.5**	**3572.0**	**80.5**
中南部地区	**Mountain Area**	**15074.2**	**4109.6**	**8652.2**	**7488.9**	**2828.4**	**118.1**	**4542.5**	
银川市	**Yinchuan**	**21712.6**	**7362.4**	**12032.2**	**7652.4**	**5626.7**	**24.4**	**1786.2**	**215.2**
兴庆区	Xingqing	24694.5	7760.8	14893.2	12550.1	9676.1	33.0	2172.8	668.3
西夏区	Xixia	15202.2	5901.7	7446.2	3340.5	2761.7	1.6	577.2	
金凤区	Jinfeng	16458.4	8271.1	5714.3	2194.7	1299.0		895.7	
永宁县	Yongning	22366.2	6553.5	13130.6	8063.5	7709.1	49.2	305.2	
贺兰县	Helan	22739.0	8121.3	12140.7	9045.0	7075.4	0.1	1233.3	736.3
灵武市	Lingwu	24345.3	7436.5	15059.7	8358.3	2857.6	31.2	5469.5	
石嘴山市	**Shizuishan**	**22429.4**	**5533.3**	**13559.8**	**10957.7**	**6995.0**	**55.8**	**3906.9**	
大武口区	Dawukou	15605.5	9899.3	3905.2	1028.1	813.3	6.1	208.6	
惠农区	Huinong	21419.4	6247.7	13212.5	10633.1	7539.9		3093.2	
平罗县	Pingluo	24209.0	4390.0	16003.0	13468.3	8506.4	72.1	4889.8	
吴忠市	**Wuzhong**	**20663.1**	**6229.8**	**12321.3**	**9792.9**	**3314.1**	**6.7**	**6472.0**	
利通区	Litong	24224.3	8924.9	13379.6	9672.1	2127.3	0.2	7544.6	
红寺堡区	Hongsipu	15863.6	5373.1	8588.3	6757.4	3304.2	4.9	3448.3	
盐池县	Yanchi	20231.5	1564.0	16118.6	12337.0	3818.2		8518.8	
同心县	Tongxin	13909.3	3882.4	7182.0	6372.2	1854.4	14.7	4503.1	
青铜峡市	Qingtongxia	27328.7	7931.5	18121.2	14970.6	6746.0	7.6	8217.0	
固原市	**Guyuan**	**15423.5**	**4101.2**	**8993.0**	**7983.2**	**3040.6**	**217.6**	**4724.9**	
原州区	Yuanzhou	18353.5	5344.3	10487.1	9726.2	2291.2	15.6	7419.4	
西吉县	Xiji	13357.0	3099.1	7998.3	6929.1	3993.7	14.3	2921.2	
隆德县	Longde	15553.5	4487.3	8252.6	7721.8	2825.1	22.4	4874.4	
泾源县	Jingyuan	13178.0	4375.5	7124.6	6202.3	492.4	2093.3	3616.6	
彭阳县	Pengyang	16169.5	3849.5	10094.5	8452.3	3666.8	144.4	4641.0	
中卫市	**Zhongwei**	**17469.7**	**5058.0**	**10003.9**	**7743.6**	**4989.6**	**8.0**	**2745.9**	
沙坡头区	Shapotou	22392.0	6524.3	12626.0	10232.2	7746.4	9.0	2476.8	
中宁县	Zhongning	20968.2	5007.4	13333.7	9087.1	7864.6	5.2	1217.3	
海原县	Haiyuan	13810.5	4470.8	7379.8	6089.2	2518.9	8.9	3561.4	

2-23 续表 1 continued

单位：元/人 (yuan/person)

市县	Region	2.第二产业收入 Secondary Industry	工业收入 Industry	建筑业收入 Construction	3.第三产业收入 Tertiary Industry	交通、运输、仓储和邮政业收入 Transport, Post and Telecommunication	批发零售和住宿餐饮业收入 Wholesale, Retail, Lodging and Catering	社会服务业收入 Social Service	其他行业收入 Others
全区	**Total**	**220.4**	**72.6**	**147.8**	**2861.2**	**1247.9**	**977.1**	**466.7**	**169.4**
沿黄地区	**Plain**	**410.7**	**113.9**	**296.8**	**3272.9**	**1612.4**	**979.0**	**554.6**	**126.9**
中南部地区	**Mountain Area**	**88.4**	**28.3**	**60.1**	**1074.9**	**473.6**	**422.9**	**176.3**	**2.0**
银川市	**Yinchuan**	**365.3**	**46.2**	**319.2**	**4014.4**	**2317.1**	**1018.4**	**669.9**	**9.0**
兴庆区	Xingqing	318.0		318.0	2025.1	1343.6	587.4	75.4	18.7
西夏区	Xixia	326.8	326.8		3778.9	1051.8	736.5	1990.6	
金凤区	Jinfeng	675.4		675.4	2844.2	1496.8	566.5	781.0	
永宁县	Yongning	385.0		385.0	4682.1	3188.1	613.7	857.3	23.0
贺兰县	Helan	213.9		213.9	2881.7	1403.2	827.1	651.5	
灵武市	Lingwu	276.5	123.7	152.8	6425.0	3627.6	2574.6	222.8	
石嘴山市	**Shizuishan**	**355.8**	**192.9**	**162.9**	**2246.3**	**751.4**	**948.5**	**416.2**	**130.2**
大武口区	Dawukou	496.7	415.8	80.9	2380.4	1065.4	715.1	599.9	
惠农区	Huinong	40.5	40.5		2538.9	1997.4	118.8	422.7	
平罗县	Pingluo	342.3	147.6	194.7	2192.5	586.8	1064.2	369.7	171.8
吴忠市	**Wuzhong**	**237.1**	**66.6**	**170.5**	**2291.4**	**956.7**	**977.4**	**352.3**	**4.9**
利通区	Litong	711.5	157.2	554.3	2995.9	1186.2	1413.8	395.9	
红寺堡区	Hongsipu	59.0		59.0	1771.9	1029.9	586.6	155.3	
盐池县	Yanchi	0.0		0.0	3781.6	1994.0	1451.4	336.3	
同心县	Tongxin	63.9	63.9		745.9	259.1	312.3	158.7	15.9
青铜峡市	Qingtongxia				3150.6	1206.8	1297.1	646.7	
固原市	**Guyuan**	**122.0**	**29.8**	**92.2**	**887.7**	**241.0**	**470.9**	**175.9**	
原州区	Yuanzhou				760.8	441.8	221.9	97.1	
西吉县	Xiji	288.0	79.5	208.4	781.1	161.8	523.6	95.8	
隆德县	Longde	152.8		152.8	377.9	145.2	88.3	144.4	
泾源县	Jingyuan				922.3	318.0	494.2	110.1	
彭阳县	Pengyang				1642.2	78.0	1002.9	561.2	
中卫市	**Zhongwei**	**272.3**	**104.9**	**167.3**	**1988.0**	**1103.5**	**372.5**	**321.5**	**190.5**
沙坡头区	Shapotou	453.5	453.5		1940.3	466.2	345.1	270.3	858.7
中宁县	Zhongning	665.5	3.0	662.5	3581.1	2133.2	798.4	649.4	
海原县	Haiyuan	15.9	6.8	9.1	1274.7	894.9	187.9	191.9	

2-23 续表 2 continued

单位：元/人 (yuan/person)

市 县	Region	三、财产性收入 Property Income	转让承包土地经营权租金净收入 Rental Income for Land Contractual Management Right	四、转移性收入 Transfer Income	养老金或离退休金 Pensions and Retirement Pay	报销医疗费 Medical Fee for Reimbursement	政策性惠农补贴 Policy-related Subsidies
全 区	**Total**	**502.7**	**232.9**	**3136.1**	**1068.0**	**345.9**	**606.3**
沿黄地区	**Plain**	**495.9**	**220.5**	**1893.6**	**1068.2**	**279.3**	**160.8**
中南部地区	**Mountain Area**	**109.4**	**58.3**	**2203.0**	**540.9**	**181.9**	**616.0**
银川市	**Yinchuan**	**741.8**	**306.9**	**1576.3**	**847.7**	**213.0**	**136.4**
兴庆区	Xingqing	1282.2	431.1	758.4	229.2	166.7	98.0
西夏区	Xixia	551.8	397.1	1302.4	649.5	66.5	67.0
金凤区	Jinfeng	575.2	207.9	1897.8	1189.6	330.9	28.4
永宁县	Yongning	1112.1	458.5	1569.9	783.1	260.0	89.3
贺兰县	Helan	617.3	278.6	1859.6	716.0	240.5	395.1
灵武市	Lingwu	129.6	62.8	1719.4	1290.1	106.9	103.5
石嘴山市	**Shizuishan**	**424.0**	**163.2**	**2912.3**	**1919.7**	**600.3**	**173.0**
大武口区	Dawukou	186.4	33.8	1614.6	1094.9	224.5	14.9
惠农区	Huinong	616.2	559.7	1342.9	987.1	108.4	58.5
平罗县	Pingluo	470.3	168.3	3345.6	2190.7	728.3	220.6
吴忠市	**Wuzhong**	**189.2**	**84.4**	**1922.8**	**731.5**	**234.6**	**354.4**
利通区	Litong	224.5	79.8	1695.3	1030.3	207.3	91.6
红寺堡区	Hongsipu	85.1	26.0	1817.2	267.1	93.9	547.5
盐池县	Yanchi	385.1	57.7	2163.8	227.0	137.7	1355.1
同心县	Tongxin	54.8	8.2	2790.1	860.2	390.8	511.8
青铜峡市	Qingtongxia	297.7	229.2	978.2	522.7	146.2	43.7
固原市	**Guyuan**	**108.4**	**64.9**	**2221.0**	**362.5**	**180.1**	**665.9**
原州区	Yuanzhou	208.3	161.4	2313.8	352.8	217.5	876.1
西吉县	Xiji	59.9	21.5	2199.7	318.0	186.8	695.0
隆德县	Longde	110.4	64.0	2703.3	756.1	156.7	389.6
泾源县	Jingyuan	69.7	37.0	1608.1	182.6	124.6	452.0
彭阳县	Pengyang	62.5	9.0	2163.0	357.3	140.4	494.5
中卫市	**Zhongwei**	**241.8**	**121.6**	**2166.1**	**1141.7**	**206.4**	**342.8**
沙坡头区	Shapotou	442.2	158.4	2799.5	1710.7	272.1	314.8
中宁县	Zhongning	368.4	199.9	2258.7	1042.2	430.8	247.8
海原县	Haiyuan	100.0	70.3	1859.9	950.6	75.8	398.2

2-24 2019年各市县农村居民家庭总支出情况

Basic Statistics of Total Expenses of Rural Households by City and County (2019)

单位：元/人 (yuan/person)

市 县	Region	总支出 Total Expenditure	一、生产经营费用支出 Expenditure for Household Business	第一产业生产费用支出 Primary Industry	农业生产费用支出 Farming	林业生产费用支出 Forestry	牧业生产费用支出 Animal Husbandry	渔业生产费用支出 Fishery	第二产业生产费用支出 Secondary Industry	工业生产费用支出 Industry
全　区	**Total**	**27057.7**	**5856.7**	**4956.0**	**2059.2**	**60.4**	**2836.4**		**62.4**	**33.3**
沿黄地区	**Plain**	**29009.3**	**6285.3**	**5367.9**	**2876.7**	**1.6**	**2413.2**	**76.4**	**80.0**	**14.1**
中南部地区	**Mountain Area**	**19394.4**	**3674.4**	**3400.8**	**907.4**	**33.4**	**2459.6**	**0.5**	**23.0**	**9.6**
银川市	**Yinchuan**	**25298.6**	**5034.5**	**3977.4**	**2851.2**	**1.5**	**920.5**	**204.3**	**61.8**	**16.7**
兴庆区	Xingqing	29076.7	6411.1	6164.8	4222.9		1035.3	906.5	106.1	
西夏区	Xixia	20114.5	1828.5	1270.3	963.0	0.5	306.8		6.1	6.1
金凤区	Jinfeng	25592.3	1753.1	1112.8	453.9		659.0			
永宁县	Yongning	21594.9	6216.8	5143.4	5039.9	0.6	102.9		2.1	
贺兰县	Helan	27009.0	5083.7	4421.5	2917.7	0.3	1000.9	502.7	111.7	
灵武市	Lingwu	28495.4	6058.6	3588.6	1127.0	6.6	2455.0		146.1	86.6
石嘴山市	**Shizuishan**	**26322.4**	**6355.5**	**6087.9**	**3157.3**	**7.5**	**2923.0**		**36.8**	**18.2**
大武口区	Dawukou	18298.6	806.3	425.9	296.2	11.7	118.0		94.8	94.8
惠农区	Huinong	23516.8	4711.9	4214.9	2247.2	0.4	1967.3		4.6	4.6
平罗县	Pingluo	28526.6	7859.4	7635.8	3937.0	7.0	3691.8		24.4	
吴忠市	**Wuzhong**	**26752.4**	**6035.6**	**5470.9**	**1318.8**	**3.2**	**4148.9**		**26.2**	**25.1**
利通区	Litong	31583.1	6367.8	5882.3	830.7	2.2	5049.3		50.5	50.5
红寺堡区	Hongsipu	25375.0	5107.9	4047.0	1530.5	6.0	2510.6		12.4	
盐池县	Yanchi	29518.8	6505.3	5135.0	1984.3		3150.8			
同心县	Tongxin	15784.3	2943.6	2765.9	590.1	6.4	2169.4		32.5	32.5
青铜峡市	Qingtongxia	35027.9	10075.0	9360.7	2654.2		6706.5			
固原市	**Guyuan**	**19704.6**	**3752.0**	**3537.2**	**872.4**	**56.9**	**2606.8**	**1.0**	**30.4**	**8.7**
原州区	Yuanzhou	25607.9	6106.9	5833.7	790.2	1.9	5041.6			
西吉县	Xiji	15238.6	2285.2	2073.8	941.8		1132.0		66.6	23.1
隆德县	Longde	19570.7	4109.2	3943.3	988.5	4.1	2944.1	6.6	59.4	
泾源县	Jingyuan	15639.0	2823.8	2598.3	172.3	639.8	1786.2			
彭阳县	Pengyang	21896.9	3267.6	3127.6	1174.3	1.1	1949.6	2.6		
中卫市	**Zhongwei**	**24050.1**	**4493.9**	**3817.9**	**2277.4**	**6.7**	**1533.8**		**81.2**	**0.0**
沙坡头区	Shapotou	34070.8	6381.4	5841.0	4613.1		1227.9			
中宁县	Zhongning	28035.9	5738.9	3848.4	3127.0		721.4		330.9	0.1
海原县	Haiyuan	18044.2	3135.2	2961.8	914.1	12.6	2035.1			

2-24 续表 1 continued

单位：元/人 (yuan/person)

市 县	Region	建筑业生产费用支出 Construction	第三产业生产费用支出 Tertiary Industry	交通运输仓储和邮政业生产费用支出 Transport, Post and Telecommunication	批发零售和住宿餐饮支出 Wholesale, Retail, Lodging and Catering	社会服务业生产费用支出 Social Service	其他行业生产费用支出 Others	二、购置生产性固定资产支出 Expenditure for Purchasing Productive Fixed Assets
全 区	**Total**	**29.1**	**838.3**	**525.4**	**133.4**	**114.8**	**64.7**	**857.0**
沿黄地区	**Plain**	**65.9**	**837.4**	**641.1**	**57.7**	**79.1**	**59.4**	**1222.4**
中南部地区	**Mountain Area**	**13.5**	**250.6**	**132.2**	**70.6**	**47.1**	**0.7**	**835.3**
银川市	**Yinchuan**	**45.0**	**995.3**	**883.8**	**43.7**	**67.0**	**0.9**	**509.8**
兴庆区	Xingqing	106.1	140.2	29.4	110.8			482.2
西夏区	Xixia		552.1	373.5	25.7	152.9		1265.1
金凤区	Jinfeng		640.2	585.1		55.1		171.6
永宁县	Yongning	2.1	1071.4	1039.2	0.4	31.7		8.2
贺兰县	Helan	111.7	550.5	322.9	31.6	191.0	5.0	1228.8
灵武市	Lingwu	59.5	2323.9	2179.4	117.1	27.3		609.1
石嘴山市	**Shizuishan**	**18.5**	**230.9**	**72.1**	**37.8**	**103.1**	**17.9**	**764.4**
大武口区	Dawukou		285.7	172.0	28.8	84.8		305.0
惠农区	Huinong		492.4	341.5		150.9		1051.4
平罗县	Pingluo	24.4	199.1	28.5	42.7	104.4	23.6	859.8
吴忠市	**Wuzhong**	**1.1**	**538.5**	**349.5**	**141.6**	**45.7**	**1.6**	**1565.4**
利通区	Litong		435.0	260.5	148.0	26.5		4315.7
红寺堡区	Hongsipu	12.4	1048.5	626.2	343.3	79.1		275.4
盐池县	Yanchi		1370.2	1023.1	338.3	8.8		474.6
同心县	Tongxin		145.2	6.6	97.9	35.5	5.3	173.8
青铜峡市	Qingtongxia		714.2	587.1	41.3	85.9		727.3
固原市	**Guyuan**	**21.7**	**184.5**	**85.8**	**53.7**	**44.9**		**1046.0**
原州区	Yuanzhou		273.2	218.3	21.5	33.5		1787.7
西吉县	Xiji	43.5	144.9	24.7	106.1	14.0		309.8
隆德县	Longde	59.4	106.6	46.8	0.8	59.0		686.9
泾源县	Jingyuan		225.5	108.6	87.3	29.6		57.0
彭阳县	Pengyang		140.0	1.1		138.9		2193.8
中卫市	**Zhongwei**	**81.1**	**594.8**	**382.9**	**27.1**	**86.3**	**98.4**	**1025.7**
沙坡头区	Shapotou		540.4	62.9	12.2	21.7	443.6	1843.7
中宁县	Zhongning	330.8	1559.6	1286.5	88.5	184.6		690.8
海原县	Haiyuan		173.4	100.3	5.1	68.0		839.2

2-24 续表 2 continued

单位：元/人 (yuan/person)

市 县	Region	三、生活消费支出 Living Expenditure	1.食品烟酒 Food, Tobacco and Liquor	A.食品 Food	谷物 Grain	薯类 Tubers	豆类 Soybeans	食用油 Edible Oil
全 区	**Total**	**11464.6**	**3144.6**	**2387.2**	**403.6**	**83.6**	**18.8**	**128.5**
沿黄地区	**Plain**	**12252.1**	**3443.7**	**2443.0**	**396.0**	**21.9**	**31.9**	**125.5**
中南部地区	**Mountain Area**	**8888.7**	**2618.8**	**2093.1**	**379.8**	**141.6**	**12.2**	**119.4**
银川市	**Yinchuan**	**12966.2**	**3743.2**	**2691.1**	**400.8**	**26.3**	**34.6**	**128.6**
兴庆区	Xingqing	14379.7	4380.5	2963.7	400.4	20.6	33.8	127.7
西夏区	Xixia	12168.6	3792.1	2743.5	379.7	32.4	27.5	115.1
金凤区	Jinfeng	13168.1	3628.1	2404.3	320.6	16.8	29.2	96.0
永宁县	Yongning	11703.0	3575.0	2880.7	475.2	33.1	57.2	155.0
贺兰县	Helan	14862.6	4111.2	2650.5	402.0	39.4	29.0	139.7
灵武市	Lingwu	12296.7	3296.7	2464.0	358.1	12.8	13.1	109.2
石嘴山市	**Shizuishan**	**11512.8**	**3521.9**	**2710.4**	**431.5**	**26.6**	**31.3**	**165.7**
大武口区	Dawukou	11922.0	3728.9	2400.7	364.2	21.0	26.0	130.6
惠农区	Huinong	10745.6	3484.8	2721.2	480.6	0.0	41.1	112.7
平罗县	Pingluo	11463.2	3472.6	2787.2	445.0	29.9	32.0	178.1
吴忠市	**Wuzhong**	**10875.7**	**3179.2**	**2361.4**	**396.5**	**29.6**	**19.4**	**122.2**
利通区	Litong	12731.3	3485.6	2323.4	316.0	23.9	20.0	113.3
红寺堡区	Hongsipu	9958.3	3009.0	2496.8	379.8	73.2	14.5	110.6
盐池县	Yanchi	11480.1	3759.3	2828.2	469.9	76.7	25.4	111.3
同心县	Tongxin	9098.5	2746.4	2335.9	451.1	18.3	12.6	142.6
青铜峡市	Qingtongxia	10999.1	3223.9	2222.6	408.1	18.2	27.9	114.3
固原市	**Guyuan**	**8704.3**	**2596.1**	**1999.0**	**348.0**	**195.9**	**10.8**	**115.1**
原州区	Yuanzhou	9317.9	2425.7	1859.3	367.7	42.1	12.3	135.7
西吉县	Xiji	7963.2	2594.1	2014.4	314.0	321.5	5.0	97.0
隆德县	Longde	11157.0	3130.5	2189.1	317.4	243.7	25.8	120.7
泾源县	Jingyuan	7156.0	2388.1	1987.3	326.3	312.8	14.3	119.5
彭阳县	Pengyang	8785.9	2715.2	2112.1	422.0	85.5	11.6	115.2
中卫市	**Zhongwei**	**10226.8**	**2712.5**	**2098.3**	**410.3**	**53.2**	**24.0**	**119.5**
沙坡头区	Shapotou	12802.8	3468.2	2400.4	414.4	17.4	46.6	132.6
中宁县	Zhongning	11173.7	2758.9	1963.1	398.7	12.7	25.6	105.1
海原县	Haiyuan	8718.6	2376.6	2034.8	413.9	86.7	13.9	120.6

2-24 续表 3 continued

单位：元/人 (yuan/person)

市 县	Region	蔬菜和食用菌 Vegetables and Related Products	肉类 Meat	禽类 Poultry	水产品 Aquatic Products	蛋类 Eggs	奶类 Milk	干鲜瓜果类 Dried and Fresh Melon and Fruit	糖果糕点类 Candy and Pastry	其他类食品 Other Food
全 区	**Total**	**236.3**	**688.9**	**168.9**	**26.6**	**47.8**	**113.3**	**295.2**	**48.5**	**127.2**
沿黄地区	**Plain**	**302.6**	**654.8**	**151.1**	**42.8**	**49.6**	**153.4**	**320.2**	**60.6**	**132.6**
中南部地区	**Mountain Area**	**179.7**	**579.8**	**140.9**	**17.1**	**47.3**	**86.7**	**247.7**	**37.4**	**103.4**
银川市	**Yinchuan**	**337.4**	**728.4**	**174.7**	**56.4**	**61.4**	**165.9**	**366.2**	**72.2**	**138.2**
兴庆区	Xingqing	344.7	967.9	212.8	43.0	61.1	162.8	388.3	75.2	125.3
西夏区	Xixia	350.6	635.8	207.9	67.1	91.6	215.8	413.0	91.7	115.2
金凤区	Jinfeng	327.8	501.5	158.4	76.5	74.2	195.1	432.9	71.7	103.7
永宁县	Yongning	422.2	673.2	169.3	76.0	68.7	150.8	346.5	85.9	167.7
贺兰县	Helan	261.2	707.6	186.2	33.4	44.5	211.4	347.2	74.7	174.4
灵武市	Lingwu	277.0	885.6	147.0	37.3	44.9	106.5	328.6	40.0	103.7
石嘴山市	**Shizuishan**	**353.9**	**775.3**	**130.8**	**28.8**	**43.1**	**140.1**	**373.3**	**78.6**	**131.3**
大武口区	Dawukou	341.7	489.9	121.7	42.0	64.2	158.9	415.1	69.6	155.8
惠农区	Huinong	371.5	814.8	118.6	49.9	62.6	150.3	319.7	112.7	86.7
平罗县	Pingluo	355.7	844.1	134.0	24.1	36.5	134.7	366.5	78.5	128.2
吴忠市	**Wuzhong**	**238.8**	**730.6**	**167.8**	**32.4**	**45.4**	**132.2**	**296.4**	**43.8**	**106.4**
利通区	Litong	251.9	690.2	181.5	44.9	39.5	208.2	314.5	46.8	72.7
红寺堡区	Hongsipu	197.5	779.2	206.8	36.3	38.8	85.8	373.0	39.5	161.8
盐池县	Yanchi	231.6	976.1	157.5	42.1	73.3	103.1	335.0	70.6	155.5
同心县	Tongxin	230.1	807.4	172.3	14.5	46.2	85.7	235.1	25.5	94.4
青铜峡市	Qingtongxia	252.3	568.8	131.6	35.4	44.4	124.1	312.3	57.0	128.1
固原市	**Guyuan**	**162.7**	**509.4**	**131.1**	**17.1**	**48.8**	**79.6**	**244.1**	**40.6**	**95.8**
原州区	Yuanzhou	156.6	532.5	130.8	13.3	42.5	91.6	219.1	32.8	82.5
西吉县	Xiji	129.0	547.3	120.7	20.5	45.2	73.0	212.1	46.7	82.3
隆德县	Longde	215.9	415.7	118.0	26.5	74.8	79.6	314.3	68.2	168.6
泾源县	Jingyuan	224.7	319.2	107.5	13.6	41.9	96.6	272.6	29.3	108.9
彭阳县	Pengyang	188.9	536.2	176.5	12.2	57.5	63.9	309.0	30.6	102.9
中卫市	**Zhongwei**	**235.0**	**532.8**	**130.1**	**20.9**	**42.8**	**117.0**	**241.5**	**37.6**	**133.6**
沙坡头区	Shapotou	337.7	630.9	132.0	38.1	50.6	144.5	276.3	54.7	124.5
中宁县	Zhongning	236.2	454.6	113.2	26.3	35.9	119.6	215.7	38.3	181.1
海原县	Haiyuan	191.6	527.9	137.1	11.2	42.8	104.3	238.9	30.2	115.6

2-24 续表 4 continued

单位：元/人 (yuan/person)

市 县	Region	B.烟酒 Tobacco and Liquor	C.饮料 Beverage	D.饮食服务 Service for Food	在外饮食 Dinning Outer	2.衣着 Clothing	A.衣类 Clothing	B.鞋类 Footwear	3.居住 Residence
全 区	**Total**	**287.9**	**80.4**	**389.2**	**380.8**	**745.0**	**573.6**	**171.4**	**1985.2**
沿黄地区	**Plain**	**328.8**	**79.1**	**592.7**	**588.2**	**910.5**	**718.0**	**192.4**	**2239.4**
中南部地区	**Mountain Area**	**232.1**	**70.1**	**223.5**	**210.8**	**578.9**	**427.7**	**151.3**	**1664.1**
银川市	**Yinchuan**	**314.8**	**83.9**	**653.3**	**648.3**	**1009.6**	**792.3**	**217.3**	**2417.0**
兴庆区	Xingqing	492.2	85.3	839.3	831.7	1008.8	789.1	219.7	2322.9
西夏区	Xixia	321.9	123.9	602.8	589.1	935.0	721.6	213.4	2253.0
金凤区	Jinfeng	257.2	80.2	886.4	883.6	1137.4	917.5	219.9	3130.9
永宁县	Yongning	251.5	89.5	353.3	352.4	928.1	668.4	259.7	2271.8
贺兰县	Helan	410.3	82.6	967.8	955.0	1052.6	873.3	179.3	2394.5
灵武市	Lingwu	245.1	63.5	524.1	523.2	1020.0	834.2	185.8	2215.7
石嘴山市	**Shizuishan**	**335.4**	**78.3**	**397.8**	**394.6**	**898.8**	**708.1**	**190.8**	**1971.4**
大武口区	Dawukou	474.4	104.1	749.8	740.3	1006.7	836.9	169.9	2194.6
惠农区	Huinong	343.1	84.5	336.0	334.1	960.9	770.1	190.8	1987.3
平罗县	Pingluo	300.1	71.3	313.9	312.2	867.5	671.5	196.0	1914.3
吴忠市	**Wuzhong**	**233.4**	**66.5**	**517.9**	**514.3**	**849.9**	**663.2**	**186.7**	**2118.5**
利通区	Litong	262.1	62.0	838.1	837.8	1106.0	878.3	227.8	2131.6
红寺堡区	Hongsipu	142.5	104.9	264.8	261.0	733.8	558.1	175.7	1960.0
盐池县	Yanchi	443.7	84.9	402.5	401.5	972.3	717.7	254.6	1760.1
同心县	Tongxin	107.6	58.4	244.5	238.2	683.5	528.4	155.1	2234.7
青铜峡市	Qingtongxia	328.3	61.6	611.4	606.4	739.1	584.2	155.0	2134.6
固原市	**Guyuan**	**294.5**	**71.0**	**231.6**	**214.7**	**507.5**	**373.3**	**134.2**	**1530.3**
原州区	Yuanzhou	196.8	52.5	317.1	310.6	569.5	413.3	156.2	1531.6
西吉县	Xiji	336.4	75.2	168.2	138.1	398.0	285.0	113.1	1285.8
隆德县	Longde	505.4	106.1	329.8	306.1	612.6	443.0	169.6	2262.0
泾源县	Jingyuan	134.1	60.7	206.1	204.3	554.7	424.9	129.8	1397.1
彭阳县	Pengyang	338.8	80.0	184.4	175.8	567.7	441.3	126.5	1757.5
中卫市	**Zhongwei**	**240.4**	**77.9**	**295.9**	**289.0**	**701.4**	**531.9**	**169.5**	**1911.1**
沙坡头区	Shapotou	466.0	115.3	486.5	480.0	908.1	727.5	180.6	2565.7
中宁县	Zhongning	293.6	65.9	436.4	431.2	659.1	514.1	145.0	1851.2
海原县	Haiyuan	122.0	68.0	151.9	144.1	634.8	458.5	176.2	1666.2

2-24 续表 5 continued

单位：元/人 (yuan/person)

市 县	Region	A.住房维修管理 Maintenance Management	B.水电燃料及其他 Water, Electricity, Fuel and Others	C.自有住房折算租金 Imputed Rent for Home-ownership	4.生活用品及服务 Household Facilities, Articles and Services	5.交通通信 Transport and Communi-cations	A.交通 Transport	交通工具 Transport Vehicle	交通费 Car Fare
全 区	**Total**	**474.3**	**624.9**	**835.3**	**696.3**	**1784.4**	**1326.9**	**359.3**	**196.1**
沿黄地区	**Plain**	**430.5**	**671.9**	**1053.6**	**708.4**	**1999.1**	**1475.5**	**396.2**	**191.3**
中南部地区	**Mountain Area**	**281.2**	**562.4**	**771.6**	**507.5**	**1339.6**	**955.3**	**268.8**	**167.7**
银川市	**Yinchuan**	**441.4**	**650.9**	**1244.2**	**687.3**	**2163.3**	**1597.4**	**426.1**	**165.5**
兴庆区	Xingqing	359.1	900.8	940.7	769.3	2310.7	1675.0	337.6	161.2
西夏区	Xixia	190.4	700.2	1254.4	725.2	1792.2	1259.2	136.9	187.7
金凤区	Jinfeng	144.5	471.9	2486.0	666.9	2295.4	1753.0	296.4	186.8
永宁县	Yongning	284.3	621.2	1279.5	669.7	1477.2	833.4	176.6	151.4
贺兰县	Helan	683.9	669.3	999.7	752.9	3040.0	2544.5	1011.7	171.7
灵武市	Lingwu	840.1	634.3	631.0	599.4	2322.5	1826.4	529.3	158.8
石嘴山市	**Shizuishan**	**260.1**	**789.5**	**811.1**	**569.1**	**1402.0**	**957.7**	**61.0**	**188.3**
大武口区	Dawukou	362.3	834.7	949.2	510.6	1863.8	1316.3	32.9	318.9
惠农区	Huinong	210.9	819.1	922.0	458.6	1352.5	938.2	150.3	182.3
平罗县	Pingluo	237.8	776.2	768.9	591.4	1289.7	869.1	61.8	156.0
吴忠市	**Wuzhong**	**435.4**	**683.4**	**929.5**	**658.4**	**1721.1**	**1294.0**	**293.7**	**183.4**
利通区	Litong	301.2	713.6	1042.8	897.9	2337.6	1707.6	540.9	185.6
红寺堡区	Hongsipu	502.6	442.6	995.9	585.7	1415.6	1048.3	38.2	189.6
盐池县	Yanchi	245.3	831.3	661.5	540.5	1806.7	1293.9	122.5	180.8
同心县	Tongxin	595.9	669.7	964.3	488.8	1057.1	826.0	132.2	161.2
青铜峡市	Qingtongxia	435.3	703.3	801.4	645.3	1906.9	1487.0	351.1	209.8
固原市	**Guyuan**	**157.4**	**543.8**	**760.6**	**473.8**	**1392.0**	**982.7**	**304.3**	**182.9**
原州区	Yuanzhou	122.0	601.1	686.1	433.1	2009.9	1535.8	781.5	163.5
西吉县	Xiji	109.1	519.3	605.4	440.6	1073.5	662.1	65.9	159.1
隆德县	Longde	467.5	621.9	1073.9	738.7	1366.7	1077.0	244.2	289.6
泾源县	Jingyuan	130.4	346.1	906.8	398.1	944.7	646.3	73.8	225.7
彭阳县	Pengyang	171.7	562.0	1000.5	515.1	1288.9	871.8	166.8	189.4
中卫市	**Zhongwei**	**469.1**	**570.3**	**845.5**	**665.4**	**1544.1**	**1108.3**	**358.3**	**172.9**
沙坡头区	Shapotou	686.4	711.9	1143.8	819.4	1864.3	1368.5	326.8	224.5
中宁县	Zhongning	390.2	546.1	886.8	656.8	1896.0	1395.3	527.5	217.8
海原县	Haiyuan	414.9	522.5	702.4	605.3	1248.8	868.0	293.6	130.7

2-24 续表 6 continued

单位：元/人 (yuan/person)

市 县	Region	交通工具用燃料 Fuel for Transport Vehicle	交通工具使用及维修 Use and maintenance for Transport Vehicle	B.通信 Communications	通信工具 Communication Tools	通信服务 Service for Communication	6.教育文化娱乐 Education, Cultural and Recreation	A.教育 Education	学前教育 Preschool
全　区	**Total**	**435.4**	**336.1**	**457.5**	**150.8**	**306.7**	**1378.8**	**1146.6**	**97.8**
沿黄地区	**Plain**	**474.0**	**414.1**	**523.6**	**160.3**	**363.3**	**1319.0**	**1014.4**	**96.1**
中南部地区	**Mountain Area**	**314.3**	**204.5**	**384.3**	**105.2**	**279.1**	**1110.9**	**966.8**	**54.5**
银川市	**Yinchuan**	**500.2**	**505.6**	**565.8**	**149.9**	**415.9**	**1446.8**	**1118.1**	**105.1**
兴庆区	Xingqing	604.9	571.3	635.7	165.4	470.3	1621.1	1177.2	106.1
西夏区	Xixia	508.8	425.9	533.0	120.0	413.0	1270.6	1018.0	96.6
金凤区	Jinfeng	457.8	812.0	542.4	216.3	326.1	1293.2	933.5	242.0
永宁县	Yongning	214.3	291.1	643.8	143.3	500.5	1335.5	1087.8	18.5
贺兰县	Helan	651.3	709.8	495.5	152.0	343.5	1896.1	1491.4	62.4
灵武市	Lingwu	755.4	382.9	496.1	105.8	390.3	1265.4	958.5	170.9
石嘴山市	**Shizuishan**	**414.2**	**294.2**	**444.4**	**101.4**	**343.0**	**1205.0**	**990.4**	**73.2**
大武口区	Dawukou	610.5	354.0	547.6	93.3	454.3	1331.8	1045.0	111.6
惠农区	Huinong	368.7	236.9	414.3	121.9	292.4	1254.9	887.0	163.7
平罗县	Pingluo	368.1	283.2	420.6	102.0	318.6	1169.8	983.9	57.3
吴忠市	**Wuzhong**	**476.7**	**340.2**	**427.2**	**124.8**	**302.4**	**1019.8**	**751.2**	**61.2**
利通区	Litong	521.5	459.6	630.0	184.4	445.6	1124.1	724.5	99.2
红寺堡区	Hongsipu	388.4	432.1	367.3	62.6	304.8	1205.4	1062.7	56.4
盐池县	Yanchi	560.7	429.9	512.8	167.1	345.7	1392.2	1041.6	84.6
同心县	Tongxin	374.2	158.4	231.1	75.0	156.1	728.1	584.1	56.4
青铜峡市	Qingtongxia	563.0	363.0	420.0	123.3	296.7	1074.1	788.3	10.3
固原市	**Guyuan**	**298.1**	**197.4**	**409.3**	**85.2**	**324.1**	**1178.1**	**1043.3**	**58.4**
原州区	Yuanzhou	313.2	277.5	474.1	134.7	339.5	935.7	827.9	94.5
西吉县	Xiji	286.0	151.1	411.4	47.6	363.7	1353.1	1224.5	41.7
隆德县	Longde	390.5	152.6	289.7	100.6	189.0	1644.8	1411.1	39.3
泾源县	Jingyuan	225.7	121.1	298.4	81.8	216.6	714.0	657.1	36.0
彭阳县	Pengyang	285.6	230.0	417.0	77.6	339.4	1188.9	1005.3	55.6
中卫市	**Zhongwei**	**327.8**	**249.4**	**435.7**	**189.2**	**246.6**	**1235.4**	**1033.4**	**81.2**
沙坡头区	Shapotou	463.5	353.7	495.8	191.3	304.5	1472.0	1202.0	163.4
中宁县	Zhongning	329.9	320.2	500.7	214.3	286.4	1321.4	1050.6	106.6
海原县	Haiyuan	270.3	173.4	380.8	176.7	204.1	1097.3	955.3	35.3

单位：元/人 (yuan/person)

市 县	Region	小学教育 Elementary	初中教育 Junior High School	高中教育 Senior High School	中专职高教育 Technical and Professional High School	大专及以上教育 College Degree or Above	成人教育 Adult Education	B.文化娱乐 Culture Recreation
全 区	**Total**	**48.9**	**90.0**	**231.7**	**41.6**	**560.0**	**76.6**	**232.1**
沿黄地区	**Plain**	**83.5**	**77.9**	**188.4**	**54.5**	**448.5**	**65.6**	**304.6**
中南部地区	**Mountain Area**	**42.2**	**94.0**	**255.0**	**55.4**	**410.5**	**55.4**	**144.1**
银川市	**Yinchuan**	**127.0**	**81.0**	**211.4**	**51.7**	**464.0**	**77.9**	**328.7**
兴庆区	Xingqing	95.1	41.4	267.8	103.1	491.9	71.8	443.9
西夏区	Xixia	32.2	70.2	252.9	56.6	438.4	71.0	252.6
金凤区	Jinfeng	73.8	60.4	246.2	7.6	251.4	52.0	359.8
永宁县	Yongning	139.8	131.8	191.6	84.4	461.9	60.0	247.7
贺兰县	Helan	104.2	111.1	259.6	45.8	739.4	168.9	404.7
灵武市	Lingwu	228.0	22.3	115.3	5.7	368.8	47.4	306.9
石嘴山市	**Shizuishan**	**102.8**	**82.4**	**135.6**	**28.1**	**535.0**	**33.4**	**214.5**
大武口区	Dawukou	134.7	51.1	236.2		457.2	54.3	286.7
惠农区	Huinong	77.0	37.4	255.1	27.6	162.3	163.8	367.9
平罗县	Pingluo	96.6	93.3	102.1	35.2	580.2	19.2	185.9
吴忠市	**Wuzhong**	**44.2**	**77.9**	**208.7**	**25.1**	**276.6**	**57.7**	**268.6**
利通区	Litong	43.4	51.0	126.3	42.9	282.0	79.6	399.7
红寺堡区	Hongsipu	11.8	156.9	252.7	64.8	410.9	109.3	142.7
盐池县	Yanchi	95.9	40.4	176.5	4.1	569.4	70.6	350.6
同心县	Tongxin	21.7	65.7	228.0	18.5	176.1	17.8	144.0
青铜峡市	Qingtongxia	70.1	113.1	286.4	2.2	247.8	58.5	285.8
固原市	**Guyuan**	**48.2**	**95.3**	**279.5**	**43.8**	**472.5**	**45.6**	**134.7**
原州区	Yuanzhou	45.5	76.9	155.6	104.8	292.7	57.9	107.8
西吉县	Xiji	47.6	97.1	340.1	24.3	632.7	40.9	128.6
隆德县	Longde	12.7	48.3	385.5	0.6	855.5	69.2	233.7
泾源县	Jingyuan	27.7	135.8	163.9	2.7	278.9	12.1	56.9
彭阳县	Pengyang	86.1	128.8	362.8	27.2	305.3	39.5	183.6
中卫市	**Zhongwei**	**38.0**	**88.3**	**190.4**	**105.7**	**453.7**	**76.1**	**201.9**
沙坡头区	Shapotou	46.6	80.5	186.9	50.0	588.8	85.8	270.0
中宁县	Zhongning	36.6	53.6	124.0	143.3	554.9	31.5	270.8
海原县	Haiyuan	35.2	107.4	222.4	111.6	350.8	92.6	141.9

2-24 续表 8 continued

单位：元/人 (yuan/person)

市　县	Region	7.医疗保健 Health Care and Medical Services	A.医疗器具及药品 Medical Treatment and Drug	B.医疗服务 Service for Medical Treatment	8.其他用品及服务 Miscellaneous Goods and Services	四、财产性支出 Property Expenditure	五、转移性支出 Transfer Expenditure
全　区	**Total**	**1448.3**	**383.6**	**1064.6**	**281.9**	**114.6**	**604.5**
沿黄地区	**Plain**	**1358.3**	**413.8**	**944.5**	**273.8**	**86.0**	**675.4**
中南部地区	**Mountain Area**	**941.2**	**278.1**	**663.1**	**127.7**	**49.9**	**270.5**
银川市	**Yinchuan**	**1225.9**	**413.8**	**812.1**	**273.1**	**61.6**	**580.7**
兴庆区	Xingqing	1397.8	474.1	923.6	568.6	8.4	575.3
西夏区	Xixia	1150.7	493.3	657.4	249.9	1.9	377.1
金凤区	Jinfeng	852.0	375.2	476.8	164.1	90.5	605.8
永宁县	Yongning	1211.9	404.5	807.4	233.7	89.1	608.0
贺兰县	Helan	1304.6	389.5	915.1	310.7	63.0	354.6
灵武市	Lingwu	1383.4	411.4	972.0	193.5	53.3	810.5
石嘴山市	**Shizuishan**	**1623.9**	**471.4**	**1152.5**	**320.7**	**51.3**	**728.1**
大武口区	Dawukou	1087.7	510.3	577.4	197.8	106.4	1151.7
惠农区	Huinong	1135.2	477.3	658.0	111.4		418.7
平罗县	Pingluo	1792.0	461.3	1330.7	365.9	41.0	643.3
吴忠市	**Wuzhong**	**1152.0**	**324.5**	**827.4**	**176.7**	**87.3**	**515.9**
利通区	Litong	1409.3	348.4	1060.9	239.2	203.2	799.6
红寺堡区	Hongsipu	912.7	286.8	625.9	136.0	68.1	344.7
盐池县	Yanchi	1085.9	339.5	746.4	163.1	112.8	445.4
同心县	Tongxin	1100.1	387.1	712.9	59.9	32.3	430.1
青铜峡市	Qingtongxia	998.8	215.4	783.5	276.3	6.5	348.8
固原市	**Guyuan**	**865.5**	**251.4**	**614.0**	**161.0**	**64.2**	**240.6**
原州区	Yuanzhou	1106.4	204.2	902.2	306.1	148.0	210.7
西吉县	Xiji	735.2	246.7	488.5	82.9	20.5	197.4
隆德县	Longde	1163.9	366.5	797.4	237.8	88.5	301.3
泾源县	Jingyuan	703.9	263.4	440.5	55.5	18.8	340.1
彭阳县	Pengyang	655.0	275.2	379.9	97.5	27.1	307.1
中卫市	**Zhongwei**	**1296.2**	**394.0**	**902.2**	**160.7**	**57.9**	**539.4**
沙坡头区	Shapotou	1405.1	488.8	916.4	299.9	238.4	1186.1
中宁县	Zhongning	1782.9	551.4	1231.5	247.2	12.4	632.3
海原县	Haiyuan	1026.8	282.1	744.7	62.9	3.7	227.4

2-25 2019年各市县农村居民可支配收入来源情况
Basic Statistics of Disposable Income of Rural Households by Sources by City and County (2019)

单位：元/人 (yuan/person)

市 县	Region	一、可支配收入 Disposable Income	(一)工资性收入 Income from Wages and Salaries	(二)经营净收入 Net Business Income	1.第一产业 Primary Industry	农业 Farming	林业 Forestry	牧业 Animal Husbandry	渔业 Fishery	2.非农产业 Non-agriculture	工业 Industry
全 区	**Total**	**12858.4**	**4962.7**	**4976.1**	**3156.9**	**2131.6**	**80.1**	**945.2**		**1819.1**	**32.4**
沿黄地区	**Plain**	**14859.1**	**7007.7**	**6223.3**	**3907.4**	**2949.0**	**15.7**	**939.1**	**3.6**	**2316.0**	**40.0**
中南部地区	**Mountain Area**	**10415.1**	**4109.6**	**4313.5**	**3648.9**	**1755.2**	**83.0**	**1811.3**	**-0.5**	**664.6**	**12.5**
银川市	**Yinchuan**	**15282.0**	**7362.4**	**6243.9**	**3409.7**	**2615.9**	**22.2**	**762.0**	**9.5**	**2834.2**	**28.0**
兴庆区	Xingqing	17128.7	7760.8	7911.2	6029.5	5148.0	33.0	1093.1	-244.5	1881.7	
西夏区	Xixia	12835.2	5901.7	5458.2	2022.8	1753.5	0.9	268.4		3435.4	304.6
金凤区	Jinfeng	13708.1	8271.1	3660.3	1015.6	788.1		227.5		2644.7	
永宁县	Yongning	14994.2	6553.5	6455.7	2806.7	2589.4	46.4	170.9		3649.1	
贺兰县	Helan	15927.5	8121.3	5746.8	4139.9	3790.4	-0.2	119.4	230.3	1606.9	
灵武市	Lingwu	16032.2	7436.5	7610.5	4298.4	1618.4	24.6	2655.4		3312.2	35.6
石嘴山市	**Shizuishan**	**15163.5**	**5533.3**	**7073.3**	**4785.7**	**3763.1**	**48.3**	**974.3**		**2287.5**	**168.1**
大武口区	Dawukou	13154.8	9899.3	2712.5	393.2	325.6	-5.5	73.1		2319.4	289.7
惠农区	Huinong	15185.2	6247.7	7396.9	5568.6	4562.5	-0.4	1006.5		1828.3	23.6
平罗县	Pingluo	15665.3	4390.0	8143.7	5832.4	4569.4	65.1	1197.9		2311.2	147.6
吴忠市	**Wuzhong**	**13337.3**	**6229.8**	**5598.6**	**3846.0**	**1820.1**	**1.1**	**2024.8**		**1752.6**	**33.4**
利通区	Litong	16272.7	8924.9	6430.9	3428.2	1134.0	-2.0	2296.2		3002.7	94.1
红寺堡区	Hongsipu	9824.9	5373.1	2962.3	2447.8	1656.3	-25.6	817.1		514.5	
盐池县	Yanchi	12127.0	1564.0	8572.3	6764.9	1573.0		5191.9		1807.3	-36.9
同心县	Tongxin	10278.2	3882.4	4013.3	3509.0	1260.7	7.3	2241.0		504.3	26.9
青铜峡市	Qingtongxia	15491.0	7931.5	6638.9	4356.3	3670.2	7.6	678.5		2282.7	
固原市	**Guyuan**	**10656.6**	**4101.2**	**4530.9**	**3934.7**	**1954.8**	**159.3**	**1821.5**	**-1.0**	**596.2**	**14.2**
原州区	Yuanzhou	11164.2	5344.3	3656.5	3282.5	1348.5	13.8	1920.1		374.0	
西吉县	Xiji	10416.2	3099.1	5275.3	4613.2	2823.8	14.3	1775.1		662.1	37.8
隆德县	Longde	10343.7	4487.3	3432.5	3135.8	1500.8	14.9	1626.8	-6.6	296.7	
泾源县	Jingyuan	9723.5	4375.5	4029.0	3414.7	303.9	1441.5	1669.3		614.4	
彭阳县	Pengyang	11000.0	3849.5	5259.2	4255.2	2165.8	143.3	1948.7	-2.6	1004.0	
中卫市	**Zhongwei**	**11307.6**	**5058.0**	**4439.0**	**3386.4**	**2449.6**	**1.3**	**935.5**		**1052.6**	**6.9**
沙坡头区	Shapotou	13210.1	6524.3	4868.5	3867.0	2851.2	9.0	1006.8		1001.5	16.8
中宁县	Zhongning	13239.3	5007.4	6249.5	4630.8	4207.5	5.2	418.1		1618.7	-1.6
海原县	Haiyuan	9626.6	4470.8	3427.0	2613.7	1473.4	-3.6	1144.0		813.3	6.8

2-25 续表 continued

单位：元/人 (yuan/person)

市 县	Region	建筑业收入 Construction	交通、运输、仓储邮政业收入 Transport, Post and Telecommunication	批发零售和住宿餐饮业收入 Wholesale, Retail, Lodging and Catering	社会服务业收入 Social Service	其他行业收入 Others	(三)财产净收入 Net Income from Property	(四)转移净收入 Net Income from Transfer	二、现金可支配收入 Cash Disposable Income	三、实物可支配收入 Matter Disposable Income
全 区	**Total**	**91.8**	**564.3**	**749.2**	**296.9**	**84.5**	**388.1**	**2531.6**	**12644.2**	**214.2**
沿黄地区	**Plain**	**204.0**	**757.3**	**857.9**	**409.1**	**47.6**	**409.9**	**1218.2**	**14851.7**	**7.4**
中南部地区	**Mountain Area**	**27.0**	**229.5**	**288.5**	**105.8**	**1.4**	**59.5**	**1932.5**	**10015.5**	**399.6**
银川市	**Yinchuan**	**249.7**	**1084.0**	**911.8**	**553.1**	**7.6**	**680.2**	**995.6**	**15354.0**	**-72.0**
兴庆区	Xingqing	181.5	1153.9	452.2	75.4	18.7	1273.7	183.0	17119.2	9.6
西夏区	Xixia		646.8	707.0	1777.1		549.9	925.3	12854.6	-19.4
金凤区	Jinfeng	644.9	775.5	541.4	683.0		484.7	1292.0	13524.1	184.0
永宁县	Yongning	380.5	1895.8	566.3	785.2	21.2	1023.0	961.9	14849.3	144.9
贺兰县	Helan	47.7	497.7	676.3	390.1	-5.0	554.3	1505.0	16000.0	-72.5
灵武市	Lingwu	63.3	754.0	2344.2	115.2		76.3	908.9	16714.4	-682.2
石嘴山市	**Shizuishan**	**144.4**	**654.5**	**905.5**	**302.7**	**112.3**	**372.7**	**2184.1**	**14615.7**	**547.8**
大武口区	Dawukou	80.9	823.4	659.4	466.1		80.0	462.9	12722.0	432.8
惠农区	Huinong		1435.6	118.2	250.8		616.2	924.3	13004.3	2180.9
平罗县	Pingluo	170.3	558.3	1021.5	265.4	148.2	429.3	2702.3	15201.3	464.0
吴忠市	**Wuzhong**	**159.4**	**502.3**	**799.5**	**255.0**	**3.1**	**101.9**	**1407.0**	**12938.2**	**399.1**
利通区	Litong	527.4	890.1	1213.3	277.8		21.3	895.7	16329.7	-57.0
红寺堡区	Hongsipu	24.9	245.4	207.7	36.6		17.0	1472.5	9877.0	-52.1
盐池县	Yanchi	0.0	494.2	1037.6	312.3		272.2	1718.5	10542.8	1584.2
同心县	Tongxin		186.5	211.6	68.7	10.6	22.5	2360.0	9508.9	769.3
青铜峡市	Qingtongxia		526.0	1208.5	548.7	-0.6	291.2	629.3	15250.6	240.4
固原市	**Guyuan**	**39.8**	**118.8**	**312.1**	**111.4**		**44.2**	**1980.4**	**10327.7**	**328.9**
原州区	Yuanzhou		150.7	179.3	44.0		60.3	2103.1	10745.1	419.1
西吉县	Xiji	88.2	136.5	328.8	70.8		39.4	2002.3	9929.5	486.7
隆德县	Longde	73.3	94.3	87.0	42.1		21.9	2402.0	10104.3	239.4
泾源县	Jingyuan		163.2	380.6	70.6		51.0	1268.0	9744.7	-21.2
彭阳县	Pengyang		9.1	604.2	390.7		35.4	1855.9	10962.2	37.8
中卫市	**Zhongwei**	**61.4**	**459.6**	**297.5**	**168.8**	**58.4**	**183.8**	**1626.8**	**11268.1**	**39.5**
沙坡头区	Shapotou		323.0	184.3	214.2	263.1	203.8	1613.4	14074.1	-864.0
中宁县	Zhongning	230.5	473.1	658.5	258.2		356.0	1626.4	12768.3	471.1
海原县	Haiyuan	9.1	510.2	178.6	108.7		96.3	1632.5	9409.6	217.0

2-26 2019年各市县农村居民家庭现金收入来源情况
Basic Statistics of Cash Income Sources of Rural Households by City and County (2019)

单位：元/人 (yuan/person)

市 县	Region	一、现金收入 Total Cash Income	(一)工资性收入 Income from Wages and Salaries	(二)现金经营性收入 Household Business Income	第一产业现金收入 Primary Industry	农业现金收入 Farming	林业现金收入 Forestry	牧业现金收入 Animal Husbandry	渔业现金收入 Fishery
全　区	**Total**	**18674.3**	**4942.3**	**10510.9**	**7429.3**	**3401.4**	**141.2**	**3886.7**	
沿黄地区	**Plain**	**21668.6**	**6962.2**	**12615.5**	**8931.9**	**5350.6**	**17.4**	**3483.4**	**80.5**
中南部地区	**Mountain Area**	**13281.1**	**4104.8**	**7091.6**	**5928.3**	**1408.2**	**115.5**	**4404.7**	
银川市	**Yinchuan**	**20936.7**	**7336.0**	**11502.9**	**7123.2**	**5183.7**	**24.3**	**1699.9**	**215.2**
兴庆区	Xingqing	24041.3	7742.7	14438.5	12095.5	9350.3	33.0	2044.0	668.3
西夏区	Xixia	15006.8	5889.4	7330.2	3224.5	2743.9	1.6	479.0	
金凤区	Jinfeng	15945.6	8243.5	5562.3	2042.7	1202.3		840.4	
永宁县	Yongning	21748.2	6504.2	12826.0	7758.9	7448.1	49.2	261.6	
贺兰县	Helan	21266.3	8114.4	10923.0	7827.3	5994.8		1096.3	736.3
灵武市	Lingwu	23473.0	7417.1	14328.0	7626.5	2221.3	31.2	5374.0	
石嘴山市	**Shizuishan**	**20975.6**	**5501.0**	**12739.6**	**10137.5**	**6373.0**	**55.8**	**3708.6**	
大武口区	Dawukou	14738.2	9748.7	3417.9	540.9	382.1	6.1	152.6	
惠农区	Huinong	16993.3	6243.5	8900.6	6321.2	3392.0		2929.2	
平罗县	Pingluo	22813.2	4385.4	15340.2	12805.4	8079.9	72.1	4653.5	
吴忠市	**Wuzhong**	**19223.8**	**6181.7**	**11173.3**	**8644.9**	**2302.1**	**6.6**	**6336.2**	
利通区	Litong	23574.9	8773.9	13094.6	9387.1	1909.0	0.2	7477.9	
红寺堡区	Hongsipu	14611.5	5365.8	7501.5	5670.7	2491.8	3.4	3175.5	
盐池县	Yanchi	16800.2	1563.5	12827.6	9046.0	1122.8		7923.1	
同心县	Tongxin	12731.4	3882.4	6395.3	5585.5	1145.8	14.7	4425.0	
青铜峡市	Qingtongxia	25126.5	7921.1	16079.8	12929.1	4789.7	7.6	8131.8	
固原市	**Guyuan**	**13363.7**	**4093.5**	**7188.0**	**6178.2**	**1377.7**	**213.3**	**4587.2**	
原州区	Yuanzhou	16210.6	5328.6	8709.3	7948.5	623.1	15.6	7309.8	
西吉县	Xiji	11166.8	3098.9	6023.0	4953.9	2212.9	8.1	2732.9	
隆德县	Longde	14055.7	4458.5	7055.6	6524.9	1687.8	21.0	4816.1	
泾源县	Jingyuan	12604.2	4375.4	6747.4	5825.2	115.9	2093.3	3616.0	
彭阳县	Pengyang	13428.6	3846.8	7509.1	5866.9	1283.6	132.6	4450.8	
中卫市	**Zhongwei**	**16210.2**	**5035.9**	**9007.4**	**6747.1**	**4061.5**	**7.9**	**2677.7**	
沙坡头区	Shapotou	21838.7	6509.7	12363.2	9969.4	7561.0	8.6	2399.9	
中宁县	Zhongning	18985.2	4930.9	11960.9	7714.4	6544.9	5.2	1164.2	
海原县	Haiyuan	12590.1	4470.7	6251.2	4960.6	1461.9	8.9	3489.8	

2-26 续表 1 continued

单位：元/人 (yuan/person)

市 县	Region	第二产业现金收入 Secondary Industry	工业收入 Industry	建筑业收 入 Construction	第三产业现金收入 Tertiary Industry	交通、运输、仓储邮政业收入 Transport, Post and Telecommunication	批发零售和住宿餐饮业收入 Wholesale, Retail, Lodging and Catering
全 区	**Total**	**220.4**	**72.6**	**147.8**	**2861.2**	**1247.9**	**977.1**
沿黄地区	**Plain**	**410.7**	**113.9**	**296.8**	**3272.9**	**1612.4**	**979.0**
中南部地区	**Mountain Area**	**88.4**	**28.3**	**60.1**	**1074.9**	**473.6**	**422.9**
银川市	**Yinchuan**	**365.3**	**46.2**	**319.2**	**4014.4**	**2317.1**	**1018.4**
兴庆区	Xingqing	318.0		318.0	2025.1	1343.6	587.4
西夏区	Xixia	326.8	326.8		3778.9	1051.8	736.5
金凤区	Jinfeng	675.4		675.4	2844.2	1496.8	566.5
永宁县	Yongning	385.0		385.0	4682.1	3188.1	613.7
贺兰县	Helan	213.9		213.9	2881.7	1403.2	827.1
灵武市	Lingwu	276.5	123.7	152.8	6425.0	3627.6	2574.6
石嘴山市	**Shizuishan**	**355.8**	**192.9**	**162.9**	**2246.3**	**751.4**	**948.5**
大武口区	Dawukou	496.7	415.8	80.9	2380.4	1065.4	715.1
惠农区	Huinong	40.5	40.5		2538.9	1997.4	118.8
平罗县	Pingluo	342.3	147.6	194.7	2192.5	586.8	1064.2
吴忠市	**Wuzhong**	**237.1**	**66.6**	**170.5**	**2291.4**	**956.7**	**977.4**
利通区	Litong	711.5	157.2	554.3	2995.9	1186.2	1413.8
红寺堡区	Hongsipu	59.0		59.0	1771.9	1029.9	586.6
盐池县	Yanchi	0.0		0.0	3781.6	1994.0	1451.4
同心县	Tongxin	63.9	63.9		745.9	259.1	312.3
青铜峡市	Qingtongxia				3150.6	1206.8	1297.1
固原市	**Guyuan**	**122.0**	**29.8**	**92.2**	**887.7**	**241.0**	**470.9**
原州区	Yuanzhou				760.8	441.8	221.9
西吉县	Xiji	288.0	79.5	208.4	781.1	161.8	523.6
隆德县	Longde	152.8		152.8	377.9	145.2	88.3
泾源县	Jingyuan				922.3	318.0	494.2
彭阳县	Pengyang				1642.2	78.0	1002.9
中卫市	**Zhongwei**	**272.3**	**104.9**	**167.3**	**1988.0**	**1103.5**	**372.5**
沙坡头区	Shapotou	453.5	453.5		1940.3	466.2	345.1
中宁县	Zhongning	665.5	3.0	662.5	3581.1	2133.2	798.4
海原县	Haiyuan	15.9	6.8	9.1	1274.7	894.9	187.9

2-26 续表 2 continued

单位：元/人 (yuan/person)

市 县	Region			(三)现金财产性收入	(四)现金转移性收入	二、非收入所得	三、借贷性所得
		社会服务业收入 Social Service	其他行业收入 Other	Property Income	Transfer Income	Non-income Cash	Loans from Bank and Credit Association
全 区	**Total**	**466.7**	**169.4**	**502.7**	**2718.5**	**2417.9**	**4455.3**
沿黄地区	**Plain**	**554.6**	**126.9**	**495.9**	**1595.0**	**4215.8**	**4804.3**
中南部地区	**Mountain Area**	**176.3**	**2.0**	**109.4**	**1975.3**	**1867.3**	**3452.6**
银川市	**Yinchuan**	**669.9**	**9.0**	**741.8**	**1356.0**	**3809.6**	**3315.3**
兴庆区	Xingqing	75.4	18.7	1282.2	577.9	3266.2	3768.7
西夏区	Xixia	1990.6		551.8	1235.4	7220.9	4047.3
金凤区	Jinfeng	781.0		575.2	1564.6	7875.4	1686.5
永宁县	Yongning	857.3	23.0	1112.1	1305.9	2894.3	2753.1
贺兰县	Helan	651.5		617.3	1611.6	1651.4	1741.8
灵武市	Lingwu	222.8		129.6	1598.2	3090.2	6372.4
石嘴山市	**Shizuishan**	**416.2**	**130.2**	**424.0**	**2311.0**	**1530.8**	**394.4**
大武口区	Dawukou	599.9		186.4	1385.2	2136.9	1072.8
惠农区	Huinong	422.7		616.2	1233.0	2506.5	1217.9
平罗县	Pingluo	369.7	171.8	470.3	2617.3	1311.6	167.7
吴忠市	**Wuzhong**	**352.3**	**4.9**	**189.2**	**1679.5**	**5238.6**	**5943.6**
利通区	Litong	395.9		224.5	1482.0	11197.4	4102.9
红寺堡区	Hongsipu	155.3		85.1	1659.0	3767.1	3596.1
盐池县	Yanchi	336.3		385.1	2024.0	2659.7	15240.1
同心县	Tongxin	158.7	15.9	54.8	2398.9	2216.1	2967.6
青铜峡市	Qingtongxia	646.7		297.7	827.9	2985.7	10054.0
固原市	**Guyuan**	**175.9**		**108.4**	**1973.8**	**1937.5**	**3313.8**
原州区	Yuanzhou	97.1		208.3	1964.4	1729.9	6011.6
西吉县	Xiji	95.8		59.9	1985.0	1777.2	1994.8
隆德县	Longde	144.4		110.4	2431.1	1115.1	1464.3
泾源县	Jingyuan	110.1		69.7	1411.6	2230.0	3145.6
彭阳县	Pengyang	561.2		62.5	2010.1	3002.2	2713.3
中卫市	**Zhongwei**	**321.5**	**190.5**	**241.8**	**1925.2**	**2077.9**	**3949.7**
沙坡头区	Shapotou	270.3	858.7	442.2	2523.6	3980.3	4081.2
中宁县	Zhongning	649.4		368.4	1724.9	2571.8	7914.2
海原县	Haiyuan	191.9		100.0	1768.2	1058.6	2070.4

2-27 2019年各市县农村居民家庭现金支出情况

Basic Statistics of Cash Expenditure of Rural Households by City and County (2019)

单位：元/人 (yuan/person)

市 县	Region	一、现金支出 Annual Cash Expenditure	(一)生产经营费用支出 Expenditure for Business	第一产业生产费用支出 Primary Industry	农业生产费用 Farming	林业生产费用 Forestry	牧业生产费用 Animal Husbandry	渔业生产费用 Fishery
全 区	**Total**	**24991.6**	**5310.9**	**4410.3**	**1996.8**	**60.4**	**2353.1**	
沿黄地区	**Plain**	**27189.2**	**6055.5**	**5138.1**	**2866.9**	**1.6**	**2193.2**	**76.4**
中南部地区	**Mountain Area**	**17338.8**	**2945.2**	**2671.6**	**827.3**	**33.4**	**1810.4**	**0.5**
银川市	**Yinchuan**	**23546.7**	**4940.5**	**3883.4**	**2845.7**	**1.5**	**832.0**	**204.3**
兴庆区	Xingqing	27674.7	6338.4	6092.0	4210.0		975.4	906.5
西夏区	Xixia	18565.0	1773.2	1215.0	962.7	0.5	251.9	
金凤区	Jinfeng	22620.4	1725.2	1084.9	453.9		631.1	
永宁县	Yongning	19889.1	6201.8	5128.3	5039.9	0.6	87.9	
贺兰县	Helan	25221.7	4848.8	4186.5	2907.8	0.3	775.8	502.7
灵武市	Lingwu	27367.4	5894.7	3424.7	1116.1	6.6	2302.0	
石嘴山市	**Shizuishan**	**23706.9**	**5580.5**	**5312.9**	**3085.0**	**7.5**	**2220.3**	
大武口区	Dawukou	16781.0	758.1	377.7	290.1	11.7	75.9	
惠农区	Huinong	21037.3	3570.3	3073.3	2098.6	0.4	974.3	
平罗县	Pingluo	25626.5	6927.6	6704.1	3853.4	7.0	2843.6	
吴忠市	**Wuzhong**	**24960.6**	**5682.4**	**5117.7**	**1312.0**	**3.2**	**3802.6**	
利通区	Litong	29918.0	6242.4	5756.8	830.7	2.2	4923.9	
红寺堡区	Hongsipu	23014.0	4321.6	3260.7	1525.6	6.0	1729.1	
盐池县	Yanchi	27203.9	5699.3	4329.0	1915.2		2413.8	
同心县	Tongxin	14139.1	2760.0	2582.3	588.4	6.4	1987.5	
青铜峡市	Qingtongxia	33281.9	9520.5	8806.3	2653.2		6153.0	
固原市	**Guyuan**	**17261.5**	**2731.1**	**2516.3**	**744.5**	**56.9**	**1713.8**	**1.0**
原州区	Yuanzhou	23392.4	5106.8	4833.6	753.0	1.9	4078.7	
西吉县	Xiji	12500.0	1019.4	808.0	696.2		111.8	
隆德县	Longde	17342.6	3561.6	3395.7	870.8	4.1	2514.2	6.6
泾源县	Jingyuan	13968.8	2500.5	2275.0	111.2	639.8	1524.0	
彭阳县	Pengyang	19192.7	2132.1	1992.2	1118.3	1.1	870.1	2.6
中卫市	**Zhongwei**	**22646.5**	**4344.8**	**3668.9**	**2275.9**	**6.7**	**1386.3**	
沙坡头区	Shapotou	32439.5	6340.1	5799.7	4612.2		1187.5	
中宁县	Zhongning	26201.2	5572.2	3681.7	3123.1		558.6	
海原县	Haiyuan	16933.9	2949.3	2775.9	913.3	12.6	1850.0	

2-27 续表 1 continued

单位: 元/人 (yuan/person)

市 县	Region	第二产业生产费用支出 Secondary Industry	工业生产费用 Industry	建筑业生产费用 Construction	第三产业生产费用支出 Tertiary Industry	交通运输仓储和邮政业生产费用 Transport, Post and Telecommunication	批发零售和住宿餐饮业支出 Wholesale, Retail, Lodging and Catering	社会服务业生产费用 Social Service	其他行业生产费用支出 Others
全 区	**Total**	**62.4**	**33.3**	**29.1**	**838.3**	**525.4**	**133.4**	**114.8**	**64.7**
沿黄地区	**Plain**	**80.0**	**14.1**	**65.9**	**837.4**	**641.1**	**57.7**	**79.1**	**59.4**
中南部地区	**Mountain Area**	**23.0**	**9.6**	**13.5**	**250.6**	**132.2**	**70.6**	**47.1**	**0.7**
银川市	**Yinchuan**	**61.8**	**16.7**	**45.0**	**995.3**	**883.8**	**43.7**	**67.0**	**0.9**
兴庆区	Xingqing	106.1		106.1	140.2	29.4	110.8		
西夏区	Xixia	6.1	6.1		552.1	373.5	25.7	152.9	
金凤区	Jinfeng				640.2	585.1		55.1	
永宁县	Yongning	2.1		2.1	1071.4	1039.2	0.4	31.7	
贺兰县	Helan	111.7		111.7	550.5	322.9	31.6	191.0	5.0
灵武市	Lingwu	146.1	86.6	59.5	2323.9	2179.4	117.1	27.3	
石嘴山市	**Shizuishan**	**36.8**	**18.2**	**18.5**	**230.9**	**72.1**	**37.8**	**103.1**	**17.9**
大武口区	Dawukou	94.8	94.8		285.7	172.0	28.8	84.8	
惠农区	Huinong	4.6	4.6		492.4	341.5		150.9	
平罗县	Pingluo	24.4		24.4	199.1	28.5	42.7	104.4	23.6
吴忠市	**Wuzhong**	**26.2**	**25.1**	**1.1**	**538.5**	**349.5**	**141.6**	**45.7**	**1.6**
利通区	Litong	50.5	50.5		435.0	260.5	148.0	26.5	
红寺堡区	Hongsipu	12.4		12.4	1048.5	626.2	343.3	79.1	
盐池县	Yanchi				1370.2	1023.1	338.3	8.8	
同心县	Tongxin	32.5	32.5		145.2	6.6	97.9	35.5	5.3
青铜峡市	Qingtongxia				714.2	587.1	41.3	85.9	
固原市	**Guyuan**	**30.4**	**8.7**	**21.7**	**184.5**	**85.8**	**53.7**	**44.9**	
原州区	Yuanzhou				273.2	218.3	21.5	33.5	
西吉县	Xiji	66.6	23.1	43.5	144.9	24.7	106.1	14.0	
隆德县	Longde	59.4		59.4	106.6	46.8	0.8	59.0	
泾源县	Jingyuan				225.5	108.6	87.3	29.6	
彭阳县	Pengyang				140.0	1.1		138.9	
中卫市	**Zhongwei**	**81.2**	**0.0**	**81.1**	**594.8**	**382.9**	**27.1**	**86.3**	**98.4**
沙坡头区	Shapotou				540.4	62.9	12.2	21.7	443.6
中宁县	Zhongning	330.9	0.1	330.8	1559.6	1286.5	88.5	184.6	
海原县	Haiyuan				173.4	100.3	5.1	68.0	

2-27 续表 2 continued

单位：元/人 (yuan/person)

市 县	Region	(二)购置资产支出 Expenditure for Purchasing Fixed Assets	建造住房支出 Expenditure for Building Housing	购建第一产业生产性固定资产 Purchasing and Construction for Primary Industry Productive Fixed Assets	购建第二三产业生产性固定资产 Purchasing and Construction for Secondary and Service Industry Productive Fixed Assets	购建其他资产 Other Productive Fixed Assets
全 区	**Total**	**2736.5**	**582.2**	**524.2**	**332.8**	**2.6**
沿黄地区	**Plain**	**3355.5**	**66.3**	**610.9**	**611.6**	**38.1**
中南部地区	**Mountain Area**	**1974.5**	**819.4**	**761.9**	**73.4**	**3.2**
银川市	**Yinchuan**	**851.3**	**40.6**	**364.2**	**145.6**	**32.5**
兴庆区	Xingqing	641.9	7.9	482.2		151.8
西夏区	Xixia	1458.2	193.1	474.7	790.4	
金凤区	Jinfeng	793.3		171.6		
永宁县	Yongning	13.9		8.2		
贺兰县	Helan	2399.9	129.1	1179.8	49.1	74.7
灵武市	Lingwu	640.3	17.3	175.6	433.5	
石嘴山市	**Shizuishan**	**2752.2**	**11.4**	**608.3**	**156.1**	**40.5**
大武口区	Dawukou	518.5			305.0	213.5
惠农区	Huinong	1460.2	218.6	1042.6	8.8	
平罗县	Pingluo	3401.0		730.8	129.0	
吴忠市	**Wuzhong**	**3961.7**	**240.8**	**672.2**	**893.2**	**4.0**
利通区	Litong	6104.4		1646.7	2668.9	
红寺堡区	Hongsipu	1115.6	501.3	197.0	78.4	
盐池县	Yanchi	1231.9	757.3	440.7	34.0	
同心县	Tongxin	609.1	435.4	150.3	23.4	
青铜峡市	Qingtongxia	7876.9		365.3	362.0	18.1
固原市	**Guyuan**	**2159.2**	**878.9**	**980.6**	**65.5**	**4.6**
原州区	Yuanzhou	3244.6	710.4	1576.7	211.0	3.5
西吉县	Xiji	1571.9	1252.6	309.8		
隆德县	Longde	1085.3	397.3	680.8	6.1	
泾源县	Jingyuan	872.6	669.3	57.0		
彭阳县	Pengyang	2909.3	693.1	2166.5	27.4	22.3
中卫市	**Zhongwei**	**2988.0**	**569.8**	**668.4**	**357.3**	**35.4**
沙坡头区	Shapotou	3970.4		1005.9	837.9	
中宁县	Zhongning	3120.8	349.7	259.0	431.8	136.9
海原县	Haiyuan	2517.8	908.2	716.4	122.9	3.4

2-27 续表 3 continued

单位：元/人 (yuan/person)

市 县	Region	(三)现金生活消费支出 Living Expenditure	1.食品烟酒 Food, Tobacco and Liquor	2.衣着 Clothing	3.居住 Residence	4.生活用品及服务 Household Facilities, Articles and Services	5.交通通信 Transport and Communications	6.教育文化娱乐 Education, Cultural and Recreation
全 区	**Total**	**9944.2**	**2832.0**	**744.9**	**1142.6**	**693.1**	**1784.1**	**1378.8**
沿黄地区	**Plain**	**10661.8**	**3194.1**	**910.4**	**1181.3**	**705.8**	**1998.8**	**1319.0**
中南部地区	**Mountain Area**	**7562.3**	**2273.8**	**578.8**	**890.8**	**502.6**	**1339.5**	**1110.9**
银川市	**Yinchuan**	**11308.3**	**3547.9**	**1009.4**	**1172.8**	**683.6**	**2162.6**	**1446.8**
兴庆区	Xingqing	13050.4	4159.3	1008.8	1382.2	768.6	2310.7	1621.1
西夏区	Xixia	10674.4	3619.5	935.0	998.6	724.4	1792.2	1270.6
金凤区	Jinfeng	10224.0	3502.2	1137.4	644.9	665.8	2295.4	1293.2
永宁县	Yongning	10012.3	3430.3	927.5	992.4	665.6	1475.4	1335.5
贺兰县	Helan	13310.3	3810.1	1052.6	1394.7	744.6	3039.1	1896.1
灵武市	Lingwu	11332.6	3077.4	1020.0	1584.7	595.5	2322.5	1265.4
石嘴山市	**Shizuishan**	**9672.3**	**3099.7**	**898.8**	**1153.3**	**569.1**	**1402.0**	**1205.0**
大武口区	Dawukou	10452.7	3470.2	1006.7	1208.8	510.5	1863.8	1331.8
惠农区	Huinong	9407.6	3177.3	960.9	1065.2	458.6	1352.5	1254.9
平罗县	Pingluo	9495.0	3001.6	867.5	1145.4	591.4	1289.7	1169.8
吴忠市	**Wuzhong**	**9437.1**	**2915.2**	**849.8**	**1181.3**	**656.7**	**1721.1**	**1019.8**
利通区	Litong	11191.5	3223.8	1106.0	1063.0	896.3	2337.6	1124.1
红寺堡区	Hongsipu	8383.6	2535.3	732.3	962.6	585.2	1415.6	1205.4
盐池县	Yanchi	9971.3	3049.7	972.3	1098.5	540.5	1806.7	1392.2
同心县	Tongxin	7636.9	2639.8	683.5	1270.4	488.8	1057.1	728.1
青铜峡市	Qingtongxia	9807.7	2985.6	739.1	1333.2	639.7	1906.9	1074.1
固原市	**Guyuan**	**7282.1**	**2154.6**	**507.4**	**766.8**	**470.4**	**1391.9**	**1178.1**
原州区	Yuanzhou	8102.5	2229.8	569.5	844.6	431.8	2009.3	935.7
西吉县	Xiji	6490.4	1915.9	397.9	678.7	440.0	1073.5	1353.1
隆德县	Longde	9476.6	2720.5	612.1	1186.4	712.0	1366.7	1644.8
泾源县	Jingyuan	5809.0	2073.4	554.7	490.2	397.4	944.7	714.0
彭阳县	Pengyang	7217.2	2301.4	567.7	745.1	513.1	1288.9	1188.9
中卫市	**Zhongwei**	**8972.3**	**2519.5**	**701.4**	**1064.2**	**657.4**	**1544.0**	**1235.4**
沙坡头区	Shapotou	11212.8	3294.7	908.1	1421.6	819.3	1864.1	1472.0
中宁县	Zhongning	9505.7	2414.7	659.1	960.0	655.0	1896.0	1321.4
海原县	Haiyuan	7794.2	2245.0	634.8	963.4	591.1	1248.8	1097.3

2-27 续表 4 continued

单位：元/人 (yuan/person)

市 县	Region	7.医疗保健 Health Care and Medical Services	8.其他用品及服 务 Miscellaneous Goods and Services	(四)现金财产性支出 Property Expenditure	(五)现金转移性支出 Transfer Expenditure	(六)非经常性转移及借贷性支出 Expenditure for Occasional and Lending			
							婚丧嫁娶礼金支出 Marriage and Funeral	归还贷款 Repayment Loans	存款 Deposit
全 区	**Total**	**1102.3**	**266.4**	**114.6**	**604.5**	**6153.7**	**2001.4**	**1729.1**	**49.9**
沿黄地区	**Plain**	**1079.0**	**273.4**	**86.0**	**675.4**	**6065.3**	**2009.4**	**1751.6**	**90.6**
中南部地区	**Mountain Area**	**759.3**	**106.6**	**49.9**	**270.5**	**4501.0**	**1373.4**	**1499.7**	**23.3**
银川市	**Yinchuan**	**1013.0**	**272.2**	**61.6**	**580.7**	**5469.0**	**2076.8**	**1276.6**	**111.6**
兴庆区	Xingqing	1231.0	568.6	8.4	575.3	6743.1	3694.5	334.4	
西夏区	Xixia	1084.2	249.9	1.9	377.1	3953.2	1973.9	122.2	887.3
金凤区	Jinfeng	521.0	164.1	90.5	605.8	8830.5	1605.2	4550.3	
永宁县	Yongning	951.9	233.7	89.1	608.0	2437.6	879.6	176.6	113.6
贺兰县	Helan	1064.1	309.0	63.0	354.6	4112.2	1723.9	936.6	3.1
灵武市	Lingwu	1276.5	190.4	53.3	810.5	8399.9	3558.3	1735.0	86.4
石嘴山市	**Shizuishan**	**1023.7**	**320.6**	**51.3**	**728.1**	**4695.3**	**1717.2**	**1088.3**	
大武口区	Dawukou	863.2	197.7	106.4	1151.7	3696.3	1574.1	774.4	
惠农区	Huinong	1026.8	111.4		418.7	5784.1	1834.3	3024.5	
平罗县	Pingluo	1063.7	365.9	41.0	643.3	4870.6	1745.0	1033.4	
吴忠市	**Wuzhong**	**917.3**	**175.9**	**87.3**	**515.9**	**5132.4**	**2172.9**	**1226.3**	**127.6**
利通区	Litong	1202.0	238.6	203.2	799.6	5166.1	1993.1	1204.5	147.4
红寺堡区	Hongsipu	818.4	128.8	68.1	344.7	8737.1	3618.0	1951.3	
盐池县	Yanchi	948.2	163.1	112.8	445.4	9579.6	2516.7	3300.2	663.4
同心县	Tongxin	709.2	59.9	32.3	430.1	2653.2	1380.5	687.4	4.2
青铜峡市	Qingtongxia	852.6	276.3	6.5	348.8	5459.2	2811.8	952.7	126.3
固原市	**Guyuan**	**685.4**	**127.6**	**64.2**	**240.6**	**4749.9**	**1276.6**	**1750.2**	**0.0**
原州区	Yuanzhou	888.9	192.9	148.0	210.7	6526.0	1484.4	2313.3	
西吉县	Xiji	548.4	82.9	20.5	197.4	3180.0	1062.7	869.2	
隆德县	Longde	1007.2	226.8	88.5	301.3	2798.1	500.6	1365.7	0.3
泾源县	Jingyuan	579.3	55.5	18.8	340.1	4368.1	1302.0	2015.2	
彭阳县	Pengyang	514.6	97.5	27.1	307.1	6579.8	1838.4	2887.8	
中卫市	**Zhongwei**	**1089.7**	**160.7**	**57.9**	**539.4**	**5590.8**	**1330.4**	**2072.5**	**23.9**
沙坡头区	Shapotou	1133.0	299.9	238.4	1186.1	9032.8	1468.3	4916.5	
中宁县	Zhongning	1352.1	247.2	12.4	632.3	7205.6	1767.5	1805.2	96.3
海原县	Haiyuan	951.0	62.9	3.7	227.4	3414.8	1071.8	1011.6	0.6

2-28 2019年各市县农村居民家庭主要食物消费情况

Consumption of Major Foods of Rural Households by City and County (2019)

单位：公斤/人 (kg/person)

市县	Region	粮食消费量 Grain	谷物消费量 Cereal	小麦 Wheat	稻谷 Rice	薯类消费量 Tubers	豆类消费量 Beans	油脂类消费量 Grease
全区	**Total**	**128.3**	**121.5**	**77.3**	**40.5**	**3.9**	**2.9**	**8.3**
沿黄地区	**Plain**	**124.0**	**118.4**	**60.4**	**56.0**	**0.7**	**4.9**	**8.0**
中南部地区	**Mountain Area**	**127.0**	**118.6**	**83.4**	**28.6**	**6.4**	**2.0**	**7.6**
银川市	**Yinchuan**	**125.5**	**119.0**	**56.5**	**59.0**	**0.9**	**5.6**	**8.3**
兴庆区	Xingqing	118.0	112.6	48.7	62.8	0.6	4.8	8.8
西夏区	Xixia	104.5	99.0	74.2	22.1	1.1	4.4	7.9
金凤区	Jinfeng	83.9	79.5	52.5	25.5	0.5	4.0	5.3
永宁县	Yongning	155.1	144.4	66.3	76.2	0.6	10.1	10.6
贺兰县	Helan	141.3	134.7	61.2	61.3	2.4	4.1	8.4
灵武市	Lingwu	111.3	108.6	38.8	68.5	0.4	2.2	7.1
石嘴山市	**Shizuishan**	**147.3**	**142.0**	**97.3**	**43.4**	**0.8**	**4.5**	**9.7**
大武口区	Dawukou	102.3	98.3	79.1	17.9	0.3	3.7	7.1
惠农区	Huinong	139.6	133.7	107.9	22.4	0.0	5.9	7.3
平罗县	Pingluo	159.1	153.5	101.2	51.2	1.0	4.6	10.5
吴忠市	**Wuzhong**	**118.4**	**114.0**	**57.3**	**54.6**	**1.4**	**3.0**	**7.9**
利通区	Litong	89.3	85.7	36.9	47.9	0.8	2.8	7.2
红寺堡区	Hongsipu	121.7	113.4	79.3	29.7	6.1	2.2	8.5
盐池县	Yanchi	123.7	115.7	51.2	53.6	4.1	3.9	7.0
同心县	Tongxin	128.2	125.7	67.0	57.5	0.6	1.9	9.0
青铜峡市	Qingtongxia	140.8	135.4	64.5	69.8	0.7	4.8	7.2
固原市	**Guyuan**	**126.0**	**116.2**	**91.4**	**15.1**	**8.0**	**1.8**	**7.1**
原州区	Yuanzhou	115.1	110.9	78.7	23.5	1.9	2.3	8.2
西吉县	Xiji	129.5	115.9	101.8	11.6	13.0	0.6	5.8
隆德县	Longde	134.4	120.5	93.0	14.9	9.6	4.3	7.6
泾源县	Jingyuan	84.4	69.3	54.4	13.0	12.7	2.4	7.2
彭阳县	Pengyang	155.8	149.9	108.9	9.6	3.6	2.3	7.8
中卫市	**Zhongwei**	**126.6**	**119.5**	**69.5**	**48.1**	**3.4**	**3.7**	**8.1**
沙坡头区	Shapotou	120.5	113.2	58.7	53.0	0.6	6.7	8.6
中宁县	Zhongning	121.2	117.3	63.0	52.9	0.5	3.5	7.0
海原县	Haiyuan	131.6	123.2	77.0	43.8	5.9	2.5	8.3

2-28 续表 1 continued

单位：公斤/人 (kg/person)

市 县	Region	蔬菜及菜制品消费量 Vegetable and Processed Products	干 鲜瓜果类 Dried and Fresh Melons and Fruits	饮料 Beverage	糖 果糕点类 Candy and Pastry	肉类 Meat and Processed Products	猪肉 Pork	牛肉 Beef
全 区	**Total**	**80.9**	**72.8**	**0.3**	**3.1**	**15.5**	**5.9**	**5.4**
沿黄地区	**Plain**	**101.9**	**73.8**	**0.2**	**3.7**	**16.8**	**7.6**	**3.4**
中南部地区	**Mountain Area**	**63.2**	**60.1**	**0.3**	**2.3**	**13.8**	**6.3**	**5.1**
银川市	**Yinchuan**	**109.3**	**79.3**	**0.3**	**4.7**	**17.5**	**7.7**	**3.7**
兴庆区	Xingqing	95.3	74.4	0.4	4.6	19.4	6.3	4.7
西夏区	Xixia	103.4	77.7	0.4	4.0	15.6	8.9	3.9
金凤区	Jinfeng	95.4	70.1	0.2	3.3	10.8	3.8	3.5
永宁县	Yongning	155.6	87.4	0.2	5.8	21.5	12.8	2.7
贺兰县	Helan	77.4	79.9	0.4	6.8	16.5	7.6	2.6
灵武市	Lingwu	91.2	77.7	0.1	2.5	16.9	3.6	5.8
石嘴山市	**Shizuishan**	**110.8**	**99.3**	**0.5**	**6.4**	**21.1**	**8.2**	**5.0**
大武口区	Dawukou	108.6	76.6	0.3	3.5	13.5	10.1	1.2
惠农区	Huinong	115.3	84.5	0.4	8.0	18.5	4.8	3.8
平罗县	Pingluo	111.0	106.0	0.5	7.0	23.1	7.9	6.1
吴忠市	**Wuzhong**	**78.4**	**67.8**	**0.1**	**2.5**	**17.1**	**5.0**	**6.0**
利通区	Litong	74.2	61.3	0.1	2.5	17.8	1.9	6.8
红寺堡区	Hongsipu	82.4	100.5	0.2	3.2	18.0	4.9	5.9
盐池县	Yanchi	87.2	57.8	0.0	3.0	27.9	17.3	0.9
同心县	Tongxin	70.6	66.5	0.1	1.5	15.0	2.3	9.3
青铜峡市	Qingtongxia	90.2	69.2	0.1	3.5	14.5	8.5	2.3
固原市	**Guyuan**	**57.9**	**54.1**	**0.4**	**2.4**	**13.4**	**8.0**	**3.5**
原州区	Yuanzhou	57.4	56.4	0.3	1.9	12.9	6.9	4.2
西吉县	Xiji	51.2	47.4	0.4	2.3	16.0	11.2	2.8
隆德县	Longde	61.3	61.6	0.6	4.5	12.8	9.5	1.5
泾源县	Jingyuan	62.8	49.4	0.3	2.5	5.8	1.4	3.8
彭阳县	Pengyang	70.1	64.1	0.5	2.3	12.7	5.0	4.6
中卫市	**Zhongwei**	**85.8**	**66.0**	**0.2**	**2.2**	**12.6**	**5.6**	**4.8**
沙坡头区	Shapotou	119.6	62.9	0.1	2.4	17.1	10.8	1.4
中宁县	Zhongning	95.1	67.2	0.1	2.0	12.9	8.2	1.7
海原县	Haiyuan	67.4	66.8	0.3	2.2	10.6	2.2	7.7

2-28 续表 2 continued

单位: 公斤/人 (kg/person)

市 县	Region	羊肉 Mutton	其他肉类及制品 Others	禽类 Poultry and Processed Products	蛋类及蛋制品 Eggs and Processed Products	奶和奶制品 Milk and Dairy Products	水产品 Aquatic Products	酒类 Liquor
全 区	**Total**	**3.7**	**0.5**	**8.4**	**4.7**	**8.7**	**1.5**	**2.3**
沿黄地区	**Plain**	**4.8**	**0.9**	**7.7**	**0.5**	**12.5**	**2.3**	**2.7**
中南部地区	**Mountain Area**	**2.0**	**0.4**	**7.1**	**0.3**	**6.3**	**0.9**	**2.1**
银川市	**Yinchuan**	**5.1**	**0.9**	**9.0**	**0.7**	**14.3**	**2.9**	**2.7**
兴庆区	Xingqing	7.7	0.5	9.7	0.4	8.3	2.3	1.2
西夏区	Xixia	1.9	0.9	9.2	0.9	16.8	3.0	3.3
金凤区	Jinfeng	3.0	0.5	7.0	0.7	16.3	3.1	2.1
永宁县	Yongning	4.4	1.6	10.5	0.7	21.3	4.1	4.5
贺兰县	Helan	5.3	1.0	9.8	0.7	7.9	1.7	2.9
灵武市	Lingwu	7.1	0.3	7.0	0.6	11.3	2.3	0.8
石嘴山市	**Shizuishan**	**7.3**	**0.5**	**8.1**	**0.4**	**11.9**	**1.5**	**3.1**
大武口区	Dawukou	1.2	1.0	5.7	0.5	9.6	1.6	6.2
惠农区	Huinong	9.0	0.9	6.2	0.5	11.3	2.4	2.8
平罗县	Pingluo	8.7	0.4	8.9	0.3	12.5	1.4	2.3
吴忠市	**Wuzhong**	**5.6**	**0.5**	**8.5**	**0.4**	**10.3**	**1.9**	**1.4**
利通区	Litong	8.8	0.3	8.8	0.3	10.2	2.8	0.8
红寺堡区	Hongsipu	6.3	0.9	11.3	0.4	5.7	2.3	2.8
盐池县	Yanchi	9.2	0.5	7.5	0.6	10.1	1.7	3.6
同心县	Tongxin	3.2	0.2	8.8	0.3	8.8	0.8	0.3
青铜峡市	Qingtongxia	2.9	0.8	7.0	0.6	14.6	2.1	2.5
固原市	**Guyuan**	**1.5**	**0.5**	**6.6**	**0.4**	**4.2**	**1.0**	**2.7**
原州区	Yuanzhou	1.3	0.5	7.3	0.3	5.0	0.7	1.9
西吉县	Xiji	1.6	0.4	5.9	0.4	3.3	1.2	3.1
隆德县	Longde	1.0	0.8	5.3	0.7	4.7	1.7	5.1
泾源县	Jingyuan	0.1	0.4	4.0	0.4	8.4	0.7	1.0
彭阳县	Pengyang	2.7	0.4	8.8	0.2	2.5	0.7	2.4
中卫市	**Zhongwei**	**1.5**	**0.7**	**6.3**	**0.3**	**10.1**	**1.1**	**2.3**
沙坡头区	Shapotou	3.5	1.4	6.2	0.5	11.9	1.9	4.6
中宁县	Zhongning	1.9	1.1	5.4	0.5	8.7	1.5	2.4
海原县	Haiyuan	0.5	0.2	6.7	0.1	10.0	0.5	1.3

2-29 2019年各市县农村居民家庭耐用消费品拥有情况
Ownership of Durable Consumer Goods of Rural Households by City and County (2019)

单位：百户均 (per 100 households)

市 县	Region	洗衣机 (台) Washing Machine (unit)	电冰箱(柜) (台) Refrigerator (unit)	空调机 (台) Air Conditioner (unit)	抽油烟机 (台) Ventilator (unit)	微波炉 (台) Microwave Oven (unit)
全 区	**Total**	**104.7**	**100.8**	**1.8**	**28.1**	**16.3**
沿黄地区	**Plain**	**107.8**	**104.3**	**4.2**	**44.4**	**26.5**
中南部地区	**Mountain Area**	**100.3**	**94.1**	**0.7**	**17.2**	**11.6**
银川市	**Yinchuan**	**104.5**	**104.2**	**5.3**	**54.7**	**33.8**
兴庆区	Xingqing	97.7	99.6	2.3	42.3	42.3
西夏区	Xixia	100.1	96.0	19.7	39.4	20.5
金凤区	Jinfeng	101.9	102.9	12.8	53.4	47.4
永宁县	Yongning	100.9	103.9	3.5	79.5	35.5
贺兰县	Helan	108.6	107.8	0.9	47.1	32.8
灵武市	Lingwu	116.0	109.0	3.0	34.4	18.6
石嘴山市	**Shizuishan**	**110.2**	**103.5**	**2.9**	**20.6**	**8.1**
大武口区	Dawukou	104.0	98.4	8.1	12.1	12.0
惠农区	Huinong	113.6	115.1	10.2	50.2	20.6
平罗县	Pingluo	111.2	103.8	1.2	20.2	6.4
吴忠市	**Wuzhong**	**107.6**	**104.9**	**2.4**	**44.1**	**21.5**
利通区	Litong	115.8	109.0	2.3	55.7	31.0
红寺堡区	Hongsipu	97.6	101.2	2.5	29.0	38.1
盐池县	Yanchi	100.0	101.3		53.0	21.9
同心县	Tongxin	98.8	94.0		31.2	12.5
青铜峡市	Qingtongxia	115.2	116.5	6.7	47.0	15.0
固原市	**Guyuan**	**101.4**	**92.9**	**1.0**	**11.7**	**9.9**
原州区	Yuanzhou	99.5	91.7	2.2	10.2	3.1
西吉县	Xiji	102.4	92.3		13.2	17.6
隆德县	Longde	102.3	93.8		15.2	10.0
泾源县	Jingyuan	102.7	93.5		13.4	13.1
彭阳县	Pengyang	101.0	95.1	2.1	8.3	3.2
中卫市	**Zhongwei**	**102.3**	**96.3**	**1.6**	**24.5**	**18.4**
沙坡头区	Shapotou	102.3	94.9	0.9	32.1	21.9
中宁县	Zhongning	107.7	99.7	5.0	36.6	32.2
海原县	Haiyuan	99.1	95.2		13.1	8.4

2-29 续表 1 continued

单位：百户均 (per 100 households)

市 县	Region	热水器（台）Water Heater (unit)	助力车（辆）Moped (unit)	摩托车（辆）Motorcycle (unit)	家用汽车（辆）Car (unit)	电话机（部）Telephone (set)
全 区	**Total**	**100.8**	**71.8**	**56.0**	**32.2**	**0.6**
沿黄地区	**Plain**	**101.2**	**98.1**	**46.5**	**37.6**	**0.6**
中南部地区	**Mountain Area**	**96.6**	**46.7**	**65.3**	**31.0**	**0.2**
银川市	**Yinchuan**	**97.3**	**88.8**	**34.1**	**40.9**	**1.2**
兴庆区	Xingqing	98.4	98.0	42.3	41.5	2.0
西夏区	Xixia	96.6	75.9	18.5	41.7	
金凤区	Jinfeng	100.0	56.4	15.8	61.9	
永宁县	Yongning	92.5	73.3	35.4	27.1	1.7
贺兰县	Helan	92.3	124.0	24.9	47.6	1.5
灵武市	Lingwu	108.1	106.5	56.7	40.1	0.9
石嘴山市	**Shizuishan**	**101.2**	**97.1**	**52.0**	**25.3**	**1.0**
大武口区	Dawukou	88.2	133.0	2.2	34.3	
惠农区	Huinong	106.8	104.4	40.1	33.6	
平罗县	Pingluo	103.6	88.7	63.7	22.7	1.2
吴忠市	**Wuzhong**	**105.2**	**83.9**	**55.7**	**35.1**	
利通区	Litong	124.7	108.3	45.7	37.8	
红寺堡区	Hongsipu	102.0	73.6	46.8	34.6	
盐池县	Yanchi	88.8	69.0	37.7	41.4	
同心县	Tongxin	90.1	53.8	81.6	24.1	
青铜峡市	Qingtongxia	108.1	101.6	46.7	43.1	
固原市	**Guyuan**	**95.8**	**41.5**	**65.8**	**32.4**	**0.4**
原州区	Yuanzhou	86.4	55.2	54.3	35.1	
西吉县	Xiji	104.0	40.7	73.2	32.8	
隆德县	Longde	107.2	6.1	73.4	26.2	3.6
泾源县	Jingyuan	95.5	43.8	46.4	24.7	
彭阳县	Pengyang	87.6	40.0	75.0	35.0	
中卫市	**Zhongwei**	**99.0**	**77.8**	**62.5**	**31.9**	
沙坡头区	Shapotou	86.7	109.3	43.0	32.7	
中宁县	Zhongning	101.6	103.1	80.4	38.3	
海原县	Haiyuan	104.4	45.2	63.1	27.7	

2-29 续表 2 continued

单位：百户均 (per 100 households)

市 县	Region	移动电话（部）Mobile Telephone (set)	彩色电视机（台）Color TV Set (unit)	照相机（台）Camera (unit)	家用计算机（台）Computer (set)
全 区	**Total**	**295.5**	**108.8**	**1.2**	**26.1**
沿黄地区	**Plain**	**277.5**	**114.4**	**2.1**	**32.1**
中南部地区	**Mountain Area**	**314.1**	**105.2**	**0.9**	**21.6**
银川市	**Yinchuan**	**277.2**	**107.2**	**2.7**	**29.5**
兴庆区	Xingqing	271.5	104.4	2.0	32.5
西夏区	Xixia	296.9	104.2	2.0	36.2
金凤区	Jinfeng	251.0	101.9	5.1	45.5
永宁县	Yongning	278.4	102.2	1.5	22.7
贺兰县	Helan	286.8	111.2		29.4
灵武市	Lingwu	285.1	119.9	6.3	22.8
石嘴山市	**Shizuishan**	**248.9**	**108.8**	**0.6**	**20.4**
大武口区	Dawukou	281.2	110.1	2.0	29.9
惠农区	Huinong	248.5	105.5	4.6	43.1
平罗县	Pingluo	242.0	108.7		16.6
吴忠市	**Wuzhong**	**296.3**	**115.9**	**2.0**	**32.6**
利通区	Litong	305.3	130.3	0.8	44.6
红寺堡区	Hongsipu	295.7	103.5	1.3	22.6
盐池县	Yanchi	258.5	106.6	2.8	24.3
同心县	Tongxin	292.3	99.2	1.0	18.7
青铜峡市	Qingtongxia	307.4	127.3	4.5	42.3
固原市	**Guyuan**	**331.7**	**108.5**	**0.9**	**24.5**
原州区	Yuanzhou	292.1	97.3	1.7	17.1
西吉县	Xiji	378.3	118.2	0.8	33.9
隆德县	Longde	317.8	108.0	1.2	24.9
泾源县	Jingyuan	311.4	114.2		17.3
彭阳县	Pengyang	319.1	104.5		20.9
中卫市	**Zhongwei**	**277.1**	**107.5**	**0.7**	**23.0**
沙坡头区	Shapotou	268.6	111.8		28.0
中宁县	Zhongning	261.6	117.7	2.5	34.4
海原县	Haiyuan	291.0	99.2		13.6

2-30 2019年全区农村居民家庭按人均可支配收入五等份分组资料

指标名称	Item	单位	Unit
农村住户家庭基本情况(绝对数)	**Basic Statistics of Rural Households(absolute)**	--	--
一、调查户数	Number of Households Surveyed	户	household
调查户经营情况	Basic Statistics of Business of Households Surveyed	--	--
(一)生产经营户	Production Households	户	household
1.农业户	Agriculture Households	户	household
2.农业兼业户	Agriculture with Combined Occupations	户	household
3.非农业兼业户	Non-agriculture with Combined Occupations	户	household
4.非农业户	Non-agriculture Households	户	household
(二)非生产经营户	Non-production Households	户	household
二、生产性固定资产原值(人均)	Original Value of Productive Fixed Assets (per person)	元	yuan
农村住户居住情况(人均)	**Basic Statistics of Residence of Rural Households (per person)**	--	--
(一)自有现住房面积	Floor Space of Living Houses	平方米	sq.m
(二)自有现住房市场估值	Value of Living Houses	元	yuan
调查户人口与劳动力情况(绝对数)	**Number of Households Surveyed and Basic Statistics of Labours (absolute)**	--	--
一、农村住户人口与劳动力状况	Number of Households and Basic Statistics of Labours of Rural Households	--	--
(一)家庭常住人口	Number of Permanent Residents in the Households	人	person
(二)整半劳动力数	Number of Able-bodied and Semi-able-bodied Labours	人	person
其中：男劳动力人数	Number of Male Labours	人	person
其中：整劳动力	Number of Able-bodied Labours	人	person
(三)就业劳动力人数	Number of Employed	人	person
其中：1.第一产业	Primary Industry	人	person
2.第二产业	Secondary Industry	人	person
3.第三产业	Tertiary Industry	人	person
(四)就业劳动力文化程度	Culture Level of Employed Labours	--	--
1.不识字或识字很少	Illiterate and Semi-illiterate	人	person
2.小学程度	Primary School	人	person
3.初中程度	Junior Middle School	人	person
4.高中程度	Senior Middle School	人	person
5.大专及以上	College and Higher	人	person
6.大学本科	Bachelor Degree	人	person
7.研究生	Postgraduate	人	person
农村住户食品消费情况(人均)	**Basic Statistics of Consumption of Major Foods of Rural Households (per person)**	--	--
一、粮食消费量	Grain Crops	公斤	kg
(一)谷物消费量	Cereal	公斤	kg
#1.小麦	Wheat	公斤	kg
2.稻谷	Rice	公斤	kg
(二)薯类消费量	Tubers	公斤	kg
(三)豆类消费量	Soybeans	公斤	kg
二、油脂类消费量	Oil and Fat	公斤	kg
三、蔬菜及菜制品消费量	Vegetables and Related Products	公斤	kg
四、肉类	Meat and Related Products	公斤	kg
1.猪肉	Pork	公斤	kg
2.牛肉	Beef	公斤	kg
3.羊肉	Mutton	公斤	kg
4.其他肉类及制品	Others	公斤	kg
五、禽类	Poultry	公斤	kg
六、水产品	Aquatic Products	公斤	kg
七、蛋类及蛋制品	Eggs and Related Products	公斤	kg
八、奶和奶制品	Milk and Dairy Products	公斤	kg
九、干鲜瓜果类	Dried and Fresh Melons and Fruits	公斤	kg
十、糖果糕点类	Sugar and Pastry	公斤	kg
十一、饮料	Beverage	公斤	kg
十二、烟叶消费量	Tobacco	公斤	kg
十三、酒	Liquor	公斤	kg

Basic Statistics Grouped by per Capita Disposable Income Quintile of Rural Households (2019)

总计 Total	20%低收入户 20% Low Income	20%中低收入户 20% Lower-middle Income	20%中等收入户 20% Middle Income	20%中上收入户 20% Upper-middle Income	20%高收入户 20% High Income
--	--	--	--	--	--
910	182	182	182	182	182
735	121	145	151	158	160
554	99	119	109	110	117
76	6	9	19	19	23
69	11	10	16	13	19
120	19	18	23	34	26
305	80	69	67	47	42
11990.3	11159.5	11205.7	8506.8	12497.2	18912.0
30.4	25.1	23.9	30.5	33.8	45.7
28838.8	26347.8	24513.1	28222.1	31804.0	37343.9
--	--	--	--	--	--
3503	823	835	700	645	501
2158	437	444	445	442	390
1111	223	227	227	228	206
1174	284	285	235	229	141
1781	354	363	364	363	337
905	207	183	170	173	172
350	85	73	87	56	49
526	62	107	107	134	116
344	85	87	70	55	47
760	177	147	165	149	122
781	143	149	153	169	167
189	28	39	43	47	32
57	3	15	13	10	16
27	1	7	1	12	6
128.3	114.1	116.0	129.6	141.4	154.4
121.5	107.8	108.9	123.0	134.8	146.8
77.3	73.2	74.4	75.2	81.4	86.3
40.5	33.2	29.5	43.2	49.4	56.3
3.9	4.2	4.5	3.6	3.6	2.9
2.9	2.1	2.5	3.0	3.0	4.6
8.3	7.2	7.0	8.2	9.2	11.0
80.9	68.8	64.3	79.5	91.5	117.8
15.5	10.3	11.9	15.1	19.8	25.2
5.9	3.3	4.6	6.4	7.4	9.5
5.4	4.9	4.3	5.2	6.0	7.5
3.7	1.7	2.7	2.9	5.9	7.2
0.5	0.3	0.4	0.6	0.5	1.1
8.4	7.8	7.1	8.6	8.0	11.8
1.5	1.1	1.3	1.7	1.5	2.1
4.7	4.3	4.1	4.9	5.1	5.8
8.7	6.5	7.2	9.1	9.4	13.2
72.8	57.4	65.2	71.8	80.6	103.1
3.1	2.0	2.2	3.2	3.9	5.4
0.3	0.2	0.3	0.3	0.4	0.4
24.8	15.2	17.6	25.2	35.9	38.0
2.3	1.5	1.4	2.4	2.9	4.4

2-30 续表

指标名称	Item	单位	Unit
农村住户总收入与总支出(人均)	**Total Revenue and Expenditure of Rural Households (per person)**	--	--
一、总收入	Total Revenue	元	yuan
(一)工资性收入	Wage Income	元	yuan
(二)经营性收入	Household Business Income	元	yuan
1.第一产业经营收入	Primary Industry	元	yuan
(1)农业收入	Farming	元	yuan
(2)林业收入	Forestry	元	yuan
(3)牧业收入	Animal Husbandry	元	yuan
(4)渔业收入	Fishery	元	yuan
2.第二产业经营收入	Secondary Industry	元	yuan
3.第三产业经营收入	Tertiary Industry	元	yuan
(三)财产性收入	Property Income	元	yuan
(四)转移性收入	Transfer Income	元	yuan
二、总支出	Total Expenditure	元	yuan
(一)生产经营费用支出	Expenditure for Household Business	元	yuan
1.第一产业生产费用支出	Primary Industry	元	yuan
(1)农业生产费用支出	Farming	元	yuan
(2)林业生产费用支出	Forestry	元	yuan
(3)牧业生产费用支出	Animal Husbandry	元	yuan
(4)渔业生产费用支出	Fishery	元	yuan
2.第二产业生产费用支出	Secondary Industry	元	yuan
3.第三产业生产费用支出	Tertiary Industry	元	yuan
(二)购置生产性固定资产支出	Expenditure for Purchasing Productive Fixed Assets	元	yuan
(三)生活消费支出	Living Expenditure	元	yuan
1.食品烟酒消费支出	Food, Tobacco and Liquor	元	yuan
2.衣着消费支出	Clothing	元	yuan
3.居住消费支出	Residence	元	yuan
4.生活用品及服务消费支出	Household Facilities, Articles and Services	元	yuan
5.交通通信消费支出	Transport and Communications	元	yuan
6.教育文化娱乐消费支出	Education, Cultural and Recreation Articles and Services	元	yuan
7.医疗保健消费支出	Health Care and Medical Services	元	yuan
8.其他用品及服务消费支出	Miscellaneous Goods and Services	元	yuan
(四)财产性支出	Property Expenditure	元	yuan
(五)转移性支出	Transfer Expenditure	元	yuan
农村住户可支配收入来源(人均)	**Basic Statistics of Disposable Income of Rural Households (per person)**	--	--
一、全年可支配收入	Annual Disposable Income	元	yuan
(一)工资性收入	Wage Income	元	yuan
(二)经营净收入	Household Business Income	元	yuan
1.第一产业经营净收入	Primary Industry	元	yuan
(1)农业收入	Farming	元	yuan
(2)林业收入	Forestry	元	yuan
(3)牧业收入	Animal Husbandry	元	yuan
(4)渔业收入	Fishery	元	yuan
2.非农产业经营净收入	Non-agriculture	元	yuan
A.第二产业经营净收入	Secondary Industry	元	yuan
B.第三产业经营净收入	Tertiary Industry	元	yuan
(三)财产净收入	Net Income from Property	元	yuan
(四)转移净收入	Net Income from Transfer	元	yuan
二、全年现金可支配收入	Annual Cash Disposable Income	元	yuan
三、全年实物可支配收入	Annual Disposable Income in Kind	元	yuan

continued

总计 Total	20%低收入户 20% Low Income	20%中低收入户 20% Lower-middle Income	20%中等收入户 20% Middle Income	20%中上收入户 20% Upper-middle Income	20%高收入户 20% High Income
--	--	--	--	--	--
20234	10664	13571	18035	24444	45158
4963	2692	3996	5674	6350	7637
11632	6041	7097	9168	14016	29010
8551	4862	5163	6471	9648	21912
4399	2792	2626	3782	6033	8842
143	92	127	176	181	159
4009	1978	2410	2513	3434	12912
220	206	61	275	465	122
2861	973	1872	2422	3902	6976
503	89	185	504	624	1573
3136	1843	2293	2688	3454	6938
27058	21747	20316	24464	30488	46502
5857	5839	3919	4606	4974	11990
4956	5269	3139	3601	4364	10110
2059	2050	1114	1590	2470	3786
60	51	47	85	65	59
2836	3168	1977	1926	1830	6264
62	78	9	5	143	102
838	492	772	1001	466	1778
857	913	1009	597	721	1046
11465	8680	9454	11229	13126	17718
3145	2439	2561	3079	3774	4597
745	582	615	785	881	1008
1985	1603	1631	2061	2331	2675
696	520	498	681	819	1189
1784	1235	1459	1662	1955	3204
1379	1054	1563	1441	1396	1509
1448	1079	956	1304	1666	2815
282	169	171	216	303	721
115	116	84	98	148	143
605	488	527	460	663	1058
12858	3476	8293	12304	17826	30705
4963	2692	3996	5674	6350	7637
4976	-543	2431	3995	8209	15759
3157	-863	1644	2547	4921	11047
2132	564	1341	1988	3353	4734
80	40	79	92	116	87
945	-1467	224	467	1452	6226
1819	321	787	1448	3288	4712
124	76	28	244	280	2
1695	245	759	1205	3008	4710
388	-28	101	406	476	1430
2532	1355	1766	2229	2791	5880
12644	3836	8243	11915	17418	29743
214	-360	50	389	408	962

2-31 2019年全区农村居民家庭按人均可支配收入分组资料

指 标 名 称	Item	单位	Unit
农村住户家庭基本情况(绝对数)	**Basic Statistics of Rural Households(absolute)**	--	--
一、调查户数	Number of Households Surveyed	户	household
调查户经营情况	Basic Statistics of Business of Households Surveyed	--	--
(一)生产经营户	Production Households	户	household
1.农业户	Agriculture Households	户	household
2.农业兼业户	Agriculture with Combined Occupations	户	household
3.非农业兼业户	Non-agriculture with Combined Occupations	户	household
4.非农业户	Non-agriculture Households	户	household
(二)非生产经营户	Non-production Households	户	household
二、生产性固定资产原值(人均)	Original Value of Productive Fixed Assets (per person)	元	yuan
农村住户居住情况(人均)	**Basic Statistics of Residence of Rural Households (per person)**	--	--
(一)自有现住房面积	Floor Space of Living Houses	平方米	sq.m
(二)自有现住房市场估值	Value of Living Houses	元	yuan
调查户人口与劳动力情况(绝对数)	**Number of Households Surveyed and Basic Statistics of Labours (absolute)**	--	--
一、农村住户人口与劳动力状况	Number of Households and Basic Statistics of Labours of Rural Households	--	--
(一)家庭常住人口	Number of Permanent Residents in the Households	人	person
(二)整半劳动力数	Number of Able-bodied and Semi-able-bodied Labours	人	person
其中：男劳动力人数	Number of Male Labours	人	person
其中：整劳动力	Number of Able-bodied Labours	人	person
(三)就业劳动力人数	Number of Employed	人	person
其中：1.第一产业	Primary Industry	人	person
2.第二产业	Secondary Industry	人	person
3.第三产业	Tertiary Industry	人	person
(四)就业劳动力文化程度	Culture Level of Employed Labours	--	--
1.不识字或识字很少	Illiterate and Semi-illiterate	人	person
2.小学程度	Primary School	人	person
3.初中程度	Junior Middle School	人	person
4.高中程度	Senior Middle School	人	person
5.大专及以上	College and Higher	人	person
6.大学本科	Bachelor Degree	人	person
7.研究生	Postgraduate	人	person
农村住户食品消费情况(人均)	**Basic Statistics of Consumption of Major Foods of Rural Households (per person)**	--	--
一、粮食消费量	Grain Crops	公斤	kg
(一)谷物消费量	Cereal	公斤	kg
#1.小麦	Wheat	公斤	kg
2.稻谷	Rice	公斤	kg
(二)薯类消费量	Tubers	公斤	kg
(三)豆类消费量	Soybeans	公斤	kg
二、油脂类消费量	Oil and Fat	公斤	kg
三、蔬菜及菜制品消费量	Vegetables and Related Products	公斤	kg
四、肉类	Meat and Related Products	公斤	kg
1.猪肉	Pork	公斤	kg
2.牛肉	Beef	公斤	kg
3.羊肉	Mutton	公斤	kg
4.其他肉类及制品	Others	公斤	kg
五、禽类	Poultry	公斤	kg
六、水产品	Aquatic Products	公斤	kg
七、蛋类及蛋制品	Eggs and Related Products	公斤	kg
八、奶和奶制品	Milk and Dairy Products	公斤	kg
九、干鲜瓜果类	Dried and Fresh Melons and Fruits	公斤	kg
十、糖果糕点类	Sugar and Pastry	公斤	kg
十一、饮料	Beverage	公斤	kg
十二、烟叶消费量	Tobacco	公斤	kg
十三、酒	Liquor	公斤	kg

Basic Statistics Grouped by per Capita Disposable Income of Rural Households (2019)

总　计 Total	3000元以下 3000 yuan and Below	3000-4500元 3000- 4500 yuan	4500-6000元 4500- 6000 yuan	6000-8000元 6000- 8000 yuan	8000-10000元 8000- 10000 yuan
--	--	--	--	--	--
910	38	50	75	118	87
735	18	31	55	94	72
554	16	26	43	76	61
76		1	4	6	4
69	1	2	8	5	5
120	4	5	8	13	7
305	12	22	38	47	31
11990	27601	8751	5953	7772	14819
30	26	23	25	25	23
28839	28754	25008	27255	24979	24131
3503	175	237	334	541	393
2158	97	123	175	287	211
1111	49	64	88	149	107
1174	65	78	114	185	135
1781	83	93	141	230	177
905	61	48	76	124	84
350	11	30	37	45	38
526	11	15	28	61	55
344	22	20	35	57	41
760	30	58	71	104	64
781	29	39	61	97	69
189	13	5	8	19	24
57	2	1		7	9
27	1			3	4
128.3	118.2	108.2	119.4	109.8	124.1
121.5	111.8	102.3	112.8	102.2	118.1
77.3	73.7	69.4	77.4	69.2	82.0
40.5	36.0	32.2	34.0	30.4	28.7
3.9	4.7	3.7	4.2	4.9	4.1
2.9	1.7	2.1	2.4	2.7	2.0
8.3	8.1	6.6	7.3	6.9	6.8
80.9	70.4	70.5	69.2	60.7	67.1
15.5	11.3	9.6	9.2	12.3	11.4
5.9	3.8	2.8	2.6	4.7	4.9
5.4	6.1	4.8	4.5	4.6	3.6
3.7	1.2	1.5	1.8	2.7	2.3
0.5	0.2	0.5	0.3	0.4	0.5
8.4	6.8	8.7	7.9	7.4	6.8
1.5	1.1	1.2	0.9	1.0	1.2
4.7	3.8	5.5	3.5	4.4	3.9
8.7	6.8	4.7	7.0	7.7	6.5
72.8	52.8	59.6	57.8	60.8	64.6
3.1	1.8	2.0	2.1	1.9	2.3
0.3	0.3	0.3	0.2	0.3	0.3
24.8	17.3	12.6	15.2	16.9	17.9
2.3	1.2	1.3	1.1	1.6	1.8

2-31 续表 1

指标名称	Item	单位	Unit
农村住户总收入与总支出(人均)	**Total Revenue and Expenditure of Rural Households (per person)**	--	--
一、总收入	Total Revenue	元	yuan
(一)工资性收入	Wage Income	元	yuan
(二)经营性收入	Household Business Income	元	yuan
1.第一产业经营收入	Primary Industry	元	yuan
(1)农业收入	Farming	元	yuan
(2)林业收入	Forestry	元	yuan
(3)牧业收入	Animal Husbandry	元	yuan
(4)渔业收入	Fishery	元	yuan
2.第二产业经营收入	Secondary Industry	元	yuan
3.第三产业经营收入	Tertiary Industry	元	yuan
(三)财产性收入	Property Income	元	yuan
(四)转移性收入	Transfer Income	元	yuan
二、总支出	Total Expenditure	元	yuan
(一)生产经营费用支出	Expenditure for Household Business	元	yuan
1.第一产业生产费用支出	Primary Industry	元	yuan
(1)农业生产费用支出	Farming	元	yuan
(2)林业生产费用支出	Forestry	元	yuan
(3)牧业生产费用支出	Animal Husbandry	元	yuan
(4)渔业生产费用支出	Fishery	元	yuan
2.第二产业生产费用支出	Secondary Industry	元	yuan
3.第三产业生产费用支出	Tertiary Industry	元	yuan
(二)购置生产性固定资产支出	Expenditure for Purchasing Productive Fixed Assets	元	yuan
(三)生活消费支出	Living Expenditure	元	yuan
1.食品烟酒消费支出	Food, Tobacco and Liquor	元	yuan
2.衣着消费支出	Clothing	元	yuan
3.居住消费支出	Residence	元	yuan
4.生活用品及服务消费支出	Household Facilities, Articles and Services	元	yuan
5.交通通信消费支出	Transport and Communications	元	yuan
6.教育文化娱乐消费支出	Education, Cultural and Recreation Articles and Services	元	yuan
7.医疗保健消费支出	Health Care and Medical Services	元	yuan
8.其他用品及服务消费支出	Miscellaneous Goods and Services	元	yuan
(四)财产性支出	Property Expenditure	元	yuan
(五)转移性支出	Transfer Expenditure	元	yuan
农村住户可支配收入来源(人均)	**Basic Statistics of Disposable Income of Rural Households (per person)**	--	--
一、全年可支配收入	Annual Disposable Income	元	yuan
(一)工资性收入	Wage Income	元	yuan
(二)经营净收入	Household Business Income	元	yuan
1.第一产业经营净收入	Primary Industry	元	yuan
(1)农业收入	Farming	元	yuan
(2)林业收入	Forestry	元	yuan
(3)牧业收入	Animal Husbandry	元	yuan
(4)渔业收入	Fishery	元	yuan
2.非农产业经营净收入	Non-agriculture	元	yuan
A.第二产业经营净收入	Secondary Industry	元	yuan
B.第三产业经营净收入	Tertiary Industry	元	yuan
(三)财产净收入	Net Income from Property	元	yuan
(四)转移净收入	Net Income from Transfer	元	yuan
二、全年现金可支配收入	Annual Cash Disposable Income	元	yuan
三、全年实物可支配收入	Annual Disposable Income in Kind	元	yuan

continued

总　计 Total	3000元以下 3000 yuan and Below	3000-4500元 3000- 4500 yuan	4500-6000元 4500- 6000 yuan	6000-8000元 6000- 8000 yuan	8000-10000元 8000- 10000 yuan
--	--	--	--	--	--
20234	15860	7823	9905	11971	14264
4963	1919	2336	3133	3313	4507
11632	11809	3501	5235	6050	7443
8551	10669	2120	4094	4328	5592
4399	6425	1364	2230	2098	2961
143	22	192	35	129	99
4009	4222	565	1830	2100	2532
220		399	263	58	64
2861	1140	983	877	1664	1787
503	63	88	113	109	208
3136	2069	1898	1424	2500	2107
27058	34408	18302	18207	18939	21553
5857	16109	2853	3577	3818	3776
4956	14934	2288	3240	2938	3180
2059	6418	664	1216	931	1196
60	51	61	39	63	22
2836	8465	1563	1985	1944	1962
62		254	19	6	19
838	1175	310	318	875	577
857	1839	81	1282	1074	833
11465	10191	8789	8147	8692	10048
3145	2620	2323	2333	2496	2635
745	651	562	556	549	680
1985	1917	1613	1549	1668	1519
696	526	593	455	447	598
1784	1672	1289	1104	1142	1695
1379	1297	952	1053	1272	1767
1448	1153	1340	958	982	944
282	354	116	140	136	208
115	83	117	169	64	71
605	890	339	413	544	495
12858	-3061	3930	5349	7026	8935
4963	1919	2336	3133	3313	4507
4976	-6140	65	1261	1714	2679
3157	-5690	-323	625	1131	1881
2132	-442	622	905	1039	1539
80	-30	129	-5	65	77
945	-5219	-1074	-275	28	265
1819	-450	388	637	582	798
124		-24	229	48	-6
1695	-450	412	407	534	804
388	-20	-28	-56	44	137
2532	1179	1558	1011	1956	1611
12644	-733	3994	5066	6838	9009
214	-2329	-63	283	188	-74

2-31 续表 2

指标名称	Item	单位	Unit
农村住户家庭基本情况（绝对数）	**Basic Statistics of Rural Households(absolute)**	--	--
一、调查户数	Number of Households Surveyed	户	household
调查户经营情况	Basic Statistics of Business of Households Surveyed	--	--
(一)生产经营户	Production Households	户	household
1.农业户	Agriculture Households	户	household
2.农业兼业户	Agriculture with Combined Occupations	户	household
3.非农业兼业户	Non-agriculture with Combined Occupations	户	household
4.非农业户	Non-agriculture Households	户	household
(二)非生产经营户	Non-production Households	户	household
二、生产性固定资产原值(人均)	Original Value of Productive Fixed Assets (per person)	元	yuan
农村住户居住情况（人均）	**Basic Statistics of Residence of Rural Households (per person)**	--	--
(一)自有现住房面积	Floor Space of Living Houses	平方米	sq.m
(二)自有现住房市场估值	Value of Living Houses	元	yuan
调查户人口与劳动力情况（绝对数）	**Number of Households Surveyed and Basic Statistics of Labours (absolute)**	--	--
一、农村住户人口与劳动力状况	Number of Households and Basic Statistics of Labours of Rural Households	--	--
(一)家庭常住人口	Number of Permanent Residents in the Households	人	person
(二)整半劳动力数	Number of Able-bodied and Semi-able-bodied Labours	人	person
其中：男劳动力人数	Number of Male Labours	人	person
其中：整劳动力	Number of Able-bodied Labours	人	person
(三)就业劳动力人数	Number of Employed	人	person
其中：1.第一产业	Primary Industry	人	person
2.第二产业	Secondary Industry	人	person
3.第三产业	Tertiary Industry	人	person
(四)就业劳动力文化程度	Culture Level of Employed Labours	--	--
1.不识字或识字很少	Illiterate and Semi-illiterate	人	person
2.小学程度	Primary School	人	person
3.初中程度	Junior Middle School	人	person
4.高中程度	Senior Middle School	人	person
5.大专及以上	College and Higher	人	person
6.大学本科	Bachelor Degree	人	person
7.研究生	Postgraduate	人	person
农村住户食品消费情况（人均）	**Basic Statistics of Consumption of Major Foods of Rural Households (per person)**	--	--
一、粮食消费量	Grain Crops	公斤	kg
(一)谷物消费量	Cereal	公斤	kg
#1.小麦	Wheat	公斤	kg
2.稻谷	Rice	公斤	kg
(二)薯类消费量	Tubers	公斤	kg
(三)豆类消费量	Soybeans	公斤	kg
二、油脂类消费量	Oil and Fat	公斤	kg
三、蔬菜及菜制品消费量	Vegetables and Related Products	公斤	kg
四、肉类	Meat and Related Products	公斤	kg
1.猪肉	Pork	公斤	kg
2.牛肉	Beef	公斤	kg
3.羊肉	Mutton	公斤	kg
4.其他肉类及制品	Others	公斤	kg
五、禽类	Poultry	公斤	kg
六、水产品	Aquatic Products	公斤	kg
七、蛋类及蛋制品	Eggs and Related Products	公斤	kg
八、奶和奶制品	Milk and Dairy Products	公斤	kg
九、干鲜瓜果类	Dried and Fresh Melons and Fruits	公斤	kg
十、糖果糕点类	Sugar and Pastry	公斤	kg
十一、饮料	Beverage	公斤	kg
十二、烟叶消费量	Tobacco	公斤	kg
十三、酒	Liquor	公斤	kg

continued

10000–13000元 10000- 13000 yuan	13000–16000元 13000- 16000 yuan	16000–19000元 16000- 19000 yuan	19000–22000元 19000- 22000 yuan	22000–25000元 22000- 25000 yuan
131	97	82	59	44
106	84	68	55	41
76	61	47	36	36
12	12	4	10	3
9	11	5	5	1
19	11	19	10	5
52	32	20	11	15
8575	8001	14747	12213	9161
28	34	32	38	46
25115	32308	27456	39190	41055
521	356	290	184	121
327	229	201	140	95
167	116	103	74	49
181	116	108	61	29
271	187	163	118	80
122	93	73	60	42
69	33	25	19	15
80	61	65	39	23
50	37	22	14	13
123	84	70	46	33
113	83	72	59	36
32	20	23	13	6
8	4	7	4	6
1	1	7	4	1
124.6	125.8	141.4	159.7	158.0
117.7	120.3	134.4	152.6	149.2
72.5	69.6	84.4	96.0	95.5
39.7	48.4	44.1	55.1	51.4
3.9	3.0	4.0	3.4	3.3
3.0	2.5	3.0	3.6	5.5
7.6	9.0	9.2	10.2	9.5
75.2	83.6	91.5	102.0	106.5
14.1	15.5	20.5	24.0	23.0
5.9	5.2	8.6	9.0	9.2
5.2	5.8	4.9	7.6	6.8
2.5	4.1	6.4	6.8	6.1
0.5	0.5	0.4	0.6	0.9
8.3	8.9	8.1	7.5	11.6
2.0	1.4	1.7	1.7	2.1
4.8	5.1	4.9	5.5	5.8
9.0	9.8	9.4	8.4	7.8
71.3	74.0	81.4	90.7	113.1
3.2	2.9	4.3	4.7	4.7
0.3	0.2	0.4	0.5	0.5
23.0	26.4	42.6	34.4	44.3
1.8	2.5	3.1	3.6	2.6

2-31 续表 3

指标名称	Item	单位	Unit
农村住户总收入与总支出(人均)	**Total Revenue and Expenditure of Rural Households (per person)**	--	--
一、总收入	Total Revenue	元	yuan
(一)工资性收入	Wage Income	元	yuan
(二)经营性收入	Household Business Income	元	yuan
1.第一产业经营收入	Primary Industry	元	yuan
(1)农业收入	Farming	元	yuan
(2)林业收入	Forestry	元	yuan
(3)牧业收入	Animal Husbandry	元	yuan
(4)渔业收入	Fishery	元	yuan
2.第二产业经营收入	Secondary Industry	元	yuan
3.第三产业经营收入	Tertiary Industry	元	yuan
(三)财产性收入	Property Income	元	yuan
(四)转移性收入	Transfer Income	元	yuan
二、总支出	Total Expenditure	元	yuan
(一)生产经营费用支出	Expenditure for Household Business	元	yuan
1.第一产业生产费用支出	Primary Industry	元	yuan
(1)农业生产费用支出	Farming	元	yuan
(2)林业生产费用支出	Forestry	元	yuan
(3)牧业生产费用支出	Animal Husbandry	元	yuan
(4)渔业生产费用支出	Fishery	元	yuan
2.第二产业生产费用支出	Secondary Industry	元	yuan
3.第三产业生产费用支出	Tertiary Industry	元	yuan
(二)购置生产性固定资产支出	Expenditure for Purchasing Productive Fixed Assets	元	yuan
(三)生活消费支出	Living Expenditure	元	yuan
1.食品烟酒消费支出	Food, Tobacco and Liquor	元	yuan
2.衣着消费支出	Clothing	元	yuan
3.居住消费支出	Residence	元	yuan
4.生活用品及服务消费支出	Household Facilities, Articles and Services	元	yuan
5.交通通信消费支出	Transport and Communications	元	yuan
6.教育文化娱乐消费支出	Education, Cultural and Recreation Articles and Services	元	yuan
7.医疗保健消费支出	Health Care and Medical Services	元	yuan
8.其他用品及服务消费支出	Miscellaneous Goods and Services	元	yuan
(四)财产性支出	Property Expenditure	元	yuan
(五)转移性支出	Transfer Expenditure	元	yuan
农村住户可支配收入来源(人均)	**Basic Statistics of Disposable Income of Rural Households (per person)**	--	--
一、全年可支配收入	Annual Disposable Income	元	yuan
(一)工资性收入	Wage Income	元	yuan
(二)经营净收入	Household Business Income	元	yuan
1.第一产业经营净收入	Primary Industry	元	yuan
(1)农业收入	Farming	元	yuan
(2)林业收入	Forestry	元	yuan
(3)牧业收入	Animal Husbandry	元	yuan
(4)渔业收入	Fishery	元	yuan
2.非农产业经营净收入	Non-agriculture	元	yuan
A.第二产业经营净收入	Secondary Industry	元	yuan
B.第三产业经营净收入	Tertiary Industry	元	yuan
(三)财产净收入	Net Income from Property	元	yuan
(四)转移净收入	Net Income from Transfer	元	yuan
二、全年现金可支配收入	Annual Cash Disposable Income	元	yuan
三、全年实物可支配收入	Annual Disposable Income in Kind	元	yuan

continued

10000–13000元 10000- 13000 yuan	13000–16000元 13000- 16000 yuan	16000–19000元 16000- 19000 yuan	19000–22000元 19000- 22000 yuan	22000–25000元 22000- 25000 yuan
--	--	--	--	--
16750	19831	23863	29385	34145
5673	5762	6306	6386	7566
8435	9839	13272	19007	19838
5580	7278	8538	14601	16478
3417	3825	4805	10313	10144
170	341	55	125	321
1993	3112	3678	4164	6013
242	169	580	597	512
2613	2392	4154	3809	2848
386	727	767	406	597
2256	3503	3518	3586	6144
24116	24208	28629	37943	44719
4251	4312	4726	7097	8706
3101	3983	3853	6599	7390
1446	1520	1580	4946	4761
71	159	20	21	84
1584	2305	2254	1633	2544
1	8	275	41	429
1149	321	598	456	888
736	198	1074	568	1060
10258	12690	12494	14230	17203
2919	3263	3851	4133	4412
781	792	791	1027	900
1675	2709	1952	2677	2993
573	762	788	982	1610
1712	1500	1764	2452	2612
1317	1801	1292	1082	1058
1058	1695	1794	1379	2449
223	167	262	497	1170
127	73	225	75	154
397	520	653	856	1131
11404	14392	17274	20544	23544
5673	5762	6306	6386	7566
3613	4994	7562	11096	10521
2187	3004	4266	7565	8623
1782	2127	3002	5078	5045
98	183	35	104	234
307	694	1229	2383	3344
1425	1990	3297	3531	1898
225	133	241	520	78
1200	1856	3055	3012	1820
259	653	541	331	443
1859	2983	2865	2730	5014
11202	13734	17172	19867	22194
201	658	102	677	1350

2-31 续表 4

指 标 名 称	Item	单位	Unit
农村住户家庭基本情况(绝对数)	**Basic Statistics of Rural Households(absolute)**	--	--
一、调查户数	Number of Households Surveyed	户	household
调查户经营情况	Basic Statistics of Business of Households Surveyed	--	--
(一)生产经营户	Production Households	户	household
1.农业户	Agriculture Households	户	household
2.农业兼业户	Agriculture with Combined Occupations	户	household
3.非农业兼业户	Non-agriculture with Combined Occupations	户	household
4.非农业户	Non-agriculture Households	户	household
(二)非生产经营户	Non-production Households	户	household
二、生产性固定资产原值(人均)	Original Value of Productive Fixed Assets (per person)	元	yuan
农村住户居住情况(人均)	**Basic Statistics of Residence of Rural Households (per person)**	--	--
(一)自有现住房面积	Floor Space of Living Houses	平方米	sq.m
(二)自有现住房市场估值	Value of Living Houses	元	yuan
调查户人口与劳动力情况(绝对数)	**Number of Households Surveyed and Basic Statistics of Labours (absolute)**	--	--
一、农村住户人口与劳动力状况	Number of Households and Basic Statistics of Labours of Rural Households	--	--
(一)家庭常住人口	Number of Permanent Residents in the Households	人	person
(二)整半劳动力数	Number of Able-bodied and Semi-able-bodied Labours	人	person
其中：男劳动力人数	Number of Male Labours	人	person
其中：整劳动力	Number of Able-bodied Labours	人	person
(三)就业劳动力人数	Number of Employed	人	person
其中：1.第一产业	Primary Industry	人	person
2.第二产业	Secondary Industry	人	person
3.第三产业	Tertiary Industry	人	person
(四)就业劳动力文化程度	Culture Level of Employed Labours	--	--
1.不识字或识字很少	Illiterate and Semi-illiterate	人	person
2.小学程度	Primary School	人	person
3.初中程度	Junior Middle School	人	person
4.高中程度	Senior Middle School	人	person
5.大专及以上	College and Higher	人	person
6.大学本科	Bachelor Degree	人	person
7.研究生	Postgraduate	人	person
农村住户食品消费情况(人均)	**Basic Statistics of Consumption of Major Foods of Rural Households (per person)**	--	--
一、粮食消费量	Grain Crops	公斤	kg
(一)谷物消费量	Cereal	公斤	kg
#1.小麦	Wheat	公斤	kg
2.稻谷	Rice	公斤	kg
(二)薯类消费量	Tubers	公斤	kg
(三)豆类消费量	Soybeans	公斤	kg
二、油脂类消费量	Oil and Fat	公斤	kg
三、蔬菜及菜制品消费量	Vegetables and Related Products	公斤	kg
四、肉类	Meat and Related Products	公斤	kg
1.猪肉	Pork	公斤	kg
2.牛肉	Beef	公斤	kg
3.羊肉	Mutton	公斤	kg
4.其他肉类及制品	Others	公斤	kg
五、禽类	Poultry	公斤	kg
六、水产品	Aquatic Products	公斤	kg
七、蛋类及蛋制品	Eggs and Related Products	公斤	kg
八、奶和奶制品	Milk and Dairy Products	公斤	kg
九、干鲜瓜果类	Dried and Fresh Melons and Fruits	公斤	kg
十、糖果糕点类	Sugar and Pastry	公斤	kg
十一、饮料	Beverage	公斤	kg
十二、烟叶消费量	Tobacco	公斤	kg
十三、酒	Liquor	公斤	kg

continued

25000-30000元 25000- 30000 yuan	30000-35000元 30000- 35000 yuan	35000-40000元 35000- 40000 yuan	40000-50000元 40000- 50000 yuan	50000元以上 50000 yuan and Over
--	--	--	--	--
54	29	21	16	9
46	24	17	15	9
31	20	10	8	7
9	2	4	2	3
5	2	3	6	1
7	2	4	5	1
16	5	2	1	1
16730	24160	15640	31812	62117
40	51	50	51	53
34520	39152	36482	31295	53199
165	72	52	43	23
116	61	40	38	18
61	31	22	21	10
54	13	15	17	3
105	48	36	35	14
49	26	20	18	9
12	9	2	4	1
44	13	14	13	4
13	10	4	4	2
29	14	16	13	5
59	30	13	14	7
10	6	5	4	1
4	1		3	1
1		2		2
140.9	153.9	169.7	153.4	218.7
134.6	147.1	161.4	146.2	203.0
74.1	86.4	86.6	92.2	106.3
55.3	53.9	72.1	51.3	92.0
2.9	2.5	2.7	3.3	3.3
3.4	4.2	5.7	3.9	12.3
8.9	12.8	14.1	14.3	16.7
102.8	118.2	144.2	151.6	190.7
21.2	25.1	29.5	31.1	46.5
8.1	8.5	14.5	11.4	9.2
6.2	7.4	7.0	11.6	17.2
5.7	8.4	6.8	6.5	19.2
1.2	0.8	1.2	1.6	0.9
9.5	16.1	12.8	12.7	13.5
1.6	1.7	3.3	2.3	6.0
4.6	7.6	5.1	6.0	12.4
10.6	15.1	15.0	27.4	30.3
81.1	102.1	125.9	123.6	125.6
4.7	6.7	4.2	8.7	7.3
0.3	0.4	0.3	0.4	1.0
32.3	34.3	49.3	36.2	48.0
3.7	1.4	15.7	5.4	2.9

2-31 续表 5

指标名称	Item	单位	Unit
农村住户总收入与总支出(人均)	**Total Revenue and Expenditure of Rural Households (per person)**	—	—
一、总收入	Total Revenue	元	yuan
(一)工资性收入	Wage Income	元	yuan
(二)经营性收入	Household Business Income	元	yuan
1.第一产业经营收入	Primary Industry	元	yuan
(1)农业收入	Farming	元	yuan
(2)林业收入	Forestry	元	yuan
(3)牧业收入	Animal Husbandry	元	yuan
(4)渔业收入	Fishery	元	yuan
2.第二产业经营收入	Secondary Industry	元	yuan
3.第三产业经营收入	Tertiary Industry	元	yuan
(三)财产性收入	Property Income	元	yuan
(四)转移性收入	Transfer Income	元	yuan
二、总支出	Total Expenditure	元	yuan
(一)生产经营费用支出	Expenditure for Household Business	元	yuan
1.第一产业生产费用支出	Primary Industry	元	yuan
(1)农业生产费用支出	Farming	元	yuan
(2)林业生产费用支出	Forestry	元	yuan
(3)牧业生产费用支出	Animal Husbandry	元	yuan
(4)渔业生产费用支出	Fishery	元	yuan
2.第二产业生产费用支出	Secondary Industry	元	yuan
3.第三产业生产费用支出	Tertiary Industry	元	yuan
(二)购置生产性固定资产支出	Expenditure for Purchasing Productive Fixed Assets	元	yuan
(三)生活消费支出	Living Expenditure	元	yuan
1.食品烟酒消费支出	Food, Tobacco and Liquor	元	yuan
2.衣着消费支出	Clothing	元	yuan
3.居住消费支出	Residence	元	yuan
4.生活用品及服务消费支出	Household Facilities, Articles and Services	元	yuan
5.交通通信消费支出	Transport and Communications	元	yuan
6.教育文化娱乐消费支出	Education, Cultural and Recreation Articles and Services	元	yuan
7.医疗保健消费支出	Health Care and Medical Services	元	yuan
8.其他用品及服务消费支出	Miscellaneous Goods and Services	元	yuan
(四)财产性支出	Property Expenditure	元	yuan
(五)转移性支出	Transfer Expenditure	元	yuan
农村住户可支配收入来源(人均)	**Basic Statistics of Disposable Income of Rural Households (per person)**	—	—
一、全年可支配收入	Annual Disposable Income	元	yuan
(一)工资性收入	Wage Income	元	yuan
(二)经营净收入	Household Business Income	元	yuan
1.第一产业经营净收入	Primary Industry	元	yuan
(1)农业收入	Farming	元	yuan
(2)林业收入	Forestry	元	yuan
(3)牧业收入	Animal Husbandry	元	yuan
(4)渔业收入	Fishery	元	yuan
2.非农产业经营净收入	Non-agriculture	元	yuan
A.第二产业经营净收入	Secondary Industry	元	yuan
B.第三产业经营净收入	Tertiary Industry	元	yuan
(三)财产净收入	Net Income from Property	元	yuan
(四)转移净收入	Net Income from Transfer	元	yuan
二、全年现金可支配收入	Annual Cash Disposable Income	元	yuan
三、全年实物可支配收入	Annual Disposable Income in Kind	元	yuan

continued

25000–30000元 25000-30000 yuan	30000–35000元 30000-35000 yuan	35000–40000元 35000-40000 yuan	40000–50000元 40000-50000 yuan	50000元以上 50000 yuan and Over
--	--	--	--	--
37460	51571	46847	64022	119948
8059	5709	7415	9460	9208
23444	35066	26673	44206	93842
15310	26880	18931	33247	84832
8814	6105	11819	7326	7109
131	50	6	296	49
6364	20725	7105	25625	77675
8135	8186	7742	10959	9010
1527	1509	3716	1050	3674
4430	9288	9043	9306	13225
40299	49687	38744	70114	82201
8481	17418	7228	17043	47099
5389	16199	6152	15200	47099
3105	5044	3659	2386	2315
87	22	3	54	
2197	11133	2490	12760	44784
3092	1219	1076	1842	
1281	1554	204	66	219
15395	17018	22059	25992	19027
4095	4487	5346	5486	7287
968	850	1177	1711	923
2481	2733	2641	2685	2763
762	1270	1669	1203	1228
2886	2354	4686	6269	3647
1974	896	2442	1342	900
1978	2958	3852	6951	1347
252	1470	247	343	930
173	37	79	307	113
967	386	1186	1678	2499
26724	32119	37310	42874	66096
8059	5709	7415	9460	9208
13848	16037	18402	25043	42602
9431	9700	12131	17140	33636
5386	758	7821	4660	4652
44	29	-110	242	49
4001	8913	4420	12237	28936
4417	6337	6271	7903	8966
-10			-160	
4426	6337	6271	8063	8966
1354	1472	3636	743	3561
3462	8902	7857	7628	10726
25901	31801	35521	41275	66809
822	318	1789	1599	-713

2-32 主要年份各市县农村居民家庭人均可支配收入

Per Capita Disposable Income of Rural Households by City and County in Main Years

单位：元 (yuan)

市 县	Region	1983	1984	1985	1986	1987	1988	1989	1990	1991	1992	1993	1994
全 区	**Total**	**289**	**313**	**321**	**374**	**383**	**472**	**522**	**578**	**590**	**591**	**636**	**867**
沿黄地区	**Plain**	**354**	**370**	**434**	**503**	**539**	**645**	**742**	**833**	**845**	**872**	**917**	**1238**
中南部地区	**Mountain Area**	**188**	**214**	**211**	**244**	**215**	**290**	**317**	**383**	**407**	**376**	**454**	**626**
银川市	**Yinchuan**			**482**	**593**	**628**	**734**	**888**	**1012**	**1004**	**986**	**1050**	**1381**
兴庆区	Xingqing												
西夏区	Xixia												
金凤区	Jinfeng												
永宁县	Yongning	538	597	495	585	607	740	861	1035	1017	949	1002	1303
贺兰县	Helan	432	446	432	545	621	690	927	1053	1043	998	1057	1304
灵武市	Lingwu	348	373	438	481	514	606	697	777	798	803	898	1258
石嘴山市	**Shizuishan**			**451**	**485**	**515**	**678**	**723**	**845**	**824**	**899**	**882**	**1186**
大武口区	Dawukou												
惠农区	Huinong	344	378	402	441	492	621	672	775	762	866	883	1143
平罗县	Pingluo	388	378	478	507	518	687	735	871	817	864	821	1115
吴忠市	**Wuzhong**			**377**	**452**	**471**	**583**	**629**	**689**	**716**	**771**	**814**	**1121**
利通区	Litong	282	316	353	418	447	575	604	723	754	791	874	1101
红寺堡区	Hongsipu												
盐池县	Yanchi	275	347	411	477	467	682	578	601	576	799	718	1049
同心县	Tongxin	192	213	233	333	285	444	396	451	539	561	598	797
青铜峡市	Qingtongxia	436	437	409	506	534	578	720	743	729	777	816	1172
固原市	**Guyuan**			**208**	**230**	**204**	**265**	**305**	**374**	**386**	**345**	**431**	**602**
原州区	Yuanzhou	179	237	270	291	226	300	351	429	425	379	481	637
西吉县	Xiji	201	227	174	223	200	244	275	353	367	308	431	587
隆德县	Longde	206	183	193	213	261	274	314	396	410	380	461	645
泾源县	Jingyuan	111	135	226	166	150	177	204	259	273	249	320	488
彭阳县	Pengyang			164	185	201	260	303	388	367	369	429	634
中卫市	**Zhongwei**												
沙坡头区	Shapotou	304	323	358	427	473	592	661	737	838	830	848	1160
中宁县	Zhongning	362	385	380	440	485	527	603	650	688	733	843	1184
海原县	Haiyuan	189	221	213	258	156	289	332	353	415	344	412	563

注：1.2003年、2004年部分市县(区)数据按最新区划调整重新进行了测算，具体包括川区、山区、银川市、石嘴山市、吴忠市、固原市、中卫市、平罗县、中宁县、同心县。2003年以前市县(区)数是原区划数未作调整。

2.2008年，因区划调整，原州区黑城镇、甘城乡划归海原县；海原县兴隆乡划归同心县，徐套乡划归中宁县，兴仁乡划归沙坡头区，因此对原州区、海原县、同心县、中宁县、沙坡头区的数据进行了调整，同时对川区、山区、吴忠市、固原市、中卫市的数据也进行了相应调整。2009年以后数据按新区划调整口径。

3.2013年实施城乡一体化住户调查改革，按照年度间收入增速不变原则，将农民人均纯收入全部调整为新口径的农民人均可支配收入。

Note: a)2003 and 2004, data were adjusted according newly division of some county and city, including Plain, Mountain Area, Yinchuan, Shizuishan, Wuzhong, Guyuan, Zhongwei, Pingluo, Zhongning and Tongxin. Data were not adjusted on original division before 2003.

b)2008, Heicheng town, Gancheng town of County Yuanzhou were allocated County Haiyuan, Xinglong town of County Haiyuan were allocated County Tongxin, Xutao town of County Haiyuan were allocated County Zhongning, Xingren town of County Haiyuan were allocated County Shapotou, data of County Yuanzhou, County Haiyuan, County Tongxin, County Zhongning and County Shapotou were adjusted, at the same time, data of Plain, Mountain area, Wuzhong, Guyuan, Zhongwei were adjusted. From 2009, data are newly division.

c)According to the integration of urban and rural household survey in 2013 new caliber, according to the principle of annual revenue growth, per capita net income unified adjust per capita disposable income.

2-32 续表 1 continued

单位：元 (yuan)

市 县	Region	1995	1996	1997	1998	1999	2000	2001	2002	2003	2004	2005	2006
全 区	**Total**	**999**	**1398**	**1513**	**1734**	**1779**	**1760**	**1873**	**1984**	**2129**	**2435**	**2651**	**2938**
沿黄地区	**Plain**	**1584**	**2056**	**2432**	**2701**	**2719**	**2796**	**2940**	**3033**	**3147**	**3527**	**3710**	**4020**
中南部地区	**Mountain Area**	**634**	**967**	**948**	**1114**	**1171**	**1044**	**1140**	**1274**	**1369**	**1573**	**1784**	**1991**
银川市	**Yinchuan**	**1740**	**2328**	**2666**	**2906**	**2747**	**2804**	**2948**	**3031**	**3085**	**3503**	**3611**	**3928**
兴庆区	Xingqing										4182	4337	4792
西夏区	Xixia										2590	2673	2925
金凤区	Jinfeng										3227	3303	3568
永宁县	Yongning	1746	2347	2666	2842	2645	2694	2873	2999	3152	3658	3575	3897
贺兰县	Helan	1726	2328	2586	2841	2660	2714	2824	2944	3114	3572	3745	4112
灵武市	Lingwu	1529	1886	2355	2519	2567	2733	2867	2892	3040	3390	3635	3933
石嘴山市	**Shizuishan**	**1594**	**1893**	**2305**	**2679**	**2733**	**2826**	**2939**	**3019**	**3154**	**3589**	**3695**	**4008**
大武口区	Dawukou												3485
惠农区	Huinong	1482	1798	2195	2586	2654	2740	2884	2958	3081	3484	3660	3964
平罗县	Pingluo	1542	1851	2224	2560	2598	2703	2848	2925	3135	3574	3782	4112
吴忠市	**Wuzhong**	**1289**	**1811**	**1990**	**2190**	**2261**	**2331**	**2488**	**2522**	**2520**	**2868**	**3072**	**3331**
利通区	Litong	1379	1870	2314	2617	2664	2842	3028	3138	3354	3760	3959	4300
红寺堡区	Hongsipu												
盐池县	Yanchi	924	1394	1302	1512	1506	1278	1469	1608	1763	1983	2256	2518
同心县	Tongxin	857	1467	1283	1396	1468	1260	1295	1388	1440	1652	1804	2005
青铜峡市	Qingtongxia	1509	2101	2360	2517	2667	2775	2970	3060	3218	3745	3967	4343
固原市	**Guyuan**	**588**	**861**	**841**	**1009**	**1071**	**986**	**1099**	**1241**	**1371**	**1583**	**1823**	**2046**
原州区	Yuanzhou	683	909	887	1121	1134	1015	1152	1317	1453	1664	1879	2110
西吉县	Xiji	467	863	785	924	1024	942	1082	1192	1320	1547	1818	2027
隆德县	Longde	653	908	897	1069	1072	1119	1168	1273	1345	1554	1755	1971
泾源县	Jingyuan	480	646	734	812	993	1019	1076	1129	1204	1371	1583	1824
彭阳县	Pengyang	691	888	916	1100	1096	943	1141	1298	1395	1598	1857	2082
中卫市	**Zhongwei**									**2180**	**2396**	**2578**	**2806**
沙坡头区	Shapotou	1450	1964	2352	2579	2666	2620	2853	2947	3088	3348	3517	3816
中宁县	Zhongning	1510	1940	2228	2539	2639	2721	2785	2889	2857	3122	3398	3700
海原县	Haiyuan	499	902	762	946	1048	932	972	1165	1225	1394	1536	1683

2-32 续表 2 continued

单位：元 (yuan)

市 县	Region	2007	2008	2009	2010	2011	2012	2013	2014	2015	2016	2017	2018	2019
全 区	**Total**	**3411**	**3978**	**4405**	**5125**	**5931**	**6776**	**7599**	**8410**	**9119**	**9852**	**10738**	**11708**	**12858**
沿黄地区	**Plain**	**4523**	**5035**	**5445**	**6222**	**7149**	**8143**	**9104**	**10023**	**10821**	**11661**	**12661**	**13712**	**14859**
中南部地区	**Mountain Area**	**2316**	**2731**	**3084**	**3612**	**4193**	**4856**	**5550**	**6227**	**6818**	**7505**	**8347**	**9298**	**10415**
银川市	**Yinchuan**	**4448**	**5083**	**5571**	**6369**	**7309**	**8341**	**9341**	**10275**	**11148**	**12037**	**13087**	**14160**	**15282**
兴庆区	Xingqing	5392	6066	6521	7363	8425	9538	10663	11677	12625	13600	14788	15904	17129
西夏区	Xixia	3267	3791	4189	4970	5787	6678	7827	8618	9334	10112	10975	11820	12835
金凤区	Jinfeng	4042	4628	5026	5691	6535	7450	8359	9187	9941	10746	11629	12669	13708
永宁县	Yongning	4442	5029	5432	6247	7195	8225	9223	10130	10995	11865	12855	13871	14994
贺兰县	Helan	4606	5204	5808	6585	7591	8692	9694	10667	11628	12560	13668	14780	15928
灵武市	Lingwu	4472	5238	5792	6650	7649	8707	9752	10756	11650	12546	13659	14848	16032
石嘴山市	**Shizuishan**	**4521**	**5074**	**5524**	**6298**	**7248**	**8279**	**9278**	**10215**	**10995**	**11829**	**12880**	**14000**	**15163**
大武口区	Dawukou	3959	4525	4887	5537	6354	7252	8124	8896	9563	10261	11185	12124	13155
惠农区	Huinong	4491	4971	5523	6344	7298	8321	9325	10269	11074	11850	12857	13865	15185
平罗县	Pingluo	4630	5200	5643	6428	7420	8486	9530	10502	11300	12196	13276	14491	15665
吴忠市	**Wuzhong**	**3836**	**4344**	**4665**	**5153**	**5921**	**6767**	**7605**	**8442**	**9150**	**9938**	**10912**	**12045**	**13337**
利通区	Litong	4966	5592	5805	6736	7741	8770	9823	10787	11589	12576	13675	14906	16273
红寺堡区	Hongsipu			2981	3443	3956	4533	5211	5837	6408	7081	7896	8796	9825
盐池县	Yanchi	2952	3378	3699	4128	4668	5392	6211	6975	7674	8532	9549	10685	12127
同心县	Tongxin	2336	2747	3075	3610	4159	4783	5457	6123	6711	7388	8216	9185	10278
青铜峡市	Qingtongxia	4873	5373	5755	6464	7466	8542	9457	10435	11200	12040	13135	14199	15491
固原市	**Guyuan**	**2354**	**2761**	**3147**	**3695**	**4297**	**4984**	**5695**	**6395**	**7002**	**7714**	**8579**	**9557**	**10657**
原州区	Yuanzhou	2438	2845	3269	3857	4501	5214	5944	6693	7296	8070	8961	9946	11164
西吉县	Xiji	2314	2706	3075	3613	4195	4866	5539	6222	6857	7566	8401	9308	10416
隆德县	Longde	2250	2693	3061	3598	4174	4834	5535	6199	6769	7462	8305	9277	10344
泾源县	Jingyuan	2166	2544	2861	3325	3861	4529	5176	5805	6375	7032	7842	8736	9724
彭阳县	Pengyang	2385	2803	3205	3743	4363	5050	5807	6530	7158	7861	8790	9863	11000
中卫市	**Zhongwei**	**3174**	**3512**	**3914**	**4510**	**5260**	**6021**	**6681**	**7403**	**8002**	**8626**	**9365**	**10236**	**11308**
沙坡头区	Shapotou	4156	4538	4936	5628	6499	7353	8146	8971	9669	10375	11249	12194	13210
中宁县	Zhongning	4107	4262	4746	5434	6243	7148	7945	8819	9580	10356	11245	12180	13239
海原县	Haiyuan	2039	2496	2804	3304	3852	4488	5138	5765	6258	6872	7658	8511	9627

2-33 主要年份各市县农村居民家庭平均每人生活消费支出

Per Capita Living Expenditure of Rural Households by City and County in Main Years

单位：元 (yuan)

地 区	Region	1978	1979	1980	1981	1982	1983	1984	1985	1986	1987
全 区	**Total**	**91**	**102**	**135**	**142**	**179**	**209**	**232**	**265**	**301**	**335**
沿黄地区	**Plain**		**105**	**150**	**174**	**227**	**258**	**278**	**320**	**366**	**409**
中南部地区	**Mountain Area**		**95**	**109**	**94**	**102**	**131**	**171**	**186**	**210**	**218**
银川市	**Yinchuan**									**427**	**487**
兴庆区	Xingqing				191	274	277	304	383	457	536
西夏区	Xixia										
金凤区	Jinfeng										
永宁县	Yongning			162	164	265	300	340	384	430	484
贺兰县	Helan				211	262	310	315	331	397	444
灵武市	Lingwu					247	177	262	319	380	420
石嘴山市	**Shizuishan**								**312**	**347**	**391**
大武口区	Dawukou										
惠农区	Huinong					195	268	239	299	350	405
平罗县	Pingluo		82	130	155	222	242	290	324	349	372
吴忠市	**Wuzhong**								**275**	**325**	**352**
利通区	Litong		115	147	137	223	236	266	286	315	361
红寺堡区	Hongsipu										
盐池县	Yanchi		146	114	207	177	211	207	317	351	378
同心县	Tongxin					93	115	158	188	231	226
青铜峡市	Qingtongxia				228	270	314	284	294	352	409
固原市	**Guyuan**								**186**	**206**	**217**
原州区	Yuanzhou		61	117	47	73	118	156	227	260	274
西吉县	Xiji				103	91	133	160	181	199	206
隆德县	Longde			95	124	131	150	194	185	206	242
泾源县	Jingyuan					93	98	121	164	171	134
彭阳县	Pengyang								164	166	196
中卫市	**Zhongwei**										
沙坡头区	Shapotou		113	143	123	198	226	219	256	323	366
中宁县	Zhongning				214	236	235	270	282	335	319
海原县	Haiyuan				75	87	130	150	176	211	209

2-33 续表 1 continued

单位：元 (yuan)

地 区	Region	1988	1989	1990	1991	1992	1993	1994	1995	1996	1997
全 区	**Total**	**398**	**461**	**484**	**508**	**545**	**557**	**807**	**1063**	**1236**	**1250**
沿黄地区	**Plain**	**473**	**552**	**657**	**686**	**729**	**789**	**1074**	**1395**	**1731**	**1860**
中南部地区	**Mountain Area**	**228**	**255**	**295**	**337**	**369**	**404**	**569**	**743**	**797**	**817**
银川市	**Yinchuan**	**576**	**727**	**810**	**848**	**858**	**955**	**1169**	**1449**	**2055**	**2363**
兴庆区	Xingqing	741	863	809	830	969	997	1059	1290	2525	2813
西夏区	Xixia										
金凤区	Jinfeng										
永宁县	Yongning	528	707	887	849	858	1011	1274	1446	1821	2065
贺兰县	Helan	474	616	682	864	743	823	1122	1620	1952	2350
灵武市	Lingwu	551	579	594	619	672	800	943	1374	1311	1557
石嘴山市	**Shizuishan**	**498**	**574**	**656**	**692**	**742**	**823**	**1185**	**1438**	**1716**	**1732**
大武口区	Dawukou										
惠农区	Huinong	462	527	735	609	783	950	1371	1361	1626	1809
平罗县	Pingluo	568	657	656	723	691	715	1058	1391	1762	1782
吴忠市	**Wuzhong**	**452**	**500**	**531**	**549**	**612**	**672**	**886**	**1201**	**1365**	**1418**
利通区	Litong	491	564	694	651	530	661	1002	1310	1548	1613
红寺堡区	Hongsipu										
盐池县	Yanchi	509	481	469	459	592	608	790	1038	1074	1082
同心县	Tongxin	310	339	342	399	431	629	575	901	970	965
青铜峡市	Qingtongxia	503	598	622	634	763	702	1095	1566	2130	1910
固原市	**Guyuan**	**229**	**259**	**288**	**326**	**359**	**367**	**568**	**709**	**759**	**749**
原州区	Yuanzhou	266	272	330	386	453	381	600	692	764	722
西吉县	Xiji	236	243	270	316	355	347	489	622	647	803
隆德县	Longde	236	311	324	386	390	421	617	857	932	934
泾源县	Jingyuan	146	180	221	225	244	382	464	540	613	603
彭阳县	Pengyang	222	247	297	322	365	397	676	824	857	792
中卫市	**Zhongwei**										
沙坡头区	Shapotou	399	479	495	546	681	641	862	1351	1429	1549
中宁县	Zhongning	424	452	472	581	674	704	997	1065	1362	1753
海原县	Haiyuan	224	269	254	286	311	291	535	683	721	625

2-33 续表 2 continued

单位：元 (yuan)

地 区	Region	1998	1999	2000	2001	2002	2003	2004	2005	2006	2007
全 区	**Total**	**1331**	**1276**	**1429**	**1404**	**1438**	**1665**	**1965**	**2143**	**2305**	**2602**
沿黄地区	**Plain**	**1889**	**1855**	**1989**	**2012**	**2000**	**2139**	**2649**	**2712**	**2985**	**3397**
中南部地区	**Mountain Area**	**906**	**902**	**906**	**949**	**985**	**1152**	**1377**	**1624**	**1762**	**2028**
银川市	**Yinchuan**	**2100**	**2111**	**1886**	**2009**	**2050**	**2224**	**2510**	**2836**	**2902**	**3377**
兴庆区	Xingqing	1789	2015	2022	2057	1966	2561	2384	2699	3105	3630
西夏区	Xixia							2692	2175	2279	2577
金凤区	Jinfeng							3161	2749	3359	4010
永宁县	Yongning	2116	1850	1666	1709	2284	2129	2444	2871	2553	3001
贺兰县	Helan	2422	2610	2095	2287	1867	1967	2553	3164	3153	3798
灵武市	Lingwu	1544	1512	1770	2066	1553	2322	2347	2757	2981	3268
石嘴山市	**Shizuishan**	**2075**	**2196**	**2102**	**2096**	**2130**	**1918**	**2570**	**3187**	**3274**	**3628**
大武口区	Dawukou									3112	3653
惠农区	Huinong	2486	2502	2469	2207	2134	2313	2499	3425	3254	3717
平罗县	Pingluo	1744	1943	2027	2036	2046	1790	2588	3126	3308	3601
吴忠市	**Wuzhong**	**1447**	**1354**	**1641**	**1666**	**1700**	**1805**	**2133**	**2107**	**2582**	**2804**
利通区	Litong	1442	1485	2345	2221	2521	2136	2849	2494	2804	3353
红寺堡区	Hongsipu										
盐池县	Yanchi	1303	1152	1231	1174	1274	1463	1682	2513	2610	2777
同心县	Tongxin	885	898	958	870	1102	1215	1464	1384	1731	2179
青铜峡市	Qingtongxia	2165	1833	1849	2114	2183	2175	2567	2470	3739	3175
固原市	**Guyuan**	**857**	**868**	**854**	**947**	**943**	**1122**	**1363**	**1680**	**1800**	**2070**
原州区	Yuanzhou	787	886	985	1138	970	1245	1429	1716	1644	1917
西吉县	Xiji	783	826	965	987	990	1147	1406	1653	1857	2077
隆德县	Longde	992	826	1110	1109	972	1073	1164	1680	1958	2191
泾源县	Jingyuan	770	782	804	804	877	1040	1265	1835	2192	2432
彭阳县	Pengyang	933	927	753	803	1034	1008	1362	1592	1658	2073
中卫市	**Zhongwei**							**2146**	**1986**	**2142**	**2587**
沙坡头区	Shapotou	1623	1437	1600	1685	1636	1909	2892	2142	2353	2994
中宁县	Zhongning	1772	1699	1982	2034	1987	2245	2700	2898	3142	3813
海原县	Haiyuan	850	752	678	700	792	1085	1241	1288	1341	1466

2-33 续表 3 continued

单位: 元 (yuan)

地 区	Region	2008	2009	2010	2011	2012	2013	2014	2015	2016	2017	2018	2019
全 区	**Total**	**3195**	**3466**	**4168**	**4909**	**5558**	**6465**	**7676**	**8415**	**9138**	**9982**	**10790**	**11465**
沿黄地区	**Plain**	**4005**	**4474**	**4914**	**6008**	**6851**	**7581**	**8651**	**9431**	**10236**	**10883**	**11570**	**12252**
中南部地区	**Mountain Area**	**2411**	**2585**	**3003**	**3827**	**4316**	**5086**	**5985**	**6646**	**7010**	**7676**	**8172**	**8889**
银川市	**Yinchuan**	**4119**	**4817**	**5394**	**6707**	**7089**	**8637**	**9334**	**10119**	**11061**	**11507**	**12322**	**12966**
兴庆区	Xingqing	4360	4696	5923	7007	7055	8878	9148	10184	11550	12469	13430	14380
西夏区	Xixia	3443	4385	5021	6203	7169	8811	8362	9142	10069	10938	11876	12169
金凤区	Jinfeng	4924	5800	6562	6922	8073	8972	10613	9873	10472	10983	12155	13168
永宁县	Yongning	3973	4196	4520	5757	6392	7213	7773	8554	9285	10094	10988	11703
贺兰县	Helan	4387	5105	6003	8006	8147	9688	10727	11865	13007	13278	13948	14863
灵武市	Lingwu	3813	5063	5277	6504	6561	8535	9165	10475	10335	11338	11824	12297
石嘴山市	**Shizuishan**	**4345**	**4542**	**4930**	**6041**	**7222**	**8210**	**8753**	**9551**	**9910**	**10845**	**11469**	**11513**
大武口区	Dawukou	4132	4985	5109	6061	7261	9144	7533	8359	8961	9706	11074	11922
惠农区	Huinong	4330	4535	4753	5849	6464	7241	8089	8698	9079	9500	10060	10746
平罗县	Pingluo	4388	4462	4941	6081	7389	8331	9274	10036	10660	11197	11506	11463
吴忠市	**Wuzhong**	**3191**	**3410**	**3763**	**4604**	**5410**	**6574**	**7373**	**8022**	**8487**	**9023**	**9688**	**10876**
利通区	Litong	3511	3764	4255	5099	6274	7674	9029	9707	10718	11272	12098	12731
红寺堡区	Hongsipu				5209	5699	6186	6197	6594	7155	8134	8926	9958
盐池县	Yanchi	2979	3322	3496	4658	5122	5846	7334	7850	8786	9280	9818	11480
同心县	Tongxin	2621	2723	3149	3770	4347	5003	6006	6899	7411	7815	8135	9099
青铜峡市	Qingtongxia	3906	4185	4363	5499	6330	7146	7548	8211	8107	8935	9812	10999
固原市	**Guyuan**	**2463**	**2563**	**3085**	**3793**	**4248**	**4731**	**5863**	**6521**	**6884**	**7678**	**7992**	**8704**
原州区	Yuanzhou	2298	2519	3002	4160	4209	5075	6175	7760	8268	9233	8937	9318
西吉县	Xiji	2370	2479	3332	3651	3869	4501	5507	5781	6120	6665	7217	7963
隆德县	Longde	2743	2793	2969	3802	4384	5181	6540	6884	7594	8986	10619	11157
泾源县	Jingyuan	2940	2723	3202	4114	4982	3946	5439	6014	6492	7031	6476	7156
彭阳县	Pengyang	2519	2560	2767	3469	4549	4673	5758	6130	6296	6806	7817	8786
中卫市	**Zhongwei**	**3060**	**3590**	**3877**	**4916**	**5670**	**6286**	**7133**	**7676**	**8271**	**8910**	**9466**	**10227**
沙坡头区	Shapotou	3781	4161	4775	6065	7035	7301	8387	8997	9920	11106	11864	12803
中宁县	Zhongning	4100	4815	4932	5541	6574	7081	7512	8484	9328	10309	10728	11174
海原县	Haiyuan	1829	2284	2422	3453	3797	4802	5957	6469	6670	7215	7543	8719

2-34 主要年份全区城镇居民家庭人口和收支情况

Household Size and Income and Expenditure of Urban Households in Main Years

年 份 Year	平均每户家庭人口(人) Average Household Size (person)	平均每户就业人口(人) Average Number of Employed Persons per Household (person)	每一就业者负担系数 Number of Dependents per Employee	人均家庭总收入(元) Per Capita Total Income (yuan)	工资性收入(元) Income from Wages and Salaries (yuan)	经营性收入(元) Business Income (yuan)	财产性收入(元) Income from Properties (yuan)	转移性收入(元) Income from Transfer (yuan)	人均可支配收入(元) Per Capita Disposable Income (yuan)
1985	4.16	2.16	1.93	735.0	640.0	4.2		90.8	697.4
1990	3.64	1.86	1.96	1434.0	1112.5	11.9	8.2	301.8	1421.3
1991	3.44	1.85	1.86	1574.0	1265.3	7.4	12.6	288.7	1565.2
1992	3.41	1.92	1.78	1821.0	1595.1	6.8	20.4	199.3	1820.7
1993	3.36	1.93	1.74	2171.0	1861.1	15.7	23.4	270.8	2170.6
1994	3.24	1.88	1.72	2986.0	2498.0	27.7	33.4	427.0	2985.9
1995	3.22	1.84	1.75	3383.0	2778.2	53.7	39.0	510.7	3382.8
1996	3.19	1.76	1.81	3612.0	2939.8	61.3	32.4	578.1	3612.1
1997	3.20	1.59	2.01	3855.0	2732.2	230.1	41.6	851.3	3836.5
1998	3.18	1.53	2.08	4144.0	2925.4	223.8	48.9	945.4	4107.4
1999	3.13	1.52	2.06	4505.0	3077.5	207.7	82.3	1137.9	4461.9
2000	3.08	1.50	2.05	4945.0	3458.6	305.2	41.2	1140.1	4894.2
2001	3.08	1.48	2.08	5566.0	3907.6	364.6	40.4	1253.1	5516.5
2002	3.02	1.40	2.16	6409.0	4366.8	404.9	41.0	1596.7	6029.6
2003	2.95	1.37	2.15	6991.0	4670.8	441.5	82.5	1796.5	6481.8
2004	2.91	1.35	2.16	7748.5	5166.4	495.1	60.0	2026.9	7155.0
2005	2.89	1.33	2.17	8744.6	5771.6	956.7	64.4	1952.2	8012.9
2006	2.85	1.32	2.16	10002.0	6450.8	979.0	89.2	2483.1	9074.0
2007	2.86	1.36	2.10	11793.1	7667.8	1182.9	147.4	2795.0	10722.6
2008	2.92	1.36	2.15	14118.6	8793.5	1856.9	182.7	3285.5	12751.4
2009	2.90	1.34	2.16	15550.8	9597.1	2036.1	281.2	3636.4	13812.5
2010	2.87	1.37	2.09	17536.8	10821.2	2238.1	189.5	4287.9	15093.2
2011	2.79	1.34	2.08	19654.6	12396.7	2367.5	198.5	4691.9	17291.0
2012	2.82	1.36	2.07	21902.2	13965.6	2522.8	160.9	5252.9	19506.6
2013	2.88	1.37	2.10	23766.8	15363.9	2626.1	196.4	5580.3	21475.7
2014	2.95	1.50	1.97	26369.5	15735.6	4219.8	1191.5	5222.7	23284.6
2015	2.97	1.43	2.07	28640.0	16884.7	4272.9	1301.8	6180.7	25186.0
2016	2.98	1.44	2.07	30966.7	18032.9	4363.5	1487.1	7083.2	27153.0
2017	2.99	1.42	2.10	33583.3	19568.7	4645.9	1484.5	7884.2	29472.3
2018	3.03	1.45	2.08	37520.1	21337.5	6149.9	1693.5	8339.2	31895.2
2019	3.25	1.45	2.24	40492.7	23406.1	6603.1	1794.8	8688.7	34328.5

2-34 续表 continued

年 份 Year	人均消费性支出(元) Per Capita Consumption Expenditure (yuan)	食品烟酒(元) Food, Tobacco and Liquor (yuan)	衣着(元) Clothing (yuan)	居住(元) Residence (yuan)	生活用品及服务(元) Household Facilities, Articles and Services (yuan)	交通通信(元) Transport and Communi-cations (yuan)	教育文化娱乐(元) Education, Cultural and Recreation Services (yuan)	医疗保健(元) Health Care and Medical Services (yuan)	其他用品及服务(元) Miscellaneous Goods and Services (yuan)
1985	645.0	303.6	112.3	30.4	50.7	17.5	86.0	8.4	36.0
1990	1211.8	639.5	180.2	57.8	113.2	27.4	90.2	32.8	70.7
1991	1346.7	654.7	233.4	59.1	123.4	33.2	123.4	48.3	71.1
1992	1505.6	707.5	259.2	86.4	137.4	43.4	142.2	56.4	73.2
1993	1877.4	821.6	306.4	124.1	195.3	72.0	197.5	77.4	83.0
1994	2477.8	1131.2	444.8	127.7	180.6	145.6	222.9	125.3	99.7
1995	2867.7	1335.8	491.2	152.9	195.4	195.3	260.6	130.5	106.1
1996	3039.0	1384.2	526.5	152.4	194.6	228.8	275.4	171.8	105.3
1997	3271.3	1422.7	542.0	217.9	209.0	208.7	329.7	232.7	108.6
1998	3387.4	1414.7	515.6	208.5	241.0	231.4	373.5	246.9	155.8
1999	3564.1	1375.1	480.5	240.0	276.5	250.7	425.8	324.4	191.2
2000	4230.5	1496.0	559.0	311.8	396.8	370.2	538.4	338.7	219.6
2001	4639.3	1551.0	566.2	373.7	481.1	434.4	544.7	430.1	258.1
2002	5166.2	1740.8	565.6	588.4	351.0	546.8	709.1	477.7	186.7
2003	5406.6	1867.5	567.5	713.2	372.4	571.3	640.9	478.6	195.1
2004	5918.7	2081.8	612.3	878.1	374.4	627.8	645.6	471.7	227.0
2005	6527.0	2135.4	739.4	984.8	430.5	680.6	760.9	579.0	216.4
2006	7361.7	2311.7	820.6	1286.0	494.6	738.5	829.7	627.1	253.6
2007	8005.6	2598.5	928.2	1370.4	497.7	816.9	846.6	708.5	238.7
2008	9814.6	3137.1	1092.8	1685.7	621.5	1038.3	1022.8	907.3	309.3
2009	10580.5	3190.4	1159.5	1851.8	665.7	1283.9	1052.1	1033.8	343.4
2010	11693.8	3494.1	1299.1	2028.2	754.9	1481.2	1260.6	1011.0	364.7
2011	13304.9	4136.2	1550.0	2233.9	939.3	1536.8	1412.8	1124.2	371.7
2012	14513.2	4410.6	1710.6	2237.9	998.4	1986.9	1496.8	1244.8	427.1
2013	15321.1	4895.2	1737.2	1498.0	1001.8	2503.7	1868.4	1158.8	658.0
2014	17216.2	4795.3	1729.0	3027.6	1094.9	2552.8	1957.5	1616.9	442.3
2015	18983.9	4883.4	1787.0	3608.3	1185.4	2509.6	2389.8	2016.0	604.5
2016	20364.2	4889.2	1726.7	3770.5	1245.1	3896.5	2415.7	1874.0	546.6
2017	20219.5	4952.2	1768.1	3680.3	1257.1	3470.9	2629.7	1936.6	524.6
2018	21976.7	5374.4	1952.9	4032.3	1416.7	3528.6	2888.7	2152.0	631.1
2019	24161.0	5858.9	2104.5	4326.5	1529.1	4077.0	3188.2	2342.2	734.6

2-35 主要年份全区城镇居民家庭消费支出构成情况

Composition of Consumption Expenditure of Urban Households in Main Years

年 份 Year	各项消费支出占消费支出的比重 (%) Each Consumption as Percentage Total Consumption Expenditure (%)	食品烟酒 (%) Food, Tobacco and Liquor (%)	衣着 (%) Clothing (%)	居住 (%) Residence (%)	生活用品及服务 (%) Household Facilities, Articles and Services (%)	交通通信 (%) Transport and Communications (%)	教育文化娱乐 (%) Education, Cultural and Recreation Services (%)	医疗保健 (%) Health Care and Medical Services (%)	其他用品及服务 (%) Miscellaneous Goods and Services (%)
1985	100.0	47.1	17.4	4.7	7.9	2.7	13.3	1.3	5.6
1990	100.0	52.8	14.9	4.8	9.3	2.3	7.4	2.7	5.8
1991	100.0	48.6	17.3	4.4	9.2	2.5	9.2	3.6	5.3
1992	100.0	47.0	17.2	5.7	9.1	2.9	9.4	3.7	4.9
1993	100.0	43.8	16.3	6.6	10.4	3.8	10.5	4.1	4.4
1994	100.0	45.7	18.0	5.2	7.3	5.9	9.0	5.1	4.0
1995	100.0	46.6	17.1	5.3	6.8	6.8	9.1	4.6	3.7
1996	100.0	45.5	17.3	5.0	6.4	7.5	9.1	5.7	3.5
1997	100.0	43.5	16.6	6.7	6.4	6.4	10.1	7.1	3.3
1998	100.0	41.8	15.2	6.2	7.1	6.8	11.0	7.3	4.6
1999	100.0	38.6	13.5	6.7	7.8	7.0	11.9	9.1	5.4
2000	100.0	35.4	13.2	7.4	9.4	8.8	12.7	8.0	5.2
2001	100.0	33.4	12.2	8.1	10.4	9.4	11.7	9.3	5.6
2002	100.0	33.7	10.9	11.4	6.8	10.6	13.7	9.2	3.6
2003	100.0	34.5	10.5	13.2	6.9	10.6	11.9	8.9	3.6
2004	100.0	35.2	10.3	14.8	6.3	10.6	10.9	8.0	3.8
2005	100.0	32.7	11.3	15.1	6.6	10.4	11.7	8.9	3.3
2006	100.0	31.4	11.1	17.5	6.7	10.0	11.3	8.5	3.4
2007	100.0	32.5	11.6	17.1	6.2	10.2	10.6	8.9	3.0
2008	100.0	32.0	11.1	17.2	6.3	10.6	10.4	9.2	3.2
2009	100.0	30.2	11.0	17.5	6.3	12.1	9.9	9.8	3.2
2010	100.0	29.9	11.1	17.3	6.5	12.7	10.8	8.6	3.1
2011	100.0	31.1	11.6	16.8	7.1	11.6	10.6	8.4	2.8
2012	100.0	30.4	11.8	15.4	6.9	13.7	10.3	8.6	2.9
2013	100.0	32.0	11.3	9.8	6.5	16.3	12.2	7.6	4.3
2014	100.0	27.9	10.0	17.6	6.4	14.8	11.4	9.4	2.6
2015	100.0	25.7	9.4	19.0	6.2	13.2	12.6	10.6	3.2
2016	100.0	24.0	8.5	18.5	6.1	19.1	11.9	9.2	2.7
2017	100.0	24.5	8.7	18.2	6.2	17.2	13.0	9.6	2.6
2018	100.0	24.5	8.9	18.3	6.4	16.1	13.1	9.8	2.9
2019	100.0	24.3	8.7	17.9	6.3	16.9	13.2	9.7	3.0

2-36 主要年份全区城镇居民家庭居住情况

指　　标	Item	1985	1990	1995	2000
平均每户住房面积(平方米/户)	Average Floor Space per Household (sq.m/household)	--	--	--	--
建筑面积	Building Space	69.6	66.6	66.4	77.0
按房屋产权分的家庭比重(%)	Percentage of Household by House Property Right (%)	100.0	100.0	100.0	100.0
租赁公房	Public House Leasing				
租赁私房	Private House Leasing				
原有私房(自建住房)	Inhered Private House(Self-built Housing)				
房改私房	Reformed Private House				
商品房	Commercial Residential Building				
其他	Others				
按用水情况分的家庭比重(%)	Percentage of Household by Water Using(%)	100.0	100.0	100.0	100.0
无自来水	No Tap Water	8.3	3.8	1.6	1.8
独用自来水	Private Tap Water	82.8	90.2	94.9	97.2
公用自来水	Public Tap Water	9.0	6.0	3.7	1.0
按卫生设备分的家庭比重(%)	Percentage of Household by Sanitary Equipment (%)	100.0	100.0	100.0	100.0
无卫生设备	No Sanitary Equipment	33.8	48.4	18.9	15.3
有厕所浴室	Having Bathroom	2.0	8.4	20.4	21.2
有厕所无浴室	Having Toilet but No Shower	26.5	37.6	52.4	60.4
公有卫生设备	Public Sanitary Equipment	37.8	5.6	8.4	3.1
按取暖设备分的家庭比重(%)	Percentage of Household by Heating Installation (%)	100.0	100.0	100.0	100.0
#有取暖设备户(暖气)	Having Heating Installation (heater)	17.8	37.8	62.2	76.7
按炊用燃料使用情况分的家庭比重(%)	Percentage of Household by Fuel Using (%)	100.0	100.0	100.0	100.0
管道煤气(天然气)	Piped Gas (Natural Gas)			3.3	5.8
液化石油气	Liquefied Petroleum Gas	1.5	15.3	56.7	73.5
煤	Coal	98.5	83.8	37.1	16.2
其他	Others		0.9	2.9	4.5
家庭通讯设备使用情况	Using of Household Communication Apparatus	--	--	--	--
每百户拥有固定电话(部/百户)	Number of Fixed Phone per 100 Households (set/100 households)			38.9	85.4
每百户拥有移动电话(部/百户)	Number of Mobile Phone per 100 Households (set/100 households)				13.6
每百户接入互联网的计算机(台/百户)	Number of Computers Accessed to Internet per 100 Households (set/100 households)				

Housing Conditions of Urban Households in Main Years

2004	2005	2006	2007	2008	2009	2010	2011	2012	2013	2014	2015	2016	2017	2018	2019
--	--	--	--	--	--	--	--	--	--	--	--	--	--	--	--
72.4	75.5	76.3	77.5	80.9	82.3	83.0	84.2	85.4	88.8	94.2	90.9	93.3	93.8	102.9	103.1
100.0	100.0	100.0	100.0	100.0	100.0	100.0	100.0	100.0	100.0	100.0	100.0	100.0	100.0	100.0	100.0
9.4	5.4	6.3	5.6	2.9	3.1	3.0	2.5	3.0	0.9	0.9	1.4	1.9	1.6	1.2	1.1
1.8	3.7	2.4	2.8	8.7	7.6	6.8	7.3	6.7	9.0	6.7	4.7	4.2	3.5	3.8	3.5
6.5	4.6	4.5	4.7	3.6	3.9	4.7	6.4	5.9	14.1	10.1	9.1	21.4	8.1	8.9	11.7
60.6	53.3	51.8	46.0	35.3	33.7	30.2	22.1	20.3	15.9	14.7	14.4	11.1	14.0	4.7	4.1
18.9	30.7	33.1	39.5	48.9	51.1	55.0	61.5	62.2	57.4	52.5	54.7	49.5	58.1	65.5	65.0
2.9	2.4	1.8	1.4	0.6	0.7	0.4	0.2	1.9	2.7	15.1	15.6	11.9	14.8	16.0	14.6
100.0	100.0	100.0	100.0	100.0	100.0	100.0	100.0	100.0	100.0	100.0	100.0	100.0	100.0	100.0	
1.2	0.7	0.6	1.2	1.2	1.0	1.0	1.4	1.5	1.3	3.9	2.1	5.0	1.1	2.2	
98.3	99.0	99.0	98.7	98.7	98.9	98.9	98.6	98.4	98.6	95.9	97.9	95.0	98.9	97.8	
0.5	0.3	0.4	0.2	0.1	0.1	0.1	0.1	0.1	0.1	0.2				0.1	
100.0	100.0	100.0	100.0	100.0	100.0	100.0	100.0	100.0	100.0	100.0	100.0	100.0	100.0	100.0	
12.1	9.5	8.7	9.3	7.3	6.0	5.4	2.1	2.0	1.7	0.7	0.4	0.4	0.2		
53.1	61.7	64.1	63.0	67.2	71.5	74.5	81.5	84.0	87.9	74.5	90.4	87.1	78.1	96.0	
32.7	27.3	25.8	25.9	24.9	22.2	19.8	15.4	12.5	8.0	23.4	8.4	11.2	21.5	3.7	
2.1	1.5	1.5	1.8	0.5	0.3	0.4	1.1	1.6	2.2	1.4	0.8	1.2	0.2	0.4	
100.0	100.0	100.0	100.0	100.0	100.0	100.0	100.0	100.0	100.0	100.0	100.0	100.0	100.0	100.0	100.0
81.3	88.6	88.7	84.1	88.0	87.6	88.9	90.4	89.7	99.4	98.0	99.6	99.6	99.9	99.8	99.9
100.0	100.0	100.0	100.0	100.0	100.0	100.0	100.0	100.0	100.0	100.0	100.0	100.0	100.0	100.0	100.0
7.2	11.8	13.3	15.7	28.9	36.5	40.7	48.4	53.2	50.9	44.0	60.4	47.9	64.7	73.6	74.9
76.3	75.6	74.1	69.4	56.3	48.3	45.7	35.4	31.2	23.7	15.5	14.6	13.8	11.9	8.2	6.5
14.4	10.2	9.8	11.9	5.9	4.3	3.2	2.7	2.8	3.6	11.9	5.4	10.0	3.1	2.6	2.1
2.1	2.4	2.8	3.0	8.9	10.9	10.4	13.5	12.9	21.7	28.6	19.7	28.4	20.3	15.7	16.5
--	--	--	--	--	--	--	--	--	--	--	--	--	--		
91.3	85.1	84.1	78.3	64.0	64.6	63.0	56.3	54.9	49.4	40.3	34.8	21.7	13.2	6.1	3.7
90.4	122.7	136.8	149.5	163.5	175.5	185.5	197.1	203.2	213.3	239.7	237.3	248.8	253.5	249.7	253.6
0.3	14.5	18.1	21.0	27.3	36.7	39.7	45.8	51.7	53.7	44.2	53.2	58.4	61.1	57.3	56.8

2-37 主要年份全区城镇居民家庭分类平均每人全年消费性支出

单位：元

指 标	Item	1996	1998	2000	2002	2004	2005
消费性支出	**Consumption Expenditure**	**3039.0**	**3387.4**	**4230.5**	**5166.2**	**5918.7**	**6527.0**
食品烟酒	**Food, Tobacco and Liquor**	**1384.2**	**1414.7**	**1496.0**	**1740.8**	**2081.8**	**2135.4**
#粮 食	Grain	246.9	226.1	186.9	183.7	245.4	237.1
油 脂	Oil and Fats	78.9	81.4	66.2	66.7	80.8	77.7
肉禽及制品	Meat, Poultry and Processed Products	281.0	278.1	282.4	307.9	358.7	361.9
蛋	Eggs	44.5	39.8	37.5	34.9	42.0	42.7
水产品	Aquatic Products	37.8	41.2	41.0	41.1	46.3	53.2
蔬 菜	Vegetables	164.4	162.6	158.6	190.8	220.9	198.0
烟 草	Tobacco	90.1	78.2	95.0	104.8	127.7	125.6
酒和饮料	Liquor and Beverages	55.5	60.6	69.1	75.3	81.4	98.5
奶及奶制品	Milk and Processed Products	26.4	35.7	58.5	86.2	116.9	124.2
衣 着	**Clothing**	**526.5**	**515.6**	**559.0**	**565.6**	**612.3**	**739.4**
#服 装	Garments	301.2	326.0	377.0	406.3	448.0	567.4
居 住	**Residence**	**152.4**	**208.5**	**311.8**	**588.4**	**878.1**	**984.8**
#住房维修及管理	Housing Maintenance and Management	33.7	56.6	72.7	148.1	267.0	190.7
水电燃料及其他	Water, Electricity, Fuels and Others	98.8	151.4	209.8	307.3	358.0	483.1
生活用品及服务	**Household Facilities, Articles and Services**	**194.6**	**241.0**	**396.8**	**351.0**	**374.4**	**430.5**
#家用器具	Home Appliances	108.1	120.2	228.3	192.1	196.3	225.8
家具及室内装饰品	Articles for Interior Decoration	13.0	14.2	20.9	20.7	20.0	23.4
家用纺织品	Bed Articles	11.9	13.9	19.3	21.8	23.5	25.7
家庭日用杂品	Household Articles for Daily Use	57.4	56.2	74.2	89.8	104.9	121.0
交通通信	**Transport and Communications**	**228.8**	**231.4**	**370.2**	**546.8**	**627.8**	**680.6**
交 通	Transport	78.7	38.3	143.5	232.6	242.6	291.4
通 信	Communications	131.3	138.5	228.4	324.0	404.3	414.3
教育文化娱乐	**Education, Cultural and Recreation**	**275.4**	**373.5**	**538.4**	**709.1**	**645.6**	**760.9**
#文化娱乐	Cultural and Recreation	53.5	132.7	168.2	205.6	214.8	219.6
教 育	Education	136.9	151.0	256.0	385.5	314.9	388.3
医疗保健	**Health Care and Medical Services**	**171.8**	**246.9**	**338.7**	**477.7**	**471.7**	**579.0**
#医疗器具及药品	Medical Instrument and Medicine	133.6	197.6	258.8	315.9	311.1	364.9
其他用品及服务	**Miscellaneous Goods and Services**	**105.3**	**155.8**	**219.6**	**186.7**	**227.0**	**216.4**

Per Capita Annual Expenditure for Consumption of Urban Households in Main Years

(yuan)

2006	2007	2008	2009	2010	2011	2012	2013	2014	2015	2016	2017	2018	2019
7361.7	**8005.6**	**9814.6**	**10580.5**	**11693.8**	**13304.9**	**14513.2**	**15321.1**	**17216.2**	**18983.9**	**20364.2**	**20219.5**	**21976.7**	**24161.0**
2311.7	**2598.5**	**3137.1**	**3190.4**	**3494.1**	**4136.2**	**4410.6**	**4895.2**	**4795.3**	**4883.4**	**4889.2**	**4952.2**	**5374.4**	**5858.9**
243.4	269.5	306.2	305.5	343.1	394.8	389.1	389.9	526.0	516.9	497.2	496.6	482.2	481.4
80.0	109.4	142.5	122.6	111.6	126.3	124.3	138.6	148.5	140.6	135.2	123.8	108.4	117.6
370.8	454.3	590.5	573.9	626.0	782.5	981.5	904.0	843.4	864.7	868.1	852.7	906.0	1012.4
40.1	52.9	54.3	53.0	56.9	65.6	65.8	62.5	65.6	69.3	63.5	58.6	73.3	81.5
54.0	58.2	62.1	59.2	70.2	80.0	81.2	90.1	80.4	81.5	92.0	91.0	103.2	122.2
230.4	257.6	294.2	333.0	370.7	402.1	422.7	502.2	427.5	414.3	437.8	413.5	401.0	412.1
141.3	165.3	203.8	195.8	239.6	267.6	259.8	259.4	231.7	254.6	274.7	289.8	322.7	336.8
111.4	125.2	139.4	141.4	165.7	187.3	193.4	209.4	189.6	101.0	186.4	180.2	210.6	252.7
135.1	154.8	199.4	179.2	176.9	218.1	243.1	262.0	252.6	249.5	228.0	254.8	305.8	312.3
820.6	**928.2**	**1092.8**	**1159.5**	**1299.1**	**1550.0**	**1710.6**	**1737.2**	**1729.0**	**1787.0**	**1726.7**	**1768.1**	**1952.9**	**2104.5**
631.9	731.5	868.5	929.6	1052.3	1265.8	1399.1	1279.6	1346.2	1419.5	1383.8	1416.5	1617.5	1718.0
1286.0	**1370.4**	**1685.7**	**1851.8**	**2028.2**	**2233.9**	**2237.9**	**1498.0**	**3027.6**	**3608.3**	**3770.5**	**1936.6**	**4032.3**	**4326.5**
309.6	288.1	363.2	369.0	319.6	355.7	303.9	557.3	496.9	780.2	879.5	762.7	833.4	905.5
538.0	561.4	637.4	692.4	782.0	799.2	797.3	807.3	845.7	918.3	876.5	902.5	909.5	974.9
494.6	**497.7**	**621.5**	**665.7**	**754.9**	**939.3**	**998.4**	**1001.8**	**1094.9**	**1185.4**	**1245.1**	**1257.1**	**1416.7**	**1529.1**
260.9	229.3	303.8	328.6	318.5	370.0	373.0	501.9	272.3	271.4	296.9	224.8	310.8	285.5
24.4	29.4	30.5	38.8	21.6	41.7	40.0	38.9	181.9	248.3	255.2	322.1	266.6	263.1
32.1	31.8	40.2	44.8	50.9	66.0	69.4	54.1	95.6	104.7	104.5	106.9	150.0	135.1
141.8	160.1	189.6	193.7	288.5	366.3	401.2	363.6	269.7	235.0	236.2	243.2	263.4	264.7
738.5	**816.9**	**1038.3**	**1283.9**	**1481.2**	**1536.8**	**1986.9**	**2503.7**	**2552.8**	**2509.6**	**3896.5**	**3470.9**	**3528.6**	**4077.0**
324.1	419.0	592.2	885.2	1030.0	1041.4	1468.3	1787.4	1842.6	1700.3	3008.2	2657.0	2757.1	3313.3
223.7	440.1	504.2	478.5	544.6	596.2	642.1	716.2	710.3	809.3	888.3	814.0	771.5	763.7
829.7	**846.6**	**1022.8**	**1052.1**	**1260.6**	**1412.8**	**1496.8**	**1868.4**	**1957.5**	**2389.8**	**2415.7**	**2629.7**	**2888.7**	**3188.2**
284.2	263.9	301.0	352.0	371.2	422.1	386.8	411.1	320.8	318.4	1064.0	1019.0	1215.0	1226.0
326.5	375.9	465.1	438.3	484.4	566.7	581.2	897.5	1079.9	1397.7	1351.6	1610.7	1673.7	1962.1
627.1	**708.5**	**907.3**	**1033.8**	**1011.0**	**1124.2**	**1244.8**	**1158.8**	**1616.9**	**2016.0**	**1874.0**	**1936.0**	**2152.0**	**2342.2**
381.4	427.8	531.9	605.5	559.2	589.0	602.8	526.9	682.3	706.0	712.2	738.2	725.3	743.0
253.6	**238.7**	**309.3**	**343.4**	**364.7**	**371.7**	**427.1**	**658.0**	**442.3**	**604.5**	**546.6**	**524.6**	**631.1**	**734.6**

2-38 主要年份全区城镇居民家庭平均每人购买主要商品数量

品 种	Item	单位	Unit	1985	1990	1997	1998	1999	2000	2001	2002
粮食	Grain	公斤	kg	137.0	160.0	94.8	90.9	86.3	80.2	79.7	79.7
蔬菜和食用菌	Vegetables and Edible Fungi	公斤	kg	152.0	164.2	113.7	116.8	112.9	114.9	115.3	120.3
食用植物油	Edible Vegetable Oil	公斤	kg	7.4	9.7	8.3	8.1	8.0	7.7	8.1	8.5
猪肉	Pork	公斤	kg	9.0	10.6	7.4	7.5	7.6	8.3	7.5	8.1
牛羊肉	Beef and Mutton	公斤	kg	7.1	10.4	9.6	8.6	7.6	10.2	8.2	11.3
禽类	Poultry	公斤	kg	1.4	2.3	3.5	3.4	4.0	4.5	5.3	6.0
鲜蛋	Fresh Eggs	公斤	kg	4.5	3.5	7.5	6.5	7.7	8.3	7.8	7.4
鱼	Fish	公斤	kg	2.9	4.9	3.3	3.5	4.0	3.5	4.9	4.3
糖果糕点类	Candy and Cake	公斤	kg	3.6	3.4	1.6	1.8	1.9	1.7	1.8	--
卷烟	Cigarette	盒	pack	47.0	52.7	29.8	28.1	26.0	33.4	35.4	--
酒类	Liquor	公斤	kg	3.7	5.6	3.9	4.1	4.2	4.6	5.6	5.0
水	Water	吨	ton	--	--	22.1	20.8	21.7	22.3	24.0	25.5
电	Electricity	度	kwh	--	--	155.7	172.5	187.6	205.9	232.5	246.6
煤炭	Coal	公斤	kg	544.0	384.7	132.6	120.6	130.7	137.6	159.4	194.1
液化石油气	Liquefied Petroleum Gas	公斤	kg	0.7	5.3	11.7	12.1	14.5	13.2	12.9	14.6
管道天然气	Pipeline Natural Gas	立方米	cm.q	--	--	1.4	1.8	1.1	2.3	3.4	3.5

注：1. 从2010年起粮食包括大米、面粉和其他粮食及制品。
2. 从2010年起禽类包括鸡、鸭和其他禽类及制品。
3. 从2010年起鲜蛋不包含蛋制品。
4. 从2010年起酒类包括白酒、果酒、啤酒和其他酒。

Per Capita Annual Purchases of Major Commodities of Urban Households in Main Years

2003	2004	2005	2006	2007	2008	2009	2010	2011	2012	2013	2014	2015	2016	2017	2018	2019
85.3	84.5	77.3	76.8	56.7	56.7	50.6	79.5	81.8	77.1	77.4	94.0	114.2	82.8	72.4	70.0	68.9
125.4	126.4	115.5	112.8	113.1	114.0	111.6	110.9	111.0	101.8	107.9	101.8	99.3	99.2	95.0	91.9	94.1
9.0	8.6	8.2	8.3	8.9	8.2	8.6	7.8	7.9	7.6	8.6	9.0	8.8	8.2	7.6	6.3	6.9
8.3	7.7	6.9	8.0	6.9	6.5	7.1	7.3	6.5	7.3	8.1	7.2	7.4	6.7	6.5	7.2	6.6
9.4	12.5	12.4	12.8	9.1	8.9	9.2	9.4	10.3	9.5	9.1	8.3	9.9	9.3	8.8	8.5	8.8
6.3	5.3	5.7	4.8	4.2	4.7	4.8	6.6	7.1	6.6	6.2	6.0	6.2	6.2	5.8	5.8	6.9
8.8	7.6	7.2	7.6	4.2	7.3	6.9	6.7	6.5	7.3	6.2	6.3	7.2	6.9	6.8	7.0	7.2
4.5	3.7	4.2	4.3	4.3	3.8	3.3	3.6	3.6	3.3	3.9	3.2	3.9	3.0	2.6	2.4	2.9
--	--	1.7	--	--	--	--	--	--	--	--	1.4	5.5	5.2	4.8	5.3	5.1
--	--	27.4	--	--	--	--	--	--	--	--	22.2	20.1	21.3	21.5	22.8	23.9
4.9	4.8	4.0	4.4	4.2	4.3	4.2	4.4	4.4	4.0	3.6	3.5	3.6	3.2	2.7	5.3	2.7
24.9	23.7	21.6	23.1	19.8	18.9	20.2	22.3	22.3	21.5	26.3	28.3	29.8	28.0	26.8	26.4	24.4
240.9	264.2	278.2	311.6	353.5	388.7	362.3	408.9	433.0	450.4	499.8	489.2	489.0	476.1	496.0	451.2	438.2
179.9	143.9	110.9	107.8	125.6	70.2	48.0	46.1	38.6	35.2	25.6	74.8	77.5	65.6	52.4	58.4	52.7
15.1	14.3	12.2	10.6	10.1	7.9	6.7	6.8	5.3	3.8	4.5	3.4	3.5	2.7	2.7	1.4	1.3
5.5	7.3	8.1	12.1	16.1	4.2	3.7	3.8	1.4	0.7	35.5	38.2	42.2	56.4	56.7	65.5	70.6

Notes: a)Data in the table of Grain includes rice and flour since 2010.
b)Data in the table of Poultry includes chickens and ducks since 2010.
c)Data in the table of Fresh Eggs does not include egg products since 2010.
d)Data in the table of Liquor includes liquor, fruit wine and beer since 2010.

2-39 主要年份全区城镇居民家庭主要耐用消费品百户期末拥有情况

Ownership of Major Durable Consumer Goods per 100 Urban Households in Main Years

年 份 Year	摩托车 (辆) Motorcycle (unit)	助力车 (辆) Powered Bicycle	家用汽车 (辆) Automobile (unit)	洗衣机 (台) Washing Machine (set)	电冰箱（柜） (台) Refrigerator (set)
1997	--	--	--	88.00	65.00
1998	--	--	--	90.00	67.00
1999	11.21	--	--	90.00	69.00
2000	15.48	--	--	87.00	72.00
2001	17.60	--	--	90.00	75.00
2002	19.75	0.60	0.64	90.20	77.54
2003	16.24	1.73	0.52	91.82	79.53
2004	17.57	2.50	0.36	93.70	80.48
2005	18.59	2.83	1.27	89.61	79.48
2006	19.44	4.90	0.93	92.95	81.22
2007	20.77	7.08	1.60	93.74	81.04
2008	18.05	13.06	2.57	90.85	82.50
2009	20.35	19.99	5.30	93.92	86.22
2010	19.19	24.71	7.00	94.32	88.65
2011	20.86	26.68	12.40	93.32	89.64
2012	21.86	28.08	16.67	95.42	92.06
2013	14.83	32.02	18.48	93.48	89.33
2014	25.95	40.15	25.65	95.25	92.38
2015	21.38	42.57	30.04	95.30	93.43
2016	16.23	48.28	35.66	98.16	96.58
2017	14.52	52.50	37.64	99.11	96.97
2018	14.23	51.10	42.77	100.39	99.56
2019	12.78	54.65	45.04	101.26	100.35

2-39 续表 1 continued

年 份 Year	彩色电视机 (台) Color Television (set)	影碟机 (台) Video Disc Player (set)	录音机 (台) Recorder (set)	录放像机 (台) Video Tape Recorder (set)	计算机 (台) Computer (set)	组合音响 (套) Hi-Fi Stereo Component System (set)	摄像机 (架) Video Camera (set)	照相机 (架) Camera (set)	钢 琴 (架) Piano (unit)
1997	102.00	6.00	15.00	1.00	1.00	13.00		28.00	
1998	106.00	14.00	52.00	15.00	1.00	15.00		29.00	
1999	111.00	22.00	53.00	14.00	2.00	16.00		29.00	1.00
2000	109.00	34.00	37.00	10.00	4.00	19.00	0.50	28.00	0.70
2001	113.00	42.00	41.00	9.00	7.00	22.00	0.40	31.00	0.80
2002	110.72	44.94	38.11	8.20	10.07	20.62	0.62	27.40	0.99
2003	113.83	50.00	42.62	9.15	12.86	20.27	0.72	25.37	0.87
2004	116.00	53.78	43.55	8.65	15.04	20.59	1.12	26.94	0.70
2005	108.64	63.27	24.55	6.53	23.15	21.76	0.67	28.08	0.92
2006	109.75	64.18	25.04	5.70	26.41	19.89	1.34	28.68	1.32
2007	107.34	--	--	--	29.57	17.21	2.24	23.43	0.89
2008	104.14	--	--	--	38.56	19.19	4.17	19.01	0.76
2009	104.27	--	--	--	48.47	19.56	3.27	19.39	1.36
2010	105.24	--	--	--	51.32	17.81	3.24	20.31	1.31
2011	102.74	--	--	--	59.39	12.97	4.55	22.76	0.93
2012	102.11	--	--	--	64.43	12.52	5.49	22.58	1.11
2013	99.22	--	--	--	66.30	5.75	5.70	25.39	--
2014	102.72	--	--	--	70.02	5.33	5.56	25.92	--
2015	101.84	--	--	--	65.64	4.17	5.78	21.63	--
2016	102.42	--	--	--	71.22	3.50	4.58	21.27	--
2017	103.53	--	--	--	72.68	--	--	20.02	--
2018	101.59	--	--	--	67.01	--	--	13.80	--
2019	102.82	--	--	--	68.68	--	--	14.92	--

2-39 续表 2 continued

年 份 Year	中高档乐 器 (架) Secondary and Top Grade Musical Instrument (set)	微波炉 (台) Microwave Oven (unit)	空 调 (台) Air Conditioner (unit)	电炊具 (台) Electric Cooking Utensils (unit)	热水器 (台) Water Heater for Shower (unit)	排油烟机 (台) Ventilator (unit)	消毒碗柜 (台) Disinfection Cupboard (unit)	洗碗机 (台) Dishwasher (unit)
1997	5.00	1.00	--	120.00	29.00	35.00	--	--
1998	7.00	1.00	--	126.00	30.00	40.00	--	--
1999	7.00	3.00	1.00	130.00	30.00	41.00	--	--
2000	4.00	7.00	1.00	137.00	40.00	44.00	--	--
2001	4.00	9.00	2.00	136.00	39.00	47.00	--	--
2002	4.51	15.64	1.52	126.67	48.09	54.38	1.29	--
2003	5.64	20.63	2.58	136.37	50.88	57.40	1.26	--
2004	6.32	23.05	2.95	144.44	55.32	60.46	1.89	0.10
2005	4.24	30.91	6.68	127.31	60.87	64.59	2.82	0.13
2006	4.92	33.07	5.86	135.63	64.74	67.48	3.43	
2007	4.67	35.70	7.23	--	63.94	--	3.06	0.12
2008	4.76	38.08	8.43	--	67.33	--	2.07	0.37
2009	5.18	40.35	10.47	--	71.47	--	2.05	0.31
2010	5.37	42.10	10.19	--	75.07	--	2.16	0.43
2011	3.10	43.83	12.04	--	81.56	--	3.67	0.55
2012	3.57	42.73	10.87	--	84.15	--	3.28	0.31
2013	4.39	47.20	12.28	--	86.84	--	2.32	0.37
2014	5.23	47.22	13.43	--	85.96	74.81	2.34	0.37
2015	4.03	48.21	13.10	--	87.41	74.54	1.87	0.19
2016	5.01	52.02	14.00	--	91.52	77.32	1.75	0.33
2017	6.95	54.64	14.90	--	93.57	80.71	--	0.48
2018	7.43	53.20	19.98	--	98.04	89.04	--	0.41
2019	10.39	56.55	21.89	--	99.21	90.24	--	0.52

2-39 续表 3 continued

年 份 Year	饮水机 (台) Machine for Drink (unit)	吸尘器 (台) Dust Collector (unit)	空气净化器(含新风系统) (台) Air Cleaner (unit)	健身器材 (套) Body-building Apparatus (unit)	固定电话 (部) Telephone (unit)	移动电话 (部) Mobile Telephone (set)	接入有线电视网络的电视机 (台) Television of Lined Network (set)	接入互联网的计算机 (台) Internet Computer (set)	接入互联网的移动电话 (部) Internet Mobile Telephone (set)
1997	--	8.00	--	--	68.00	--	--	--	--
1998	--	9.00	--	1.00	75.00	2.00	--	--	--
1999	--	8.00	--	1.00	82.00	4.00	--	--	--
2000	--	8.00	--	6.00	85.00	14.00	--	--	--
2001	--	8.00	--	0.20	90.00	36.00	--	--	--
2002	24.89	6.48	--	0.59	92.57	56.80	--	--	--
2003	27.75	6.09	--	0.87	92.91	73.20	--	--	--
2004	30.32	6.32	--	1.00	91.29	90.49	--	--	--
2005	35.60	7.66	--	2.49	85.10	122.67	99.27	14.49	0.27
2006	36.10	7.10	--	1.67	84.08	136.83	94.24	18.28	0.14
2007	--	--	--	1.78	78.28	149.50	97.79	21.00	0.44
2008	--	--	--	2.67	64.01	163.47	94.58	27.32	0.25
2009	--	--	--	2.22	64.55	175.46	95.73	36.66	0.57
2010	--	--	--	1.52	63.00	185.48	95.88	39.67	1.36
2011	--	--	--	1.40	56.31	197.05	92.25	45.78	12.08
2012	--	--	--	1.25	54.86	203.23	92.89	51.70	26.69
2013	--	--	--	1.57	49.40	213.34	88.28	53.71	85.97
2014	--	--	--	2.15	46.04	230.36	73.04	50.01	106.41
2015	--	--	--	2.19	34.81	237.27	77.82	53.22	140.72
2016	--	--	--	3.39	21.66	248.79	73.82	58.37	174.54
2017	--	0.04	0.47	4.05	13.18	253.46	73.04	61.15	195.51
2018	--	8.96	3.77	5.02	6.09	249.69	79.79	57.26	225.87
2019	--	10.94	4.38	6.59	3.75	253.61	--	56.80	233.73

2-40　2019年各市县城镇居民家庭基本情况
Basic Statistics of Urban Households by City and County (2019)

单位：人　　(person)

市　县	Region	家　庭常住人口 Permanent Residents	就业人口数 Number of Employed	雇主 Employer	公职人员 Civil Servants	事业单位人　员 Public Institution Officers	国有企业雇　员 State-owned Enterprise Employees
全　区	**Total**	**4513**	**2115**	**9**	**112**	**326**	**159**
沿黄地区	**Plain**	**2837**	**1370**	**6**	**51**	**127**	**133**
中南部地区	**Mountain Area**	**1676**	**745**	**3**	**61**	**199**	**26**
银川市	**Yinchuan**	**1458**	**690**	**5**	**30**	**66**	**87**
兴庆区	Xingqing	404	192	4	6	19	38
西夏区	Xixia	260	116			5	14
金凤区	Jinfeng	253	121	1	10	5	13
永宁县	Yongning	216	111		5	11	3
贺兰县	Helan	156	76		8	13	1
灵武市	Lingwu	169	74		1	13	18
石嘴山市	**Shizuishan**	**630**	**309**	**1**	**14**	**17**	**33**
大武口区	Dawukou	271	128	1	8	11	30
惠农区	Huinong	180	89		3	3	1
平罗县	Pingluo	179	92		3	3	2
吴忠市	**Wuzhong**	**956**	**449**	**2**	**18**	**66**	**15**
利通区	Litong	216	104		4	16	6
红寺堡区	Hongsipu	183	84		3	22	2
盐池县	Yanchi	166	76		4	6	
同心县	Tongxin	199	82	2	7	14	2
青铜峡市	Qingtongxia	192	103			8	5
固原市	**Guyuan**	**940**	**420**		**40**	**132**	**17**
原州区	Yuanzhou	216	92		7	25	3
西吉县	Xiji	189	84		7	35	6
隆德县	Longde	191	89		4	23	3
泾源县	Jingyuan	176	85		15	23	3
彭阳县	Pengyang	168	70		7	26	2
中卫市	**Zhongwei**	**604**	**282**	**1**	**12**	**48**	**17**
沙坡头区	Shapotou	220	110		2	10	9
中宁县	Zhongning	197	89		3	13	3
海原县	Haiyuan	188	83	1	7	25	5

2-40 续表 continued

单位：人 (person)

市 县	Region	其他雇员 Other Employees	农业自营 Self-employed of Agriculture	非农自营 Self-employed of Non-agriculture	由本户供养的在校学生 Number of Students in School	每一常住就业者负担系数 Coefficient of Dependents
全 区	**Total**	**1118**	**50**	**342**	**997**	**2.13**
沿黄地区	**Plain**	**806**	**31**	**217**	**527**	**2.07**
中南部地区	**Mountain Area**	**312**	**19**	**125**	**470**	**2.25**
银川市	**Yinchuan**	**389**	**9**	**105**	**263**	**2.11**
兴庆区	Xingqing	97	2	26	76	2.10
西夏区	Xixia	81		16	37	2.24
金凤区	Jinfeng	75		17	44	2.09
永宁县	Yongning	72	3	18	32	1.94
贺兰县	Helan	42	2	10	25	2.05
灵武市	Lingwu	22	2	18	49	2.28
石嘴山市	**Shizuishan**	**186**	**15**	**44**	**120**	**2.04**
大武口区	Dawukou	55	8	15	47	2.11
惠农区	Huinong	69	1	13	37	2.03
平罗县	Pingluo	62	6	16	36	1.95
吴忠市	**Wuzhong**	**239**	**15**	**94**	**242**	**2.13**
利通区	Litong	50	2	26	44	2.08
红寺堡区	Hongsipu	38	1	18	58	2.18
盐池县	Yanchi	42	3	21	34	2.18
同心县	Tongxin	36	7	14	74	2.43
青铜峡市	Qingtongxia	73	2	15	32	1.86
固原市	**Guyuan**	**161**	**8**	**62**	**256**	**2.24**
原州区	Yuanzhou	34		23	42	2.35
西吉县	Xiji	21	7	8	57	2.25
隆德县	Longde	44	1	14	58	2.14
泾源县	Jingyuan	34		10	53	2.07
彭阳县	Pengyang	28		7	46	2.40
中卫市	**Zhongwei**	**158**	**5**	**41**	**128**	**2.14**
沙坡头区	Shapotou	71	1	17	44	2.00
中宁县	Zhongning	52	4	14	36	2.21
海原县	Haiyuan	35		10	48	2.26

2-41　2019年各市县城镇居民家庭主要耐用消费品百户拥有情况
Ownership of Major Durable Consumer Goods per 100 Urban Households by City and County (2019)

单位：百户均　　(per 100 households)

市　县	Region	家用汽车（辆）Automobile (unit)	摩托车（辆）Motorcycle (unit)	助力车（辆）Powered Bicycle (unit)	洗衣机（台）Washing Machine (set)	电冰箱(柜)（台）Refrigerator (set)	微波炉（台）Microwave Oven (unit)
全　区	**Total**	**45.0**	**12.8**	**54.6**	**101.3**	**100.3**	**56.6**
沿黄地区	**Plain**	**45.7**	**8.4**	**49.5**	**100.1**	**100.6**	**62.7**
中南部地区	**Mountain Area**	**58.1**	**12.6**	**51.1**	**101.3**	**99.2**	**44.1**
银川市	**Yinchuan**	**50.4**	**5.4**	**35.4**	**99.6**	**99.4**	**70.7**
兴庆区	Xingqing	50.0	6.0	36.8	99.3	100.0	77.6
西夏区	Xixia	37.8	3.4	37.4	98.8	100.3	41.4
金凤区	Jinfeng	53.4	4.6	21.2	98.2	94.6	81.5
永宁县	Yongning	67.3	9.6	53.7	106.1	100.0	52.7
贺兰县	Helan	62.9		27.3	104.0	107.8	71.9
灵武市	Lingwu	45.1	12.5	68.1	99.4	101.9	67.2
石嘴山市	**Shizuishan**	**35.1**	**9.9**	**56.2**	**100.0**	**101.0**	**41.4**
大武口区	Dawukou	37.3	10.2	55.0	99.0	102.1	46.2
惠农区	Huinong	26.9	8.0	49.3	99.7	98.2	29.0
平罗县	Pingluo	41.2	11.9	69.6	103.4	102.0	46.8
吴忠市	**Wuzhong**	**46.1**	**14.7**	**69.5**	**99.8**	**102.3**	**49.8**
利通区	Litong	47.8	13.0	63.7	100.0	106.6	61.8
红寺堡区	Hongsipu	69.2	4.1	69.8	95.7	101.8	39.6
盐池县	Yanchi	43.5	11.8	84.1	100.1	100.0	43.1
同心县	Tongxin	40.2	41.5	75.1	100.0	98.4	34.9
青铜峡市	Qingtongxia	42.9	6.7	66.7	100.0	98.2	42.8
固原市	**Guyuan**	**65.6**	**3.7**	**26.9**	**103.6**	**99.7**	**49.6**
原州区	Yuanzhou	72.0	1.7	29.4	106.8	101.9	57.4
西吉县	Xiji	59.9	8.0	28.1	106.0	101.9	50.1
隆德县	Longde	44.0	2.0	9.8	98.0	98.0	51.4
泾源县	Jingyuan	63.0	5.9	13.7	99.8	97.9	33.4
彭阳县	Pengyang	66.0	5.7	30.9	94.3	90.9	25.2
中卫市	**Zhongwei**	**44.6**	**19.4**	**100.0**	**103.6**	**102.8**	**65.9**
沙坡头区	Shapotou	34.7	12.8	106.9	101.5	101.3	64.7
中宁县	Zhongning	50.8	34.1	107.9	107.9	107.9	78.3
海原县	Haiyuan	63.7	11.5	63.1	102.0	97.8	45.7

2-41 续表 1 continued

单位：百户均 (per 100 households)

市 县	Region	彩色电视机（台）Color Television (set)	空 调（台）Air Conditioner (unit)	热水器（台）Water Heater for Shower (unit)	洗碗机（台）Dishwasher (set)	固定电话（部）Telephone (unit)
全 区	**Total**	**102.8**	**21.9**	**99.2**	**0.5**	**3.7**
沿黄地区	**Plain**	**101.8**	**28.2**	**99.7**	**0.7**	**5.9**
中南部地区	**Mountain Area**	**101.9**	**4.8**	**95.7**	**0.6**	**1.4**
银川市	**Yinchuan**	**102.1**	**35.1**	**99.7**	**0.9**	**8.7**
兴庆区	Xingqing	105.3	42.2	100.5	1.3	14.9
西夏区	Xixia	97.7	14.2	97.8		6.6
金凤区	Jinfeng	99.3	45.1	100.1	1.2	4.6
永宁县	Yongning	97.0	11.2	95.8	1.5	
贺兰县	Helan	104.3	31.3	102.1		3.6
灵武市	Lingwu	103.9	23.0	98.1		
石嘴山市	**Shizuishan**	**100.4**	**21.0**	**100.1**	**0.3**	**0.6**
大武口区	Dawukou	101.1	32.3	100.7		1.1
惠农区	Huinong	97.5	11.5	106.1		
平罗县	Pingluo	103.0	5.1	89.7	1.8	
吴忠市	**Wuzhong**	**102.0**	**11.9**	**96.8**	**0.2**	**1.6**
利通区	Litong	102.3	14.8	93.8		3.7
红寺堡区	Hongsipu	101.8	1.9	97.6		
盐池县	Yanchi	102.4	16.3	96.2		
同心县	Tongxin	98.4	4.5	98.6	1.2	
青铜峡市	Qingtongxia	103.5	9.7	101.7		
固原市	**Guyuan**	**104.8**	**3.5**	**99.3**	**0.8**	**1.2**
原州区	Yuanzhou	108.6	1.5	101.9	1.5	1.7
西吉县	Xiji	104.0	4.0	106.0		
隆德县	Longde	100.0	9.7	98.0		
泾源县	Jingyuan	95.9		109.6	1.9	
彭阳县	Pengyang	98.2	6.6	81.1		2.2
中卫市	**Zhongwei**	**101.0**	**15.3**	**99.5**	**0.6**	**4.7**
沙坡头区	Shapotou	101.5	17.6	100.0	1.3	3.0
中宁县	Zhongning	101.5	19.5	107.9		6.9
海原县	Haiyuan	98.7		81.8		5.4

2-41 续表 2 continued

单位：百户均 (per 100 households)

市 县	Region	移动电话（部） Mobile Telephone (set)	计算机（台） Computer (set)	照相机（架） Camera (set)	中高档乐器（件） Secondary and Top Grade Musical Instrument (set)	健身器材（套） Body-building Apparatus (set)
全 区	**Total**	**253.6**	**68.7**	**14.9**	**10.4**	**6.6**
沿黄地区	**Plain**	**246.2**	**75.0**	**17.9**	**11.9**	**8.0**
中南部地区	**Mountain Area**	**260.9**	**66.5**	**10.8**	**11.3**	**4.3**
银川市	**Yinchuan**	**246.7**	**84.4**	**23.7**	**14.5**	**9.6**
兴庆区	Xingqing	245.3	91.9	34.0	21.2	13.2
西夏区	Xixia	235.8	67.6	12.1	7.8	
金凤区	Jinfeng	240.6	95.2	16.1	5.8	9.3
永宁县	Yongning	262.5	75.8	15.7	5.5	10.2
贺兰县	Helan	279.2	68.3	22.9	20.4	10.7
灵武市	Lingwu	258.2	58.2	19.2	19.3	7.4
石嘴山市	**Shizuishan**	**235.4**	**58.1**	**7.9**	**7.0**	**4.4**
大武口区	Dawukou	232.3	70.6	13.4	9.9	3.4
惠农区	Huinong	240.7	42.5	0.9	5.4	7.0
平罗县	Pingluo	235.7	48.0	3.5	1.8	3.3
吴忠市	**Wuzhong**	**257.1**	**61.8**	**12.0**	**7.1**	**6.5**
利通区	Litong	247.5	70.5	18.1	10.2	11.2
红寺堡区	Hongsipu	224.7	71.7	5.7	2.3	1.9
盐池县	Yanchi	269.9	51.6	11.6	9.5	2.9
同心县	Tongxin	269.2	57.8	1.6		2.9
青铜峡市	Qingtongxia	266.7	52.9	8.3	5.0	3.2
固原市	**Guyuan**	**265.3**	**76.9**	**15.0**	**17.0**	**5.0**
原州区	Yuanzhou	263.7	87.5	13.2	18.1	3.6
西吉县	Xiji	263.7	72.0	15.9	17.8	6.0
隆德县	Longde	291.7	75.9	17.9	23.5	6.0
泾源县	Jingyuan	279.0	57.4	10.0	6.0	3.8
彭阳县	Pengyang	252.7	52.4	18.7	10.5	7.8
中卫市	**Zhongwei**	**258.4**	**64.8**	**7.5**	**11.4**	**5.7**
沙坡头区	Shapotou	254.5	64.9	10.3	11.4	7.2
中宁县	Zhongning	269.3	67.5	1.8	10.1	3.1
海原县	Haiyuan	249.7	58.9	10.0	13.6	6.1

注：2017年调查报表指标中不再涉及摄像机。
Note: The 2017 survey statement indicator does not include cameras.

2-41 续表 3 continued

单位：百户均 (per 100 households)

市　县	Region	空气净化器（含新风系统）（台） Air Purifier (Include Fresh Air System) (set)	吸尘器（台） The Vacuum Cleaner (set)	接入互联网的移动电话（部） Internet Mobile Telephone (set)	接入有线电视网络的电视机（台） Lined Network Television (set)	接入互联网的计算机（台） Internet Computer (set)
全　区	**Total**	**4.4**	**10.9**	**233.7**		**56.8**
沿黄地区	**Plain**	**5.4**	**14.0**	**227.9**		**63.9**
中南部地区	**Mountain Area**	**3.2**	**8.4**	**238.7**		**56.2**
银川市	**Yinchuan**	**6.2**	**15.5**	**232.9**		**74.6**
兴庆区	Xingqing	9.3	20.7	231.9		80.7
西夏区	Xixia	1.1	4.4	226.7		62.3
金凤区	Jinfeng	4.7	9.2	235.0		89.5
永宁县	Yongning	2.7	11.8	246.5		62.0
贺兰县	Helan	8.3	27.3	259.4		62.9
灵武市	Lingwu	**3.8**	**22.2**	**210.3**		**30.1**
石嘴山市	**Shizuishan**	**2.9**	**9.4**	**214.9**		**48.6**
大武口区	Dawukou	5.7	14.3	213.7		60.4
惠农区	Huinong		5.7	218.7		37.9
平罗县	Pingluo		**1.8**	**212.2**		**33.0**
吴忠市	**Wuzhong**	**3.0**	**10.7**	**230.1**		**48.2**
利通区	Litong	5.0	16.8	212.0		52.9
红寺堡区	Hongsipu	1.9	8.3	205.1		41.8
盐池县	Yanchi	2.4	4.9	259.9		44.6
同心县	Tongxin		3.1	233.5		52.0
青铜峡市	Qingtongxia	**1.6**	**8.2**	**246.8**		**41.2**
固原市	**Guyuan**	**2.4**	**12.3**	**247.4**		**66.7**
原州区	Yuanzhou	1.9	19.0	247.2		76.5
西吉县	Xiji	2.1	8.0	255.8		59.9
隆德县	Longde	10.0	1.9	265.0		69.9
泾源县	Jingyuan		1.9	256.9		36.1
彭阳县	Pengyang		**4.3**	**224.7**		**46.7**
中卫市	**Zhongwei**	**8.4**	**13.6**	**230.3**		**48.7**
沙坡头区	Shapotou	10.1	18.9	220.9		38.6
中宁县	Zhongning	4.6	7.8	251.1		64.3
海原县	Haiyuan	10.2	8.3	219.9		50.5

2-42 2019年各市县城镇居民家庭收支基本情况

Basic Statistics of Income and Expenditure of Urban Households by City and County (2019)

单位：元/人 (yuan/person)

市 县	Region	一、家庭总收入 Total Income	(一)工资性收入 Income from Wages and Salaries	工资 Wages	实物福利及其他 Benefit in Kind and Other Income	(二)经营性收入 Business Income	(三)财产性收入 Income from Property	1.利息收入 Interest Income
全 区	**Total**	**40492.7**	**23406.1**	**22278.1**	**1127.9**	**6603.1**	**1794.8**	**294.3**
沿黄地区	**Plain**	**39489.7**	**23702.1**	**22490.1**	**1212.0**	**4809.4**	**1796.3**	**287.5**
中南部地区	**Mountain Area**	**31508.0**	**21263.2**	**20349.0**	**914.3**	**6117.8**	**1051.8**	**118.6**
银川市	**Yinchuan**	**42291.4**	**25406.0**	**24247.2**	**1158.8**	**4534.3**	**2234.7**	**352.3**
兴庆区	Xingqing	45881.9	25709.0	24360.9	1348.1	4222.5	3237.0	742.2
西夏区	Xixia	34195.5	21210.4	20530.7	679.6	1813.5	1344.8	102.4
金凤区	Jinfeng	43831.3	28568.2	27255.9	1312.3	3202.9	2026.6	103.6
永宁县	Yongning	36051.5	24848.6	24235.2	613.5	5725.7	1049.5	89.0
贺兰县	Helan	37152.0	23685.3	23303.8	381.5	3690.1	1836.4	31.7
灵武市	Lingwu	44306.9	24459.8	22686.6	1773.2	15554.8	686.5	94.0
石嘴山市	**Shizuishan**	**36206.3**	**21225.4**	**19701.3**	**1524.1**	**4432.7**	**954.9**	**221.1**
大武口区	Dawukou	41132.8	23809.3	21488.4	2320.9	4366.9	1257.3	350.9
惠农区	Huinong	31247.6	19697.1	18827.0	870.1	2932.3	521.9	68.1
平罗县	Pingluo	30991.4	17074.3	16589.0	485.3	6570.9	804.7	113.0
吴忠市	**Wuzhong**	**33826.9**	**19719.8**	**18930.6**	**789.2**	**7502.9**	**1264.3**	**129.9**
利通区	Litong	37425.9	20451.7	19143.3	1308.4	7280.9	2078.7	225.8
红寺堡区	Hongsipu	27367.3	18704.5	18292.4	412.1	5898.0	670.7	7.4
盐池县	Yanchi	31606.5	18351.0	18318.7	32.3	8478.3	1030.7	117.3
同心县	Tongxin	30774.7	18100.0	17366.5	733.5	9013.3	628.7	2.5
青铜峡市	Qingtongxia	32782.2	20900.8	20351.9	548.9	6440.1	563.1	88.6
固原市	**Guyuan**	**34372.5**	**23543.9**	**22274.7**	**1269.2**	**6125.8**	**1569.3**	**254.7**
原州区	Yuanzhou	39308.1	24737.5	23234.4	1503.2	8917.1	2313.8	469.1
西吉县	Xiji	30024.0	22556.8	21271.0	1285.8	4477.2	565.3	31.3
隆德县	Longde	27585.0	20337.0	19970.5	366.5	2611.5	889.4	35.6
泾源县	Jingyuan	27948.6	22897.3	22321.7	575.6	1947.2	932.6	15.1
彭阳县	Pengyang	29345.9	23183.1	21958.0	1225.1	2028.1	976.9	20.6
中卫市	**Zhongwei**	**32927.6**	**22666.7**	**21603.8**	**1062.9**	**4043.4**	**1041.1**	**114.4**
沙坡头区	Shapotou	34932.7	23689.7	22581.1	1108.6	4046.2	1351.1	168.7
中宁县	Zhongning	32693.5	21206.0	20257.4	948.6	5195.6	874.3	97.8
海原县	Haiyuan	28057.9	22424.8	21290.9	1133.9	2109.1	506.5	

2-42 续表 1 continued

单位：元/人 (yuan/person)

市　县	Region	2.红利收入 Bonus	3.储蓄性保险净收益 Insurance Profit	4.转让承包土地经营权租金净收入 Rental Income for Land Contractual Management Right	5.出租房屋净收入 Lease House Income	6.出租其他资产净收入 Rent Other Assets Income	7.其他财产净收入 Other Properties	8.房屋虚拟租金 Virtual Rent of House
全　区	**Total**	**193.9**	**5.9**	**144.2**	**313.5**	**11.4**	**57.9**	**773.6**
沿黄地区	**Plain**	**166.3**	**11.1**	**49.9**	**282.5**	**8.5**	**39.1**	**951.2**
中南部地区	**Mountain Area**	**56.4**		**51.0**	**319.6**	**9.4**	**2.4**	**494.3**
银川市	**Yinchuan**	**226.9**	**16.6**	**34.1**	**248.8**	**13.9**	**68.1**	**1274.1**
兴庆区	Xingqing	541.0	39.6	3.8	260.4	34.7	0.7	1614.6
西夏区	Xixia				58.3			1184.1
金凤区	Jinfeng	30.8	2.9	4.1	280.5		283.4	1321.3
永宁县	Yongning	13.5		118.4	173.3			655.4
贺兰县	Helan			284.1	727.3			793.3
灵武市	Lingwu	26.8		54.5	68.5			442.6
石嘴山市	**Shizuishan**	**39.2**	**5.1**	**46.9**	**218.6**	**1.6**		**422.6**
大武口区	Dawukou	77.3	10.0	31.0	329.6			458.5
惠农区	Huinong			63.8	91.0			299.0
平罗县	Pingluo			62.4	121.9	7.6		499.8
吴忠市	**Wuzhong**	**126.5**		**129.5**	**435.1**		**1.9**	**441.4**
利通区	Litong	296.8		40.1	925.8			590.2
红寺堡区	Hongsipu	51.8		38.6	239.8			333.1
盐池县	Yanchi	28.5		263.2	67.2		11.7	542.7
同心县	Tongxin			27.9	179.4			418.9
青铜峡市	Qingtongxia			291.1	50.4			133.0
固原市	**Guyuan**	**119.8**		**22.3**	**576.8**	**23.4**	**1.9**	**570.3**
原州区	Yuanzhou	227.3			1039.0	45.6		532.7
西吉县	Xiji				72.8			461.1
隆德县	Longde			2.9	207.5			643.3
泾源县	Jingyuan	39.5					62.3	815.7
彭阳县	Pengyang	12.3		151.4	42.5			750.2
中卫市	**Zhongwei**	**2.8**	**2.8**	**43.3**	**161.8**			**716.0**
沙坡头区	Shapotou	5.6	5.6	64.3	196.2			910.8
中宁县	Zhongning			36.1	127.1			613.3
海原县	Haiyuan				129.7			376.8

2-42 续表 2 continued

单位：元/人 (yuan/person)

市 县	Region	(四)转移性收入 Income from Transfer	1.养老金或离退休金 Annuities and Pension	2.社会救济和补助 Social Relief	3.政策性生活补贴 Policy-related Subsidies	4.赡养收入 Maintenance Income	5.报销医疗费 Medical Fee for Reimbursement	6.其他转移性收入 Other Transfer
全　区	**Total**	**8688.7**	**7364.0**	**132.4**	**33.0**	**173.4**	**684.8**	**74.3**
沿黄地区	**Plain**	**9181.9**	**8299.8**	**95.6**	**10.4**	**114.4**	**541.4**	**53.7**
中南部地区	**Mountain Area**	**3075.2**	**2271.8**	**205.1**	**68.4**	**80.0**	**235.2**	**38.3**
银川市	**Yinchuan**	**10116.3**	**9288.0**	**69.5**	**4.5**	**94.0**	**561.1**	**60.3**
兴庆区	Xingqing	12713.4	11684.7	145.9		137.5	664.0	54.3
西夏区	Xixia	9826.8	9233.6	45.8		10.5	463.3	72.5
金凤区	Jinfeng	10033.6	9250.9	2.5	16.8	111.1	562.2	63.3
永宁县	Yongning	4427.7	3629.8	35.8		72.1	324.2	193.8
贺兰县	Helan	7940.2	7282.9	8.0	6.2		530.5	
灵武市	Lingwu	3605.8	3019.0	11.8		87.2	415.0	22.5
石嘴山市	**Shizuishan**	**9593.3**	**8831.1**	**104.4**	**21.1**	**55.1**	**508.1**	**24.8**
大武口区	Dawukou	11699.4	10902.6	57.0		90.1	544.3	32.0
惠农区	Huinong	8096.3	7093.4	209.7	75.3	33.5	639.9	15.1
平罗县	Pingluo	6541.5	6179.7	78.4			247.4	20.2
吴忠市	**Wuzhong**	**5340.0**	**4199.6**	**162.9**	**58.7**	**195.9**	**397.4**	**58.1**
利通区	Litong	7614.6	6148.3	198.6		358.5	630.1	70.5
红寺堡区	Hongsipu	2094.0	1499.5	111.6	56.5	20.4	178.4	12.6
盐池县	Yanchi	3746.5	2234.4	56.7	255.9	164.7	377.4	99.9
同心县	Tongxin	3032.7	2567.0	90.6	17.8	15.8	194.3	63.4
青铜峡市	Qingtongxia	4878.3	3983.3	245.7	46.8	98.5	190.3	10.8
固原市	**Guyuan**	**3133.6**	**2347.6**	**246.5**	**37.0**	**109.7**	**261.8**	**18.3**
原州区	Yuanzhou	3339.6	2761.8	143.9	42.2	105.4	261.4	1.3
西吉县	Xiji	2424.8	2096.1	34.0		46.6	61.9	56.5
隆德县	Longde	3747.2	2034.9	760.2	127.4	266.2	409.8	54.5
泾源县	Jingyuan	2171.6	1268.6	554.5	36.3	22.4	220.1	9.1
彭阳县	Pengyang	3157.7	1695.5	466.7	5.0	117.9	444.8	0.5
中卫市	**Zhongwei**	**5176.5**	**4301.0**	**109.4**	**28.8**	**128.0**	**478.7**	**73.0**
沙坡头区	Shapotou	5845.7	4932.2	36.2	23.5	127.6	587.8	111.6
中宁县	Zhongning	5417.6	4492.0	108.6		187.5	531.9	37.0
海原县	Haiyuan	3017.5	2325.9	303.0	91.0	29.5	103.7	31.7

2-42 续表 3 continued

单位：元/人 (yuan/person)

市 县	Region	二、出售资产所得 Proceeds from Sales of Belongings	1.出售住房收入 Sale of Housing	2.出售其他物品收入 Sale of Other	三、借贷性所得 Credit Income	1.提取储蓄存款 Draw Saving Deposits	2.借入款 Borrowed	3.收回借出款 Recover Loans
全 区	**Total**	**2196.6**		**536.0**	**4335.2**	**1278.2**	**901.3**	**907.4**
沿黄地区	**Plain**	**2321.8**		**430.9**	**4309.0**	**1600.9**	**474.7**	**1111.6**
中南部地区	**Mountain Area**	**790.0**		**190.2**	**3960.6**	**729.2**	**1547.9**	**451.4**
银川市	**Yinchuan**	**3188.9**		**667.4**	**5121.6**	**2368.1**	**667.7**	**1437.0**
兴庆区	Xingqing	3506.2		297.7	8450.1	4242.3	302.4	3271.9
西夏区	Xixia	631.5		631.5	3674.0	1768.6	1905.3	
金凤区	Jinfeng	6109.6		1528.7	1306.3	684.7		7.4
永宁县	Yongning	3135.0		548.9	1355.0	605.6	559.7	99.1
贺兰县	Helan	6.1		6.1	3627.0	12.9	215.6	102.0
灵武市	Lingwu	707.0		700.3	6612.4	2539.4	2641.6	1431.4
石嘴山市	**Shizuishan**	**1739.2**		**119.5**	**1530.2**	**146.3**	**19.7**	**429.0**
大武口区	Dawukou	3190.2		205.8	2873.5	242.6		803.4
惠农区	Huinong	30.4		14.7	155.9		48.7	77.0
平罗县	Pingluo	531.3		51.9	137.7	109.3	28.4	
吴忠市	**Wuzhong**	**775.1**		**48.7**	**5613.7**	**1238.9**	**861.6**	**1201.7**
利通区	Litong	12.9		12.9	8221.0	758.9	620.5	2051.3
红寺堡区	Hongsipu	274.1		266.3	7511.5		466.2	3673.8
盐池县	Yanchi	4114.1		72.6	7131.7	3922.0	1154.2	841.5
同心县	Tongxin	37.0		37.0	2399.3	3.1	2327.1	50.5
青铜峡市	Qingtongxia	300.7		48.9	1528.6	1305.8	98.2	124.7
固原市	**Guyuan**	**628.2**		**375.2**	**4195.7**	**361.7**	**2057.0**	**56.1**
原州区	Yuanzhou	752.3		726.0	7226.8	642.2	3578.7	
西吉县	Xiji	2.2		2.2	693.7		108.7	264.5
隆德县	Longde	7.4		7.4	1188.0	79.2	1090.2	18.6
泾源县	Jingyuan	124.7		0.1	3568.3	637.7	1909.8	8.0
彭阳县	Pengyang	1626.2		6.4	717.5	23.8	145.8	
中卫市	**Zhongwei**	**899.3**		**191.8**	**2833.1**	**820.2**	**459.4**	**66.3**
沙坡头区	Shapotou	1808.4		380.2	2197.3	196.6	430.0	8.5
中宁县	Zhongning	8.1		8.1	4330.4	1765.1	485.5	169.0
海原县	Haiyuan	4.8		4.8	1996.3	875.9	492.8	45.9

2-42 续表 4 continued

单位：元/人 (yuan/person)

市 县	Region	4.收回储蓄性保险本金 Recouping Insurance Principal	5.住房贷款 Repayment of House Loan	6.汽车贷款 Repayment of Auto Loan	7.教育贷款 Repayment of Education Loan	8.其他贷款 Repayment of Other Loans	9.其他借贷所得 Other Credit Income
全 区	**Total**	**11.7**	**391.0**	**140.5**	**21.8**	**667.2**	**16.1**
沿黄地区	**Plain**	**8.0**	**571.7**	**182.5**	**2.7**	**347.7**	**9.3**
中南部地区	**Mountain Area**	**24.9**	**235.9**	**175.9**	**43.9**	**692.2**	**59.2**
银川市	**Yinchuan**		**171.7**	**229.1**	**4.9**	**226.5**	**16.6**
兴庆区	Xingqing		428.6	204.9			
西夏区	Xixia						
金凤区	Jinfeng			614.3			
永宁县	Yongning				90.6		
贺兰县	Helan					3071.9	224.7
灵武市	Lingwu						
石嘴山市	**Shizuishan**	**8.5**		**150.1**		**776.7**	
大武口区	Dawukou			296.0		1531.5	
惠农区	Huinong	30.3					
平罗县	Pingluo						
吴忠市	**Wuzhong**	**18.7**	**1886.1**	**36.6**	**5.6**	**280.0**	**84.5**
利通区	Litong	37.9	4323.3			429.2	
红寺堡区	Hongsipu		2768.5		100.8	502.2	
盐池县	Yanchi	21.4		220.0		482.1	490.6
同心县	Tongxin						18.6
青铜峡市	Qingtongxia						
固原市	**Guyuan**	**40.0**		**166.7**	**64.8**	**1449.5**	
原州区	Yuanzhou			324.4	24.8	2656.6	
西吉县	Xiji				165.0	155.5	
隆德县	Longde						
泾源县	Jingyuan					1012.8	
彭阳县	Pengyang	274.7			126.5	146.7	
中卫市	**Zhongwei**	**26.2**	**950.6**	**264.0**	**5.3**	**239.4**	**1.7**
沙坡头区	Shapotou		858.8	321.6		381.7	
中宁县	Zhongning	83.0	1663.0			159.5	5.4
海原县	Haiyuan			553.7	28.0		

2-42 续表 5 continued

单位：元/人 (yuan/person)

市 县	Region	四、家庭总支出 Total Expenditure	(一)消费支出 Consumption Expenditure	(二)生产经营费用支出 Expenditure for Household Business	(三)财产性支出 Property Expenditures		(四)转移性支出 Transfer Expenditures	
						1.生活贷款利息支出 Interest of Life Loans	2.其他 Other		1.个人所得税 Individual Income-tax
全 区	**Total**	**41310.4**	**24161.0**	**2444.0**	**373.6**	**370.5**	**3.1**	**2717.7**	**123.1**
沿黄地区	**Plain**	**39566.2**	**24355.6**	**762.5**	**263.3**	**263.3**	**0.0**	**2290.2**	**134.4**
中南部地区	**Mountain Area**	**30668.7**	**17594.0**	**1955.8**	**254.6**	**250.7**	**3.9**	**1410.4**	**49.8**
银川市	**Yinchuan**	**43644.0**	**27716.9**	**516.5**	**369.8**	**369.8**		**2785.8**	**190.5**
兴庆区	Xingqing	52774.3	32054.3	105.2	695.5	695.5		3322.0	253.2
西夏区	Xixia	34128.1	22478.1	52.6	111.6	111.6		2673.8	62.0
金凤区	Jinfeng	38183.8	28563.7	61.9	159.2	159.2		2243.7	218.8
永宁县	Yongning	37475.0	22842.3	659.7	105.4	105.4		1648.6	35.0
贺兰县	Helan	35865.2	21500.4	393.8	317.9	317.9		2374.3	40.5
灵武市	Lingwu	43957.4	22464.9	4948.3	87.3	87.3		3091.7	284.9
石嘴山市	**Shizuishan**	**31751.4**	**19480.9**	**1053.8**	**101.5**	**101.5**		**1678.5**	**72.2**
大武口区	Dawukou	37689.7	22639.3	982.7	174.8	174.8		2418.3	117.5
惠农区	Huinong	26423.5	15923.0	956.7	45.3	45.3		888.7	40.5
平罗县	Pingluo	24607.9	16637.9	1351.5	0.5	0.5		954.9	6.1
吴忠市	**Wuzhong**	**34121.8**	**18001.7**	**1937.2**	**93.8**	**90.0**	**3.9**	**1190.1**	**36.0**
利通区	Litong	43945.2	20731.3	2371.3	158.0	158.0		1263.3	19.6
红寺堡区	Hongsipu	35877.4	17101.8	244.6	76.0	50.6	25.5	1442.9	100.4
盐池县	Yanchi	32083.8	16364.3	1625.3	125.9	111.9	14.1	551.8	28.2
同心县	Tongxin	26671.1	15789.1	3657.9	0.0	0.0		1076.6	36.0
青铜峡市	Qingtongxia	22600.1	16080.3	529.1	24.8	24.3	0.5	1564.9	55.7
固原市	**Guyuan**	**34318.0**	**19741.6**	**2567.3**	**575.1**	**574.8**	**0.2**	**1782.0**	**58.9**
原州区	Yuanzhou	41945.1	22874.5	4647.3	1073.9	1073.9		2003.0	91.0
西吉县	Xiji	26249.6	16688.0	612.9	98.8	98.8		1435.8	39.5
隆德县	Longde	22322.7	17024.1	466.6	7.4	7.4		1748.0	5.2
泾源县	Jingyuan	25280.7	15344.2	112.0	75.5	69.3	6.3	1132.7	24.9
彭阳县	Pengyang	29344.3	15872.1	12.2	0.3		0.3	1650.1	19.3
中卫市	**Zhongwei**	**32842.0**	**20018.1**	**348.5**	**111.6**	**111.6**	**0.0**	**1739.7**	**54.5**
沙坡头区	Shapotou	32753.8	21141.1	259.3	176.4	176.4		1775.0	56.8
中宁县	Zhongning	38489.0	20774.1	672.4	75.5	75.4	0.1	1889.4	58.5
海原县	Haiyuan	23626.1	15807.0	41.1	1.8	1.8		1396.9	41.8

2-42 续表 6 continued

单位：元/人 (yuan/person)

市 县	Region	2.社会保障支出 Social Security Expenditures	个人缴纳的养老保险 Annuities	个人缴纳的医疗保险 Medical Accumulation Fund	个人缴纳的失业保险 Disemployed Accumulation Fund	其他社会保障支出 Others	3.赡养支出 Support Expenditures	4. 其他转移性支出 Others
全 区	**Total**	**2368.4**	**1745.7**	**517.6**	**63.0**	**42.1**	**115.7**	**110.5**
沿黄地区	**Plain**	**1941.6**	**1381.4**	**471.7**	**65.4**	**23.0**	**113.6**	**100.6**
中南部地区	**Mountain Area**	**1266.5**	**837.4**	**296.7**	**56.9**	**75.5**	**27.3**	**66.7**
银川市	**Yinchuan**	**2337.9**	**1692.4**	**540.4**	**81.7**	**23.4**	**124.9**	**132.6**
兴庆区	Xingqing	2743.9	2062.2	584.3	90.8	6.6	151.6	173.3
西夏区	Xixia	2502.5	1771.8	663.3	66.9	0.5	72.5	36.8
金凤区	Jinfeng	1781.2	1251.4	437.9	72.9	19.0	130.4	113.2
永宁县	Yongning	1478.7	1115.6	324.7	29.9	8.5	83.4	51.5
贺兰县	Helan	1929.3	1272.1	412.5	113.9	130.7	131.9	272.5
灵武市	Lingwu	2614.6	1785.6	655.8	96.4	76.8	96.1	96.2
石嘴山市	**Shizuishan**	**1487.1**	**1030.7**	**393.0**	**54.8**	**8.6**	**68.8**	**50.3**
大武口区	Dawukou	2107.3	1465.7	551.2	85.3	5.2	132.4	61.0
惠农区	Huinong	797.8	539.5	224.9	26.7	6.7	3.3	47.1
平罗县	Pingluo	916.5	640.8	237.3	19.0	19.3	3.4	28.8
吴忠市	**Wuzhong**	**957.5**	**574.0**	**306.6**	**32.6**	**44.3**	**121.3**	**75.3**
利通区	Litong	925.5	549.1	329.7	23.2	23.5	223.9	94.3
红寺堡区	Hongsipu	1298.0	675.6	363.0	47.5	211.9	24.2	20.4
盐池县	Yanchi	452.2	237.6	174.8	15.5	24.3	37.8	33.6
同心县	Tongxin	891.8	550.7	238.5	66.0	36.6	8.3	140.1
青铜峡市	Qingtongxia	1366.3	869.8	401.3	34.4	60.8	104.6	38.3
固原市	**Guyuan**	**1646.1**	**1163.0**	**374.9**	**64.2**	**44.0**	**24.5**	**52.5**
原州区	Yuanzhou	1863.0	1357.1	447.6	55.5	2.8	7.4	41.6
西吉县	Xiji	1297.8	792.9	354.8	77.8	72.3	55.9	42.6
隆德县	Longde	1620.1	1117.6	282.8	54.6	165.1	69.6	53.0
泾源县	Jingyuan	923.1	549.0	238.8	102.4	33.0		184.7
彭阳县	Pengyang	1541.4	1160.4	242.6	74.7	63.7	13.3	76.1
中卫市	**Zhongwei**	**1588.8**	**1128.8**	**354.9**	**44.1**	**60.8**	**46.9**	**49.6**
沙坡头区	Shapotou	1653.4	1191.7	399.7	49.2	12.8	3.4	61.5
中宁县	Zhongning	1693.1	1225.3	364.1	28.7	75.0	114.2	23.6
海原县	Haiyuan	1244.6	802.4	222.3	56.7	163.2	48.6	61.9

2-42 续表 7 continued

单位：元/人 (yuan/person)

市 县	Region	(五)部分商业保险支出 Commercial Insurance	(六)购房与建房支出 Expenditures of Purchasing and Building Houses	1.购房 Purchasing Houses	2.建房 Building Houses	(七)借贷性支出 Credit Expenditures	1.存入储蓄款 Saving Deposits	2.借出款 Lending	3.归还借款 Repayment of Loans
全 区	**Total**	**691**	**2685**	**2591**	**93**	**3329**	**311**	**79**	**750**
沿黄地区	**Plain**	**770**	**2572**	**2563**	**8**	**3502**	**440**	**103**	**547**
中南部地区	**Mountain Area**	**236**	**2517**	**2124**	**394**	**3174**	**12**	**16**	**455**
银川市	**Yinchuan**	**845**	**2135**	**2135**		**4473**	**750**	**106**	**657**
兴庆区	Xingqing	1243	3633	3633		5125	1781	2	124
西夏区	Xixia	292	1759	1759		2785	205		140
金凤区	Jinfeng	620				4105	8	403	568
永宁县	Yongning	1131	3422	3422		4533		78	228
贺兰县	Helan	449	2971	2971		5284			3730
灵武市	Lingwu	760	73	73		4787	40	57	2076
石嘴山市	**Shizuishan**	**500**	**2336**	**2336**		**1493**		**147**	**400**
大武口区	Dawukou	577	2803	2803		1734		19	519
惠农区	Huinong	409	2076	2076		1121		448	83
平罗县	Pingluo	438	1564	1564		1410		58	535
吴忠市	**Wuzhong**	**505**	**3827**	**3588**	**239**	**2944**		**75**	**253**
利通区	Litong	798	6291	6291		4206		4	365
红寺堡区	Hongsipu	380	7006	7006		3120		3	213
盐池县	Yanchi	209	4521	3823	698	3046		93	162
同心县	Tongxin	34	1028	265	763	1687		20	116
青铜峡市	Qingtongxia	573				1423		253	226
固原市	**Guyuan**	**311**	**1929**	**1767**	**162**	**4502**	**27**	**0**	**912**
原州区	Yuanzhou	317	2710	2710		5479			1422
西吉县	Xiji	546	6	3	3	3429	131		170
隆德县	Longde	27	474	445	30	1583			343
泾源县	Jingyuan	163	20		20	4557		7	1236
彭阳县	Pengyang	198	3328	2247	1081	4666			492
中卫市	**Zhongwei**	**787**	**3317**	**3147**	**170**	**2150**		**7**	**497**
沙坡头区	Shapotou	785	1722	1578	144	2021			780
中宁县	Zhongning	1118	6418	6418		2739		16	337
海原县	Haiyuan	235	2313	1790	523	1507		11	24

2-42 续表 8 continued

单位：元/人 (yuan/person)

市 县	Region	4.购买有价证券 Purchase of Securities	5.其他投资支出 Other Investment Expenditure	6.归还住房贷款 Repayment of House Loan	7.归还汽车贷款 Repayment of Auto Loan	8.归还教育贷款 Repayment of Education Loan	9.归还其他贷款 Repayment of Other Loans	10.其他借贷支出 Other Credit Expenditures
全 区	**Total**	**24.9**	**36.9**	**1414.9**	**389.7**	**5.6**	**304.0**	**13.3**
沿黄地区	**Plain**	**34.1**	**13.8**	**1820.3**	**432.3**	**6.0**	**94.5**	**11.3**
中南部地区	**Mountain Area**		**55.9**	**1698.1**	**318.0**	**14.7**	**601.8**	**1.9**
银川市	**Yinchuan**	**0.1**	**23.5**	**2357.4**	**544.9**	**3.7**	**25.8**	**5.4**
兴庆区	Xingqing			2456.8	748.2		13.1	0.7
西夏区	Xixia			2151.3	270.2	10.1		8.2
金凤区	Jinfeng			2783.7	327.7	8.9	5.9	
永宁县	Yongning	1.1		3854.0	368.1		3.8	
贺兰县	Helan			929.3	427.6		145.1	52.1
灵武市	Lingwu		299.9	1265.9	943.1		105.2	
石嘴山市	**Shizuishan**	**161.0**		**459.9**	**254.0**		**71.1**	**0.2**
大武口区	Dawukou	317.5		497.1	382.1			
惠农区	Huinong			158.5	177.6		253.4	0.6
平罗县	Pingluo			768.9	49.0			
吴忠市	**Wuzhong**	**4.8**	**7.8**	**1830.3**	**241.6**		**496.6**	**35.1**
利通区	Litong	11.9	11.2	2966.3	292.2		501.6	53.3
红寺堡区	Hongsipu			1977.0	823.4		83.7	20.7
盐池县	Yanchi		19.9	1344.3	274.9		1151.9	
同心县	Tongxin			971.8	10.7		568.1	0.7
青铜峡市	Qingtongxia			703.5	144.2		38.3	57.8
固原市	**Guyuan**		**94.3**	**2199.5**	**457.1**		**812.2**	
原州区	Yuanzhou			2219.9	680.2		1156.4	
西吉县	Xiji			2480.8	330.4		316.7	
隆德县	Longde		6.1	1185.2	48.9			
泾源县	Jingyuan		106.9	1702.5	622.3		882.1	
彭阳县	Pengyang		620.9	2578.7	108.4		866.4	
中卫市	**Zhongwei**		**0.8**	**1063.2**	**331.7**	**51.5**	**188.4**	**10.5**
沙坡头区	Shapotou			510.7	399.9	66.8	254.3	9.0
中宁县	Zhongning			1826.2	344.9		196.0	18.9
海原县	Haiyuan		4.0	1236.7	130.6	97.3	2.7	

2-43 2019年各市县城镇居民家庭消费支出情况
Basic Statistics of Consumption Expenditure of Urban Households by City and County (2019)

单位：元/人 (yuan/person)

市 县	Region	消费支出 Consumption Expenditure	一、食品烟酒 Food, Tobacco and Liquor	A.食品 Food	谷物 Grain	薯类 Tubers	豆类 Soybeans	食用油 Edible Oil	蔬菜和食用菌 Vegetables and Related Products
全 区	**Total**	**24161.0**	**5858.9**	**3482.2**	**403.4**	**32.8**	**45.2**	**117.6**	**412.1**
沿黄地区	**Plain**	**24355.6**	**6492.3**	**3667.3**	**393.0**	**26.4**	**49.3**	**111.2**	**450.6**
中南部地区	**Mountain Area**	**17594.0**	**4720.2**	**2975.2**	**372.4**	**42.4**	**28.1**	**119.6**	**299.3**
银川市	**Yinchuan**	**27716.9**	**6996.1**	**3808.9**	**379.3**	**29.7**	**47.7**	**106.9**	**472.0**
兴庆区	Xingqing	32054.3	8197.7	4374.0	410.0	37.6	61.3	115.5	570.4
西夏区	Xixia	22478.1	6161.0	3670.2	454.5	28.5	53.3	117.3	427.5
金凤区	Jinfeng	28563.7	6720.8	3428.9	306.0	22.2	35.1	84.1	436.6
永宁县	Yongning	22842.3	6504.2	3760.5	400.0	22.3	47.7	131.7	430.7
贺兰县	Helan	21500.4	5362.7	3136.6	337.7	36.2	34.6	121.3	366.5
灵武市	Lingwu	22464.9	5211.3	3018.6	323.2	13.1	18.1	81.8	292.5
石嘴山市	**Shizuishan**	**19480.9**	**6316.3**	**3790.1**	**452.1**	**17.9**	**60.4**	**116.5**	**470.1**
大武口区	Dawukou	22639.3	7322.8	4223.0	545.6	22.0	67.0	120.6	509.1
惠农区	Huinong	15923.0	5678.3	3550.4	404.1	0.0	61.2	110.5	476.2
平罗县	Pingluo	16637.9	4755.8	3072.8	291.9	31.8	43.3	114.6	369.1
吴忠市	**Wuzhong**	**18001.7**	**5086.7**	**3098.2**	**353.9**	**28.0**	**31.9**	**113.0**	**321.3**
利通区	Litong	20731.3	6139.7	3697.5	351.7	30.7	37.5	121.6	388.1
红寺堡区	Hongsipu	17101.8	4965.7	2716.6	291.2	55.3	22.9	91.0	255.7
盐池县	Yanchi	16364.3	4626.4	2791.1	299.2	35.0	30.8	77.3	228.7
同心县	Tongxin	15789.1	3744.9	2556.7	366.6	15.4	23.7	149.9	279.1
青铜峡市	Qingtongxia	16080.3	4517.3	2726.0	406.9	19.7	31.0	102.5	316.9
固原市	**Guyuan**	**19741.6**	**5245.0**	**3229.3**	**404.0**	**45.1**	**29.9**	**110.0**	**323.9**
原州区	Yuanzhou	22874.5	5816.2	3475.2	424.9	38.2	35.1	129.6	339.5
西吉县	Xiji	16688.0	4898.9	3100.8	393.0	66.0	18.6	85.8	283.5
隆德县	Longde	17024.1	4598.6	2901.5	361.6	75.8	36.1	109.5	390.2
泾源县	Jingyuan	15344.2	4117.9	2726.9	334.6	26.3	24.1	122.1	354.8
彭阳县	Pengyang	15872.1	4423.9	2886.7	391.1	22.1	23.9	72.5	270.3
中卫市	**Zhongwei**	**20018.1**	**4844.2**	**2947.6**	**380.3**	**31.7**	**48.2**	**129.3**	**373.7**
沙坡头区	Shapotou	21141.1	5320.8	3064.1	388.9	27.2	59.8	126.8	415.9
中宁县	Zhongning	20774.1	4279.0	2658.2	358.6	18.7	40.6	111.3	333.3
海原县	Haiyuan	15807.0	4539.1	3125.8	393.9	65.0	30.5	165.8	330.6

2-43 续表 1 continued

单位：元/人 (yuan/person)

市　县	Region	肉类 Meat	禽类 Poultry	水产品 Aquatic Products	蛋类 Eggs	奶类 Milk	干鲜瓜果类 Dried and Fresh Melon Fruits	糖果糕点类 Candy and Pastry	其他类食品 Other Food	B.烟酒 Tobacco and Liquor
全　区	**Total**	**829.3**	**183.1**	**122.2**	**81.5**	**312.3**	**621.1**	**139.1**	**182.5**	**453.9**
沿黄地区	**Plain**	**860.0**	**190.1**	**148.7**	**89.0**	**326.9**	**675.2**	**153.0**	**193.8**	**488.1**
中南部地区	**Mountain Area**	**784.3**	**155.4**	**59.1**	**62.8**	**235.5**	**557.1**	**92.6**	**166.7**	**354.6**
银川市	**Yinchuan**	**815.6**	**191.1**	**173.0**	**94.1**	**374.1**	**744.6**	**176.2**	**204.7**	**501.9**
兴庆区	Xingqing	888.4	211.4	227.7	109.9	376.1	904.8	227.3	233.6	531.2
西夏区	Xixia	749.1	180.2	158.0	103.8	369.1	666.3	167.3	195.3	534.6
金凤区	Jinfeng	760.6	168.3	164.4	85.0	398.5	663.4	141.0	163.8	524.4
永宁县	Yongning	739.0	241.4	102.6	71.1	552.1	675.2	152.3	194.6	480.7
贺兰县	Helan	693.1	149.7	86.7	66.8	317.5	553.4	128.9	244.2	396.5
灵武市	Lingwu	910.9	182.1	78.1	63.0	229.6	555.5	100.7	170.1	332.1
石嘴山市	**Shizuishan**	**947.2**	**186.3**	**159.9**	**102.0**	**273.6**	**625.7**	**153.0**	**225.5**	**565.1**
大武口区	Dawukou	993.9	202.4	212.7	117.1	279.0	692.2	182.3	279.0	702.1
惠农区	Huinong	933.2	186.1	147.5	98.7	228.9	600.4	146.1	157.5	428.9
平罗县	Pingluo	854.3	147.9	50.1	70.3	319.6	500.3	92.1	187.5	417.7
吴忠市	**Wuzhong**	**973.1**	**201.4**	**66.2**	**56.9**	**219.4**	**510.5**	**81.5**	**141.2**	**352.6**
利通区	Litong	1336.4	265.3	79.6	68.1	226.8	595.5	81.6	114.7	368.8
红寺堡区	Hongsipu	804.2	173.5	62.6	57.6	200.2	503.9	74.6	123.9	438.9
盐池县	Yanchi	836.4	152.7	64.7	51.3	259.4	468.0	107.7	179.9	334.8
同心县	Tongxin	691.7	148.4	40.1	34.3	183.9	400.9	44.8	177.8	283.1
青铜峡市	Qingtongxia	658.7	166.9	62.7	57.0	206.6	469.2	90.5	137.4	364.5
固原市	**Guyuan**	**784.0**	**149.3**	**64.7**	**79.3**	**282.8**	**667.5**	**122.1**	**166.6**	**403.5**
原州区	Yuanzhou	796.4	156.3	75.8	81.1	346.7	746.7	143.4	161.5	363.3
西吉县	Xiji	902.7	170.4	57.2	80.3	263.5	534.7	119.7	125.4	462.8
隆德县	Longde	555.4	138.7	58.2	84.5	187.9	568.1	93.2	242.2	472.4
泾源县	Jingyuan	529.6	123.3	44.2	67.6	290.3	550.6	62.2	197.1	242.7
彭阳县	Pengyang	794.8	108.5	45.3	70.2	151.5	671.4	84.4	180.6	447.2
中卫市	**Zhongwei**	**660.8**	**144.7**	**70.5**	**62.0**	**280.2**	**516.4**	**94.6**	**155.2**	**368.0**
沙坡头区	Shapotou	656.7	139.8	80.0	69.1	275.9	543.3	111.8	168.8	449.8
中宁县	Zhongning	540.3	130.4	59.2	51.6	340.9	461.0	80.9	131.4	311.1
海原县	Haiyuan	873.3	181.3	64.6	60.8	190.0	538.4	72.2	159.4	248.6

2-43 续表 2 continued

单位：元/人 (yuan/person)

市 县	Region	C.饮料 Beverage	D.饮食服务 Service for Food	在外饮食 Dinning Outer	二、衣着 Clothing	A.衣类 Clothing	B.鞋类 Footwear	三、居住 Residence	A.租赁房房租 Rent	B.住房维修及管理 Maintenance Management
全 区	**Total**	**135.6**	**1787.1**	**1698.4**	**2104.5**	**1718.0**	**386.5**	**4326.5**	**165.5**	**905.5**
沿黄地区	**Plain**	**144.5**	**2192.3**	**2103.9**	**2165.3**	**1766.4**	**398.9**	**4291.2**	**141.3**	**529.0**
中南部地区	**Mountain Area**	**127.6**	**1262.8**	**1202.1**	**1874.7**	**1504.6**	**370.1**	**3335.2**	**137.8**	**510.0**
银川市	**Yinchuan**	**166.0**	**2519.3**	**2457.7**	**2338.2**	**1901.6**	**436.6**	**5219.5**	**198.5**	**648.8**
兴庆区	Xingqing	204.9	3087.6	3034.4	2690.3	2197.8	492.5	5882.6	300.8	582.2
西夏区	Xixia	163.2	1793.0	1754.4	1640.5	1286.1	354.5	3925.8	143.6	499.9
金凤区	Jinfeng	153.6	2613.9	2562.3	2367.4	1909.8	457.6	6195.5	144.6	823.0
永宁县	Yongning	133.0	2129.9	1948.7	2033.0	1644.6	388.4	3683.3	100.1	584.7
贺兰县	Helan	99.5	1730.1	1669.6	2249.3	1914.5	334.8	3944.9	49.6	484.8
灵武市	Lingwu	96.0	1764.6	1666.1	2115.8	1739.3	376.5	3647.6	156.2	949.2
石嘴山市	**Shizuishan**	**115.9**	**1845.3**	**1701.6**	**1982.0**	**1623.0**	**358.9**	**2746.8**	**68.8**	**357.2**
大武口区	Dawukou	138.0	2259.7	2065.2	2442.7	2045.6	397.1	3041.4	88.6	480.8
惠农区	Huinong	100.1	1598.9	1473.2	1440.7	1132.2	308.4	2113.8	76.0	173.9
平罗县	Pingluo	83.9	1181.4	1134.9	1596.6	1262.0	334.6	2879.0	11.9	304.1
吴忠市	**Wuzhong**	**116.5**	**1519.4**	**1411.4**	**1825.5**	**1490.0**	**335.5**	**3026.1**	**113.5**	**439.4**
利通区	Litong	121.6	1951.8	1753.8	1857.6	1532.5	325.1	3261.2	10.3	311.3
红寺堡区	Hongsipu	123.4	1686.9	1412.6	1715.2	1380.1	335.1	2804.4	137.6	570.1
盐池县	Yanchi	143.0	1357.5	1331.8	1979.9	1565.6	414.3	3169.2	260.9	546.9
同心县	Tongxin	75.8	829.4	824.9	1707.2	1363.1	344.1	3361.1	93.2	926.9
青铜峡市	Qingtongxia	115.3	1311.6	1273.0	1764.7	1476.7	288.0	2291.6	200.3	198.5
固原市	**Guyuan**	**141.7**	**1470.5**	**1395.5**	**1981.3**	**1611.6**	**369.6**	**3672.4**	**121.9**	**383.5**
原州区	Yuanzhou	151.2	1826.6	1696.1	2229.8	1789.5	440.3	4084.1	102.0	421.3
西吉县	Xiji	136.5	1198.8	1188.7	1840.6	1488.2	352.4	3295.4	42.1	325.8
隆德县	Longde	113.6	1111.2	1103.9	1490.3	1201.7	288.7	3296.8	369.9	327.2
泾源县	Jingyuan	153.0	995.4	990.6	1714.7	1437.0	277.7	3130.5	69.6	393.1
彭阳县	Pengyang	133.4	956.6	922.2	1715.1	1492.1	223.0	3135.5	134.6	369.7
中卫市	**Zhongwei**	**113.2**	**1415.4**	**1363.2**	**1914.9**	**1538.0**	**376.9**	**3561.2**	**46.9**	**487.9**
沙坡头区	Shapotou	110.3	1696.6	1635.4	2071.3	1683.2	388.1	4002.1		669.1
中宁县	Zhongning	98.8	1210.8	1150.4	1686.3	1356.5	329.7	3281.3	71.8	301.5
海原县	Haiyuan	144.7	1020.0	1005.1	1886.9	1460.4	426.6	2872.4	128.3	324.3

2-43 续表 3 continued

单位：元/人 (yuan/person)

市 县	Region	C.水电燃料及其他 Water, Electricity, Fuel and Others	D.自有住房折算租金 Imputed Rent for Home-ownership	四、生活用品及服务 Household Facilities, Articles and Services	A.家具及室内装饰品 Furniture, Articles for Interior Decoration	B.家用器具 Implement	C.家用纺织品 Textile	D.家庭日用杂品 Household Articles for Daily Use	E.个人用品 Personal Articles	F.家庭服务 Family Services
全 区	**Total**	**974.9**	**2280.7**	**1529.1**	**263.1**	**285.5**	**135.1**	**264.7**	**497.7**	**83.0**
沿黄地区	**Plain**	**978.0**	**2642.9**	**1476.7**	**201.8**	**267.4**	**120.7**	**287.8**	**510.6**	**88.4**
中南部地区	**Mountain Area**	**818.7**	**1868.7**	**1208.3**	**205.6**	**197.0**	**140.8**	**216.4**	**417.8**	**30.7**
银川市	**Yinchuan**	**1009.7**	**3362.5**	**1656.7**	**212.2**	**295.7**	**127.5**	**333.9**	**562.8**	**124.6**
兴庆区	Xingqing	1108.0	3891.6	1777.3	194.8	249.5	147.4	428.5	589.3	167.7
西夏区	Xixia	1002.5	2279.8	1483.2	234.4	343.3	80.1	286.9	424.6	114.0
金凤区	Jinfeng	951.5	4276.3	1641.1	213.9	301.3	134.1	273.8	606.9	111.1
永宁县	Yongning	931.9	2066.6	1509.6	157.7	271.4	94.1	249.7	691.3	45.4
贺兰县	Helan	932.1	2478.4	1538.4	106.6	428.6	132.5	284.6	535.3	50.8
灵武市	Lingwu	825.4	1716.7	1642.3	389.1	313.1	117.1	230.5	501.7	90.8
石嘴山市	**Shizuishan**	**885.7**	**1435.1**	**1103.2**	**92.1**	**235.7**	**93.1**	**238.8**	**409.5**	**34.0**
大武口区	Dawukou	894.9	1577.1	1304.7	120.4	254.1	112.5	274.6	504.7	38.5
惠农区	Huinong	847.6	1016.3	989.3	59.7	276.5	88.4	223.4	310.3	31.1
平罗县	Pingluo	914.1	1648.9	772.8	67.3	138.0	52.7	174.0	313.5	27.4
吴忠市	**Wuzhong**	**840.2**	**1633.1**	**1277.1**	**248.6**	**193.6**	**135.4**	**203.1**	**459.1**	**37.3**
利通区	Litong	987.2	1952.4	1402.5	234.7	276.3	130.9	210.3	509.1	41.3
红寺堡区	Hongsipu	407.6	1689.1	1160.4	247.8	106.1	104.4	204.0	452.8	45.3
盐池县	Yanchi	772.6	1588.8	1086.3	118.9	172.5	136.2	221.3	402.4	34.9
同心县	Tongxin	648.4	1692.6	1228.4	290.8	162.5	167.1	190.1	393.8	24.0
青铜峡市	Qingtongxia	874.0	1018.9	1258.2	343.2	102.5	127.7	185.2	460.2	39.4
固原市	**Guyuan**	**921.1**	**2245.9**	**1354.4**	**219.5**	**245.8**	**156.5**	**239.6**	**456.7**	**36.2**
原州区	Yuanzhou	906.4	2654.3	1737.0	302.5	273.5	225.5	280.7	607.7	47.0
西吉县	Xiji	1016.1	1911.5	946.6	137.7	221.0	77.4	200.4	290.3	19.8
隆德县	Longde	850.4	1749.3	1089.1	134.4	245.6	100.7	235.5	357.5	15.5
泾源县	Jingyuan	967.7	1700.1	941.1	142.9	73.0	93.8	185.2	351.6	94.6
彭阳县	Pengyang	881.2	1749.9	855.7	119.3	219.9	77.2	164.3	251.3	23.7
中卫市	**Zhongwei**	**1010.3**	**2016.1**	**1286.5**	**254.6**	**229.8**	**121.1**	**216.9**	**423.7**	**40.4**
沙坡头区	Shapotou	1068.0	2265.0	1346.6	227.8	251.5	147.3	243.0	438.9	38.1
中宁县	Zhongning	931.1	1976.8	1357.5	370.2	230.0	86.1	186.6	425.3	59.3
海原县	Haiyuan	991.3	1428.5	1010.2	131.6	172.7	110.9	199.3	381.0	14.7

2-43 续表 4 continued

单位：元/人 (yuan/person)

市 县	Region	五、交通通信 Transport and Communi-cations	A.交通 Transport	交通工具 Transport Vehicle	交通费 Car Fare	交通工具用燃料 Fuel for Transport Vehicle	交通工具使用及维修 Use and maintenance for Transport Vehicle	B.通信 Communi-cations	通信工具 Communi-cation Tools	通信服务 Service for Communi-cation
全 区	**Total**	**4077.0**	**3313.3**	**1103.8**	**534.6**	**823.0**	**851.8**	**763.7**	**239.7**	**524.1**
沿黄地区	**Plain**	**3655.9**	**2843.2**	**591.8**	**571.0**	**832.7**	**847.8**	**812.6**	**238.8**	**573.8**
中南部地区	**Mountain Area**	**2687.6**	**2127.6**	**341.7**	**299.8**	**818.8**	**667.4**	**559.9**	**184.7**	**375.2**
银川市	**Yinchuan**	**4196.1**	**3246.9**	**537.6**	**707.7**	**969.5**	**1032.2**	**949.2**	**267.0**	**682.2**
兴庆区	Xingqing	4795.1	3706.0	379.8	1037.0	1046.5	1242.6	1089.1	298.6	790.4
西夏区	Xixia	3586.7	2698.3	834.1	504.2	618.6	741.4	888.4	217.9	670.5
金凤区	Jinfeng	4068.0	3139.6	462.0	568.0	1028.4	1081.2	928.4	258.7	669.7
永宁县	Yongning	3967.3	3119.2	902.9	247.0	1053.7	915.6	848.1	326.4	521.7
贺兰县	Helan	3262.6	2479.3	356.6	376.9	1027.4	718.5	783.3	313.9	469.4
灵武市	Lingwu	3761.0	3118.8	911.4	478.9	974.4	754.1	642.2	141.9	500.2
石嘴山市	**Shizuishan**	**2776.0**	**2183.5**	**681.7**	**471.2**	**532.8**	**497.8**	**592.5**	**189.9**	**402.6**
大武口区	Dawukou	3234.0	2598.4	912.7	509.9	575.5	600.3	635.7	195.0	440.6
惠农区	Huinong	1810.6	1277.3	163.0	422.5	395.1	296.7	533.3	170.1	363.2
平罗县	Pingluo	2957.1	2389.4	815.2	443.1	612.6	518.4	567.7	203.6	364.0
吴忠市	**Wuzhong**	**2516.9**	**1970.4**	**269.0**	**265.6**	**833.1**	**602.7**	**546.4**	**162.0**	**384.4**
利通区	Litong	3031.3	2419.9	325.9	239.2	1050.6	804.2	611.4	140.9	470.5
红寺堡区	Hongsipu	3092.7	2502.0	501.5	247.7	1015.0	737.8	590.7	173.4	417.4
盐池县	Yanchi	2030.2	1492.2	25.7	340.8	677.5	448.1	538.0	175.5	362.5
同心县	Tongxin	1890.2	1544.7	188.7	132.5	696.1	527.4	345.6	131.4	214.2
青铜峡市	Qingtongxia	2252.3	1681.8	350.5	360.3	601.9	369.0	570.5	210.8	359.6
固原市	**Guyuan**	**3274.9**	**2547.2**	**477.2**	**393.3**	**887.7**	**789.0**	**727.7**	**239.7**	**488.1**
原州区	Yuanzhou	4203.3	3311.0	725.1	475.4	1054.0	1056.5	892.4	314.5	577.9
西吉县	Xiji	2572.1	1940.4	280.9	259.1	804.9	595.4	631.7	196.0	435.7
隆德县	Longde	2119.9	1790.9	420.0	307.2	592.9	470.8	329.0	131.2	197.8
泾源县	Jingyuan	2080.9	1370.0	1.6	289.2	660.6	418.6	710.9	207.4	503.5
彭阳县	Pengyang	2076.3	1501.8	19.8	376.7	679.1	426.2	574.5	122.2	452.3
中卫市	**Zhongwei**	**3264.9**	**2593.8**	**959.3**	**298.7**	**614.7**	**721.0**	**671.2**	**243.1**	**428.0**
沙坡头区	Shapotou	2638.8	1869.7	447.9	346.8	474.2	600.8	769.1	301.2	468.0
中宁县	Zhongning	4660.9	3977.1	2110.2	252.7	702.2	912.1	683.8	218.4	465.4
海原县	Haiyuan	2572.8	2179.7	376.2	249.8	837.3	716.5	393.0	132.3	260.7

2-43 续表 5 continued

单位：元/人 (yuan/person)

市 县	Region	六、教育文化娱乐 Education, Cultural and Recreation	A.教育 Education	学前教育 Preschool	小学教育 Elementary	初中教育 Junior High School	高中教育 Senior High School	中专职高教育 Technical and Professional High School	大专及以上教育 College Degree or Above	成人教育 Adult Education
全 区	**Total**	**3188.2**	**1962.1**	**245.2**	**321.2**	**215.0**	**252.1**	**43.9**	**712.5**	**172.3**
沿黄地区	**Plain**	**3245.9**	**1888.3**	**250.1**	**316.3**	**187.6**	**255.8**	**26.1**	**707.9**	**144.6**
中南部地区	**Mountain Area**	**2141.5**	**1505.4**	**145.1**	**119.4**	**138.4**	**359.9**	**58.5**	**584.3**	**99.8**
银川市	**Yinchuan**	**3901.8**	**2182.4**	**311.4**	**429.4**	**247.8**	**217.2**	**22.2**	**780.1**	**174.3**
兴庆区	Xingqing	4855.8	2716.9	234.5	620.7	251.3	308.0		1110.1	192.3
西夏区	Xixia	2309.0	1304.2	372.3	154.3	60.2	167.0	77.6	401.5	71.3
金凤区	Jinfeng	4196.8	2121.6	417.9	422.8	285.8	59.7	19.8	659.4	256.0
永宁县	Yongning	2530.7	1629.2	432.7	195.3	262.3	89.5		526.9	122.4
贺兰县	Helan	2643.2	1582.4	274.7	421.3	170.8	100.5	29.7	431.7	153.6
灵武市	Lingwu	3386.9	2311.1	209.7	181.9	545.7	531.4	42.3	709.7	90.4
石嘴山市	**Shizuishan**	**2240.8**	**1351.8**	**109.3**	**93.3**	**94.4**	**261.8**	**30.8**	**670.9**	**91.3**
大武口区	Dawukou	2662.2	1557.9	102.9	56.8	104.1	352.2		874.4	67.6
惠农区	Huinong	1783.8	1118.3	58.1	138.6	79.7	232.1	50.9	419.0	139.9
平罗县	Pingluo	1838.2	1167.9	192.1	120.8	90.4	85.0	78.0	517.6	84.0
吴忠市	**Wuzhong**	**2124.1**	**1406.7**	**126.9**	**171.9**	**118.3**	**340.4**	**52.5**	**486.2**	**110.4**
利通区	Litong	2331.6	1403.0	50.3	253.8	125.3	358.8	56.1	501.0	57.7
红寺堡区	Hongsipu	1715.2	1128.6	57.9	41.5	51.8	318.5	3.9	617.1	37.8
盐池县	Yanchi	1762.7	1260.7	131.7	121.2	129.2	176.8		531.8	169.9
同心县	Tongxin	2454.0	1952.1	125.8	105.5	207.1	772.2	185.9	435.9	119.8
青铜峡市	Qingtongxia	1876.8	1193.7	283.7	142.5	48.2	117.4		427.9	174.1
固原市	**Guyuan**	**2371.5**	**1596.2**	**202.4**	**155.4**	**140.0**	**228.1**	**19.2**	**745.1**	**106.0**
原州区	Yuanzhou	2617.3	1607.5	293.8	174.5	147.5	135.6	34.6	714.6	106.9
西吉县	Xiji	2074.3	1507.8	68.8	160.4	158.3	190.8		800.8	128.6
隆德县	Longde	2465.9	2039.2	128.4	131.3	111.2	522.9	0.6	1052.4	92.5
泾源县	Jingyuan	1828.0	1432.9	102.6	115.0	36.8	274.1		833.0	71.3
彭阳县	Pengyang	1967.5	1392.4	142.0	107.2	130.5	383.0	9.3	532.3	88.2
中卫市	**Zhongwei**	**2540.3**	**1776.8**	**299.6**	**196.6**	**138.1**	**425.9**	**42.2**	**557.4**	**117.1**
沙坡头区	Shapotou	2760.1	1921.8	284.1	248.0	152.0	534.6	47.3	558.1	97.6
中宁县	Zhongning	2717.4	1978.3	451.8	185.3	133.4	300.4		714.9	192.6
海原县	Haiyuan	1667.7	1059.7	85.9	80.7	109.6	350.4	99.1	292.1	41.8

2-43 续表 6 continued

单位：元/人 (yuan/person)

市 县	Region	B.文化娱乐 Cultural Recreation	文娱耐用消费品 Durable Consumer Goods	其他文娱用品 Recreation Articles	文化娱乐服务 Culture Recreation Services	七、医疗保健 Health Care and Medical Services	A.医疗器具及药品 Medical Treatment and Drug	B.医疗服务 Service for Medical Treatment	八、其他用品及服务 Miscellaneous Goods and Services
全 区	**Total**	**1226.0**	**206.1**	**253.5**	**766.3**	**2342.2**	**743.0**	**1599.3**	**734.6**
沿黄地区	**Plain**	**1357.6**	**219.7**	**282.0**	**855.8**	**2314.9**	**789.8**	**1525.1**	**713.5**
中南部地区	**Mountain Area**	**636.1**	**115.1**	**202.6**	**318.4**	**1205.0**	**484.2**	**720.8**	**421.5**
银川市	**Yinchuan**	**1719.4**	**277.6**	**359.0**	**1082.8**	**2560.1**	**844.0**	**1716.1**	**848.4**
兴庆区	Xingqing	2138.8	309.0	459.4	1370.4	2801.5	1069.2	1732.3	1054.1
西夏区	Xixia	1004.8	159.0	167.9	677.9	2816.4	858.3	1958.2	555.4
金凤区	Jinfeng	2075.2	379.5	416.1	1279.6	2557.8	682.8	1874.9	816.4
永宁县	Yongning	901.6	176.1	218.6	506.9	1755.8	655.7	1100.1	858.2
贺兰县	Helan	1060.8	120.4	250.4	690.0	1746.2	606.0	1140.3	753.1
灵武市	Lingwu	1075.8	257.4	245.9	572.6	2145.5	509.4	1636.1	554.4
石嘴山市	**Shizuishan**	**889.1**	**144.1**	**193.0**	**552.0**	**1871.2**	**695.2**	**1176.0**	**444.6**
大武口区	Dawukou	1104.3	153.1	250.6	700.6	2071.5	877.1	1194.4	559.9
惠农区	Huinong	665.5	140.1	136.2	389.2	1758.0	441.8	1316.2	348.7
平罗县	Pingluo	670.3	127.6	130.3	412.4	1542.6	595.4	947.2	295.8
吴忠市	**Wuzhong**	**717.4**	**112.3**	**154.1**	**451.1**	**1635.1**	**566.6**	**1068.5**	**510.3**
利通区	Litong	928.7	116.6	146.9	665.1	2054.6	740.8	1313.8	652.8
红寺堡区	Hongsipu	586.6	93.9	210.2	282.5	1195.1	415.7	779.3	453.2
盐池县	Yanchi	501.9	79.2	143.4	279.4	1269.7	448.2	821.5	440.0
同心县	Tongxin	501.9	124.8	193.7	183.4	1133.2	386.8	746.3	270.2
青铜峡市	Qingtongxia	683.1	125.2	131.7	426.1	1626.0	507.7	1118.3	493.5
固原市	**Guyuan**	**775.4**	**140.9**	**234.9**	**399.5**	**1316.4**	**557.9**	**758.5**	**525.8**
原州区	Yuanzhou	1009.8	181.5	266.4	561.9	1481.3	684.8	796.5	705.5
西吉县	Xiji	566.5	96.9	223.3	246.3	787.1	378.3	408.8	273.1
隆德县	Longde	426.7	59.4	186.3	181.0	1615.7	559.2	1056.5	347.6
泾源县	Jingyuan	395.1	119.9	99.7	175.4	1221.7	494.7	727.0	309.4
彭阳县	Pengyang	575.1	123.2	204.7	247.3	1277.2	373.5	903.8	420.9
中卫市	**Zhongwei**	**763.5**	**143.2**	**179.5**	**440.8**	**2050.5**	**755.1**	**1295.5**	**555.5**
沙坡头区	Shapotou	838.3	136.2	211.3	490.7	2288.8	810.9	1477.9	712.6
中宁县	Zhongning	739.1	192.4	134.6	412.1	2345.5	824.6	1520.8	446.4
海原县	Haiyuan	608.0	79.0	170.9	358.1	932.1	492.3	439.8	325.9

2-44 2019年各市县城镇居民家庭住房情况

Basic Statistics of Housing Conditions of Urban Households by City and County (2019)

单位：%　　(%)

市　县	Region	家庭常住人口（人/户）Permanent Residents (person/household)	现住房建筑面积（平方米/人）Floor Space of Current Housing (sq.m/person)	现住房房屋来源（合计）House Property Right (Total)	租赁公房 Public House Leasing	租赁私房 Private House Leasing	自建住房 Inhered Private House
全　区	**Total**	**3.03**	**34.01**	**100.00**	**0.99**	**3.80**	**8.85**
沿黄地区	**Plain**	**2.87**	**34.40**	**100.00**	**1.14**	**4.46**	**0.73**
中南部地区	**Mountain Area**	**3.66**	**31.45**	**100.00**	**1.55**	**2.54**	**13.97**
银川市	**Yinchuan**	**2.83**	**36.60**	**100.00**	**0.16**	**5.07**	**0.32**
兴庆区	Xingqing	2.68	39.34	100.00		8.05	
西夏区	Xixia	2.87	27.88	100.00		7.59	
金凤区	Jinfeng	2.80	40.58	100.00		1.79	
永宁县	Yongning	3.18	32.45	100.00		1.50	1.46
贺兰县	Helan	3.11	33.98	100.00			1.80
灵武市	Lingwu	3.33	32.88	100.00	2.45		1.87
石嘴山市	**Shizuishan**	**2.72**	**31.56**	**100.00**	**1.45**	**4.82**	**1.86**
大武口区	Dawukou	2.66	33.41	100.00		5.35	1.60
惠农区	Huinong	2.65	28.43	100.00	1.60	5.99	1.34
平罗县	Pingluo	2.97	31.28	100.00	5.07	1.69	3.34
吴忠市	**Wuzhong**	**3.31**	**31.41**	**100.00**	**3.77**	**2.12**	**8.63**
利通区	Litong	3.09	31.77	100.00	2.39		
红寺堡区	Hongsipu	3.66	29.27	100.00		4.29	3.78
盐池县	Yanchi	3.40	31.34	100.00		2.36	11.67
同心县	Tongxin	3.99	35.67	100.00			46.19
青铜峡市	Qingtongxia	3.19	28.17	100.00	12.20	6.77	1.72
固原市	**Guyuan**	**3.60**	**29.91**	**100.00**	**2.70**	**3.14**	**0.06**
原州区	Yuanzhou	3.57	32.35	100.00		1.73	
西吉县	Xiji	3.78	26.92	100.00		3.95	
隆德县	Longde	3.81	25.91	100.00	4.24	2.02	
泾源县	Jingyuan	3.52	29.90	100.00	20.80		1.97
彭阳县	Pengyang	3.35	28.37	100.00	10.34	8.18	
中卫市	**Zhongwei**	**3.27**	**32.14**	**100.00**	**0.58**	**2.08**	**5.39**
沙坡头区	Shapotou	3.13	32.50	100.00		1.50	1.50
中宁县	Zhongning	3.24	30.97	100.00	1.83	3.03	
海原县	Haiyuan	3.72	33.11	100.00		2.08	27.83

2-44 续表 1 continued

单位：% (%)

市 县	Region	购买商品房 Commercial Residential Building	购买房改住房 Reformed Private House	购买保障性住房 Indemnificatory Housing	拆迁安置房 Demolition Resettlement	继承或获赠住房 Inheritance or Gift	免费借用房 Borrowing House	其他 Others
全 区	**Total**	**65.65**	**4.59**	**2.71**	**11.60**	**0.70**	**1.01**	**0.10**
沿黄地区	**Plain**	**69.66**	**8.31**	**2.89**	**10.45**	**0.92**	**1.35**	**0.08**
中南部地区	**Mountain Area**	**75.04**	**0.88**	**0.53**	**3.77**		**0.23**	**1.49**
银川市	**Yinchuan**	**69.35**	**12.44**	**3.86**	**7.14**	**0.66**	**1.01**	
兴庆区	Xingqing	67.79	15.17	0.66	5.08	1.26	1.99	
西夏区	Xixia	54.93	36.39				1.10	
金凤区	Jinfeng	73.62	1.14	11.38	12.07			
永宁县	Yongning	67.83	1.50	3.54	24.17			
贺兰县	Helan	96.31			1.89			
灵武市	Lingwu	70.46	1.88	9.80	11.69	1.85		
石嘴山市	**Shizuishan**	**67.25**	**4.09**	**3.06**	**12.72**	**2.47**	**2.27**	
大武口区	Dawukou	51.76	7.90	4.11	21.64	3.25	4.39	
惠农区	Huinong	82.13		3.23	4.10	1.61		
平罗县	Pingluo	86.52			1.71	1.67		
吴忠市	**Wuzhong**	**67.62**	**0.42**		**15.30**		**0.51**	**1.63**
利通区	Litong	62.64			34.97			
红寺堡区	Hongsipu	81.92			5.71		2.25	2.04
盐池县	Yanchi	76.51						9.46
同心县	Tongxin	50.64	3.17					
青铜峡市	Qingtongxia	77.56					1.74	
固原市	**Guyuan**	**92.28**		**0.40**	**1.06**		**0.07**	**0.29**
原州区	Yuanzhou	98.27						
西吉县	Xiji	96.05						
隆德县	Longde	89.74			4.00			
泾源县	Jingyuan	71.13		2.09	1.90		2.12	
彭阳县	Pengyang	73.64		2.16	3.86			1.83
中卫市	**Zhongwei**	**74.99**	**2.70**	**0.33**	**11.36**		**1.85**	**0.72**
沙坡头区	Shapotou	74.31	4.53		14.11		2.66	1.40
中宁县	Zhongning	90.19			3.45		1.50	
海原县	Haiyuan	47.93	2.19	2.01	17.96			

2-44 续表 2 continued

单位：% (%)

市 县	Region	居住空间样式（合计） House Construction Style (Total)	单栋楼房 Single Building	单栋平房 Single Bungalow	四居室及以上单元房 House with Four Bedrooms and above	三居室单元房 House with Three Bedrooms	二居室单元房 House with Two Bedrooms	一居室单元房 House with One Bedrooms	平房及其他 Bungalow and Others
全 区	**Total**	**100.00**	**0.62**	**10.20**	**1.96**	**41.20**	**44.44**	**1.58**	
沿黄地区	**Plain**	**100.00**	**0.73**	**1.73**	**2.68**	**41.96**	**50.97**	**1.92**	
中南部地区	**Mountain Area**	**100.00**	**2.87**	**13.98**	**1.57**	**59.76**	**18.67**	**2.68**	**0.46**
银川市	**Yinchuan**	**100.00**	**0.12**	**0.18**	**3.19**	**43.88**	**50.44**	**2.20**	
兴庆区	Xingqing	100.00			2.63	46.09	48.51	2.77	
西夏区	Xixia	100.00			1.09	17.69	77.93	3.28	
金凤区	Jinfeng	100.00			6.97	43.82	48.01	1.19	
永宁县	Yongning	100.00		1.21	1.21	63.34	32.74	1.50	
贺兰县	Helan	100.00	1.80	1.80		48.32	48.08		
灵武市	Lingwu	100.00			2.45	71.38	23.72	2.45	
石嘴山市	**Shizuishan**	**100.00**	**2.43**	**3.94**	**1.88**	**34.27**	**56.48**	**1.00**	
大武口区	Dawukou	100.00	3.32	1.60	1.19	40.53	53.36		
惠农区	Huinong	100.00	1.34	9.69	2.26	17.21	69.51		
平罗县	Pingluo	100.00	1.67	1.67	3.16	42.85	45.50	5.15	
吴忠市	**Wuzhong**	**100.00**	**2.82**	**11.64**	**1.05**	**44.59**	**37.06**	**2.53**	**0.32**
利通区	Litong	100.00		2.61	1.31	45.25	49.75	1.08	
红寺堡区	Hongsipu	100.00	1.89	1.89	1.90	70.42	19.61	2.04	2.25
盐池县	Yanchi	100.00	9.46	14.04		53.12	20.96	2.43	
同心县	Tongxin	100.00	8.93	43.58		42.79	3.14		1.56
青铜峡市	Qingtongxia	100.00		10.40	1.74	32.54	48.35	6.97	
固原市	**Guyuan**	**100.00**		**0.71**	**2.02**	**65.25**	**28.70**	**3.31**	
原州区	Yuanzhou	100.00			3.66	61.89	34.45		
西吉县	Xiji	100.00		1.99		71.97	26.04		
隆德县	Longde	100.00				65.88	29.88	4.24	
泾源县	Jingyuan	100.00		1.97	4.01	61.37	22.32	10.32	
彭阳县	Pengyang	100.00		1.69		68.49	13.46	16.35	
中卫市	**Zhongwei**	**100.00**	**1.33**	**6.16**	**2.92**	**51.28**	**37.38**	**0.93**	
沙坡头区	Shapotou	100.00	1.45	2.99	4.45	41.50	49.61		
中宁县	Zhongning	100.00	1.83			62.29	34.04	1.83	
海原县	Haiyuan	100.00		27.83	3.77	60.61	5.71	2.08	

2-44 续表 3 continued

市 县	Region	现有住房按市场价估计值(万元/户) Estimate Value of Current Housing by Market Price (10000 yuan/household)	租赁房房租(元/户) Rent (yuan/household)	租赁公房房租(元/户) Rent of Public (yuan/household)	租赁私房房租(元/户) Rent of Private (yuan/household)	现住房房租折算(元/户) Corrected Rent of Current Housing (yuan/household)	购房总金额(万元/户) Amount of Purchase (10000 yuan/household)
全 区	**Total**	**34.95**	**38.11**	**2.08**	**36.03**	**812.62**	**23.17**
沿黄地区	**Plain**	**38.60**	**45.84**	**2.16**	**43.68**	**870.13**	**24.61**
中南部地区	**Mountain Area**	**35.74**	**21.65**	**2.64**	**19.02**	**802.04**	**25.96**
银川市	**Yinchuan**	**48.61**	**63.67**	**0.49**	**63.18**	**1088.26**	**30.06**
兴庆区	Xingqing	53.32	119.17		119.17	1219.84	31.52
西夏区	Xixia	37.34	58.58		58.58	694.80	15.78
金凤区	Jinfeng	59.85	14.50		14.50	1437.04	41.37
永宁县	Yongning	27.39	6.02		6.02	540.00	22.62
贺兰县	Helan	38.55				721.81	26.19
灵武市	Lingwu	28.88	7.35	7.35		644.51	21.50
石嘴山市	**Shizuishan**	**20.02**	**25.93**	**2.52**	**23.41**	**485.53**	**13.96**
大武口区	Dawukou	21.05	27.27		27.27	519.76	14.98
惠农区	Huinong	11.54	32.84	5.33	27.51	393.95	9.37
平罗县	Pingluo	29.84	12.12	5.07	7.05	529.88	18.06
吴忠市	**Wuzhong**	**27.58**	**17.00**	**6.63**	**10.38**	**584.83**	**19.84**
利通区	Litong	30.18	4.14	4.14		682.26	20.88
红寺堡区	Hongsipu	31.89	17.99		17.99	806.52	25.37
盐池县	Yanchi	27.50	35.47		35.47	605.94	18.68
同心县	Tongxin	37.20				649.15	25.78
青铜峡市	Qingtongxia	16.03	38.19	21.58	16.61	296.01	13.95
固原市	**Guyuan**	**41.00**	**28.72**	**4.61**	**24.11**	**990.42**	**30.42**
原州区	Yuanzhou	48.06	23.29		23.29	1252.60	38.37
西吉县	Xiji	36.16	29.57		29.57	643.62	27.30
隆德县	Longde	34.78	26.58	13.07	13.50	726.63	21.08
泾源县	Jingyuan	31.34	24.09	24.09		746.65	15.55
彭阳县	Pengyang	29.55	48.01	16.23	31.78	769.17	16.95
中卫市	**Zhongwei**	**33.63**	**10.18**	**1.46**	**8.72**	**738.50**	**22.09**
沙坡头区	Shapotou	36.22				741.95	22.11
中宁县	Zhongning	31.46	25.49	4.59	20.90	779.77	21.84
海原县	Haiyuan	29.76	12.48		12.48	648.58	22.50

2-44 续表 4 continued

单位：% (%)

市 县	Region	饮水情况(合计) Drinking Condition (Total)	自来水 Tap Water	井、河水 Well and River Water	其他 Others	厕所使用情况(合计) Mode of Occupation of Toilet	本住户独用 Sole Use	几户合用 Share	公用 Public
全　区	**Total**	**100.00**	**97.87**	**1.99**	**0.14**	**100.00**	**99.52**	**0.48**	
沿黄地区	**Plain**	**100.00**	**99.93**	**0.07**		**100.00**	**99.73**	**0.27**	
中南部地区	**Mountain Area**	**100.00**	**99.10**	**0.90**		**100.00**	**98.93**	**0.74**	**0.33**
银川市	**Yinchuan**	**100.00**	**99.87**	**0.13**		**100.00**	**100.00**		
兴庆区	Xingqing	100.00	100.00			100.00	100.00		
西夏区	Xixia	100.00	100.00			100.00	100.00		
金凤区	Jinfeng	100.00	100.00			100.00	100.00		
永宁县	Yongning	100.00	100.00			100.00	100.00		
贺兰县	Helan	100.00	98.00	2.00		100.00	100.00		
灵武市	Lingwu	100.00	100.00			100.00	100.00		
石嘴山市	**Shizuishan**	**100.00**	**100.00**			**100.00**	**98.76**	**1.24**	
大武口区	Dawukou	100.00	100.00			100.00	97.61	2.39	
惠农区	Huinong	100.00	100.00			100.00	100.00		
平罗县	Pingluo	100.00	100.00			100.00	100.00		
吴忠市	**Wuzhong**	**100.00**	**99.16**	**0.84**		**100.00**	**99.54**	**0.46**	
利通区	Litong	100.00	100.00			100.00	100.00		
红寺堡区	Hongsipu	100.00	97.75	2.25		100.00	97.96	2.04	
盐池县	Yanchi	100.00	95.48	4.52		100.00	97.81	2.19	
同心县	Tongxin	100.00	100.00			100.00	100.00		
青铜峡市	Qingtongxia	100.00	100.00			100.00	100.00		
固原市	**Guyuan**	**100.00**	**99.74**	**0.26**		**100.00**	**100.00**		
原州区	Yuanzhou	100.00	100.00			100.00	100.00		
西吉县	Xiji	100.00	100.00			100.00	100.00		
隆德县	Longde	100.00	100.00			100.00	100.00		
泾源县	Jingyuan	100.00	100.00			100.00	100.00		
彭阳县	Pengyang	100.00	98.31	1.69		100.00	100.00		
中卫市	**Zhongwei**	**100.00**	**100.00**			**100.00**	**99.30**	**0.34**	**0.36**
沙坡头区	Shapotou	100.00	100.00			100.00	100.00		
中宁县	Zhongning	100.00	100.00			100.00	100.00		
海原县	Haiyuan	100.00	100.00			100.00	95.78	2.03	2.19

2-44 续表 5 continued

单位：% (%)

市 县	Region	取暖设备（合计） Heating Equipment (Total)	集中供暖 Central Heating	自行供暖 Self Heating	无取暖设备 Without Heating Equipment
全 区	**Total**	**100.00**	**78.44**	**21.49**	**0.07**
沿黄地区	**Plain**	**100.00**	**86.33**	**13.67**	
中南部地区	**Mountain Area**	**100.00**	**84.40**	**15.44**	**0.16**
银川市	**Yinchuan**	**100.00**	**82.40**	**17.60**	
兴庆区	Xingqing	100.00	93.45	6.55	
西夏区	Xixia	100.00	92.88	7.12	
金凤区	Jinfeng	100.00	59.56	40.44	
永宁县	Yongning	100.00	81.90	18.10	
贺兰县	Helan	100.00	98.00	2.00	
灵武市	Lingwu	100.00	56.07	43.93	
石嘴山市	**Shizuishan**	**100.00**	**93.24**	**6.76**	
大武口区	Dawukou	100.00	98.40	1.60	
惠农区	Huinong	100.00	100.00		
平罗县	Pingluo	100.00	69.50	30.50	
吴忠市	**Wuzhong**	**100.00**	**88.59**	**11.41**	
利通区	Litong	100.00	97.80	2.20	
红寺堡区	Hongsipu	100.00	97.75	2.25	
盐池县	Yanchi	100.00	85.96	14.04	
同心县	Tongxin	100.00	59.30	40.70	
青铜峡市	Qingtongxia	100.00	88.19	11.81	
固原市	**Guyuan**	**100.00**	**95.06**	**4.66**	**0.29**
原州区	Yuanzhou	100.00	96.13	3.87	
西吉县	Xiji	100.00	98.01	1.99	
隆德县	Longde	100.00	100.00		
泾源县	Jingyuan	100.00	100.00		
彭阳县	Pengyang	100.00	83.67	14.50	1.83
中卫市	**Zhongwei**	**100.00**	**81.85**	**18.15**	
沙坡头区	Shapotou	100.00	100.00		
中宁县	Zhongning	100.00	57.45	42.55	
海原县	Haiyuan	100.00	72.17	27.83	

2-44 续表 6 continued

单位：% (%)

市 县	Region	炊用能源状况(合计) Energy Using Condition for Cooking (Total)	罐装液化石油气 Liquefied Petroleum Gas of Can Pack	管道液化石油气 Liquefied Petroleum Gas of Pipeline	管道天然气 Natural Gas of Pipeline	电 Electricity	其 他 Other
全 区	**Total**	**100.00**	**6.37**	**0.09**	**74.36**	**16.10**	**2.88**
沿黄地区	**Plain**	**100.00**	**4.05**	**0.19**	**88.48**	**6.94**	**0.21**
中南部地区	**Mountain Area**	**100.00**	**14.03**	**0.25**	**19.54**	**60.51**	**4.75**
银川市	**Yinchuan**	**100.00**	**1.89**	**0.12**	**94.79**	**2.95**	
兴庆区	Xingqing	100.00	2.74		93.93	3.33	
西夏区	Xixia	100.00	1.10		96.62	2.28	
金凤区	Jinfeng	100.00			96.56	3.44	
永宁县	Yongning	100.00	1.50		96.99	1.50	
贺兰县	Helan	100.00	5.40		94.60		
灵武市	Lingwu	100.00	1.85	1.85	88.28	4.33	
石嘴山市	**Shizuishan**	**100.00**	**4.96**	**0.55**	**88.10**	**5.82**	**0.57**
大武口区	Dawukou	100.00	0.92	1.06	90.21	7.35	0.46
惠农区	Huinong	100.00	2.67		91.51	5.82	
平罗县	Pingluo	100.00	19.09		77.45	1.77	1.69
吴忠市	**Wuzhong**	**100.00**	**6.43**	**0.16**	**61.19**	**27.98**	**3.02**
利通区	Litong	100.00	10.14		79.05	9.73	1.08
红寺堡区	Hongsipu	100.00	1.92		1.89	94.15	2.04
盐池县	Yanchi	100.00	2.36		55.53	32.52	2.08
同心县	Tongxin	100.00		1.24		82.90	15.86
青铜峡市	Qingtongxia	100.00	6.94		80.92	12.15	
固原市	**Guyuan**	**100.00**	**24.55**	**0.07**	**28.08**	**45.71**	**1.59**
原州区	Yuanzhou	100.00	17.09		42.06	38.92	1.93
西吉县	Xiji	100.00	47.88		13.85	36.25	2.02
隆德县	Longde	100.00	26.10			71.90	2.00
泾源县	Jingyuan	100.00	13.65	2.09	16.26	68.01	
彭阳县	Pengyang	100.00	21.64		19.72	58.63	
中卫市	**Zhongwei**	**100.00**	**9.94**		**49.77**	**39.34**	**0.95**
沙坡头区	Shapotou	100.00	8.08		64.82	27.10	
中宁县	Zhongning	100.00	11.57		50.22	38.20	
海原县	Haiyuan	100.00	12.59		2.08	79.62	5.71

2-45 2019年各市县城镇居民主要消费品购买情况
Purchases of Major Consumer Goods of Urban Households by City and County (2019)

市 县	Region	大米 (公斤/人) Rice (kg/person)	面粉 (公斤/人) Flour (kg/person)	食用植物油 (公斤/人) Edible Vegetable Oil (kg/person)	猪肉 (公斤/人) Pork (kg/person)	牛肉 (公斤/人) Beef (kg/person)
全 区	**Total**	**20.7**	**17.0**	**6.9**	**6.6**	**4.4**
沿黄地区	**Plain**	**19.1**	**14.6**	**6.5**	**6.4**	**4.2**
中南部地区	**Mountain Area**	**20.5**	**22.0**	**7.3**	**5.8**	**6.7**
银川市	**Yinchuan**	**17.6**	**13.7**	**6.4**	**6.5**	**3.6**
兴庆区	Xingqing	17.5	13.4	7.5	6.3	3.5
西夏区	Xixia	18.8	16.6	6.5	10.1	2.4
金凤区	Jinfeng	14.8	10.7	4.4	5.9	3.7
永宁县	Yongning	24.7	14.0	7.7	7.3	3.2
贺兰县	Helan	18.1	18.9	6.7	5.7	3.6
灵武市	Lingwu	19.3	13.7	5.1	2.5	5.9
石嘴山市	**Shizuishan**	**16.8**	**16.6**	**6.3**	**7.7**	**4.1**
大武口区	Dawukou	16.4	16.7	5.8	9.1	3.2
惠农区	Huinong	18.2	14.1	6.9	6.1	5.5
平罗县	Pingluo	15.9	19.6	6.5	6.5	4.1
吴忠市	**Wuzhong**	**25.2**	**16.0**	**6.8**	**3.2**	**7.4**
利通区	Litong	23.2	16.4	7.4	1.6	11.3
红寺堡区	Hongsipu	17.2	18.2	5.6	4.1	7.5
盐池县	Yanchi	20.3	12.2	4.0	6.1	1.4
同心县	Tongxin	32.4	19.4	9.2	0.9	9.2
青铜峡市	Qingtongxia	29.4	14.8	6.2	5.7	3.5
固原市	**Guyuan**	**15.1**	**24.9**	**7.1**	**8.4**	**6.1**
原州区	Yuanzhou	17.9	24.2	8.6	7.3	6.6
西吉县	Xiji	13.8	29.9	4.7	9.9	8.6
隆德县	Longde	13.4	22.2	6.8	8.8	3.0
泾源县	Jingyuan	12.1	22.9	7.1	0.0	7.6
彭阳县	Pengyang	9.0	23.1	5.6	12.0	2.9
中卫市	**Zhongwei**	**24.7**	**16.7**	**7.4**	**7.1**	**3.5**
沙坡头区	Shapotou	23.2	13.6	6.7	6.9	2.3
中宁县	Zhongning	26.9	16.1	7.2	9.0	1.8
海原县	Haiyuan	25.2	26.1	9.6	4.4	9.5

2-45 续表 1 continued

市 县	Region	羊肉 (公斤/人) Mutton (kg/person)	鸡 (公斤/人) Fowl (kg/person)	鲜蛋 (公斤/人) Fresh Egg (kg/person)	鱼 (公斤/人) Fish (kg/person)	虾 (公斤/人) Shrimp (kg/person)
全 区	**Total**	**4.4**	**5.8**	**7.2**	**2.9**	**0.6**
沿黄地区	**Plain**	**5.3**	**5.7**	**7.9**	**3.3**	**0.8**
中南部地区	**Mountain Area**	**2.3**	**5.5**	**5.5**	**1.6**	**0.3**
银川市	**Yinchuan**	**4.6**	**5.4**	**8.1**	**3.4**	**1.0**
兴庆区	Xingqing	5.2	5.7	9.2	4.2	1.2
西夏区	Xixia	3.2	5.2	9.2	3.6	0.9
金凤区	Jinfeng	4.5	4.7	7.5	3.1	1.0
永宁县	Yongning	3.5	7.5	6.5	2.8	0.5
贺兰县	Helan	4.0	4.6	5.7	1.8	0.6
灵武市	Lingwu	6.5	5.4	6.0	2.3	0.5
石嘴山市	**Shizuishan**	**5.1**	**5.3**	**9.2**	**3.7**	**0.8**
大武口区	Dawukou	4.9	5.1	10.6	3.9	1.2
惠农区	Huinong	5.2	6.3	8.7	4.8	0.6
平罗县	Pingluo	5.7	4.4	6.4	1.8	0.3
吴忠市	**Wuzhong**	**7.9**	**7.4**	**5.3**	**2.3**	**0.3**
利通区	Litong	13.6	9.6	6.6	3.1	0.3
红寺堡区	Hongsipu	2.3	5.5	5.2	1.9	0.3
盐池县	Yanchi	7.4	4.6	4.4	1.4	0.4
同心县	Tongxin	1.6	7.2	3.0	1.4	0.3
青铜峡市	Qingtongxia	3.8	6.1	5.4	2.1	0.4
固原市	**Guyuan**	**1.6**	**4.5**	**6.9**	**1.6**	**0.3**
原州区	Yuanzhou	1.2	4.5	7.0	1.4	0.4
西吉县	Xiji	2.0	5.5	6.4	2.8	0.3
隆德县	Longde	1.1	4.7	7.5	1.3	0.3
泾源县	Jingyuan	0.4	3.7	7.3	1.1	0.2
彭阳县	Pengyang	3.1	3.3	6.4	1.3	0.2
中卫市	**Zhongwei**	**2.5**	**5.1**	**5.9**	**2.1**	**0.3**
沙坡头区	Shapotou	3.2	5.0	6.5	2.2	0.3
中宁县	Zhongning	1.7	4.2	5.1	2.1	0.2
海原县	Haiyuan	1.6	6.8	5.8	1.6	0.3

2-45 续表 2 continued

市 县	Region	鲜菜 (公斤/人) Fresh Vegetables (kg/person)	白酒 (公斤/人) White Spirit (kg/person)	果酒 (公斤/人) Fruit Wine (kg/person)	啤酒 (公斤/人) Beer (kg/person)	茶叶 (公斤/人) Tea (kg/person)
全 区	**Total**	**91.4**	**0.7**	**0.2**	**1.8**	**0.2**
沿黄地区	**Plain**	**97.0**	**0.8**	**0.2**	**1.9**	**0.2**
中南部地区	**Mountain Area**	**67.4**	**0.6**	**0.1**	**1.5**	**0.3**
银川市	**Yinchuan**	**95.0**	**0.8**	**0.2**	**1.9**	**0.2**
兴庆区	Xingqing	113.4	0.8	0.3	1.4	0.2
西夏区	Xixia	93.5	1.4	0.1	2.5	0.3
金凤区	Jinfeng	80.0	0.7	0.2	2.3	0.2
永宁县	Yongning	94.6	0.8	0.2	3.6	0.2
贺兰县	Helan	76.3	0.6	0.2	1.6	0.2
灵武市	Lingwu	67.5	0.1	0.1	1.0	0.2
石嘴山市	**Shizuishan**	**111.4**	**1.4**	**0.2**	**2.5**	**0.2**
大武口区	Dawukou	117.7	1.5	0.2	2.9	0.2
惠农区	Huinong	120.7	1.4	0.2	2.4	0.3
平罗县	Pingluo	84.0	1.0	0.2	1.8	0.2
吴忠市	**Wuzhong**	**74.2**	**0.4**	**0.1**	**1.0**	**0.3**
利通区	Litong	80.9	0.4	0.1	0.5	0.4
红寺堡区	Hongsipu	55.6	0.4	0.4	0.9	0.1
盐池县	Yanchi	59.0	0.5	0.1	1.6	0.1
同心县	Tongxin	60.0	0.3	0.1	1.3	0.2
青铜峡市	Qingtongxia	88.7	0.3	0.2	1.5	0.3
固原市	**Guyuan**	**69.5**	**0.8**	**0.1**	**1.8**	**0.3**
原州区	Yuanzhou	64.9	0.6	0.1	1.9	0.3
西吉县	Xiji	74.1	0.4	0.06	1.8	0.5
隆德县	Longde	77.5	0.9	0.4	1.6	0.3
泾源县	Jingyuan	79.1	0.0	0.04	1.1	0.5
彭阳县	Pengyang	71.5	2.1	0.0	1.9	0.4
中卫市	**Zhongwei**	**91.3**	**0.5**	**0.1**	**1.9**	**0.1**
沙坡头区	Shapotou	101.7	0.5	0.2	2.7	0.1
中宁县	Zhongning	80.9	0.4	0.0	0.9	0.1
海原县	Haiyuan	81.3	0.4	0.06	1.5	0.4

2-45 续表 3 continued

市 县	Region	鲜瓜果（公斤/人）Fresh Fruits and Melons (kg/person)	糖果糕点（公斤/人）Candy and Cake (kg/person)	鲜奶（公斤/人）Fresh Milk (kg/person)	奶粉（公斤/人）Powdered Milk (kg/person)	酸奶（公斤/人）Acidophilus Milk (kg/person)
全 区	**Total**	**78.6**	**5.1**	**12.9**	**0.5**	**5.8**
沿黄地区	**Plain**	**81.1**	**5.5**	**14.0**	**0.4**	**6.2**
中南部地区	**Mountain Area**	**78.0**	**4.0**	**10.8**	**0.4**	**5.0**
银川市	**Yinchuan**	**79.7**	**5.4**	**15.6**	**0.5**	**6.9**
兴庆区	Xingqing	90.5	6.4	15.9	0.2	8.5
西夏区	Xixia	75.2	5.6	21.2	0.7	5.5
金凤区	Jinfeng	64.6	4.0	16.8	0.8	6.1
永宁县	Yongning	94.6	5.3	12.7	1.3	7.6
贺兰县	Helan	70.8	6.4	6.3	0.7	5.5
灵武市	Lingwu	77.8	4.2	10.0	0.5	4.9
石嘴山市	**Shizuishan**	**89.2**	**6.8**	**10.7**	**0.2**	**4.5**
大武口区	Dawukou	89.5	7.1	11.8	0.2	5.2
惠农区	Huinong	96.5	7.8	10.3	0.2	5.0
平罗县	Pingluo	78.7	4.5	8.6	0.4	2.3
吴忠市	**Wuzhong**	**78.5**	**4.0**	**14.4**	**0.2**	**4.5**
利通区	Litong	85.4	4.4	12.8	0.3	3.7
红寺堡区	Hongsipu	86.4	3.2	7.9	0.2	3.7
盐池县	Yanchi	77.8	3.7	13.9	0.2	5.4
同心县	Tongxin	64.0	2.4	14.9	0.2	2.6
青铜峡市	Qingtongxia	75.2	5.0	19.0	0.2	7.2
固原市	**Guyuan**	**77.6**	**4.8**	**7.7**	**0.7**	**5.1**
原州区	Yuanzhou	76.9	5.6	8.4	0.9	6.9
西吉县	Xiji	77.9	3.1	6.8	0.7	3.7
隆德县	Longde	67.4	5.3	7.3	0.3	2.8
泾源县	Jingyuan	70.1	3.3	17.4	0.6	4.3
彭阳县	Pengyang	89.1	4.6	4.8	0.4	2.9
中卫市	**Zhongwei**	**74.2**	**3.9**	**11.3**	**0.3**	**7.4**
沙坡头区	Shapotou	75.0	4.0	16.4	0.2	4.3
中宁县	Zhongning	62.7	3.5	1.2	0.6	11.6
海原县	Haiyuan	91.5	4.3	14.8	0.2	8.6

2-45 续表 4 continued

市 县	Region	水 (吨/人) Water (ton/person)	电 (度/人) Electricity (degree/person)	煤炭 (公斤/人) Coal (kg/person)	罐装液化石油气 (公斤/人) Liquefied Petroleum Gas of Can Pack (kg/person)	管道天然气 (立方米/人) Natural Gas of Pipeline (cu.m/person)
全 区	**Total**	**24.4**	**438.2**	**52.7**	**1.3**	**70.6**
沿黄地区	**Plain**	**26.4**	**444.8**	**7.2**	**0.7**	**85.6**
中南部地区	**Mountain Area**	**20.4**	**446.5**	**86.2**	**2.2**	**14.4**
银川市	**Yinchuan**	**27.8**	**469.7**	**0.1**	**0.3**	**104.7**
兴庆区	Xingqing	26.8	505.8		0.5	76.2
西夏区	Xixia	26.6	459.4		0.1	70.0
金凤区	Jinfeng	29.9	458.4			177.8
永宁县	Yongning	31.2	415.1	1.3	0.5	97.4
贺兰县	Helan	27.5	462.6		0.9	40.3
灵武市	Lingwu	26.6	383.7	1.0	0.6	160.5
石嘴山市	**Shizuishan**	**23.9**	**395.9**	**24.1**	**1.0**	**61.1**
大武口区	Dawukou	24.4	391.1	22.5	0.4	44.9
惠农区	Huinong	20.4	385.0	17.8	0.4	41.4
平罗县	Pingluo	27.1	421.7	36.5	3.3	125.9
吴忠市	**Wuzhong**	**22.6**	**405.5**	**64.4**	**1.0**	**38.0**
利通区	Litong	23.5	440.2		1.1	53.3
红寺堡区	Hongsipu	21.8	352.3	3.7	2.5	10.0
盐池县	Yanchi	22.9	381.8	185.3	1.1	34.6
同心县	Tongxin	13.7	403.0	164.2	0.3	
青铜峡市	Qingtongxia	27.6	374.8	32.3	1.0	47.8
固原市	**Guyuan**	**22.1**	**473.1**	**14.6**	**3.3**	**21.6**
原州区	Yuanzhou	22.2	442.6		1.8	32.0
西吉县	Xiji	20.5	559.7	64.0	6.5	5.4
隆德县	Longde	20.0	441.1		3.5	0.1
泾源县	Jingyuan	28.4	647.2		4.5	4.5
彭阳县	Pengyang	24.5	445.9	10.4	3.5	26.8
中卫市	**Zhongwei**	**25.1**	**448.6**	**39.3**	**2.0**	**57.5**
沙坡头区	Shapotou	29.3	446.1	11.7	1.6	31.9
中宁县	Zhongning	21.0	412.2		2.9	131.3
海原县	Haiyuan	20.7	516.3	177.7	1.4	1.2

2-45 续表 5 continued

市 县	Region	洗衣机 (台/百户) Washing Machine (set/100 households)	电冰箱(柜) (台/百户) Refrigerator (set/100 households)	微波炉 (台/百户) Microwave Oven (set/100 households)	空调器 (台/百户) Air Conditioner (set/100 households)	热水器 (台/百户) Water Heater for Shower (set/100 households)	摩托车 (辆/百户) Motorcycle (set/100 households)
全 区	**Total**	**4.8**	**5.2**	**3.3**	**0.8**	**4.5**	**0.5**
沿黄地区	**Plain**	**4.1**	**4.2**	**3.4**	**0.8**	**4.7**	**0.2**
中南部地区	**Mountain Area**	**6.9**	**5.4**	**2.9**	**0.8**	**5.5**	**2.5**
银川市	**Yinchuan**	**3.5**	**3.7**	**3.2**	**0.9**	**4.5**	**0.1**
兴庆区	Xingqing	2.1	2.7	1.3	0.6	5.3	
西夏区	Xixia	2.2	8.0	2.3	1.1	4.6	
金凤区	Jinfeng	3.5	1.8	6.6	1.2	2.4	
永宁县	Yongning	10.2	1.5	2.8		4.2	1.5
贺兰县	Helan	7.9	8.2	4.5	2.0	9.9	
灵武市	Lingwu	5.6	3.8	3.7		1.8	
石嘴山市	**Shizuishan**	**4.8**	**5.5**	**3.0**	**1.4**	**4.7**	**0.6**
大武口区	Dawukou	4.2	5.6	4.3	1.1	5.9	1.1
惠农区	Huinong	5.7	7.8	2.7	3.0	5.7	
平罗县	Pingluo	4.9	1.7				
吴忠市	**Wuzhong**	**7.3**	**5.1**	**4.7**	**0.4**	**7.7**	**1.5**
利通区	Litong	5.7	4.2	9.6		6.5	
红寺堡区	Hongsipu	6.1	2.3	8.0			
盐池县	Yanchi	16.4	9.3		2.3	9.2	
同心县	Tongxin	3.0	7.2	1.2		14.4	11.2
青铜峡市	Qingtongxia	6.7	3.3			6.7	
固原市	**Guyuan**	**7.2**	**5.2**	**3.8**	**0.9**	**2.6**	**1.3**
原州区	Yuanzhou	8.6	3.6	4.7			1.7
西吉县	Xiji	6.1	10.0	2.0		6.1	2.1
隆德县	Longde	6.0	6.0	7.9	1.9	6.0	
泾源县	Jingyuan		5.9	3.9		4.2	
彭阳县	Pengyang	6.0	4.3		4.4	4.3	
中卫市	**Zhongwei**	**3.9**	**5.0**	**2.2**		**3.4**	
沙坡头区	Shapotou		5.8	1.5		4.4	
中宁县	Zhongning	10.5	5.2	3.6		1.5	
海原县	Haiyuan	3.7	2.0	2.0		3.7	

2-45 续表 6 continued

市 县	Region	助力车(辆/百户) Moped (unit/100 households)	家用汽车(辆/百户) Automobile (unit/100 households)	电话机(部/百户) Telephone (unit/100 households)	移动电话(部/百户) Mobile Telephone (unit/100 households)	彩色电视机(台/百户) Color TV Set (unit/100 households)	照相机(架/百户) Camera (unit/100 households)
全 区	**Total**	**6.8**	**4.4**	**0.1**	**36.2**	**6.2**	**0.2**
沿黄地区	**Plain**	**4.9**	**2.6**	**0.1**	**32.9**	**5.9**	**0.3**
中南部地区	**Mountain Area**	**4.4**	**2.4**		**37.2**	**5.1**	**0.3**
银川市	**Yinchuan**	**3.7**	**2.8**		**32.2**	**6.5**	**0.4**
兴庆区	Xingqing	2.6	1.3		31.8	6.1	0.7
西夏区	Xixia	5.6	3.3		31.8	6.6	
金凤区	Jinfeng	1.8	2.3		26.4	8.2	
永宁县	Yongning	11.7	10.8		43.0	5.0	
贺兰县	Helan	1.9	5.6		50.2		2.3
灵武市	Lingwu	10.0	3.7		31.5	10.0	
石嘴山市	**Shizuishan**	**6.3**	**1.8**		**33.3**	**5.8**	
大武口区	Dawukou	5.5			29.5	7.8	
惠农区	Huinong	7.7	3.0		34.5	3.0	
平罗县	Pingluo	6.4	5.0		41.8	4.9	
吴忠市	**Wuzhong**	**4.6**	**2.3**		**32.2**	**4.2**	
利通区	Litong	2.2	3.7		25.9	3.4	
红寺堡区	Hongsipu	6.1	7.6		48.3	3.8	
盐池县	Yanchi	2.2			35.8	4.9	
同心县	Tongxin	11.1			38.4	7.2	
青铜峡市	Qingtongxia	6.6	1.6		34.6	3.3	
固原市	**Guyuan**	**2.2**	**1.7**		**36.9**	**6.0**	**0.8**
原州区	Yuanzhou	1.6	1.7		38.9	7.2	1.5
西吉县	Xiji		2.0		36.0	8.0	
隆德县	Longde	5.9	3.9		28.0	2.1	
泾源县	Jingyuan	3.8	1.9		45.1	5.9	
彭阳县	Pengyang	4.0			35.2	1.7	
中卫市	**Zhongwei**	**10.4**	**3.7**	**0.8**	**40.4**	**4.7**	
沙坡头区	Shapotou	11.7	1.4	1.5	45.5	4.3	
中宁县	Zhongning	11.3	6.1		36.3	6.8	
海原县	Haiyuan	4.2	6.3		32.4	2.0	

2-46 2019年全区城镇居民家庭按可支配收入等距五组分组资料

指标名称	Indicator	单位	Unit
调查户数	**Number of Households Surveyed**	**户**	**household**
家庭基本情况	**Basic Statistics of Urban Households**	**—**	**—**
一、住房情况	Basic Statistics of Housing	--	--
1.家庭常住人口	Permanent Residents	人/户	person/household
2.现住房总建筑面积	Floor Space of Current Housing	平方米/人	sq.m/person
3.房屋产权(合计)	House Property Right (Total)	%	%
租赁公房	Public House Leasing	%	%
租赁私房	Private House Leasing	%	%
自建住房	Inhered Private House	%	%
购买商品房	Commercial Residential Building	%	%
购买房改住房	Reformed Private House	%	%
购买保障性住房	Indemnificatory House	%	%
拆迁安置房	Demolition Resettlement	%	%
继承或获赠住房	Inheritance or Gift	%	%
免费借用房	Borrowing House	%	%
雇主提供免费住房	Employers Provide Free Housing	%	%
其他	Others		
4.住宅建筑式样(合计)	House Construction Style (Total)	%	%
单栋楼房	Single Building	%	%
单栋平房	Single Bungalow	%	%
四居室及以上	House with Four Bedrooms and above	%	%
三居室	House with Three Bedrooms	%	%
二居室	House with Two Bedrooms	%	%
一居室	House with One Bedrooms	%	%
平房及其他	Bungalow and Others	%	%
5.现有住房按市场价估计值	Estimate Value of Current Housing by Market Price	元/户	yuan/household
6.租赁房月租金	Rent	元/户	yuan/household
(1)租赁公房月租金	Rent of Public	元/户	yuan/household
(2)租赁私房月租金	Rent of Private	元/户	yuan/household
7.自有房房租折算	Corrected Rent of Self-Housing	元/户	yuan/household
8.购房总金额	Amount of Purchase	元/户	yuan/household
9.饮水情况(合计)	Drinking Condition (Total)	%	%
自来水	Tap Water	%	%
井、河水	Well and River Water	%	%
其他	Others	%	%
10.厕所使用情况(合计)	Health Equipment (Total)	%	%
本住户独用	Sole Use	%	%
几户合用	Share	%	%
公用	Public Toilet	%	%

Basic Statistics Grouped by Disposable Income Quintile of Urban Households (2019)

合　计 Average	低收入户20% 20% Low Income Households	较低收入户20% 20% Lower Income Households	中等收入户20% 20% Middle Income Households	较高收入户20% 20% Higher Income Households	高收入户20% 20% High Income Households
1090	**218**	**218**	**218**	**218**	**218**
--	--	--	--	--	--
--	--	--	--	--	--
3.0	3.7	3.4	3.2	2.6	2.3
34.0	28.0	29.2	30.4	38.2	50.5
100.0	100.0	100.0	100.0	100.0	100.0
1.0	1.9	0.8	0.4	1.4	0.4
3.8	4.9	3.7	4.2	3.4	2.8
8.9	24.2	9.4	4.3	4.6	1.8
65.7	50.2	66.7	66.4	65.6	79.2
4.6	4.2	1.8	5.9	6.9	4.1
2.7	1.4	1.4	2.6	4.0	4.2
11.6	10.7	15.1	15.8	12.0	4.4
0.7	0.6	0.6	0.5	0.5	1.4
1.0	1.3	0.5		1.6	1.6
0.1	0.5				
100.0	100.0	100.0	100.0	100.0	100.0
0.6	0.6	0.4	0.5	1.3	0.4
10.2	25.6	11.4	6.8	5.0	2.2
2.0	1.5	2.0	2.8	0.6	2.9
41.2	31.1	40.1	35.6	40.1	59.0
44.4	38.5	44.2	52.6	52.5	34.5
1.6	2.7	1.9	1.8	0.4	1.0
349541.9	243947.6	292095.2	311226.3	346336.1	553134.7
38.1	45.1	36.9	38.2	42.6	27.8
2.1	4.1	1.6	0.8	3.2	0.7
36.0	41.0	35.3	37.4	39.4	27.2
812.6	565.9	717.2	762.7	869.3	1146.2
231747.3	186715.0	213640.9	212439.8	229769.1	315751.2
100.0	100.0	100.0	100.0	100.0	100.0
97.9	93.8	97.2	99.1	99.7	99.5
2.0	5.5	2.8	0.9	0.3	0.5
0.1	0.7				
100.0	100.0	100.0	100.0	100.0	100.0
99.5	99.4	99.6	100.0	99.6	99.0
0.5	0.6	0.4		0.4	1.0

2-46 续表 1

指标名称	Indicator	单位	Unit
11.取暖设备(合计)	Heating Equipment(Total)	%	%
集中供暖	Central Heating	%	%
自行供暖	Self Heating	%	%
无取暖设备	Without Heating Equipment	%	%
12.炊用能源使用情况(合计)	Fuel Using Condition for Cooking(Total)	%	%
罐装液化石油气	Liquefied Petroleum Gas of Can Pack	%	%
管道液化石油气	Liquefied Petroleum Gas of Pipeline	%	%
管道天然气	Natural Gas of Pipeline	%	%
电	Electricity	%	%
其他	Other	%	%
二、人口情况	Basic Statistics of Population	--	--
(一)家庭劳动力人数	Household Labor	人/户	person/household
1.就业人口数	Number of Employed	人/户	person/household
①雇主	Employer	%	%
②公职人员	Civil Servants	%	%
③事业单位人员	Institution Officers	%	%
④国有企业雇员	State-owned Enterprises Employees	%	%
⑤其他雇员	Other Employees	%	%
⑥农业自营	Self-employed of Agriculture	%	%
⑦非农业自营	Self-employed of Non-agriculture	%	%
(二)负担系数	Dependents Coefficient	--	--
三、耐用消费品	Durable Consumer Goods	--	--
1.家用汽车	Automobile	辆/百户	unit/100 households
2.摩托车	Motorcycle	辆/百户	unit/100 households
3.助力车	Powered Bicycle	辆/百户	unit/100 households
4.洗衣机	Washing Machine	台/百户	set/100 households
5.电冰箱	Refrigerator	台/百户	set/100 households
6.微波炉	Microwave Oven	台/百户	set/100 households
7.彩色电视机	Color Television	台/百户	set/100 households
8.空调器	Air Conditioner	台/百户	set/100 households
9.淋浴热水器	Water Heater for Shower	台/百户	set/100 households
10.排油烟机	Ventilator	台/百户	set/100 households
11.洗碗机	Dishwasher	台/百户	set/100 households

continued

合　计 Average	低收入户20% 20% Low Income Households	较低收入户20% 20% Lower Income Households	中等收入户20% 20% Middle Income Households	较高收入户20% 20% Higher Income Households	高收入户20% 20% High Income Households
100.0	100.0	100.0	100.0	100.0	100.0
78.4	66.2	76.2	83.3	83.7	82.8
21.5	33.8	23.8	16.3	16.3	17.2
0.1			0.4		
100.0	100.0	100.0	100.0	100.0	100.0
6.4	9.1	6.8	7.6	5.0	3.3
0.1				0.5	
74.4	56.3	72.5	76.2	79.4	87.3
16.1	26.5	19.4	14.4	13.3	7.0
2.9	7.7	1.3	1.6	1.5	2.4
2.1	2.1	2.3	2.2	1.9	1.9
1.5	1.5	1.7	1.6	1.3	1.2
0.5	0.3		0.8		1.5
3.7		0.6	1.5	5.3	13.9
9.3	0.3	0.9	6.1	14.8	30.8
8.7	1.2	4.1	5.5	14.3	22.8
57.2	57.6	73.3	69.8	54.1	21.1
5.9	18.6	5.0	2.1	1.7	1.1
14.6	22.0	16.1	14.1	9.9	8.9
2.2	2.6	2.2	2.2	2.1	2.1
45.0	36.2	39.6	46.2	40.7	62.5
12.8	23.1	18.0	11.0	8.2	3.7
54.6	74.6	70.3	59.3	45.8	23.4
101.3	100.4	99.8	100.2	102.6	103.3
100.3	97.1	102.7	98.3	103.2	100.5
56.6	37.5	48.1	62.3	58.4	76.4
102.8	103.0	101.1	102.4	102.6	105.0
21.9	10.0	13.2	16.8	24.2	45.0
99.2	95.4	97.3	98.5	102.6	102.2
90.2	75.9	89.0	94.4	94.0	98.0
0.5	0.2	0.7			1.7

2-46 续表 2

指标名称	Indicator	单位	Unit
12.固定电话	Telephone	部/百户	unit/100 households
13.移动电话	Mobile Telephone	部/百户	unit/100 households
14.家用电脑	Computer	台/百户	set/100 households
15.照相机	Camera	架/百户	set/100 households
16.中高档乐器	Secondary and Top Grade Musical Instrument	件/百户	set/100 households
17.健身器材	Body-building Apparatus	套/百户	set/100 households
18.空气净化器(含新风系统)	Air Body-building	台/百户	set/100 households
19.吸尘器	Cleaner Apparatus	台/百户	set/100 households
四、信息化调查	Information Survey	--	--
1.接入互联网的移动电话	Internet Mobile Telephone	部/百户	set/100 households
2.接入互联网的计算机	Internet Computer	台/百户	set/100 households
总收入与总支出(人均)	**Total Revenue and Expenditure (per person)**	--	--
一、家庭总收入	Total Income	元/人	yuan/person
(一)工资性收入	Income from Wages and Salaries	元/人	yuan/person
1.工资	Laborage and Allowance Income	元/人	yuan/person
2.实物福利及其他	Benefit in kind and Other	元/人	yuan/person
(二)经营性收入	Business Income	元/人	yuan/person
(三)财产性收入	Income from Properties	元/人	yuan/person
1.利息收入	Interest	元/人	yuan/person
2.红利收入	Bonus	元/人	yuan/person
3.保险净收益	Insurance Profit	元/人	yuan/person
4.转让土地承包经营权租金净收入	Rental Income for Land Contractual Management Right	元/人	yuan/person
5.出租房屋净收入	Lease House Income	元/人	yuan/person
6.出租其他资产净收入	Rent other Assets Income	元/人	yuan/person
7.其他财产性收入	Other Properties	元/人	yuan/person
8.房屋虚拟租金	Virtual Rent of House	元/人	yuan/person
(四)转移性收入	Income from Transfer	元/人	yuan/person
1.养老金或离退休金	Annuities and Pension	元/人	yuan/person
2.社会救济收入	Social Relief	元/人	yuan/person
3.政策性的生活补贴	Policy-related Subsidies	元/人	yuan/person
4.赡养收入	Maintenance Income	元/人	yuan/person
5.报销医疗费	Medical Fee for Reimbursement	元/人	yuan/person
6.其他转移性收入	Other Transfer	元/人	yuan/person

continued

合　计 Average	低收入户20% 20% Low Income Households	较低收入户20% 20% Lower Income Households	中等收入户20% 20% Middle Income Households	较高收入户20% 20% Higher Income Households	高收入户20% 20% High Income Households
3.7		2.7	4.4	1.6	10.0
253.6	261.1	274.0	262.7	238.2	232.1
68.7	48.9	62.7	76.1	68.5	87.3
14.9	4.8	7.9	10.0	15.4	36.4
10.4	6.7	8.0	8.8	14.1	14.3
6.6	2.4	0.5	6.4	5.5	18.0
4.4	1.7	1.7	3.5	4.8	10.1
10.9	3.3	7.4	10.6	8.1	25.3
233.7	239.7	251.8	241.9	216.1	219.3
56.8	35.1	45.2	67.4	55.2	81.1
40493	18450	25359	35475	52421	90363
23406	7331	15805	21808	31692	52485
22278	7243	15474	21048	30025	48682
1128	88	331	760	1667	3803
6603	8668	5639	6156	5135	7012
1795	738	929	1481	2300	4562
294	89	105	184	387	935
194	8	27	130	129	885
6	4		4		26
144	145	169	190	169	18
314	140	167	292	454	669
11	6	2	47		
58	33	5		279	2
774	313	454	633	882	2026
8689	1712	2986	6031	13295	26305
7364	612	2082	5139	11379	24098
132	269	87	75	138	55
33	85	27	13	21	2
173	182	69	169	144	349
685	183	377	438	1230	1639
74	93	75	92	64	31

2-46 续表 3

指标名称	Indicator	单位	Unit
二、出售资产所得	Proceeds from Sales of Belongings	元/人	yuan/person
1.出售住房收入	Sale of Housing	元/人	yuan/person
2.出售其他物品收入	Sale of Other	元/人	yuan/person
三、借贷收入	Credit Income	元/人	yuan/person
1.提取储蓄存款	Draw Saving Deposits	元/人	yuan/person
2.借入款	Borrowed	元/人	yuan/person
3.收回借出款	Recover Loans	元/人	yuan/person
4.收回保险本金	Recover of Principal Insurance Savings	元/人	yuan/person
5.住房贷款	Repayment of House Loan	元/人	yuan/person
6.汽车贷款	Repayment of Auto Loan	元/人	yuan/person
7.教育贷款	Repayment of Education Loan	元/人	yuan/person
8.其他贷款	Repayment of Other Loans	元/人	yuan/person
9.其他借贷收入	Other Credit Income	元/人	yuan/person
四、家庭总支出	Total Expenditure	元/人	yuan/person
(一)消费性支出	Consumption Expenditure	元/人	yuan/person
(二)生产经营费用支出	Expenditure for Household Business	元/人	yuan/person
(三)财产性支出	Property Expenditure	元/人	yuan/person
1.生活贷款利息支出	Interest of Life Loans	元/人	yuan/person
2.其他	Other	元/人	yuan/person
(四)转移性支出	Transfer Expenditures	元/人	yuan/person
1.个人所得税	Individual Income-tax	元/人	yuan/person
2.社会保障支出	Social Security Expenditure	元/人	yuan/person
(1)个人交纳的养老保险	Annuities	元/人	yuan/person
(2)个人交纳的医疗保险	Medical Accumulation Fund	元/人	yuan/person
(3)个人交纳的失业保险	Disemployed Accumulation Fund	元/人	yuan/person
(4)其他社会保障支出	Others	元/人	yuan/person
3.赡养支出	Support Expenditures	元/人	yuan/person
4.其他转移性支出	Others	元/人	yuan/person
(五)部分商业保险支出	Commercial Insurance	元/人	yuan/person
(六)购房与建房支出	Expenditures of Purchasing and Building Houses	元/人	yuan/person
1.购房	Purchasing Houses	元/人	yuan/person
2.建房	Building Houses	元/人	yuan/person
(七)借贷支出	Credit Expenditures	元/人	yuan/person
1.存入储蓄款	Saving Deposits	元/人	yuan/person
2.借出款	Lending	元/人	yuan/person

continued

合　计 Average	低收入户20% 20% Low Income Households	较低收入户20% 20% Lower Income Households	中等收入户20% 20% Middle Income Households	较高收入户20% 20% Higher Income Households	高收入户20% 20% High Income Households
2196.6	736.4	850.6	2573.6	2153.1	5977.6
536.0	156.0	334.3	106.2	1447.9	981.5
4335.2	6578.1	1998.3	3329.3	3444.2	6560.0
1278.2	1447.7	703.6	909.8	922.0	2739.4
901.3	2811.7	487.2	170.4	146.0	336.7
907.4	275.4	45.5	1956.6	2038.5	473.8
11.7		6.8		56.3	3.4
391.0		411.6	292.5		1542.6
140.5		95.1		134.1	622.1
21.8	48.5	20.0		32.5	
667.2	1984.2	191.4		84.8	842.1
16.1	10.6	37.1		30.0	
41310.4	31931.6	29604.3	36203.2	46247.6	74315.4
24161.0	14847.8	18843.0	22443.3	29272.9	43049.4
2444.0	5544.1	1029.5	1018.8	1445.5	2672.2
373.6	262.0	324.8	408.9	430.4	508.2
370.5	260.5	324.4	408.8	421.1	501.5
3.1	1.6	0.4	0.0	9.3	6.7
2717.7	1356.5	1992.8	2300.1	3357.2	5746.4
123.1	7.3	23.9	32.0	151.5	538.8
2368.4	1274.1	1816.5	2049.4	2903.8	4712.5
1745.7	950.9	1304.7	1464.8	2122.1	3586.5
517.6	311.7	473.5	506.6	592.5	835.1
63.0	9.9	28.9	53.9	97.9	168.6
42.1	1.5	9.3	24.1	91.3	122.3
115.7	43.6	63.3	96.1	137.4	306.4
110.5	31.5	89.2	122.5	164.5	188.7
690.7	336.6	601.8	916.3	893.8	843.8
2684.8	1621.1	1546.7	1635.1	3727.0	6246.0
2591.3	1542.4	1546.7	1494.0	3657.2	6031.4
93.4	78.6		141.1	69.8	214.6
3329.4	3235.9	2281.0	2277.3	2673.6	7142.7
311.3	5.1		2.0	4.7	2000.6
79.1	23.0	45.0	2.4	151.2	238.6

2-46 续表 4

指标名称	Indicator	单位	Unit
3.归还借款	Repayment of Loans	元/人	yuan/person
4.购买有价证券	Purchase of Securities	元/人	yuan/person
5.其他投资支出	Other Investment Expenditure	元/人	yuan/person
6.归还住房贷款	Repayment of House Loan	元/人	yuan/person
7.归还汽车贷款	Repayment of Auto Loan	元/人	yuan/person
8.归还教育贷款	Repayment of Education Loan	元/人	yuan/person
9.归还其他贷款	Repayment of Other Loans	元/人	yuan/person
10.其他借贷支出	Other Credit Expenditures	元/人	yuan/person
消费支出情况	**Consumption Expenditure**	**元/人**	**yuan/person**
1.食品烟酒消费支出	Food, Tobacco and Liquor	元/人	yuan/person
2.衣着消费支出	Clothing	元/人	yuan/person
3.居住消费支出	Residence	元/人	yuan/person
4.生活用品及服务消费支出	Household Facilities, Articles and Services	元/人	kg/person
5.交通通信消费支出	Transport and Communications	元/人	yuan/person
6.教育文化娱乐消费支出	Education, Cultural and Recreation Articles and Services	元/人	kg/person
7.医疗保健消费支出	Health Care and Medical Services	元/人	yuan/person
8.其他用品及服务消费支出	Miscellaneous Goods and Services	元/人	yuan/person
可支配收入来源	**Basic Statistics of Disposable Income**	--	--
一、全年可支配收入	Annual Disposable Income	元/人	yuan/person
(一)工资性收入	Wage Income	元/人	yuan/person
(二)经营净收入	Household Business Income	元/人	yuan/person
1.第一产业经营净收入	Primary Industry	元/人	yuan/person
2.第二产业经营净收入	Secondary Industry	元/人	yuan/person
3.第三产业经营净收入	Tertiary Industry	元/人	yuan/person
(三)财产净收入	Net Income from Property	元/人	yuan/person
(四)转移净收入	Net Income from Transfer	元/人	yuan/person
二、全年现金可支配收入	Annual Cash Disposable Income	元/人	yuan/person
三、全年实物可支配收入	Annual Disposable Income in Kind	元/人	yuan/person

continued

合　计 Average	低收入户20% 20% Low Income Households	较低收入户20% 20% Lower Income Households	中等收入户20% 20% Middle Income Households	较高收入户20% 20% Higher Income Households	高收入户20% 20% High Income Households
749.7	1358.8	340.3	212.1	464.3	1430.9
24.9		13.5	105.5		
36.9	3.2		0.7	193.7	16.6
1414.9	914.0	1382.2	1309.9	1197.9	2629.9
389.7	86.4	418.0	403.7	527.1	651.1
5.6	19.5			5.3	
304.0	813.4	67.7	224.9	113.2	168.7
13.3	12.5	14.3	16.1	16.2	6.2
24161.0	**14847.8**	**18843.0**	**22443.3**	**29272.9**	**43049.4**
5858.9	3790.7	4658.6	5830.8	7162.5	9418.5
2104.5	1297.3	1562.7	2082.1	2360.9	3897.5
4326.5	2595.1	3107.1	3806.7	5317.3	8397.0
1529.1	930.2	1103.1	1319.1	2044.3	2791.1
4077.0	2270.6	3651.7	4104.5	4141.6	7412.9
3188.2	2307.6	2712.8	2773.2	3777.7	5154.8
2342.2	1270.6	1618.6	1849.3	3619.8	4303.8
734.6	385.8	428.3	677.6	848.7	1673.9
34328.5	10075.0	21452.8	31348.5	46911.5	80915.8
23406.1	7331.0	15804.7	21808.0	31692.2	52485.0
3530.2	1911.9	4050.3	4738.2	3412.4	3818.6
311.8	-26.7	533.3	290.0	277.2	588.6
713.5	342.3	267.4	787.2	720.7	1835.1
2504.8	1596.3	3249.6	3661.1	2414.5	1395.0
1421.2	476.3	604.4	1071.7	1869.6	4053.6
5971.0	355.9	993.4	3730.6	9937.3	20558.6
33061.6	9876.4	20842.6	30421.4	44717.1	77604.0
1266.9	198.6	610.1	927.1	2194.4	3311.8

2-46 续表 5

指标名称	Indicator	单位	Unit
食品消费情况	**Basic Statistics of Consumption of Major Goods**	--	--
一、粮食消费量	Grain Crops	公斤/人	kg/person
(一)谷物消费量	Cereal	公斤/人	kg/person
#1.小麦	Wheat	公斤/人	kg/person
2.稻谷	Rice	公斤/人	kg/person
(二)薯类消费量	Tubers	公斤/人	kg/person
(三)豆类消费量	Soybeans	公斤/人	kg/person
二、油脂类消费量	Oil and Fat	公斤/人	kg/person
三、蔬菜及菜制品消费量	Vegetables and Related Products	公斤/人	kg/person
四、干鲜瓜果类	Dried and Fresh Melons and Fruits	公斤/人	kg/person
五、肉类	Meat and Related Products	公斤/人	kg/person
1.猪肉	Pork	公斤/人	kg/person
2.牛肉	Beef	公斤/人	kg/person
3.羊肉	Mutton	公斤/人	kg/person
4.其他肉类及制品	Others	公斤/人	kg/person
六、禽类	Poultry	公斤/人	kg/person
七、蛋类及蛋制品	Eggs and Related Products	公斤/人	kg/person
八、奶和奶制品	Milk and Dairy Products	公斤/人	kg/person
九、水产品	Aquatic Products	公斤/人	kg/person
十、糖果糕点类	Sugar and Pastry	公斤/人	kg/person
十一、饮料	Beverage	公斤/人	kg/person
十二、酒	Liquor	公斤/人	kg/person

continued

合　计 Average	低收入户20% 20% Low Income Households	较低收入户20% 20% Lower Income Households	中等收入户20% 20% Middle Income Households	较高收入户20% 20% Higher Income Households	高收入户20% 20% High Income Households
--	--	--	--	--	--
88.2	89.9	87.7	84.3	92.5	86.5
80.9	83.7	80.9	77.1	84.2	78.1
46.0	47.5	44.5	42.5	50.3	45.7
31.4	32.6	33.8	31.4	29.7	28.3
1.2	1.4	1.0	1.1	1.3	1.3
6.0	4.8	5.8	6.1	7.1	7.1
6.9	5.9	6.5	7.1	7.5	8.4
95.5	79.0	88.8	90.3	108.3	123.6
84.6	66.1	75.9	85.3	95.5	113.3
17.1	13.1	13.7	18.1	20.9	22.6
6.7	5.5	5.6	6.7	8.2	8.5
4.4	3.3	3.1	5.4	5.7	5.2
4.5	3.4	3.6	4.4	5.2	6.7
1.5	0.9	1.3	1.7	1.9	2.3
7.0	5.8	6.2	7.9	8.3	7.4
7.5	5.4	6.8	7.4	9.3	10.1
19.7	13.7	19.2	19.1	22.3	28.1
4.2	2.7	3.1	4.2	5.4	6.9
5.1	3.6	4.3	5.6	6.2	6.6
0.2	0.1	0.1	0.2	0.3	0.4
2.7	2.0	2.6	2.4	3.7	3.1

2-47 2019年全区城镇居民家庭按人均可支配收入分组资料

指标名称	Item	单位	Unit
城镇住户家庭基本情况(绝对数)	**Basic Statistics of Urban Households(absolute)**	--	--
一、调查户数	Number of Households Surveyed	户	household
调查户经营情况	Basic Statistics of Business of Households Surveyed	--	--
(一)生产经营户	Production Households	户	household
1.农业户	Agriculture Households	户	household
2.农业兼业户	Agriculture with Combined Occupations	户	household
3.非农业兼业户	Non-agriculture with Combined Occupations	户	household
4.非农业户	Non-agriculture Households	户	household
(二)非生产经营户	Non-production Households	户	household
二、生产性固定资产原值(人均)	Original Value of Productive Fixed Assets (per person)	元	yuan
城镇住户居住情况(人均)	**Basic Statistics of Residence of Urban Households (per person)**	--	--
(一)自有现住房面积	Floor Space of Living Houses	平方米	sq.m
(二)自有现住房市场估值	Value of Living Houses	元	yuan
调查户人口与劳动力情况(绝对数)	**Number of Households Surveyed and Basic Statistics of Labours (absolute)**	--	--
一、城镇住户人口与劳动力状况	Number of Households and Basic Statistics of Labours of Urban Households	--	--
(一)家庭常住人口	Number of Permanent Residents in the Households	人	person
(二)整半劳动力数	Number of Able-bodied and Semi-able-bodied Labours	人	person
其中：男劳动力人数	Number of Male Labours	人	person
其中：整劳动力	Number of Able-bodied Labours	人	person
(三)就业劳动力人数	Number of Employed	人	person
其中：1.第一产业	Primary Industry	人	person
2.第二产业	Secondary Industry	人	person
3.第三产业	Tertiary Industry	人	person
(四)就业劳动力文化程度	Culture Level of Employed Labours	--	--
1.不识字或识字很少	Illiterate and Semi-illiterate	人	person
2.小学程度	Primary School	人	person
3.初中程度	Junior Middle School	人	person
4.高中程度	Senior Middle School	人	person
5.大专及以上	College and Higher	人	person
6.大学本科	Bachelor Degree	人	person
7.研究生	Postgraduate	人	person
城镇住户食品消费情况(人均)	**Basic Statistics of Consumption of Major Foods of Urban Households (per person)**	--	--
一、粮食消费量	Grain Crops	公斤	kg
(一)谷物消费量	Cereal	公斤	kg
#1.小麦	Wheat	公斤	kg
2.稻谷	Rice	公斤	kg
(二)薯类消费量	Tubers	公斤	kg
(三)豆类消费量	Soybeans	公斤	kg
二、油脂类消费量	Oil and Fat	公斤	kg
三、蔬菜及菜制品消费量	Vegetables and Related Products	公斤	kg
四、肉类	Meat and Related Products	公斤	kg
1.猪肉	Pork	公斤	kg
2.牛肉	Beef	公斤	kg
3.羊肉	Mutton	公斤	kg
4.其他肉类及制品	Others	公斤	kg
五、禽类	Poultry	公斤	kg
六、水产品	Aquatic Products	公斤	kg
七、蛋类及蛋制品	Eggs and Related Products	公斤	kg
八、奶和奶制品	Milk and Dairy Products	公斤	kg
九、干鲜瓜果类	Dried and Fresh Melons and Fruits	公斤	kg
十、糖果糕点类	Sugar and Pastry	公斤	kg
十一、饮料	Beverage	公斤	kg
十二、烟叶消费量	Tobacco	公斤	kg
十三、酒	Liquor	公斤	kg

Basic Statistics Grouped by per Capita Disposable Income of Urban Households (2019)

总计 Total	5000元以下 5000 yuan and Blow	5000-8000元 5000- 8000 yuan	8000-11000元 8000- 11000 yuan	11000-14000元 11000- 14000 yuan	14000-20000元 14000- 20000 yuan
--	--	--	--	--	--
1090	37	26	44	60	151
324	16	20	16	36	63
104	9	8	6	11	28
5		1		2	1
12		1	1		5
215	9	11	10	23	33
686	12	8	31	29	99
9434	44050	27937	6162	21226	5200
32	29	23	24	29	26
115282	46761	44962	61635	88659	73600
--	--	--	--	--	--
--	--	--	--	--	--
3417	149	106	160	218	543
2317	83	58	92	133	334
1145	38	27	41	66	161
1416	62	37	66	96	247
1657	55	39	65	93	258
146	29	15	9	17	38
417	6	3	22	23	68
1094	20	21	34	53	152
91	9	4	5	3	16
269	23	14	10	26	54
740	38	21	50	57	143
470	11	14	15	24	64
407	2	2	10	20	38
323		3	2	3	19
17					
--	--	--	--	--	--
88.2	113.3	96.0	93.4	84.0	85.5
80.9	107.4	90.0	87.4	77.0	78.7
46.0	61.4	58.3	41.2	43.6	45.1
31.4	35.9	29.4	43.8	31.1	31.4
1.2	2.1	2.7	1.0	1.1	1.2
6.0	3.8	3.3	5.0	5.9	5.6
6.9	7.1	7.1	5.9	6.1	5.6
95.5	82.6	70.2	77.7	90.0	82.0
17.1	13.1	12.3	11.9	13.9	13.4
6.7	4.4	5.8	4.6	5.1	6.4
4.4	4.4	2.7	3.7	3.4	2.9
4.5	3.8	3.2	2.8	4.5	3.1
1.5	0.5	0.6	0.8	1.0	1.0
7.0	6.9	4.7	6.0	6.4	5.6
4.2	1.9	1.8	3.5	3.4	2.5
7.5	5.0	4.6	5.3	5.6	5.8
19.7	10.6	9.8	11.6	19.2	16.4
84.6	71.7	51.5	66.3	71.7	69.8
5.1	2.9	3.7	4.1	3.7	3.4
0.2	0.1	0.1	0.2	0.2	0.1
23.9	11.0	16.3	24.6	22.3	20.3
2.7	1.2	1.0	2.0	2.6	2.3

2-47 续表 1

指标名称	Item	单位	Unit
城镇住户总收入与总支出(人均)	**Total Revenue and Expenditure of Urban Households (per person)**	--	--
一、总收入	Total Revenue	元	yuan
(一)工资性收入	Wage Income	元	yuan
(二)经营性收入	Household Business Income	元	yuan
1.第一产业经营收入	Primary Industry	元	yuan
(1)农业收入	Farming	元	yuan
(2)林业收入	Forestry	元	yuan
(3)牧业收入	Animal Husbandry	元	yuan
(4)渔业收入	Fishery	元	yuan
2.第二产业经营收入	Secondary Industry	元	yuan
3.第三产业经营收入	Tertiary Industry	元	yuan
(三)财产性收入	Property Income	元	yuan
(四)转移性收入	Transfer Income	元	yuan
二、总支出	Total Expenditure	元	yuan
(一)生产经营费用支出	Expenditure for Household Business	元	yuan
1.第一产业生产费用支出	Primary Industry	元	yuan
(1)农业生产费用支出	Farming	元	yuan
(2)林业生产费用支出	Forestry	元	yuan
(3)牧业生产费用支出	Animal Husbandry	元	yuan
(4)渔业生产费用支出	Fishery	元	yuan
2.第二产业生产费用支出	Secondary Industry	元	yuan
3.第三产业生产费用支出	Tertiary Industry	元	yuan
(二)购置生产性固定资产支出	Expenditure for Purchasing Productive Fixed Assets	元	yuan
(三)生活消费支出	Living Expenditure	元	yuan
1.食品烟酒消费支出	Food, Tobacco and Liquor	元	yuan
2.衣着消费支出	Clothing	元	yuan
3.居住消费支出	Residence	元	yuan
4.生活用品及服务消费支出	Household Facilities, Articles and Services	元	yuan
5.交通通信消费支出	Transport and Communications	元	yuan
6.教育文化娱乐消费支出	Education, Cultural and Recreation Articles and Services	元	yuan
7.医疗保健消费支出	Health Care and Medical Services	元	yuan
8.其他用品及服务消费支出	Miscellaneous Goods and Services	元	yuan
(四)财产性支出	Property Expenditure	元	yuan
(五)转移性支出	Transfer Expenditure	元	yuan
城镇住户可支配收入来源(人均)	**Basic Statistics of Disposable Income of Urban Households (per person)**	--	--
一、全年可支配收入	Annual Disposable Income	元	yuan
(一)工资性收入	Wage Income	元	yuan
(二)经营净收入	Household Business Income	元	yuan
1.第一产业经营净收入	Primary Industry	元	yuan
(1)农业收入	Farming	元	yuan
(2)林业收入	Forestry	元	yuan
(3)牧业收入	Animal Husbandry	元	yuan
(4)渔业收入	Fishery	元	yuan
2.非农产业经营净收入	Non-agriculture	元	yuan
A.第二产业经营净收入	Secondary Industry	元	yuan
B.第三产业经营净收入	Tertiary Industry	元	yuan
(三)财产净收入	Net Income from Property	元	yuan
(四)转移净收入	Net Income from Transfer	元	yuan
二、全年现金可支配收入	Annual Cash Disposable Income	元	yuan
三、全年实物可支配收入	Annual Disposable Income in Kind	元	yuan

continued

总计 Total	5000元以下 5000 yuan and Blow	5000-8000元 5000- 8000 yuan	8000-11000元 8000- 11000 yuan	11000-14000元 11000- 14000 yuan	14000-20000元 14000- 20000 yuan
--	--	--	--	--	--
40493	20783	14437	14989	21368	20219
23406	2618	2444	7111	7293	12171
6603	15594	9474	5378	11565	5318
1241	6600	2691	1554	4482	1406
657	4850	972	1358	345	1034
49	24	9	1	661	12
535	1727	1710	195	3477	360
1427		1908	398	428	374
3935	8994	4875	3426	6654	3538
1795	1001	455	857	597	832
8689	1569	2064	1643	1913	1898
41310	50493	32310	28992	35676	25772
2444	18786	5270	3181	5322	1115
844	9227	2450	956	3658	486
397	6302	766	666	128	247
21	0	0		264	5
425	2925	1684	290	3267	234
608		1429			
992	9559	1390	2225	1664	630
1307	7325	7324	533	2799	72
24161	12776	13199	17016	16343	15504
5859	3473	3303	3517	4577	3948
2104	1029	1278	1133	1629	1334
4327	1799	1916	3243	3093	2818
1529	732	563	1022	1352	779
4077	2133	1889	4078	1809	2214
3188	1720	2421	2304	2037	2766
2342	1375	1294	1175	1510	1292
735	515	536	544	337	353
374	126	89	231	415	364
2718	1490	771	1666	1403	1606
34328	-2556	6445	9501	12813	16787
23406	2618	2444	7111	7293	12171
3530	-6129	2342	1787	4828	3856
312	-3063	-376	490	467	854
214	-1695	-251	599	152	758
28	24	9	1	395	7
70	-1391	-134	-110	-81	88
3218	-3066	2718	1296	4361	3002
714		263	302	419	250
2505	-3066	2455	994	3942	2752
1421	875	366	627	182	468
5971	80	1293	-24	510	292
33062	-4208	7910	8874	13404	16089
1267	1653	-1464	627	-591	698

2-47 续表 2

指标名称	Item	单位	Unit
城镇住户家庭基本情况(绝对数)	**Basic Statistics of Urban Households(absolute)**	—	—
一、调查户数	Number of Households Surveyed	户	household
调查户经营情况	Basic Statistics of Business of Households Surveyed	—	—
(一)生产经营户	Production Households	户	household
1.农业户	Agriculture Households	户	household
2.农业兼业户	Agriculture with Combined Occupations	户	household
3.非农业兼业户	Non-agriculture with Combined Occupations	户	household
4.非农业户	Non-agriculture Households	户	household
(二)非生产经营户	Non-production Households	户	household
二、生产性固定资产原值(人均)	Original Value of Productive Fixed Assets (per person)	元	yuan
城镇住户居住情况(人均)	**Basic Statistics of Residence of Urban Households (per person)**	—	—
(一)自有现住房面积	Floor Space of Living Houses	平方米	sq.m
(二)自有现住房市场估值	Value of Living Houses	元	yuan
调查户人口与劳动力情况(绝对数)	**Number of Households Surveyed and Basic Statistics of Labours (absolute)**	—	—
一、城镇住户人口与劳动力状况	Number of Households and Basic Statistics of Labours of Urban Households	—	—
(一)家庭常住人口	Number of Permanent Residents in the Households	人	person
(二)整半劳动力数	Number of Able-bodied and Semi-able-bodied Labours	人	person
其中：男劳动力人数	Number of Male Labours	人	person
其中：整劳动力	Number of Able-bodied Labours	人	person
(三)就业劳动力人数	Number of Employed	人	person
其中：1.第一产业	Primary Industry	人	person
2.第二产业	Secondary Industry	人	person
3.第三产业	Tertiary Industry	人	person
(四)就业劳动力文化程度	Culture Level of Employed Labours	--	--
1.不识字或识字很少	Illiterate and Semi-illiterate	人	person
2.小学程度	Primary School	人	person
3.初中程度	Junior Middle School	人	person
4.高中程度	Senior Middle School	人	person
5.大专及以上	College and Higher	人	person
6.大学本科	Bachelor Degree	人	person
7.研究生	Postgraduate	人	person
城镇住户食品消费情况(人均)	**Basic Statistics of Consumption of Major Foods of Urban Households (per person)**	—	—
一、粮食消费量	Grain Crops	公斤	kg
(一)谷物消费量	Cereal	公斤	kg
#1.小麦	Wheat	公斤	kg
2.稻谷	Rice	公斤	kg
(二)薯类消费量	Tubers	公斤	kg
(三)豆类消费量	Soybeans	公斤	kg
二、油脂类消费量	Oil and Fat	公斤	kg
三、蔬菜及菜制品消费量	Vegetables and Related Products	公斤	kg
四、肉类	Meat and Related Products	公斤	kg
1.猪肉	Pork	公斤	kg
2.牛肉	Beef	公斤	kg
3.羊肉	Mutton	公斤	kg
4.其他肉类及制品	Others	公斤	kg
五、禽类	Poultry	公斤	kg
六、水产品	Aquatic Products	公斤	kg
七、蛋类及蛋制品	Eggs and Related Products	公斤	kg
八、奶和奶制品	Milk and Dairy Products	公斤	kg
九、干鲜瓜果类	Dried and Fresh Melons and Fruits	公斤	kg
十、糖果糕点类	Sugar and Pastry	公斤	kg
十一、饮料	Beverage	公斤	kg
十二、烟叶消费量	Tobacco	公斤	kg
十三、酒	Liquor	公斤	kg

continued

20000–26000元 20000- 26000 yuan	26000–32000元 26000- 32000 yuan	32000–38000元 32000- 38000 yuan	38000–44000元 38000- 44000 yuan	44000–50000元 44000- 50000 yuan
—	—	—	—	—
154	122	112	68	61
52	37	33	15	7
14	9	7	3	2
		1		
3		2		
37	28	25	12	5
105	88	68	40	40
11012	5889	5817	9076	2669
28	28	31	32	36
89215	92424	105502	107823	123320
—	—	—	—	—
—	—	—	—	—
513	407	342	193	155
349	280	237	134	117
173	141	121	69	59
232	183	144	78	53
257	205	169	94	86
15	8	5	2	3
64	64	43	30	27
178	133	121	62	56
14	11	10	7	3
44	21	27	11	9
129	103	72	38	23
74	61	53	28	45
62	54	49	27	17
26	29	26	21	19
	1		2	1
—	—	—	—	—
86.4	81.1	88.4	97.1	91.4
79.9	73.6	81.7	88.2	83.2
44.0	41.7	44.3	48.3	53.7
33.1	28.8	34.2	36.7	24.4
1.0	1.1	1.0	1.2	1.3
5.5	6.4	5.6	7.7	6.9
6.5	7.0	7.2	7.4	7.2
87.8	87.6	91.7	117.4	106.7
13.8	18.3	17.5	19.8	22.7
5.4	6.8	6.3	8.3	8.5
3.1	5.4	5.3	5.3	5.7
3.8	4.4	4.3	4.4	6.6
1.6	1.7	1.5	1.9	2.0
6.3	7.7	8.2	8.9	8.0
3.3	4.2	4.1	5.2	4.4
7.3	7.4	7.2	10.0	9.6
19.0	17.5	20.9	19.8	22.6
76.4	87.0	81.9	102.4	87.7
4.9	5.4	5.8	5.0	5.9
0.1	0.2	0.2	0.2	0.4
25.7	19.4	29.3	25.2	34.2
2.7	2.6	2.1	3.3	3.2

2-47 续表 3

指标名称	Item	单位	Unit
城镇住户总收入与总支出(人均)	**Total Revenue and Expenditure of Urban Households (per person)**	--	--
一、总收入	Total Revenue	元	yuan
(一)工资性收入	Wage Income	元	yuan
(二)经营性收入	Household Business Income	元	yuan
1.第一产业经营收入	Primary Industry	元	yuan
(1)农业收入	Farming	元	yuan
(2)林业收入	Forestry	元	yuan
(3)牧业收入	Animal Husbandry	元	yuan
(4)渔业收入	Fishery	元	yuan
2.第二产业经营收入	Secondary Industry	元	yuan
3.第三产业经营收入	Tertiary Industry	元	yuan
(三)财产性收入	Property Income	元	yuan
(四)转移性收入	Transfer Income	元	yuan
二、总支出	Total Expenditure	元	yuan
(一)生产经营费用支出	Expenditure for Household Business	元	yuan
1.第一产业生产费用支出	Primary Industry	元	yuan
(1)农业生产费用支出	Farming	元	yuan
(2)林业生产费用支出	Forestry	元	yuan
(3)牧业生产费用支出	Animal Husbandry	元	yuan
(4)渔业生产费用支出	Fishery	元	yuan
2.第二产业生产费用支出	Secondary Industry	元	yuan
3.第三产业生产费用支出	Tertiary Industry	元	yuan
(二)购置生产性固定资产支出	Expenditure for Purchasing Productive Fixed Assets	元	yuan
(三)生活消费支出	Living Expenditure	元	yuan
1.食品烟酒消费支出	Food, Tobacco and Liquor	元	yuan
2.衣着消费支出	Clothing	元	yuan
3.居住消费支出	Residence	元	yuan
4.生活用品及服务消费支出	Household Facilities, Articles and Services	元	yuan
5.交通通信消费支出	Transport and Communications	元	yuan
6.教育文化娱乐消费支出	Education, Cultural and Recreation Articles and Services	元	yuan
7.医疗保健消费支出	Health Care and Medical Services	元	yuan
8.其他用品及服务消费支出	Miscellaneous Goods and Services	元	yuan
(四)财产性支出	Property Expenditure	元	yuan
(五)转移性支出	Transfer Expenditure	元	yuan
城镇住户可支配收入来源(人均)	**Basic Statistics of Disposable Income of Urban Households (per person)**	--	--
一、全年可支配收入	Annual Disposable Income	元	yuan
(一)工资性收入	Wage Income	元	yuan
(二)经营净收入	Household Business Income	元	yuan
1.第一产业经营净收入	Primary Industry	元	yuan
(1)农业收入	Farming	元	yuan
(2)林业收入	Forestry	元	yuan
(3)牧业收入	Animal Husbandry	元	yuan
(4)渔业收入	Fishery	元	yuan
2.非农产业经营净收入	Non-agriculture	元	yuan
A.第二产业经营净收入	Secondary Industry	元	yuan
B.第三产业经营净收入	Tertiary Industry	元	yuan
(三)财产净收入	Net Income from Property	元	yuan
(四)转移净收入	Net Income from Transfer	元	yuan
二、全年现金可支配收入	Annual Cash Disposable Income	元	yuan
三、全年实物可支配收入	Annual Disposable Income in Kind	元	yuan

continued

20000–26000元 20000- 26000 yuan	26000–32000元 26000- 32000 yuan	32000–38000元 32000- 38000 yuan	38000–44000元 38000- 44000 yuan	44000–50000元 44000- 50000 yuan
--	--	--	--	--
26906	32884	39078	48735	51137
17074	20182	23934	26130	32400
5522	5442	7164	9544	2947
669	488	566	500	459
414	485	325	493	379
3	2			
252	1	240	7	80
828	749	1072	5763	
4025	4205	5526	3281	2488
946	1258	1839	1768	2649
3363	6002	6141	11293	13141
29552	35336	36803	41423	42339
908	783	1191	3946	561
263	134	224	286	116
166	129	116	250	99
0				
98	5	108	36	17
189	102	155	3228	
456	547	812	431	445
1189	2031	1041	806	
19739	22210	22587	24486	28844
4849	5601	6004	6165	7628
1644	2048	2144	1972	2279
3055	3275	4318	4058	4574
1253	1328	1356	1629	1895
4154	4583	3427	3277	4353
2703	2962	2752	2888	3417
1679	1749	1924	3663	3979
401	664	661	835	720
265	438	400	463	407
2011	2323	2400	2776	3098
22988	28947	34700	40944	46893
17074	20182	23934	26130	32400
3880	4266	5585	4993	2208
365	345	319	141	324
213	347	202	173	269
3	2	-2		
149	-4	119	-31	56
3515	3921	5266	4852	1884
402	602	906	2292	
3114	3319	4360	2560	1884
681	820	1439	1305	2242
1352	3678	3741	8517	10043
22545	28069	33601	39160	45019
443	879	1100	1784	1874

2-47 续表 4

指 标 名 称	Item	单位	Unit
城镇住户家庭基本情况(绝对数)	**Basic Statistics of Urban Households(absolute)**	--	--
一、调查户数	Number of Households Surveyed	户	household
调查户经营情况	Basic Statistics of Business of Households Surveyed	--	--
(一)生产经营户	Production Households	户	household
1.农业户	Agriculture Households	户	household
2.农业兼业户	Agriculture with Combined Occupations	户	household
3.非农业兼业户	Non-agriculture with Combined Occupations	户	household
4.非农业户	Non-agriculture Households	户	household
(二)非生产经营户	Non-production Households	户	household
二、生产性固定资产原值(人均)	Original Value of Productive Fixed Assets (per person)	元	yuan
城镇住户居住情况(人均)	**Basic Statistics of Residence of Urban Households (per person)**	--	--
(一)自有现住房面积	Floor Space of Living Houses	平方米	sq.m
(二)自有现住房市场估值	Value of Living Houses	元	yuan
调查户人口与劳动力情况(绝对数)	**Number of Households Surveyed and Basic Statistics of Labours (absolute)**	--	--
一、城镇住户人口与劳动力状况	Number of Households and Basic Statistics of Labours of Urban Households	--	--
(一)家庭常住人口	Number of Permanent Residents in the Households	人	person
(二)整半劳动力数	Number of Able-bodied and Semi-able-bodied Labours	人	person
其中：男劳动力人数	Number of Male Labours	人	person
其中：整劳动力	Number of Able-bodied Labours	人	person
(三)就业劳动力人数	Number of Employed	人	person
其中：1.第一产业	Primary Industry	人	person
2.第二产业	Secondary Industry	人	person
3.第三产业	Tertiary Industry	人	person
(四)就业劳动力文化程度	Culture Level of Employed Labours	--	--
1.不识字或识字很少	Illiterate and Semi-illiterate	人	person
2.小学程度	Primary School	人	person
3.初中程度	Junior Middle School	人	person
4.高中程度	Senior Middle School	人	person
5.大专及以上	College and Higher	人	person
6.大学本科	Bachelor Degree	人	person
7.研究生	Postgraduate	人	person
城镇住户食品消费情况(人均)	**Basic Statistics of Consumption of Major Foods of Urban Households (per person)**	--	--
一、粮食消费量	Grain Crops	公斤	kg
(一)谷物消费量	Cereal	公斤	kg
#1.小麦	Wheat	公斤	kg
2.稻谷	Rice	公斤	kg
(二)薯类消费量	Tubers	公斤	kg
(三)豆类消费量	Soybeans	公斤	kg
二、油脂类消费量	Oil and Fat	公斤	kg
三、蔬菜及菜制品消费量	Vegetables and Related Products	公斤	kg
四、肉类	Meat and Related Products	公斤	kg
1.猪肉	Pork	公斤	kg
2.牛肉	Beef	公斤	kg
3.羊肉	Mutton	公斤	kg
4.其他肉类及制品	Others	公斤	kg
五、禽类	Poultry	公斤	kg
六、水产品	Aquatic Products	公斤	kg
七、蛋类及蛋制品	Eggs and Related Products	公斤	kg
八、奶和奶制品	Milk and Dairy Products	公斤	kg
九、干鲜瓜果类	Dried and Fresh Melons and Fruits	公斤	kg
十、糖果糕点类	Sugar and Pastry	公斤	kg
十一、饮料	Beverage	公斤	kg
十二、烟叶消费量	Tobacco	公斤	kg
十三、酒	Liquor	公斤	kg

continued

50000-60000元 50000- 60000 yuan	60000-70000元 60000- 70000 yuan	70000-80000元 70000- 80000 yuan	80000-100000元 80000- 100000 yuan	100000元以上 100000 yuan and Over
--	--	--	--	--
80	64	32	50	29
12	6	3	5	3
3	2		1	1
9	4	3	4	2
48	37	23	35	23
3027	1311	18180	7264	2649
40	42	49	52	62
169188	160343	260852	275958	318154
210	164	83	116	59
158	126	65	95	56
79	62	31	47	30
83	56	31	37	11
107	76	49	64	40
1	1	1	1	1
20	14	11	14	8
86	61	37	49	31
5	4			
15	5	2	4	4
28	22	6	5	5
28	26	13	10	4
36	28	16	31	15
44	38	28	38	27
2	3		7	1
88.7	84.2	96.5	86.9	74.2
80.1	76.3	86.7	78.4	67.6
48.6	47.4	44.4	47.6	39.1
27.2	25.1	36.6	26.5	25.1
1.5	1.6	0.9	1.3	1.3
7.1	6.3	8.9	7.1	5.3
7.9	8.1	10.6	8.0	6.9
107.8	114.2	136.2	125.9	119.3
21.7	21.8	22.7	20.2	29.3
8.7	7.7	9.2	7.0	11.9
6.1	5.2	5.0	5.5	4.4
5.1	6.7	5.7	6.0	9.8
1.8	2.1	2.9	1.8	3.2
7.9	8.1	5.2	7.3	9.4
6.6	5.2	6.2	9.0	8.3
8.9	9.6	10.6	10.7	9.3
24.3	23.5	31.6	29.8	31.6
98.5	93.3	113.1	127.9	134.2
7.6	6.2	7.2	7.4	5.7
0.4	0.4	0.4	0.3	0.6
24.7	27.8	35.0	14.3	33.5
4.5	3.1	2.1	4.0	3.6

2-47 续表 5

指标名称	Item	单位	Unit
城镇住户总收入与总支出(人均)	**Total Revenue and Expenditure of Urban Households (per person)**	--	--
一、总收入	Total Revenue	元	yuan
(一)工资性收入	Wage Income	元	yuan
(二)经营性收入	Household Business Income	元	yuan
1.第一产业经营收入	Primary Industry	元	yuan
(1)农业收入	Farming	元	yuan
(2)林业收入	Forestry	元	yuan
(3)牧业收入	Animal Husbandry	元	yuan
(4)渔业收入	Fishery	元	yuan
2.第二产业经营收入	Secondary Industry	元	yuan
3.第三产业经营收入	Tertiary Industry	元	yuan
(三)财产性收入	Property Income	元	yuan
(四)转移性收入	Transfer Income	元	yuan
二、总支出	Total Expenditure	元	yuan
(一)生产经营费用支出	Expenditure for Household Business	元	yuan
1.第一产业生产费用支出	Primary Industry	元	yuan
(1)农业生产费用支出	Farming	元	yuan
(2)林业生产费用支出	Forestry	元	yuan
(3)牧业生产费用支出	Animal Husbandry	元	yuan
(4)渔业生产费用支出	Fishery	元	yuan
2.第二产业生产费用支出	Secondary Industry	元	yuan
3.第三产业生产费用支出	Tertiary Industry	元	yuan
(二)购置生产性固定资产支出	Expenditure for Purchasing Productive Fixed Assets	元	yuan
(三)生活消费支出	Living Expenditure	元	yuan
1.食品烟酒消费支出	Food, Tobacco and Liquor	元	yuan
2.衣着消费支出	Clothing	元	yuan
3.居住消费支出	Residence	元	yuan
4.生活用品及服务消费支出	Household Facilities, Articles and Services	元	yuan
5.交通通信消费支出	Transport and Communications	元	yuan
6.教育文化娱乐消费支出	Education, Cultural and Recreation Articles and Services	元	yuan
7.医疗保健消费支出	Health Care and Medical Services	元	yuan
8.其他用品及服务消费支出	Miscellaneous Goods and Services	元	yuan
(四)财产性支出	Property Expenditure	元	yuan
(五)转移性支出	Transfer Expenditure	元	yuan
城镇住户可支配收入来源(人均)	**Basic Statistics of Disposable Income of Urban Households (per person)**	--	--
一、全年可支配收入	Annual Disposable Income	元	yuan
(一)工资性收入	Wage Income	元	yuan
(二)经营净收入	Household Business Income	元	yuan
1.第一产业经营净收入	Primary Industry	元	yuan
(1)农业收入	Farming	元	yuan
(2)林业收入	Forestry	元	yuan
(3)牧业收入	Animal Husbandry	元	yuan
(4)渔业收入	Fishery	元	yuan
2.非农产业经营净收入	Non-agriculture	元	yuan
A.第二产业经营净收入	Secondary Industry	元	yuan
B.第三产业经营净收入	Tertiary Industry	元	yuan
(三)财产净收入	Net Income from Property	元	yuan
(四)转移净收入	Net Income from Transfer	元	yuan
二、全年现金可支配收入	Annual Cash Disposable Income	元	yuan
三、全年实物可支配收入	Annual Disposable Income in Kind	元	yuan

continued

50000-60000元 50000- 60000 yuan	60000-70000元 60000- 70000 yuan	70000-80000元 70000- 80000 yuan	80000-100000元 80000- 100000 yuan	100000元以上 100000 yuan and Over
--	--	--	--	--
59822	69544	89868	96514	132662
37306	41418	43182	57445	88995
4338	2639	13164	3945	8642
258	158	86	3	4563
251	65	82		258
4	92		3	
4	1	4		4305
923		12008	2742	2594
3157	2481	1070	1201	1485
2325	1867	4833	6752	7000
15853	23619	28689	28372	28025
55566	65426	73464	71733	107679
765	606	8162	860	1042
67	143	44	0	95
64	62	33	0	34
1	80	1		
3	0	10		62
328		7987	860	393
370	463	131		554
	1701		15	
34227	33227	41071	44800	71719
7947	7393	9829	9855	13503
2729	2724	4108	4488	5535
7251	5318	9002	8740	15122
2468	2106	2936	3264	3639
4868	4877	6090	6089	19627
4457	4198	5194	6253	5870
3525	5359	2628	3982	5716
982	1251	1284	2130	2707
419	387	326	907	151
4126	3993	5696	6486	8782
54311	64471	74472	87776	122511
37306	41418	43182	57445	88995
3371	1946	3790	2601	7423
186	14	29	3	4331
182	2	36	0	201
3	12	-1	3	
1	1	-6		4131
3186	1932	3762	2598	3092
498		3671	1823	2199
2688	1932	90	775	893
1906	1480	4507	5845	6850
11727	19626	22993	21885	19243
51752	61099	72368	84652	115947
2559	3372	2104	3124	6564

2-48 2019年各市县城镇居民人均可支配收入
Per Capita Annual Disposable Income of Urban Households by City and County (2019)

单位：元 (yuan)

市 县	Region	2019	2018	增 量 Increment	增 长 Growth(%)
全 区	**Total**	**34328**	**31895**	**2433**	**7.6**
沿黄地区	**Plain**	**35595**	**33013**	**2581**	**7.8**
中南部地区	**Mountain Area**	**27257**	**25324**	**1933**	**7.6**
银川市	**Yinchuan**	**38217**	**35586**	**2631**	**7.4**
兴庆区	Xingqing	41218	38317	2901	7.6
西夏区	Xixia	31302	29191	2111	7.2
金凤区	Jinfeng	41191	38348	2843	7.4
永宁县	Yongning	33032	30730	2302	7.5
贺兰县	Helan	33660	31051	2609	8.4
灵武市	Lingwu	35252	32860	2392	7.3
石嘴山市	**Shizuishan**	**33016**	**30583**	**2433**	**8.0**
大武口区	Dawukou	36961	34220	2741	8.0
惠农区	Huinong	29163	26944	2219	8.2
平罗县	Pingluo	28684	26647	2037	7.6
吴忠市	**Wuzhong**	**29616**	**27478**	**2138**	**7.8**
利通区	Litong	32291	29828	2464	8.3
红寺堡区	Hongsipu	24774	23045	1729	7.5
盐池县	Yanchi	28464	26601	1863	7.0
同心县	Tongxin	25661	23803	1857	7.8
青铜峡市	Qingtongxia	29716	27591	2125	7.7
固原市	**Guyuan**	**28727**	**26709**	**2018**	**7.6**
原州区	Yuanzhou	30595	28596	1999	7.0
西吉县	Xiji	27335	25216	2119	8.4
隆德县	Longde	25020	23361	1659	7.1
泾源县	Jingyuan	26557	24774	1783	7.2
彭阳县	Pengyang	27239	25166	2073	8.2
中卫市	**Zhongwei**	**29602**	**27372**	**2231**	**8.1**
沙坡头区	Shapotou	31028	28694	2334	8.1
中宁县	Zhongning	29462	27271	2191	8.0
海原县	Haiyuan	26097	24046	2051	8.5

2-49 主要年份各市县城镇居民人均可支配收入

Per Capita Annual Disposable Income of Urban Households by City and County in Main Years

单位：元，% (yuan, %)

市　县	Region	2010	2011	2012	2013	2014	2015	2016	2017	2018	2019
		收入水平 Income	收入水平 Income	收入水平 Income	收入水平 Income	收入水平 Income	收入水平 Income	收入水平 Income	收入水平 Income	收入水平 Income	收入水平 Income
全　区	**Total**	**15093**	**17291**	**19507**	**21476**	**23285**	**25186**	**27153**	**29472**	**31895**	**34328**
沿黄地区	**Plain**	**15716**	**18011**	**20262**	**22288**	**24160**	**26154**	**28172**	**30540**	**33013**	**35595**
中南部地区	**Mountain Area**	**11935**	**13618**	**15430**	**17003**	**18449**	**19920**	**21534**	**23383**	**25324**	**27257**
银川市	**Yinchuan**	**16958**	**19335**	**21769**	**23940**	**26118**	**28261**	**30478**	**32981**	**35586**	**38217**
兴庆区	Xingqing	18523	21120	23680	25835	28246	30514	32781	35452	38317	41218
西夏区	Xixia	13660	15575	17641	19563	21347	23125	24976	26985	29191	31302
金凤区	Jinfeng	17736	20222	22795	25530	27957	30361	32734	35560	38348	41191
永宁县	Yongning	15023	16959	19252	21177	23017	25091	26948	29211	30730	33032
贺兰县	Helan	14796	16890	19117	20906	22791	24548	26468	28641	31051	33660
灵武市	Lingwu	15637	17867	20300	22405	24310	26255	28329	30624	32860	35252
石嘴山市	**Shizuishan**	**14408**	**16702**	**18906**	**20703**	**22380**	**24168**	**25970**	**28186**	**30583**	**33016**
大武口区	Dawukou	15871	18397	20800	22734	24671	26768	28855	31365	34220	36961
惠农区	Huinong	12883	14934	16777	18437	19914	21495	23110	25056	26944	29163
平罗县	Pingluo	13009	14769	16719	18308	19736	21216	22738	24606	26647	28684
吴忠市	**Wuzhong**	**12940**	**14720**	**16674**	**18298**	**19853**	**21553**	**23351**	**25364**	**27478**	**29616**
利通区	Litong	14084	16122	18206	19953	21710	23582	25303	27387	29828	32291
红寺堡区	Hongsipu	10354	11879	13528	15223	16489	17875	19412	21195	23045	24774
盐池县	Yanchi	12494	14217	16055	17653	19157	20919	22673	24677	26601	28464
同心县	Tongxin	10867	12337	14127	15774	17131	18758	20277	22101	23803	25661
青铜峡市	Qingtongxia	12874	15112	17107	18713	20292	22003	23633	25547	27591	29716
固原市	**Guyuan**	**12556**	**14322**	**16223**	**18085**	**19677**	**21144**	**22717**	**24628**	**26709**	**28727**
原州区	Yuanzhou	13136	15029	17001	19009	20680	22463	24154	26258	28596	30595
西吉县	Xiji	11742	13425	15207	17107	18601	19965	21411	23240	25216	27335
隆德县	Longde	11008	12605	14348	15970	17441	18632	20047	21732	23361	25020
泾源县	Jingyuan	11668	13393	15189	17027	18565	19735	21158	22918	24774	26557
彭阳县	Pengyang	11831	13521	15361	17128	18591	20049	21612	23345	25166	27239
中卫市	**Zhongwei**	**12997**	**14750**	**16610**	**18421**	**19931**	**21604**	**23277**	**25344**	**27372**	**29602**
沙坡头区	Shapotou	13596	15495	17487	19293	20920	22703	24339	26488	28694	31028
中宁县	Zhongning	13303	14689	16487	18395	19831	21481	23141	25293	27271	29462
海原县	Haiyuan	11062	12788	14348	16223	17570	19046	20592	22346	24046	26097

注：1.根据2013年城乡一体化住户调查新口径测算方法，按照年度间收入增幅不变的原则，对2010-2015年的城镇居民收入统一调整为新口径的城镇居民人均可支配收入。

2.2010年以前城镇住户调查主要在五市开展，所辖县区没有开展城镇住户抽样调查，所以2010年各县、区与上年没有对比基数。

Note: 1.According to the integration of urban and rural household survey in 2013 new caliber and the principle of annual revenue growth, urban residents income from 2010 to 2015 unified adjust for the new urban per capita disposable income.

2.Before 2010 the urban household survey mainly carried out in five cities, didn't carry out in county area, so counties and districts base of no comparision with the previous year in 2010.

2-49 续表 continued

单位：元，% (yuan, %)

市 县	Region	2014 收入水平 Income	2014 比上年增长 Growth	2015 收入水平 Income	2015 比上年增长 Growth	2016 收入水平 Income	2016 比上年增长 Growth	2017 收入水平 Income	2017 比上年增长 Growth	2018 收入水平 Income	2018 比上年增长 Growth	2019 收入水平 Income	2019 比上年增长 Growth
全 区	**Total**	**23285**	**8.4**	**25186**	**8.2**	**27153**	**7.8**	**29472**	**8.5**	**31895**	**8.2**	**34328**	**7.6**
沿黄地区	**Plain**	**24160**	**8.4**	**26154**	**8.3**	**28172**	**7.7**	**30540**	**8.4**	**33013**	**8.1**	**35595**	**7.8**
中南部地区	**Mountain Area**	**18449**	**8.5**	**19920**	**8.0**	**21534**	**8.1**	**23383**	**8.6**	**25324**	**8.3**	**27257**	**7.6**
银川市	**Yinchuan**	**26118**	**9.1**	**28261**	**8.2**	**30478**	**7.8**	**32981**	**8.2**	**35586**	**7.9**	**38217**	**7.4**
兴庆区	Xingqing	28246	9.3	30514	8.0	32781	7.4	35452	8.1	38317	8.1	41218	7.6
西夏区	Xixia	21347	9.1	23125	8.3	24976	8.0	26985	8.0	29191	8.2	31302	7.2
金凤区	Jinfeng	27957	9.5	30361	8.6	32734	7.8	35560	8.6	38348	7.8	41191	7.4
永宁县	Yongning	23017	8.7	25091	9.0	26948	7.4	29211	8.4	30730	5.2	33032	7.5
贺兰县	Helan	22791	9.0	24548	7.7	26468	7.8	28641	8.2	31051	8.4	33660	8.4
灵武市	Lingwu	24310	8.5	26255	8.0	28329	7.9	30624	8.1	32860	7.3	35252	7.3
石嘴山市	**Shizuishan**	**22380**	**8.1**	**24168**	**8.0**	**25970**	**7.5**	**28186**	**8.5**	**30583**	**8.5**	**33016**	**8.0**
大武口区	Dawukou	24671	8.5	26768	8.5	28855	7.8	31365	8.7	34220	9.1	36961	8.0
惠农区	Huinong	19914	8.0	21495	7.9	23110	7.5	25056	8.4	26944	7.5	29163	8.2
平罗县	Pingluo	19736	7.8	21216	7.5	22738	7.2	24606	8.2	26647	8.3	28684	7.6
吴忠市	**Wuzhong**	**19853**	**8.5**	**21553**	**8.6**	**23351**	**8.3**	**25364**	**8.6**	**27478**	**8.3**	**29616**	**7.8**
利通区	Litong	21710	8.8	23582	8.6	25303	7.3	27387	8.2	29828	8.9	32291	8.3
红寺堡区	Hongsipu	16489	8.3	17875	8.4	19412	8.6	21195	9.2	23045	8.7	24774	7.5
盐池县	Yanchi	19157	8.5	20919	9.2	22673	8.4	24677	8.8	26601	7.8	28464	7.0
同心县	Tongxin	17131	8.6	18758	9.5	20277	8.1	22101	9.0	23803	7.7	25661	7.8
青铜峡市	Qingtongxia	20292	8.4	22003	8.4	23633	7.4	25547	8.1	27591	8.0	29716	7.7
固原市	**Guyuan**	**19677**	**8.8**	**21144**	**7.5**	**22717**	**7.4**	**24628**	**8.4**	**26709**	**8.4**	**28727**	**7.6**
原州区	Yuanzhou	20680	8.8	22463	8.6	24154	7.5	26258	8.7	28596	8.9	30595	7.0
西吉县	Xiji	18601	8.7	19965	7.3	21411	7.2	23240	8.5	25216	8.5	27335	8.4
隆德县	Longde	17441	9.2	18632	6.8	20047	7.6	21732	8.4	23361	7.5	25020	7.1
泾源县	Jingyuan	18565	9.0	19735	6.3	21158	7.2	22918	8.3	24774	8.1	26557	7.2
彭阳县	Pengyang	18591	8.5	20049	7.8	21612	7.8	23345	8.0	25166	7.8	27239	8.2
中卫市	**Zhongwei**	**19931**	**8.2**	**21604**	**8.4**	**23277**	**7.7**	**25344**	**8.9**	**27372**	**8.0**	**29602**	**8.1**
沙坡头区	Shapotou	20920	8.4	22703	8.5	24339	7.2	26488	8.8	28694	8.3	31028	8.1
中宁县	Zhongning	19831	7.8	21481	8.3	23141	7.7	25293	9.3	27271	7.8	29462	8.0
海原县	Haiyuan	17570	8.3	19046	8.4	20592	8.1	22346	8.5	24046	7.6	26097	8.5

主要指标解释

可支配收入 指城乡住户在调查期内获得的可用于最终消费支出和储蓄的总和，即住户可以用来自由支配的收入。可支配收入既包括现金，也包括实物收入。按照收入来源，可支配收入包含四项，分别为：工资性收入、经营净收入、财产净收入、转移净收入。计算公式为：

可支配收入=工资性收入+经营净收入+财产净收入+转移净收入

其中：经营净收入=经营收入-经营费用-生产性固定资产折旧-生产税净额（生产税-生产补贴）

财产净收入=财产性收入-财产性支出

转移净收入=转移性收入-转移性支出

工资性收入 指就业人员通过各种途径得到的全部劳动报酬和各种福利，包括受雇于单位或个人、从事各种自由职业、兼职和零星劳动得到的全部劳动报酬和福利。

经营净收入 指住户或住户成员从事生产经营活动所获得的净收入，是全部经营收入中扣除经营费用、生产性固定资产折旧和生产税净额（生产税减去生产补贴）之后得到的净收入。

财产净收入 指住户或住户成员将其所拥有的金融资产和自然资源交由其他机构单位、住户或个人支配而获得的回报并扣除相关的费用之后得到的净收入。财产净收入包括利息净收入、红利收入、储蓄性保险净收益和转让承包土地经营权租金净收入等。

转移净收入 指国家、单位、社会团体对住户的各种经常性转移支付和住户之间的经常性收入转移。包括政府、非行政事业单位、社会团体对居民转移的养老金或退休金、社会救济和补助、政策性生活补贴、救灾款、经常性捐赠和赔偿以及报销医疗费等；住户之间的赡养收入、经常性捐赠和赔偿以及农村地区（村委会）在外（含国外）工作的本住户非常住成员寄回带回的收入等。是住户或住户成员当年得到的转移性收入减去转移性支出后的净额。

消费支出 指住户用于满足家庭日常生活消费需要的全部支出，包括用于消费品的支出和用于服务性消费的支出。根据用途不同，消费支出可划分为食品烟酒、衣着、居住、生活用品及服务、交通通信、教育文化娱乐、医疗保健、其他用品及服务八大类。根据来源不同，消费支出可划分为现金消费支出、实物消费支出（含自产自用、来自单位、来自政府和其他社会组织）。

转移性支出 指调查户对国家、单位、住户或个人的经常性或义务性转移支付。包括缴纳的税款、各项社会保障支出、赡养支出、经常性捐赠和赔偿支出以及其他经常转移支出等。

个人所得税是指调查对象被扣缴的工资薪金所得、对企事业单位的承包经营承租经营所得、个体工商户的生产经营所得、劳务报酬所得、稿酬所得、特许权使用费所得、利息股息红利所得、财产租赁所得、财产转让所得、偶然所得、经国务院财政部门确定征税的其他所得等个人所得的税款。生产税、消费税不在其内。

社会保障支出是指调查户家庭成员参加国家法律、法规规定的社会保障项目中由单位和个人共同缴纳的保障支出。包括养老保险、医疗保险、失业保险、工伤保险、生育保险以及其他社会保障支出。

农村外来从业人员寄给家人的支出是指外地农业户籍的从业人员寄回带回其户口登记地家庭的支出。

赡养支出是指调查户因赡养和抚养义务而付给亲友的经常性现金和定期的实物支出。

其他经常转移支出是指除缴纳的税款、社会保障支出、赡养支出以外的其他经常性转移支出。如经常性捐赠、经常性赔偿、各种罚款及政府部门向居民提供服务收取的服务费等。

财产性支出 是指调查户支付的生活贷款利息以及其他财产性支出等。

住房贷款利息支出是指住户由于购买住房向金融机构贷款所支付的利息，包括商业贷款利息和公积金贷款利息。

其他生活贷款利息支出是指住户由于向金融机

构申请汽车贷款、教育贷款以及其他消费贷款而支付的利息。

其他财产性支出是指住户支付的除生活贷款利息以外的其他财产性支出，如宅基地使用费等。

城镇居民人均可支配收入（老口径） 指城镇家庭总收入扣除交纳的个人所得税和个人交纳的各项社会保障支出之后，按照城镇居民家庭人口平均的收入水平。其中家庭总收入是指该家庭中生活在一起的所有家庭人员从各种渠道得到的所有收入之和。

农民纯收入（老口径） 指农村住户当年从各个来源得到的总收入相应地扣除所发生的费用后的收入总和。纯收入主要用于再生产投入和当年生活消费支出，也可用于储蓄和各种非义务性支出。“农民人均纯收入”按人口平均的纯收入水平，反映的是一个地区或一个农户农村居民的平均收入水平。计算方法：

纯收入＝总收入-家庭经营费用支出-税费支出-生产性固定资产折旧-赠送农村内部亲友

农民现金收入 指农村住户和住户成员在调查期内得到以现金形态表现的各项现金收入总和，是现金总收入的概念，未扣除费用性支出。按来源分成工资性收入、家庭经营现金收入、财产性收入、转移性收入。

Explanatory Notes on Main Statistical Indicators

Disposable Income means the total income of households earned in the survey period, which can be used for consumption and saving, including cash income and physical income. According to the source of income, it can be classified as income of wages and salaries, net business income, net income from property and net income from transfer. Calculation formula:

Disposable income = income of wages and salaries + net business income + net income from property + net income from transfer

Where:

Net business income = business income – business expenses depreciation of productive fixed assets – production taxes

Net income from property = property income – property expenses

Net income from transfer = transfer income – transfer expenses

Wages Income means the total remuneration and benefits earned by employees who are employed by units or individuals, freelances and part-time workers.

Net Business Income means net income earned by business activities, which are operated by households and their members. Business expenses, depreciation of productive fixed assets and production taxes should be deducted from income. It includes net income of primary, secondary and tertiary industries.

Net Income from Property means the net income obtained by authorizing other institutional units, households or individuals to dominate the financial assets, housing, other non-financial assets and natural resources owned by households and their members. Expenses should be deducted. Net income from property includes net interest income, bonus income, net income of saving insurance, net rent income from the transfer of land management right, net rent housing income, net rent other assets income and net conversion rental of private housing.

Net Income from Transfer means recurrent income transfers from the state, units, social groups and households. Including the pension, social benefits and subsidies, agricultural subsidies, policy living subsidies relief funds, regular donation and compensation and reimbursement of medical expenses from government, institutions, social groups; alimony, regular donation and compensation from other households, and the income sent back by non-permanent members working nonlocal.

Consumption Expenditure means all the expenditures of households for consumption in daily life, including expenditure on consumer goods and services consumption. It includes eight categories by function: food, tobacco and liquor; clothing; housing; household facilities, articles and services; transport and communications; education, cultural and recreation; health care and medical services; miscellaneous goods and services. It includes expenditure in cash and in kinds (includes self-made and consumed products from units, government and other social organizations) by source.

Transferred Expenditure means regular or voluntary transfer payment from the survey household to the nation, the unit, the household or the individual. Including the payment of the tax, the social security expenses, maintenance expenses, regular donations and compensation expenses, and other frequent transfer expenses, etc.

Personal income tax means the survey object is the withholding of wages and salaries income, contracted leased operation of enterprises or institutions of income, individual industrial and commercial production income, labor remuneration, royalties, interest, dividends, bonuses, lease of property income, transfer of property income, contingent income, by the financial department of the state council shall determine the tax of individual income tax. The production tax, consumption tax are not.

Social security expenditure means residents' family members to participate in the national laws, rules and regulations of social security in the project by the unit and the safeguard of the individual is collective pay expenses. Including endowment insurance, medical insurance, unemployment insurance, industrial injury insurance, birth insurance and other social security.

Rural migrant workers sent to family expenses means employees outward of agricultural census register sent back to the account that the family expenses.

Support spending means residents paid to relatives and friends for support and provide for cash and in kind regularly.

Other regularly transfer spending means other regular payments in addition to the payment of taxes, social security expenditure and support spending. Such as regular donations, regular compensation, all kinds of fine and service fees of government departments provide service for residents, etc.

Property Expenditure means residents pay interest on loans and other property, etc.

Interest expenditure of housing loan means residents paid interest to financial institutions for buying housing, including commercial loan interest and accumulation fund loan interest.

Other loan interest expenditure means residents paid interest to financial institutions due to apply for a car loan, education loans and other consumer loans.

Other property expenditure means residents paid other property expenditure in addition to life interest on loans, such as land use fees, etc.

Per Capita Disposable Income of Urban Households (old size) means the level of income averaged by population of urban households, it equals to total income minus income tax and personal contribution to various social security expenditure. Total income of households means the sum of income earned from various sources by the urban households and their members.

Net Income of Rural Households (old size) means the total income of rural households from all sources minus all corresponding expenses. Net income is mainly used as input for reproduction and as consumption expenditure of the year, and also used for saving and non-compulsory expenses of various forms. "Per capita net income of farmers" is the level of net income averaged by population which reflects the average income level of rural households in a given area or a rural household. The formula for calculation is as follows:

Net income = total income – household operation expenses – taxes and fees – depreciation of fixed assets for production – present rural internal relatives and friends

Cash Income of Farmers means income received by rural households and their members in the form of cash during the reference period, it is the total cash income, not deduct costs. It is classified by source of income, wages income, business cash income, income from properties and income from transfers.

第三篇

价格调查

Price Survey

简要说明

居民消费价格指数是根据抽样方法抽取，在银川市、石嘴山市、吴忠市、固原市、中卫市、海原县、平罗县等 7 个市县选取 1220 个具有代表性的调查点（其中农贸市场 21 个、商场超市零售商店 655 个、服务网点 544 个），共 7044 个代表规格品，由专人定期到调查点采集实际成交价加权计算得到的。

商品零售价格指数是根据抽样方法抽取，在银川市、石嘴山市、吴忠市、固原市、中卫市、海原县、平罗县 7 个市县选取 587 个调查点、4806 个代表规格品，由专人定期到调查点采集实际成交价加权计算。

农业生产资料价格指数是根据抽样方法抽取，在海原县、平罗县 2 个市县选取 29 个调查点、120 个代表规格品由专人定期到调查点采集实际成交价加权计算。

农产品生产价格指数是根据抽样方法抽取的，在全区 10 个市县（区）的 222 家农产品生产企业、规模户和 109 个普通农户，选择 16 个大类 34 个代表规格品进行调查的资料计算。

工业生产者价格指数是根据分布在全区 5 个地级市 500 多家样本企业上报的月度统计报表资料加权计算得到。

固定资产投资价格指数是根据分布在全区 2 个地级市 50 多家样本企业上报的季度统计报表资料加权计算得到。

Brief Description

Data of consumer price indices are collected according to the sampling method. This method chooses 1220 representative survey points at Yinchuan, Shizuishan, Wuzhong, Guyuan, Zhongwei, Haiyuan, Pingluo 7 cities and counties, which include 21 agricultural markets, 655 shopping malls, supermarkets and retail stores, 544 service stations. Representative commodities sum to 7044, which are taken the practical records of the prices from the survey point by specially-assigned person and weighting calculated.

Data of retail price indices are collected according to the sampling method. This method chooses 587 representative survey points at Yinchuan, Shizuishan, Wuzhong, Guyuan, Zhongwei, Haiyuan, Pingluo 7 cities and counties. Representative commodities sum to 4806, which are taken the practical records of the prices from the survey point by specially-assigned person and weighting calculated.

Data of price indices for means of agricultural production are collected according to the sampling method. This method chooses 29 representative survey points at Haiyuan and Pingluo. Representative commodities sum to 120, which are taken the practical records of the prices from the survey point by specially-assigned person and weighting calculated.

Data of price indices for farm products are collected according to the sampling method. This method chooses 222 major agricultural productive enterprises and 109 ordinary agricultural producers at 10 cities and counties in Ningxia. Representative commodities sum to 34 of 16 major categories, which are surveyed and calculated.

Data of producer price indices for industrial products are taken from monthly statistical report of more than 500 sample enterprises in 5 prefecture-level city and weighting calculated.

Data of price indices for investment in fixed assets are taken from quarterly statistical report of more than 50 sample enterprises in 2 prefecture-level city and weighting calculated.

2019 年宁夏 CPI 总体温和上涨　结构性涨跌特征明显

2019 年，受主要食品价格上涨、消费需求升级、政策调价等诸多因素影响，宁夏居民消费价格总水平呈现温和上涨态势，结构性涨跌成为全年价格波动的主基调。

一、居民消费价格总体情况

全年居民消费价格总水平比上年上涨 2.1%，比全国 2.9%的平均涨幅低 0.8 个百分点，在全国 31 个省（区、市）中位居第 30；在西北 5 省（区）中居第 4，分别比陕西（2.9%）、青海（2.5%）、甘肃（2.3%）低 0.8、0.4 和 0.2 个百分点，比新疆（1.9%）高 0.2 个百分点。其中，城市上涨 2.0%，农村上涨 2.1%；食品价格上涨 6.0%，非食品价格上涨 1.1%，工业品价格上涨 0.4%，服务项目价格上涨 1.4%。

八大类除交通通信下降、生活用品及服务持平外，其他六大类全部上涨。医疗保健、其他用品及服务类同比涨幅分别高于全国平均涨幅 1.6 和 0.5 个百分点；食品烟酒、衣着、居住、生活用品及服务、交通通信、教育文化娱乐涨幅分别低于全国平均涨幅 2.2、1.2、0.3、0.9、0.2、1.9 个百分点。

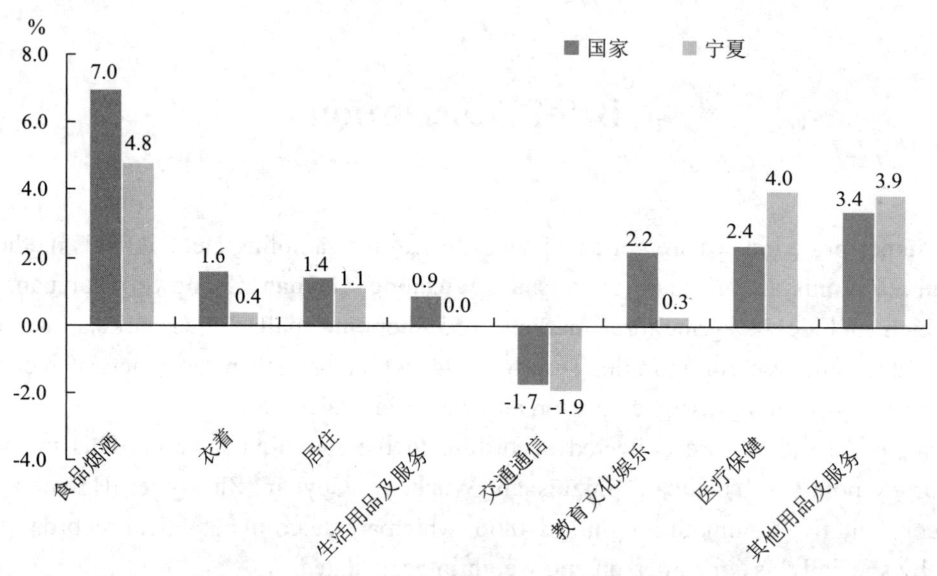

图 1　2019 年国家、宁夏居民消费价格分类别同比涨跌幅

二、居民消费价格运行特点

（一）价格总水平运行平稳，月度同比起伏较大

从各月同比指数来看，1-12 月份居民消费价格涨幅在 1.3%-2.8%之间，波动跨度 1.5 个百分点，起伏波动较大。1-6 月份受鲜菜、鲜瓜果及畜肉价格快速上涨影响，CPI 月度同比涨幅始终在 2.0%以上运行。7-9 月份，随着本地鲜菜、鲜瓜果大量上市，CPI 月度同比涨幅快速回落，分别为 1.9%、1.4%和 1.3%。10 月份以后，受畜肉价格持续上涨助推，鲜菜和鲜瓜果价格季节性回升拉动，11-12 月份月度同比涨幅均达到年最高点 2.8%。

（二）从月度环比来看，呈“六涨六降”态势

1-2 月份，受节日因素影响，食品和部分服务价格有所攀升，拉动环比指数分别上涨 0.7%和 0.6%；3 月份春节效应退却，需求减弱，服务价格走低，影响 CPI 环比下降 0.4%；4 月份鲜菜供应量大幅增加，拉

动 CPI 环比下降 0.4%；5 月份在鲜菜走低的同时，鲜瓜果因库存量减少而大幅上涨，猪肉受非洲猪瘟的影响涨势明显，多因素共同影响 5 月份 CPI 环比下降 0.1%；6-8 月份鲜菜和应季水果大量上市，拉动 CPI 分别下降 0.2%、0.1%和 0.2%；9-12 月份，猪肉价格持续走高，带动其他肉禽蛋及在外餐饮价格上涨，拉动 CPI 环比分别上涨 0.6%、1.0%、1.1%和 0.3%。

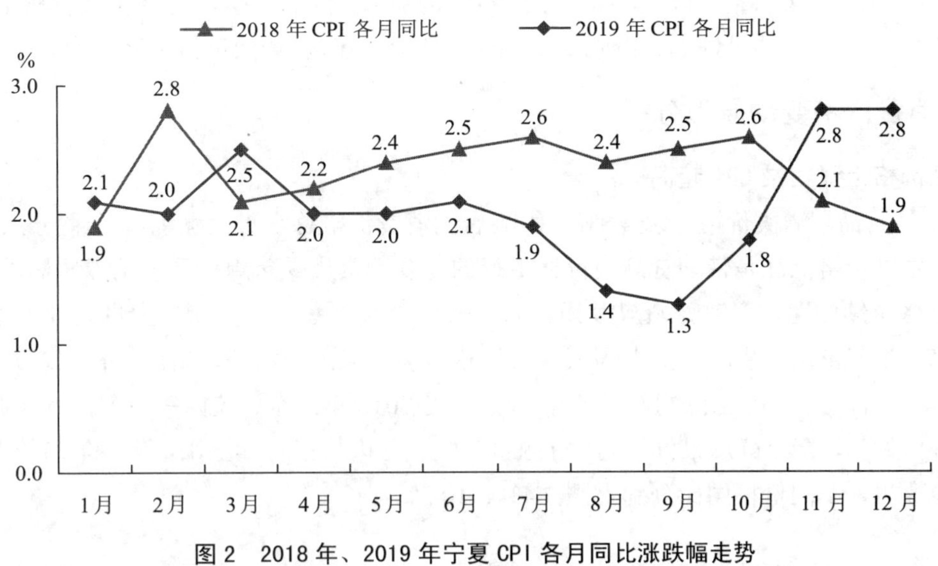

图 2　2018 年、2019 年宁夏 CPI 各月同比涨跌幅走势

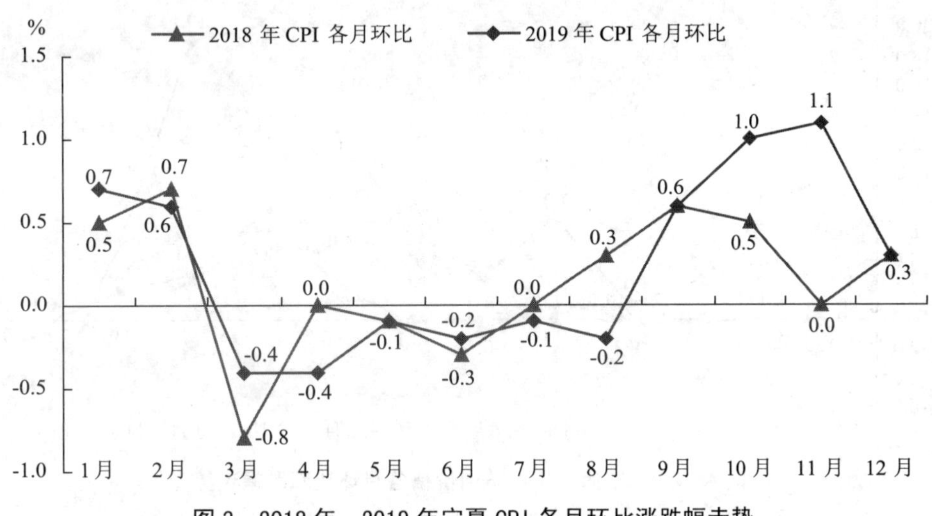

图 3　2018 年、2019 年宁夏 CPI 各月环比涨跌幅走势

（三）八大类价格呈“六升一降一平”态势

2019 年，除交通通信下降 1.9%、生活用品及服务持平外，其他六大类全部上涨。其中，食品烟酒、医疗保健、其他用品及服务、居住四大类领涨 CPI，分别上涨 4.8%、4.0%、3.9%、1.1%，共同影响 CPI 上涨约 2.20 个百分点。

1. 食品类价格领涨 CPI。2019 年，宁夏食品烟酒类价格上涨 4.8%，影响 CPI 上涨 1.47 个百分点，是拉升居民消费价格总水平上行的主要因素。其中，猪肉、鲜瓜果、羊肉、牛肉价格上涨对 CPI 拉动作用较强，累计上涨 39.1%、14.0%、10.5%和 7.4%，共同影响 CPI 上涨约 0.99 个百分点。

2. 医疗保健、其他用品及服务、居住三大类价格助推 CPI。2019 年，宁夏医疗保健类价格上涨 4.0%，影响 CPI 上涨约 0.42 个百分点，影响程度位居八大类商品和服务项目第二位。其中，药品及医疗器具、医疗服务价格分别上涨 2.9%、5.2%。

居住类价格上涨 1.1%，影响 CPI 上涨约 0.18 个百分点，影响程度位居八大类商品和服务项目第三位。其中，住房保养维修及管理、水电燃料价格分别上涨 1.4%、2.5%。

其他用品及服务类价格上涨 3.9%，影响 CPI 上涨约 0.14 个百分点，影响程度位居八大类商品和服务项目第四位。其中，其他用品类、其他服务类价格分别上涨 4.1%和 3.7%。

（四）工业消费品价格涨幅大幅回落

2019 年宁夏工业消费品价格上涨 0.4%，比上年同期回落 2.7 个百分点。其中，受生产成本下降影响，鞋类价格下降 1.8%，家具类价格下降 0.8%，大型家用器具价格下降 0.9%，交通工具价格下降 2.7%、通信工具价格下降 5.4%。受国内成品油调价影响，汽油价格下降 6.0%，柴油价格下降 7.2%。

三、居民消费价格变动原因分析

（一）食品价格上涨助推 CPI 趋高

2019 年，宁夏食品烟酒类价格上涨 4.8%，影响居民消费价格总水平上涨 1.47 个百分点。其中，猪肉、鲜瓜果、羊肉、牛肉价格上涨是带动食品类价格上行的主要因素。受猪周期和疫情双重影响，2019 年上半年，全区生猪价格持续低迷，多数养殖户亏损。为降低风险减少亏损，养殖户大量处理能繁母猪，存栏量急剧下降，致使下半年待出栏生猪数量大幅减少，生猪市场供应出现断档，猪肉价格出现月度环比九连涨，同比上涨 39.1%，影响全年 CPI 上涨约 0.44 个百分点；受 2018 年山东、陕西等主产区水果减产影响，2019 年上半年水果价格偏高，全年鲜瓜果价格同比上涨 14.0%；猪肉价格持续上涨，牛、羊肉等畜肉替代消费需求明显增加，导致牛、羊肉价格同比分别上涨 7.4%、10.5%。

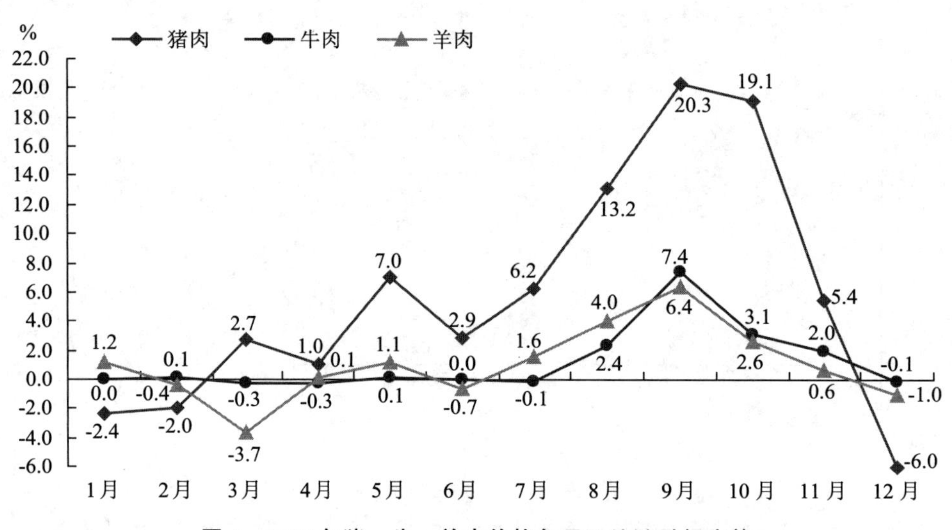

图 4　2019 年猪、牛、羊肉价格各月环比涨跌幅走势

（二）相关政策影响 CPI 上涨

继 2018 年四季度银川市市级医院统一调整部分医疗服务项目价格之后，2019 年部分市县也相继出台调整部分医疗服务项目价格的政策，由此导致医疗服务价格上涨 5.2%，影响 CPI 上涨 0.26 个百分点；银川市实行统一集中供暖，居民供热价格由 3.80 元/月·平方米调整到 4.90 元/月·平方米，导致取暖费价格上涨 2.5%，影响全区 CPI 上涨 0.04 个百分点；中国石油天然气股份有限公司宁夏分公司调整了宁夏地区非居民用天然气门站价格，导致其他车用能源价格上涨 9.1%，影响 CPI 上涨 0.02 个百分点；2019 年 1 月 1 日起执行新的自来水价格，居民生活用水一级水价由原来的 3.11 元/吨上调至 3.31 元/吨，导致水价格上涨 6.3%，影响 CPI 上涨 0.5 个百分点。

（三）服务需求升级拉动 CPI 走高

服务型消费需求升级，加之人力成本不断上升，推动相关服务价格逐步上涨。2019 年小学初中教育、洗浴、其他保险、飞机票、宾馆住宿、其他住宿、家政服务费、装潢维修费等服务类别价格分别上涨 17.0%、8.9%、8.4%、8.4%、8.1%、5.1%、4.7%、4.5%。

（四）翘尾影响大

2019 年，宁夏居民消费价格总水平同比上涨 2.1%，其中，仅翘尾就影响 CPI 上涨 1.1 个百分点，影响程度 52.4%；新涨价因素约 1.0 个百分点，影响程度 47.6%。2019 年价格走势受上年价格上涨的延伸影响较强。

四、居民消费价格后期趋势预测

国内宏观经济基础稳定。当前中国经济新旧动能转换明显提速，国内市场韧性与活力进一步增强，经济在更高层次与更高水平上实现供求动态平衡。2020 年货币政策仍将保持稳健的基调。这些因素是物价总水平保持平稳运行的关键基石。

翘尾因素影响增强。据测算，2020 年受上年价格变动对总指数的滞后影响为 1.8 个百分点，翘尾影响比 2019 年增加 0.7 个百分点。劳动力、运输等生产成本上升短期内难以改变，将直接或间接持续助推物价攀升，同时消费需求的结构性变化将使服务项目价格对 CPI 的影响逐步增强。

部分食品价格存在不确定。尽管促进生猪产能恢复和市场供应政策密集出台，但是生猪的生产恢复需要时间，加之仔畜价格攀升和人工、原料、防疫费用增加，2020 年猪肉价格上涨的势头趋缓，但不可能出现大幅回调；2019 年以来牛、羊肉价格持续高位运行，对 2020 年形成了高基数，持续上涨的因素减弱；鲜菜价格能否回落，天气是最主要的不确定因素；2019 年苹果、酥梨丰收，2020 年上半年鲜果价格有望继续回落。

综合以上分析，在没有大的自然灾害、资源型产品没有政策性调价的情况下，随着一系列稳定生猪生产的政策不断出台，生猪生产形势有望好转，加上非食品价格整体涨幅回落，在没有突发性新涨价因素影响的前提下，后期宁夏居民消费价格总水平仍将维持在相对稳定温和上升的运行状态。

（江宁）

2019 年宁夏工业生产者价格小幅下降

2019 年以来，受黑色金属、化工、煤炭等产品价格下降的影响，宁夏工业生产者价格由涨转降，进入下降区间。全年出厂价格（PPI）累计下降 0.6%，比上年回落 7.9 个百分点；购进价格累计下降 2.5%，比上年回落 9.0 个百分点。

一、工业生产者价格总体运行情况

（一）同比价格由涨转降

从同比看，工业生产者出厂价格 4 月份为 2019 年最高，涨幅为 1.7%，从 5 月份开始涨幅回落，8 月份进入下降区间，9-11 月份降幅持续扩大，12 月份降幅有所收窄，下降 1.9%；购进价格 1 月份为 2019 年最高，涨幅为 1.0%，从 4 月份开始进入下降区间，5-11 月份降幅持续扩大，12 月份降幅有所收窄，下降 4.5%。

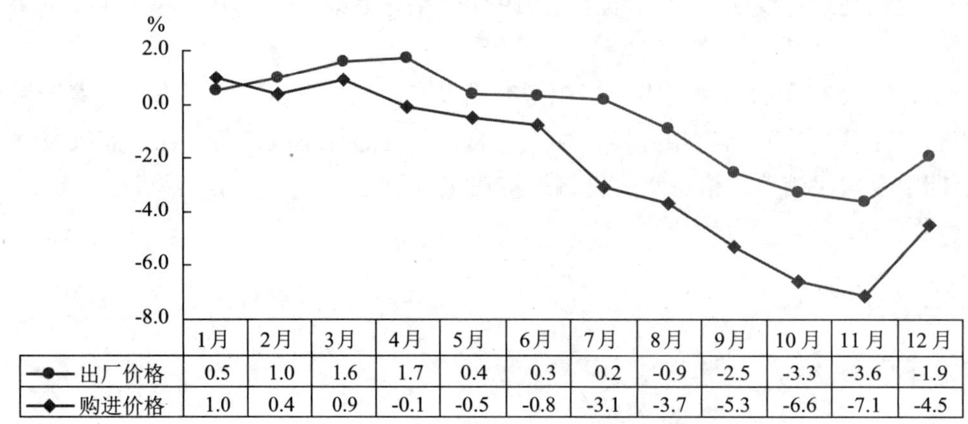

图 1　宁夏工业生产者价格同比涨跌幅

（二）环比价格小幅震荡

从环比看，1 月份出厂价格延续上年末下行走势，下降 0.8%，2 月份与上月持平，3 月份、4 月份均上涨 0.2%，5 月份与上月持平，6-11 月份连续 6 个月下降，12 月上涨 0.2%；购进价格全年除 12 月上涨 0.3%，其余各月指数均在下降区间运行。

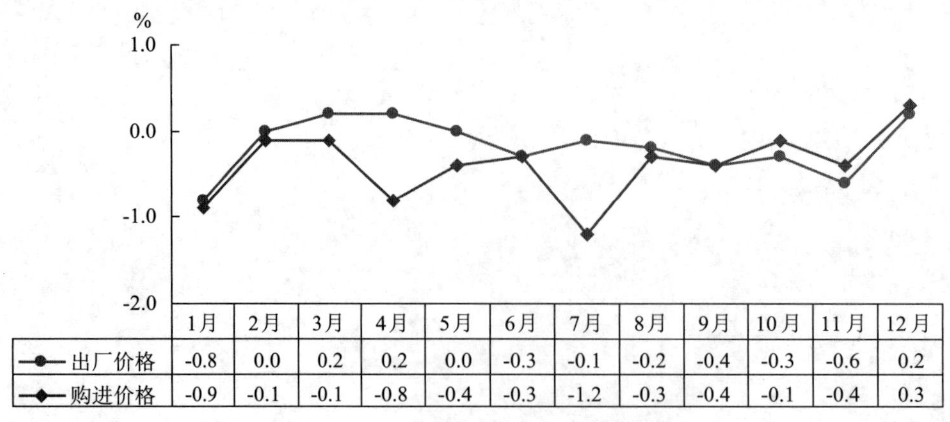

图 2　宁夏工业生产者价格环比涨跌幅

（三）宁夏 PPI 低于全国平均水平

2019 年，宁夏工业生产者出厂价格（PPI）同比下降 0.6%，比全国平均水平低 0.3 个百分点。从全国排位看，宁夏 PPI 在全国 31 个省（自治区、直辖市）中居第十八位。其中，涨幅最高的是内蒙古，上涨 2.1%；最低的是海南，下降 2.6%。在西北五省中，宁夏 PPI 居第二位，低于陕西（上涨 0.8%），高于新疆（下降 1.5%）、青海（下降 1.5%）、甘肃（下降 1.7%）。

二、工业生产者价格运行特点

（一）生产资料与生活资料一降一涨

2019 年生产资料价格同比下降 1.1%，影响出厂价格总水平下降 1.0 个百分点。其中，采掘工业价格下降 3.4%，原材料工业价格下降 0.8%，加工工业价格下降 1.1%。生活资料类价格同比上涨 4.5%，影响出厂价格总水平上涨 0.5 个百分点。其中，食品价格上涨 3.8%，衣着价格上涨 4.9%，一般日用品价格上涨 7.6%，耐用消费品价格下降 1.7%。

（二）重点大类行业价格涨跌互现

在调查的 29 个工业行业大类中，产品出厂价格同比“18 涨 3 平 8 降”，行业上涨面为 62.1%。全区重点大类行业价格涨跌互现。其中，非金属矿物制品业、食品制造业和医药制造业出厂价格同比分别上涨 4.1%、6.5%和 14.6%，共拉动出厂价格总水平上涨 0.7 个百分点；化学原料和化学制品制造业、黑色金属冶炼和压延加工业、煤炭开采和洗选业出厂价格同比分别下降 6.5%、6.2%和 1.5%，共拉动出厂价格总水平下降 1.3 个百分点。

（三）九大类原材料购进价格“六降三涨”

九大类原材料购进价格同比“六降三涨”。其中：化工原料类价格同比下降 11.6%，有色金属材料及电线类价格同比下降 11.1%，黑色金属材料类价格同比下降 5.6%，燃料动力类价格同比下降 1.6%，纺织原料类价格同比下降 0.9%，木材及纸浆类价格同比下降 0.2%；农副产品类价格同比上涨 2.5%，其他工业原材料及半成品类价格同比上涨 1.3%，建筑材料及非金属类价格同比上涨 1.0%。

三、主要工业产品价格变动情况

（一）化工产品价格持续下降

受原材料价格下降，需求不足及市场行情影响，今年以来化工产品价格持续下降。2019 年，化学原料和化学制品制造业产品出厂价格同比下降 6.5%，拉动出厂价格总水平下降 0.7 个百分点。其中，基础化学原料制造价格同比下降 5.9%，合成材料制造价格同比下降 10.0%，专用化学产品制造价格同比下降 10.3%。

（二）黑色金属价格持续走低

今年以来，钢材市场整体行情低迷，钢坯、螺纹钢等产品价格持续走低，钢厂对硅铁、硅锰合金等铁合金产品的采购减少，使得黑色金属价格整体下行。2019 年，黑色金属冶炼和压延加工业价格同比下降 6.2%，降幅比前三季度扩大 2.3 个百分点。其中，钢压延加工、铁合金冶炼价格同比分别下降 4.9%和 7.0%。

（三）医药制造业价格大幅上涨

2019 年医药制造业价格同比上涨 14.6%，拉动出厂价格总水平上涨 0.3 个百分点。其中，化学药品原料药制造价格同比上涨 20.0%。主要受国家环保政策的持续影响，国内相关生产企业被限停产，从而导致投放市场抗生素类原料药供应偏紧，产品价格随之调涨。

（郭樑）

2019年宁夏农产品生产者价格继续回升

据对宁夏332个农业生产经营单位和农户生产者价格调查结果显示：2019年，受畜牧业产品价格强势上涨、马铃薯价格止跌回升、渔业价格稳中略降的拉动，宁夏农产品生产者价格继续保持高涨态势，比上年同期上涨6.4%，涨幅比全国平均水平低8.1个百分点。

一、宁夏农产品生产价格走势特点

（一）农产品生产者价格总体保持上涨态势

自2014年以来，受国际、国内农产品市场价格持续低迷及区域内农产品结构性过剩的影响，宁夏农产品生产者价格出现了历史上罕见的“四连降”现象。2018年在玉米、蔬菜价格大幅上涨，畜牧业价格坚挺和渔业价格向好的有利带动下，农产品生产者价格扭转了连续下降的局面，总体水平同比上涨5.0%。2019年，在上年高基期的基础上，农产品市场购销活跃，活猪受“非洲猪瘟”和“猪周期”双重叠加的影响，产能急剧下降，价格大幅上涨，与此同时，肉牛、活羊、家禽等畜产品受“替代效应”的拉动，价格居高不下，均保持良好的上涨态势，全年农产品价格上涨 6.4%。

分季度看，四个季度分别上涨了9.7%、10.0%、1.7%、6.3%。分类别看，种植业下降1.5%、畜牧业产品价格上涨15.8%、渔业产品价格下降8.2%。

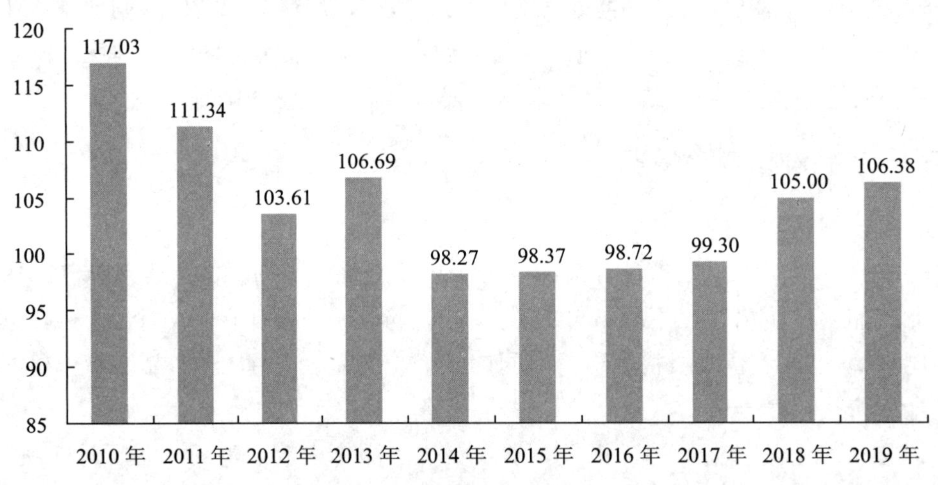

图1　近十年宁夏农产品生产者价格指数走势图

（二）种植业产品生产价格涨跌明显

调查的六个中类产品中，三个中类产品价格不同程度上涨，三个中类产品价格降幅明显。分类别看：马铃薯价格上涨28.2%、油料上涨11.4%、枸杞价格上涨13.9%。谷物类价格稳中微降2.9%，其中：小麦下降3.2%、水稻下降6.3%、玉米下降0.8%。水果价格下降18.1%，蔬菜价格受季节和区域种植特点的影响，季度间价格涨幅震荡较大，一季度、三季度、四季度分别下降2.4%、31.3%、33.6%，二季度上涨10.9%，全年下降13.4%。

（三）畜牧业产品生产价格强势回升

2019年，宁夏畜牧业产品价格同比上涨15.8%。受生猪产能减少、养殖成本增加和消费需求旺盛的影响，活猪供给缺口矛盾加大，价格一路看涨，四季度达到30.3元/公斤，比上年同期的14.5元/公斤上涨了近一倍多。肉牛、活羊、家禽、鸡蛋、牛奶等畜产品受活猪“替代效应”的影响，市场需求量增加，价格分别上涨：9.0%、9.8%、10.8%、8.5%、9.7%。畜牧业产品价格出现了鲜有的 “价格全面上涨”局面。

（四）渔业产品生产者价格整体向好

2019 年，渔业产品价格下降 8.2%。分季度看，一、二季度分别下降 16.5%、12.4%，三、四季度降幅收窄，分别下降 1.5%、1.9%。分品种看，鲤鱼、草鱼、鲢鱼、鲫鱼分别下降 7.5%、11.2%、3.7%、5.4%。主要原因是淡水鱼主产区养殖面积增加，尤其是南方、东北等地淡水鱼养殖条件好、养殖密度大、成本低、价格低，市场供给量充足，同时长途运输设备先进，速度快，流量增加，外来淡水鱼冲击造成本地价格下降。

二、影响农产品生产价格波动的因素

（一）农业政策导向较为明显

农业政策直接影响生产户的生产意向，进而改变市场供给数量。2019 年国家继续在稻谷、小麦主产区实行最低收购价格，粳稻（三等）2.6 元/公斤，与 2018 年持平，较 2017 年下调了 0.4 元/公斤，小麦（三等）2.24 元/公斤，比 2018 年下调 0.06 元/公斤。受水稻和小麦最低收购价格下调、国家临储粮低价的冲击，外销市场失去价格优势，同时，加工企业收购谨慎，代收代储量下降，水稻价格下降 6.3%，小麦价格微降 3.2%。

（二）生产成本助推价格上涨

2019 年全年涨幅较为明显的畜牧业产品和枸杞因人工成本增加，价格明显上升。近年来农民进城务工、安家落户的人数越来越多，农村青壮年劳动力越来越少，留守的基本都是老年人。枸杞采摘、畜牧业养殖雇工费用节节攀升，据平罗调查队资料显示：枸杞采摘人工工资由上年的 2.8 元/公斤-3 元/公斤上涨到今年的 3.7 元/公斤-3.8 元/公斤。据西吉调查队提供资料显示：普通的喂养工人工资在 3 万元/年左右，技术和管理人员的工资在 5 万元/年以上。

（三）气候因素影响农产品供给数量

2019 年，宁夏部分区域在农产品生长及收获阶段出现低温霜冻、阴雨寡照等灾害性气候，异常天气对农产品生产造成较大影响，直接导致部分农产品供给数量减少。枸杞、葡萄、西瓜和小麦受不利天气的影响，品质口感没有上年好，同时数量减少，出现了优质农产品价格大涨却供不应求，一般性农产品价格降低却无人问津的局面。

（四）信息不对称加剧农产品的供需矛盾

生产者获取完全充分的市场信息是保证重要农产品有效供给的必要条件。目前，虽然微信、网络等现代信息媒介为农产品生产者提供了一些市场消费资讯，但是没有一个精准、权威的农产品公共信息平台，同时生产者获取信息的能力有限，导致“盲目跟风”种植现象依然存在。2019 年三、四季度就出现了芹菜、大白菜、辣椒、西红柿等蔬菜种植面积增加，价格大幅下降，“菜贱伤农”的情况。

三、重要农产品生产者价格走势判断

保障重要农产品的有效供给是“三农”工作的重中之重，根据当前形势的预计，市场供给平衡、农业高质量发展推进、国际国内农产品价格及气候因素仍将是主导 2020 年宁夏农产品价格变动的主要因素。在国家大力实施乡村振兴战略和深入推进农业供给侧结构性改革的背景下，农产品消费总量有望保持动态平稳，生产消费结构将加快升级，优质、绿色、高质量的农产品消费需求将不断增长，一般性的农产品需求将有所减少。

（一）主要粮食价格以稳为主，预计涨跌幅度不大

虽然今年春节时间较往年提前，但节日对市场拉动效应并不明显，“旺季不旺”的特征难以改变，且企业对后期粮源无忧，补货以满足短期生产为主，预计后期小麦价格将会围绕政策性小麦价格上下波动，空间有限。2019 年，全区储备企业轮换数量较小，陈粮出库较慢，新粮承压下行，加工企业及贸易商囤粮积极性不高，农户惜售情绪较重，稻谷市场上行压力较大，预计后期价格波动幅度逐渐收窄，整体稳中偏弱运行。国内主产区新季玉米大量上市，市场供应压力持续增加，玉米价格重心下移。中美贸易达成第一阶

段协议，后市观望者居多。养殖业恢复周期较长，需求增长缓慢。受此三重因素影响，预计后期玉米价格难出现明显上涨。

（二）活猪价格有望回落，“替代效应”将有所减弱

2019 年，受生猪产能减少、进口量减少和消费需求不减的影响，活猪价格一路上涨，与此同时带动畜牧业产品价格全面回升。2020 年，活猪价格在本地存栏逐步回升、国家扶持生猪恢复发展政策逐步落实、各地投放储备和调控猪肉等因素的影响下，预计价格稳中回落。预计肉牛、活羊、家禽、鸡蛋、牛奶等重要的畜牧业农产品将在消费需求不减、活猪价格回落的有利局面下，“替代效应”有所减弱，涨幅将有所放缓。

（三）蔬菜、水果产品价格仍取决于自然天气影响

在我国城乡人口结构和消费结构不断调整、优化升级的现实情况下，蔬菜、水果作为最重要的民生产品，需求量预计保持稳定增加态势。同时，优质、绿色、无公害的蔬菜和水果将依旧呈现出市场供不应求、有价有市的良好局面。但是极端的天气可能导致蔬菜出现茬口叠加、集中上市的情况，也可能会出现水果生产受挫、供给量骤减的问题，所以在需求终端旺盛的基础上自然天气条件将是蔬菜、水果价格波动的主要因素。

（田青）

3-1 主要年份全区居民消费价格总指数

Consumer Price Indices in Main Years

年 份 Year	以1957年价格为100 Year of 1957=100	以1965年价格为100 Year of 1965=100	以1970年价格为100 Year of 1970=100	以1978年价格为100 Year of 1978=100	以1980年价格为100 Year of 1980=100	以1985年价格为100 Year of 1985=100	以1990年价格为100 Year of 1990=100	以1995年价格为100 Year of 1995=100	以2000年价格为100 Year of 2000=100	以2005年价格为100 Year of 2005=100	以上年价格为100 Preceding Year=100
1958	102.4										102.4
1959	105.4										102.9
1960	109.9										104.3
1961	132.1										120.2
1962	125.6										95.1
1963	111.7										88.9
1964	106.0										94.9
1965	103.5										97.7
1966	101.7	98.2									98.2
1967	104.2	100.7									102.5
1968	105.6	102.0									101.3
1969	108.2	104.5									102.5
1970	109.1	105.3									100.8
1971	108.9	105.1	99.8								99.8
1972	109.3	105.6	100.2								100.4
1973	109.6	105.9	100.5								100.3
1974	110.1	106.3	100.9								100.4
1975	110.7	106.9	101.5								100.6
1976	111.7	107.9	102.4								100.9
1977	120.9	116.7	110.8								108.2
1978	121.6	117.4	111.5								100.6
1979	123.6	119.3	113.3	101.6							101.6
1980	133.6	129.0	122.4	109.8							108.1
1981	136.4	131.7	125.0	112.1	102.1						102.1
1982	140.3	135.5	128.6	115.4	105.1						102.9
1983	142.6	137.7	130.7	117.2	106.7						101.6
1984	146.4	141.4	134.2	120.4	109.6						102.7
1985	159.0	153.6	145.8	130.8	119.1						108.6
1986	168.2	162.5	154.2	138.3	126.0	105.8					105.8
1987	180.5	174.3	165.5	148.4	135.2	113.5					107.3
1988	211.4	204.1	193.8	173.8	158.3	132.9					117.1
1989	247.8	239.3	227.1	203.7	185.5	155.8					117.2
1990	265.3	256.2	243.2	218.2	198.7	166.9					107.1
1991	282.1	272.4	258.6	231.9	211.2	177.4	106.3				106.3
1992	305.5	295.0	280.0	251.2	228.7	192.1	115.1				108.3
1993	349.1	337.2	320.1	287.1	261.4	219.6	131.6				114.3
1994	429.8	415.1	394.0	353.4	321.8	270.3	162.0				123.1
1995	503.3	486.0	461.4	413.8	376.8	316.5	189.7				117.1
1996	537.5	519.1	492.7	442.0	402.4	338.0	202.6	106.8			106.8
1997	557.9	538.8	511.5	458.8	417.7	350.9	210.3	110.9			103.8
1998	557.9	538.8	511.5	458.8	417.7	350.9	210.3	110.9			100.0
1999	550.7	531.8	504.8	452.8	412.3	346.3	207.5	109.4			98.7
2000	548.5	529.7	502.8	451.0	410.6	344.9	206.7	109.0			99.6
2001	557.3	538.2	510.8	458.2	417.2	350.4	210.0	110.7	101.6		101.6
2002	553.9	534.9	507.8	455.5	414.7	348.3	208.8	110.1	101.0		99.4
2003	563.3	544.0	516.4	463.2	421.8	354.3	212.3	111.9	102.7		101.7
2004	584.2	564.2	535.5	480.4	437.4	367.4	220.2	116.1	106.5		103.7
2005	592.9	572.6	543.6	487.6	443.9	372.9	223.5	117.8	108.1		101.5
2006	604.2	583.5	553.9	496.8	452.4	380.0	227.7	120.1	110.2	101.9	101.9
2007	636.8	615.0	583.8	523.7	476.8	400.5	240.0	126.5	116.1	107.4	105.4
2008	691.0	667.3	633.4	568.2	517.3	434.5	260.4	137.3	126.0	116.5	108.5
2009	695.8	672.0	637.8	572.1	520.9	437.6	262.2	138.2	126.9	117.3	100.7
2010	724.3	699.5	664.0	595.6	542.3	455.5	273.0	143.9	132.1	122.2	104.1
2011	770.0	743.6	705.8	633.1	576.5	484.2	290.2	153.0	140.4	129.9	106.3
2012	785.4	758.5	719.9	645.8	588.0	493.9	296.0	156.0	143.2	132.5	102.0
2013	812.1	784.2	744.4	667.7	608.0	510.7	306.1	161.4	148.1	137.0	103.4
2014	827.5	799.1	758.6	680.4	619.5	520.4	311.9	164.4	150.9	139.6	101.9
2015	836.6	807.9	766.9	687.9	626.3	526.1	315.3	166.2	152.5	141.1	101.1
2016	849.2	820.0	778.4	698.2	635.7	534.0	320.0	168.7	154.8	143.2	101.5
2017	862.8	833.1	790.9	709.4	645.9	542.5	325.1	171.4	157.3	145.5	101.6
2018	882.6	852.3	809.1	725.7	660.8	555.0	332.6	175.4	160.9	148.8	102.3
2019	901.2	870.2	826.1	741.0	674.6	566.7	339.7	179.0	164.3	152.0	102.1

3-2 主要年份全区城市居民消费价格总指数

Consumer Price Indices of Urban Households in Main Years

年份 Year	以1957年价格为100 Year of 1957=100	以1965年价格为100 Year of 1965=100	以1970年价格为100 Year of 1970=100	以1978年价格为100 Year of 1978=100	以1985年价格为100 Year of 1985=100	以1990年价格为100 Year of 1990=100	以1995年价格为100 Year of 1995=100	以2000年价格为100 Year of 2000=100	以2005年价格为100 Year of 2005=100	以上年价格为100 Preceding Year=100
1958	102.4									102.4
1959	105.4									102.9
1960	109.9									104.3
1961	132.1									120.2
1962	125.6									95.1
1963	111.7									88.9
1964	106.0									94.9
1965	103.5									97.7
1966	101.7	98.2								98.2
1967	104.2	100.7								102.5
1968	105.6	102.0								101.3
1969	108.2	104.5								102.5
1970	109.1	105.3								100.8
1971	108.9	105.1	99.8							99.8
1972	109.3	105.6	100.2							100.4
1973	109.6	105.9	100.5							100.3
1974	110.1	106.3	100.9							100.4
1975	110.7	106.9	101.5							100.6
1976	111.7	107.9	102.4							100.9
1977	120.9	116.7	110.8							108.2
1978	121.6	117.4	111.5							100.6
1979	123.6	119.3	113.3	101.6						101.6
1980	133.6	129.0	122.4	109.8						108.1
1981	136.4	131.7	125.0	112.1						102.1
1982	140.3	135.5	128.6	115.4						102.9
1983	142.6	137.7	130.7	117.2						101.6
1984	147.3	142.2	135.0	121.1						103.3
1985	159.9	154.5	146.6	131.5						108.6
1986	169.5	163.7	155.4	139.4	106.0					106.0
1987	186.3	179.9	170.8	153.2	116.5					109.9
1988	219.3	211.8	201.0	180.3	137.1					117.7
1989	254.8	246.1	233.6	209.5	159.3					116.2
1990	268.9	259.6	246.5	221.1	168.1					105.5
1991	287.4	277.6	263.5	236.3	179.7	106.9				106.9
1992	314.1	303.4	288.0	258.3	196.4	116.8				109.3
1993	361.9	349.5	331.7	297.6	226.3	134.6				115.2
1994	451.6	436.1	414.0	371.4	282.4	168.0				124.8
1995	529.8	511.6	485.6	435.6	331.2	197.0				117.3
1996	564.7	545.4	517.7	464.3	353.1	210.0	106.6			106.6
1997	586.7	566.6	537.9	482.5	366.8	218.2	110.8			103.9
1998	586.7	566.6	537.9	482.5	366.8	218.2	110.8			100.0
1999	581.5	561.5	533.0	478.1	363.5	216.3	109.8			99.1
2000	579.7	559.8	531.4	476.7	362.4	215.6	109.4			99.7
2001	587.3	567.1	538.3	482.9	367.2	218.4	110.9	101.3		101.3
2002	583.7	563.7	535.1	480.0	365.0	217.1	110.2	100.7		99.4
2003	592.5	572.2	543.1	487.2	370.4	220.4	111.8	102.2		101.5
2004	612.0	591.1	561.1	503.3	382.7	227.6	115.5	105.6		103.3
2005	621.8	600.5	570.0	511.3	388.8	231.3	117.4	107.3		101.6
2006	632.4	610.7	579.7	520.0	395.4	235.2	119.4	109.1	101.7	101.7
2007	664.7	641.9	609.3	546.5	415.5	247.2	125.5	114.7	106.9	105.1
2008	717.2	692.6	657.4	589.7	448.4	266.8	135.4	123.7	115.3	107.9
2009	719.3	694.7	659.4	591.5	449.7	267.6	135.8	124.1	115.7	100.3
2010	746.3	720.7	684.1	613.6	466.6	277.6	140.9	128.7	120.0	103.7
2011	789.6	762.5	723.8	649.2	493.6	293.7	149.0	136.2	127.0	105.8
2012	806.9	779.3	739.7	663.5	504.5	300.1	152.3	139.2	129.8	102.2
2013	833.5	805.0	764.1	685.4	521.1	310.0	157.3	143.8	134.0	103.3
2014	850.2	821.1	779.4	699.1	531.6	316.2	160.5	146.7	136.7	102.0
2015	860.4	830.9	788.7	707.5	537.9	320.0	162.4	148.4	138.4	101.2
2016	874.2	844.2	801.4	718.8	546.6	325.2	165.0	150.8	140.6	101.6
2017	889.1	858.6	815.0	731.0	555.9	330.7	167.8	153.4	143.0	101.7
2018	908.6	877.5	832.9	747.1	568.1	338.0	171.5	156.7	146.1	102.2
2019	926.8	895.0	849.6	762.1	579.5	344.7	175.0	159.9	149.0	102.0

3-3 主要年份全区农村居民消费价格总指数
Consumer Price Indices of Rural Households in Main Years

年 份 Year	以1957年价格为100 Year of 1957=100	以1965年价格为100 Year of 1965=100	以1970年价格为100 Year of 1970=100	以1978年价格为100 Year of 1978=100	以1980年价格为100 Year of 1980=100	以1985年价格为100 Year of 1985=100	以1990年价格为100 Year of 1990=100	以1995年价格为100 Year of 1995=100	以2000年价格为100 Year of 2000=100	以2005年价格为100 Year of 2005=100	以上年价格为100 Preceding Year=100
1958	102.4										102.4
1959	105.4										102.9
1960	109.9										104.3
1961	132.1										120.2
1962	125.6										95.1
1963	111.7										88.9
1964	106.0										94.9
1965	103.5										97.7
1966	101.7	98.2									98.2
1967	104.2	100.7									102.5
1968	105.6	102.0									101.3
1969	108.2	104.5									102.5
1970	109.1	105.3									100.8
1971	108.9	105.1	99.8								99.8
1972	109.3	105.6	100.2								100.4
1973	109.6	105.9	100.5								100.3
1974	110.1	106.3	100.9								100.4
1975	110.7	106.9	101.5								100.6
1976	111.7	107.9	102.4								100.9
1977	120.9	116.7	110.8								108.2
1978	121.6	117.4	111.5								100.6
1979	123.6	119.3	113.3	101.6							101.6
1980	133.6	129.0	122.4	109.8							108.1
1981	136.4	131.7	125.0	112.1							102.1
1982	140.3	135.5	128.6	115.4							102.9
1983	142.6	137.7	130.7	117.2							101.6
1984	144.9	139.9	132.8	119.1							101.6
1985	156.9	151.5	143.8	129.0	108.3						108.3
1986	164.9	159.2	151.1	135.6	113.8	105.1					105.1
1987	173.6	167.7	159.2	142.8	119.9	110.7					105.3
1988	200.9	194.0	184.1	165.2	138.7	128.0					115.7
1989	238.0	229.9	218.2	195.7	164.3	151.7					118.5
1990	259.5	250.6	237.8	213.3	179.1	165.4					109.0
1991	273.2	263.8	250.5	224.7	188.6	174.2	105.3				105.3
1992	291.0	281.0	266.7	239.3	200.9	185.5	112.1				106.5
1993	331.1	319.8	303.5	272.3	228.6	211.1	127.6				113.8
1994	402.7	388.8	369.1	331.1	278.0	256.7	155.2				121.6
1995	468.7	452.6	429.6	385.4	323.6	298.8	180.6				116.4
1996	501.0	483.9	459.3	412.0	345.9	319.4	193.1	106.9			106.9
1997	518.6	500.8	475.4	426.4	358.0	330.5	199.9	110.6			103.5
1998	517.5	499.8	474.4	425.5	357.3	329.9	199.5	110.4			99.8
1999	507.7	490.3	465.4	417.5	350.5	323.6	195.7	108.3			98.1
2000	505.2	487.8	463.1	415.4	348.7	322.0	194.7	107.8			99.5
2001	516.3	498.6	473.3	424.5	356.4	329.1	199.0	110.2	102.2		102.2
2002	513.7	496.1	470.9	422.4	354.6	327.4	198.0	109.6	101.7		99.5
2003	524.0	506.0	480.3	430.8	361.7	334.0	201.9	111.8	103.7		102.0
2004	547.5	528.8	501.9	450.2	378.0	349.0	211.0	116.8	108.4		104.5
2005	554.1	535.1	507.9	455.6	382.5	353.2	213.6	118.2	109.7		101.2
2006	566.9	547.4	519.6	466.1	391.3	361.3	218.5	120.9	112.2	102.3	102.3
2007	600.3	579.7	550.3	493.6	414.4	382.6	231.4	128.1	118.8	108.3	105.9
2008	659.7	637.1	604.8	542.5	455.4	420.5	254.3	140.8	130.6	119.1	109.9
2009	669.6	646.7	613.8	550.6	462.3	426.8	258.1	142.9	132.6	120.8	101.5
2010	700.7	676.7	642.3	576.1	483.7	446.6	270.0	149.5	138.7	126.5	104.6
2011	751.8	726.1	689.2	618.2	519.0	479.2	289.8	160.4	148.8	135.7	107.3
2012	764.6	738.4	700.9	628.7	527.8	487.4	294.7	163.1	151.4	138.0	101.7
2013	793.7	766.5	727.5	652.6	547.9	505.9	305.9	169.3	157.1	143.2	103.8
2014	806.4	778.7	739.2	663.0	556.7	514.0	310.8	172.0	159.6	145.5	101.6
2015	814.4	786.5	746.6	669.7	562.2	519.1	313.9	173.8	161.2	147.0	101.0
2016	824.2	795.9	755.5	677.7	569.0	525.4	317.7	175.9	163.2	148.7	101.2
2017	834.9	806.2	765.3	686.5	576.4	532.2	321.8	178.2	165.3	150.6	101.3
2018	857.4	828.0	786.0	705.0	591.9	546.6	330.5	183.0	169.7	154.7	102.7
2019	875.5	845.4	802.5	719.9	604.4	558.0	337.4	186.9	173.3	157.9	102.1

3-4 主要年份全区商品零售价格总指数
Retail Price Indices in Main Years

年份 Year	以1957年价格为100 Year of 1957=100	以1965年价格为100 Year of 1965=100	以1970年价格为100 Year of 1970=100	以1978年价格为100 Year of 1978=100	以1980年价格为100 Year of 1980=100	以1985年价格为100 Year of 1985=100	以1990年价格为100 Year of 1990=100	以1995年价格为100 Year of 1995=100	以2000年价格为100 Year of 2000=100	以2005年价格为100 Year of 2005=100	以上年价格为100 Preceding Year=100
1958	101.0										101.0
1959	102.5										101.5
1960	105.6										103.0
1961	124.4										117.8
1962	119.8										96.3
1963	107.1										89.4
1964	102.5										95.7
1965	100.0										97.6
1966	98.1	98.1									98.1
1967	100.0	100.0									101.9
1968	100.8	100.8									100.8
1969	102.3	102.3									101.5
1970	102.8	102.8									100.5
1971	101.8	101.8	99.0								99.0
1972	101.9	101.9	99.1								100.1
1973	102.2	102.2	99.4								100.3
1974	102.3	102.3	99.5								100.1
1975	102.6	102.6	99.8								100.3
1976	103.0	103.0	100.2								100.4
1977	110.7	110.7	107.7								107.5
1978	110.7	110.7	107.7								100.0
1979	112.2	112.1	109.1	101.3							101.3
1980	118.7	118.7	115.4	107.2							105.8
1981	121.1	121.0	117.7	109.3	102.0						102.0
1982	124.1	124.1	120.7	112.1	104.6						102.5
1983	125.4	125.4	122.0	113.3	105.7						101.1
1984	129.5	129.4	125.9	116.9	109.1						103.2
1985	139.6	139.5	135.7	126.0	117.6						107.8
1986	146.4	146.4	142.4	132.2	123.4	104.9					104.9
1987	158.1	158.1	153.8	142.8	133.2	113.3					108.0
1988	185.8	185.7	180.7	167.8	156.5	133.1					117.5
1989	218.8	218.8	212.9	197.6	184.4	156.8					117.8
1990	228.0	228.0	221.8	205.9	192.1	163.4					104.2
1991	241.5	241.4	234.9	218.1	203.5	173.0	105.9				105.9
1992	261.0	261.0	253.9	235.7	220.0	187.1	114.5				108.1
1993	292.6	292.6	284.6	264.3	246.6	209.7	128.3				112.1
1994	351.5	351.4	341.9	317.4	296.1	251.8	154.1				120.1
1995	405.2	405.1	394.2	365.9	341.4	290.4	177.7				115.3
1996	432.4	432.3	420.6	390.5	364.3	309.8	189.6	106.7			106.7
1997	441.9	441.8	429.8	399.1	372.3	316.6	193.8	109.0			102.2
1998	430.8	430.7	419.1	389.1	363.0	308.7	188.9	106.3			97.5
1999	421.8	421.7	410.3	380.9	355.4	302.2	185.0	104.1			97.9
2000	411.7	411.6	400.4	371.8	346.9	295.0	180.5	101.6			97.6
2001	411.7	411.6	400.4	371.8	346.9	295.0	180.5	101.6	100.0		100.0
2002	405.5	405.4	394.4	366.2	341.7	290.6	177.8	100.1	98.5		98.5
2003	403.5	403.4	392.4	364.4	340.0	289.1	176.9	99.6	98.0		99.5
2004	414.8	414.7	403.4	374.6	349.5	297.2	181.9	102.4	100.8		102.8
2005	416.4	416.3	405.0	376.1	350.9	298.4	182.6	102.8	101.2		100.4
2006	421.8	421.7	410.3	380.9	355.4	302.3	185.0	104.1	102.5	101.3	101.3
2007	439.1	439.0	427.1	396.6	370.0	314.7	192.6	108.4	106.7	105.5	104.1
2008	476.5	476.4	463.4	430.3	401.5	341.4	208.9	117.6	115.7	114.4	108.5
2009	474.1	474.0	461.1	428.1	399.5	339.7	207.9	117.0	115.2	113.8	99.5
2010	489.2	489.1	475.9	441.8	412.2	350.6	214.5	120.7	118.8	117.5	103.2
2011	515.1	515.0	501.1	465.2	434.1	369.1	225.9	127.1	125.1	123.7	105.3
2012	520.3	520.2	506.1	469.9	438.4	372.8	228.2	128.4	126.4	124.9	101.0
2013	532.8	532.7	518.2	481.1	448.9	381.8	233.6	131.5	129.4	127.9	102.4
2014	537.6	537.5	522.9	485.5	453.0	385.2	235.7	132.7	130.6	129.1	100.9
2015	538.1	538.0	523.4	486.0	453.4	385.6	236.0	132.8	130.7	129.2	100.1
2016	541.9	541.8	527.1	489.4	456.6	388.3	237.6	133.7	131.6	130.1	100.7
2017	551.7	551.6	536.6	498.2	464.8	395.3	241.9	136.1	134.0	132.4	101.8
2018	567.7	567.6	552.1	512.6	478.3	406.7	248.9	140.1	137.9	136.2	102.9
2019	574.0	573.8	558.2	518.3	483.6	411.2	251.7	141.6	139.4	137.7	101.1

3-5 主要年份全区城市商品零售价格总指数

Retail Price Indices of Urban in Main Years

年 份 Year	以1957年价格为100 Year of 1957=100	以1965年价格为100 Year of 1965=100	以1970年价格为100 Year of 1970=100	以1978年价格为100 Year of 1978=100	以1980年价格为100 Year of 1980=100	以1985年价格为100 Year of 1985=100	以1990年价格为100 Year of 1990=100	以1995年价格为100 Year of 1995=100	以2000年价格为100 Year of 2000=100	以2005年价格为100 Year of 2005=100	以上年价格为100 Preceding Year=100
1958	101.7										101.7
1959	103.7										102.0
1960	106.8										103.0
1961	128.9										120.6
1962	122.8										95.3
1963	109.4										89.1
1964	104.7										95.7
1965	102.1										97.5
1966	100.2	98.1									98.1
1967	102.7	100.6									102.5
1968	104.0	101.9									101.3
1969	106.6	104.4									102.5
1970	107.4	105.2									100.8
1971	107.1	104.9	99.7								99.7
1972	107.5	105.3	100.1								100.4
1973	107.9	105.7	100.4								100.3
1974	108.3	106.1	100.8								100.4
1975	109.1	106.8	101.5								100.7
1976	110.3	108.0	102.6								101.1
1977	119.5	117.1	111.2								108.4
1978	120.4	117.9	112.0								100.7
1979	122.4	119.9	113.9	101.7							101.7
1980	132.4	129.7	123.3	110.0							108.2
1981	135.1	132.3	125.7	112.2	102.0						102.0
1982	139.1	136.3	129.5	115.6	105.1						103.0
1983	141.2	138.3	131.4	117.3	106.6						101.5
1984	145.8	142.8	135.7	121.1	110.0						103.2
1985	158.1	154.9	147.2	131.4	119.4						108.5
1986	167.2	163.7	155.6	138.9	126.2	105.7					105.7
1987	184.9	181.1	172.1	153.6	139.6	116.9					110.6
1988	218.9	214.4	203.7	181.9	165.3	138.4					118.4
1989	255.2	250.0	237.5	212.1	192.7	161.4					116.6
1990	261.1	255.7	243.0	216.9	197.1	165.1					102.3
1991	278.3	272.6	259.0	231.2	210.1	176.0	106.6				106.6
1992	303.7	297.4	282.6	252.3	229.3	192.0	116.3				109.1
1993	341.3	334.3	317.7	283.6	257.7	215.8	130.7				112.4
1994	409.6	401.2	381.2	340.3	309.2	259.0	156.9				120.0
1995	469.8	460.2	437.2	390.3	354.7	297.1	179.9				114.7
1996	499.4	489.1	464.8	414.9	377.0	315.8	191.3	106.3			106.3
1997	510.4	499.9	475.0	424.0	385.3	322.7	195.5	108.6			102.2
1998	496.6	486.4	462.2	412.6	374.9	314.0	190.2	105.7			97.3
1999	488.6	478.6	454.8	406.0	368.9	309.0	187.1	104.0			98.4
2000	477.9	468.1	444.8	397.0	360.8	302.2	183.0	101.7			97.8
2001	479.3	469.5	446.1	398.2	361.9	303.1	183.6	102.0	100.3		100.3
2002	472.6	462.9	439.9	392.7	356.8	298.9	181.0	100.6	98.9		98.6
2003	468.8	459.2	436.3	389.5	354.0	296.5	179.6	99.8	98.1		99.2
2004	478.7	468.9	445.5	397.7	361.4	302.7	183.3	101.9	100.2		102.1
2005	481.1	471.2	447.7	399.7	363.2	304.2	184.2	102.4	100.7		100.5
2006	486.8	476.9	453.1	404.5	367.6	307.9	186.5	103.6	101.9	101.2	101.2
2007	504.9	494.5	469.9	419.5	381.2	319.2	193.4	107.5	105.6	104.9	103.7
2008	540.7	529.6	503.2	449.2	408.2	341.9	207.1	115.1	113.1	112.4	107.1
2009	537.5	526.4	500.2	446.5	405.8	339.9	205.8	114.4	112.5	111.7	99.4
2010	552.2	540.9	514.0	458.8	417.0	349.2	211.5	117.6	115.6	114.8	102.7
2011	579.8	568.0	539.7	481.8	437.8	366.7	222.1	123.4	121.3	120.5	105.0
2012	585.1	573.1	544.5	486.1	441.7	370.0	224.1	124.5	122.4	121.6	100.9
2013	599.1	586.8	557.6	497.8	452.3	378.8	229.5	127.5	125.4	124.5	102.4
2014	604.5	592.1	562.6	502.2	456.4	382.2	231.5	128.7	126.5	125.7	100.9
2015	605.1	592.7	563.2	502.7	456.9	382.6	231.8	128.8	126.6	125.8	100.1
2016	609.3	596.8	567.1	506.3	460.1	385.3	233.4	129.7	127.5	126.7	100.7
2017	619.7	606.9	576.7	514.9	467.9	391.9	237.4	131.9	129.7	128.9	101.7
2018	637.7	624.5	593.4	529.8	481.5	403.2	244.3	135.7	133.4	132.6	102.9
2019	645.3	632.0	600.6	536.2	487.2	408.1	247.2	137.4	135.0	134.2	101.2

3-6 主要年份全区农村商品零售价格总指数

Retail Price Indices of Rural in Main Years

年 份 Year	以1957年价格为100 Year of 1957=100	以1965年价格为100 Year of 1965=100	以1970年价格为100 Year of 1970=100	以1978年价格为100 Year of 1978=100	以1980年价格为100 Year of 1980=100	以1985年价格为100 Year of 1985=100	以1990年价格为100 Year of 1990=100	以1995年价格为100 Year of 1995=100	以2000年价格为100 Year of 2000=100	以2005年价格为100 Year of 2005=100	以上年价格为100 Preceding Year=100
1958	100.0										100.0
1959	100.8										100.8
1960	101.8										101.0
1961	115.6										113.5
1962	119.8										103.7
1963	116.7										97.4
1964	114.5										98.1
1965	111.9										97.7
1966	110.2	98.5									98.5
1967	111.6	99.8									101.3
1968	111.6	99.8									100.0
1969	111.6	99.8									100.0
1970	111.6	99.8									100.0
1971	109.4	97.8	98.0								98.0
1972	109.2	97.6	97.8								99.8
1973	109.5	97.9	98.1								100.3
1974	109.4	97.8	98.0								99.9
1975	109.4	97.8	98.0								100.0
1976	109.4	97.8	98.0								100.0
1977	116.9	104.5	104.8								106.9
1978	116.6	104.2	104.4								99.7
1979	117.9	105.4	105.6	101.1							101.1
1980	122.6	109.6	109.8	105.1							104.0
1981	124.8	111.6	111.8	107.0	101.8						101.8
1982	127.4	113.9	114.1	109.3	103.9						102.1
1983	128.3	114.7	114.9	110.0	104.7						100.7
1984	131.9	117.9	118.2	113.1	107.6						102.8
1985	139.9	125.1	125.3	120.0	114.1						106.1
1986	145.5	130.1	130.4	124.8	118.7	104.0					104.0
1987	154.5	138.1	138.4	132.5	126.1	110.4					106.2
1988	179.4	160.4	160.7	153.9	146.4	128.2					116.1
1989	213.3	190.7	191.1	183.0	174.0	152.5					118.9
1990	225.5	201.6	202.0	193.4	183.9	161.2					105.7
1991	236.5	211.4	211.9	202.9	193.0	169.1	104.9				104.9
1992	251.2	224.5	225.0	215.5	204.9	179.5	111.4				106.2
1993	281.1	251.3	251.8	241.1	229.3	200.9	124.7				111.9
1994	338.1	302.3	302.9	290.0	275.8	241.7	150.0				120.3
1995	391.9	350.3	351.1	336.2	319.7	280.1	173.8				115.9
1996	420.9	376.3	377.1	361.0	343.4	300.8	186.7	107.4			107.4
1997	429.7	384.2	385.0	368.6	350.6	307.2	190.6	109.7			102.1
1998	420.7	376.1	376.9	360.9	343.2	300.7	186.6	107.4			97.9
1999	408.1	364.8	365.6	350.0	332.9	291.7	181.0	104.1			97.0
2000	397.5	355.3	356.1	340.9	324.3	284.1	176.3	101.4			97.4
2001	395.9	353.9	354.7	339.6	323.0	283.0	175.6	101.0	99.6		99.6
2002	389.5	348.2	349.0	334.1	317.8	278.4	172.8	99.4	98.0		98.4
2003	389.9	348.6	349.4	334.5	318.1	278.7	172.9	99.5	98.1		100.1
2004	406.3	363.2	364.0	348.5	331.5	290.4	180.2	103.7	102.2		104.2
2005	406.7	363.6	364.4	348.9	331.8	290.7	180.4	103.8	102.3		100.1
2006	414.0	370.1	371.0	355.2	337.8	295.9	183.6	105.7	104.2	101.8	101.8
2007	436.4	390.1	391.0	374.3	356.0	311.9	193.6	111.4	109.8	107.3	105.4
2008	490.9	438.9	439.9	421.1	400.5	350.9	217.7	125.3	123.5	120.7	112.5
2009	490.9	438.9	439.9	421.1	400.5	350.9	217.7	125.3	123.5	120.7	100.0
2010	512.9	458.5	459.5	439.9	418.4	366.6	227.5	130.9	129.0	126.1	104.5
2011	552.9	494.3	495.4	474.3	451.1	395.2	245.2	141.1	139.1	135.9	107.8
2012	562.3	502.7	503.8	482.3	458.7	401.9	249.4	143.5	141.5	138.2	101.7
2013	578.6	517.2	518.4	496.3	472.0	413.6	256.6	147.6	145.6	142.3	102.9
2014	580.3	518.8	519.9	497.8	473.4	414.8	257.4	148.1	146.0	142.7	100.3
2015	579.7	518.3	519.4	497.3	473.0	414.4	257.1	147.9	145.9	142.5	99.9
2016	579.7	518.3	519.4	497.3	473.0	414.4	257.1	147.9	145.9	142.5	100.0
2017	591.9	529.2	530.3	507.7	482.9	423.1	262.5	151.0	149.0	145.5	102.1
2018	610.9	546.1	547.3	524.0	498.4	436.6	270.9	155.9	153.8	150.2	103.2
2019	617.6	552.1	553.3	529.8	503.8	441.4	273.9	157.6	155.5	151.9	101.1

3-7 主要年份全区农业生产资料价格总指数
Price Indices for Means of Agricultural Production in Main Years

年 份 Year	以1957年价格为100 Year of 1957=100	以1965年价格为100 Year of 1965=100	以1970年价格为100 Year of 1970=100	以1978年价格为100 Year of 1978=100	以1980年价格为100 Year of 1980=100	以1985年价格为100 Year of 1985=100	以1990年价格为100 Year of 1990=100	以1995年价格为100 Year of 1995=100	以2000年价格为100 Year of 2000=100	以2005年价格为100 Year of 2005=100	以上年价格为100 Preceding Year=100
1978	92.7	91.8	99.7								99.7
1979	93.4	92.5	100.5	100.8							100.8
1980	94.8	93.9	102.0	102.3	101.5						101.5
1981	95.4	94.5	102.6	102.9	102.1						100.6
1982	95.8	94.9	103.0	103.3	102.5						100.4
1983	99.1	98.2	106.6	107.0	106.1						103.5
1984	104.6	103.6	112.5	112.8	111.9						105.5
1985	108.6	107.5	116.8	117.1	116.2						103.8
1986	110.5	109.5	118.9	119.2	118.3	101.8					101.8
1987	118.9	117.8	127.9	128.3	127.3	109.5					107.6
1988	136.8	135.4	149.8	150.2	149.0	128.3					117.1
1989	162.0	160.3	177.3	177.9	176.5	151.9					118.4
1990	171.0	169.3	187.3	187.8	186.3	160.4					105.6
1991	178.9	177.1	195.9	196.5	194.9	167.8	104.6				104.6
1992	186.1	184.2	203.7	204.3	202.7	174.5	108.8				104.0
1993	216.4	214.2	236.9	237.6	235.8	202.9	126.5				116.3
1994	266.8	264.1	292.1	293.0	290.7	250.2	156.0				123.3
1995	347.9	344.4	380.9	382.1	379.1	326.2	203.4				130.4
1996	379.2	375.4	415.2	416.5	413.2	355.6	221.7	109.0			109.0
1997	372.4	368.6	407.8	409.0	405.7	349.2	217.7	107.0			98.2
1998	357.9	354.2	391.9	393.0	389.9	335.6	209.2	102.9			96.1
1999	334.3	330.8	366.0	367.1	364.2	313.4	195.4	96.1			93.4
2000	320.9	317.6	351.4	352.4	349.6	300.9	187.6	92.2			96.0
2001	327.3	324.0	358.4	359.5	356.6	306.9	191.4	94.1	102.0		102.0
2002	338.8	335.3	370.9	372.0	369.1	317.6	198.1	97.4	105.6		103.5
2003	336.7	333.3	368.7	369.8	366.9	315.7	196.9	96.8	104.9		99.4
2004	382.2	378.3	418.5	419.7	416.4	358.4	223.5	109.9	119.1		113.5
2005	417.7	413.5	457.4	458.8	455.1	391.7	244.2	120.1	130.2		109.3
2006	421.1	416.8	461.0	462.4	458.8	394.8	246.2	121.0	131.2	100.8	100.8
2007	472.5	467.6	517.3	518.9	514.7	443.0	276.2	135.8	147.2	113.1	112.2
2008	596.2	590.1	652.8	654.8	649.6	559.1	348.6	171.4	185.8	142.7	126.2
2009	574.2	568.3	628.7	630.6	625.6	538.4	335.7	165.0	178.9	137.4	96.3
2010	599.5	593.4	656.4	658.4	653.1	562.1	350.5	172.3	186.8	143.5	104.4
2011	683.4	676.4	748.3	750.5	744.6	640.8	399.6	196.4	213.0	163.6	114.0
2012	735.4	727.8	805.1	807.6	801.2	689.5	429.9	211.4	229.2	176.0	107.6
2013	747.1	739.5	818.0	820.5	814.0	700.5	436.8	214.7	232.8	178.8	101.6
2014	724.0	716.5	792.7	795.0	788.7	678.8	423.3	208.1	225.6	173.3	96.9
2015	714.5	707.2	782.4	784.7	778.5	670.0	417.8	205.4	222.7	171.0	98.7
2016	702.4	695.2	769.1	771.4	765.2	658.6	410.7	201.9	218.9	168.1	98.3
2017	724.2	716.8	792.9	795.3	788.9	679.0	423.4	208.2	225.7	173.3	103.1
2018	764.7	756.9	837.3	839.8	833.1	717.0	447.1	219.9	238.3	183.0	105.6
2019	795.3	787.2	870.8	873.4	866.4	745.7	465.0	228.7	247.8	190.3	104.0

3-8 2019年城乡居民消费价格分类指数
Consumer Price Indices by Category (2019)

(以上年价格为100)　　(preceding year=100)

项目名称	Item	全 区 General	城 市 Urban Household	农 村 Rural Household
居民消费价格总指数	**Consumer Price Index**	**102.1**	**102.0**	**102.1**
服务价格指数	**Service Items Price Index**	**101.4**	**101.3**	**101.7**
消费品价格指数	**Consumer Goods Price Index**	**102.4**	**102.4**	**102.3**
一、食品烟酒	Food, Tobacco and Liquor	104.8	105.1	104.2
1.食品	Food	106.0	106.5	104.9
(1)粮食	Grain	100.5	100.7	100.3
大　米	Rice	99.7	98.8	100.5
面　粉	Flour	99.8	99.8	99.8
其他粮食	Other Grain	104.4	106.4	99.9
粮食制品	Cereal Product	101.4	101.4	101.6
(2)薯类	Tubers	99.3	97.1	102.7
薯　类	Tubers	99.3	97.1	102.7
(3)豆类	Beans	100.9	102.4	97.6
干　豆	Beans	99.0	98.8	99.2
豆 制 品	Bean Products	101.1	102.6	97.3
(4)食用油	Edible Oil	99.1	99.1	99.0
食用植物油	Edible Vegetable Oil	98.9	98.9	98.9
食用动物油	Edible Animal Oil	107.1	106.6	111.8
(5)菜	Vegetables	101.1	102.6	97.4
鲜　菜	Fresh Vegetables	101.1	102.6	97.4
干菜及菜制品	Dried Vegetables and Processed Products	100.9	102.5	97.5
(6)畜肉类	Livestock Meat	116.3	116.0	116.9
猪　肉	Pork	139.1	139.0	139.6
牛　肉	Beef	107.4	107.6	107.1
羊　肉	Mutton	110.5	108.0	114.9
畜肉副产品	Byproducts	114.8	113.7	117.7
其他畜肉及制品	Other Livestock Meat Processed Products	105.5	105.4	105.9
(7)禽肉类	Poultry	110.6	111.1	109.3
鸡	Chicken	111.7	112.4	110.4
鸭	Duck	115.4	119.6	102.0
其他禽肉及制品	Other Poultry Meat Processed Products	107.0	107.7	104.4
(8)水产品	Aquatic Products	97.9	98.0	97.2
淡 水 鱼	Freshwater Fish	96.4	96.4	96.2
海 水 鱼	Seawater Fish	99.4	99.7	97.8
虾 蟹 类	Shrimp and Crab	99.7	99.2	102.9
其他水产品及制品	Others Aquatic and Processed Products	99.9	100.4	96.3
(9)蛋类	Eggs	103.7	104.4	102.2
鸡　蛋	Fresh Egg	103.5	104.0	102.4
其他蛋及制品	Other Egg and Processed Products	107.9	111.2	96.8
(10)奶类	Milk	101.5	101.7	101.1
鲜　奶	Fresh Milk	102.8	102.7	103.2

3-8 续表 1 continued

(以上年价格为100) (preceding year=100)

项目名称	Item	全 区 General	城 市 Urban Household	农 村 Rural Household
酸 奶	Yoghourt	99.4	99.7	98.5
奶 粉	Milk Powder	101.1	101.6	99.6
其他奶制品	Other Milk Products	101.4	101.6	100.8
(11)干鲜瓜果类	Dried and Fresh Melons and Fruits	110.3	111.3	108.2
鲜 瓜 果	Fresh Melons and Fruits	114.0	115.9	110.0
坚 果	Nuts	99.9	99.6	101.1
瓜果制品	Melons and Fruits Products	99.0	98.8	99.7
(12)糖果糕点类	Candy and Cake	101.1	101.5	100.0
食 糖	Sugar	99.1	98.5	99.7
糖 果	Candy	101.4	101.8	99.8
糕 点	Cake	102.0	102.2	100.7
其他糖果糕点	Other Candy and Cake	100.2	100.4	99.8
(13)调味品	Flavoring	101.0	100.4	102.3
食 用 盐	Salt	100.9	101.6	100.0
酱 油	Soy	99.0	98.8	99.7
食 醋	Vinegar	100.4	100.6	100.0
调 味 酱	Bechamel	102.2	102.4	99.8
味 精	Aginomoto	101.2	101.6	100.0
其他调味品	Others	102.9	98.8	108.1
(14)其他食品类	Other Food	101.7	102.1	100.2
方便食品	Convenient Food	98.9	98.6	99.7
淀粉及制品	Starch and Products	101.0	101.2	100.6
膨化食品	Puffed Food	105.9	107.2	100.7
2.茶及饮料	Tea and Beverages	102.0	102.6	100.5
茶 叶	Tea	99.7	99.5	100.0
固体咖啡	Solid Coffee	103.2	103.8	98.9
其他固体饮料	Other Solid Beverages	96.8	95.9	100.0
饮 用 水	Potable Water	107.7	109.5	102.1
果汁饮料	Juice Beverage	99.6	99.5	100.1
其他液体饮料	Other Liquid Beverages	105.3	107.5	101.6
3.烟酒	Tobacco and Liquor	100.2	100.1	100.5
(1)烟草	Tobacco	100.1	100.1	100.1
烟 草	Tobacco	100.1	100.1	100.1
(2)酒类	Liquor	100.4	100.0	101.9
白 酒	Spirit	99.8	99.9	99.6
葡 萄 酒	Wine	99.2	99.2	99.1
啤 酒	Beer	103.0	101.3	105.9
其他酒类	Others	98.6	98.8	98.0
4.在外餐饮	Dining Out	103.3	103.5	102.6
正 餐	Dinner	103.7	103.9	102.6
快 餐	Fast Food	100.7	100.0	103.3
地方小吃	Local Snack	104.3	105.1	100.2
其他在外餐饮	Others	105.9	105.8	106.8

3-8 续表 2 continued

(以上年价格为100) (preceding year=100)

项目名称	Item	全 区 General	城 市 Urban Household	农 村 Rural Household
二、衣着	Clothing	100.4	100.3	100.8
1.服装	Garments	101.1	101.3	100.5
(1)男式服装	Men's	100.8	100.7	101.2
男式西服	Men's Western-style Clothes	98.9	98.0	103.0
男式冬衣	Men's Winter Clothes	103.5	106.2	93.4
男式夹克衫	Men's Jacket	101.7	100.6	104.2
男式毛线衣	Men's Sweater	98.2	97.4	101.2
男式运动装	Men's Sportswear	100.6	100.3	101.7
男式衬衫T恤	Men's Shirt and T-shirt	101.0	101.9	97.9
男式裤子	Men's Trousers	101.2	99.6	105.6
男式内衣	Men's Underclothes	100.2	100.1	100.6
(2)女式服装	Women's	101.5	101.9	100.2
女式外套	Women's Coat	100.0	98.7	103.9
女式冬衣	Women's Winter Clothes	106.9	109.2	98.9
女式毛线衣	Women's Sweater	98.2	97.0	102.0
女式运动装	Women's Sportswear	100.8	101.5	98.4
女式衬衫T恤	Women's Shirt and T-shirt	100.9	102.2	95.5
女式裤子	Women's Trousers	101.3	101.2	101.7
女式裙子	Women's Skirt	99.3	100.4	93.7
女式内衣	Women's Underclothes	102.3	101.6	104.8
(3)儿童服装	Children's	99.9	100.0	99.6
婴幼服装	Infant's Wear	100.4	100.3	100.6
儿童上衣	Children's Coat	100.3	101.5	97.3
儿童裤子	Children's Trousers	102.0	100.1	106.2
儿童裙子	Children's Skirt	95.4	96.0	93.6
2.服装材料	Clothing Material	102.5	102.2	103.2
服装材料	Clothing Material	102.5	102.2	103.2
3.其他衣着及配件	Other Clothing and Accessories	99.9	99.7	100.5
袜　　子	Socks	100.2	100.3	100.0
帽　　子	Hats	99.3	98.4	101.8
其他衣着配件	Other Clothing and Accessories	100.0	100.0	100.2
4.衣着加工服务费	Service Fee for Dressing	101.1	100.9	101.9
衣着洗涤保养	Washing and Maintenance for Dressing	100.1	100.1	100.3
衣着加工	Processing for Dressing	102.9	102.8	103.2
5.鞋类	Shoes	98.2	97.2	101.5
(1)鞋	Shoes	98.2	97.2	101.5
男　　鞋	Shoes of Men	100.9	100.5	102.3
女　　鞋	Shoes of Women	96.0	94.5	100.8
童　　鞋	Shoes of Children	99.1	98.3	101.9
(2)鞋类加工服务	Shoes Processing Services	100.4	100.1	101.3
鞋类加工服务	Shoes Processing Services	100.4	100.1	101.3

3-8 续表 3 continued

(以上年价格为100) (preceding year=100)

项目名称	Item	全 区 General	城 市 Urban Household	农 村 Rural Household
三、居住	Residence	101.1	100.9	101.4
1.租赁房房租	Renting	100.7	100.7	100.3
公房房租	Public Rent	99.4	99.4	100.0
私房房租	Private Rent	100.9	100.9	100.3
2.住房保养维修及管理	Housing Maintenance and Management	101.4	102.3	99.9
(1)住房装潢材料	Building Decoration Materials	100.7	100.9	100.4
木 地 板	Wooden Floor	101.2	101.6	100.0
瓷　　砖	Brick	100.0	99.7	100.6
水　　泥	Cement	101.4	102.9	99.6
涂　　料	Dope	100.3	100.5	100.0
板　　材	Veneer	100.4	99.5	102.0
管　　材	Tubular Product	99.7	99.7	99.7
厨卫设备	Kitchen Equipment	101.2	101.8	100.0
门　　窗	Doors and Windows	101.7	102.2	100.7
其他住房装潢材料	Other Building Decoration Materials	100.1	99.6	100.4
(2)物业管理费	Estate Management Fees	100.0	100.0	100.0
物业管理费	Estate Management Fees	100.0	100.0	100.0
(3)住房装潢维修	Housing Decoration and Maintenance	103.5	106.9	99.1
装潢维修费	Fees of Decoration and Maintenance	104.5	108.6	98.8
其他住房费用	Other Housing Fees	100.0	100.0	100.0
3.水电燃料	Water, Electricity and Fuels	102.5	102.6	102.3
(1)水	Water	106.3	105.5	110.2
水	Water	106.3	105.5	110.2
(2)电	Electricity	100.2	100.2	100.2
电	Electricity	100.2	100.2	100.2
(3)燃气	Fuel Gas	103.1	103.3	102.0
管道燃气	Pipeline Fuel Gas	104.2	104.3	103.7
液化石油气	Liquefied Petroleum Gas	100.8	100.5	101.3
(4)取暖费	Heating Fees	102.5	103.0	100.0
取 暖 费	Heating Fees	102.5	103.0	100.0
(5)其他燃料	Other Fuels	102.5	101.5	103.2
其他燃料	Other Fuels	102.5	101.5	103.2
4.自有住房	Private Housing	99.7	98.9	101.6
自有住房	Private Housing	99.7	98.9	101.6
四、生活用品及服务	Household Facilities, Articles and Services	100.0	100.4	98.8
1.家具及室内装饰品	Furniture and Interior Decorations	99.3	100.9	96.9
(1)家具	Furniture	99.2	100.9	96.3
柜	Cupboard	98.6	100.0	95.7
床	Bed	99.0	100.9	95.4
桌	Desk	98.9	100.1	96.9
椅	Chair	100.2	100.9	98.7
沙　　发	Sofa	99.5	102.1	96.3
其他家具	Others	98.9	101.1	96.5

3-8 续表 4 continued

(以上年价格为100) (preceding year=100)

项目名称	Item	全 区 General	城 市 Urban Household	农 村 Rural Household
(2)室内装饰品	Interior Decorations	100.2	100.2	100.2
灯　　具	Lamp	100.0	100.0	100.0
其他室内装饰品	Other Interior Decorations	100.8	101.0	100.6
2.家用器具	Household Appliances	99.1	99.1	99.2
(1)大型家用器具	Big Household Appliances	99.1	99.0	99.1
洗 衣 机	Washing Machine	99.6	99.6	99.5
电冰箱(柜)	Refrigerator	98.3	98.5	98.0
抽油烟机	Ventilator	99.7	100.5	98.1
空 调 器	Air Conditioner	96.3	95.8	99.8
热 水 器	Water Heater for Shower	99.5	98.9	100.4
炉具灶具	Stove and Oven	100.5	100.7	100.3
微 波 炉	Microwave Oven	99.4	99.5	99.3
其他大型家用器具	Other Big Household Appliances	100.0	99.9	100.0
(2)小家电	Small Household Appliances	99.6	99.4	100.1
厨房小家电	Kitchen Small Household Appliances	99.2	98.9	100.5
生活小家电	Living Small Household Appliances	100.1	100.3	99.4
3.家用纺织品	Housing Textiles	101.1	101.1	100.9
(1)床上用品	Bed Articles	101.4	101.4	101.3
被　　子	Quilt	100.7	100.5	101.4
床单被套	Bed Sheet and Cover	102.4	102.9	100.9
其他床上用品	Other Bed Articles	100.4	99.8	101.7
(2)窗帘门帘	Curtain	100.3	100.4	100.2
窗帘门帘	Curtain	100.3	100.4	100.2
(3)其他家用纺织品	Other Housing Textile	101.0	101.1	100.4
其他家用纺织品	Other Housing Textile	101.0	101.1	100.4
4.家庭日用杂品	Daily Use Household Articles	100.2	100.1	100.3
(1)洗涤卫生用品	Washing Hygiene Articles	100.9	101.0	100.6
清洗用品	Cleaning Supplies	103.9	104.3	102.6
清洁用具	Cleaning Equipment	97.6	97.0	100.0
清洁用纸	Hygiene Paper	100.4	100.8	99.6
(2)厨具餐具茶具	Kitchen Utensils and Tableware	99.9	99.9	100.1
厨　　具	Kitchen Ware	100.4	100.4	100.3
餐　　具	Tableware	100.2	100.2	99.9
茶　　具	Tea Set	98.0	97.0	100.2
(3)家用手工工具	Hand Tools	100.4	99.9	102.7
家用手工工具	Hand Tools	100.4	99.9	102.7
(4)其他家庭日用杂品	Other Daily Use Household Articles	99.4	99.1	100.1
配电附件	Electricity Distribution Accessory	99.9	99.7	100.4
雨　　具	Rain Gear	98.0	97.4	99.9
其他日用杂品	Other Daily Use Household Articles	99.6	99.5	99.9

3-8 续表 5 continued

(以上年价格为100) (preceding year=100)

项目名称	Item	全 区 General	城 市 Urban Household	农 村 Rural Household
5.个人护理用品	Personal-Care Supplies	100.1	100.5	97.9
(1)化妆品	Cosmetics	100.0	100.6	97.1
清洁化妆品	Cleansing Cosmetics	100.2	101.0	96.8
护肤化妆品	Skin-Care Cosmetics	99.8	100.5	96.5
彩妆化妆品	Make-Up Cosmetics	100.3	100.7	98.4
化妆器具	Make-Up Appliances	100.0	100.0	100.0
(2)其他护理用品类	Other Nursing materials	100.3	100.4	99.6
清洁类护理用品	Nursing Materials	99.8	99.8	100.0
护发美发用品	Hair Care Products	101.1	101.2	100.4
护理器具	Nursing Appliances	100.3	100.7	97.7
其他护理用品	Other Nursing Materials	99.6	99.6	99.2
6.家庭服务	Family Services	102.9	103.4	100.7
家政服务	Housekeeping Services	104.7	105.0	101.9
家庭维修服务	Maintenance Services	100.4	100.5	100.0
五、交通通信	Transport and Communications	98.1	98.2	97.8
1.交通	Transport	98.2	98.1	98.3
(1)交通工具	Transport Facility	97.3	96.9	98.1
小型汽车	Car	95.7	95.7	95.7
电动自行车	Electric Bicycle	103.3	104.8	101.6
自 行 车	Bicycle	101.0	102.5	99.6
其他交通工具	Other Transportation Facility	100.3	100.1	100.5
(2)交通工具用燃料	Transport Fuels	95.4	95.3	95.5
汽 油	Gasoline	94.0	94.0	94.0
柴 油	Diesel Oil	92.8	93.7	90.7
其他车用能源	Other Transport Fuels	109.1	109.0	109.2
(3)交通工具使用和维修	Transport Use and Maintenance	100.1	100.4	98.9
停 车 费	Parking Fee	100.0	100.0	100.0
车辆使用费	Vehicle Usage Fee	100.0	100.0	100.0
交通工具零配件	Transportation Parts	98.8	99.7	96.6
车辆修理与保养	Vehicles Repair and Maintenance	101.4	101.8	100.1
(4)交通费	Traffic Fare	101.2	101.2	101.2
市内公共交通	Bus Ticket	99.7	99.5	100.0
出租汽车	Taxi	100.3	100.5	99.7
飞 机 票	Plane Ticket	108.4	108.4	108.4
火 车 票	Train Ticket	101.4	100.2	105.3
长途汽车	Long-distance Bus	98.1	97.1	100.0
其他交通费	Other Traffic Fare	97.4	94.4	100.0
2.通信	Communications	98.0	98.4	96.9
(1)通信工具	Communication Tools	94.6	95.1	93.5
固定电话机	Telephone	101.1	101.1	101.4
移动电话机	Mobile Telephone	94.1	94.5	93.0
通信工具零配件	Communication Tools Spare Parts	100.3	101.0	99.2

3-8 续表 6 continued

(以上年价格为100) (preceding year=100)

项目名称	Item	全区 General	城市 Urban Household	农村 Rural Household
(2)通信服务	Communication Service	99.4	99.6	98.8
固定电话费	Fixed Telephone Fee	99.8	99.8	100.0
移动通信费	Mobile Telephone Communication Expenses	99.7	99.6	100.0
上网费	Internet Fee	98.6	99.7	94.2
其他通信服务	Other Communication Service	100.1	100.1	100.0
(3)邮递服务	Postal Service	100.4	100.7	98.8
邮政邮寄	Post	99.4	99.9	95.7
快递服务	Express Services	100.8	101.0	100.0
六、教育文化娱乐	Education, Cultural and Recreation	100.3	100.0	101.2
1.教育	Education	101.8	101.7	102.0
(1)教育用品	Education Articles	102.5	102.6	101.4
工具书	Reference Books	100.5	100.6	100.0
教材	Teaching Materials	100.8	100.7	101.9
参考资料	Reference Books	105.2	105.7	101.3
其他教育用品	Other Education Articles	98.6	98.3	102.9
(2)教育服务	Tuition and Child Care	101.7	101.5	102.0
学前教育	Preschool Education	101.6	101.9	100.9
小学初中教育	Primary and Junior High School Education	117.0	116.8	117.5
高中中职教育	Senior High School and Vocational School Education	101.7	101.9	101.5
高等教育	Higher Education	99.9	99.9	100.0
课外教育	Extracurricular Education	102.4	101.1	105.2
专业技能培训	Professional Skill Training	98.1	97.0	100.1
2.文化娱乐	Cultural and Recreation	97.7	97.4	98.9
(1)文娱耐用消费品	Durable Consumer Goods for Cultural and Recreational Use	98.0	98.1	98.0
电视机	TV Set	95.4	95.4	95.5
照相机	Camera	97.6	97.7	96.4
台式计算机	Desktop Computer	99.0	98.3	101.3
笔记本平板	Notebook Tablet	100.4	100.4	100.1
乐器	Musical Instrument	101.8	102.2	99.2
音响	Sound Equipment	96.6	96.2	99.3
其他文娱耐用消费品	Other Durable Consumer Goods	99.5	99.6	99.1
(2)其他文娱用品	Other Goods for Cultural and Recreational Use	100.6	100.6	100.5
书报杂志	Newspapers and Magazines	105.0	106.1	101.2
纸张文具	Paper and Stationery	99.8	99.4	100.6
体育户外用品	Sports and Outdoor Articles	100.7	100.7	99.9
游戏用品和玩具	Games Supplies and Toys	101.0	101.6	99.7
园艺花卉及用品	Horticulture and Flower Articles	96.0	94.7	101.4
宠物及用品	Pet Articles	100.3	100.2	100.5
其他文化娱乐用品	Other Goods for Cultural and Recreational Use	99.4	99.0	100.0
(3)文化娱乐服务	Cultural and Recreation Services	98.0	97.4	101.1
电影票	Movie Ticket	102.7	102.9	99.0

3-8 续表 7 continued

(以上年价格为100) (preceding year=100)

项目名称	Item	全 区 General	城 市 Urban Household	农 村 Rural Household
景点门票	Scenery Spot Entrance Ticket	90.5	87.5	105.8
有线电视	Wired TV	98.9	98.4	100.0
健身活动	Fitness Activities	97.8	97.6	100.0
其他文娱服务	Others Cultural and Entertainment Services	101.1	101.4	99.8
(4)旅游	Touring and Outing	95.2	95.0	96.6
旅行社收费	Travel Agency Fees	94.2	93.9	96.1
其他旅游	Others	100.3	100.4	100.0
七、医疗保健	Health Care and Medical Services	104.0	104.1	104.0
1.药品及医疗器具	Medicines and Medical Instruments	102.9	102.1	105.1
(1)中药	Traditional Chinese Medicine	105.2	104.7	106.2
中 药 材	Traditional Chinese Medicinal Materials	105.0	105.1	104.8
中 成 药	Chinese Patent Medicine	105.2	104,6	107.0
(2)西药	Western Medicine	103.0	101.8	105.7
抗微生物药	Antimicrobial Drugs	100.4	98.8	103.0
消化系统用药	Digest System Drugs	101.8	102.3	100.8
呼吸系统用药	Breathe System Drugs	103.7	104.0	102.9
解热镇痛药	Antipyretic and Analgesic	102.0	102.7	100.5
抗肿瘤药	Antineoplastic Drugs	100.4	101.4	95.6
激素及影响内分泌药	Hormone Drugs	98.9	98.7	99.2
心血管系统用药	Cardiovascular System Drugs	100.2	100.5	99.5
血液系统用药	Blood System Drugs	99.4	99.3	99.7
治疗精神障碍药	Dysphrenia Drugs	120.2	113.5	146.8
神经系统用药	Central Nervous System Drugs	115.7	101.9	144.5
消毒防腐及创伤外科用药	Disinfection and Trauma Drugs	100.5	101.0	99.5
泌尿系统用药	Urinary System Drugs	101.3	100.3	105.6
维生素、矿物质类药	Professional Drugs	100.8	100.8	100.8
调节水、电解质及酸碱平衡药	Adjust Water, Electrolyte and Acid-Base Balance Drugs	101.5	104.0	94.3
(3)滋补保健品	Health Products	99.6	99.4	101.5
滋补保健品	Health Products	99.6	99.4	101.5
(4)医疗卫生器具	Medical Treatment and Public Health Appliances	100.4	100.5	100.0
医疗卫生器具	Medical Treatment and Public Health Appliances	100.4	100.5	100.0
(5)保健器具	Health Care Appliances	99.9	99.9	100.0
保健器具	Health Care Appliances	99.9	99.9	100.0
2.医疗服务	Health Care Services	105.2	106.3	102.9
(1)综合医疗类	Integrative Medical Treatment	112.6	115.3	105.8
一般医疗服务	General Health Care Services	115.8	120.1	107.4
一般治疗操作	General Cure Operation	107.5	109.6	100.9
护 理	Nursing	120.2	125.2	112.0
其他综合医疗服务	Other Integrative Medical Treatment	108.0	109.5	100.0
(2)诊断类	Diagnosis	100.5	100.7	100.2
病理学诊断	Pathology Diagnosis	99.9	100.0	99.7

3-8 续表 8 continued

(以上年价格为100) (preceding year=100)

项目名称	Item	全 区 General	城 市 Urban Household	农 村 Rural Household
实验室诊断	Laboratory Diagnosis	100.1	100.2	100.0
影像学诊断	Imaging Diagnosis	101.0	101.4	100.4
临床诊断	Clinic Diagnosis	100.3	100.4	100.0
(3)治疗类	Cure	104.6	104.3	105.1
临床手术治疗	Clinic Operative Treatment	107.5	108.6	104.8
临床非手术治疗	Clinic Non-Operative Treatment	102.3	100.3	105.3
(4)康复类	Recovery	100.0	100.0	100.0
康复医疗	Recovery Medical Treatment	100.0	100.0	100.0
(5)中医医疗服务类	Traditional Chinese Medicine Services	103.0	103.8	100.0
中医治疗	Traditional Chinese Medicine	103.0	103.8	100.0
(6)其他医疗服务	Other Health Care Services	100.3	100.7	100.0
其他医疗服务	Other Health Care Services	100.3	100.7	100.0
八、其他用品及服务	Miscellaneous Goods and Services	103.9	102.5	108.1
1.其他用品类	Other Products	104.1	102.7	108.2
(1)首饰手表	Jewelry and Watches	106.4	104.4	112.0
金 饰 品	Gold Jewelry	110.4	108.9	113.4
银 饰 品	Silver Jewelry	104.0	99.9	112.1
铂金饰品	Platinum Jewelry	100.6	99.5	110.4
手 表	Watches	100.8	100.9	100.4
(2)其他杂项用品	Other Products	99.5	99.5	99.3
箱 包	Luggage	98.5	98.2	99.6
母婴用品	Mother and Baby Products	101.8	102.8	98.8
眼 镜	Glasses	98.9	98.8	99.4
2.其他服务类	Other Services	103.7	102.2	108.1
(1)旅馆住宿	Hotel Accommodation	107.0	108.0	99.9
宾馆住宿	Hotel Accommodation	108.1	109.3	99.6
其他住宿	Other Accommodation	105.1	105.6	100.8
(2)美容美发洗浴	Beauty Hairdressing and Bath	102.5	100.7	106.6
美 容	Beauty	100.9	101.2	100.0
美 发	Hairdressing	101.1	100.8	101.7
洗 浴	Bath	108.9	100.0	129.1
(3)养老服务	Endowment Services	99.8	100.0	98.6
养老服务	Endowment Services	99.8	100.0	98.6
(4)金融保险	Finance and Insurance	104.7	101.1	113.2
金融服务	Financial Services	98.1	97.5	100.0
车辆保险	Vehicle Insurance	100.0	100.0	100.0
旅行保险	Travel Insurance	100.0	100.0	100.0
其他保险	Other Insurance	108.4	102.7	118.8
(5)其他服务类	Other Services	100.3	100.5	100.0
中介服务	Intermediary Services	100.7	100.9	100.0
其他服务	Other Services	100.0	100.0	100.0

3-9 2019年城乡商品零售价格分类指数
Retail Price Indices by Category of Commodities (2019)

(以上年价格为100) (preceding year=100)

项目名称	Item	全 区 General	城 市 Urban	农 村 Rural
商品零售价格指数	**Retail Price Index**	**101.1**	**101.2**	**101.1**
一、食品	Food	104.7	104.8	104.2
1.粮食	Grain	100.3	100.3	100.3
大 米	Rice	99.1	98.8	100.7
面 粉	Flour	99.8	99.8	99.6
其他粮食	Others	105.2	105.7	99.9
粮食制品	Cereal Product	101.2	101.1	102.2
2.薯类	Tubers	98.2	97.5	101.6
薯 类	Tubers	98.2	97.5	101.6
3.豆类	Beans	101.3	101.6	96.8
干 豆	Beans	100.6	100.7	99.1
豆 制 品	Bean Products	101.5	101.9	96.1
4.食用油	Edible Oil	100.4	100.7	98.4
食用植物油	Edible Vegetable Oil	98.9	99.0	98.2
食用动物油	Edible Animal Oil	106.4	106.3	120.8
5.菜	Vegetables	102.0	102.4	97.8
鲜 菜	Fresh Vegetables	101.8	102.4	97.8
干菜及菜制品	Dried Vegetables and Processed Products	102.8	102.9	98.0
6.畜肉类	Livestock Meat	117.1	116.9	117.9
猪 肉	Pork	139.3	139.2	139.9
牛 肉	Beef	107.8	107.8	108.0
羊 肉	Mutton	111.0	110.4	114.1
畜肉副产品	Byproducts	113.8	113.7	114.8
其他畜肉及制品	Other Livestock Meat Processed Products	105.8	105.8	105.4
7.禽肉类	Poultry	111.1	111.5	106.9
鸡	Chicken	111.6	111.9	107.7
鸭	Duck	118.7	120.1	102.8
其他禽肉及制品	Other Poultry Meat Processed Products	107.7	107.9	104.1
8.水产品	Aquatic Products	97.5	97.5	97.2
淡 水 鱼	Freshwater Fish	96.3	96.3	96.4
海 水 鱼	Seawater Fish	99.2	99.3	96.0
虾 蟹 类	Shrimp and Crab	99.3	99.1	104.2
其他水产品及制品	Others Aquatic and Processed Products	100.0	100.2	93.7
9.蛋类	Eggs	105.2	105.4	101.1
鸡 蛋	Fresh Egg	103.9	104.1	101.5
其他蛋及制品	Other Egg and Processed Products	111.7	112.0	93.0
10.奶类	Milk	101.4	101.5	100.8
鲜 奶	Fresh Milk	102.7	102.6	103.0
酸 奶	Yoghourt	99.5	99.7	97.7
奶 粉	Milk Powder	101.5	101.6	99.5
其他奶制品	Other Milk Products	101.7	101.7	101.1
11.干鲜瓜果类	Dried and Fresh Melons and Fruits	109.9	110.1	108.5
鲜 瓜 果	Fresh Melons and Fruits	114.6	115.1	110.5
坚 果	Nuts	100.3	100.1	101.8

3-9 续表 1 continued

(以上年价格为100) (preceding year=100)

项目名称	Item	全 区 General	城 市 Urban	农 村 Rural
瓜果制品	Melons and Fruits Products	98.6	98.6	99.4
12.糖果糕点类	Candy and Cake	101.0	101.1	100.0
食 糖	Sugar	98.8	98.6	99.7
糖 果	Candy	101.8	101.9	99.8
糕 点	Cake	101.7	101.8	100.7
其他糖果糕点	Other Candy and Cake	100.5	100.5	99.8
13.调味品	Flavoring	100.7	100.7	101.1
食 用 盐	Salt	100.9	101.1	100.0
酱 油	Soy	98.8	98.8	99.4
食 醋	Vinegar	100.5	100.5	100.0
调 味 酱	Bechamel	102.7	102.8	99.2
味 精	Aginomoto	101.4	101.6	99.8
其他调味品	Others	101.9	99.4	106.8
14.其他食品类	Other Food	101.0	101.0	100.6
方便食品	Convenient Food	98.9	98.8	99.8
淀粉及制品	Starch and Products	100.7	100.8	100.5
膨化食品	Puffed Food	105.5	106.0	102.5
15.在外餐饮	Dining Out	103.0	103.1	101.8
正 餐	Dinner	103.5	103.6	102.3
快 餐	Fast Food	99.7	99.6	102.3
地方小吃	Local Snack	105.1	105.5	100.3
其他在外餐饮	Others	105.2	105.5	101.2
二、饮料、烟酒	Beverages Tobacco and Liquor	101.0	101.1	100.6
1.茶及饮料	Tea and Beverages	103.0	103.1	101.0
茶 叶	Tea	99.4	99.3	100.0
固体咖啡	Solid Coffee	102.5	102.6	97.8
其他固体饮料	Other Solid Beverages	96.3	96.2	99.9
饮 用 水	Potable Water	107.5	107.7	103.2
果汁饮料	Juice Beverage	99.0	99.0	98.4
其他液体饮料	Other Liquid Beverages	108.3	108.5	103.9
2.烟草	Tobacco	100.1	100.1	100.3
烟 草	Tobacco	100.1	100.1	100.3
3.酒类	Liquor	100.2	100.1	100.9
白 酒	Spirit	100.4	100.5	99.2
葡 萄 酒	Wine	98.3	98.3	98.2
啤 酒	Beer	101.6	101.2	105.5
其他酒类	Others	97.7	97.8	94.5
三、服装、鞋帽	Garments, Shoes and Hats	99.8	99.7	101.2
1.服装	Garments	100.9	100.9	101.1
(1)男士服装	Men's	100.4	100.2	102.7
男式西服	Men's Western-style Clothes	98.7	98.2	105.9
男式冬衣	Men's Winter Clothes	102.9	103.8	95.7

3-9 续表 2 continued

(以上年价格为100) (preceding year=100)

项目名称	Item	全 区 General	城 市 Urban	农 村 Rural
男式夹克衫	Men's Jacket	101.4	100.9	104.2
男式毛线衣	Men's Sweater	97.5	97.3	99.6
男式运动装	Men's Sportswear	100.5	100.5	100.1
男式衬衫T恤	Men's Shirt and T-shirt	101.4	101.7	99.0
男式裤子	Men's Trousers	100.5	99.1	110.5
男式内衣	Men's Underclothes	100.6	100.7	100.0
(2)女士服装	Women's	101.4	101.5	100.4
女式外套	Women's Coat	99.8	99.3	104.0
女式冬衣	Women's Winter Clothes	106.7	107.7	97.2
女式毛线衣	Women's Sweater	97.4	97.0	102.8
女式运动装	Women's Sportswear	101.3	101.6	96.4
女式衬衫T恤	Women's Shirt and T-shirt	102.1	102.7	96.3
女式裤子	Women's Trousers	101.1	100.7	104.4
女式裙子	Women's Skirt	99.9	100.5	92.3
女式内衣	Women's Underclothes	102.5	102.0	106.0
(3)儿童服装	Children's	100.0	100.0	99.6
婴幼服装	Infant's Wear	100.9	101.1	99.6
儿童上衣	Children's Coat	100.7	101.2	97.7
儿童裤子	Children's Trousers	101.2	100.6	105.2
儿童裙子	Children's Skirt	96.2	96.3	95.4
2.鞋帽袜	Footgear and Hats	97.5	97.1	101.8
(1)鞋	Shoes	97.1	96.7	102.0
男　　鞋	Shoes of Men	100.8	100.6	102.8
女　　鞋	Shoes of Women	94.4	93.9	101.2
童　　鞋	Shoes of Children	98.6	98.3	102.5
(2)袜子	Socks	100.1	100.1	100.0
袜　　子	Socks	100.1	100.1	100.0
(3)帽子	Hats	98.1	97.8	102.4
帽　　子	Hats	98.1	97.8	102.4
3.其他衣着配件	Other Clothing and Accessories	99.8	99.9	98.7
其他衣着配件	Other Clothing and Accessories	99.8	99.9	98.7
四、纺织品	Textiles	101.6	101.7	101.1
1.服装材料	Clothing Material	102.5	102.6	101.7
服装材料	Clothing Material	102.5	102.6	101.7
2.床上用品	Bed Articles	101.5	101.5	100.9
被　　子	Quilt	100.4	100.4	100.9
床单被套	Bed Sheet and Cover	102.6	102.7	100.6
其他床上用品	Other Bed Articles	100.2	100.0	101.5
五、家用电器及音像器材	Household Appliances, Music and Video Equipment	98.2	98.2	97.7
1.家庭设备	Household Facilities	99.0	99.1	98.5
洗 衣 机	Washing Machine	99.6	99.6	99.3
电冰箱(柜)	Refrigerator	98.4	98.6	96.5
抽油烟机	Ventilator	100.3	100.4	99.0
空 调 器	Air Conditioner	95.9	95.8	99.4

3-9 续表 3 continued

(以上年价格为100) (preceding year=100)

项目名称	Item	全区 General	城市 Urban	农村 Rural
热水器	Water Heater for Shower	99.1	99.0	100.0
炉具灶具	Stove and Oven	100.7	100.7	100.2
微波炉	Microwave Oven	99.5	99.5	98.8
厨房小家电	Kitchen Small Household Appliances	98.8	98.9	98.5
生活小家电	Living Small Household Appliances	100.0	100.1	99.0
其他大型家用器具	Other Big Household Appliances	100.6	100.6	100.0
2.文娱用耐用消费品	Durable Consumer Goods for Cultural and Recreational Use	97.0	97.0	96.5
电视机	TV Set	95.4	95.4	95.8
照相机	Camera	98.0	98.1	96.4
音响	Sound Equipment	96.0	95.9	98.5
其他文娱耐用消费品	Other Durable Consumer Goods	99.5	99.6	98.1
3.专业音像器材	Special Sound and Image Facilities	98.7	98.7	98.9
专业音响器材	Special Sound Facilities	100.5	100.5	100.6
专业声像器材	Special Acoustic Image Facilities	95.5	95.5	94.2
六、文化办公用品	Cultural and Office Appliances	99.3	99.1	101.7
纸张文具	Paper and Stationery	99.6	99.5	100.3
台式计算机	Desktop Computer	98.7	98.5	101.9
笔记本平板	Notebook Tablet	100.5	100.5	100.4
电脑附件	Computer Parts	97.5	96.9	103.3
打印复印机	Print and Copy Machine	98.4	97.7	104.7
教学设备	Teaching Device	99.6	99.7	99.2
七、日用品	Articles for Daily Use	101.4	101.4	101.3
1.日用百货	General Merchandise for Daily Use	101.6	101.9	99.5
电动自行车	Electric Bicycle	104.1	104.4	101.3
自行车	Bicycle	101.5	101.7	99.3
雨具	Rain Gear	98.0	97.9	99.7
护理器具	Nursing Appliances	100.2	101.1	94.7
清洁用纸	Hygiene Paper	101.2	101.8	99.2
化妆器具	Make-up Appliances	100.1	100.1	100.0
2.厨具餐具茶具	Kitchen Utensils and Tableware	99.4	99.3	100.3
厨具	Kitchen Ware	100.4	100.4	100.5
餐具	Tableware	100.1	100.1	99.9
茶具	Tea Set	96.7	96.4	100.3
3.清洗用品	Cleaning Supplies	104.2	104.0	105.8
清洗用品	Cleaning Supplies	104.2	104.0	105.8
4.其他日用品	Other Articles for Daily Use	99.5	99.5	99.7
灯具	Lamp	100.0	100.0	100.0
箱包	Luggage	98.2	98.2	99.7
母婴用品	Mother and Baby Products	102.5	102.7	99.3
眼镜	Glasses	98.0	97.9	99.4
其他护理用品	Nursing Materials	99.5	99.6	99.1
其他日用杂品	Other Articles for Daily Use	99.6	99.5	99.8
八、体育娱乐用品	Sports and Recreation Articles	99.7	99.8	99.6
1.体育户外用品	Sports and Outdoor Articles	100.5	100.6	99.9
体育户外用品	Sports and Outdoor Articles	100.5	100.6	99.9

3-9 续表 4 continued

(以上年价格为100) (preceding year=100)

项目名称	Item	全 区 General	城 市 Urban	农 村 Rural
2.娱乐用品	Recreational Goods	99.3	99.2	99.5
乐 器	Musical Instrument	101.3	101.6	98.1
游戏用品和玩具	Games Supplies and Toys	101.3	101.4	99.6
园艺花卉及用品	Horticulture and Flower Articles	95.1	94.8	101.0
宠物及用品	Pet Articles	100.1	100.1	100.3
其他文化娱乐用品	Other Goods for Cultural and Recreational Use	99.3	99.2	99.9
九、交通、通信用品	Transport and Communications Articles	97.4	97.6	95.1
1.交通运输机械	Transport Machinery	97.8	98.0	96.5
小型汽车	Car	95.7	95.7	95.7
大中型客车	Large and Middle-Size Coach	101.3	101.3	100.9
交通工具零配件	Transport Parts	99.1	99.5	95.6
2.通信器材	Communication Tools	96.6	97.0	92.2
固定电话机	Telephone	101.0	101.0	102.9
移动电话机	Mobile Telephone	94.5	95.0	90.0
其他通信器材	Other Communication Tools	99.2	99.0	104.7
十、家具	Furniture	100.5	100.7	95.7
柜	Cupboard	99.8	100.1	93.7
床	Bed	100.5	100.7	95.0
桌	Desk	99.8	100.1	95.8
椅	Chair	101.2	101.3	99.3
沙 发	Sofa	101.3	101.7	96.2
其他家具	Others	100.9	101.1	96.6
十一、化妆品	Cosmetics	100.3	100.6	95.7
清洁化妆品	Cleansing Cosmetics	100.3	100.9	93.3
护肤化妆品	Skin-Care Cosmetics	100.1	100.6	93.0
彩妆化妆品	Make-Up Cosmetics	100.3	100.6	97.2
清洁类护理用品	Nursing Materials	99.8	99.8	100.0
护发美发用品	Hair Care Products	101.2	101.2	100.7
十二、金银饰品	Gold and Silver Jewelry	105.2	104.8	112.7
金 饰 品	Gold Jewelry	108.9	108.5	113.5
银 饰 品	Silver Jewelry	100.7	99.9	112.4
铂金饰品	Platinum Jewelry	99.6	99.5	106.8
十三、中西药品及医疗保健用品	Traditional Chinese and Western Medicines, Health Care Articles	102.5	102.3	103.7
1.医疗卫生器具	Medical Treatment and Public Health Appliances	100.5	100.5	100.0
医疗卫生器具	Medical Treatment and Public Health Appliances	100.5	100.5	100.0
2.中药	Traditional Chinese Medicine	104.8	104.6	106.9
中 药 材	Traditional Chinese Medicinal Materials	105.0	105.1	104.1
中 成 药	Chinese Patent Medicine	104.7	104.1	108.3
3.西药	Western Medicine	102.0	101.8	103.1
抗微生物药	Antimicrobial Drugs	99.4	99.2	100.1
消化系统用药	Digest System Drugs	102.3	102.5	101.6
呼吸系统用药	Breathe System Drugs	103.1	103.5	100.0
解热镇痛药	Antipyretic and Analgesic	102.4	102.7	101.0
抗肿瘤药	Antineoplastic Drugs	100.8	101.1	94.6

3-9 续表 5 continued

(以上年价格为100) (preceding year=100)

项目名称	Item	全 区 General	城 市 Urban	农 村 Rural
激素及影响内分泌药	Hormone Drugs	98.7	98.6	99.2
心血管系统用药	Cardiovascular System Drugs	100.7	100.9	99.3
血液系统用药	Blood System Drugs	99.3	99.3	99.4
治疗精神障碍药	Dysphrenia Drugs	113.7	112.1	132.6
神经系统用药	Central Nervous System Drugs	104.8	102.1	125.8
消毒防腐及创伤外科用药	Disinfection and Trauma Drugs	100.7	101.1	97.9
泌尿系统用药	Urinary System Drugs	100.8	100.4	108.0
维生素、矿物质类药	Professional Drugs	101.8	101.9	101.1
调节水、电解质及酸碱平衡药	Adjust Water, Electrolyte and Acid-Base Balance Drugs	102.6	103.8	92.5
4.保健器具及用品	Health Care Appliances and Products	100.0	99.9	101.3
保健器具	Health Care Appliances	100.0	99.9	100.0
滋补保健品	Health Products	100.0	99.9	101.6
十四、书报杂志及电子出版物	Book, Newspapers, Magazines and Electronic Publications	104.0	104.2	101.2
1.教材及参考书	Teaching Materials and Reference Books	102.4	102.5	101.2
工 具 书	Reference Books	101.0	101.1	100.0
教 材	Teaching Materials	100.7	100.6	101.7
参考资料	Reference Books	104.9	105.2	101.6
其他教育用品	Other Education Articles	98.5	98.0	100.3
2.书报杂志	Newspapers and Magazines	105.4	105.6	100.9
书报杂志	Newspapers and Magazines	105.4	105.6	100.9
3.计算机办公软件	Computer Software	101.8	101.8	102.2
计算机办公软件	Computer Software	101.8	101.8	102.2
十五、燃料	Fuels	97.7	97.6	98.6
1.煤炭及制品	Coal and Related Products	102.6	102.4	103.0
原 煤	Coal	101.5	100.5	102.9
煤 制 品	Related Products	103.6	103.5	103.7
2.石油及制品	Oil and Products	96.8	96.9	96.2
管道燃气	Pipeline Fuel Gas	104.2	104.2	103.7
液化石油气	Liquefied Petroleum Gas	100.7	100.6	102.7
汽 油	Gasoline	94.0	94.0	94.0
柴 油	Diesel Oil	93.6	93.7	93.1
十六、建筑材料及五金电料	Building Materials and Hardware	100.7	100.7	100.5
1.建筑装潢材料	Building Decoration Materials	100.8	100.9	100.3
木 地 板	Wooden Floor	102.2	102.3	100.0
瓷 砖	Brick	99.8	99.5	101.1
水 泥	Cement	101.9	102.4	100.5
涂 料	Dope	100.4	100.5	100.0
板 材	Veneer	99.3	99.3	99.2
管 材	Tubular Product	99.8	99.8	99.6
厨卫设备	Kitchen Equipment	101.7	101.8	100.0
门 窗	Doors and Windows	101.3	101.4	100.7
其他住房装潢材料	Other Building Decoration Materials	100.5	100.6	100.3
2.五金水暖	Water and Heating Hardware	100.1	100.0	101.6
家用手工工具	Household Hand Tools	100.1	99.8	104.6
配电附件	Electricity Distribution Accessory	99.6	99.6	100.5
水暖器材	Heating Equipment	100.5	100.4	101.0

3-10 2019年全区农业生产资料价格分类指数

Price Indices for Means of Agricultural Production by Category (2019)

项目名称	Item	上年同期=100	2015年=100
农业生产资料价格指数	**General Index**	**104.0**	**113.4**
一、农用手工工具	Farm Handtools	100.9	112.6
农用手工工具	Farm Handtools	100.9	112.6
二、饲料	Forage	95.6	97.9
混合饲料	Mix Forage	101.7	100.5
其他饲料	Others	90.1	95.5
三、仔畜幼禽及产品畜	Young Poult, Livestock and Commodity Animals	122.8	167.9
仔　畜	Young Livestock	149.5	186.2
幼　禽	Young Poult	127.9	149.7
产 品 畜	Commodity Livestock	112.2	165.7
四、半机械化农具	Semi-mechanized Farm Tools	101.6	110.5
半机械化农具	Semi-mechanized Farm Tools	101.6	110.5
五、机械化农具	Mechanized Farm Machinery	100.1	101.3
机械化农具	Mechanized Farm Machinery	100.1	101.3
六、化学肥料	Chemical Fertilizer	105.8	110.4
氮　肥	Nitrogenous Fertilizer	104.2	112.5
磷　肥	Phosphatic Fertilizer	105.5	104.4
钾　肥	Potassic Fertilizer	103.6	102.6
复合肥料	Compound Fertilizer	108.7	110.7
七、农药及农药器械	Pesticide and Its Appliances	101.8	102.3
1.化学农药	Chemistry Pesticide	102.0	102.2
杀 虫 剂	Insecticide	103.5	109.9
杀 菌 剂	Germicide	102.1	102.1
除 草 剂	Herbicide	100.4	93.1
生长调节剂	Growth Regulator	100.0	100.0
2.农药器械	Pesticide Appliances	100.0	103.5
农药器械	Pesticide Appliances	100.0	103.5
八、农机用油	Oil for Farm Machinery	94.7	118.4
农用柴油	Agricultural Diesel Oil	94.0	121.0
润 滑 油	Lube	100.0	100.8
九、其他农用生产资料	Other Means of Agricultural Production	101.6	99.9
农用种子	Farm Seed	101.3	97.6
农用薄膜	Farm Film	101.7	105.9
未列名的其他农用生产资料	Others	103.1	104.1
十、农业生产服务	Service for Agricultural Product	101.1	102.7
排 灌 费	Drain and Irrigate Fees	101.7	102.3
机械作业费	Machinery Operating Cost	101.0	104.5
农业用电	Agricultural Electricity	100.2	100.7
农业用工	Agricultural Labor	100.0	99.6

3-11　2019年全区各月居民消费价格指数
Monthly Consumer Price Indices (2019)

(以上年同月价格为100)　　(the same month of preceding year=100)

月份 Month	居民消费价格总指数 Consumer Price Indices	食品烟酒 Food, Tobacco and Liquor	衣着 Clothing	居住 Residence	生活用品及服务 Household Facilities, Articles and Services	交通通信 Transport and Communi-cations	教育文化娱乐 Education, Cultural and Recreation	医疗保健 Health Care and Medical Services	其他用品及服务 Miscella-neous Goods and Services
一　月 Jan.	102.1	102.1	104.0	102.6	101.3	99.2	101.1	104.2	102.3
二　月 Feb.	102.0	102.0	104.0	102.7	100.6	100.0	100.4	104.3	101.4
三　月 Mar.	102.5	105.1	101.4	101.8	100.2	99.8	99.5	104.3	102.0
四　月 Apr.	102.0	104.7	99.9	101.5	100.0	98.6	99.6	104.4	102.4
五　月 May	102.0	105.2	99.4	101.1	99.9	97.9	100.1	104.5	102.7
六　月 June	102.1	105.4	100.1	100.9	99.9	97.6	100.2	104.5	104.0
七　月 July	101.9	105.4	99.5	100.9	99.7	97.2	99.4	104.4	105.3
八　月 Aug.	101.4	103.7	99.1	100.4	99.7	97.3	99.5	104.2	106.5
九　月 Sept.	101.3	103.0	99.8	100.0	99.2	97.1	100.7	104.2	108.5
十　月 Oct.	101.8	105.1	99.8	99.6	99.8	97.0	101.0	103.7	104.9
十一月 Nov.	102.8	108.1	99.5	100.8	99.5	97.2	101.2	103.8	103.6
十二月 Dec.	102.8	108.4	99.0	100.3	99.8	98.5	101.2	102.0	102.9

3-12 2019年全区各月商品零售及农业生产资料价格指数
Monthly Price Indices for Retail and Agricultural Production (2019)

(以上年同月价格为100) (the same month of preceding year=100)

月份	Month	商品零售价格总指数 Retail Price Indices	食品 Food	饮料、烟酒 Beverages, Tobacco, Liquor	服装、鞋帽 Garments, Shoes and Hats	纺织品 Textiles	家用电器及音像器材 Household Appliances, Music and Video Equipment	文化办公用品 Cultural and Office Appliances	日用品 Articles for Daily Use	体育娱乐用品 Sports and Recreation Articles
一 月	Jan.	101.5	102.1	101.7	103.4	104.2	100.0	100.0	100.5	101.1
二 月	Feb.	101.5	101.9	102.3	103.4	104.2	98.9	100.3	100.6	99.0
三 月	Mar.	102.2	105.1	102.2	100.5	103.8	99.1	100.6	100.4	100.5
四 月	Apr.	101.4	104.4	100.8	99.0	100.9	98.5	99.5	100.6	100.2
五 月	May	101.3	105.3	100.3	98.8	101.1	98.6	99.1	101.7	100.2
六 月	June	101.1	105.9	100.0	99.4	101.0	98.1	98.5	102.1	99.9
七 月	July	100.8	106.0	100.0	98.9	100.8	97.9	98.5	101.7	99.6
八 月	Aug.	100.3	103.6	100.8	98.7	100.8	97.8	97.6	102.1	99.2
九 月	Sept.	100.1	102.6	101.3	99.2	100.8	97.5	97.6	101.3	99.2
十 月	Oct.	100.4	104.4	101.1	99.0	100.7	97.6	100.1	101.7	99.1
十一月	Nov.	101.3	107.7	101.1	98.8	100.7	97.5	99.7	101.6	99.1
十二月	Dec.	101.9	107.9	101.1	98.5	100.8	97.0	99.9	101.9	99.7

3-12 续表 continued

(以上年同月价格为100) (the same month of preceding year=100)

月份	Month	交通、通信用品 Transport and Communications Articles	家具 Furniture	化妆品 Cosmetics	金银饰品 Gold and Silver Jewelry	中西药品及医疗保健用品 Traditional Chinese and Western Medicines and Health Care Articles	书报杂志及电子出版物 Books, Newspapers, Magazines and Electronic Publications	燃料 Fuels	建筑材料及五金电料 Building Materials and Hardware	农业生产资料价格指数 Agricultural Production Price Index
一 月	Jan.	100.2	101.0	100.6	98.5	103.0	107.4	98.8	102.6	103.9
二 月	Feb.	100.8	101.0	100.0	95.9	103.0	107.4	100.6	102.1	102.8
三 月	Mar.	99.1	101.0	99.0	98.6	102.8	106.1	104.3	100.7	104.7
四 月	Apr.	97.7	101.1	100.4	99.3	102.9	106.1	102.6	100.0	105.1
五 月	May	96.0	100.6	100.6	99.1	102.8	106.2	101.6	99.9	104.2
六 月	June	96.2	100.4	100.8	102.0	102.8	105.9	97.4	100.1	102.7
七 月	July	95.7	100.1	100.5	106.7	102.6	103.0	95.2	100.5	102.2
八 月	Aug.	96.2	100.0	100.5	112.2	102.1	101.9	94.4	100.4	103.2
九 月	Sept.	96.9	100.1	100.2	117.6	102.0	101.1	93.1	100.5	105.0
十 月	Oct.	97.0	100.2	100.8	114.5	101.7	101.1	91.0	100.6	104.3
十一月	Nov.	96.6	100.0	100.0	109.8	102.0	101.1	94.0	100.4	105.3
十二月	Dec.	96.3	100.0	100.1	109.3	102.1	101.0	100.8	100.0	104.5

3-13 2019年调查市县居民消费价格指数

Consumer Price Indices by City and County (2019)

(以上年价格为100) (preceding year =100)

分类名称	Item	银川市辖区 Yinchuan	石嘴山市辖区 Shizuishan	利通区 Litong	原州区 Yuanzhou	沙坡头区 Shapotou	平罗县 Pingluo	海原县 Haiyuan
居民消费价格总指数	**Consumer Price Index**	**102.2**	**102.2**	**101.4**	**102.0**	**101.3**	**102.1**	**102.1**
消费品价格指数	**Consumer Goods Price Index**	**102.5**	**102.7**	**101.5**	**102.5**	**101.7**	**102.3**	**102.3**
一、食品烟酒	Food, Tobacco and Liquor	105.2	105.1	104.2	105.0	104.5	104.3	104.0
1.食品	Food	106.5	106.1	105.9	106.5	105.8	105.3	104.5
(1)粮食	Grain	101.4	100.5	100.7	100.2	97.8	100.5	100.2
大　米	Rice	98.4	100.1	99.7	100.0	97.2	101.0	100.4
面　粉	Flour	100.0	99.7	100.0	99.9	98.7	99.2	100.0
其他粮食	Other Grain	107.9	104.1	105.7	100.6	100.0	99.9	100.0
粮食制品	Cereal Product	102.3	100.0	101.1	100.5	96.8	102.6	100.0
(2)薯类	Tubers	95.2	97.1	98.4	103.5	104.6	99.8	105.4
薯　类	Tubers	95.2	97.1	98.4	103.5	104.6	99.8	105.4
(3)豆类	Beans	104.4	96.0	103.0	99.2	99.7	95.2	99.9
干　豆	Beans	100.9	99.6	101.2	92.8	97.0	99.1	99.4
豆 制 品	Bean Products	104.5	95.9	103.3	100.0	100.0	94.6	100.0
(4)食用油	Edible Oil	99.3	100.1	95.2	101.3	98.3	97.5	100.0
食用植物油	Edible Vegetable Oil	98.9	100.1	95.2	101.2	98.1	97.4	100.0
食用动物油	Edible Animal Oil	106.8	101.3	103.1	110.3	104.9	122.1	100.0
(5)菜	Vegetables	103.5	100.5	101.2	102.3	100.7	98.1	96.8
鲜　菜	Fresh Vegetables	103.5	100.4	101.3	102.4	100.7	98.1	96.8
干菜及菜制品	Dried Vegetables and Processed Products	103.4	101.8	98.6	100.1	100.3	98.5	96.4
(6)畜肉类	Livestock Meat	114.7	119.0	115.9	117.1	118.5	119.5	114.2
猪　肉	Pork	138.1	138.9	143.3	141.2	141.6	140.1	138.6
牛　肉	Beef	107.5	109.7	108.6	106.5	105.3	109.7	106.0
羊　肉	Mutton	104.7	113.2	112.5	112.0	112.9	113.1	116.3
畜肉副产品	Byproducts	113.9	112.7	115.5	124.3	108.8	113.1	121.7
其他畜肉及制品	Other Livestock Meat Processed Products	104.6	106.9	106.4	108.3	106.9	104.6	106.8
(7)禽肉类	Poultry	112.4	107.1	110.1	108.0	112.1	105.3	112.3
鸡	Chicken	114.3	106.0	110.3	107.9	113.6	105.6	114.8
鸭	Duck	124.4	106.3	106.3	95.5	104.6	102.8	100.0
其他禽肉及制品	Other Poultry Meat Processed Products	107.3	110.1	109.0	108.6	106.8	103.5	104.8
(8)水产品	Aquatic Products	98.6	97.5	92.7	95.1	98.5	97.1	97.3
淡 水 鱼	Freshwater Fish	97.1	95.8	92.2	93.2	97.4	96.4	95.9
海 水 鱼	Seawater Fish	100.0	100.3	90.8	98.7	100.7	95.2	100.1
虾 蟹 类	Shrimp and Crab	99.3	102.2	93.8	96.6	97.7	104.7	100.0
其他水产品及制品	Others Aquatic and Processed Products	100.5	98.4	99.2	100.7	102.3	91.8	100.0
(9)蛋类	Eggs	104.6	102.6	105.6	107.0	103.6	100.4	103.3
鸡　蛋	Fresh Egg	104.0	102.4	105.6	107.1	103.6	100.7	103.4
其他蛋及制品	Other Egg and Processed Products	112.6	107.8	105.6	104.1	104.9	92.0	100.0
(10)奶类	Milk	101.8	101.8	101.5	101.2	100.2	100.6	101.6
鲜　奶	Fresh Milk	103.1	102.6	100.8	102.7	100.7	102.7	103.7
酸　奶	Yoghourt	99.6	99.5	99.2	99.3	101.6	96.9	100.0
奶　粉	Milk Powder	101.7	102.1	104.9	99.6	98.2	99.1	100.0
其他奶制品	Other Milk Products	101.4	102.9	102.5	102.6	100.0	101.6	100.0

3-13 续表 1 continued

(以上年价格为100) (preceding year =100)

分类名称	Item	银川市辖区 Yinchuan	石嘴山市辖区 Shizuishan	利通区 Litong	原州区 Yuanzhou	沙坡头区 Shapotou	平罗县 Pingluo	海原县 Haiyuan
(11)干鲜瓜果类	Dried and Fresh Melons and Fruits	112.6	107.7	105.4	109.0	108.6	109.1	107.4
鲜瓜果	Fresh Melons and Fruits	120.2	109.6	105.8	112.0	110.8	111.1	109.3
坚果	Nuts	98.4	101.3	105.6	102.6	100.1	102.5	100.0
瓜果制品	Melons and Fruits Products	98.2	103.1	100.5	93.8	100.0	99.1	100.0
(12)糖果糕点类	Candy and Cake	101.9	103.4	97.6	101.7	97.9	100.1	100.0
食糖	Sugar	98.8	99.3	97.9	98.4	95.7	99.7	100.0
糖果	Candy	101.4	104.1	104.9	100.5	100.4	99.6	100.0
糕点	Cake	102.7	104.4	95.0	103.4	98.1	101.0	100.0
其他糖果糕点	Other Candy and Cake	101.1	100.0	100.4	100.0	96.4	99.7	100.0
(13)调味品	Flavoring	99.7	101.8	100.3	101.5	101.7	101.0	102.9
食用盐	Salt	102.5	100.0	100.0	100.0	100.0	100.0	100.0
酱油	Soy	97.9	101.1	102.0	101.6	101.0	99.2	100.0
食醋	Vinegar	100.3	101.5	100.0	101.8	100.0	100.0	100.0
调味酱	Bechamel	103.5	100.0	98.6	100.0	101.0	99.0	100.0
味精	Aginomoto	100.9	105.7	100.0	100.6	99.3	99.7	100.0
其他调味品	Others	96.3	106.7	100.0	104.9	105.3	104.3	109.8
(14)其他食品类	Other Food	102.2	100.8	101.6	103.0	99.2	99.8	101.8
方便食品	Convenient Food	98.3	100.1	100.0	100.4	96.8	99.7	100.0
淀粉及制品	Starch and Products	101.4	100.0	98.1	111.1	99.1	100.8	100.0
膨化食品	Puffed Food	109.2	102.3	105.7	100.3	103.7	98.8	105.3
2.茶及饮料	Tea and Beverages	103.6	103.4	99.2	100.4	101.9	100.9	100.3
茶叶	Tea	98.3	104.2	99.0	102.4	101.7	100.0	100.0
固体咖啡	Solid Coffee	104.3	101.2	101.7	99.7	100.7	96.2	100.0
其他固体饮料	Other Solid Beverages	95.3	100.3	94.7	96.6	97.9	99.9	100.0
饮用水	Potable Water	114.2	100.0	103.8	96.3	97.6	103.9	100.0
果汁饮料	Juice Beverage	99.0	101.8	95.3	100.2	102.7	96.7	104.1
其他液体饮料	Other Liquid Beverages	109.7	107.1	99.3	104.2	104.6	106.6	100.0
3.烟酒	Tobacco and Liquor	99.5	101.6	100.8	101.5	100.5	100.5	100.6
(1)烟草	Tobacco	100.0	100.5	100.0	100.0	100.0	100.4	100.0
烟草	Tobacco	100.0	100.5	100.0	100.0	100.0	100.4	100.0
(2)酒类	Liquor	98.3	104.1	103.7	104.9	101.6	101.0	102.5
白酒	Spirit	97.1	105.6	105.2	102.5	105.2	99.0	100.0
葡萄酒	Wine	97.3	101.1	97.4	122.6	100.4	98.0	100.0
啤酒	Beer	102.7	98.3	99.3	106.0	91.5	105.2	106.3
其他酒类	Others	96.7	103.1	113.5	99.1	108.8	93.1	100.0
4.在外餐饮	Dining Out	104.1	103.9	100.9	102.3	102.6	101.6	103.5
正餐	Dinner	104.8	103.7	99.6	100.3	101.4	102.1	103.0
快餐	Fast Food	98.0	101.3	100.1	104.6	105.2	101.5	104.5
地方小吃	Local Snack	104.0	110.5	107.2	105.5	105.5	100.4	100.0
其他在外餐饮	Others	107.2	100.0	100.0	100.3	100.0	100.0	112.5

3-13 续表 2 continued

(以上年价格为100) (preceding year =100)

分类名称	Item	银川市辖区 Yinchuan	石嘴山市辖区 Shizuishan	利通区 Litong	原州区 Yuanzhou	沙坡头区 Shapotou	平罗县 Pingluo	海原县 Haiyuan
二、衣着	Clothing	100.3	100.7	99.0	101.3	100.4	101.9	99.9
1.服装	Garments	101.5	101.2	99.4	101.4	101.1	101.7	99.5
(1)男式服装	Men's	101.1	100.8	98.8	101.7	97.8	104.4	98.8
男式西服	Men's Western-style Clothes	97.1	101.2	99.1	98.8	101.6	108.1	100.2
男式冬衣	Men's Winter Clothes	110.4	97.9	100.3	103.7	95.0	98.3	91.1
男式夹克衫	Men's Jacket	100.1	103.7	102.1	103.2	95.4	104.2	104.1
男式毛线衣	Men's Sweater	96.8	101.3	95.0	99.4	99.5	97.6	102.6
男式运动装	Men's Sportswear	100.6	99.9	102.9	103.0	95.7	98.5	103.6
男式衬衫T恤	Men's Shirt and T-shirt	102.1	99.3	99.1	100.8	108.7	99.9	96.2
男式裤子	Men's Trousers	101.2	100.6	90.0	100.9	91.7	114.0	96.3
男式内衣	Men's Underclothes	99.5	103.7	102.6	104.2	98.5	99.3	101.3
(2)女式服装	Women's	102.2	101.6	99.1	101.5	103.3	100.3	100.2
女式外套	Women's Coat	94.1	100.7	103.2	104.0	104.3	104.1	103.5
女式冬衣	Women's Winter Clothes	115.0	102.1	97.6	101.5	101.1	95.4	101.9
女式毛线衣	Women's Sweater	96.8	100.3	97.7	94.5	95.8	103.9	100.8
女式运动装	Women's Sportswear	102.4	102.1	99.3	95.7	101.2	94.7	104.2
女式衬衫T恤	Women's Shirt and T-shirt	101.0	102.1	102.3	103.9	126.3	96.9	93.5
女式裤子	Women's Trousers	102.7	99.4	88.8	104.6	103.4	108.4	98.4
女式裙子	Women's Skirt	99.9	102.2	96.3	101.2	102.8	90.9	96.3
女式内衣	Women's Underclothes	101.1	104.1	105.8	100.5	97.2	107.6	102.8
(3)儿童服装	Children's	98.5	100.2	104.2	99.7	103.1	99.9	99.3
婴幼服装	Infant's Wear	98.4	100.9	104.5	120.6	99.4	97.7	102.2
儿童上衣	Children's Coat	101.4	99.2	107.0	95.8	103.4	98.3	96.6
儿童裤子	Children's Trousers	98.1	100.5	104.6	100.2	103.7	104.0	108.6
儿童裙子	Children's Skirt	94.1	101.3	97.7	97.8	104.5	98.8	90.8
2.服装材料	Clothing Material	102.3	102.7	104.9	100.0	101.0	100.0	105.3
服装材料	Clothing Material	102.3	102.7	104.9	100.0	101.0	100.0	105.3
3.其他衣着及配件	Other Clothing and Accessories	99.3	103.0	100.1	100.1	97.2	100.7	100.4
袜　子	Socks	100.0	103.7	100.6	98.4	99.1	100.0	100.0
帽　子	Hats	97.4	105.2	99.2	102.1	93.9	103.2	100.0
其他衣着配件	Other Clothing and Accessories	100.0	100.9	99.7	100.0	97.6	98.5	101.8
4.衣着加工服务费	Service Fee for Dressing	100.0	99.8	106.1	100.0	104.2	103.8	100.0
衣着洗涤保养	Washing and Maintenance for Dressing	100.0	100.0	101.7	100.0	100.3	100.5	100.0
衣着加工	Processing for Dressing	100.0	99.3	112.2	100.0	111.9	107.0	100.0
5.鞋类	Shoes	96.4	98.7	97.1	101.1	98.7	102.5	100.7
(1)鞋	Shoes	96.4	98.7	97.0	101.1	98.6	102.5	100.7
男　鞋	Shoes of Men	100.3	99.0	105.8	100.9	98.6	103.3	101.3
女　鞋	Shoes of Women	92.6	98.5	89.5	102.2	99.2	101.6	100.4
童　鞋	Shoes of Children	98.0	99.0	100.4	99.2	95.6	103.0	100.5
(2)鞋类加工服务	Shoes Processing Services	100.0	100.0	100.9	100.0	100.7	103.0	100.0
鞋类加工服务	Shoes Processing Services	100.0	100.0	100.9	100.0	100.7	103.0	100.0

3-13 续表 3 continued

(以上年价格为100) (preceding year =100)

分类名称	Item	银川市辖区 Yinchuan	石嘴山市辖区 Shizuishan	利通区 Litong	原州区 Yuanzhou	沙坡头区 Shapotou	平罗县 Pingluo	海原县 Haiyuan
三、居住	Residence	101.6	99.7	98.3	100.1	99.8	100.9	101.7
1.租赁房房租	Renting	102.0	95.5	93.3	101.8	98.2	95.8	103.0
公房房租	Public Rent	100.0	87.9	100.0	100.0	100.0	100.0	100.0
私房房租	Private Rent	102.4	96.3	92.7	102.1	97.4	95.5	103.3
2.住房保养维修及管理	Housing Maintenance and Management	102.8	104.2	99.7	100.4	98.1	100.0	99.8
(1)住房装潢材料	Building Decoration Materials	101.1	103.0	99.4	100.3	97.1	100.0	100.7
木地板	Wooden Floor	101.2	105.2	104.5	99.3	101.8	100.0	100.0
瓷砖	Brick	100.0	100.0	99.0	99.6	96.1	101.7	99.7
水泥	Cement	104.7	105.0	89.8	101.8	100.0	100.7	99.4
涂料	Dope	100.8	100.6	100.0	99.7	99.0	100.0	100.0
板材	Veneer	100.4	100.0	94.5	99.2	96.7	96.3	107.7
管材	Tubular Product	97.9	102.7	102.7	103.1	100.9	99.2	100.0
厨卫设备	Kitchen Equipment	100.5	108.6	100.5	102.9	99.6	100.0	100.0
门窗	Doors and Windows	103.4	100.0	100.3	100.7	97.2	100.8	100.5
其他住房装潢材料	Other Building Decoration Materials	100.5	104.6	99.7	99.1	91.9	100.3	100.5
(2)物业管理费	Estate Management Fees	100.0	100.0	100.0	100.0	100.0	100.0	100.0
物业管理费	Estate Management Fees	100.0	100.0	100.0	100.0	100.0	100.0	100.0
(3)住房装潢维修	Housing Decoration and Maintenance	108.9	108.5	100.0	100.8	100.0	100.0	98.3
装潢维修费	Fees of Decoration and Maintenance	110.2	110.6	100.0	101.0	100.0	100.0	97.8
其他住房费用	Other Housing Fees	100.0	100.0	100.0	100.0	100.0	100.0	100.0
3.水电燃料	Water, Electricity and Fuels	103.7	100.8	101.0	98.7	101.9	104.4	100.6
(1)水	Water	106.3	99.4	105.5	100.0	100.0	122.5	100.0
水	Water	106.3	99.4	105.5	100.0	100.0	122.5	100.0
(2)电	Electricity	100.0	101.2	100.0	100.0	100.2	100.0	100.4
电	Electricity	100.0	101.2	100.0	100.0	100.2	100.0	100.4
(3)燃气	Fuel Gas	103.4	103.4	103.0	100.1	106.1	103.5	100.1
管道燃气	Pipeline Fuel Gas	104.3	103.9	104.2	100.6	105.4	103.7	104.2
液化石油气	Liquefied Petroleum Gas	100.0	100.0	100.0	100.0	109.1	103.3	100.0
(4)取暖费	Heating Fees	104.8	100.0	100.0	100.0	100.0	100.0	100.0
取暖费	Heating Fees	104.8	100.0	100.0	100.0	100.0	100.0	100.0
(5)其他燃料	Other Fuels	102.4	102.0	100.5	91.5	105.3	105.4	101.3
其他燃料	Other Fuels	102.4	102.0	100.5	91.5	105.3	105.4	101.3
4.自有住房	Private Housing	99.3	97.5	96.1	100.7	98.7	98.8	103.9
自有住房	Private Housing	99.3	97.5	96.1	100.7	98.7	98.8	103.9
四、生活用品及服务	Household Facilities, Articles and Services	100.2	101.1	100.2	101.8	99.6	97.5	100.0
1.家具及室内装饰品	Furniture and Interior Decorations	101.3	101.5	100.5	99.5	97.8	94.8	98.8
(1)家具	Furniture	101.5	101.3	100.5	99.6	97.7	94.1	98.4
柜	Cupboard	99.8	100.9	100.7	100.2	98.8	91.0	98.4
床	Bed	102.1	100.5	100.0	100.0	95.8	93.2	98.1
桌	Desk	100.4	100.0	100.0	99.6	97.3	94.7	98.4
椅	Chair	100.4	106.8	100.0	99.7	100.0	100.0	97.8
沙发	Sofa	103.6	101.8	101.2	99.0	98.1	94.2	99.6
其他家具	Others	102.1	100.5	100.6	98.9	98.5	96.9	96.3

3-13 续表 4 continued

(以上年价格为100) (preceding year =100)

分类名称	Item	银川市辖区 Yinchuan	石嘴山市辖区 Shizuishan	利通区 Litong	原州区 Yuanzhou	沙坡头区 Shapotou	平罗县 Pingluo	海原县 Haiyuan
(2)室内装饰品	Interior Decorations	99.8	102.8	99.8	99.1	99.5	100.0	100.3
灯　　具	Lamp	100.0	100.2	99.9	100.0	100.0	100.0	100.0
其他室内装饰品	Other Interior Decorations	99.0	107.9	99.5	96.5	97.2	100.0	100.8
2.家用器具	Household Appliances	99.1	99.7	99.6	99.0	97.1	97.9	100.5
(1)大型家用器具	Big Household Appliances	99.0	99.7	99.6	99.2	97.0	98.1	100.2
洗 衣 机	Washing Machine	100.2	99.9	98.7	99.6	96.1	99.0	100.1
电冰箱(柜)	Refrigerator	98.4	99.7	99.2	100.5	96.0	95.1	101.1
抽油烟机	Ventilator	101.4	99.4	100.7	96.8	98.0	100.2	95.9
空 调 器	Air Conditioner	95.3	98.1	96.9	99.4	94.4	99.3	100.2
热 水 器	Water Heater for Shower	98.8	99.4	100.1	95.3	100.9	99.2	101.3
炉具灶具	Stove and Oven	100.6	101.1	101.4	104.6	96.2	100.1	100.8
微 波 炉	Microwave Oven	99.0	100.2	102.8	100.5	97.8	98.1	100.2
其他大型家用器具	Other Big Household Appliances	101.0	101.1	100.0	91.1	100.2	100.1	100.0
(2)小家电	Small Household Appliances	99.5	99.7	100.0	98.1	97.6	96.5	103.0
厨房小家电	Kitchen Small Household Appliances	98.8	99.6	99.7	98.4	97.7	95.7	105.0
生活小家电	Living Small Household Appliances	100.6	100.0	100.6	97.8	97.4	98.5	100.1
3.家用纺织品	Housing Textiles	100.9	101.1	99.8	103.7	102.0	100.3	101.5
(1)床上用品	Bed Articles	101.2	101.1	99.3	105.4	102.5	100.3	102.1
被　　子	Quilt	100.0	99.5	100.1	101.5	104.7	100.0	102.3
床单被套	Bed Sheet and Cover	102.7	102.4	99.3	110.3	101.5	100.0	101.9
其他床上用品	Other Bed Articles	100.0	100.0	98.4	101.1	100.0	101.1	102.1
(2)窗帘门帘	Curtain	100.0	103.2	101.0	95.6	101.3	100.5	100.0
窗帘门帘	Curtain	100.0	103.2	101.0	95.6	101.3	100.5	100.0
(3)其他家用纺织品	Other Housing Textile	101.5	97.6	100.0	102.5	100.0	100.0	100.8
其他家用纺织品	Other Housing Textile	101.5	97.6	100.0	102.5	100.0	100.0	100.8
4.家庭日用杂品	Daily Use Household Articles	99.4	101.9	100.2	103.8	100.6	100.8	100.0
(1)洗涤卫生用品	Washing Hygiene Articles	99.9	103.6	100.6	107.3	101.2	101.5	100.0
清洗用品	Cleaning Supplies	103.6	105.4	102.5	114.5	102.5	107.6	100.0
清洁用具	Cleaning Equipment	95.7	99.8	99.4	101.9	100.0	100.0	100.0
清洁用纸	Hygiene Paper	100.1	105.0	98.6	100.7	100.8	98.9	100.0
(2)厨具餐具茶具	Kitchen Utensils and Tableware	99.5	101.3	99.6	102.3	100.1	100.3	100.0
厨　　具	Kitchen Ware	100.2	100.5	100.0	104.3	100.0	100.7	100.0
餐　　具	Tableware	99.9	103.1	98.5	99.3	100.0	99.8	100.0
茶　　具	Tea Set	95.3	100.0	100.0	100.6	100.5	100.5	100.0
(3)家用手工工具	Hand Tools	99.3	106.1	99.5	100.0	100.0	106.7	100.0
家用手工工具	Hand Tools	99.3	106.1	99.5	100.0	100.0	106.7	100.0
(4)其他家庭日用杂品	Other Daily Use Household Articles	98.6	99.6	100.2	100.9	100.1	100.1	100.0
配电附件	Electricity Distribution Accessory	98.9	100.5	101.1	99.6	100.0	100.8	100.0
雨　　具	Rain Gear	96.0	100.0	100.0	101.9	100.3	99.6	100.0
其他日用杂品	Other Daily Use Household Articles	99.4	98.9	99.6	101.5	100.0	99.8	100.0

3-13 续表 5 continued

(以上年价格为100) (preceding year =100)

分类名称	Item	银川市辖区 Yinchuan	石嘴山市辖区 Shizuishan	利通区 Litong	原州区 Yuanzhou	沙坡头区 Shapotou	平罗县 Pingluo	海原县 Haiyuan
5.个人护理用品	Personal-care Supplies	100.3	100.3	100.5	104.1	100.1	94.7	100.0
(1)化妆品	Cosmetics	100.4	100.0	100.4	105.1	100.0	92.4	100.0
清洁化妆品	Cleansing Cosmetics	101.0	100.4	100.0	105.1	99.7	90.9	100.0
护肤化妆品	Skin-care Cosmetics	100.0	100.0	100.7	106.0	100.0	91.1	100.0
彩妆化妆品	Make-up Cosmetics	100.9	100.0	100.0	100.0	100.4	95.9	100.0
化妆器具	Make-up Appliances	100.0	99.2	100.0	100.0	101.1	100.0	100.0
(2)其他护理用品类	Other Nursing Materials	100.2	100.7	100.6	102.1	100.2	99.1	100.0
清洁类护理用品	Nursing Materials	100.1	98.7	100.0	99.8	99.6	99.9	100.0
护发美发用品	Hair Care Products	100.8	101.5	101.0	107.6	101.1	101.0	100.0
护理器具	Nursing Appliances	100.0	102.5	102.0	102.0	100.6	92.3	100.0
其他护理用品	Other Nursing Materials	99.6	99.9	99.2	100.2	99.4	98.2	100.0
6.家庭服务	Family Services	102.9	106.0	100.7	103.4	106.5	101.5	100.0
家政服务	Housekeeping Services	104.6	108.6	101.1	101.1	110.9	102.8	100.0
家庭维修服务	Maintenance Services	100.0	101.9	100.0	106.6	100.4	100.0	100.0
五、交通通信	Transport and Communications	98.4	98.4	98.1	98.7	97.4	97.4	98.0
1.交通	Transport	98.4	97.8	98.2	98.9	97.9	98.1	98.3
(1)交通工具	Transport Facility	96.7	97.3	96.6	96.8	96.7	98.0	98.2
小型汽车	Car	95.7	95.7	95.7	95.5	95.7	95.7	95.7
电动自行车	Electric Bicycle	107.7	106.3	104.4	99.3	99.2	101.1	102.0
自 行 车	Bicycle	103.5	100.5	100.3	101.2	102.7	99.1	100.0
其他交通工具	Other Transport Facility	99.8	100.0	105.8	99.5	99.7	107.7	100.0
(2)交通工具用燃料	Transport Fuels	95.7	95.7	95.6	95.5	95.5	95.3	95.8
汽 油	Gasoline	94.0	94.0	94.0	94.0	94.0	94.0	94.0
柴 油	Diesel Oil	93.7	93.7	93.7	93.6	93.7	93.7	90.0
其他车用能源	Other Transport Fuels	108.2	112.1	105.4	125.1	111.0	112.1	108.5
(3)交通工具使用和维修	Transport Use and Maintenance	100.2	101.9	100.0	100.4	100.7	97.9	100.0
停 车 费	Parking Fee	100.0	100.0	100.0	100.7	100.0	100.0	100.0
车辆使用费	Vehicle Usage Fee	100.0	100.0	100.0	100.0	100.0	100.0	100.0
交通工具零配件	Transport Parts	99.0	101.1	101.6	101.7	99.8	94.5	100.0
车辆修理与保养	Vehicles Repair and Maintenance	101.6	105.4	99.0	99.6	102.2	100.2	100.0
(4)交通费	Traffic Fare	101.9	98.1	102.1	104.2	100.7	100.4	102.0
市内公共交通	Bus Ticket	100.0	91.1	100.0	100.0	100.0	100.0	100.0
出租汽车	Taxi	100.0	100.0	100.0	108.7	100.0	99.4	100.0
飞 机 票	Plane Ticket	108.4	108.4	108.4	108.4	108.4	108.4	108.4
火 车 票	Train Ticket	100.0	100.6	100.0	107.2	98.3	100.6	111.5
长途汽车	Long-distance Bus	100.0	89.7	100.0	100.0	100.0	100.0	100.0
其他交通费	Other Traffic Fare	88.0	105.6	100.0	100.0	100.0	100.0	100.0
2.通信	Communications	98.5	99.4	97.9	98.2	96.1	96.2	97.4
(1)通信工具	Communication Tools	94.1	100.8	94.7	95.3	91.1	88.2	97.0
固定电话机	Telephone	101.1	103.1	100.0	99.1	100.0	103.1	101.1
移动电话机	Mobile Telephone	92.8	100.8	94.7	95.1	90.4	87.6	96.6
通信工具零配件	Communication Tools Spare Parts	101.5	100.0	96.1	98.5	100.7	97.8	100.0

3-13 续表 6 continued

(以上年价格为100) (preceding year =100)

分类名称	Item	银川市辖区 Yinchuan	石嘴山市辖区 Shizuishan	利通区 Litong	原州区 Yuanzhou	沙坡头区 Shapotou	平罗县 Pingluo	海原县 Haiyuan
(2)通信服务	Communication Service	100.0	98.7	100.1	98.7	98.9	100.0	97.7
固定电话费	Fixed Telephone Fee	100.0	100.0	97.4	100.0	100.0	100.0	100.0
移动通信费	Mobile Telephone Communication Expenses	100.0	97.9	100.0	100.0	98.8	100.0	100.0
上网费	Internet Fee	100.0	100.0	100.7	95.5	98.7	100.0	90.9
其他通信服务	Other Communication Service	100.0	100.0	100.0	104.1	100.0	100.0	100.0
(3)邮递服务	Postal Service	102.3	98.8	94.9	101.7	96.7	100.2	98.2
邮政邮寄	Post	100.8	97.4	100.0	108.9	85.5	100.7	93.0
快递服务	Express Services	102.9	100.0	92.1	100.0	100.0	100.0	100.0
六、教育文化娱乐	Education, Cultural and Recreation	99.8	100.7	100.0	99.0	100.4	102.1	100.5
1.教育	Education	101.8	101.8	101.6	100.7	102.0	102.8	101.3
(1)教育用品	Education Articles	103.3	101.1	101.0	99.8	103.8	101.8	101.2
工具书	Reference Books	100.0	102.8	100.0	106.3	99.8	100.0	100.0
教材	Teaching Materials	100.7	102.1	99.6	97.7	100.8	101.3	102.4
参考资料	Reference Books	106.3	101.9	104.8	100.8	108.4	102.7	100.1
其他教育用品	Other Education Articles	99.1	95.1	100.0	97.9	98.7	100.0	104.9
(2)教育服务	Tuition and Child Care	101.4	102.0	101.6	100.8	101.7	102.8	101.3
学前教育	Preschool Education	102.0	100.0	107.7	100.0	100.0	101.9	100.0
小学初中教育	Primary and Junior High School Education	117.5	117.5	117.5	100.0	117.5	117.5	117.5
高中中职教育	Senior High School and Vocational School Education	102.2	103.3	100.0	100.0	100.0	104.1	100.0
高等教育	Higher Education	100.0	100.0	100.0	100.0	98.9	100.0	100.0
课外教育	Extracurricular Education	100.0	103.4	101.4	102.8	104.7	104.5	105.9
专业技能培训	Professional Skill Training	95.3	100.0	91.7	101.9	104.9	100.2	100.0
2.文化娱乐	Cultural and Recreation	97.1	99.0	97.7	96.7	97.6	100.0	98.1
(1)文娱耐用消费品	Durable Consumer Goods for Cultural and Recreational Use	98.2	99.4	95.7	98.5	96.4	98.2	98.0
电视机	TV Set	95.8	97.8	91.7	97.1	91.9	96.0	95.2
照相机	Camera	96.4	102.0	101.2	95.8	100.0	96.4	96.4
台式计算机	Desktop Computer	97.8	99.4	98.8	97.6	101.3	102.4	100.7
笔记本平板	Notebook Tablet	101.2	100.3	95.4	100.3	97.4	100.6	100.0
乐器	Musical Instrument	102.7	101.6	100.7	99.2	100.0	97.5	100.0
音响	Sound Equipment	95.1	98.2	101.3	100.0	99.0	98.0	100.0
其他文娱耐用消费品	Other Durable Consumer Goods	99.4	96.8	98.7	108.2	100.9	95.9	100.0
(2)其他文娱用品	Other Goods for Cultural and Recreational Use	99.7	101.6	102.2	104.1	101.0	99.9	100.7
书报杂志	Newspapers and Magazines	103.4	105.3	113.9	116.8	109.1	100.0	102.6
纸张文具	Paper and Stationery	99.2	100.0	97.8	103.9	99.6	100.0	101.0
体育户外用品	Sports and Outdoor Articles	101.2	100.0	98.8	100.0	100.0	99.9	100.0
游戏用品和玩具	Games Supplies and Toys	99.4	108.2	100.8	100.9	100.0	99.4	100.0
园艺花卉及用品	Horticulture and Flower Articles	93.7	98.1	92.7	94.1	96.9	100.0	103.7
宠物及用品	Pet Articles	100.3	100.0	98.3	104.0	100.0	100.0	101.3
其他文化娱乐用品	Other Goods for Cultural and Recreational Use	98.4	100.0	100.0	100.0	99.8	99.8	100.0
(3)文化娱乐服务	Cultural and Recreation Services	96.5	102.3	99.0	90.7	100.6	102.2	99.5
电影票	Movie Ticket	103.3	108.7	100.0	95.1	95.3	101.4	95.3

3-13 续表 7 continued

(以上年价格为100) (preceding year =100)

分类名称	Item	银川市辖区 Yinchuan	石嘴山市辖区 Shizuishan	利通区 Litong	原州区 Yuanzhou	沙坡头区 Shapotou	平罗县 Pingluo	海原县 Haiyuan
景点门票	Scenery Spot Entrance Ticket	82.5	104.7	88.2	84.2	98.7	109.6	98.7
有线电视	Wired TV	100.0	100.0	100.0	78.5	100.0	100.0	100.0
健身活动	Fitness Activities	96.8	100.0	101.3	95.1	97.8	100.0	100.0
其他文娱服务	Others Cultural and Entertainment Services	100.0	100.0	104.6	114.6	105.7	99.6	100.0
(4)旅游	Touring and Outing	94.9	94.6	95.3	95.3	94.7	99.8	94.4
旅行社收费	Travel Agency Fees	93.8	93.8	93.8	95.6	93.8	99.7	93.8
其他旅游	Others	100.6	100.0	100.6	88.3	100.0	100.0	100.0
七、医疗保健	Health Care and Medical Services	104.0	105.0	105.8	103.7	101.2	104.2	103.7
1.药品及医疗器具	Medicines and Medical Instruments	102.1	101.5	101.5	103.8	101.1	102.2	108.1
(1)中药	Traditional Chinese Medicine	105.5	101.9	104.0	102.8	104.1	107.5	104.8
中药材	Traditional Chinese Medicinal Materials	105.3	111.8	104.2	98.4	107.3	101.7	107.8
中成药	Chinese Patent Medicine	105.6	100.6	103.9	105.1	103.0	110.4	102.7
(2)西药	Western Medicine	101.8	101.5	101.2	105.9	100.4	99.1	111.4
抗微生物药	Antimicrobial Drugs	95.9	104.1	100.0	100.5	101.1	96.3	109.6
消化系统用药	Digest System Drugs	101.2	104.1	101.8	105.7	100.0	102.5	98.9
呼吸系统用药	Breathe System Drugs	105.2	99.3	99.2	113.5	100.0	95.5	108.6
解热镇痛药	Antipyretic and Analgesic	100.8	105.7	103.3	106.4	102.2	101.6	100.4
抗肿瘤药	Antineoplastic Drugs	100.0	95.2	100.7	114.5	103.6	93.8	103.4
激素及影响内分泌药	Hormone Drugs	97.9	99.6	100.0	100.1	100.0	98.9	99.7
心血管系统用药	Cardiovascular System Drugs	102.1	98.1	103.3	103.2	98.4	98.9	100.0
血液系统用药	Blood System Drugs	99.3	101.1	99.7	93.1	99.8	99.0	100.2
治疗精神障碍药	Dysphrenia Drugs	117.8	102.6	101.6	121.0	97.1	108.1	169.9
神经系统用药	Central Nervous System Drugs	102.8	100.9	100.0	100.9	100.1	102.5	189.9
消毒防腐及创伤外科用药	Disinfection and Trauma Drugs	101.1	100.0	100.5	104.6	100.0	94.7	101.8
泌尿系统用药	Urinary System Drugs	100.4	99.3	102.0	100.0	98.8	111.2	100.0
维生素、矿物质类药	Professional Drugs	100.0	100.0	103.3	114.3	100.0	101.4	99.6
调节水、电解质及酸碱平衡药	Adjust Water, Electrolyte and Acid-Base Balance Drugs	105.3	101.5	103.3	100.0	101.5	90.5	100.0
(3)滋补保健品	Health Products	98.9	102.0	100.0	100.4	98.8	101.8	101.3
滋补保健品	Health Products	98.9	102.0	100.0	100.4	98.8	101.8	101.3
(4)医疗卫生器具	Medical Treatment and Public Health Appliances	100.6	100.8	100.0	100.0	100.0	100.0	100.0
医疗卫生器具	Medical Treatment and Public Health Appliances	100.6	100.8	100.0	100.0	100.0	100.0	100.0
(5)保健器具	Health Care Appliances	100.0	100.0	100.0	99.2	100.0	100.0	100.0
保健器具	Health Care Appliances	100.0	100.0	100.0	99.2	100.0	100.0	100.0
2.医疗服务	Health Care Services	106.2	109.2	112.0	103.4	101.2	106.2	100.3
(1)综合医疗类	Integrative Medical Treatment	115.8	122.9	119.7	106.1	102.7	112.1	100.9
一般医疗服务	General Health Care Services	119.8	132.7	130.4	101.5	102.0	114.3	101.1
一般治疗操作	General Cure Operation	109.3	115.3	110.0	110.6	101.3	102.2	100.0
护理	Nursing	131.4	126.0	126.2	106.3	103.9	126.8	102.2
其他综合医疗服务	Other Integrative Medical Treatment	115.5	100.0	100.0	100.0	108.7	100.0	100.0
(2)诊断类	Diagnosis	100.9	99.9	100.7	101.7	100.3	100.3	100.0
病理学诊断	Pathology Diagnosis	100.0	97.0	104.0	100.0	100.0	99.5	100.0

3-13 续表 8 continued

(以上年价格为100) (preceding year =100)

分类名称	Item	银川市辖区 Yinchuan	石嘴山市辖区 Shizuishan	利通区 Litong	原州区 Yuanzhou	沙坡头区 Shapotou	平罗县 Pingluo	海原县 Haiyuan
实验室诊断	Laboratory Diagnosis	100.0	100.0	100.0	103.3	100.0	100.0	100.0
影像学诊断	Imaging Diagnosis	102.1	100.0	101.1	100.0	100.0	101.0	100.0
临床诊断	Clinic Diagnosis	100.1	100.0	100.0	103.0	101.8	100.0	100.0
(3)治疗类	Cure	102.8	105.2	119.6	101.6	100.3	110.2	100.4
临床手术治疗	Clinic Operative Treatment	106.7	110.6	124.0	100.0	100.5	108.5	100.0
临床非手术治疗	Clinic Non-Operative Treatment	100.0	100.0	102.5	105.4	100.2	111.5	100.5
(4)康复类	Recovery	100.0	100.0	100.0	98.6	100.0	100.0	100.0
康复医疗	Recovery Medical Treatment	100.0	100.0	100.0	98.6	100.0	100.0	100.0
(5)中医医疗服务类	Traditional Chinese Medicine Services	104.0	100.0	108.9	102.6	100.7	100.0	100.0
中医治疗	Traditional Chinese Medicine	104.0	100.0	108.9	102.6	100.7	100.0	100.0
(6)其他医疗服务	Other Health Care Services	100.0	100.0	100.0	109.1	100.0	100.0	100.0
其他医疗服务	Other Health Care Services	100.0	100.0	100.0	109.1	100.0	100.0	100.0
八、其他用品及服务	Miscellaneous Goods and Services	101.9	104.4	102.5	104.1	101.8	105.3	110.5
1.其他用品类	Other Products	101.6	106.8	103.6	103.3	103.0	107.7	108.8
(1)首饰手表	Jewelry and Watches	102.6	110.7	104.4	104.6	104.6	112.4	111.4
金 饰 品	Gold Jewelry	106.9	112.5	110.3	110.3	108.1	113.8	112.7
银 饰 品	Silver Jewelry	99.6	105.4	101.0	100.2	99.9	113.0	111.4
铂金饰品	Platinum Jewelry	99.5	101.2	99.1	98.8	98.9	103.6	118.6
手 表	Watches	101.1	100.2	100.9	100.0	100.0	100.0	100.6
(2)其他杂项用品	Other Products	99.5	99.8	100.7	99.0	100.0	99.0	100.0
箱 包	Luggage	98.0	96.7	100.0	97.0	100.0	99.4	100.0
母婴用品	Mother and Baby Products	104.0	100.0	101.1	100.0	100.0	98.5	100.0
眼 镜	Glasses	96.7	102.1	102.2	101.7	100.0	99.1	100.0
2.其他服务类	Other Services	102.2	102.4	101.4	104.8	100.6	101.5	111.3
(1)旅馆住宿	Hotel Accommodation	111.0	104.9	96.4	102.6	104.6	98.5	100.3
宾馆住宿	Hotel Accommodation	113.3	106.2	94.4	102.7	105.0	97.4	100.0
其他住宿	Other Accommodation	107.2	103.0	100.0	102.2	103.9	100.0	101.2
(2)美容美发洗浴	Beauty Hairdressing and Bath	100.0	100.8	100.0	107.4	99.9	100.3	109.8
美 容	Beauty	100.0	101.0	100.0	107.9	103.4	100.0	100.0
美 发	Hairdressing	100.0	100.5	100.0	106.5	100.7	100.0	102.3
洗 浴	Bath	100.0	101.6	100.2	109.6	94.2	102.8	132.1
(3)养老服务	Endowment Services	100.0	100.0	100.0	100.0	100.0	97.9	100.0
养老服务	Endowment Services	100.0	100.0	100.0	100.0	100.0	97.9	100.0
(4)金融保险	Finance and Insurance	100.4	102.7	105.8	105.2	98.3	103.6	117.9
金融服务	Financial Services	95.4	100.0	100.0	104.6	100.0	100.0	100.0
车辆保险	Vehicle Insurance	100.0	100.0	100.0	100.0	100.0	100.0	100.0
旅行保险	Travel Insurance	100.0	100.0	100.0	100.0	100.0	100.0	100.0
其他保险	Other Insurance	101.5	105.1	110.5	108.9	96.8	105.1	126.3
(5)其他服务类	Other Services	99.9	103.6	100.0	100.0	99.6	100.0	100.0
中介服务	Intermediary Services	99.8	105.8	100.0	100.0	99.4	100.0	100.0
其他服务	Other Services	100.0	100.0	100.0	100.0	100.0	100.0	100.0

3-14 2019年调查市县商品零售价格指数

Retail Price Indices by City and County (2019)

(以上年价格为100) (preceding year =100)

分类名称	Item	银川市辖区 Yinchuan	石嘴山市辖区 Shizuishan	利通区 Litong	原州区 Yuanzhou	沙坡头区 Shapotou	平罗县 Pingluo	海原县 Haiyuan
商品零售价格指数	**Retail Price Index**	**101.1**	**102.0**	**100.6**	**101.8**	**100.9**	**100.9**	**101.7**
一、食品	Food	104.7	105.3	103.6	105.0	104.5	104.7	104.1
1.粮食	Grain	100.5	100.5	100.5	100.1	97.8	100.4	100.2
大　米	Rice	98.4	100.1	99.7	100.0	97.2	101.0	100.4
面　粉	Flour	100.0	99.7	100.0	99.9	98.7	99.2	100.0
其他粮食	Others	107.9	104.1	105.7	100.6	100.0	99.9	100.0
粮食制品	Cereal Product	102.3	100.0	101.1	100.5	96.8	102.6	100.0
2.薯类	Tubers	95.2	97.1	98.4	103.5	104.6	99.8	105.4
薯　类	Tubers	95.2	97.1	98.4	103.5	104.6	99.8	105.4
3.豆类	Beans	103.3	96.0	102.9	99.2	99.9	96.0	99.9
干　豆	Beans	100.9	99.6	101.2	92.8	97.0	99.1	99.4
豆 制 品	Bean Products	104.5	95.9	103.3	100.0	100.0	94.6	100.0
4.食用油	Edible Oil	101.8	100.1	97.8	101.3	98.3	97.8	100.0
食用植物油	Edible Vegetable Oil	98.9	100.1	95.2	101.2	98.1	97.4	100.0
食用动物油	Edible Animal Oil	106.8	101.3	103.1	110.3	104.9	122.1	100.0
5.菜	Vegetables	103.5	100.5	101.0	102.3	100.7	98.1	96.8
鲜　菜	Fresh Vegetables	103.5	100.4	101.3	102.4	100.7	98.1	96.8
干菜及菜制品	Dried Vegetables and Processed Products	103.4	101.8	98.6	100.1	100.3	98.5	96.4
6.畜肉类	Livestock Meat	115.8	119.0	115.2	117.0	119.0	121.6	114.2
猪　肉	Pork	138.1	138.9	143.3	141.2	141.6	140.1	138.6
牛　肉	Beef	107.5	109.7	108.6	106.5	105.3	109.7	106.0
羊　肉	Mutton	104.7	113.2	112.5	112.0	112.9	113.1	116.3
畜肉副产品	Byproducts	113.9	112.7	115.5	124.3	108.8	113.1	121.7
其他畜肉及制品	Other Livestock Meat Processed Products	104.6	106.9	106.4	108.3	106.9	104.6	106.8
7.禽肉类	Poultry	113.6	107.1	110.0	108.0	112.1	105.2	112.3
鸡	Chicken	114.3	106.0	110.3	107.9	113.6	105.6	114.8
鸭	Duck	124.4	106.3	106.3	95.5	104.6	102.8	100.0
其他禽肉及制品	Other Poultry Meat Processed Products	107.3	110.1	109.0	108.6	106.8	103.5	104.8
8.水产品	Aquatic Products	98.3	97.5	92.4	95.4	98.3	97.4	97.3
淡 水 鱼	Freshwater Fish	97.1	95.8	92.2	93.2	97.4	96.4	95.9
海 水 鱼	Seawater Fish	100.0	100.3	90.8	98.7	100.7	95.2	100.1
虾 蟹 类	Shrimp and Crab	99.3	102.2	93.8	96.6	97.7	104.7	100.0
其他水产品及制品	Others Aquatic and Processed Products	100.5	98.4	99.2	100.7	102.3	91.8	100.0
9.蛋类	Eggs	106.5	102.6	105.6	107.0	103.6	100.1	103.3
鸡　蛋	Fresh Egg	104.0	102.4	105.6	107.1	103.6	100.7	103.4
其他蛋及制品	Other Egg and Processed Products	112.6	107.8	105.6	104.1	104.9	92.0	100.0
10.奶类	Milk	101.4	101.8	101.3	101.2	100.4	100.6	101.6
鲜　奶	Fresh Milk	103.1	102.6	100.8	102.7	100.7	102.7	103.7
酸　奶	Yoghourt	99.6	99.5	99.2	99.3	101.6	96.9	100.0
奶　粉	Milk Powder	101.7	102.1	104.9	99.6	98.2	99.1	100.0
其他奶制品	Other Milk Products	101.4	102.9	102.5	102.6	100.0	101.6	100.0
11.干鲜瓜果类	Dried and Fresh Melons and Fruits	111.3	107.7	105.4	109.5	108.6	109.0	107.4
鲜 瓜 果	Fresh Melons and Fruits	120.2	109.6	105.8	112.0	110.8	111.1	109.3
坚　果	Nuts	98.4	101.3	105.6	102.6	100.1	102.5	100.0
瓜果制品	Melons and Fruits Products	98.2	103.1	100.5	93.8	100.0	99.1	100.0
12.糖果糕点类	Candy and Cake	101.2	103.4	97.4	101.6	98.0	100.0	100.0

3-14 续表 1 continued

(以上年价格为100) (preceding year =100)

分类名称	Item	银川市辖区 Yinchuan	石嘴山市辖区 Shizuishan	利通区 Litong	原州区 Yuanzhou	沙坡头区 Shapotou	平罗县 Pingluo	海原县 Haiyuan
食　糖	Sugar	98.8	99.3	97.9	98.4	95.7	99.7	100.0
糖　果	Candy	101.4	104.1	104.9	100.5	100.4	99.6	100.0
糕　点	Cake	102.7	104.4	95.0	103.4	98.1	101.0	100.0
其他糖果糕点	Other Candy and Cake	101.1	100.0	100.4	100.0	96.4	99.7	100.0
13.调味品	Flavoring	100.4	101.8	100.3	101.1	100.4	100.2	102.9
食用盐	Salt	102.5	100.0	100.0	100.0	100.0	100.0	100.0
酱　油	Soy	97.9	101.1	102.0	101.6	101.0	99.2	100.0
食　醋	Vinegar	100.3	101.5	100.0	101.8	100.0	100.0	100.0
调味酱	Bechamel	103.5	100.0	98.6	100.0	101.0	99.0	100.0
味　精	Aginomoto	100.9	105.7	100.0	100.6	99.3	99.7	100.0
其他调味品	Others	96.3	106.7	100.0	104.9	105.3	104.3	109.8
14.其他食品类	Other Food	101.2	100.8	101.6	102.5	99.2	100.0	101.8
方便食品	Convenient Food	98.3	100.1	100.0	100.4	96.8	99.7	100.0
淀粉及制品	Starch and Products	101.4	100.0	98.1	111.1	99.1	100.8	100.0
膨化食品	Puffed Food	109.2	102.3	105.7	100.3	103.7	98.8	105.3
15.在外餐饮	Dining Out	103.4	103.9	100.9	101.8	102.5	101.3	103.5
正　餐	Dinner	104.8	103.7	99.6	100.3	101.4	102.1	103.0
快　餐	Fast Food	98.0	101.3	100.1	104.6	105.2	101.5	104.5
地方小吃	Local Snack	104.0	110.5	107.2	105.5	105.5	100.4	100.0
其他在外餐饮	Others	107.2	100.0	100.0	100.3	100.0	100.0	112.5
二、饮料、烟酒	Beverages, Tobacco and Liquor	100.7	102.2	100.8	101.6	101.3	100.5	100.6
1.茶及饮料	Tea and Beverages	103.9	103.4	98.7	100.4	102.5	101.3	100.3
茶　叶	Tea	98.3	104.2	99.0	102.4	101.7	100.0	100.0
固体咖啡	Solid Coffee	104.3	101.2	101.7	99.7	100.7	96.2	100.0
其他固体饮料	Other Solid Beverages	95.3	100.3	94.7	96.6	97.9	99.9	100.0
饮用水	Potable Water	114.2	100.0	103.8	96.3	97.6	103.9	100.0
果汁饮料	Juice Beverage	99.0	101.8	95.3	100.2	102.7	96.7	104.1
其他液体饮料	Other Liquid Beverages	109.7	107.1	99.3	104.2	104.6	106.6	100.0
2.烟草	Tobacco	100.0	100.5	100.0	100.0	100.0	100.4	100.0
烟　草	Tobacco	100.0	100.5	100.0	100.0	100.0	100.4	100.0
3.酒类	Liquor	98.1	104.1	103.7	104.9	101.6	100.3	102.5
白　酒	Spirit	97.1	105.6	105.2	102.5	105.2	99.0	100.0
葡萄酒	Wine	97.3	101.1	97.4	122.6	100.4	98.0	100.0
啤　酒	Beer	102.7	98.3	99.3	106.0	91.5	105.2	106.3
其他酒类	Others	96.7	103.1	113.5	99.1	108.8	93.1	100.0
三、服装、鞋帽	Garments, Shoes and Hats	99.3	100.6	98.8	101.2	100.4	101.7	99.9
1.服装	Garments	101.0	101.2	99.5	101.3	101.3	101.8	99.6
(1)男士服装	Men's	100.5	100.8	98.8	101.8	97.8	104.5	98.8
男式西服	Men's Western-style Clothes	97.1	101.2	99.1	98.8	101.6	108.1	100.2
男式冬衣	Men's Winter Clothes	110.4	97.9	100.3	103.7	95.0	98.3	91.1
男式夹克衫	Men's Jacket	100.1	103.7	102.1	103.2	95.4	104.2	104.1
男式毛线衣	Men's Sweater	96.8	101.3	95.0	99.4	99.5	97.6	102.6
男式运动装	Men's Sportswear	100.6	99.9	102.9	103.0	95.7	98.5	103.6
男式衬衫T恤	Men's Shirt and T-shirt	102.1	99.3	99.1	100.8	108.7	99.9	96.2
男式裤子	Men's Trousers	101.2	100.6	90.0	100.9	91.7	114.0	96.3

3-14 续表 2 continued

(以上年价格为100) (preceding year =100)

分类名称	Item	银　川 市辖区 Yinchuan	石嘴山 市辖区 Shizuishan	利通区 Litong	原州区 Yuanzhou	沙坡头区 Shapotou	平罗县 Pingluo	海原县 Haiyuan
男式内衣	Men's Underclothes	99.5	103.7	102.6	104.2	98.5	99.3	101.3
(2)女士服装	Women's	101.8	101.6	99.0	101.6	103.3	100.3	100.2
女式外套	Women's Coat	94.1	100.7	103.2	104.0	104.3	104.1	103.5
女式冬衣	Women's Winter Clothes	115.0	102.1	97.6	101.5	101.1	95.4	101.9
女式毛线衣	Women's Sweater	96.8	100.3	97.7	94.5	95.8	103.9	100.8
女式运动装	Women's Sportswear	102.4	102.1	99.3	95.7	101.2	94.7	104.2
女式衬衫T恤	Women's Shirt and T-shirt	101.0	102.1	102.3	103.9	126.3	96.9	93.5
女式裤子	Women's Trousers	102.7	99.4	88.8	104.6	103.4	108.4	98.4
女式裙子	Women's Skirt	99.9	102.2	96.3	101.2	102.8	90.9	96.3
女式内衣	Women's Underclothes	101.1	104.1	105.8	100.5	97.2	107.6	102.8
(3)儿童服装	Children's	98.1	100.2	104.2	99.1	103.2	99.9	99.3
婴幼服装	Infant's Wear	98.4	100.9	104.5	120.6	99.4	97.7	102.2
儿童上衣	Children's Coat	101.4	99.2	107.0	95.8	103.4	98.3	96.6
儿童裤子	Children's Trousers	98.1	100.5	104.6	100.2	103.7	104.0	108.6
儿童裙子	Children's Skirt	94.1	101.3	97.7	97.8	104.5	98.8	90.8
2.鞋帽袜	Footgear and Hats	96.6	99.1	96.6	101.0	98.5	102.3	100.6
(1)鞋	Shoes	95.8	98.7	96.2	101.1	98.6	102.5	100.7
男　　鞋	Shoes of Men	100.3	99.0	105.8	100.9	98.6	103.3	101.3
女　　鞋	Shoes of Women	92.6	98.5	89.5	102.2	99.2	101.6	100.4
童　　鞋	Shoes of Children	98.0	99.0	100.4	99.2	95.6	103.0	100.5
(2)袜子	Socks	100.0	103.7	100.6	98.4	99.1	100.0	100.0
袜　　子	Socks	100.0	103.7	100.6	98.4	99.1	100.0	100.0
(3)帽子	Hats	97.4	105.2	99.2	102.1	93.9	103.2	100.0
帽　　子	Hats	97.4	105.2	99.2	102.1	93.9	103.2	100.0
3.其他衣着配件	Other Clothing and Accessories	100.0	100.9	99.7	100.0	97.6	98.5	101.8
其他衣着配件	Other Clothing and Accessories	100.0	100.9	99.7	100.0	97.6	98.5	101.8
四、纺织品	Textiles	101.5	101.1	101.7	104.3	102.0	100.2	102.7
1.服装材料	Clothing Material	102.3	102.7	104.9	100.0	101.0	100.0	105.3
服装材料	Clothing Material	102.3	102.7	104.9	100.0	101.0	100.0	105.3
2.床上用品	Bed Articles	101.4	101.1	99.6	105.4	102.1	100.3	102.1
被　　子	Quilt	100.0	99.5	100.1	101.5	104.7	100.0	102.3
床单被套	Bed Sheet and Cover	102.7	102.4	99.3	110.3	101.5	100.0	101.9
其他床上用品	Other Bed Articles	100.0	100.0	98.4	101.1	100.0	101.1	102.1
五、家用电器及音像器材	Household Appliances, Music and Video Equipment	98.1	99.3	98.0	99.3	96.9	97.2	99.0
1.家庭设备	Household Facilities	99.1	99.7	99.5	99.3	97.0	97.9	100.5
洗 衣 机	Washing Machine	100.2	99.9	98.7	99.6	96.1	99.0	100.1
电冰箱(柜)	Refrigerator	98.4	99.7	99.2	100.5	96.0	95.1	101.1
抽油烟机	Ventilator	101.4	99.4	100.7	96.8	98.0	100.2	95.9
空 调 器	Air Conditioner	95.3	98.1	96.9	99.4	94.4	99.3	100.2
热 水 器	Water Heater for Shower	98.8	99.4	100.1	95.3	100.9	99.2	101.3
炉具灶具	Stove and Oven	100.6	101.1	101.4	104.6	96.2	100.1	100.8
微 波 炉	Microwave Oven	99.0	100.2	102.8	100.5	97.8	98.1	100.2
厨房小家电	Kitchen Small Household Appliances	98.8	99.6	99.7	98.4	97.7	95.7	105.0
生活小家电	Living Small Household Appliances	100.6	100.0	100.6	97.8	97.4	98.5	100.1
其他大型家用器具	Other Big Household Appliances	101.0	101.1	100.0	91.1	100.2	100.1	100.0

3-14 续表 3 continued

(以上年价格为100) (preceding year =100)

分类名称	Item	银川市辖区 Yinchuan	石嘴山市辖区 Shizuishan	利通区 Litong	原州区 Yuanzhou	沙坡头区 Shapotou	平罗县 Pingluo	海原县 Haiyuan
2.文娱用耐用消费品	Durable Consumer Goods for Cultural and Recreational Use	96.7	98.5	96.0	99.5	96.4	96.2	97.0
电视机	TV Set	95.8	97.8	91.7	97.1	91.9	96.0	95.2
照相机	Camera	96.4	102.0	101.2	95.8	100.0	96.4	96.4
音响	Sound Equipment	95.1	98.2	101.3	100.0	99.0	98.0	100.0
其他文娱耐用消费品	Other Durable Consumer Goods	99.4	96.8	98.7	108.2	100.9	95.9	100.0
3.专业音像器材	Special Sound and Image Facilities	98.1	101.1	98.0	99.2	100.0	98.6	99.1
专业音响器材	Special Sound Facilities	100.6	100.6	100.6	100.0	100.0	100.9	100.0
专业声像器材	Special Acoustic Image Facilities	94.5	102.0	89.5	92.1	100.0	93.9	95.4
六、文化办公用品	Cultural and Office Appliances	99.1	99.8	97.4	100.1	99.9	102.0	100.7
纸张文具	Paper and Stationery	99.2	100.0	97.8	103.9	99.6	100.0	101.0
台式计算机	Desktop Computer	97.8	99.4	98.8	97.6	101.3	102.4	100.7
笔记本平板	Notebook Tablet	101.2	100.3	95.4	100.3	97.4	100.6	100.0
电脑附件	Computer Parts	96.7	100.0	91.0	100.0	100.0	104.6	100.0
打印复印机	Print and Copy Machine	96.6	99.5	98.8	98.6	100.0	106.1	101.1
教学设备	Teaching Device	99.5	99.5	99.3	102.3	100.0	98.9	100.0
七、日用品	Articles for Daily Use	101.0	102.6	101.1	102.9	100.8	101.8	100.2
1.日用百货	General Merchandise for Daily Use	102.2	103.9	101.7	100.3	100.6	99.1	100.7
电动自行车	Electric Bicycle	107.7	106.3	104.4	99.3	99.2	101.1	102.0
自行车	Bicycle	103.5	100.5	100.3	101.2	102.7	99.1	100.0
雨具	Rain Gear	96.0	100.0	100.0	101.9	100.3	99.6	100.0
护理器具	Nursing Appliances	100.0	102.5	102.0	102.0	100.6	92.3	100.0
清洁用纸	Hygiene Paper	100.1	105.0	98.6	100.7	100.8	98.9	100.0
化妆器具	Make-up Appliances	100.0	99.2	100.0	100.0	101.1	100.0	100.0
2.厨具餐具茶具	Kitchen Utensils and Tableware	98.7	101.3	99.5	102.3	100.1	100.3	100.0
厨具	Kitchen Ware	100.2	100.5	100.0	104.3	100.0	100.7	100.0
餐具	Tableware	99.9	103.1	98.5	99.3	100.0	99.8	100.0
茶具	Tea Set	95.3	100.0	100.0	100.6	100.5	100.5	100.0
3.清洗用品	Cleaning Supplies	103.6	105.4	102.5	114.5	102.5	107.6	100.0
清洗用品	Cleaning Supplies	103.6	105.4	102.5	114.5	102.5	107.6	100.0
4.其他日用品	Other Articles for Daily Use	99.3	99.5	100.2	99.8	99.9	99.5	100.0
灯具	Lamp	100.0	100.2	99.9	100.0	100.0	100.0	100.0
箱包	Luggage	98.0	96.7	100.0	97.0	100.0	99.4	100.0
母婴用品	Mother and Baby Products	104.0	100.0	101.1	100.0	100.0	98.5	100.0
眼镜	Glasses	96.7	102.1	102.2	101.7	100.0	99.1	100.0
其他护理用品	Nursing Materials	99.6	99.9	99.2	100.2	99.4	98.2	100.0
其他日用杂品	Other Articles for Daily Use	99.4	98.9	99.6	101.5	100.0	99.8	100.0
八、体育娱乐用品	Sports and Recreation Articles	99.8	100.9	98.7	99.3	99.3	99.2	100.6
1.体育户外用品	Sports and Outdoor Articles	101.2	100.0	98.8	100.0	100.0	99.9	100.0
体育户外用品	Sports and Outdoor Articles	101.2	100.0	98.8	100.0	100.0	99.9	100.0
2.娱乐用品	Recreational Goods	98.7	101.4	98.6	98.8	99.2	99.1	100.7
乐器	Musical Instrument	102.7	101.6	100.7	99.2	100.0	97.5	100.0
游戏用品和玩具	Games Supplies and Toys	99.4	108.2	100.8	100.9	100.0	99.4	100.0
园艺花卉及用品	Horticulture and Flower Articles	93.7	98.1	92.7	94.1	96.9	100.0	103.7
宠物及用品	Pet Articles	100.3	100.0	98.3	104.0	100.0	100.0	101.3
其他文化娱乐用品	Other Goods for Cultural and Recreation Use	98.4	100.0	100.0	100.0	99.8	99.8	100.0

3-14 续表 4 continued

(以上年价格为100) (preceding year =100)

分类名称	Item	银 川 市辖区 Yinchuan	石嘴山 市辖区 Shizuishan	利通区 Litong	原州区 Yuanzhou	沙坡头区 Shapotou	平罗县 Pingluo	海原县 Haiyuan
九、交通、通信用品	Transport and Communications Articles	98.1	98.6	97.1	96.1	95.6	94.3	97.4
1.交通运输机械	Transport Machinery	98.9	97.3	97.8	96.5	96.7	96.5	97.0
小型汽车	Car	95.7	95.7	95.7	95.5	95.7	95.7	95.7
大中型客车	Large and Middle-Size Coach	101.4	100.7	101.4	101.4	101.4	100.7	101.4
交通工具零配件	Transport Parts	99.0	101.1	101.6	101.7	99.8	94.5	100.0
2.通信器材	Communication Tools	96.8	100.8	96.1	95.6	93.7	89.9	98.4
固定电话机	Telephone	101.1	103.1	100.0	99.1	100.0	103.1	101.1
移动电话机	Mobile Telephone	92.8	100.8	94.7	95.1	90.4	87.6	96.6
其他通信器材	Other Communication Tools	98.7	100.0	100.0	99.0	100.0	100.0	108.5
十、家具	Furniture	101.2	101.3	100.5	99.6	97.6	94.1	98.4
柜	Cupboard	99.8	100.9	100.7	100.2	98.8	91.0	98.4
床	Bed	102.1	100.5	100.0	100.0	95.8	93.2	98.1
桌	Desk	100.4	100.0	100.0	99.6	97.3	94.7	98.4
椅	Chair	100.4	106.8	100.0	99.7	100.0	100.0	97.8
沙 发	Sofa	103.6	101.8	101.2	99.0	98.1	94.2	99.6
其他家具	Others	102.1	100.5	100.6	98.9	98.5	96.9	96.3
十一、化妆品	Cosmetics	100.4	100.2	100.3	104.8	100.2	93.7	100.0
清洁化妆品	Cleansing Cosmetics	101.0	100.4	100.0	105.1	99.7	90.9	100.0
护肤化妆品	Skin-care Cosmetics	100.0	100.0	100.7	106.0	100.0	91.1	100.0
彩妆化妆品	Make-up Cosmetics	100.9	100.0	100.0	100.0	100.4	95.9	100.0
清洁类护理用品	Nursing Materials	100.1	98.7	100.0	99.8	99.6	99.9	100.0
护发美发用品	Hair Care Products	100.8	101.5	101.0	107.6	101.1	101.0	100.0
十二、金银饰品	Gold and Silver Jewelry	103.3	111.5	105.3	105.7	104.4	112.6	113.0
金 饰 品	Gold Jewelry	106.9	112.5	110.3	110.3	108.1	113.8	112.7
银 饰 品	Silver Jewelry	99.6	105.4	101.0	100.2	99.9	113.0	111.4
铂金饰品	Platinum Jewelry	99.5	101.2	99.1	98.8	98.9	103.6	118.6
十三、中西药品及医疗保健用品	Traditional Chinese and Western Medicines, Health Care Articles	102.5	101.5	101.8	104.2	101.4	101.9	107.9
1.医疗卫生器具	Medical Treatment and Public Health	100.6	100.8	100.0	100.0	100.0	100.0	100.0
医疗卫生器具	Appliances Medical Treatment and Public Health Appliances	100.6	100.8	100.0	100.0	100.0	100.0	100.0
2.中药	Traditional Chinese Medicine	105.4	101.9	104.0	102.8	104.1	107.9	104.8
中 药 材	Traditional Chinese Medicinal Materials	105.3	111.8	104.2	98.4	107.3	101.7	107.8
中 成 药	Chinese Patent Medicine	105.6	100.6	103.9	105.1	103.0	110.4	102.7
3.西药	Western Medicine	101.7	101.5	101.2	105.9	100.4	99.2	111.4
抗微生物药	Antimicrobial Drugs	95.9	104.1	100.0	100.5	101.1	96.3	109.6
消化系统用药	Digest System Drugs	101.2	104.1	101.8	105.7	100.0	102.5	98.9
呼吸系统用药	Breathe System Drugs	105.2	99.3	99.2	113.5	100.0	95.5	108.6
解热镇痛药	Antipyretic and Analgesic	100.8	105.7	103.3	106.4	102.2	101.6	100.4
抗肿瘤药	Antineoplastic Drugs	100.0	95.2	100.7	114.5	103.6	93.8	103.4
激素及影响内分泌药	Hormone Drugs	97.9	99.6	100.0	100.1	100.0	98.9	99.7
心血管系统用药	Cardiovascular System Drugs	102.1	98.1	103.3	103.2	98.4	98.9	100.0
血液系统用药	Blood System Drugs	99.3	101.1	99.7	93.1	99.8	99.0	100.2
治疗精神障碍药	Dysphrenia Drugs	117.8	102.6	101.6	121.0	97.1	108.1	169.9
神经系统用药	Central Nervous System Drugs	102.8	100.9	100.0	100.9	100.1	102.5	189.9
消毒防腐及创伤外科用药	Disinfection and Trauma Drugs	101.1	100.0	100.5	104.6	100.0	94.7	101.8
泌尿系统用药	Urinary System Drugs	100.4	99.3	102.0	100.0	98.8	111.2	100.0
维生素、矿物质类药	Professional Drugs	100.0	100.0	103.3	114.3	100.0	101.4	99.6

3-14 续表 5 continued

(以上年价格为100) (preceding year =100)

分类名称	Item	银川市辖区 Yinchuan	石嘴山市辖区 Shizuishan	利通区 Litong	原州区 Yuanzhou	沙坡头区 Shapotou	平罗县 Pingluo	海原县 Haiyuan
调节水、电解质及酸碱平衡药	Adjust Water, Electrolyte and Acid-Base Balance Drugs	105.3	101.5	103.3	100.0	101.5	90.5	100.0
4.保健器具及用品	Health Care Appliances and Products	99.2	101.7	100.0	100.1	98.9	101.4	101.0
保健器具	Health Care Appliances	100.0	100.0	100.0	99.2	100.0	100.0	100.0
滋补保健品	Health Products	98.9	102.0	100.0	100.4	98.8	101.8	101.3
十四、书报杂志及电子出版物	Book, Newspapers, Magazines and Electronic Publications	103.2	103.1	107.9	108.3	106.5	100.9	101.8
1.教材及参考书	Teaching Materials and Reference Books	103.1	101.1	101.8	100.6	104.2	101.1	101.2
工具书	Reference Books	100.0	102.8	100.0	106.3	99.8	100.0	100.0
教材	Teaching Materials	100.7	102.1	99.6	97.7	100.8	101.3	102.4
参考资料	Reference Books	106.3	101.9	104.8	100.8	108.4	102.7	100.1
其他教育用品	Other Education Articles	99.1	95.1	100.0	97.9	98.7	100.0	104.9
2.书报杂志	Newspapers and Magazines	103.4	105.3	113.9	116.8	109.1	100.0	102.6
书报杂志	Newspapers and Magazines	103.4	105.3	113.9	116.8	109.1	100.0	102.6
3.计算机办公软件	Computer Software	102.2	100.0	102.2	100.0	102.2	102.2	102.2
计算机办公软件	Computer Software	102.2	100.0	102.2	100.0	102.2	102.2	102.2
十五、燃料	Fuels	97.4	97.8	97.7	94.5	100.4	98.1	98.3
1.煤炭及制品	Coal and Related Products	102.0	106.0	100.4	91.5	110.8	105.0	101.4
原煤	Coal	102.4	106.3	100.5	91.5	105.3	105.4	101.5
煤制品	Related Products	102.0	100.0	100.0	100.0	120.0	104.1	100.0
2.石油及制品	Oil and Products	97.0	97.4	96.4	95.0	97.9	96.7	94.4
管道燃气	Pipeline Fuel Gas	104.3	103.9	104.2	100.6	105.4	103.7	104.2
液化石油气	Liquefied Petroleum Gas	100.0	100.0	100.0	100.0	109.1	103.3	100.0
汽油	Gasoline	94.0	94.0	94.0	94.0	94.0	94.0	94.0
柴油	Diesel Oil	93.7	93.7	93.7	93.6	93.7	93.7	90.0
十六、建筑材料及五金电料	Building Materials and Hardware	100.7	102.6	99.6	100.1	98.3	100.3	101.0
1.建筑装潢材料	Building Decoration Materials	101.0	103.0	99.4	100.4	97.9	100.2	100.7
木地板	Wooden Floor	101.2	105.2	104.5	99.3	101.8	100.0	100.0
瓷砖	Brick	100.0	100.0	99.0	99.6	96.1	101.7	99.7
水泥	Cement	104.7	105.0	89.8	101.8	100.0	100.7	99.4
涂料	Dope	100.8	100.6	100.0	99.7	99.0	100.0	100.0
板材	Veneer	100.4	100.0	94.5	99.2	96.7	96.3	107.7
管材	Tubular Product	97.9	102.7	102.7	103.1	100.9	99.2	100.0
厨卫设备	Kitchen Equipment	100.5	108.6	100.5	102.9	99.6	100.0	100.0
门窗	Doors and Windows	103.4	100.0	100.3	100.7	97.2	100.8	100.5
其他住房装潢材料	Other Building Decoration Materials	100.5	104.6	99.7	99.1	91.9	100.3	100.5
2.五金水暖	Water and Heating Hardware	100.0	100.8	100.2	98.7	100.0	101.3	102.2
家用手工工具	Household Hand Tools	99.3	106.1	99.5	100.0	100.0	106.7	100.0
配电附件	Electricity Distribution Accessory	98.9	100.5	101.1	99.6	100.0	100.8	100.0
水暖器材	Heating Equipment	100.7	100.0	100.0	97.4	100.0	99.4	104.2

3-15 2019年调查市县农业生产资料价格指数

Price Indices for Means of Agricultural Production by City and County (2019)

(以上年价格为100) (preceding year=100)

分类名称	Item	平罗县 Pingluo	海原县 Haiyuan
农业生产资料价格指数	**General Index**	**101.1**	**108.0**
一、农用手工工具	Farm Handtools	100.0	101.2
农用手工工具	Farm Handtools	100.0	101.2
二、饲料	Forage	93.3	99.2
混合饲料	Mix Forage	102.2	100.9
其他饲料	Others	84.0	97.9
三、仔畜幼禽及产品畜	Young Poult, Livestock and Commodity Animals	119.1	125.9
仔　　畜	Young Livestock	168.2	142.5
幼　　禽	Young Poult	123.4	130.8
产 品 畜	Commodity Livestock	107.4	116.2
四、半机械化农具	Semi-mechanized Farm Tools	102.3	101.0
半机械化农具	Semi-mechanized Farm Tools	102.3	101.0
五、机械化农具	Mechanized Farm Machinery	100.1	100.0
机械化农具	Mechanized Farm Machinery	100.1	100.0
六、化学肥料	Chemical Fertilizer	103.6	110.6
氮　　肥	Nitrogenous Fertilizer	105.0	101.5
磷　　肥	Phosphatic Fertilizer	104.0	109.3
钾　　肥	Potassic Fertilizer	100.9	109.4
复合肥料	Compound Fertilizer	100.8	121.0
七、农药及农药器械	Pesticide and Its Appliances	103.1	100.4
1.化学农药	Chemistry Pesticide	103.4	100.4
杀 虫 剂	Insecticide	105.6	101.0
杀 菌 剂	Germicide	103.4	100.0
除 草 剂	Herbicide	100.9	100.0
生长调节剂	Growth Regulator	100.0	100.0
2.农药器械	Pesticide Appliances	100.0	100.0
农药器械	Pesticide Appliances	100.0	100.0
八、农机用油	Oil for Farm Machinery	94.4	94.7
农用柴油	Agricultural Diesel Oil	94.1	93.7
润 滑 油	Lube	100.0	100.0
九、其他农用生产资料	Other Means of Agricultural Production	95.2	105.9
农用种子	Farm Seed	93.7	107.3
农用薄膜	Farm Film	98.8	102.8
未列名的其他农用生产资料	Others	100.0	105.2
十、农业生产服务	Service for Agricultural Product	101.7	100.0
排 灌 费	Drain and Irrigate Fees	103.3	100.0
机械作业费	Machinery Operating Cost	101.4	100.0
农业用电	Agricultural Electricity	100.0	102.6
农业用工	Agricultural Labor	100.0	100.0

3-16 主要年份全区农产品生产者价格指数

指　标	Item	2002	2003	2004	2005	2006	2007
合　计		**93.40**	**104.40**	**114.23**	**103.26**	**101.20**	**114.95**
一、农业产品	**Farm Products**		**108.80**	**120.21**	**103.00**	**103.23**	**111.89**
(一)谷物	Grain (Unprocessed)		101.10	125.85	106.62	103.63	108.11
1.稻谷	Rice		100.00	129.29	108.92	103.66	104.05
2.小麦	Wheat		100.00	129.63	108.51	99.43	101.60
3.玉米	Corn		100.00	119.32	99.36	107.99	118.93
4.谷子	Millet						
5.高粱	Sorghum						
6.荞麦	Buckwheat						
7.其他谷物	Other Grains						
(二)薯类	Tubers		103.80	97.65	109.32	118.70	100.55
(三)油料	Oil-bearing		105.90	116.54	99.89	109.54	119.54
(四)豆类	Soybeans		100.00	110.01	93.03	97.57	118.06
(五)未加工烟草	Tobacco						
(六)饲料作物	Feed Crops						
(七)蔬菜及食用菌	Vegetables and Edible Fungi		122.60	112.08	93.41	103.77	112.05
1.蔬菜	Vegetables		122.60	112.08	93.41	103.77	112.05
①叶菜类蔬菜	Leaf Vegetables		97.80	106.76	95.23	100.81	96.80
②白菜类蔬菜	Cabbage Vegetables						
③根茎类蔬菜	Roots and Tubers		101.40	123.40	107.99	112.10	113.25
④瓜菜类蔬菜	Melon Vegetables		119.00	101.08	79.28	95.57	102.57
⑤豆类蔬菜	Beans for Vegetable Use		85.90	148.00	104.71	106.68	136.84
⑥茄果类蔬菜	Eggplant Fruit		144.50	104.35	85.11	105.40	140.19
⑦葱蒜类蔬菜	Shallot and Garlic		100.00	108.38	103.13	113.93	109.41
2.食用菌	Edible Fungi						
(八)花卉	Flowers						
(九)盆景及园艺产品	Bonsai and Horticultural						
(十)水果及坚果	Fruits and Nuts		107.60	119.24	105.69	85.67	119.00
1.水果(园林水果)	Garden Fruits		107.60	119.24	83.60	102.21	121.09
2.食用坚果	Nuts						
(十一)香料原料	Spice Materials						
(十二)中草药材	Chinese Medicinal Plant				93.96	112.26	144.85
二、饲养动物及其产品	**Animal Husbandry (Animal Products)**		**101.00**	**109.22**	**103.47**	**99.11**	**118.36**
(一)活牲畜	Feeding of Livestock		100.90	105.48	99.80	102.20	114.12
1.猪	Feeding of Hog		90.50	122.59	104.92	91.82	130.05
2.牛	Feeding of Cattle		106.60	102.61	102.16	101.18	115.53
3.马	Horse						
4.驴	Donkey						
5.羊	Feeding of Sheep		98.40	101.76	100.36	101.62	116.67
(二)活家禽	Poultry		97.10	109.39	113.24	95.23	122.46
1.活鸡	Chickens		97.10	109.39	113.24	95.23	122.46
2.活鸭	Ducks						
3.其他活家禽	Other Poultry						
(三)畜禽产品	Livestock and Poultry Products						
1.生奶	Milk				97.68	103.02	111.99
2.禽蛋	Eggs		97.70	111.02	109.14	92.47	123.61
3.天然蜂蜜及副产品	Natural Honey and By-products						
4.动物毛类	Animal Hair				114.33	106.69	99.55
5.生皮	Raw Hides						
6.其他畜禽产品	Other Livestock and Poultry						
(四)其他饲养动物	Other Breeding Animals						
三、渔业产品	**Fishery**		**103.20**	**132.87**	**106.33**	**96.64**	**111.65**
(一)淡水养殖产品	Freshwater Aquaculture Products		103.20	132.87	106.33	96.64	111.65
1.养殖淡水鱼	Fresh Water Fish		103.20	132.87	106.33	96.64	111.65
2.淡水养殖蟹	Fresh Water Shrimp and Crab						

Producer Price Indices for Farm Products in Main Years

2008	2009	2010	2011	2012	2013	2014	2015	2016	2017	2018	2019
118.70	**99.39**	**117.03**	**111.34**	**103.61**	**106.69**	**98.27**	**98.37**	**98.72**	**99.30**	**104.99**	**106.38**
110.60	**106.27**	**118.69**	**107.15**	**103.85**	**106.08**	**100.11**	**104.92**	**96.42**	**99.14**	**103.95**	**98.50**
107.70	104.85	114.12	108.59	103.34	102.42	101.96	100.76	90.89	102.03	104.49	97.06
104.10	108.58	117.47	106.62	99.70	100.36	98.22	107.45	94.13	100.58	99.83	93.74
113.20	110.12	108.78	110.79	103.71	104.89	108.64	103.8	95.42	101.58	102.94	96.85
105.40	97.37	118.58	108.62	105.55	102.48	100.97	95.24	86.77	103.12	108.06	99.19
93.80	102.99	162.68	82.46	108.18	136.36	101.6	76.56	147.61	89.06	82.99	128.21
114.00	97.33	111.37	115.75	108.20	108.65	89.5	112.18	85.29	104.97	108.89	111.4
115.70	92.41	106.33									
113.60	115.88	114.43	102.67	107.52	109.39	90.77	122.30	99.36	100.14	110.2	86.56
113.60	115.88	114.43	102.67	107.52	109.39	90.77	122.30	99.36	100.14	110.2	86.56
120.40	114.01	110.22	106.60	115.95	113.09	77.59	127.55	106.00	121.78	106.53	82.08
									84.81	123.23	74.84
130.80	103.82	125.65	113.01	90.33	100.38	92.08	106.79	91.63	107.55	95.85	94.12
111.80	123.75	111.19	106.37	99.86	114.53	80.43	114.57	91.86	108.83	104.22	99.2
137.50	110.93	104.26	103.21	108.73	92.44	99.82	109.74	111.73	100.25	108.18	106.76
80.20	122.91	118.31	104.38	109.88	96.49	95.07	107.70	95.85	97.96	107.94	88.46
120.00	119.47		119.01	96.99	108.23	85.72	108.99	118.44	90.57	112.79	103.98
127.30	120.21	109.16	115.82	109.03	98.49	99.57	114.69	92.04	92.62	113.59	81.86
88.10	93.89	137.31	115.82	109.03	98.49	99.57	114.69	92.04	92.62	113.59	81.86
104.00	69.35	161.25	113.45	83.26	99.08	117.2	112.79	89.82	90.55	91.35	111.39
127.80	**91.78**	**115.59**	**115.84**	**102.75**	**108.93**	**96.22**	**91.28**	**101.27**	**99.19**	**106**	**115.75**
126.40	89.18	122.21	115.84	107.17	109.69	93.13	95.78	103.63	100.34	105.1	121.02
146.80	85.46	99.87	138.80	93.67	97.99	87.74	111.46	123.84	83.83	85.44	151.88
133.70	97.65	103.93	112.48	113.32	116.86	98.97	95.4	96.41	101.66	107.4	108.99
125.80	97.13	104.10	115.60	110.91	110.53	90.22	82.63	95.42	113.00	119.23	109.82
118.50	103.96	107.34	111.17	101.29	105.61	106.44	95.19	102.6	91.53	113.39	110.82
118.50	103.96	107.34	111.17	101.29	105.61	106.44	95.19	102.6	91.53	113.39	110.82
									99.48	105.36	108.23
123.20	78.88	145.79	106.81	96.90	110.48	98.12	82.44	97.70	97.18	104.23	109.69
119.40	106.04	107.48	115.96	89.63	101.90	111.11	85.68	93.61	89.29	128	108.45
114.80	90.61								129.93	114.58	65.3
103.70	**104.94**	**102.96**	**110.22**	**112.13**	**84.38**	**99.92**	**100.7**	**97.08**	**103.16**	**106.33**	**91.8**
103.70	104.94	102.96	110.22	112.13	84.38	99.92	100.7	97.08	103.16	106.33	91.8
103.70	104.94	102.96	110.22	112.13	84.38	99.92	100.7	97.08	103.16	106.33	91.8

3-17 主要年份全区工业生产者出厂价格指数

指　　标	Item	2001	2002	2003	2004	2005
全部工业品	**Total Industry Products**	**100.29**	**99.68**	**103.85**	**109.97**	**106.23**
其中：轻工业	Light Industry	100.73	98.84	101.37	102.6	102.47
以农产品为原料	Raw Material of Agricultural Products	100.72	98.81	101.37	103.61	104.14
以非农产品为原料	Raw Material of Non-agricultural Products	100.94	99.08	101.43	101.73	100.74
重工业	Heavy Industry	100.2	99.84	104.86	112.72	107.48
采掘	Mining & Quarrying	100.99	108.64	102.05	128.62	123.78
原材料	Raw Material	100.44	97.65	105.4	111.55	108.74
加工	Processing	99.75	100	104.44	112.43	99.41
其中：生产资料	Means of Production	100.33	99.82	104.26	110.57	106.47
采掘	Mining & Quarrying	100.94	108.39	101.57	133.6	128.56
原材料	Raw Material	100.4	97.59	105.92	109.07	106.18
加工	Processing	100	99.98	102.93	107.4	100.62
生活资料	Consumer Goods	100.1	98.77	100.36	103.21	103.44
食品	Food	99.57	98.69	99.68	104.55	104.86
衣着	Clothing	103.62	100.42	103.12	101.02	98.78
一般日用品	Articles for Daily Use	101.65	97.73	97.19	100.35	102.67
耐用消费品	Durable Consumer Goods	100.69	92.47	97.16	97.47	99.55
按工业部门分	By Industry Branch					
冶金工业	Metallurgy Industry	96.12	92.84	103.25	113.56	96.87
电力工业	Electric Power Industry	106.07	100.81	103.32	107.21	104.32
煤炭及炼焦工业	Coal and Coking Industry	102.02	112.16	103.02	133.53	127.73
石油工业	Petroleum Industry	99.41	96.58	116.52	110.72	118.86
化学工业	Chemistry Industry	99.39	101.55	104.5	106.58	104.72
机械工业	Machinery Industry	100.79	97.9	99.13	102.8	106.02
建筑材料工业	Building Materials Industry	99.78	102.16	100.85	105.36	99.34
森林工业	Forest Industry	100.38	100.54	97.71	95.12	98.84
食品工业	Food Industry	99.31	98.66	100.02	105.03	103.84
纺织工业	Textile Industry	98.42	82.01	101.47	105.15	111.83
缝纫工业	Sewing Industry	103.67	98.95	100.76	100.91	98.79
皮革工业	Leather Industry	101.33	99.34	113.12	103.76	103.56
造纸工业	Papermaking Industry	103.94	99.13	98.01	100.92	103.56
文教艺术用品工业	Culture and Education Articles Industry		99.41	100.89	100.05	100.78
其他工业	Other Industry	113.09	103.14	101.56	107.65	106.93
按工业行业分	By Industry Sector					
煤炭开采和洗选业	Mining and Washing of Coal	101.06	113.21	101.58	133.66	128.63
石油和天然气开采业	Extraction of Petroleum and Natural Gas	99.51	98.88			
黑色金属矿采选业	Mining and Dressing of Ferrous Metal					
有色金属矿采选业	Mining and Dressing of Non-ferrous Metal					
非金属矿采选业	Mining and Processing of Non-ferrous Metal Ores	101.38	99.44	99.92	97.82	95.62
其他采矿业	Other Mining and Dressing					
农副食品加工业	Processing of Food from Agricultural Products	100.11	97.68	101.38	109.92	103.15
食品制造业	Manufacture of Foods	99.29	97.74	98.44	101.43	106.44
酒、饮料及精制茶制造业	Manufacture of Liquor, Beverages and Tea	98.04	101.01	100.01	104.25	101.92
烟草制品业	Processing of Tobacco		100.06	100	100.06	100.01

Producer Price Indices for Industrial Products in Main Years

2006	2007	2008	2009	2010	2011	2012	2013	2014	2015	2016	2017	2018	2019
106.17	**103.70**	**112.85**	**93.93**	**109.13**	**109.5**	**97.4**	**96.0**	**96.3**	**93.7**	**99.1**	**112.1**	**107.3**	**99.4**
102.48	103.47	112.07	97.50	107.14	114.4	100.4	99.4	99.9	98.8	98.1	100.8	101.9	101.5
101.09	102.83	110.46	93.76	110.71	114.8	101.3	100.8	100.4	98.9	97.9	100.8	101.9	101.8
103.92	104.14	113.89	101.81	102.77	111.6	94.7	89.6	96.2	98.5	99.7	100.4	101.5	99.4
107.38	103.77	113.12	92.98	109.78	108.6	96.9	95.4	95.6	92.9	99.3	114.3	108.2	99.0
110.21	105.90	131.66	100.25	116.13	107.3	97.8	91.6	96.1	92.2	96.7	119.0	107.7	96.6
109.21	103.65	110.33	92.57	110.17	109.6	97.4	95.5	95.5	92.5	98.2	114.5	108.9	99.6
101.66	103.53	115.29	91.46	105.46	106.6	95.3	96.5	95.8	94.1	103.1	111.6	106.5	98.4
106.60	103.61	113.39	93.53	109.37	109.4	97.4	95.8	96.1	93.4	99.2	113.4	107.7	98.9
111.29	106.98	136.30	93.92	114.37	107.3	97.8	91.6	96.1	92.2	96.7	119.0	107.7	96.6
108.80	103.13	106.87	93.40	109.65	109.6	97.5	95.6	95.4	92.1	98.2	114.7	108.4	99.2
102.26	103.27	115.33	93.55	106.52	109.5	97.2	97.2	97.3	95.9	101.8	109.3	106.1	98.9
101.75	104.51	107.74	98.50	106.56	110.4	97.9	98.7	98.5	98.2	98.1	100.9	103.7	104.5
103.61	106.15	108.33	99.29	108.1	108.7	100.4	102.7	99.8	97.9	97.9	100.7	103.0	103.8
96.15	100.76	98.02	96.25	105.61	124.8	111.4	105.1	106.6	95.1	90.5	99.0	95.6	104.9
101.21	102.88	113.10	97.88	102.39	114.1	90	87.0	92.7	99.4	99.6	102.0	107.6	107.6
99.15	99.79	105.77	100.25	112.74	100.6	99.7	98.6	100.1	100.3	99.7	100.1	99.7	98.3
108.65	103.83	109.12	82.89	110.72	115.6	91.3	95.4	94.7	91.8	106.7	115.7	105.0	97.9
103.36	102.87	101.21	101.48	104.57	101.1	102.9	99.7	98.9	98.2	98.5	107.6	101.6	100.0
111.00	107.12	135.60	93.60	114.41	108.7	96.5	89.6	92.3	88.7	95.6	129.7	110.2	98.6
121.52	103.46	120.26	97.39	113.65	113.5	107.2	97.7	97.2	80.8	95.4	111.4	119.9	100.6
100.42	103.40	117.64	90.66	109.25	111.9	92.0	92.9	94.5	96.4	98.1	109.6	111.9	96.6
106.77	102.01	106.39	97.19	100.19	102.7	99.9	98.2	99.0	98.7	98.8	100.2	100.0	99.9
101.72	102.46	114.14	114.92	97.42	97.9	93.7	99.6	96.1	92.5	99.3	110.0	104.5	102.1
99.15	101.05	102.84	100.26	104.36	100.5	100.4	100.6	100.4	100.8	100.2	100.0	100.0	99.4
101.89	105.26	111.56	99.25	108.79	108.8	100.6	103.0	100.0	97.6	97.7	100.7	102.7	103.7
103.33	100.99	98.71	86.79	116.15	126.4	102.9	99.4	100.5	100.0	98.1	99.1	100.1	100.2
95.77	100.32	98.02	96.22	104.81	110.1	105.5	100.5	104.4	100.5	100.0	100.3	99.9	100.0
100.43	101.67	99.56	93.44	104.56	129.5	113.0	107.8	105.9	91.5	89.7	98.8	95.3	105.6
101.23	101.33	119.83	86.91	108.46	107.3	98.5	98.2	100.6	99.9	99.8	113.1	108.3	92.4
103.71	110.34	110.72	97.19	98.85	101.9	101.7	101.6	100.1	99.4	100.2	87.9	79.6	94.0
106.89	108.24	121.09	92.09	107.51	104.8	96.8	96.3	97.4	97.2	99.0	115.7	123.2	106.9
111.34	107.06	136.70	93.91	114.48	110.2	96.9	89.3	93.1	91.1	96.5	127.2	109.8	98.5
					128.9	113.2	105.3	97.0	71.0				
					124.4	88.4	88.2	99.3	89.3	100.2	103.0	101.9	108.1
98.40	100.00	100.00	105.82	99.25	103.3	106.5	100.0	106.8	108.4	100.1	121.1	100.0	100.0
103.61	110.89	112.77	96.92	109.85	113.6	99.2	104.5	99.9	98.3	100.3	101.0	100.8	100.7
99.89	101.88	114.25	99.51	111.09	110.3	96.6	94.3	96.5	93.7	94.7	100.9	104.3	106.5
102.11	101.86	107.99	103.00	102.45	106.9	103.4	100.4	99.5	100.7	100.3	100.1	102.7	101.8
99.97	100.07	100.50	98.24	99.58	100.3	101.1	100.8	100.6	106.7	100.3	100.0	100.0	105.7

3-17 续表

指　　标	Item	2001	2002	2003
纺织业	Manufacture of Textile	99.08	83.72	101.65
纺织服装、服饰业	Manufacture of Textile Apparel and Costume	116.14	100.42	99.99
皮革、毛皮、羽毛及其制品和制鞋业	Manufacture of Leather, Fur, Feather and Related Products and Shoes	101.33	96.19	113.12
木材加工和木、竹、藤、棕、草制品业	Processing of Timber, Manufacture of Wood, Bamboo, Rattan, Palm and Straw Products			
家具制造业	Manufacture of Furniture	100.69	92.47	96.48
造纸和纸制品业	Manufacture of Paper and Paper Products	103.88	99.09	98.01
印刷和记录媒介复制业	Printing, Reproduction of Recording Media	102.98	102.03	101.07
文教体育用品制造业	Manufacture of Articles for Culture, Education and Sport Activities		96.94	88.89
石油、煤炭及其他燃料加工业	Oil, Coal and other Fuel Processing Industries	105.22	98.12	117.37
化学原料和化学制品制造业	Manufacture of Raw Chemical Materials and Chemical Products	99.18	102.58	105.99
医药制造业	Manufacture of Medicines	102.85	101.44	100.19
化学纤维制造业	Manufacture of Chemical Fibers	102.21	87.86	95.49
橡胶和塑料制品业	Manufacture of Rubber and Plastic Products			
非金属矿物制品业	Manufacture of Non-metallic Mineral Products	99.76	102.18	100.95
黑色金属冶炼和压延加工业	Smelting and Pressing of Ferrous Metals	104.99	99.53	114.58
有色金属冶炼和压延加工业	Smelting and Pressing of Non-ferrous Metals	89.52	90.65	99.37
金属制品业	Manufacture of Metal Products	98.05	93.09	106.27
通用设备制造业	Manufacture of General Purpose Machinery	103.06	96.76	96.97
专用设备制造业	Manufacture of Special Purpose Machinery	89.92	104.21	102.82
交通运输设备制造业	Manufacture of Transport Equipment		104.44	101.31
电气机械和器材制造业	Manufacture of Electrical Machinery and Equipment	99.46	96.54	99.86
通信设备、计算机及其他电子设备制造业	Manufacture of Communication Equipment, Computers and Other Electronic Equipment		86.83	100.25
仪器仪表制造业	Manufacture of Instruments and Apparatus	99.04	96.15	99.75
工艺品及其他制造业	Manufacture of Artwork and Other Manufacturing		99.47	106.6
废弃资源和废旧材料回收加工业	Recycling and Pressing of Abandoned Resources and Waste and Scrap			
电力、热力的生产和供应业	Production and Supply of Electric Power, Steam and Hot Water	106.08	100.81	103.32
燃气生产和供应业	Production and Supply of Gas		100.5	104.66
水的生产和供应业	Production and Supply of Tap Water	117.47	104.25	100.73
全部原材料	**Total Raw Materials**	**102.49**	**97.81**	**106.83**
燃料、动力类	Fuels and Powers	103.54	103.67	108.03
黑色金属材料类	Ferrous Metals Materials	98.92	97.98	110.15
其中：钢材	Steels	99	97.58	109.13
其他	Others	97.9	99.36	114.26
有色金属材料及电线类	Non-Ferrous Metals Materials and Electric Wires	84.88	69.99	108.43
化工原料类	Chemical Raw Materials	98.5	98.61	103.11
木材及纸浆类	Timbers and Pulps	103.12	100.51	100.59
建筑材料及非金属矿类	Building Materials and Non-metallic Mineral	103.92	99.89	101.1
其他工业原材料及半成品类	Other Industry Raw Materials and Semi-manufactures	110.57	98.41	99.45
农副产品类	Agricultural Products	123.65	97.39	115.05
纺织原料类	Textile Raw Materials	98.07	79.22	80.52

continued

2004	2005	2006	2007	2008	2009	2010	2011	2012	2013	2014	2015	2016	2017	2018	2019
104.56	106	99.65	100.68	98.23	91.36	115.46	126.2	102.9	99.4	100.6	100.0	98.1	99.1	100.0	100.2
99.2	100.03	100.07	100.12	100.88	103.26	100.3	103	102.2	101.7	101.0	100.0	100.2	100.0	100.0	100.0
103.76	103.56	100.43	101.67	99.56	93.44	104.56	129.5	113	107.8	105.9	91.5	89.7	98.8	95.3	105.6
			102.50	100.00	101.34	101.04	98.9	100.3	100.7	100.6	101.1	100.2	100.0	100.0	100.1
97.25	99.75	99.15	99.84	106.14	100.23	105.87	102	100.4	100.6	100.2	100.4	100.2	100.0	100.0	99.1
100.92	103.56	101.23	101.33	119.83	86.92	108.46	107.3	98.5	98.2	100.6	99.9	99.8	113.1	108.3	92.4
100.05	100.78	103.71	110.34	110.72	97.12	97.7	102.2	101.7	101.6	100.1	99.4	100.2	87.9	79.6	94.0
111.71	118.26	121.33	103.78	123.14	96.36	114.07	110.1	103.2	95.5	94.2	78.8	95.3	118.2	117.6	100.2
112.75	107.44	96.96	102.93	122.35	88.52	110.46	111.1	93.6	94.4	95.6	96.6	97.8	110.4	111.5	93.5
99.11	98.56	99.16	106.31	110.49	98.17	102.72	106.8	88.7	93.8	98.0	102.7	101.8	106.2	125.5	114.6
115.78	104.11	98.45	101.67	99.86	94.10	90.89									
												95.4	107.9	103.2	100.5
105.87	99.75	101.98	103.21	121.67	109.27	101.36	100.2	94.4	98.2	96.1	93.4	99.1	112.5	110.7	104.1
119.54	87.85	98.75	109.13	129.70	81.58	113.84	110.5	92.9	95.7	95.1	87.8	110.1	118.4	111.2	93.8
110.62	101.58	114.72	100.61	96.66	82.93	110.4	119	90.1	95.1	94.3	93.7	104.9	113.0	100.7	100.5
122.45	98.89	103.60	105.49	121.98	94.18	97.73	107.3	96.1	97.1	97.0	93.1	97.6	112.3	103.8	99.3
101.43	102.68	102.01	101.20	106.13	98.80	101.49	103.9	100.3	99.9	99.9	99.9	99.1	99.8	100.2	100.1
114.16	115.65	122.90	104.80	113.90	93.92	101.78	104.8	100.3	98.2	97.9	96.5	97.6	100.0	99.3	102.1
100	100	100.53	103.02	104.15	101.05	107.54	104.1	97.8	99.7	100.0	100.0				
105.89	102.92	110.66	101.98	103.28	97.59	96.22	99	98.8	95.1	99.0	98.8	99.5	100.7	100.0	98.6
101.75	99.93	93.72	95.53	92.69	91.71	104.81	108.1	94	99.5	95.5	100.1				
91.1	106.79	100.16	100.72	103.16	98.17	98.81	101.2	102.7	100.7	99.0	100.0	95.5	99.6	100.8	100.3
100.16	106.01	102.70	100.00	100.00											
107.21	104.32	103.36	102.87	101.21	101.48	104.57	101.1	102.9	99.7	98.9	98.2	98.5	107.6	101.6	100.0
111	126.37	103.38	105.12	105.59	100.33	99.18	99.4	111	104.9	112.0	102.2	85.8	117.6	126.2	100.9
104.93	113.2	113.40	111.82	102.33	99.94	100.63	100.5	100.1	101.3	101.4	102.1	100.4	101.7	112.9	101.9
117.29	**109.69**	**108.48**	**107.14**	**121.80**	**94.69**	**114.06**	**112.8**	**99.5**	**97.0**	**97.0**	**92.1**	**96.9**	**112.9**	**106.5**	**97.5**
116.52	113.62	107.86	107.45	126.78	103.47	112.34	112.2	101.3	96.1	96.4	89.0	95.0	116.1	108.1	98.4
134.44	105.75	90.17	108.36	136.56	81.08	111.74	108.7	92.5	92.6	93.4	88.7	104.3	119.0	111.0	94.4
133.29	103.77	89.67	106.52	133.33	81.70	108.98	109.9	93	90.6	94.8	90.6	100.0	117.2	107.5	95.9
139.65	114.35	94.48	116.06	148.75	77.52	118.76	105.4	91.1	98.0	89.9	83.2	110.5	119.6	116.1	92.1
114.75	101.93	129.64	108.40	105.07	81.22	129.89	111.8	91.4	96.0	97.2	96.3	94.3	114.9	101.4	88.9
114.53	110.46	99.17	104.31	116.73	93.26	109.25	117	100.3	94.7	95.6	92.5	98.3	114.3	106.0	88.4
108.49	117.2	101.22	102.99	113.04	93.48	107.87	104.1	98.2	98.0	98.3	99.8	98.4	106.0	115.8	99.8
110.98	109.49	105.01	104.55	127.00	103.56	103.69	120.2	100.5	97.5	95.1	95.5	100.5	110.5	106.6	101.0
109.57	103.81	105.62	106.29	113.66	92.35	108.96	109.5	101.5	102.1	98.2	96.2	99.0	102.8	103.3	101.3
117.27	108.76	102.49	108.74	125.96	89.49	118.7	115.3	101.3	101.8	101.0	96.3	98.2	104.8	102.7	102.5
100.67	122.67	100.67	100.85	99.52	95.57	108.6	108.5	98.5	99.4	100.3	99.9	98.3	103.7	100.1	99.1

3-18 主要年份全区固定资产投资价格指数
Price Indices for Investment in Fixed Assets in Main Years

指　标	Item	2000	2001	2002	2003	2004	2005	2006	2007	2008	2009
固定资产投资	**Investment in Fixed Assets**	**104.5**	**101.5**	**100.7**	**102.3**	**104.9**	**102.1**	**101.3**	**103.2**	**109.0**	**100.2**
建筑安装、装饰工程	Construction and Installation	106.3	102.0	102.1	103.7	107.1	102.2	101.2	104.1	110.6	100.7
人工费	Cost for Labor	106.0	105.3	111.1	106.7	106.2	104.6	106.8	106.6	113.9	109.3
材料费	Cost of Materials	106.2	101.1	99.9	103.8	108.6	101.6	99.6	103.6	110.4	98.7
其中：钢材	Steels	109.0	97.9	100.0	110.4	122.4	100.3	95.4	104.3	116.7	84.2
木材	Timbers	98.8	98.7	98.1	99.6	106.5	100.3	103.4	104.9	108.0	101.9
水泥	Cement	101.0	104.0	100.2	101.7	101.9	102.3	100.5	102.3	109.7	111.7
地方建筑材料	Local Building Materials	108.4	102.9	100.4	100.1	101.1	103.0	101.8	104.0	108.4	104.7
化工材料	Chemical Materials	115.2	106.8	97.9	100.0	103.8	105.5	104.7	102.4	104.1	98.0
电料	Electrical Materials	100.1	101.0	99.1	102.4	102.1	102.5	102.8	103.3	117.9	101.4
其他材料	Other Materials	102.9	99.5	100.1	101.6	101.9	101.2	101.9	104.3	105.3	105.5
机械使用费	Charge for Use of Machinery	107.4	101.6	103.0	99.2	100.8	101.9	101.9	102.9	107.1	101.4
设备、工器具购置	Purchase of Equipment and Instruments	99.5	100.7	97.0	96.9	99.1	101.3	102.4	100.4	101.9	97.4
其他费用	Other	103.9	100.7	100.0	103.2	102.6	101.8	99.9	101.0	106.4	101.1

3-18 续表 continued

指　标	Item	2010	2011	2012	2013	2014	2015	2016	2017	2018	2019
固定资产投资	**Investment in Fixed Assets**	**104.2**	**107.5**	**101.5**	**99.8**	**100.8**	**97.5**	**99.6**	**105.9**	**103.5**	**102.0**
建筑安装、装饰工程	Construction and Installation	105.3	109.1	101.9	99.9	101.1	96.9	99.5	107.6	104.7	101.9
人工费	Cost for Labor	111.7	122.1	114.1	106.6	107.4	106.7	103.6	102.6	103.6	101.8
材料费	Cost of Materials	104.8	107.3	100.4	98.0	99.0	93.3	98.3	109.9	105.9	101.7
其中：钢材	Steels	104.6	109.4	97.0	92.5	95.6	89.5	99.9	114.9	106.3	101.3
木材	Timbers	103.5	112.9	95.7	101.5	100.5	100.5	100.3	101.8	102.7	101.1
水泥	Cement	102.9	99.9	95.8	97.9	99.1	96.4	98.6	108.5	108.8	100.5
地方建筑材料	Local Building Materials	104.7	112.4	103.9	99.2	100.3	96.7	97.7	105.6	106.7	
化工材料	Chemical Materials	107.7	108.2	102.4	100.1	99.6	84.3	95.9	105.1	106.6	102.4
电料	Electrical Materials	103.3	108.6	106.2	103.9	101.1	97.4	100.6	104.5	101.5	98.2
其他材料	Other Materials	102.6	103.9	103.8	102.8	104.1	100.4	96.9	100.0	102.7	100.5
机械使用费	Charge for Use of Machinery	102.8	104.7	102.4	102.9	102	101.7	99.3	101.0	101.4	102.5
设备、工器具购置	Purchase of Equipment and Instruments	100.2	101.5	99.8	99.1	99.6	99.1	99.0	100.3	100.9	100.0
其他费用	Other	100	102.5	100.0	100.0	100.0	100.1	100.8	100.0	100.0	106.1

主要指标解释

居民消费价格指数（CPI）　居民消费价格指数是度量一组代表性消费商品及服务项目价格水平随着时间而变动的相对数，反映居民家庭购买的消费品及服务价格水平的变动情况。它是宏观经济分析和决策、价格总水平监测和调控以及国民经济核算的重要指标。其按年度计算的变动率通常被用来作为反映通货膨胀（或紧缩）程度的指标。

商品零售价格指数　商品零售价格是商品在流通过程中最后一个环节的价格，是工业、商业、餐饮业和其他零售企业向城乡居民、机关团体出售生活消费品和办公用品的价格。商品零售价格调查的任务是系统地调查、搜集和整理市场商品零售价格资料，编制商品零售价格指数，以此反映市场商品零售价格的变动趋势和变动程度。其目的在于掌握商品价格的变动趋势，为国家宏观调控和国民经济核算提供参考依据。同时，还可以在此基础上编制其他派生价格指数。

农业生产资料价格指数　农业生产资料价格是农业生产资料在流通领域的最后一个环节价格，是工业、商业及其他单位和个人向农民出售农业生产资料的价格。农业生产资料价格调查的任务是系统地调查、搜集和整理市场农业生产资料价格资料，编制农业生产资料价格指数，据此测定全国市场农业生产资料价格变动趋势和变动程度。其目的在于掌握农业生产资料的平均价格水平，为国家制定经济政策提供依据；同时，为研究城乡市场流通和国民经济核算提供参考依据。

农产品生产者价格指数　反映一定时期内，农产品生产者出售的农产品价格水平变动趋势及幅度的相对数。农产品生产者价格是指农产品生产者第一手（直接）出售其产品时实际获得的单位产品价格。

工业生产者出厂价格指数（PPI）　PPI是工业生产者出厂价格指数（Producer Price Index）的简称，反映工业企业产品第一次出售时的出厂价格的变化趋势和变动幅度。与CPI相比，CPI是从消费者的角度反映市场物价的变化趋势，PPI是从生产者的角度反映产品的价格变动情况。

工业生产者购进价格指数（IPI）　IPI是工业生产者购进价格指数的简称，反映工业企业作为中间投入的原材料、燃料、动力的购进价格的变化趋势和变动幅度。

固定资产投资价格指数　反映全社会及各类工程固定资产投资中涉及的各类投资品和取费项目价格的变动趋势和变动幅度。

建筑安装工程价格指数　反映建筑安装工程产值中建筑材料、人工费以及各种费用标准变动趋势及变动幅度的相对数。

Explanatory Notes on Main Statistical Indicators

Consumer Price Indices (CPI) reflect the relative change in prices of consumer goods and services in a certain period of time. Formation of consumer price index aims to study the impact of consumer price changes on the actual living cost of urban and rural residents and to provide scientific basis for central government and relevant departments to draw up consumer policy, price policy, wage policy and monetary policy and to account the nation economy. It is also a key index reflecting the inflation rate.

Retail Price Indices reflect the prices at which industrial, commercial, catering and other retail enterprises sell daily consumer goods to urban and rural residents and products for office use to institutions and social organizations. It reflects the general change in prices of retail commodities in a certain period of time. Formation of retail price index aims to keep abreast of price fluctuation of retail commodities and provide the reference basis for the central government to work out economic policies. At the same time, it can also compile other derived price index on this basis.

Price Indices for Means of Agricultural Production reflect the prices at which industrial, commercial, catering and other retail enterprises sell agricultural means of production to peasants for office use to institutions and social organizations. It reflects the general change in prices of agricultural means of production in a certain period of time. Formation of retail price index aims to keep abreast of price fluctuation of agricultural means of production and provide the reference basis for the central government to work out economic policies. At the same time, it can also provide the reference for the study of circulation of urban and rural markets and national economic accounting.

Producer Prices Indices for Farm Products reflect the trend and degree of changes in the prices of the means of agricultural production during a given period. It is the actual price of the unit product sold by producer of agricultural products firsthand.

Producer Price Indices for Industrial Products (PPI) PPI is the abbreviation of Producer Price Index for industrial products, which is reflecting the trend and degree of changes in the prices for industrial products sold firsthand. Comparing with CPI, CPI reflects the trend of market price from the consumer perspective. PPI reflects the degree of changes in the prices for industrial products from the producer perspective.

Purchasing Price Indices for Industrial Producers (IPI) IPI is the abbreviation of purchasing price indices for industrial producers, which is reflecting the trend and degree of changes in the intermediate input raw materials, fuel, power purchase price.

Price Indices for Investment in Fixed Assets reflect the trend and degree of relative changes in fixed assets involved in the various types of investment products and costs of project price of whole society and all kinds of engineering investment.

Price Indices for Construction and Installation Engineering reflect the trend and degree of relative changes in the building materials costs, labor costs and other costs for construction and installation engineering.

第四篇 农业调查

Agriculture Survey

简要说明

粮食及畜牧业生产调查数据包括粮食播种面积、粮食产量，猪、牛、羊、家禽存出栏数及产品产量等。其中粮食播种面积、粮食产量是根据抽样方法抽取的分布在全区21个市县（区）范围的203个调查村样本资料分级推算加总取得；猪、牛、羊、家禽存出栏数及产品产量调查点分布在全区 22 个市县（区），调查对象为全区范围内的所有大型养殖场（户）和抽中的237个村内的1万多户中小型养殖场（户），自治区、市、县（市、区）数据是根据调查样本分级推算加总取得。

Brief Introduction

Data of agriculture and animal husbandry include sown area of crops, grain yield, number of livestock bred and slaughtered of pork, beef, mutton and poultry, output of livestock products. Data of sown area of crops and grain yield are collected according to the sampling method. This method chooses 203 survey villages at 21 cities and counties in Ningxia and amounts the data. Survey points of bred and slaughtered livestock number of pork, beef, mutton and poultry and output of livestock products distribute at 22 cities and counties in Ningxia. Survey objects include all scale households and production units, as well as 237 scattered households involving 10 thousand small and medium size farmers. Data at all levels are achieved based on survey sample calculating and amounting.

2019 年宁夏主要畜禽生产总体平稳

2019 年，宁夏大力实施精准扶贫，持续推进畜禽养殖良种化、粪污处理无害化、防疫管理标准化，紧紧围绕“乡村振兴”战略稳步调整畜禽养殖结构，促进产业提质增效、转型升级，积极应对非洲猪瘟疫情及外部环境带来的挑战，主要畜禽生产总体平稳，畜产品价格全面上涨。

一、主要畜禽生产形势分析

（一）主要畜禽产品产量呈现“一增两降”

据主要畜禽监测调查结果显示，2019 年宁夏主要畜禽肉产量为 33.2 万吨，同比下降 1.7%，猪肉产量减少是拉动肉产量下降的主要因素；生牛奶产量 183.4 万吨，同比增长 9.0%；禽蛋产量 13.9 万吨，同比下降 3.6%，主要畜禽产品产量呈现“一增两降”的特点。从主要畜禽各类肉产量结构看，猪肉产量为 7.8 万吨，同比下降 11.6%，猪肉产量占肉产量的 23.5%，比上年下降了 2.6 个百分点；牛肉产量 11.5 万吨，同比下降 0.5%，占 34.5%，比上年提高了 0.4 个百分点；羊肉产量 10.4 万吨，同比增长 5.1%，占 31.3%，比上年提高了 2 个百分点；禽肉产量 3.6 万吨，同比增长 0.1%，占 10.7%，比上年提高了 0.2 个百分点，畜产品结构逐渐优化，牛羊肉产量占近七成。

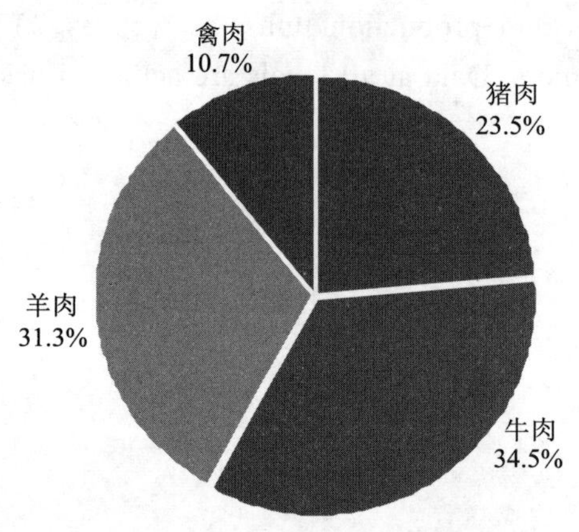

图 1　2019 年主要畜禽肉类构成

（二）养殖特色凸显

1. 肉牛存栏近百万，养殖户扩群明显。据主要畜禽监测调查结果显示，2019 年末宁夏牛存栏 140.9 万头，同比增长 13.0%，其中：肉牛存栏 97.1 万头，同比增长 15.0%；牛出栏 71.9 万头，同比下降 3.9%。在精准扶贫政策和价格上涨的双重因素影响下，农户养殖肉牛积极性大幅提高，扩群意愿明显。据调查，宁夏中、小型养殖户能繁母牛存栏比例分别为 41.5%和 52.7%，比上年同期分别提高 7.1 和 6.7 个百分点，母畜增多，养殖户扩群意愿明显。受猪价上涨和需求增加的影响，肉牛出栏价格也由一季度的 27.7 元/公斤，上涨至四季度的 32.1 元/公斤，年内上涨 15.9%，四季度同比上涨 15.7%，养殖户惜售，出栏减少。

2. 奶牛养殖逐渐恢复，奶产量再上新台阶。2019 年末，宁夏奶牛存栏 43.7 万头，同比增长 8.9%。全年生牛奶产量 183.4 万吨，同比增长 9.0%。据农产品生产者价格调查显示，2019 年生牛奶价格同比上涨 9.7%，在奶价利好因素的影响下，奶牛养殖户积极扩大养殖规模，购进进口奶牛改良品种，提高单产，奶牛生产逐渐恢复向好。

3. 羊生产逐渐恢复，存出栏增加。2019 年末，宁夏羊存栏 568.5 万只，同比增长 6.4%。全年肉羊出栏 579.7 万只，同比增长 3.7%。今年以来肉羊价格持续上涨，养殖户积极性提高，加之部分县区精准扶贫产业政策的带动，宁夏羊生产逐渐恢复，存出栏增加。据农产品生产者价格调查显示，一季度肉羊出栏价格同比上涨 8.2%，二季度上涨 8.2%，三季度上涨 10.5%，四季度出栏价格为 30.2 元/公斤，同比上涨 13.5%。

4. 生猪生产逐渐恢复，出栏大幅下降。2019 年末，宁夏生猪存栏 73.4 万头，同比下降 0.5%，其中：能繁母猪存栏 8.8 万头，同比增长 8.3%，环比增长 5.2%。全年肥猪出栏 96.6 万头，同比下降 14.1%。今年宁夏多地发生非洲猪瘟疫情，受疫情因素影响，生猪流通受限，能繁母猪、仔猪购进困难，养殖户防疫意识增强，购进谨慎。截至 3 月末，能繁母猪存栏连续 5 个季度减少，产能下降，导致生猪存栏不足，可供出栏肥猪数量锐减，出栏大幅下降。3 月中下旬，随着生猪价格持续上涨，养殖户补栏积极性逐渐提高，留栏后备母猪，年末能繁母猪实现增长，产能逐渐恢复向好。据农产品生产者价格调查显示，四季度肥猪出栏价格 30.3 元/公斤，同比增长 1.1 倍，创历史新高，据养殖户反映，目前出栏 1 头肥猪利润是过去近 10 头猪的利润。

5. 家禽生产逐渐恢复，出栏减少。2019 年年末，宁夏家禽存栏 1284.4 万只，同比增长 12.4%。其中：蛋鸡存栏 938.4 万只，同比增长 15.4%。全年家禽出栏 1723.9 万只，同比下降 6.7%。宁夏家禽养殖以蛋鸡为主，2019 年末蛋鸡存栏占家禽存栏的 73.1%，比上年提高 1.4 个百分点。今年以来猪肉价格大幅上涨，作为价格较低的替代品禽蛋、鸡肉价格也全面上涨，养殖户积极补栏，家禽尤其是蛋鸡养殖呈现恢复性增长，出栏减少。据农产品生产者价格调查显示，二季度以来禽蛋价格同比大幅上涨，全年平均上涨 8.5%，禽肉价格同比上涨 10.8%。据养殖户反映，四季度鸡蛋价格为 10.7 元/公斤，同比上涨 23.2%，鸡肉价格 20.6 元/公斤，同比上涨 19.2%。

二、制约主要畜禽生产的重要因素

（一）疫情防控存在薄弱环节

今年以来，宁夏发生多起“非洲猪瘟”疫情，虽然生猪养殖户非常重视疫情防控，但仍然存在薄弱环节，部分中小型养殖场（户）未建立严格的防疫、消毒、无害化处理等措施，思想上松懈，存在侥幸心理，使得疫情偶有发生。当前生猪价格飙涨，肥猪出栏价格在 3000 元/头以上，甚至还有万元“牛猪”，一旦发生疫情，对整个养殖场都是毁灭性的打击。

（二）圈舍面积不足，规模化发展受限

在调查中了解到，中小型养殖户普遍反映目前最大的问题就是自家庭院、圈舍养殖面积有限，扩大养殖规模受制约，规模养殖、产业升级难以实现，存在土地使用、圈舍建设审批难。

（三）传统养殖，村居环境受影响

受传统养殖习惯影响，部分中小型和散养户分布在居民区，粪污处理不得当，破坏了当地生态环境，部分养殖户虽按要求建设了粪污处理池，但清粪时依旧会遭到投诉。粗放型养殖与环境保护政策不相适应，不利于乡村振兴战略的实施。

（四）龙头企业带动不足

固原市属于六盘山贫困地区，也是脱贫攻坚的主战场，近年来精准扶贫政策支持肉牛养殖蓬勃发展，截至 2019 年年末，该市肉牛存栏达到 45.5 万头，同比增长 9.5%，而该地区年饲养量达到 1000 头以上的大型肉牛养殖场户仅 3 户，缺乏龙头企业带动，产品加工滞后，更多的是活畜交易，当地畜产品附加值挖掘不足，养殖户多依靠自身自繁自育发展，抗风险能力较弱。

三、意见和建议

（一）持续加强疫情防疫工作

一要加大宣传力度，增强防疫意识。相关部门大力开展对畜牧养殖和防疫知识的推广和普及工作，提

高养殖户对疫病防控知识的知晓率，熟悉畜禽免疫流程规范化操作，掌握疫病防控措施，确保防疫工作取得实效。二要提高预警防范能力。相关部门要做好养殖环节、屠宰环节、交易场所的疫病监测，抓好流通环节的防疫检测，禁止泔水养猪，推进绿色健康养殖，做到流入市场的生猪实现全面检验。三要做好基层防疫人员的业务培训，提升防疫人员的技术水平，规范接种防疫工作，保障养殖业健康发展。

（二）积极稳妥推进乡村振兴战略

合理规划养殖用地，鼓励利用农村集体荒地发展养殖，建立完善的养殖园区，改善养殖环境，引导促进畜禽养殖户出户入园，大力推进畜禽标准化、规模化发展，实施科学管理，减少环境污染，推动农村环境更加优美。

（三）加速产业升级，推进产业融合发展

培育壮大和扶持畜产品加工、营销龙头企业和基础母畜基地建设，依靠龙头企业的参与和带动，把种畜禽、养殖基地、饲料、加工、储藏、营销等各环节联合起来，形成完整的畜牧业产业链，降低生产成本，提高农民收益，加速推进畜牧业技术升级和产业转型。

（王娟）

2019年宁夏粮食总产量373万吨

据国家统计局宁夏调查总队抽样调查统计，2019年全区粮食生产再获丰收，总产量373万吨，比2018年减少19万吨，下降4.9%，但仍为历史第五高产年。粮食总产减少的主要原因是由于种植结构调整粮食面积减少。

一、种植结构调优，粮食播种面积下降

2019年，宁夏各级党委、政府着眼于保障粮食安全的基本底线，围绕农业提质增效和农民持续增收，进一步推动种植结构调整和粮食产业优化升级，以市场为导向，大力发展特色优势产业和优质品种，加快构建粮经饲统筹、种养加一体、农牧渔结合的现代农业结构。据调查，2019年全区粮食播种面积1016万亩，比上年减少87万亩，下降7.9%，因粮食播种面积调减影响全区粮食减产31万吨。

（一）四大主粮作物播种面积下降

2019年，全区重点推广中强筋小麦品种和国标二级以上优质稻谷品种，进一步减少一般性产品供给，小麦、稻谷播种面积均大幅下降。其中，小麦162万亩，比上年下降16.2%；稻谷102万亩，下降12.8%。优化玉米内部结构，青贮玉米增加，籽粒玉米播种面积减少至450万亩，下降3.5%。马铃薯139万亩，下降15.7%，主要是中南部山区冷凉蔬菜、中药材、青储玉米等经济及饲料作物面积扩增对马铃薯种植形成一定挤压。

（二）小杂粮播种面积大幅增加

立足区情农情，宁夏合理优化粮食生产布局，在中部干旱带和南部山区，因地制宜大力发展谷子、荞麦等降水利用效率高的特色小杂粮生产，小杂粮面积扩增明显。2019年，全区谷子、荞麦播种面积分别为16万亩、88万亩，比上年分别增长8.8%和29.9%。

二、生产能力提升，粮食单产水平增加

2019年，全区粮食作物单产367公斤/亩，比上年增加11公斤，增长3.1%。因粮食单产增加影响全区粮食增产12万吨。

分品种看，玉米、马铃薯、小杂粮单产增加，小麦、稻谷单产不同程度下降。玉米单产513公斤/亩，增长2%；马铃薯单产284公斤/亩，增长28.5%；谷子、燕麦、荞麦单产水平分别增长10.7%、9.3%和14.5%。小麦单产214公斤/亩，每亩比上年减少2公斤，下降0.9%；稻谷单产540公斤/亩，每亩比上年减少29公斤，下降5.1%。

三、保障粮食安全底线，粮食产量稳中有降

2019年，宁夏粮食生产仍属丰收年景，但不同地区、不同品种之间产量增减差异较大。

（一）夏秋同减，夏粮作物产量占比继续下降

分季节看，2019年全区夏收粮食作物产量36万吨，比上年减少7万吨，下降16.6%；夏收粮食作物产量占全年粮食作物产量的比重由上年的11%下降至9.7%。秋收粮食作物产量337万吨，比上年减少12万吨，下降3.5%。

（二）山增川减，山区占比增加

分区域看，2019年全区有8个县（区）粮食增产，14个县（市、区）粮食减产。其中，8个增产县（区）中山区有6个，占增产县总数的75%。山区粮食产量171万吨，比上年增加2万吨，增长1.3%；川区粮食

产量 202 万吨，比上年减少 21 万吨，下降 9.6%。其中，山区粮食产量占全区粮食产量的比重为 45.8%，比上年的 43.1%提高 2.7 个百分点。

（三）四大主粮作物“三减一增”，小杂粮喜获丰收

2019 年，宁夏小麦、稻谷、玉米产量分别为 35 万吨、55 万吨、230 万吨，比上年分别下降 16.8%、17.2%和 1.8%；马铃薯产量 39 万吨，比上年增长 8.4%。受面积增加和单产水平提升双因素拉动，谷子、荞麦产量分别为 2 万吨、6 万吨，比上年分别增长 20.9%和 48.1%。

表 1 2019 年宁夏粮食播种面积、总产量及单位面积产量情况

	播种面积（万亩）	总产量（万吨）	单位面积产量（公斤/亩）
全年粮食	1016.05	373.15	367
一、分季节			
1. 夏粮	179	36.16	202
2. 秋粮	837.05	337	403
二、分品种			
其中：小麦	161.66	34.61	214
稻谷	102.08	55.09	540
玉米	449.67	230.47	513
马铃薯	139.07	39.43	284

注：1. 由于计算机自动进位原因，分项数合计与全年数据略有差异；

2. 个别分县数据较小，表中均保留 2 位小数。

表 2 2019 年全区及各县（市、区）粮食产量

	播种面积（万亩）	总产量（万吨）	单位面积产量（公斤/亩）
全区总计	1016.05	373.15	367
一、分区域			
川 区	372.89	201.97	542
山 区	643.16	171.18	266
二、分县区			
兴庆区	9.06	4.51	498
金凤区	2.22	1.21	544
西夏区	14.45	8.84	612
永宁县	39.45	21.61	548
贺兰县	31.08	15.85	510
灵武市	25.33	14.27	563
大武口区	4.09	1.69	414
惠农区	20.14	9.89	491
平罗县	81.98	37.38	456
利通区	24.01	14.12	588
红寺堡	30.20	15.15	502
盐池县	86.10	13.19	153
同心县	116.30	32.97	283

续表

	播种面积（万亩）	总产量（万吨）	单位面积产量（公斤/亩）
青铜峡市	43.80	26.89	614
原州区	70.08	20.22	288
西吉县	133.28	37.17	279
隆德县	26.33	7.98	303
泾源县	1.13	0.22	194
彭阳县	72.08	21.73	301
沙坡头区	25.94	15.39	593
中宁县	51.35	30.32	590
海原县	107.66	22.56	210

注：因计算机自动进位原因，分县合计数与全区数略有差异。

四、影响粮食生产的主要因素

（一）比较效益变化影响粮食面积减少

一是粮食价格波动影响粮食面积变化。2018 年、2019 年国家分别下调主产区稻谷、小麦最低收购价格，价格影响传导至宁夏，使得全区稻谷、小麦播种面积大幅减少。同时，伴随着畜牧产品价格的走高，苜蓿、青储玉米等饲草价格水涨船高，今年以来宁夏各地青储玉米价格涨幅超过 10%，籽粒玉米改青储收获现象增加，籽粒玉米面积下降。二是种植结构调整影响粮食面积减少。近年来，宁夏结合自身区域特点，大力发展特色优势产业，合作社、家庭农场等主动出击，加快土地流转，蔬菜、青饲料等经饲作物由于生产周期短，可立体种植、轮作次数多和市场需求大等特点，受到青睐。2007 以来，宁夏蔬菜播种面积连续 12 年增长，并成为带动种植业发展和农民增收的主导产业，青饲料面积占农作物总播种面积的比重上升至 9%以上。同时，按照“为养而种，以养定种”的发展思路，进一步优化种植业、养殖业结构，逐步搭建农业内部循环链条。利通区鼓励奶牛养殖企业与农户签订青贮玉米订单，建设饲草基地；盐池县对优质牧草种植每亩补助 60 元；泾源县对青储玉米种植每亩补贴 2 公斤种子、7 公斤薄膜，全县 26.2 万亩可用耕地中青储玉米面积接近 29%。宁夏种植结构由以粮为主转向“粮经饲”协调发展。

（二）气象条件有利有弊，山川粮食产量有增有减

2019 年受降水、气温等综合影响，山、川粮食生产形势差异较大，但气象条件总体对粮食生产较为有利。一是山区水分充足，粮食再获丰收。南部山区各县雨水充沛，降水与需水关键期吻合，大部分地区秋粮作物土壤水分供应良好。特别是在秋粮作物生长关键期，降水集中、持续时间长、渗透性好，土壤墒情适宜，气候条件对玉米、小杂粮旺盛生长和马铃薯有效结薯数增加十分有利。二是川区阴雨寡照，影响部分粮食作物单产下降。今年以来，川区降水偏多、日照时数偏少、气温偏低，阴雨寡照天气对小麦、稻谷、玉米生长发育及籽粒灌浆产生不利影响，同时连续降雨后的大风天气，造成局部地区小麦、稻谷倒伏，空秕率增多。

（三）病虫害发生轻，灾害损失少

宁夏坚持把“绿色、高质、高效”贯穿于粮食生产全过程，全面推广测土配方施肥、病虫害专业化统防统治和绿色防控，粮食生产期病虫害发生较轻。2019 年，全区玉米棉铃虫、黏虫、红蜘蛛、大斑病轻度发生，玉米蚜虫中偏轻发生，均得到有效防控。如原州区玉米大斑病虽有发生，但在发病盛期农技推广人员及时开展“一喷三防”等措施，将病害造成的损失降到了最低。原州区 85%的马铃薯种植品种为抗病品种，虽然今年雨水较多，但马铃薯晚疫病发生较轻，对马铃薯产量没有影响。

（白文娟）

4-1 主要年份全区粮食生产情况
Basic Statistics of Grain Production in Main Years

单位：万亩、公斤、万吨 (10000 mu,kg,10000 tons)

年份 Year	粮食 Grain			一、夏粮 Summer Harvest			#小麦 Wheat			二、秋粮 Autumn Harvest		
	播种面积 Sown Area	亩产 Yield per Unit	总产量 Total Output	播种面积 Sown Area	亩产 Yield per Unit	总产量 Total Output	播种面积 Sown Area	亩产 Yield per Unit	总产量 Total Output	播种面积 Sown Area	亩产 Yield per Unit	总产量 Total Output
1984	1021.21	151	154.50	540.01	149	80.31	462.18	162	74.90	481.21	154	73.91
1985	968.90	148	143.00	496.70	137	68.00	426.80	146	62.50	472.20	159	75.00
1986	985.40	158	155.50	519.20	151	78.10	438.80	164	71.80	466.20	166	77.40
1987	1008.10	142	143.00	433.70	121	52.30	363.30	132	47.90	574.40	158	90.70
1988	1055.21	156	164.86	523.09	132	69.09	433.60	148	64.10	532.12	180	95.77
1989	1058.86	167	176.54	542.37	143	77.36	448.90	158	71.10	516.49	192	99.17
1990	1083.21	177	191.70	555.90	150	83.08	460.70	169	78.00	527.31	206	108.62
1991	1088.22	184	199.78	560.63	164	92.18	470.72	182	85.46	527.59	204	107.60
1992	1094.57	171	186.81	460.10	163	75.13	372.75	186	69.28	634.47	176	111.68
1993	1096.35	187	205.28	579.46	164	94.95	470.03	183	86.01	516.89	213	110.33
1994	1105.05	182	201.22	555.84	148	82.42	435.72	159	69.23	549.21	216	118.81
1995	1142.65	178	203.25	526.87	142	74.71	441.52	156	68.87	615.77	209	128.54
1996	1172.85	220	257.87	562.87	173	97.20	470.84	185	87.29	609.98	263	160.66
1997	1172.75	219	256.60	564.28	160	90.05	468.55	175	82.16	608.47	274	166.55
1998	1226.07	241	294.86	561.24	181	101.58	475.24	197	93.83	664.83	291	193.28
1999	1255.03	234	293.28	465.05	181	84.12	402.60	194	78.21	789.97	265	209.16
2000	1210.61	209	252.74	498.39	156	77.66	438.88	170	74.46	712.22	246	175.08
2001	1172.11	234	274.80	532.73	164	87.25	448.88	186	83.60	639.38	293	187.55
2002	1321.70	228	301.91	673.84	158	106.32	556.31	173	96.12	647.86	302	195.60
2003	1207.98	224	270.17	619.13	135	83.70	478.92	158	75.61	588.85	317	186.47
2004	1187.48	245	290.49	515.29	170	87.70	418.54	192	80.42	672.20	302	202.79
2005	1163.87	258	299.81	492.79	172	84.60	414.03	192	79.41	671.08	321	215.21
2006	1193.42	261	310.94	398.15	202	80.24	322.10	216	69.45	795.27	290	230.70
2007	1266.65	255	323.49	371.73	169	62.96	350.60	176	61.60	894.92	291	260.53
2008	1212.39	272	329.22	360.24	183	66.06	306.43	209	64.07	852.15	309	263.16
2009	1207.73	282	340.61	371.03	202	75.05	327.69	224	73.56	836.70	317	265.56
2010	1222.48	292	356.39	360.91	199	71.82	317.06	222	70.33	861.57	330	284.58
2011	1224.19	293	358.84	338.14	190	64.17	303.15	208	62.98	886.05	333	294.67
2012	1181.70	317	374.97	300.83	210	63.14	268.47	231	62.04	880.87	354	311.83
2013	1133.68	329	373.29	249.60	190	47.32	223.24	207	46.32	884.08	369	325.97
2014	1092.47	345	376.59	216.78	191	41.49	191.20	212	40.55	875.70	383	335.10
2015	1092.22	341	372.60	209.00	194	40.46	183.68	216	39.64	883.22	376	332.14
2016	1076.89	344	370.65	193.00	202	39.00	176.00	216	38.00	883.89	375	331.65
2017	1083.77	341	370.05	200.70	193	38.82	184.70	205	37.82	883.07	375	331.23
2018	1103.51	356	392.58	214.69	202	43.35	192.89	216	41.58	888.82	393	349.23
2019	1016.05	367	373.15	179.00	202	36.16	161.66	214	34.61	837.05	403	337.00

注：根据全国第三次农业普查反馈数据对宁夏2007-2017年全区及分县区粮食数据进行了修订。
Note: Data of grain by city and county 2007-2017 had been revised according to the feedback data from the third national agricultural census.

4-1 续表 continued

单位：万亩、公斤、万吨 (10000 mu,kg,10000 tons)

年 份 Year	#1.水稻 Rice			2.玉米 Corn			3.马铃薯 Tubers		
	播种面积 Sown Area	亩产 Yield per Unit	总产量 Total Output	播种面积 Sown Area	亩产 Yield per Unit	总产量 Total Output	播种面积 Sown Area	亩产 Yield per Unit	总产量 Total Output
1984	76.25	548	41.77	48.41	237	11.47			
1985	73.80	569	42.00	53.17	267	14.21			
1986	76.10	552	42.00	69.48	249	17.31			
1987	78.50	558	43.80	94.55	307	29.05			
1988	81.50	558	45.30	112.70	259	29.20			
1989	85.20	567	48.30	99.60	334	33.30			
1990	90.40	601	54.30	113.20	332	37.60			
1991	90.71	618	56.06	113.84	327	37.23			
1992	93.68	462	43.26	107.73	380	40.98			
1993	93.99	463	43.52	105.16	415	43.61			
1994	85.38	545	46.51	118.20	419	49.47			
1995	93.15	496	46.15	142.52	427	60.85			
1996	96.07	562	53.99	182.29	437	79.67			
1997	100.84	594	59.93	197.65	421	83.19			
1998	99.74	630	62.86	214.79	464	99.58			
1999	106.28	619	65.75	244.04	441	107.62			
2000	115.09	542	62.38	196.62	417	81.95	114.62	154	17.65
2001	111.33	555	61.82	221.63	428	94.77	121.74	164	19.92
2002	114.55	573	65.67	232.59	448	104.27	113.81	143	16.22
2003	70.07	529	37.04	264.50	453	119.93	131.53	172	22.61
2004	96.57	543	52.46	281.78	418	117.69	155.35	170	26.42
2005	106.87	571	61.06	267.58	454	121.42	175.90	157	27.52
2006	122.50	579	70.94	261.77	464	121.54	280.36	116	32.46
2007	115.50	524	60.50	309.00	474	146.60	291.75	142	41.40
2008	120.43	551	66.38	312.79	479	149.94	326.06	130	42.28
2009	117.37	550	64.55	322.62	485	156.38	297.00	132	39.06
2010	124.74	561	69.99	335.11	495	165.80	293.40	145	42.50
2011	125.91	562	70.76	346.66	497	172.43	287.70	155	44.52
2012	126.51	564	71.33	368.84	518	191.18	267.90	158	42.24
2013	123.22	559	68.89	393.03	525	206.24	259.20	170	44.00
2014	117.07	528	61.83	433.13	517	224.08	206.85	204	42.11
2015	111.51	545	60.75	452.66	501	226.88	192.75	193	37.20
2016	121.29	560	67.88	469.84	469	220.47	185.00	185	34.20
2017	121.63	566	68.85	459.49	468	214.87	178.00	198	35.20
2018	117.02	569	66.55	466.19	503	234.62	164.89	221	36.38
2019	102.08	540	55.09	449.67	513	230.47	139.07	284	39.43

4-2 主要年份各市县粮食产量
Output of Grain by City and County in Main Years

单位：万吨 (10000 tons)

市 县	Region	2007	2008	2009	2010	2011	2012	2013	2014	2015	2016	2017	2018	2019
全 区	**Total**	**323.49**	**329.22**	**340.61**	**356.39**	**358.84**	**374.97**	**373.29**	**376.58**	**372.60**	**370.65**	**370.05**	**392.58**	**373.15**
沿黄地区	**Plain**	**202.55**	**214.72**	**220.00**	**215.98**	**217.75**	**225.39**	**221.43**	**214.20**	**218.95**	**221.41**	**220.71**	**223.52**	**201.97**
中南部地区	**Mountain Area**	**120.94**	**114.50**	**120.62**	**140.41**	**141.09**	**149.59**	**151.86**	**162.38**	**153.65**	**149.24**	**149.34**	**169.06**	**171.18**
银川市	**Yinchuan**	**81.55**	**88.53**	**90.56**	**86.45**	**86.09**	**88.52**	**85.32**	**80.32**	**83.45**	**82.33**	**83.29**	**82.42**	**66.29**
兴庆区	Xingqing	6.85	6.93	6.75	6.53	6.89	7.06	6.24	5.75	6.30	6.98	7.45	5.69	4.51
金凤区	Jinfeng	4.36	4.05	3.36	3.75	3.48	3.50	2.79	2.58	2.61	2.38	2.06	1.86	1.21
西夏区	Xixia	9.52	10.56	10.48	10.82	11.32	11.84	11.87	11.73	11.19	11.02	9.58	12.14	8.84
永宁县	Yongning	19.55	24.37	25.05	23.69	23.76	24.80	26.22	25.64	26.20	26.94	26.38	26.03	21.61
贺兰县	Helan	26.57	24.21	25.26	23.93	23.85	24.61	21.22	18.08	20.40	19.32	21.21	19.39	15.85
灵武市	Lingwu	14.70	18.41	19.66	17.73	16.80	16.70	16.99	16.53	16.73	15.69	16.62	17.31	14.27
石嘴山市	**Shizuishan**	**41.73**	**42.28**	**44.92**	**44.34**	**44.59**	**45.75**	**46.03**	**46.64**	**46.50**	**44.55**	**47.43**	**52.33**	**48.96**
大武口区	Dawukou	1.54	1.66	1.41	1.21	1.25	1.27	1.17	1.22	1.21	1.46	1.54	1.79	1.69
惠农区	Huinong	7.95	7.09	7.61	6.98	7.18	7.64	7.41	7.71	7.79	7.49	8.18	9.33	9.89
平罗县	Pingluo	32.23	33.53	35.90	36.15	36.15	36.84	37.45	37.71	37.50	35.59	37.71	41.21	37.38
吴忠市	**Wuzhong**	**87.94**	**85.66**	**87.02**	**92.38**	**94.38**	**94.84**	**95.10**	**98.88**	**96.79**	**102.15**	**102.36**	**103.59**	**102.32**
利通区	Litong	18.04	19.07	18.42	18.55	18.01	18.51	18.59	17.69	17.79	20.30	19.20	15.36	14.12
红寺堡区	Hongsipu	11.55	10.10	10.43	10.84	10.40	10.78	11.30	12.16	11.43	11.98	12.00	13.69	15.15
盐池县	Yanchi	9.06	7.68	9.01	9.94	10.45	9.71	10.75	11.61	10.35	10.91	11.68	12.74	13.19
同心县	Tongxin	22.64	21.32	21.89	26.70	28.72	27.98	27.71	31.27	30.83	30.67	32.00	32.83	32.97
青铜峡市	Qingtongxia	26.65	27.50	27.28	26.35	26.80	27.85	26.74	26.15	26.40	28.29	27.48	28.97	26.89
固原市	**Guyuan**	**60.66**	**59.01**	**63.28**	**73.22**	**71.41**	**78.65**	**78.66**	**83.64**	**78.36**	**75.53**	**71.66**	**84.29**	**87.31**
原州区	Yuanzhou	14.27	13.14	14.56	17.33	16.70	18.17	18.67	19.67	18.18	16.97	16.00	19.38	20.22
西吉县	Xiji	21.90	20.08	21.17	24.69	24.83	26.96	27.18	30.31	28.94	27.94	29.50	35.72	37.17
隆德县	Longde	6.25	7.72	8.00	8.62	8.19	8.84	8.55	7.97	7.21	8.13	8.00	8.72	7.98
泾源县	Jingyuan	3.83	3.87	3.85	3.77	3.33	2.96	2.54	2.38	1.68	1.54	1.16	0.85	0.22
彭阳县	Pengyang	14.41	14.21	15.71	18.81	18.36	21.72	21.70	23.30	22.35	20.95	17.00	19.62	21.73
中卫市	**Zhongwei**	**51.61**	**53.73**	**54.82**	**60.00**	**62.36**	**67.21**	**68.18**	**67.11**	**67.50**	**66.10**	**65.31**	**69.95**	**68.27**
沙坡头区	Shapotou	14.44	13.66	13.98	14.31	14.75	15.06	15.47	14.34	15.45	16.22	16.18	15.70	15.39
中宁县	Zhongning	20.13	23.67	24.84	25.98	27.52	29.70	29.28	29.06	29.37	29.72	27.13	28.73	30.32
海原县	Haiyuan	17.03	16.40	16.01	19.71	20.10	22.46	23.44	23.70	22.68	20.16	22.00	25.51	22.56

注：从2018年开始，区属部分按照属地原则统计在各市、县(区)，不再单列。银川市辖区按三区统计。

Note: From 2018, the subordinate parts of the districts are counted in the cities and counties (districts) according to the principle of territoriality, and are no longer listed separately. Yinchuan municipal districts are counted by three districts.

4-3 2019年各市县粮食生产情况

Basic Statistics of Grain Production by City and County in Main Years

单位：万亩、公斤、万吨 (10000 mu,kg,10000 tons)

市 县	Region	播种面积 Sown Area	亩产 Yield per Unit	总产量 Total Output
全 区	**Total**	**1016.05**	**367**	**373.15**
沿黄地区	**Plain**	**372.89**	**542**	**201.97**
中南部地区	**Mountain Area**	**643.16**	**266**	**171.18**
银川市	**Yinchuan**	**121.59**	**545**	**66.29**
兴庆区	Xingqing	9.06	498	4.51
金凤区	Jinfeng	2.22	544	1.21
西夏区	Xixia	14.45	612	8.84
永宁县	Yongning	39.45	548	21.61
贺兰县	Helan	31.08	510	15.85
灵武市	Lingwu	25.33	563	14.27
石嘴山市	**Shizuishan**	**106.20**	**461**	**48.96**
大武口区	Dawukou	4.09	414	1.69
惠农区	Huinong	20.14	491	9.89
平罗县	Pingluo	81.98	456	37.38
吴忠市	**Wuzhong**	**300.41**	**341**	**102.32**
利通区	Litong	24.01	588	14.12
红寺堡区	Hongsipu	30.20	502	15.15
盐池县	Yanchi	86.10	153	13.19
同心县	Tongxin	116.30	283	32.97
青铜峡市	Qingtongxia	43.80	614	26.89
固原市	**Guyuan**	**302.90**	**288**	**87.31**
原州区	Yuanzhou	70.08	288	20.22
西吉县	Xiji	133.28	279	37.17
隆德县	Longde	26.33	303	7.98
泾源县	Jingyuan	1.13	194	0.22
彭阳县	Pengyang	72.08	301	21.73
中卫市	**Zhongwei**	**184.95**	**369**	**68.27**
沙坡头区	Shapotou	25.94	593	15.39
中宁县	Zhongning	51.35	590	30.32
海原县	Haiyuan	107.66	210	22.56

注：从2018年开始，区属部分按照属地原则统计在各市、县(区)，不再单列。银川市辖区按三区统计。

Note: From 2018, the subordinate parts of the districts are counted in the cities and counties (districts) according to the principle of territoriality, and are no longer listed separately. Yinchuan municipal districts are counted by three districts.

4-4 2019年各市县小麦生产情况

Basic Statistics of Wheat Production by City and County in Main Years

单位：万亩、公斤、万吨 (10000 mu,kg,10000 tons)

市 县	Region	播种面积 Sown Area	亩产 Yield per Unit	总产量 Total Output
全 区	**Total**	**161.66**	**214**	**34.61**
沿黄地区	**Plain**	**55.76**	**347**	**19.33**
中南部地区	**Mountain Area**	**105.90**	**144**	**15.28**
银川市	**Yinchuan**	**21.09**	**358**	**7.56**
兴庆区	Xingqing	1.52	320	0.49
金凤区	Jinfeng	0.17	326	0.06
西夏区	Xixia	1.24	330	0.41
永宁县	Yongning	9.10	359	3.27
贺兰县	Helan	8.24	368	3.03
灵武市	Lingwu	0.82	378	0.31
石嘴山市	**Shizuishan**	**25.19**	**333**	**8.39**
大武口区	Dawukou	1.61	290	0.47
惠农区	Huinong	5.10	365	1.86
平罗县	Pingluo	18.48	328	6.06
吴忠市	**Wuzhong**	**40.98**	**116**	**4.74**
利通区	Litong	1.41	372	0.52
红寺堡区	Hongsipu	2.93	142	0.42
盐池县	Yanchi	1.90	40	0.08
同心县	Tongxin	30.60	71	2.17
青铜峡市	Qingtongxia	4.14	375	1.55
固原市	**Guyuan**	**60.11**	**186**	**11.21**
原州区	Yuanzhou	15.38	184	2.84
西吉县	Xiji	24.60	193	4.76
隆德县	Longde	4.70	210	0.99
泾源县	Jingyuan	0.15	190	0.03
彭阳县	Pengyang	15.28	170	2.60
中卫市	**Zhongwei**	**14.30**	**190**	**2.72**
沙坡头区	Shapotou	1.48	295	0.44
中宁县	Zhongning	2.46	354	0.87
海原县	Haiyuan	10.36	136.00	1.41

注：从2018年开始，区属部分按照属地原则统计在各市、县(区)，不再单列。银川市辖区按三区统计。

Note: From 2018, the subordinate parts of the districts are counted in the cities and counties (districts) according to the principle of territoriality, and are no longer listed separately. Yinchuan municipal districts are counted by three districts.

4-5 2019年各市县水稻生产情况

Basic Statistics of Rice Production by City and County in Main Years

单位：万亩、公斤、万吨 (10000 mu, kg, 10000 tons)

市 县	Region	播种面积 Sown Area	亩产 Yield per Unit	总产量 Total Output
全 区	**Total**	**102.08**	**540**	**55.09**
沿黄地区	**Plain**	**102.08**	**540**	**55.09**
中南部地区	**Mountain Area**			
银川市	**Yinchuan**	**47.09**	**539**	**25.37**
兴庆区	Xingqing	5.99	526	3.15
金凤区	Jinfeng	0.40	509	0.20
西夏区	Xixia	4.11	546	2.24
永宁县	Yongning	8.60	579	4.98
贺兰县	Helan	15.94	535	8.53
灵武市	Lingwu	12.05	520	6.27
石嘴山市	**Shizuishan**	**26.82**	**474**	**12.71**
大武口区	Dawukou	0.52	424	0.22
惠农区	Huinong	0.86	441	0.38
平罗县	Pingluo	25.44	476	12.11
吴忠市	**Wuzhong**	**20.00**	**601**	**12.03**
利通区	Litong	6.90	570	3.93
红寺堡区	Hongsipu			
盐池县	Yanchi			
同心县	Tongxin			
青铜峡市	Qingtongxia	13.10	618	8.10
固原市	**Guyuan**			
原州区	Yuanzhou			
西吉县	Xiji			
隆德县	Longde			
泾源县	Jingyuan			
彭阳县	Pengyang			
中卫市	**Zhongwei**	**8.17**	**610**	**4.98**
沙坡头区	Shapotou	5.10	613	3.13
中宁县	Zhongning	3.07	605	1.86
海原县	Haiyuan			

注：从2018年开始，区属部分按照属地原则统计在各市、县(区)，不再单列。银川市辖区按三区统计。

Note: From 2018, the subordinate parts of the districts are counted in the cities and counties (districts) according to the principle of territoriality, and are no longer listed separately. Yinchuan municipal districts are counted by three districts.

4-6 2019年各市县玉米生产情况

Basic Statistics of Corn Production by City and County in Main Years

单位：万亩、公斤、万吨 (10000 mu, kg, 10000 tons)

市 县	Region	播种面积 Sown Area	亩产 Yield per Unit	总产量 Total Output
全 区	**Total**	**449.67**	**513**	**230.47**
沿黄地区	**Plain**	**204.45**	**620**	**126.77**
中南部地区	**Mountain Area**	**245.22**	**423**	**103.70**
银川市	**Yinchuan**	**52.26**	**637**	**33.30**
兴庆区	Xingqing	1.55	568	0.88
金凤区	Jinfeng	1.65	575	0.95
西夏区	Xixia	9.10	680	6.19
永宁县	Yongning	21.10	632	13.34
贺兰县	Helan	6.90	621	4.28
灵武市	Lingwu	11.96	641	7.67
石嘴山市	**Shizuishan**	**51.31**	**539**	**27.66**
大武口区	Dawukou	1.96	512	1.00
惠农区	Huinong	14.00	546	7.64
平罗县	Pingluo	35.36	538	19.02
吴忠市	**Wuzhong**	**128.57**	**582**	**74.82**
利通区	Litong	15.01	640	9.61
红寺堡区	Hongsipu	25.16	578	14.54
盐池县	Yanchi	19.20	398	7.64
同心县	Tongxin	43.00	601	25.84
青铜峡市	Qingtongxia	26.20	656	17.19
固原市	**Guyuan**	**124.86**	**351**	**43.81**
原州区	Yuanzhou	40.00	352	14.06
西吉县	Xiji	32.56	280	9.12
隆德县	Longde	11.00	357	3.93
泾源县	Jingyuan	0.30	200	0.06
彭阳县	Pengyang	41.00	406	16.65
中卫市	**Zhongwei**	**92.66**	**549**	**50.87**
沙坡头区	Shapotou	18.30	640	11.71
中宁县	Zhongning	41.36	660	27.30
海原县	Haiyuan	33.00	359	11.86

注：从2018年开始，区属部分按照属地原则统计在各市、县(区)，不再单列。银川市辖区按三区统计。

Note: From 2018, the subordinate parts of the districts are counted in the cities and counties (districts) according to the principle of territoriality, and are no longer listed separately. Yinchuan municipal districts are counted by three districts.

4-7　2019年各市县马铃薯生产情况
Basic Statistics of Tubers Production by City and County in Main Years

单位：万亩、公斤、万吨　(10000 mu, kg, 10000 tons)

市　县	Region	播种面积 Sown Area	亩产 Yield per Unit	总产量 Total Output
全　区	**Total**	**139.07**	**284**	**39.43**
沿黄地区	**Plain**			
中南部地区	**Mountain Area**	**139.07**	**284**	**39.43**
银川市	**Yinchuan**			
兴庆区	Xingqing			
金凤区	Jinfeng			
西夏区	Xixia			
永宁县	Yongning			
贺兰县	Helan			
灵武市	Lingwu			
石嘴山市	**Shizuishan**			
大武口区	Dawukou			
惠农区	Huinong			
平罗县	Pingluo			
吴忠市	**Wuzhong**	**24.05**	**205**	**4.93**
利通区	Litong			
红寺堡区	Hongsipu	0.35	180	0.06
盐池县	Yanchi	14.00	220	3.08
同心县	Tongxin	9.70	184	1.78
青铜峡市	Qingtongxia			
固原市	**Guyuan**	**86.52**	**330**	**28.58**
原州区	Yuanzhou	10.00	277	2.77
西吉县	Xiji	58.12	362	21.05
隆德县	Longde	8.00	340	2.72
泾源县	Jingyuan	0.60	200	0.12
彭阳县	Pengyang	9.80	195	1.91
中卫市	**Zhongwei**	**28.50**	**208**	**5.93**
沙波头区	Shapotou			
中宁县	Zhongning			
海原县	Haiyuan	28.50	208	5.93

注：从2018年开始，区属部分按照属地原则统计在各市、县(区)，不再单列。银川市辖区按三区统计。

Note: From 2018, the subordinate parts of the districts are counted in the cities and counties (districts) according to the principle of territoriality, and are no longer listed separately. Yinchuan municipal districts are counted by three districts.

4-8 2019年各市县猪、牛、羊、禽存栏情况
Breeding Stock of Livestock by City and County (2019)

市 县	Region	存栏 Livestock in Stock						
		生猪(头)		牛(头)		羊(只)	家禽(百只)	
		Hog (head)	#能繁母猪 Sow	Cattle and Buffaloes (head)	#奶牛 Dairy Cow	Sheep (head)	Poultry (100 heads)	#蛋鸡 Egg-laying
全 区	**Total**	**733718**	**87632**	**1408549**	**437329**	**5684575**	**128438**	**93839**
沿黄地区	**Plain**	**495021**	**66378**	**758927**	**426858**	**2217904**	**103023**	**76744**
中南部地区	**Mountain Area**	**238697**	**21254**	**649622**	**10471**	**3466671**	**25415**	**17095**
银川市	**Yinchuan**	**135941**	**18710**	**231446**	**129157**	**693018**	**28924**	**21258**
银川市辖区	District	28947	3448	83999	51181	78837	8115	7168
永宁县	Yongning	14605	2315	33432	10059	98526	8174	5835
贺兰县	Helan	20664	2501	60431	46169	105319	7701	7228
灵武市	Lingwu	71725	10446	53584	21748	410336	4935	1028
石嘴山市	**Shizuishan**	**52760**	**4887**	**85630**	**32461**	**608064**	**10909**	**3319**
石嘴山市辖区	District	18503	2838	33046	22455	261335	2338	902
平罗县	Pingluo	34257	2049	52584	10006	346729	8571	2417
吴忠市	**Wuzhong**	**155462**	**16647**	**431063**	**207703**	**2671716**	**37020**	**26365**
利通区	Litong	20721	3089	219510	143759	235337	7975	1386
红寺堡区	Hongsipu	8136	609	50394	1690	367829	1288	547
盐池县	Yanchi	48344	2655	10737	7960	1181542	881	843
同心县	Tongxin	4864	91	55020	156	735991	4647	2943
青铜峡市	Qingtongxia	73397	10203	95402	54138	151017	22230	20646
固原市	**Guyuan**	**159757**	**16273**	**454682**		**755667**	**15961**	**10523**
原州区	Yuanzhou	57606	5703	107106		266281	5759	4175
西吉县	Xiji	44728	4223	169865		248006	1904	1378
隆德县	Longde	27928	3231	47407		22378	1368	652
泾源县	Jingyuan	595	90	35261		6939	744	364
彭阳县	Pengyang	28900	3026	95043		212063	6186	3954
中卫市	**Zhongwei**	**229798**	**31115**	**205728**	**68008**	**956110**	**35624**	**32373**
沙波头区	Shapotou	130739	17721	67041	41144	234657	28723	26809
中宁县	Zhongning	81463	11768	59898	26199	295811	4262	3326
海原县	Haiyuan	17596	1626	78789	665	425642	2639	2239

注：从2012年开始，区属部分按照属地原则统计在各市、县(区)，不再单列。

Note: From 2012, the subordinate parts of the districts are counted in the cities and counties (districts) according to the principle of territoriality, and are no longer listed separately.

4-8 续表 continued

市 县	Region	比2018年增减% Growth						
		猪		牛		羊	家禽	
		Hog	#能繁母猪 Sow	Cattle and Buffaloes	#奶牛 Dairy Cow	Sheep	Poultry	#蛋鸡 Egg-laying
全 区	**Total**	**-0.5**	**8.3**	**13.0**	**8.9**	**6.4**	**12.4**	**15.4**
沿黄地区	**Plain**	**-5.2**	**11.0**	**15.5**	**8.8**	**3.7**	**16.4**	**16.6**
中南部地区	**Mountain Area**	**10.7**	**0.5**	**10.2**	**15.9**	**8.2**	**-1.4**	**10.1**
银川市	**Yinchuan**	**-24.0**	**-12.8**	**8.9**	**2.0**	**7.8**	**-5.5**	**7.7**
银川市辖区	District	-32.7	-13.3	5.9	-0.3	-6.6	14.0	28.5
永宁县	Yongning	-4.0	20.3	2.7	-8.7	3.5	-30.1	-33.6
贺兰县	Helan	2.8	0.2	-1.1	-0.1	7.7	23.7	65.9
灵武市	Lingwu	-28.7	-20.0	35.1	20.5	12.2	-11.2	0.5
石嘴山市	**Shizuishan**	**2.1**	**-0.9**	**9.4**	**2.3**	**-2.4**	**36.9**	**-8.8**
石嘴山市辖区	District	-10.2	-7.6	12.1	22.2	-0.3	-10.0	53.1
平罗县	Pingluo	10.3	10.2	7.7	-25.0	-3.9	59.6	-20.7
吴忠市	**Wuzhong**	**5.1**	**0.1**	**19.7**	**13.0**	**9.6**	**25.1**	**30.4**
利通区	Litong	4.1	16.8	26.8	12.0	5.9	27.4	-4.6
红寺堡区	Hongsipu	-6.9	-24.5	15.4	5.4	6.8	33.5	1.9
盐池县	Yanchi	4.6	-43.2	44.6	36.0	6.2	23.2	49.8
同心县	Tongxin	-4.3	13.8	5.4	-12.4	22.4	-11.0	37.2
青铜峡市	Qingtongxia	8.0	21.2	14.0	13.3	-3.8	35.3	33.1
固原市	**Guyuan**	**15.5**	**17.4**	**9.5**	**-100.0**	**6.5**	**-2.0**	**3.8**
原州区	Yuanzhou	12.5	4.8	11.5	-100.0	25.6	4.7	-16.5
西吉县	Xiji	46.2	90.7	8.6		-1.1	-41.2	-55.8
隆德县	Longde	26.8	6.2	17.4		1.6	-23.8	-45.6
泾源县	Jingyuan	0.2	16.9	-3.2		14.2	9.6	112.7
彭阳县	Pengyang	-14.6	-1.9	10.5		-2.9	22.0	505.1
中卫市	**Zhongwei**	**4.1**	**29.3**	**14.2**	**15.7**	**2.8**	**19.2**	**17.2**
沙坡头区	Shapotou	10.3	33.2	11.9	4.3	-7.1	31.6	30.7
中宁县	Zhongning	-4.2	30.5	21.0	41.6	23.3	-22.1	-32.9
海原县	Haiyuan	2.0	-6.0	11.3	-21.8	-2.7	2.0	4.6

4-9　2019年各市县猪、牛、羊、禽出栏情况
Slaughtered of Livestock by City and County (2019)

市　县	Region	出栏 Slaughtered Livestock				比2018年增减% Growth			
		生猪(头) Hog (head)	牛(头) Cattle and Buffaloes (head)	羊(只) Sheep (head)	家禽(百只) Poultry (100 heads)	猪 Hog	牛 Cattle and Buffaloes	羊 Sheep	家禽 Poultry
全　区	**Total**	**965621**	**718977**	**5796583**	**172394**	**-14.1**	**-3.9**	**3.7**	**-6.7**
沿黄地区	**Plain**	**683673**	**320353**	**2282525**	**131362**	**-18.7**	**-0.9**	**-1.9**	**-6.0**
中南部地区	**Mountain Area**	**281948**	**398624**	**3514058**	**41032**	**-0.4**	**-6.2**	**7.8**	**-9.1**
银川市	**Yinchuan**	**213492**	**119287**	**847858**	**46441**	**-12.0**	**-3.3**	**-1.7**	**-8.5**
银川市辖区	District	47003	38408	79401	11490	-13.7	-1.2	-23.6	2.5
永宁县	Yongning	19316	27764	116716	13372	-25.2	2.0	22.8	-1.8
贺兰县	Helan	28620	24051	74187	9421	-8.4	-8.0	5.2	-23.0
灵武市	Lingwu	118553	29064	577554	12158	-9.6	-6.6	-2.6	-11.3
石嘴山市	**Shizuishan**	**73221**	**52380**	**567300**	**19120**	**-17.9**	**-3.6**	**-1.4**	**-11.8**
石嘴山市辖区	District	24724	12570	226159	6372	-8.8	5.0	-3.0	-30.3
平罗县	Pingluo	48497	39810	341141	12748	-21.9	-6.0	-0.4	1.6
吴忠市	**Wuzhong**	**198140**	**186289**	**2790472**	**52403**	**-21.8**	**1.9**	**7.3**	**12.3**
利通区	Litong	26943	62619	309672	19133	-35.6	13.7	13.9	0.8
红寺堡区	Hongsipu	12296	39837	314333	2434	-8.3	-5.9	0.4	-17.0
盐池县	Yanchi	56537	3697	1154091	1094	-10.0	81.4	7.2	-6.7
同心县	Tongxin	5875	53799	881829	6292	-2.2	-2.7	15.6	5.9
青铜峡市	Qingtongxia	96489	26337	130547	23449	-25.3	-5.9	-26.3	32.8
固原市	**Guyuan**	**186684**	**253365**	**802596**	**28405**	**5.8**	**-9.8**	**4.4**	**-13.9**
原州区	Yuanzhou	80253	55653	220665	9781	6.7	-4.0	-7.8	-33.6
西吉县	Xiji	36581	85622	274578	3472	17.7	-13.9	29.4	-17.5
隆德县	Longde	31243	26128	27226	1961	-7.2	-8.7	1.9	-1.0
泾源县	Jingyuan	1201	24746	8372	1968	-30.8	-9.2	1.4	-22.2
彭阳县	Pengyang	37406	61216	271755	11223	7.9	-9.6	-3.7	17.7
中卫市	**Zhongwei**	**294084**	**107656**	**788357**	**26025**	**-19.0**	**1.0**	**1.0**	**-20.5**
沙波头区	Shapotou	152153	30438	183636	18150	-7.9	-8.3	-9.4	-22.7
中宁县	Zhongning	121375	29292	243512	5069	-30.0	0.1	2.7	-28.9
海原县	Haiyuan	20556	47926	361209	2806	-16.2	8.5	6.0	32.7

注：从2012年开始，区属部分按照属地原则统计在各市、县(区)，不再单列。

Note: From 2012, the subordinate parts of the districts are counted in the cities and counties (districts) according to the principle of territoriality, and are no longer listed separately.

4-10　2019年各市县猪、牛、羊、禽肉产量
Output of Livestock Products by City and County (2019)

单位：吨　　(ton)

市　县	Region	猪 Hog	牛 Cattle and Buffaloes	羊 Sheep	家禽 Poultry
全　区	**Total**	**78159**	**114558**	**104065**	**35694**
沿黄地区	**Plain**	**55702**	**50716**	**40816**	**27212**
中南部地区	**Mountain Area**	**22457**	**63842**	**63249**	**8482**
银川市	**Yinchuan**	**17392**	**19227**	**15157**	**9822**
银川市辖区	District	3843	6057	1431	2445
永宁县	Yongning	1628	4560	2064	2820
贺兰县	Helan	2363	3905	1334	1956
灵武市	Lingwu	9558	4706	10328	2600
石嘴山市	**Shizuishan**	**5929**	**8195**	**10029**	**4041**
石嘴山市辖区	District	1984	1985	4040	1467
平罗县	Pingluo	3946	6211	5988	2574
吴忠市	**Wuzhong**	**16113**	**29273**	**50527**	**10587**
利通区	Litong	2202	9738	5522	3872
红寺堡区	Hongsipu	984	6282	5475	520
盐池县	Yanchi	4559	590	21739	236
同心县	Tongxin	467	8627	15456	1203
青铜峡市	Qingtongxia	7901	4036	2336	4756
固原市	**Guyuan**	**14782**	**40739**	**14292**	**5973**
原州区	Yuanzhou	6310	9003	3964	2215
西吉县	Xiji	2842	13779	4860	678
隆德县	Longde	2466	4268	484	379
泾源县	Jingyuan	96	3940	153	424
彭阳县	Pengyang	3068	9748	4831	2278
中卫市	**Zhongwei**	**23944**	**17123**	**14060**	**5271**
沙波头区	Shapotou	12178	4871	3360	3616
中宁县	Zhongning	10100	4648	4412	1104
海原县	Haiyuan	1666	7604	6288	550

注：从2012年开始，区属部分按照属地原则统计在各市、县(区)，不再单列。

Note: From 2012, the subordinate parts of the districts are counted in the cities and counties (districts) according to the principle of territoriality, and are no longer listed separately.

4-11 主要年份各市县猪、牛、羊、禽肉产量

Output of Livestock Products by City and County in Main Years

单位：吨 (ton)

市 县	Region	1978	1980	1990	2000	2005	2006	2007	2008	2009
全 区	**Total**	**12253**	**21491**	**62791**	**159364**	**222783**	**216001**	**228062**	**232396**	**251855**
沿黄地区	**Plain**	**7703**	**14224**	**38107**	**118955**	**146647**	**129029**	**133729**	**137409**	**146333**
中南部地区	**Mountain Area**	**4550**	**7267**	**24684**	**40409**	**76136**	**86972**	**94333**	**94987**	**105522**
银川市	**Yinchuan**	**2191**	**4935**	**11543**	**35144**	**38812**	**35634**	**35905**	**38679**	**41923**
银川市辖区	District	454	1098	2917	9149	11347	7468	8792	9723	9587
永宁县	Yongning	681	1167	4060	7322	11170	13035	11661	11558	12704
贺兰县	Helan	567	1161	3065	6429	8234	8156	7272	7443	7891
灵武市	Lingwu	489	1509	1501	12244	8061	6976	8180	9955	11741
石嘴山市	**Shizuishan**	**1402**	**2442**	**6571**	**19009**	**22026**	**21428**	**20977**	**20208**	**19654**
大武口区	Dawukou	493	976	2427	4942	7103	1433	1358	1221	1394
惠农区	Huinong						5236	5240	5409	4921
平罗县	Pingluo	748	1229	3585	12611	14923	14759	14379	13578	13339
吴忠市	**Wuzhong**	**2862**	**4147**	**14388**	**39857**	**58899**	**58884**	**60935**	**61907**	**68272**
利通区	Litong	1190	1759	5198	7096	11719	12828	12287	12506	13491
红寺堡区	Hongsipu	405	813	1395	9763	12822	2344	3526	3557	4403
盐池县	Yanchi	498	476	3191	6920	9897	11081	12207	12141	12821
同心县	Tongxin	344	1958	3457	3182		10546	10206	10525	13192
青铜峡市	Qingtongxia	769	1099	4604	15734	21279	22085	22709	23178	24365
固原市	**Guyuan**	**2352**	**4339**	**13350**	**22354**	**39532**	**47360**	**58014**	**58076**	**63858**
原州区	Yuanzhou	1118	2853	2774	5133	11783	12044	13838	13928	14832
西吉县	Xiji	693	990	2563	4239	9126	11057	15426	15299	15774
隆德县	Longde	496	419	3170	5266	5441	5263	6180	6224	7679
泾源县	Jingyuan	45	77	1044	1606	4447	5157	6010	6232	6992
彭阳县	Pengyang			3799	6110	8735	13839	16560	16393	18581
中卫市	**Zhongwei**	**2202**	**3111**	**14863**	**38907**	**58076**	**47337**	**47225**	**47937**	**52164**
沙坡头区	Shapotou	1002	1364	6626	17195	21586	17442	13511	13123	16113
中宁县	Zhongning	690	1054	5292	18017	24684	19612	23334	24126	24803
海原县	Haiyuan	510	693	2945	3695	11806	10283	10380	10688	11248
区 属	**Qushu**	**1244**	**2517**	**2076**	**4093**	**5438**	**5358**	**5006**	**5589**	**5984**

注：从2012年开始，区属部分按照属地原则统计在各市、县(区)，不再单列；惠农区数据包含大武口区。根据第三次全国农业普查结果重新修订2013-2017年分市县数据。

Note: From 2012, the subordinate parts of the districts are counted in the cities and counties (districts) according to the principle of territoriality, and are no longer listed separately; Data of Huinong contain Dawukou. Data of livestock 2013-2017 by city and county had been revised according to the data from the third national agricultural census.

4-11 续表 continued

单位：吨 (ton)

市 县	Region	2010	2011	2012	2013	2014	2015	2016	2017	2018	2019
全 区	**Total**	**254182**	**247448**	**261244**	**279506**	**293101**	**299502**	**318682**	**331524**	**338268**	**332476**
沿黄地区	**Plain**	**141369**	**134079**	**136609**	**154658**	**161451**	**163720**	**174363**	**180413**	**183183**	**174445**
中南部地区	**Mountain Area**	**112813**	**113369**	**124635**	**124847**	**131650**	**135782**	**144319**	**151112**	**155085**	**158031**
银川市	**Yinchuan**	**44589**	**45055**	**49323**	**62147**	**62553**	**60772**	**63336**	**63944**	**63269**	**61598**
银川市辖区	District	11128	10900	10707	14359	13688	13607	13887	14679	14246	13776
永宁县	Yongning	12803	12518	12603	9498	9910	10415	10481	10383	10581	11073
贺兰县	Helan	7562	7086	7261	9580	10047	9263	10527	10038	10155	9558
灵武市	Lingwu	13096	14548	18752	28710	28909	27487	28440	28844	28286	27192
石嘴山市	**Shizuishan**	**20372**	**20268**	**19483**	**22364**	**23403**	**24377**	**25502**	**27311**	**29568**	**28194**
大武口区	Dawukou	1379	1491								1573
惠农区	Huinong	5349	5418	5613	6806	7484	7630	8597	9296	9893	7902
平罗县	Pingluo	13644	13358	13871	15558	15919	16747	16905	18014	19675	18719
吴忠市	**Wuzhong**	**63968**	**60796**	**73289**	**81191**	**85073**	**85939**	**92640**	**99006**	**103365**	**106501**
利通区	Litong	12080	10446	11253	14341	15166	16816	18539	19512	20024	21334
红寺堡区	Hongsipu	4034	4365	5636	9315	9379	10076	11886	13279	13460	13260
盐池县	Yanchi	15201	15054	16450	19312	21774	21607	23580	24878	25521	27123
同心县	Tongxin	14427	15714	20214	20597	20714	21129	20470	22079	23494	25753
青铜峡市	Qingtongxia	18226	15216	19735	17625	18040	16311	18165	19258	20866	19030
固原市	**Guyuan**	**66963**	**66269**	**68706**	**62692**	**66117**	**69195**	**74139**	**76498**	**77523**	**75786**
原州区	Yuanzhou	15578	15405	16651	17677	19020	19792	21276	22064	22276	21491
西吉县	Xiji	16336	15775	16200	16081	16566	17781	19768	21341	21944	22160
隆德县	Longde	8480	8557	9291	6722	7228	7314	7594	7599	7938	7598
泾源县	Jingyuan	7580	7894	9465	4175	4590	5242	5700	5353	5084	4612
彭阳县	Pengyang	18989	18636	17100	18036	18714	19066	19799	20141	20281	19925
中卫市	**Zhongwei**	**51999**	**48804**	**50413**	**51112**	**55954**	**59219**	**63065**	**64765**	**64543**	**60397**
沙坡头区	Shapotou	16106	14266	11720	17375	20484	22403	24752	26265	25783	24025
中宁县	Zhongning	23705	22573	25064	20806	21805	23041	24069	24122	23672	20264
海原县	Haiyuan	12188	11967	13629	12931	13666	13775	14244	14378	15088	16108
区 属	**Qushu**	**6291**	**6256**								

4-12 主要年份各市县牛奶产量
Output of Milk by City and County in Main Years

单位：吨 (ton)

市 县	Region	1978	1980	1990	2000	2005	2006	2007	2008	2009
全 区	**Total**	**3720**	**4152**	**40704**	**236042**	**578500**	**636667**	**795033**	**893830**	**811437**
沿黄地区	**Plain**	**3662**	**4061**	**40250**	**233462**	**563609**	**621096**	**778768**	**878860**	**801172**
中南部地区	**Mountain Area**	**58**	**91**	**454**	**2580**	**14891**	**15571**	**16265**	**14970**	**10265**
银川市	**Yinchuan**	**578**	**706**	**17344**	**68049**	**168727**	**156540**	**215570**	**266499**	**248632**
银川市辖区	District	491	572	12166	20948	68994	55124	102934	141659	131832
永宁县	Yongning	35	65	2372	16943	27873	29175	35697	41737	41439
贺兰县	Helan	28	36	2649	6380	22911	23608	23611	26162	25807
灵武市	Lingwu	24	33	157	23778	48949	48634	53328	56941	49554
石嘴山市	**Shizuishan**	**135**	**183**	**188**	**5739**	**20393**	**8967**	**26555**	**36372**	**29777**
大武口区	Dawukou	57	74	97	4802	13819	1225	886	881	
惠农区	Huinong						30	17791	24050	18395
平罗县	Pingluo	78	105	91	925	6574	7712	7878	11441	11382
吴忠市	**Wuzhong**	**620**	**723**	**13197**	**135884**	**308910**	**356026**	**445992**	**470627**	**411679**
利通区	Litong	515	708	11951	120600	263721	299163	382532	399837	342150
红寺堡区	Hongsipu					1611	654	852	542	719
盐池县	Yanchi		15	72	2404	8732	10035	10184	8070	6932
同心县	Tongxin				85	27	20	34	142	139
青铜峡市	Qingtongxia	105		1174	12795	34819	46154	52390	62036	61739
固原市	**Guyuan**	**58**	**68**	**379**	**91**	**4301**	**4632**	**4965**	**5654**	**2389**
原州区	Yuanzhou	40	48	131	90	3572	4018	4404	5062	1656
西吉县	Xiji			108		20	22	30	68	
隆德县	Longde	4	1			99	110	115	137	156
泾源县	Jingyuan	14	19	140		379	262	200	235	
彭阳县	Pengyang				1	231	220	216	152	577
中卫市	**Zhongwei**	**83**	**111**	**330**	**7945**	**25602**	**30426**	**31337**	**33538**	**31921**
沙波头区	Shapotou	48	44	230	3044	6634	15743	7161	13877	12738
中宁县	Zhongning	35	67	100	4901	18748	14454	23946	19099	19097
海原县	Haiyuan					220	230	230	562	86
区 属	**Qushu**	**2246**	**2361**	**9266**	**18334**	**50567**	**80075**	**70614**	**81140**	**87039**

注：从2012年开始，区属部分按照属地原则统计在各市、县(区)，不再单列；惠农区数据包含大武口区。根据第三次全国农业普查结果重新修订2013-2017年分市县数据。

Note: From 2012, the subordinate parts of the districts are counted in the cities and counties (districts) according to the principle of territoriality, and are no longer listed separately; Data of Huinong contain Dawukou. Data of livestock 2013-2017 by city and county had been revised according to the data from the third national agricultural census.

4-12 续表 continued

单位：吨 (ton)

市 县	Region	2010	2011	2012	2013	2014	2015	2016	2017	2018	2019
全 区	**Total**	**845882**	**960602**	**1034945**	**1087659**	**1417016**	**1425275**	**1455906**	**1600659**	**1682882**	**1833601**
沿黄地区	**Plain**	**837823**	**955396**	**1029291**	**1079155**	**1404030**	**1412943**	**1436472**	**1572010**	**1656565**	**1806440**
中南部地区	**Mountain Area**	**8059**	**5207**	**5654**	**8503**	**12986**	**12332**	**19434**	**28649**	**26317**	**27162**
银川市	**Yinchuan**	**271455**	**293280**	**401076**	**409512**	**517552**	**480152**	**471194**	**504038**	**539463**	**568718**
银川市辖区	District	144260	153220	214892	214858	259648	218306	217937	217569	214584	207220
永宁县	Yongning	44330	48586	59369	48660	55984	50351	47873	45450	41149	37914
贺兰县	Helan	33619	38913	59475	69380	106884	119510	133791	178414	214977	242267
灵武市	Lingwu	49246	52561	67340	76613	95037	91985	71593	62605	68753	81317
石嘴山市	**Shizuishan**	**38562**	**43759**	**54743**	**69133**	**87514**	**94832**	**85513**	**99779**	**124901**	**141978**
大武口区	Dawukou	1244	1257								1000.555
惠农区	Huinong	26085	30114	38488	45975	55803	60765	49998	63652	76119	107772
平罗县	Pingluo	11233	12388	16255	23158	31711	34067	35515	36127	48782	33481
吴忠市	**Wuzhong**	**397931**	**468240**	**526607**	**517753**	**682601**	**694534**	**709590**	**774495**	**783161**	**862002**
利通区	Litong	329883	384094	424384	406235	531904	530627	544552	581340	581331	607544
红寺堡区	Hongsipu	738	649	764	544	467	534	302	511	194	
盐池县	Yanchi	5669	3138	2991	3087	6166	6089	6788	16907	18130	24731
同心县	Tongxin	108	120	25	1176	1303	811	934	641	654	578
青铜峡市	Qingtongxia	61533	80239	98442	106710	142762	156472	157014	175097	182852	229150
固原市	**Guyuan**	**1474**	**1299**	**1743**	**3578**	**5050**	**4898**	**3962**	**2076**	**2115**	**763**
原州区	Yuanzhou	1050	1225	1603	2783	4583	4458	3593	1711	1242	488
西吉县	Xiji				427	310	292	252	221	383	0
隆德县	Longde	126	74	139	258	157	148	106	144	254	0
泾源县	Jingyuan				110			10		70	
彭阳县	Pengyang	298								166	
中卫市	**Zhongwei**	**36948**	**37690**	**51687**	**87683**	**124298**	**150860**	**185647**	**220271**	**233242**	**260141**
沙波头区	Shapotou	14997	14870	20809	48101	71082	97110	115084	144698	159829	174967
中宁县	Zhongning	21881	22820	30747	39465	53216	53750	63115	67059	68189	84083
海原县	Haiyuan	70		131	118			7447	8515	5224	1090
区 属	**Qushu**	**99512**	**116334**								

4-13 主要年份主要畜禽生产情况
Basic Statistics of Livestock Production in Main Years

单位：万头、万只、万吨 (10000 heads, 10000 tons)

年 份 Year	存 栏 Number of Livestock in Stock								
	一、生猪 Hog	其中：能繁母猪 Sow	二、牛 Cattle and Buffaloes	1.肉牛 Beef Cattle	2.奶牛 Dairy Cow	三、羊 Sheep	1.山羊 Goat	2.绵羊 Sheep	四、家禽 Poultry
2006	83.8	9.8	90.2	68.3	21.9	348.3	61.1	287.1	635.5
2007	82.6	9.8	96.6	70.3	26.3	385.2	66.9	318.3	758.2
2008	89.5	12.9	93.4	62.6	30.8	461.3	142.5	318.8	972.7
2009	91.7	13.7	92.1	64.8	27.3	470.2	138.2	332.0	963.0
2010	73.7	9.0	90.7	63.8	26.9	473.7	130.6	343.1	956.9
2011	68.3	8.3	91.8	61.9	29.8	479.5	125.9	353.6	1127.8
2012	71.4	9.6	94.4	61.0	33.4	495.7	100.0	395.7	1043.4
2013	79.6	10.7	95.8	61.2	34.6	546.4	101.0	445.4	1340.8
2014	81.9	9.6	103.1	63.8	39.3	574.2	96.8	477.5	1523.2
2015	73.1	8.6	107.6	69.7	37.9	540.0	104.1	435.9	1446.5
2016	79.1	9.1	113.5	73.8	39.8	522.3	100.5	421.8	1730.8
2017	81.0	9.4	118.3	77.5	40.8	506.6	99.8	406.8	1150.7
2018	73.8	8.1	124.6	84.5	40.1	534.3	107.2	427.1	1143.1
2019	73.4	8.8	140.9	97.2	43.7	568.5	108.8	459.7	1284.4

4-13 续表 continued

单位：万头、万只、万吨 (10000 heads, 10000 tons)

年 份 Year	出 栏 Slaughtered Livestock				产品产量 Output of Livestock					
	一、生猪 Hog	二、牛 Cattle and Buffaloes	三、羊 Sheep	四、家禽 Poultry	一、猪肉产量 Pork	二、牛肉产量 Beef	三、羊肉产量 Mutton	四、禽肉产量 Poultry	五、禽蛋产量 Poultry Egg	六、生牛奶产量 Poultry Milk
2006	111.9	39.7	319.1	1239.2	8.0	5.6	5.5	2.1	5.2	59.6
2007	115.3	45.6	329.3	1170.9	8.3	6.5	5.7	2.1	6.0	80.9
2008	118.5	47.7	341.9	1305.9	8.5	6.8	5.9	2.3	7.1	93.1
2009	127.2	50.9	395.3	1275.5	9.2	7.3	6.8	2.3	8.7	84.7
2010	120.2	52.1	425.1	1378.6	8.5	7.5	7.3	2.5	8.3	88.3
2011	99.7	52.0	443.9	1463.9	7.3	7.5	7.9	2.7	9.3	100.2
2012	106.2	57.0	465.0	1455.0	7.9	7.9	8.3	2.7	8.3	108.0
2013	101.0	59.5	499.7	1702.9	7.5	8.7	8.7	3.1	10.5	108.8
2014	109.9	58.7	518.0	1777.0	8.3	8.8	8.9	3.3	12.3	141.7
2015	102.0	64.4	532.5	1578.4	7.9	9.7	9.3	3.0	13.6	142.5
2016	110.3	68.2	538.0	1769.6	8.6	10.4	9.5	3.4	15.7	145.6
2017	113.7	71.0	560.0	1796.0	8.9	10.9	9.9	3.4	15.3	160.1
2018	112.5	74.8	558.8	1848.7	8.8	11.5	9.9	3.6	14.4	168.3
2019	96.6	71.9	579.7	1723.9	7.8	11.5	10.4	3.6	13.9	183.4

4-14 2013-2019年各市县生猪生产情况

Basic Statistics of Hog Production (2013-2019)

单位：头、吨 (head,ton)

市 县	Region	2013		2014		2015		2016	
		生猪存栏 Hog in Stock	#能繁母猪 Sow	生猪存栏 Hog in Stock	#能繁母猪 Sow	生猪存栏 Hog in Stock	#能繁母猪 Sow	生猪存栏 Hog in Stock	#能繁母猪 Sow
全 区	**Total**	**795550**	**106925**	**818930**	**96454**	**730520**	**85803**	**790767**	**91107**
沿黄地区	**Plain**	**570539**	**84674**	**591875**	**75809**	**541365**	**68088**	**593313**	**71722**
中南部地区	**Mountain Area**	**225011**	**22251**	**227055**	**20645**	**189155**	**17715**	**197454**	**19385**
银川市	**Yinchuan**	**202586**	**28319**	**214485**	**28455**	**191823**	**26157**	**217653**	**26815**
银川市区	District	48693	6483	55985	6660	42772	5479	55700	6939
永宁县	Yongning	20667	3093	23875	3187	15990	2033	15290	1890
贺兰县	Helan	26513	3089	24037	2880	23133	2868	27819	2662
灵武市	Lingwu	106712	15653	110588	15728	109928	15777	118844	15324
石嘴山市	**Shizuishan**	**47714**	**4831**	**47469**	**4438**	**44775**	**4233**	**47635**	**5202**
石嘴山市辖区	District	13973	1812	16384	1864	14640	1896	16478	2541
平罗县	Pingluo	33741	3019	31084	2574	30135	2338	31157	2661
吴忠市	**Wuzhong**	**176487**	**24949**	**163335**	**20762**	**151761**	**17603**	**160987**	**19135**
利通区	Litong	27859	4494	25597	4096	23590	3608	24898	3404
红寺堡	Hongsipu	8290	842	9835	873	10400	843	9798	793
盐池县	Yanchi	40083	4694	37062	4069	38117	3904	41000	4165
同心县	Tongxin	6311	72	6980	76	5557	90	5254	87
青铜峡市	Qingtongxia	93945	14847	83861	11648	74098	9159	80037	10686
固原市	**Guyuan**	**148111**	**14602**	**152373**	**14133**	**116701**	**11349**	**124986**	**12566**
原州区	Yuanzhou	61288	5303	64052	5404	46502	4131	50135	4842
西吉县	Xiji	22425	2247	26516	2343	19227	1693	19981	1831
隆德县	Longde	31209	3857	31534	3958	20402	3088	23828	3483
泾源县	Jingyuan	1458	53	1531	61	1018	67	961	135
彭阳县	Pengyang	31731	3142	28739	2367	29552	2371	30081	2275
中卫市	**Zhongwei**	**220652**	**34224**	**241269**	**28666**	**225460**	**26460**	**239506**	**27390**
沙坡头区	Shapotou	99448	13778	117348	13799	101298	13042	119052	12694
中宁县	Zhongning	98988	18405	103115	13373	105782	11889	104038	12922
海原县	Haiyuan	22217	2041	20806	1493	18381	1529	16416	1774

4-14 续表 1 continued

单位：头、吨 (head,ton)

市　县	Region	2017 生猪存栏 Hog in Stock	2017 #能繁母猪 Sow	2018 生猪存栏 Hog in Stock	2018 #能繁母猪 Sow	2019 生猪存栏 Hog in Stock	2019 #能繁母猪 Sow
全　区	**Total**	**810351**	**94061**	**737537**	**80930**	**733718**	**87632**
沿黄地区	**Plain**	**605178**	**74218**	**522007**	**59782**	**495021**	**66378**
中南部地区	**Mountain Area**	**205173**	**19843**	**215530**	**21148**	**238697**	**21254**
银川市	**Yinchuan**	**222637**	**28406**	**178954**	**21459**	**135941**	**18710**
银川市区	District	57713	7506	43033	3979	28947	3448
永宁县	Yongning	17244	1937	15220	1925	14605	2315
贺兰县	Helan	27841	3336	20101	2495	20664	2501
灵武市	Lingwu	119839	15627	100600	13060	71725	10446
石嘴山市	**Shizuishan**	**49637**	**5384**	**51658**	**4930**	**52760**	**4887**
石嘴山市辖区	District	17534	2790	20600	3070	18503	2838
平罗县	Pingluo	32103	2594	31058	1860	34257	2049
吴忠市	**Wuzhong**	**164990**	**19383**	**147884**	**16623**	**155462**	**16647**
利通区	Litong	25583	3557	19902	2644	20721	3089
红寺堡	Hongsipu	10169	819	8740	807	8136	609
盐池县	Yanchi	39554	4128	46200	4672	48344	2655
同心县	Tongxin	5364	89	5082	80	4864	91
青铜峡市	Qingtongxia	84320	10790	67960	8420	73397	10203
固原市	**Guyuan**	**133194**	**13290**	**138258**	**13859**	**159757**	**16273**
原州区	Yuanzhou	46206	4679	51200	5440	57606	5703
西吉县	Xiji	30903	2414	30585	2215	44728	4223
隆德县	Longde	23057	3088	22019	3041	27928	3231
泾源县	Jingyuan	828	138	594	77	595	90
彭阳县	Pengyang	32200	2971	33860	3086	28900	3026
中卫市	**Zhongwei**	**239893**	**27598**	**220783**	**24059**	**229798**	**31115**
沙坡头区	Shapotou	120566	13436	118491	13309	130739	17721
中宁县	Zhongning	102435	12645	85042	9020	81463	11768
海原县	Haiyuan	16892	1517	17250	1730	17596	1626

注：根据第三次农业普查结果重新修订2013-2017年分市县数据。
Note: Data of livestock 2013-2017 by city and county had been revised according to the data from the third national agricultural census.

4-14 续表 2 continued

单位：头、吨 (head,ton)

市 县	Region	生猪出栏 Slaughtered of Livestock of Hog						
		2013	2014	2015	2016	2017	2018	2019
全 区	**Total**	**1009723**	**1098673**	**1020500**	**1102660**	**1137454**	**1124531**	**965621**
沿黄地区	**Plain**	**779661**	**827009**	**776470**	**839176**	**876065**	**841359**	**683673**
中南部地区	**Mountain Area**	**230062**	**271664**	**244030**	**263484**	**261389**	**283172**	**281948**
银川市	**Yinchuan**	**284839**	**290780**	**254681**	**268520**	**277822**	**242673**	**213492**
银川市区	District	59534	55885	57376	61914	72426	54456	47003
永宁县	Yongning	39967	39189	31029	30387	27944	25826	19316
贺兰县	Helan	43019	46947	37877	37343	37105	31259	28620
灵武市	Lingwu	142320	148759	128399	138877	140347	131133	118553
石嘴山市	**Shizuishan**	**62168**	**75193**	**71061**	**73631**	**77478**	**89163**	**73221**
石嘴山市辖区	District	13026	17733	15122	17872	21050	27103	24724
平罗县	Pingluo	49142	57461	55939	55759	56428	62060	48497
吴忠市	**Wuzhong**	**210167**	**233747**	**192115**	**222145**	**241296**	**253286**	**198140**
利通区	Litong	32632	37313	30646	36282	42503	41826	26943
红寺堡	Hongsipu	10862	12667	11551	13800	13129	13409	12296
盐池县	Yanchi	34901	47751	39610	46184	52082	62845	56537
同心县	Tongxin	6002	6359	5078	5762	5770	6005	5875
青铜峡市	Qingtongxia	125771	129657	105230	120118	127812	129200	96489
固原市	**Guyuan**	**157037**	**180164**	**166528**	**171718**	**164121**	**176372**	**186684**
原州区	Yuanzhou	51688	63216	65896	71671	69084	75189	80253
西吉县	Xiji	24709	28500	26921	26195	27321	31083	36581
隆德县	Longde	33813	41885	34024	35794	32820	33685	31243
泾源县	Jingyuan	2504	2496	2319	2396	2258	1734	1201
彭阳县	Pengyang	44323	44066	37367	35662	32638	34681	37406
中卫市	**Zhongwei**	**295511**	**318789**	**336115**	**366645**	**376737**	**363036**	**294084**
沙坡头区	Shapotou	112010	132240	148115	164332	172882	165144	152153
中宁县	Zhongning	162241	161826	166738	176293	177568	173352	121375
海原县	Haiyuan	21261	24724	21263	26021	26287	24540	20556

4-14 续表 3 continued

单位：头、吨 (head,ton)

市 县	Region	猪肉产量 Output of Pork Production						
		2013	2014	2015	2016	2017	2018	2019
全 区	**Total**	**74916.8**	**83067.1**	**79033.9**	**85617.5**	**89079.8**	**88399.0**	**78159.1**
沿黄地区	**Plain**	**57737.4**	**62539.3**	**60050.1**	**65155.3**	**68610.3**	**66244.1**	**55701.9**
中南部地区	**Mountain Area**	**17179.4**	**20527.8**	**18983.8**	**20462.2**	**20469.5**	**22154.9**	**22457.1**
银川市	**Yinchuan**	**21064.6**	**22082.7**	**19783.7**	**20885.1**	**21807.4**	**19338.5**	**17391.9**
银川市区	District	4409.4	4284.7	4414.7	4824.6	5604.1	4325.0	3842.6
永宁县	Yongning	2975.2	2991.1	2438.1	2375.2	2207.9	2066.8	1628.4
贺兰县	Helan	3191.8	3591.9	2963.5	2914.2	2907.8	2519.4	2363.2
灵武市	Lingwu	10488.2	11215.0	9967.4	10771.1	11087.5	10427.3	9557.6
石嘴山市	**Shizuishan**	**4591.1**	**5616.3**	**5457.9**	**5911.3**	**6356.6**	**7002.7**	**5929.0**
石嘴山市辖区	District	976.0	1329.3	1185.4	1647.1	1753.1	2136.3	1983.5
平罗县	Pingluo	3615.1	4287.0	4272.5	4264.2	4603.5	4866.5	3945.5
吴忠市	**Wuzhong**	**15708.8**	**17561.3**	**14907.9**	**17211.0**	**18826.2**	**19793.8**	**16112.8**
利通区	Litong	2440.8	2821.0	2350.3	2781.8	3270.7	3232.3	2202.0
红寺堡	Hongsipu	812.8	964.5	900.3	1072.4	1023.6	1051.7	983.7
盐池县	Yanchi	2649.2	3604.0	3086.9	3602.2	4102.8	4852.8	4559.1
同心县	Tongxin	432.9	471.7	394.4	448.0	453.0	468.7	466.8
青铜峡市	Qingtongxia	9373.0	9700.0	8176.0	9306.6	9976.1	10188.2	7901.3
固原市	**Guyuan**	**11713.6**	**13602.0**	**12930.4**	**13316.6**	**12849.6**	**13830.0**	**14781.8**
原州区	Yuanzhou	3910.6	4782.8	5110.9	5541.5	5407.4	5897.0	6309.6
西吉县	Xiji	1827.4	2149.5	2086.2	2029.1	2091.1	2359.7	2841.9
隆德县	Longde	2501.0	3149.6	2645.8	2778.4	2564.0	2645.6	2466.3
泾源县	Jingyuan	183.2	190.6	180.5	186.7	178.3	138.0	96.4
彭阳县	Pengyang	3291.4	3329.5	2907.1	2780.9	2608.8	2789.6	3067.8
中卫市	**Zhongwei**	**21838.7**	**24204.8**	**25954.0**	**28293.4**	**29239.9**	**28433.9**	**23943.6**
沙坡头区	Shapotou	8242.9	10017.6	11354.6	12652.3	13418.5	12885.8	12177.9
中宁县	Zhongning	12024.8	12301.7	12927.6	13618.1	13781.0	13596.4	10099.8
海原县	Haiyuan	1570.9	1885.5	1671.8	2022.9	2040.4	1951.7	1665.9

4-15 2013-2019年各市县牛生产情况
Basic Statistics of Cattle and Buffaloes Production (2013-2019)

单位：头、吨 (head,ton)

市 县	Region	2013		2014		2015		2016	
		牛存栏 Cattle and Buffaloes in Stock	#奶牛存栏 Dairy Cow	牛存栏 Cattle and Buffaloes in Stock	#奶牛存栏 Dairy Cow	牛存栏 Cattle and Buffaloes in Stock	#奶牛存栏 Dairy Cow	牛存栏 Cattle and Buffaloes in Stock	#奶牛存栏 Dairy Cow
全 区	**Total**	**958026**	**346459**	**1031158**	**393063**	**1075661**	**379116**	**1135250**	**397570**
沿黄地区	**Plain**	**532825**	**343560**	**585230**	**388754**	**594276**	**371905**	**632328**	**389001**
中南部地区	**Mountain Area**	**425201**	**2899**	**445928**	**4309**	**481385**	**7211**	**502922**	**8569**
银川市	**Yinchuan**	**204544**	**130141**	**209920**	**138911**	**200556**	**122011**	**197592**	**119567**
银川市区	District	91845	66222	89756	66305	82646	55509	82780	57622
永宁县	Yongning	26566	14280	28679	14857	27693	12415	27963	11219
贺兰县	Helan	39173	24772	48340	33287	50393	33355	51379	34310
灵武市	Lingwu	46959	24866	43145	24463	39824	20732	35470	16416
石嘴山市	**Shizuishan**	**50812**	**21667**	**55015**	**23840**	**65184**	**27422**	**64090**	**22942**
石嘴山市辖区	District	20247	13108	20258	14513	26984	17814	26878	13774
平罗县	Pingluo	30565	8559	34757	9327	38200	9608	37212	9168
吴忠市	**Wuzhong**	**270098**	**161538**	**303698**	**186341**	**317366**	**178805**	**342709**	**178521**
利通区	Litong	144942	126851	169292	141990	168137	130937	180087	135517
红寺堡	Hongsipu	26921	192	26968	79	33340	94	40198	76
盐池县	Yanchi	2959	1029	2952	2037	5454	3741	6207	3888
同心县	Tongxin	42096	18	41485	266	42975	272	44530	274
青铜峡市	Qingtongxia	53180	33448	63000	41970	67460	43761	71687	38766
固原市	**Guyuan**	**308245**	**1660**	**324276**	**1927**	**347797**	**1501**	**353823**	**1441**
原州区	Yuanzhou	67145	1310	68281	1460	71212	1049	71375	860
西吉县	Xiji	113448	210	122372	310	130724	300	136908	249
隆德县	Longde	28578	127	32185	157	37100	152	35582	107
泾源县	Jingyuan	28996	13	31123		32807		33266	40
彭阳县	Pengyang	70078		70314		75954		76692	185
中卫市	**Zhongwei**	**124327**	**31452**	**138249**	**42043**	**144757**	**49376**	**177036**	**75099**
沙坡头区	Shapotou	36852	17926	45917	24756	51714	32767	73889	54617
中宁县	Zhongning	42494	13526	42086	17287	41224	15007	44983	17592
海原县	Haiyuan	44980		50246		51819	1602	58164	2890

4-15 续表 1 continued

单位：头、吨 (head,ton)

市 县	Region	2017		2018		2019	
		牛存栏 Cattle and Buffaloes in Stock	#奶牛存栏 Dairy Cow	牛存栏 Cattle and Buffaloes in Stock	#奶牛存栏 Dairy Cow	牛存栏 Cattle and Buffaloes in Stock	#奶牛存栏 Dairy Cow
全 区	**Total**	**1183334**	**408148**	**1246381**	**401483**	**1408549**	**437329**
沿黄地区	**Plain**	**650556**	**396860**	**657111**	**392446**	**758927**	**426858**
中南部地区	**Mountain Area**	**532778**	**11288**	**589270**	**9037**	**649622**	**10471**
银川市	**Yinchuan**	**212297**	**129494**	**212618**	**126637**	**231446**	**129157**
银川市区	District	85823	57155	79294	51350	83999	51181
永宁县	Yongning	30244	12899	32558	11015	33432	10059
贺兰县	Helan	59509	43576	61096	46222	60431	46169
灵武市	Lingwu	36721	15864	39670	18050	53584	21748
石嘴山市	**Shizuishan**	**66548**	**23977**	**78293**	**31720**	**85630**	**32461**
石嘴山市辖区	District	27360	14250	29475	18380	33046	22455
平罗县	Pingluo	39188	9727	48818	13340	52584	10006
吴忠市	**Wuzhong**	**362771**	**195037**	**360039**	**183781**	**431063**	**207703**
利通区	Litong	183722	141119	173124	128344	219510	143759
红寺堡	Hongsipu	44178	1403	43658	1604	50394	1690
盐池县	Yanchi	6495	5465	7425	5855	10737	7960
同心县	Tongxin	50995	170	52182	178	55020	156
青铜峡市	Qingtongxia	77381	46880	83650	47800	95402	54138
固原市	**Guyuan**	**373259**	**950**	**415247**	**550**	**454682**	
原州区	Yuanzhou	74814	717	96100	320	107106	
西吉县	Xiji	144317	121	156365	137	169865	
隆德县	Longde	38562	112	40371	93	47407	
泾源县	Jingyuan	33325		36431		35261	
彭阳县	Pengyang	82241		85980		95043	
中卫市	**Zhongwei**	**168459**	**58690**	**180184**	**58795**	**205728**	**68008**
沙坡头区	Shapotou	60406	36650	59926	39445	67041	41144
中宁县	Zhongning	50202	18740	49500	18500	59898	26199
海原县	Haiyuan	57851	3300	70758	850	78789	665

注：根据第三次农业普查结果重新修订2013-2017年分市县数据。
Note: Data of livestock 2013-2017 by city and county had been revised according to the data from the third national agricultural census.

4-15 续表 2 continued

单位：头、吨 (head,ton)

市 县	Region	牛出栏 Slaughtered of Livestock of Cattle and Buffaloes						
		2013	2014	2015	2016	2017	2018	2019
全 区	**Total**	**594918**	**587110**	**643956**	**681853**	**709851**	**748013**	**718977**
沿黄地区	**Plain**	**256020**	**253642**	**282801**	**297166**	**308447**	**323188**	**320353**
中南部地区	**Mountain Area**	**338898**	**333468**	**361155**	**384687**	**401404**	**424825**	**398624**
银川市	**Yinchuan**	**114525**	**112501**	**117239**	**119695**	**121027**	**123354**	**119287**
银川市区	District	40647	38603	38479	37608	38871	38855	38408
永宁县	Yongning	21986	23354	25231	25625	25759	27223	27764
贺兰县	Helan	20230	21171	21057	24396	23722	26146	24051
灵武市	Lingwu	31662	29373	32472	32065	32675	31129	29064
石嘴山市	**Shizuishan**	**38255**	**36695**	**41644**	**42840**	**45920**	**54332**	**52380**
石嘴山市辖区	District	9850	9779	10611	10635	11651	11970	12570
平罗县	Pingluo	28405	26916	31034	32205	34269	42362	39810
吴忠市	**Wuzhong**	**130702**	**126282**	**146175**	**162699**	**172564**	**182738**	**186289**
利通区	Litong	34185	35749	49945	52743	51862	55073	62619
红寺堡	Hongsipu	29714	27512	30875	36875	41382	42334	39837
盐池县	Yanchi	1123	1043	1413	1697	1848	2038	3697
同心县	Tongxin	44247	40128	42203	45372	49165	55298	53799
青铜峡市	Qingtongxia	21433	21849	21739	26012	28307	27993	26337
固原市	**Guyuan**	**223245**	**222606**	**245249**	**260226**	**267771**	**280986**	**253365**
原州区	Yuanzhou	43607	42657	46996	50786	52752	57984	55653
西吉县	Xiji	77281	75962	82335	89457	95855	99407	85622
隆德县	Longde	21741	20841	24729	26006	26435	28609	26128
泾源县	Jingyuan	23776	26148	29875	31176	28054	27244	24746
彭阳县	Pengyang	56840	56996	61314	62802	64675	67741	61216
中卫市	**Zhongwei**	**88191**	**89025**	**93648**	**96392**	**102569**	**106603**	**107656**
沙坡头区	Shapotou	23586	20793	26224	27472	31583	33182	30438
中宁县	Zhongning	24036	26054	26010	28403	29748	29254	29292
海原县	Haiyuan	40569	42179	41414	40517	41238	44168	47926

4-15 续表 3 continued

单位：头、吨 (head,ton)

市　县	Region	牛肉产量 Output of Beef Production						
		2013	2014	2015	2016	2017	2018	2019
全　区	**Total**	**86715.0**	**87941.0**	**97467.0**	**104239.4**	**109178.9**	**115158.4**	**114557.9**
沿黄地区	**Plain**	**37472.0**	**38278.7**	**42957.6**	**45517.4**	**47219.8**	**49487.9**	**50715.9**
中南部地区	**Mountain Area**	**49243.0**	**49662.3**	**54509.4**	**58722.0**	**61959.1**	**65670.5**	**63842.0**
银川市	**Yinchuan**	**16694.5**	**16977.5**	**17787.6**	**18338.1**	**18630.6**	**18993.2**	**19227.3**
银川市区	District	5982.0	5871.9	5865.2	5772.1	5901.6	5869.6	6056.7
永宁县	Yongning	3198.0	3491.7	3817.5	3906.0	4067.9	4307.6	4559.7
贺兰县	Helan	2922.4	3224.8	3214.2	3742.2	3669.4	4032.2	3905.0
灵武市	Lingwu	4592.1	4389.1	4890.6	4917.9	4991.8	4783.9	4705.9
石嘴山市	**Shizuishan**	**5604.8**	**5505.0**	**6295.6**	**6532.1**	**7039.8**	**8321.2**	**8195.4**
石嘴山市辖区	District	1449.7	1467.0	1609.0	1623.1	1783.6	1834.9	1984.8
平罗县	Pingluo	4155.1	4038.0	4686.6	4909.1	5256.2	6486.3	6210.6
吴忠市	**Wuzhong**	**19066.9**	**18931.4**	**22146.6**	**24817.0**	**26285.5**	**27946.7**	**29273.4**
利通区	Litong	4953.7	5325.0	7531.1	8058.7	7860.0	8363.7	9738.3
红寺堡	Hongsipu	4355.2	4101.9	4658.3	5582.6	6274.3	6463.8	6281.9
盐池县	Yanchi	179.2	169.0	226.1	270.8	297.0	329.5	589.7
同心县	Tongxin	6426.8	6010.1	6388.1	6921.8	7604.0	8589.4	8627.2
青铜峡市	Qingtongxia	3152.1	3325.4	3342.9	3983.1	4250.3	4200.3	4036.2
固原市	**Guyuan**	**32419.7**	**33107.0**	**36974.7**	**39720.9**	**41415.1**	**43474.9**	**40739.1**
原州区	Yuanzhou	6607.9	6527.6	7248.4	7770.7	8266.6	9042.3	9003.1
西吉县	Xiji	10957.1	11002.5	12069.3	13498.8	14525.4	15103.8	13779.5
隆德县	Longde	3320.3	3206.0	3817.6	3945.8	4078.8	4439.4	4268.3
泾源县	Jingyuan	3419.9	3855.2	4477.1	4792.0	4440.0	4295.2	3939.8
彭阳县	Pengyang	8114.5	8515.7	9362.2	9713.6	10104.4	10594.2	9748.4
中卫市	**Zhongwei**	**12929.1**	**13420.2**	**14262.6**	**14831.2**	**15807.9**	**16422.4**	**17122.7**
沙坡头区	Shapotou	3472.4	3168.2	4025.2	4235.5	4881.3	5126.5	4870.7
中宁县	Zhongning	3594.5	3977.7	3975.3	4369.8	4557.9	4483.0	4647.9
海原县	Haiyuan	5862.2	6274.3	6262.2	6225.9	6368.7	6812.9	7604.1

4-16　2013-2019年各市县羊生产情况
Basic Statistics of Sheep Production(2013-2019)

单位：只、吨　　(head,ton)

市　县	Region	羊存栏 Sheep in Stock						
		2013	2014	2015	2016	2017	2018	2019
全　区	**Total**	**5464324**	**5742262**	**5399672**	**5222910**	**5065894**	**5342810**	**5684575**
沿黄地区	**Plain**	**2260762**	**2383775**	**2261843**	**2135421**	**2148953**	**2137744**	**2217904**
中南部地区	**Mountain Area**	**3203562**	**3358488**	**3137829**	**3087489**	**2916941**	**3205066**	**3466671**
银川市	**Yinchuan**	**721011**	**737020**	**733176**	**695644**	**703883**	**643091**	**693018**
银川市区	District	98168	111896	112595	101850	94405	84363	78837
永宁县	Yongning	68212	79370	73911	69561	92384	95165	98526
贺兰县	Helan	76053	78334	78917	79280	90011	97763	105319
灵武市	Lingwu	478578	467421	467753	444953	427083	365800	410336
石嘴山市	**Shizuishan**	**580495**	**616545**	**583689**	**546064**	**556107**	**622948**	**608064**
石嘴山市辖区	District	240582	263564	268246	251539	266063	262000	261335
平罗县	Pingluo	339913	352981	315444	294525	290044	360948	346729
吴忠市	**Wuzhong**	**2534302**	**2500980**	**2373396**	**2441975**	**2256316**	**2437315**	**2671716**
利通区	Litong	231467	269463	250437	252159	224874	222251	235337
红寺堡	Hongsipu	266190	311857	317558	330377	324197	344251	367829
盐池县	Yanchi	1122722	1026980	1032652	1100661	964911	1112451	1181542
同心县	Tongxin	699268	691508	585380	586957	575318	601346	735991
青铜峡市	Qingtongxia	214656	201172	187369	171821	167016	157016	151017
固原市	**Guyuan**	**729607**	**866394**	**790061**	**729427**	**694024**	**709363**	**755667**
原州区	Yuanzhou	264496	301270	273812	245901	223121	212000	266281
西吉县	Xiji	204267	256239	240542	225515	229944	250870	248006
隆德县	Longde	31359	34029	25781	23691	22747	22019	22378
泾源县	Jingyuan	6987	8018	8132	7080	5328	6074	6939
彭阳县	Pengyang	222498	266838	241794	227240	212884	218400	212063
中卫市	**Zhongwei**	**898909**	**1021323**	**919349**	**809800**	**855564**	**930093**	**956110**
沙坡头区	Shapotou	202315	249506	215125	221302	247419	252481	234657
中宁县	Zhongning	310818	310068	292046	248431	249654	239957	295811
海原县	Haiyuan	385776	461749	412178	340067	358491	437655	425642

注：根据第三次农业普查结果重新修订2013-2017年分市县数据。
Note: Data of livestock 2013-2017 by city and county had been revised according to the data from the third national agricultural census.

4-16 续表 1 continued

单位：只、吨 (head,ton)

市　县	Region	羊出栏 Slaughtered of Livestock of Sheep						
		2013	2014	2015	2016	2017	2018	2019
全　区	**Total**	**4997486**	**5179971**	**5325307**	**5380260**	**5600001**	**5588251**	**5796583**
沿黄地区	**Plain**	**2235728**	**2228572**	**2261954**	**2271531**	**2324233**	**2327055**	**2282525**
中南部地区	**Mountain Area**	**2761759**	**2951399**	**3063353**	**3108730**	**3275768**	**3261196**	**3514058**
银川市	**Yinchuan**	**864486**	**808719**	**805241**	**826726**	**827438**	**862627**	**847858**
银川市区	District	105034	95547	98251	100936	102006	103884	79401
永宁县	Yongning	71128	73884	80783	82141	87715	95037	116716
贺兰县	Helan	74198	71483	65549	72798	72565	70497	74187
灵武市	Lingwu	614126	567805	560658	570850	565152	593210	577554
石嘴山市	**Shizuishan**	**525373**	**527724**	**533347**	**529620**	**558311**	**575557**	**567300**
石嘴山市辖区	District	212008	212438	208232	225406	236051	233204	226159
平罗县	Pingluo	313365	315286	325115	304214	322260	342353	341141
吴忠市	**Wuzhong**	**2257733**	**2411147**	**2451893**	**2449873**	**2628812**	**2600853**	**2790472**
利通区	Litong	228121	244599	246564	253684	283285	271927	309672
红寺堡	Hongsipu	226314	231958	246079	277845	318602	313084	314333
盐池县	Yanchi	873108	975487	984979	1045180	1080942	1076117	1154091
同心县	Tongxin	714746	753514	768322	676372	741785	762638	881829
青铜峡市	Qingtongxia	215444	205589	205949	196792	204198	177088	130547
固原市	**Guyuan**	**668659**	**706228**	**760383**	**788357**	**812490**	**768739**	**802596**
原州区	Yuanzhou	241042	250195	269984	279767	277184	239439	220665
西吉县	Xiji	155076	167261	181048	196618	215810	212170	274578
隆德县	Longde	28381	28896	29656	26479	27635	26725	27226
泾源县	Jingyuan	8323	8418	9021	9531	8788	8256	8372
彭阳县	Pengyang	235838	251458	270674	275963	283073	282149	271755
中卫市	**Zhongwei**	**681235**	**726153**	**774443**	**785684**	**772950**	**780474**	**788357**
沙坡头区	Shapotou	163609	177980	193073	206130	203682	202694	183636
中宁县	Zhongning	238695	263961	277780	258578	247319	237162	243512
海原县	Haiyuan	278931	284212	303590	320976	321949	340618	361209

4-16 续表 2 continued

单位：只、吨 (head,ton)

市 县	Region	羊肉产量 Mutton Production						
		2013	2014	2015	2016	2017	2018	2019
全 区	**Total**	**86612.7**	**89274.6**	**92889.0**	**94645.8**	**99060.3**	**99048.6**	**104064.8**
沿黄地区	**Plain**	**38028.1**	**37919.3**	**39111.0**	**39584.9**	**40754.1**	**40859.7**	**40815.6**
中南部地区	**Mountain Area**	**48584.6**	**51355.3**	**53778.0**	**55060.9**	**58306.2**	**58188.9**	**63249.2**
银川市	**Yinchuan**	**14773.8**	**13886.8**	**13965.1**	**14400.6**	**14484.2**	**15111.7**	**15156.7**
银川市区	District	1796.7	1639.9	1695.3	1745.1	1771.9	1806.7	1431.0
永宁县	Yongning	1223.6	1271.7	1395.7	1426.8	1535.2	1673.5	2064.2
贺兰县	Helan	1245.5	1208.8	1136.9	1273.7	1271.5	1233.3	1333.7
灵武市	Lingwu	10507.9	9766.4	9737.2	9954.9	9905.6	10398.1	10327.8
石嘴山市	**Shizuishan**	**8833.1**	**8878.7**	**9143.0**	**9129.0**	**9690.1**	**9980.3**	**10028.6**
石嘴山市辖区	District	3621.0	3629.9	3614.2	3904.1	4113.0	4062.0	4040.2
平罗县	Pingluo	5212.0	5248.9	5528.8	5224.8	5577.1	5918.3	5988.4
吴忠市	**Wuzhong**	**39920.4**	**42250.6**	**43338.7**	**43742.9**	**47147.6**	**46726.3**	**50527.3**
利通区	Litong	3920.3	4208.0	4288.9	4427.6	4977.2	4792.4	5521.5
红寺堡	Hongsipu	3713.9	3832.9	4111.5	4676.9	5394.3	5371.2	5474.7
盐池县	Yanchi	16235.9	17760.1	18102.9	19477.6	20244.3	20098.9	21738.5
同心县	Tongxin	12344.0	12921.8	13275.6	11747.8	12966.3	13311.9	15456.2
青铜峡市	Qingtongxia	3706.4	3527.7	3559.8	3413.0	3565.5	3151.9	2336.3
固原市	**Guyuan**	**11477.9**	**11987.4**	**13064.2**	**13653.3**	**14154.1**	**13487.8**	**14292.3**
原州区	Yuanzhou	4113.0	4226.5	4619.8	4850.3	4825.2	4216.7	3964.0
西吉县	Xiji	2607.6	2791.3	3073.4	3373.5	3726.5	3697.6	4860.1
隆德县	Longde	481.5	487.5	507.9	460.3	485.8	476.8	484.4
泾源县	Jingyuan	142.9	144.2	155.8	165.3	155.5	149.1	152.6
彭阳县	Pengyang	4132.9	4337.9	4707.3	4804.0	4961.2	4947.5	4831.3
中卫市	**Zhongwei**	**11607.6**	**12271.1**	**13377.9**	**13720.0**	**13584.3**	**13742.6**	**14060.0**
沙坡头区	Shapotou	2792.6	3026.9	3358.1	3631.3	3611.8	3579.1	3360.1
中宁县	Zhongning	4002.1	4391.2	4796.1	4583.5	4425.4	4244.3	4412.4
海原县	Haiyuan	4812.9	4853.0	5223.7	5505.2	5547.1	5919.2	6287.5

4-17 2013-2019年各市县家禽生产情况

Basic Statistics of Poultry Production(2013-2019)

单位：只、吨 (head,ton)

市县	Region	2013		2014		2015		2016	
		家禽存栏 Poultry in Stock	#蛋鸡存栏 Egg Laying	家禽存栏 Poultry in Stock	#蛋鸡存栏 Egg Laying	家禽存栏 Poultry in Stock	#蛋鸡存栏 Egg Laying	家禽存栏 Poultry in Stock	#蛋鸡存栏 Egg Laying
全 区	**Total**	**13408172**	**7998871**	**15231688**	**9121714**	**14465438**	**9323317**	**17308465**	**10989380**
沿黄地区	**Plain**	**10195500**	**6431880**	**11969730**	**7566861**	**11369514**	**7673614**	**13005347**	**8637683**
中南部地区	**Mountain Area**	**3212671**	**1566991**	**3261957**	**1554853**	**3095924**	**1649703**	**4303118**	**2351696**
银川市	**Yinchuan**	**3627803**	**1851049**	**4776438**	**2838655**	**4117298**	**2569712**	**5296781**	**2957099**
银川市区	District	920500	308589	1190516	798684	1033807	714666	1149937	786601
永宁县	Yongning	752200	560970	1448600	1054988	1175300	916065	1244451	293271
贺兰县	Helan	1051511	817082	1045348	774532	891187	743348	1903429	1713222
灵武市	Lingwu	903592	164408	1091975	210451	1017004	195633	998964	164004
石嘴山市	**Shizuishan**	**1066809**	**628478**	**1142380**	**607078**	**1107634**	**618743**	**1347586**	**713536**
石嘴山市辖区	District	415539	251637	500755	269802	466440	255698	609269	319632
平罗县	Pingluo	651270	376840	641624	337276	641193	363045	738317	393904
吴忠市	**Wuzhong**	**3278599**	**1487564**	**3280182**	**1374864**	**3457350**	**1527457**	**3053143**	**1601742**
利通区	Litong	896156	156111	893695	177187	928930	199508	1096879	206924
红寺堡	Hongsipu	123032	109427	151523	99257	175829	123280	192301	110031
盐池县	Yanchi	89597	48873	87723	44460	88785	48854	101,875	53519
同心县	Tongxin	452713	123094	444840	111095	494206	177315	487434	213866
青铜峡市	Qingtongxia	1717100	1050059	1702400	942866	1769600	978500	1174654	1017402
固原市	**Guyuan**	**2061209**	**1033285**	**2098439**	**1060075**	**1862728**	**1026705**	**3061529**	**1665278**
原州区	Yuanzhou	968734	689902	962686	722635	798036	638637	1230806	1027555
西吉县	Xiji	191878	98038	231809	121983	213120	162253	704606	293079
隆德县	Longde	170620	93944	168944	75219	210538	91052	269244	145622
泾源县	Jingyuan	74877	50247	83740	49250	100353	59020	124675	101571
彭阳县	Pengyang	655099	101154	651260	90988	540681	75742	732198	97451
中卫市	**Zhongwei**	**3373752**	**2998496**	**3934249**	**3241042**	**3920428**	**3580699**	**4549426**	**4051725**
沙坡头区	Shapotou	2469458	2379840	2956348	2588992	2948238	2885283	3514002	3267538
中宁县	Zhongning	418174	366344	498469	412083	497814	421867	575445	475185
海原县	Haiyuan	486120	252312	479431	239967	474376	273549	459979	309002

注：根据第三次农业普查结果重新修订2013-2017年分市县数据。
Note: Data of livestock 2013-2017 by city and county had been revised according to the data from the third national agricultural census.

4-17 续表 1 continued

单位：只、吨 (head,ton)

市 县	Region	2017 家禽存栏 Poultry in Stock	2017 #蛋鸡存栏 Egg Laying	2018 家禽存栏 Poultry in Stock	2018 #蛋鸡存栏 Egg Laying	2019 家禽存栏 Poultry in Stock	2019 #蛋鸡存栏 Egg Laying
全 区	**Total**	**11506807**	**8106015**	**11431308**	**8134763**	**12843792**	**9383882**
沿黄地区	**Plain**	**8868897**	**6557755**	**8854502**	**6582590**	**10302251**	**7674372**
中南部地区	**Mountain Area**	**2637911**	**1548260**	**2576806**	**1552173**	**2541541**	**1709510**
银川市	**Yinchuan**	**2845968**	**1969306**	**3059165**	**1974702**	**2892377**	**2125818**
银川市区	District	607213	545130	711550	558018	811457	716837
永宁县	Yongning	1152775	778411	1169650	878714	817362	583452
贺兰县	Helan	657896	553009	622465	435720	770067	722757
灵武市	Lingwu	428084	92756	555500	102250	493491	102772
石嘴山市	**Shizuishan**	**908685**	**572634**	**796949**	**363900**	**1090923**	**331902**
石嘴山市辖区	District	314327	206890	259900	58900	233838	90182
平罗县	Pingluo	594359	365744	537049	305000	857085	241720
吴忠市	**Wuzhong**	**2876677**	**1587793**	**2958851**	**2021237**	**3702039**	**2636515**
利通区	Litong	595608	182476	625895	145338	797456	138608
红寺堡	Hongsipu	99114	47726	96473	53720	128819	54716
盐池县	Yanchi	86459	70133	71500	56300	88106	84329
同心县	Tongxin	432670	106030	522157	214451	464692	294295
青铜峡市	Qingtongxia	1662826	1181428	1642826	1551428	2222966	2064567
固原市	**Guyuan**	**1725618**	**1053892**	**1627976**	**1013702**	**1596073**	**1052319**
原州区	Yuanzhou	599290	530400	549892	499892	575882	417508
西吉县	Xiji	420573	231738	323847	311580	190433	137809
隆德县	Longde	238202	165922	179384	119756	136769	65167
泾源县	Jingyuan	74101	49392	67901	17124	74400	36426
彭阳县	Pengyang	393453	76440	506952	65350	618589	395409
中卫市	**Zhongwei**	**3149859**	**2922391**	**2988367**	**2761222**	**3562380**	**3237328**
沙坡头区	Shapotou	2355352	2259143	2182213	2051302	2872296	2680921
中宁县	Zhongning	500457	392768	547454	495920	426233	332556
海原县	Haiyuan	294050	270480	258700	214000	263851	223851

4-17 续表 2 continued

单位：只、吨 (head,ton)

市　县	Region	家禽出栏 Slaughtered of Livestock of Poultry						
		2013	2014	2015	2016	2017	2018	2019
全　区	**Total**	**17028902**	**17769801**	**15783859**	**17696469**	**17960245**	**18486528**	**17239435**
沿黄地区	**Plain**	**11849787**	**12372374**	**11418672**	**12623941**	**12634361**	**13970557**	**13136223**
中南部地区	**Mountain Area**	**5179116**	**5397426**	**4365187**	**5072528**	**5325883**	**4515971**	**4103212**
银川市	**Yinchuan**	**5225444**	**5105773**	**4805443**	**5037142**	**4707411**	**5077496**	**4644054**
银川市区	District	1196505	1002818	822609	787551	722332	1120698	1148966
永宁县	Yongning	1141096	1172291	1513188	1506221	1406334	1361523	1337226
贺兰县	Helan	1221158	1068358	971285	1310032	1131055	1223881	942107
灵武市	Lingwu	1666685	1862306	1498361	1433338	1447691	1371393	1215755
石嘴山市	**Shizuishan**	**1805863**	**1803777**	**1792520**	**2008762**	**2175462**	**2168794**	**1912037**
石嘴山市辖区	District	390400	543285	605342	692818	815256	913903	637195
平罗县	Pingluo	1415462	1260492	1187179	1315944	1360206	1254892	1274842
吴忠市	**Wuzhong**	**3636448**	**3439220**	**2905363**	**3546084**	**3557138**	**4668288**	**5240285**
利通区	Litong	1708642	1525279	1389197	1676226	1777904	1897579	1913344
红寺堡	Hongsipu	230132	251846	206787	284036	306389	293181	243378
盐池县	Yanchi	137365	131535	95868	113524	116146	117327	109446
同心县	Tongxin	778841	701490	546805	687426	559413	594413	629225
青铜峡市	Qingtongxia	781468	829069	666706	784871	797285	1765789	2344892
固原市	**Guyuan**	**3713793**	**4017394**	**3249863**	**3731948**	**4121765**	**3299543**	**2840525**
原州区	Yuanzhou	1505580	1755622	1324748	1452596	1716515	1474171	978143
西吉县	Xiji	489620	445932	401330	475205	566072	420619	347218
隆德县	Longde	254416	229988	202514	227875	261971	198134	196075
泾源县	Jingyuan	222869	208385	221455	284961	300290	252890	196782
彭阳县	Pengyang	1241308	1377468	1099815	1291311	1276916	953730	1122307
中卫市	**Zhongwei**	**2647356**	**3403636**	**3030669**	**3372533**	**3398469**	**3272406**	**2602534**
沙坡头区	Shapotou	1704965	2523751	2079032	2362742	2452364	2348285	1814999
中宁县	Zhongning	623406	584725	685773	754197	723934	712615	506897
海原县	Haiyuan	318985	295160	265864	255594	222170	211506	280638

4-17 续表 3 continued

单位: 只、吨 (head,ton)

市县	Region	禽肉产量 Poultry Production						
		2013	2014	2015	2016	2017	2018	2019
全区	**Total**	**31261.1**	**32818.4**	**30111.8**	**34179.3**	**34205.4**	**35661.9**	**35694.1**
沿黄地区	**Plain**	**21420.7**	**22713.8**	**21600.8**	**24105.2**	**23828.3**	**26590.9**	**27211.7**
中南部地区	**Mountain Area**	**9840.4**	**10104.6**	**8511.0**	**10074.1**	**10377.1**	**9071.0**	**8482.4**
银川市	**Yinchuan**	**9613.8**	**9606.5**	**9235.4**	**9711.8**	**9022.3**	**9825.1**	**9821.7**
银川市区	District	2170.6	1891.4	1631.8	1545.7	1401.7	2244.9	2445.5
永宁县	Yongning	2101.3	2155.6	2763.3	2772.9	2572.2	2533.3	2820.2
贺兰县	Helan	2220.1	2021.4	1948.8	2597.1	2189.6	2370.4	1955.7
灵武市	Lingwu	3121.8	3538.1	2891.5	2796.1	2858.8	2676.4	2600.4
石嘴山市	**Shizuishan**	**3335.1**	**3403.1**	**3480.4**	**3929.8**	**4224.3**	**4263.9**	**4041.0**
石嘴山市辖区	District	759.0	1057.4	1221.1	1423.0	1646.8	1859.9	1466.6
平罗县	Pingluo	2576.1	2345.6	2259.3	2506.8	2577.6	2404.0	2574.4
吴忠市	**Wuzhong**	**6494.5**	**6330.3**	**5545.6**	**6869.3**	**6746.6**	**8898.1**	**10587.2**
利通区	Litong	3026.1	2812.3	2645.8	3270.6	3404.5	3635.8	3871.8
红寺堡	Hongsipu	433.3	480.0	406.0	554.3	586.6	573.6	520.0
盐池县	Yanchi	247.9	240.6	191.3	229.2	233.6	239.4	236.0
同心县	Tongxin	1393.5	1310.5	1070.5	1352.4	1055.7	1123.7	1203.0
青铜峡市	Qingtongxia	1393.6	1486.8	1232.0	1462.7	1466.2	3325.7	4756.4
固原市	**Guyuan**	**7080.8**	**7420.8**	**6225.5**	**7447.9**	**8079.4**	**6730.6**	**5973.1**
原州区	Yuanzhou	3045.3	3483.3	2812.9	3113.8	3564.7	3120.2	2214.5
西吉县	Xiji	689.2	622.2	552.3	866.8	997.6	782.9	678.3
隆德县	Longde	419.3	384.7	342.3	409.8	470.5	375.8	379.0
泾源县	Jingyuan	429.3	399.5	428.7	556.4	579.7	501.8	423.7
彭阳县	Pengyang	2497.7	2531.1	2089.4	2501.0	2466.9	1949.8	2277.6
中卫市	**Zhongwei**	**4736.9**	**6057.8**	**5624.9**	**6220.6**	**6132.8**	**5944.3**	**5271.1**
沙坡头区	Shapotou	2867.4	4271.0	3665.5	4232.4	4353.0	4191.8	3616.4
中宁县	Zhongning	1184.6	1134.1	1341.7	1498.0	1358.0	1348.6	1104.4
海原县	Haiyuan	684.9	652.7	617.6	490.2	421.8	403.8	550.3

4-17 续表 4 continued

单位：只、吨 (head,ton)

市 县	Region	禽蛋产量 Egg Production						
		2013	2014	2015	2016	2017	2018	2019
全区	**Total**	**104570.9**	**122503.2**	**135935.6**	**156999.0**	**152711.8**	**143769.8**	**138601.4**
沿黄地区	**Plain**	**84500.2**	**94521.5**	**107386.0**	**124042.3**	**121616.9**	**113934.3**	**111818.0**
中南部地区	**Mountain Area**	**20070.7**	**27981.7**	**28549.6**	**32956.7**	**31094.9**	**29835.5**	**26783.4**
银川市	**Yinchuan**	**26300.4**	**29720.5**	**36791.0**	**39897.8**	**38292.8**	**38321.7**	**35831.0**
银川市区	District	6513.0	7311.3	10314.7	11077.1	12570.7	13190.4	11803.6
永宁县	Yongning	6026.0	9902.8	11208.3	12334.7	12771.1	12807.9	10582.0
贺兰县	Helan	11917.9	9807.0	11579.9	13599.4	11036.0	10268.8	11239.4
灵武市	Lingwu	1843.5	2699.4	3688.0	2886.6	1915.0	2054.6	2206.0
石嘴山市	**Shizuishan**	**6608.5**	**9173.6**	**8903.6**	**9816.3**	**11270.5**	**9573.9**	**6182.5**
石嘴山市辖区	District	3044.5	3838.8	3965.5	4141.0	5599.4	4675.0	1723.5
平罗县	Pingluo	3564.0	5334.8	4938.1	5675.4	5671.1	4898.9	4459.0
吴忠市	**Wuzhong**	**21171.3**	**23849.5**	**21328.0**	**26587.2**	**29611.0**	**28390.9**	**33008.5**
利通区	Litong	1992.4	2326.5	2543.7	3021.3	2494.9	2802.1	3243.2
红寺堡	Hongsipu	1043.4	1411.0	1211.4	1210.4	889.4	871.4	844.2
盐池县	Yanchi	631.7	768.7	625.2	815.0	1076.6	958.0	1479.2
同心县	Tongxin	5196.6	6525.7	3476.0	3075.0	3082.3	3122.4	3674.2
青铜峡市	Qingtongxia	12307.3	12817.6	13471.7	18465.5	22067.8	20637.0	23767.6
固原市	**Guyuan**	**10039.7**	**15460.9**	**19268.5**	**24095.3**	**22657.3**	**21426.5**	**17529.9**
原州区	Yuanzhou	6506.7	7962.0	10355.1	17575.3	13367.3	11320.1	7596.4
西吉县	Xiji	2317.7	2398.4	2199.1	3121.2	3021.4	3038.0	2297.0
隆德县	Longde	428.4	2732.7	4388.3	1002.1	1460.2	1783.6	1378.7
泾源县	Jingyuan	325.1	1123.5	889.8	1243.3	1250.8	1227.3	1112.4
彭阳县	Pengyang	461.8	1244.2	1436.2	1153.4	3557.6	4057.5	5145.3
中卫市	**Zhongwei**	**40451.0**	**44298.7**	**49644.5**	**56602.4**	**50880.2**	**46056.9**	**46049.4**
沙坡头区	Shapotou	33003.9	35407.3	40276.2	46310.6	40697.6	35359.7	36588.4
中宁县	Zhongning	4287.8	5076.0	5399.9	6530.8	6793.3	7240.0	6205.2
海原县	Haiyuan	3159.3	3815.5	3968.5	3761.0	3389.3	3457.2	3255.8

主要指标解释

农作物播种面积　指实际播种或移植有农作物的面积。凡是实际种植有农作物的面积，不论种植在耕地上还是种植在非耕地上，均包括在农作物播种面积中。在播种季节基本结束后，因遭灾而重新改种和补种的农作物面积，也包括在内。它是反映我国耕地面积利用情况的一个重要指标。目前，农作物播种面积主要包括粮食、棉花、油料、糖料、麻类、烟叶、蔬菜和瓜类、药材和其他农作物九大类。

粮食产量　指农业生产经营者日历年度内生产的全部粮食数量。按收获季节包括夏收粮食、早稻和秋收粮食，按作物品种包括谷物、薯类和豆类。其中谷物包括小麦、玉米、早稻、中稻和一季晚稻、双季晚稻、大麦、高粱、谷子、荞麦等禾本科和蓼科粮食作物；薯类只包括马铃薯、甘薯，木薯统计在其他农作物，芋头等其他薯统计在其他蔬菜；豆类包括大豆、绿豆、红小豆、杂豆等。谷物产量按脱粒后的原粮计算，山区生产的薯类按鲜薯重量的5∶1折算为原粮，豆类按去荚后的干豆计算。

肉类总产量　指调查期内各种牲畜及家禽、兔等动物肉产量总计。猪、牛、羊、马、驴、骡、骆驼肉产量按去掉头蹄下水后带骨肉的胴体重量计算，兔禽肉产量按屠宰后去毛和内脏后的重量计算。猪牛羊禽四个品种肉产量由主要畜禽监测抽样调查获得。

当年出栏的畜禽数　指当年（报告期内）乡村各种经济组织和国有农场、农民个人、机关、团体、学校、工矿企业、部队等单位以及城镇居民饲养的，已屠宰或以消费为目的出售的畜禽数，包括集市上出售和农民自食的部分。不包括个别地区习惯吃的“烤小猪”以及为取得“二毛皮”而宰杀的羔羊。

期初(末)畜禽存栏头(只)数　指报告期初（末）农村各种经济组织和国有农场、农民个人、机关、团体、学校、工矿企业、部队等单位以及城镇居民饲养的大牲畜、猪、羊、家禽等畜禽的存栏数。不分大小、公母、品种和用途，一律包括在内。

Explanatory Notes on Main Statistical Indicators

Sown Area of Crops refers to area of land sown or trans-planted with crops regardless of being in cultivated area or non-cultivated area. Area of land sown due to natural disasters is also included. At present, the sown area of crops mainly include the following 9 categories of crops: grain, cotton, oil-bearing crops, sugar crops, fiber crops, tobacco, vegetables and melons, medicinal materials and other farm crops.

Grain Output refers to the total output of grains produced by agricultural producers within a calendar year. It includes summer grain, early rice and autumn grain if classified by harvest seasons; it covers cereal, tubers and beans if classified by type of crops. Cereal include wheat, corn, early rice, semilate rice, one season rice, two season rice, barley, sorghum, millet, buckwheat. The tubers include potatoes and sweet potatoes, not including taros and cassava. Beans include soybean, mung bean, red bean, mixed beans and so on. Output of cereal should be limited to husked grain only. The output of tubers are converted into that of grain at the ratio 5 ∶ 1. Output of beans refers to dry beans without pods.

Total Meat Output refers to the total production of various livestock and poultry, rabbits and other animal meat during the investigation period. Meat output refers to the meat of slaughtered hogs, cattle, sheep, horses, donkeys, mules and camels with head, feet and offal taken away. Meat output refers to the meat of slaughtered rabbit and poultry with hair and offal taken away. The data on the main livestock such as hog, cattle, sheep and poultry became the official data based on the sampling survey.

Number of Livestock or Poultry Slaughtered refers to the numbers of slaughtered or sold livestock and poultry bred by rural cooperative organizations, state farms, rural individuals, government agencies, schools, industrial and mining enterprises, army and urban residents. It includes numbers sold on markets and ate by farmers and not includes obtaining the "two fur" to slaughter the lamb.

Number of Livestock or Poultry in Stock at Beginning (or End) of Period refers to the total number of large animals, pigs, sheep, fowls, etc. raised by rural cooperative organizations, state farms, rural individuals, government agencies, schools, industrial and mining enterprises, army, and urban residents at the beginning (or end) of the reference period. Regardless of size, male or female, variety and use, shall be included.

第五篇

农民工调查

Migrant Workers Survey

简要说明

农民工监测调查以第六次人口普查为抽样框资料，以全区为总体，采用多层、多阶段、PPS 抽样方法随机抽选调查小区，在全区 22 个县（市、区）抽中调查点 110 个，共有 1100 户调查户数据资料参与汇总推算，调查数据结果主要反映农民工数量、流向、结构、就业、收支、生活、社会保障及创业等情况。农民工指的是户口性质为本地农业户口且在本年度的从业状况为外出农民工或本地农民工或期末举家外出的农村劳动力。外出农民工指的是外出从业 6 个月及以上的农村劳动力；本地农民工指的是从事本地非农活动（包括本地非农务工和非农自营活动）6 个月及以上的农村劳动力。

Brief Introduction

Migrant workers monitoring survey base on the sixth census data as sampling frame, overall for district, by adopting the method of multi-level, multi-stage, PPS sampling, randomly selected survey area, selected 110 deals in 22 counties (cities, districts), participate in the summary estimate total of 1100 households, results mainly reflects the number of migrant workers, flow, structure, employment, income, life, social security and business, and so on and so forth. Migrant workers refer to the rural labor force whose household registration is local agricultural household and whose employment status in this year is going out for work or local migrant workers or whole family members going out at the end of the term. Migrant workers refer to the rural labor force who have been out of work for 6 months or more;Local migrant workers refer to the rural labor force engaged in local non-agricultural activities (including local non-agricultural work and non-agricultural self-employment) for 6 months or more.

2019年宁夏农民工监测调查报告

2019年，宁夏各地积极采取措施“稳就业”成果显现；持续推进公益就业岗位项目助力就业扶贫；农业集约化进一步发展，农民纷纷流转土地转为务工群体；加强闽宁对口劳务协作等增加农民工就业机会；为农村劳动力发放交通补贴、购买“铁杆庄稼保”解决后顾之忧等措施推动全区农村劳动力转移就业。全年农民工就业形势总体乐观，农民工总量有所增加，收入水平稳步增长，从事行业多元化。

一、农民工规模稳步扩大

据农民工监测调查结果显示，2019年，宁夏农民工（指户籍仍在农村，在本地从事非农产业或外出从业6个月及以上的劳动者）总量为106.1万人，比上年增加5.6万人，增长5.6%。其中，外出农民工（指在户籍所在乡镇地域外从业的农民工）为82.7万人，占农民工总量的77.9%，比上年增加5.4万人，增长7.0%；本地农民工（指在户籍所在乡镇地域以内从业的农民工）为23.4万人，增加0.2万人，增长0.9%。

表1　近三年宁夏农民工规模

单位：万人

指　标	2017年	2018年	2019年
农民工总数	96.9	100.5	106.1
1．外出农民工	75.1	77.3	82.7
（1）住户中外出农民工	49.9	49.5	53.5
（2）举家外出农民工	25.2	27.8	29.2
2．本地农民工	21.8	23.2	23.4

二、农民工性别、年龄和文化特征

（一）男性多于女性，女性人数连年上升

宁夏农民工男性占主导地位，随着农业规模化和机械化的发展以及扶贫车间、公益岗位在各乡镇的普及，越来越多的女性加入农民工的行列，近两年宁夏农民工增量主要由女性组成。据调查结果显示，2019年，宁夏106.1万农民工中，男性占66.6%，总数为70.6万人，同比增加1.3万人，比2017年增加1.6万人；女性农民工占33.4%，总数为35.5万人，同比增加4.3万人，比2017年增加7.6万人。

（二）青壮年农民工比重持续下降

宁夏农民工半数以上是青壮年，但所占比重持续下降，老龄化现状加重。据调查结果显示，2019年，宁夏40岁以下的新生代农民工（1980年以后出生）所占比重为53.6%，同比下降1.9个百分点，比2017

表2　近三年宁夏农民工年龄构成

单位：%

年　龄	2017年	2018年	2019年
16-19岁	3.2	3.7	2.3
20-29岁	31.7	27.8	27.8
30-40岁	20.0	24.0	23.5
41-50岁	28.1	29.4	28.7
50岁以上	17.0	15.1	17.7

年降低 1.3 个百分点；1990 年以后出生的农民工（16-29 岁）比重为 30.1%，同比下降 1.4 个百分点，比 2017 年下降 4.8 个百分点；50 岁以上农民工占 17.7%，同比上升 2.6 个百分点。

（三）农民工文化程度以小学和初中为主

宁夏农民工群体的学历文化，以接受九年义务教育为主，初中和小学文化水平的人数比重最高，合计占 69.6%。随着女性农民工人数的增加，未上过学人数增多，占总人数的 3.8%，同比提高 0.5 个百分点，比 2017 年提高 1.4 个百分点。同时，大专及以上学历农民工人数比重有所上升，占 12.8%，同比提高 2 个百分点，比 2017 年提高 1.7 个百分点。

表 3　近三年宁夏农民工文化程度构成

单位：%

指　　标	2017 年	2018 年	2019 年
未上过学	2.4	3.3	3.8
小　　学	18.9	20.5	20.7
初　　中	52.1	50.8	48.9
高　　中	15.5	14.7	13.8
大专及以上	11.1	10.8	12.8

三、农民工主要分布在自治区内

（一）近九成农民工在自治区内就业

宁夏农村转移劳动力因独特的风俗习惯和顾家情结，更愿意在自治区内务工就业。据农民工监测调查结果显示，2019 年，宁夏 106.1 万农民工中，有 23.4 万本地农民工在本地乡镇内就业，外出农民工中有 70.4 万人在乡镇外自治区内就业，合计为 93.8 万人，占比为 88.4%。去往区外务工的为 12.3 万人，占比为 11.6%，同比提高 0.5 个百分点，比 2017 年提高 1.8 个百分点。

表 4　近三年宁夏农民工地区分布及构成

指　标	2017 年		2018 年		2019 年	
	人数（万人）	占比（%）	人数（万人）	占比（%）	人数（万人）	占比（%）
全部农民工	96.9	100.0	100.5	100.0	106.1	100.0
本地农民工	21.8	22.5	23.2	23.1	23.4	22.1
外出农民工	75.1	77.5	77.3	76.9	82.7	77.9
1.自治区内流动	65.6	67.7	66.1	65.8	70.4	66.4
(1)乡外县内	36.2	37.4	31.0	30.9	33.4	31.5
(2)县外省内	29.4	30.3	35.1	34.9	37.0	34.9
2.去往自治区外	9.5	9.8	11.2	11.1	12.3	11.6
(1)西部地区	6.0	6.2	6.4	6.4	7.1	6.7
西北四省	3.7	3.8	3.2	3.2	4.4	4.1
内蒙古	2.0	2.1	2.6	2.6	1.8	1.7
(2)东部地区	2.9	3.0	4.0	4.0	4.5	4.2
(3)中部地区	0.5	0.5	0.7	0.7	0.7	0.7
(4)其他	0.1	0.1	0.1	0.1	0	0
国外	0.1	0.1	0.1	0.1	0	0

（二）外出就业转移加快，务工青睐“离乡不出省”

经过近几年精准扶贫、危房改造政策的持续推进，乡村剩余需要改造的住房已经不多，本地农民工亟需向外出务工发展。活跃在各乡镇的劳务经纪人队伍日趋发展成熟稳定，配合乡镇组织定向劳务输出，促进外出农民工人数增加。据调查结果显示，2019 年，宁夏外出农民工增速快于本地农民工 6 个百分点。与上年相比，外出农民工增加的 5.3 万人中，有 2.2 万人更青睐自治区内就业，离乡不出省；有 1.8 万人选择在本县内就业，离乡不出县；其他 1.3 万人选择到区外就业，主要去往陕西、内蒙古、新疆、甘肃等省（区）。

四、农民工从业行业多元化

2018-2019 年，全区固定资产投资和房地产开发投资持续下降，建筑工地开工数量相对减少，一些区外中标企业从区外自带农民工来宁建设，迫使区内一部分农民工从传统的建筑业转型至服务业，第三产业已经替代第二产业成为宁夏农民工就业的主要行业。据调查结果显示，2019 年，宁夏农民工从事第二产业人数比重为 30.5%，与上年基本持平，比 2017 年下降 11.3 个百分点，其中，建筑业人数比重持续下降，由上年 15.9%下降至 14.4%，比 2017 年下降 8.7 个百分点；从事第三产业人数比重为 68.5%，比 2017 年上升 11.1 个百分点，其中，居民服务、修理和其他服务业，批发和零售业，交通运输、仓储和邮政业，住宿和餐饮业是吸纳农民工人数最多的四大行业，分别占 16.1%、13.2%、11.1%、10.3%。

表 5　近三年宁夏农民工就业行业分布

单位：%

指　　标	2017 年	2018 年	2019 年
第一产业	0.8	0.6	1.0
第二产业	41.8	30.7	30.5
其中：制造业	13.9	10.6	11.4
建筑业	23.1	15.9	14.4
第三产业	57.4	68.7	68.5
其中：批发和零售业	13.3	13.9	13.2
交通运输、仓储和邮政业	12.7	13.0	11.1
住宿和餐饮业	7.3	9.4	10.3
居民服务、修理和其他服务业	9.0	14.3	16.1

五、农民工就业收入水平稳步提高

（一）外出就业收入水平高于本地就业

农民外出打工，相比农业收益有保障，比本地务工收入高，是农村居民收入来源的重要支撑。调查结果显示，宁夏外出农民工平均收入水平 4502 元/月，同比增长 5.0%，比本地农民工平均收入水平 2583 元/月高 1919 元/月。从从业性质看，自己当老板、给自己打工的外出自营平均收入水平相对较高，为 8235 元/月，被雇佣的外出务工平均收入水平为 3948 元/月。

（二）外出务工高收入人群比重提高

全社会人工成本的上升，推动宁夏农民工月收入水平水涨船高，已有七成以上农民工月收入达到 3000 元以上。调查结果显示，2019 年，宁夏外出农民工月均收入水平在 5000 元及以上的占外出农民工总数的 30.3%，同比上升 4.9 个百分点；月均收入在 3000 元-5000 元的占 41.1%，同比下降 5.7 个百分点；月均收入在 2000 元-3000 元的占 21.7%，同比上升 2.5 个百分点。

六、农民工权益保障有待加强

（一）五成多外出就业农民工未签劳务合同

据调查结果显示，2019 年，宁夏外出农民工中，与用工单位签订劳动合同的人数占 28.8%。其中，签订一年及以上劳动合同的占 18.2%；签订一年以下劳动合同的占 2.8%；签订无固定期限劳动合同的占 7.8%；未与用工单位签订劳动合同的人数占 54.3%，比上年提高 4.2 个百分点。

表 6　近三年宁夏外出农民工签订劳动合同情况

单位：%

指　标	2017 年	2018 年	2019 年
1．无固定期限劳动合同工	4.6	11.9	7.8
2．一年及以上劳动合同工	15.9	16.7	18.2
3．一年以下劳动合同工	1.7	3.5	2.8
4．没有劳动合同	66.2	50.1	54.3
5．自营	11.7	17.3	17.0
6．其他	0.0	0.5	0.0

（二）缴纳“五险一金”的比例有待提高

从单位或雇主为外出农民工缴纳“五险一金”情况看，“五险”缴纳比例虽比上年有小幅提升，但整体水平依然偏低，比例均不超过 20%。据调查结果显示，2019 年宁夏外出农民工中，单位或雇主为其缴纳养老保险、工伤保险、医疗保险、失业保险、生育保险的比例分别为 14.5%、14.5%、15.3%、12.5%、10.5%，缴纳住房公积金的占 6.9%。

（潘晶）

5-1 2019年全区农民工监测调查资料
Migrant Workers Monitoring Survey Data (2019)

指标名称	Item	单位	Unit	数量
一、农民工主要推算数据(加权汇总)	**Basic Calculating Statistics of Migrant Workers**			
(一)总量	Total	万人	10000 persons	106.10
其中：外出农民工	Migrant Workers out	万人	10000 persons	82.70
本地农民工	Local Migrant Workers	万人	10000 persons	23.40
(二)外出从业时间	Working Time of Migrant Workers out	月	month	9.20
(三)外出从业月均收入	Average Monthly Income of Migrant Workers out	元	yuan	4502.00
二、农民工基本情况(调查样本数据)	**Basic Statistics of Migrant Workers**			
(一)性别	Gender	人	person	937
1.男性	Male	人	person	629
2.女性	Female	人	person	308
(二)年龄	Age	人	person	937
1.5岁及以下	Aged 5 and under	人	person	
2.6-15岁	Aged 6-15	人	person	
3.16-19岁	Aged 16-19	人	person	20
4.20-24岁	Aged 20-24	人	person	128
5.25-29岁	Aged 25-29	人	person	142
6.30-34岁	Aged 30-34	人	person	97
7.35-40岁	Aged 35-40	人	person	129
8.41-50岁	Aged 41-50	人	person	258
9.51-60岁	Aged 51-60	人	person	139
10.61-65岁	Aged 61-65	人	person	17
11.66岁及以上	Aged 66 and over	人	person	7
(三)6周岁及以上住户成员受教育程度	Culture Level of Household Member 6 Years of Age and Older	人	person	937
1.未上过学	Illiterate and Semi-illiterate	人	person	39
2.小学	Primary School	人	person	204
3.初中	Junior Middle School	人	person	442
4.高中	Senior Middle School	人	person	128
5.大学专科	Junior College	人	person	90
6.大学本科	Undergraduate College	人	person	34
7.研究生	Postgraduate	人	person	
(四)参加医疗保险情况	Condition of Joining Medical Insurance	人	person	937
1.新型农村合作医疗	New Rural Co-operative Medical System	人	person	232
2.城镇职工基本医疗保险	Urban Employee Basic Medical Care Insurance	人	person	92
3.城乡居民基本医疗保险	Urban Household Basic Medical Insurance	人	person	608
4.公费医疗	Free Medical Insurance	人	person	
5.商业医疗保险	Commercial Medical Insurance	人	person	45
6.其他医疗保险	Other Medical Insurance	人	person	1
7.没有参加任何医疗保险	No Medical Insurance	人	person	3
(五)参加养老保险情况	Condition of Joining Pension Insurance	人	person	937
1.城镇职工基本养老保险	New Rural Social Pension Insurance	人	person	133
2.城乡居民基本养老保险	Urban Employee Basic Pension Insurance	人	person	493
3.企业年金(职业年金)	Urban Household Social Pension Insurance	人	person	6
4.商业养老保险	Commercial Pension Insurance	人	person	9
5.其他养老保险	Other Pension Insurance	人	person	57
6.没有参加任何养老保险	No Pension Insurance	人	person	240

5-1 续表 1 continued

指标名称	Item	单位	Unit	数量
三、农民工全年从业情况(调查样本数据)	**Basic Statistics of Migrant Workers Employment**			
(一)本年度主要从业地区	Main Working Region this Year	人	person	937
1.乡内	Town	人	person	289
2.乡外县内	Town out County in	人	person	244
3.县外省内	County out Province in	人	person	294
4.省外国内	Province out Nation in	人	person	110
5.国外及港澳台地区	Nation out and Hong Kong, Macao, Taiwan Region	人	person	
(二)本年度从事主要行业	Working on Main Industry This Year	人	person	937
1.第一产业	Primary Industry	人	person	8
(1)农、林、牧、渔业	Agriculture, Forestry, Animal Husbandry and Fishery	人	person	8
2.第二产业	Secondary Industry	人	person	293
(2)采矿业	Mining	人	person	21
(3)制造业	Manufacturing	人	person	105
(4)电力、热力、燃气及水的生产和供应业	Production and Supply of Electricity, Gas and Water	人	person	28
(5)建筑业	Construction	人	person	139
3.第三产业	Tertiary Industry	人	person	636
(6)批发和零售业	Wholesale and Retail Trades	人	person	119
(7)交通运输、仓储和邮政业	Transport, Storage and Post	人	person	104
(8)住宿和餐饮业	Hotels and Catering Services	人	person	96
(9)信息传输、软件和信息技术服务业	Information Transmission, Computer Services and Software	人	person	14
(10)金融业	Financial Intermediation	人	person	15
(11)房地产业	Real Estate	人	person	1
(12)租赁和商务服务业	Leasing and Business Services	人	person	4
(13)科学研究和技术服务	Scientific Research and Technical Services	人	person	
(14)水利、环境和公共设施管理业	Management of Water Conservancy, Environment and Public Facilities	人	person	21
(15)居民服务、修理和其他服务业	Services to Households and Other Services	人	person	145
(16)教育	Education	人	person	26
(17)卫生、社会工作	Health and Social Work	人	person	23
(18)文化、体育和娱乐业	Culture, Sports and Entertainment	人	person	18
(19)公共管理、社会保障和社会组织	Public Management, Social Securities and Organizations	人	person	50
(20)国际组织	International Organizations	人	person	
四、外出从业农民工情况(调查样本数据)	**Basic Statistics of Migrant Workers Employment out**			
(一)外出地区	Working Region	人	person	648
1.本省	Province in	人	person	541
(1)乡外县内	Town out County in	人	person	242
(2)县外省内	County out Province in	人	person	299
2.省外	Province out	人	person	107
(1)东部地区	Eastern Provinces	人	person	39
北京	Beijing	人	person	7
天津	Tianjin	人	person	1
河北	Hebei	人	person	3
辽宁	Liaoning	人	person	1
上海	Shanghai	人	person	2
江苏	Jiangsu	人	person	6
浙江	Zhejiang	人	person	3
福建	Fujian	人	person	3
山东	Shandong	人	person	3

5-1 续表 2 continued

指标名称	Item	单位	Unit	数量
广东	Guangdong	人	person	11
海南	Hainan	人	person	
(2)中部地区	Central Provinces	人	person	5
山西	Shanxi	人	person	3
吉林	Jilin	人	person	
黑龙江	Heilongjiang	人	person	
安徽	Anhui	人	person	2
江西	Jiangxi	人	person	
河南	Henan	人	person	
湖北	Hubei	人	person	
湖南	Hunan	人	person	
(3)西部地区	Western Provinces	人	person	62
内蒙古	Inner Mongolia	人	person	14
广西	Guangxi	人	person	1
重庆	Chongqing	人	person	
四川	Sichuan	人	person	3
贵州	Guizhou	人	person	
云南	Yunnan	人	person	1
西藏	Tibet	人	person	3
陕西	Shaanxi	人	person	16
甘肃	Gansu	人	person	9
青海	Qinghai	人	person	
宁夏	Ningxia	人	person	541
新疆	Xinjiang	人	person	15
(4)其他地区	Others	人	person	
港澳台	Hong Kong, Macao and Taiwan	人	person	
国外	Foreign	人	person	
(二)外出地区类型	Type of out Working Region	人	person	648
1.直辖市	Municipality Directly under the Central Government	人	person	16
2.省会城市	Provincial Capital	人	person	184
3.地级市	Cities at Prefecture Level	人	person	69
4.县市城区	County	人	person	292
5.建制镇	Towns	人	person	84
6.村委会	Village Committee	人	person	3
7.其他地区	Others	人	person	
(三)外出方式	Pattern of out Working	人	person	648
1.政府(单位)组织	Organized by Government	人	person	3
2.中介组织介绍	Introduced by Intermediary Agent	人	person	2
3.亲朋好友介绍	Introduced by Relatives and Friends	人	person	157
4.自发	Spontaneous	人	person	480
5.其他	Others	人	person	6
(四)本年度从事主要行业	Working on Main Industry this Year	人	person	648
1.第一产业	Primary Industry	人	person	9
(1)农、林、牧、渔业	Agriculture, Forestry, Animal Husbandry and Fishery	人	person	9
2.第二产业	Secondary Industry	人	person	235
(2)采矿业	Mining	人	person	22
(3)制造业	Manufacturing	人	person	75

5-1 续表 3 continued

指标名称	Item	单位	Unit	数量
(4)电力、热力、燃气及水的生产和供应业	Production and Supply of Electricity, Gas and Water	人	person	25
(5)建筑业	Construction	人	person	113
3.第三产业	Tertiary Industry	人	person	404
(6)批发和零售业	Wholesale and Retail Trades	人	person	74
(7)交通运输、仓储和邮政业	Transport, Storage and Post	人	person	84
(8)住宿和餐饮业	Hotels and Catering Services	人	person	64
(9)信息传输、软件和信息技术服务业	Information Transmission, Computer Services and Software	人	person	12
(10)金融业	Financial Intermediation	人	person	14
(11)房地产业	Real Estate	人	person	1
(12)租赁和商务服务业	Leasing and Business Services	人	person	3
(13)科学研究和技术服务	Scientific Research and Technical Services	人	person	
(14)水利、环境和公共设施管理业	Management of Water Conservancy, Environment and Public Facilities	人	person	13
(15)居民服务、修理和其他服务业	Services to Households and Other Services	人	person	93
(16)教育	Education	人	person	13
(17)卫生、社会工作	Health and Social Work	人	person	17
(18)文化、体育和娱乐业	Culture, Sports and Entertainment	人	person	6
(19)公共管理、社会保障和社会组织	Public Management, Social Securities and Organizations	人	person	10
(20)国际组织	International Organizations	人	person	
(五)外出从业住所类型	Type of Residence out Working	人	person	648
1.单位宿舍	Employer's Dormitory	人	person	151
2.工地工棚	Working Shed in Construction Sites	人	person	47
3.生产经营场所	The Sites of Production and Business Operation	人	person	35
4.与人合租住房	Renting Room with Others	人	person	60
5.独立租赁住房	Renting a Room Oneself	人	person	67
6.务工地自购房	Buying House in Working Place	人	person	39
7.乡外从业但回家居住(老家)	Working out of Village but Living in Old Home	人	person	224
8.其他	Others	人	person	25
(六)外出从业时间	Time of Working outside	人	person	648
1.从事当前工作的时间	Time of Working outside at Present	月	month	23111
其中：1年以下	1 Year and under	人	person	205
1-2年	1-2 Years	人	person	191
2-5年	2-5 Years	人	person	139
5年及以上	5 Years and over	人	person	113
2.每月平均工作的天数	Working Days on Average per Month	天	day	16176
其中：15天以下	15 Days and under	人	person	10
15-22天	15-22 Days	人	person	159
22-26天	22-26 Days	人	person	250
26天以上	26 Days and over	人	person	229
3.每天平均工作的小时数	Working Hours on Average per Day	小时	hour	5610
其中：6小时以下	6 Hours and under	人	person	7
6-8小时	6-8 Hours	人	person	15
8-10小时	8-10 Hours	人	person	433
其中：8小时	8 Hours	人	person	390
10-12小时	10-12 Hours	人	person	173
12小时及以上	12 Hours and over	人	person	20

5-1 续表 4 continued

指 标 名 称	Item	单位	Unit	数量
(七)外出月收支情况	Condition of Income and Expenses per Month	人	person	648
1.每月平均收入	Income on Average per Month	元	yuan	2938263.00
其中：800元以下	Less than 800 Yuan	人	person	3
800-1000元	800-1000 Yuan	人	person	2
1000-1500元	1000-1500 Yuan	人	person	4
1500-2000元	1500-2000 Yuan	人	person	30
2000-3000元	2000-3000 Yuan	人	person	139
3000-5000元	3000-5000 Yuan	人	person	267
5000元及以上	5000 Yuan and over	人	person	203
(八)社会保障与福利情况	Social Security and Welfare Condition	人	person	648
1.外出从业的劳动关系	Labor Relation of Working outside	人	person	648
①无固定期限劳动合同工	Labor Contract with Non-fixed Term	人	person	49
②一年及以上劳动合同工	A Year or More Labor Contract	人	person	121
③一年以下劳动合同工	A Year and under Labor Contract	人	person	20
④没有劳动合同	No Labor Contract	人	person	354
⑤自营	Self-support	人	person	104
⑥其他	Others	人	person	
2.单位或雇主提供伙食情况	Condition of Meals Providing by Employers	人	person	544
①每天提供三顿	Three Meals per Day	人	person	189
②每天提供两顿	Two Meals per Day	人	person	55
③每天提供一顿	One Meal per Day	人	person	52
④不提供，但补贴部分伙食费	No Providing but with some Subsidies	人	person	18
⑤不提供，也没有补贴	No Providing and Subsidies	人	person	230
3.单位或雇主提供住宿情况	Condition of Accommodation Providing by Employers	人	person	544
①提供住宿	Providing Accommodation	人	person	257
②不提供住宿，但住房有补贴	No Accommodation but with some Subsidies	人	person	7
③不提供住宿，也没有住房补贴	No Accommodation and Subsidies	人	person	280
4.单位或雇主拖欠工资情况	Condition of Unpaid Wages by Employers	人	person	
①被拖欠工资人数	Numbers of Unpaid Wages	人	person	14
②被拖欠工资的金额	Sum of Unpaid Wages	元	yuan	342380
5.五险一金缴纳情况	Condition of Social Security Payment	人	person	648
①缴纳养老保险	Pension Insurance Payment	人	person	95
②缴纳工伤保险	Injury Insurance Payment	人	person	97
③缴纳医疗保险	Medical Insurance Payment	人	person	100
④缴纳失业保险	Unemployment Insurance Payment	人	person	81
⑤缴纳生育保险	Maternity Insurance Payment	人	person	69
⑥缴纳住房公积金	Housing Fund Payment	人	person	45
(九)务工期间更换工作人数	Changing Jobs during Working Time	人	person	127
1.更换工作的次数	Times of Changing Jobs	人	person	158
2.更换过工作的人数	Numbers of Changing Jobs	人	person	127
其中：换过1次工作	Changing Jobs for One Time	人	person	101
换过2次工作	Changing Jobs Twice	人	person	21
换过超3次以上工作	Changing Jobs Three Times and More	人	person	5

第六篇

农村贫困调查

Rural Poverty Survey

简要说明

贫困监测调查在盐池、同心、原州区、西吉、隆德、泾源、彭阳和海原 8 县区开展，主要监测居民现金和实物收支情况、住户成员及劳动力从业情况、居民家庭住房和耐用消费品拥有情况、家庭经营和生产投资情况、社区基本情况、县（市）社会经济基本情况和到县扶贫项目实施情况以及村和户的扶贫参与情况等。本书提供的宁夏扶贫重点县相关数据资料均为贫困监测调查 77 个调查点数据简单汇总所得。

Brief Introduction

Poverty monitoring survey carried out in Yanchi, Tongxin, Yuanzhou, Xiji, Longde, Jingyuan, Pengyang and Haiyuan, mainly monitoring the condition of residents in cash and in-kind, household members and labor employment, resident housing and consumer durables, investment and production, community basic situation, social and economic situation of the county (city) and poverty alleviation project implementation, poverty participation of village and household, etc. The yearbook provides the related data of key poverty county of Ningxia which simply consolidated as 77 poverty monitoring survey areas.

6-1 2019年扶贫重点县住户基本情况

Basic Statistics of Key Poverty Alleviation County (2019)

指 标 名 称	Item	单位	Unit	总计
调查户类别	**Category of Households Surveyed**			
一、调查户数	Numbers of Households Surveyed	户	household	770
二、低保户	Households Enjoying the Minimum Living Guarantee	户	household	253
三、五保户	Households Enjoying the Five Guarantees	户	household	3
四、建档立卡户	Households Establishing Files	户	household	350
五、退耕还林户	Households Returning the Grain Plots to Forestry	户	household	418
住房及生活设施	**Housing and Domestic Installation**			
一、期末现住房情况	Owning House Condition of Term End			
(一)本住户居住类型	Residence Type	户	household	770
1.普通住宅	General Residence	户	household	770
2.集体宿舍和工棚	Dormitory and Shed	户	household	
3.工作地住宿	Working Places	户	household	
(二)本住户居住空间样式	House Construction Space Style	户	household	770
1.单栋楼房	Single Building	户	household	27
2.单栋平房	Single Bungalow	户	household	717
3.四居室及以上单元房	House with Four Bedrooms and Above	户	household	3
4.三居室单元房	House with Three Bedrooms	户	household	12
5.二居室单元房	House with Two Bedrooms	户	household	4
6.一居室单元房	House with One Bedrooms	户	household	3
7.筒子楼或连片平房	Tube-shaped or Closely Bungalow	户	household	2
8.其他	Others	户	household	2
(三)主要建筑材料	Main Building Materials	户	household	770
1.钢筋混凝土	Reinforced Concrete	户	household	29
2.砖混材料	Brick and Concrete	户	household	232
3.砖瓦砖木	Brick and Wood	户	household	487
4.竹草土坯	Bamboo Grass Adobe	户	household	17
5.其他	Others	户	household	5
(四)现住房房屋来源	Source of Current Housing	户	household	770
1.租赁公房	Public House Leasing	户	household	3
2.租赁私房	Private House Leasing	户	household	8
3.自建住房	Self-Built Housing	户	household	721
4.购买商品房	Commercial Residential Building	户	household	13
5.购买房改住房	Reformed Housing	户	household	
6.购买保障性住房	Security Housing	户	household	2
7.拆迁安置房	Removal Settlement Housing	户	household	6
8.继承或获赠住房	Inheritance or Gift Housing	户	household	

6-1 续表 1 continued

指标名称	Item	单位	Unit	总计
9.免费借用房	Borrow Housing for Free	户	household	2
10.雇主提供免费住房	Free Housing of Employer Offer	户	household	
11.其他来源	Others	户	household	15
(五)现住房建筑面积	Floor Space of Current Residential Buildings	平方米	sq.m	
1.10平方米以内	Less than 10 sq.m	户	household	
2.10-20平方米	10-20 sq.m	户	household	
3.20-30平方米	20-30 sq.m	户	household	
4.30-60平方米	30-60 sq.m	户	household	86
5.60-90平方米	60-90 sq.m	户	household	191
6.90-120平方米	90-120 sq.m	户	household	251
7.120-200平方米	120-200 sq.m	户	household	218
8.200平方米以上	200 sq.m Above	户	household	24
(六)住宅外道路路面情况	Road Pavement Outside Housing	户	household	770
1.水泥或柏油路面	Cement or Asphalt	户	household	580
2.沙石或石板等硬质路面	Hard Surfacing of Gravel or Slabstone	户	household	141
3.其他	Others	户	household	49
(七)住宅有管道供水情况	Pipeline Water Supplying of Residential Buildings	户	household	770
1.住宅内管道取水	Pipeline Water Intaking of Residential Buildings	户	household	485
2.住宅内其他方式取水	Other Ways of Water Intaking of Residential Buildings	户	household	24
3.院内管道取水	Pipeline Water Intaking in Courtyards	户	household	237
4.院内其他方式取水	Other Ways of Water Intaking in Courtyards	户	household	17
5.其他位置取水	Water Intaking on other Locations	户	household	7
(八)住户主要饮用水来源情况	Source of Drinking Water for Household	户	household	770
1.经过净化处理的自来水	Tap Water for Cleaning Treatment	户	household	716
2.受保护的井水和泉水	Well Water and Spring for Protected	户	household	37
3.不受保护的井水和泉水	Well Water and Spring for Non-protected	户	household	
4.江河湖泊水	Rivers and Lakes	户	household	
5.收集雨水	Rainwater	户	household	16
6.桶装水	Barreled Water	户	household	
7.其他水源	Others	户	household	1
(九)住户获取饮用水的主要困难	Main Difficulty for Gaining Drinking Water	户	household	770
1.单次取水往返时间超过半小时	More than Half an Hour of Getting Water from a Single Round-trip Time	户	household	6
2.间断或定时供水	Water Supply for Gap or Timing	户	household	2
3.当年连续缺水时间超过16天	More than 16 Days for Continuous Hydropenia of the Year	户	household	1
4.无上述困难	No Difficulty	户	household	761
(十)住户饮用水使用前采取的主要处理措施	Main Treatment Measure before Drinking	户	household	770
1.煮沸	Boiling	户	household	754
2.加漂白剂/氯等	Adding Bleach or Chlorine	户	household	
3.使用水过滤器	Using Water Filter	户	household	16
4.其他处理措施	Other Treatment Measures	户	household	
5.没有任何水处理措施	No Any Treatment Measures	户	household	

6-1 续表 2 continued

指标名称	Item	单位	Unit	总计
(十一)住户厕所类型	Residence Toilet Type	户	household	770
1.水冲式卫生厕所（冲入下水道）	Sanitary Water Flush Toilet (Flush into Sewer)	户	household	49
2.水冲式卫生厕所（冲入化粪池）	Sanitary Water Flush Toilet (Flush into Septic Tank)	户	household	55
3.水冲式卫生厕所（冲入防渗厕坑）	Sanitary Water Flush Toilet (Flush into Seepage Proof Toilet Pit)	户	household	11
4.水冲式非卫生厕所（冲入其他地方）	Non Sanitary Water Flush Toilet (Flush into Other Places)	户	household	92
5.卫生旱厕	Sanitary Latrine	户	household	51
6.普通旱厕	Ordinary Latrine	户	household	507
7.无厕所	No Toilets	户	household	5
(十二)住户厕所使用情况	Using Condition of Residence Toilet	户	household	770
1.水冲式卫生厕所（冲入下水道）	Sanitary Water Flush Toilet (Flush into Sewer)	户	household	49
2.水冲式卫生厕所（冲入化粪池）	Sanitary Water Flush Toilet (Flush into Septic Tank)	户	household	55
3.水冲式卫生厕所（冲入防渗厕坑）	Sanitary Water Flush Toilet (Flush into Seepage Proof Toilet Pit)	户	household	11
4.水冲式非卫生厕所（冲入其他地方）	Non Sanitary Water Flush Toilet (Flush into Other Places)	户	household	92
5.卫生旱厕	Sanitary Latrine	户	household	51
6.普通旱厕	Ordinary Latrine	户	household	507
7.无厕所	No Toilets	户	household	5
(十三)住户洗澡设施情况	Residence Shower Equipment Condition	户	household	770
1.统一供热水	Unified Supply Hot Water	户	household	5
2.家庭自装热水器	House Self-Installing Water Heater	户	household	662
3.其他	Others	户	household	11
4.无洗澡设施	No Shower Equipment	户	household	92
(十四)住户主要取暖设备状况	Residence Main Heating Equipment Condition	户	household	770
1.由市政或小区集中供暖	Central Heating by Government or Housing Estate	户	household	17
2.自行供暖	Self Heating	户	household	738
3.无取暖设备	No Heating Equipment	户	household	15
(十五)住户主要取暖用能源状况	Residence Main Heating Energy Condition	户	household	770
1.柴草	Firewood	户	household	2
2.煤炭	Coal	户	household	703
3.罐装液化石油气	Liquefied Petroleum Gas of Can Pack	户	household	
4.管道液化石油气	Liquefied Petroleum Gas of Pipeline	户	household	
5.管道煤气	Coal Gas of Pipeline	户	household	
6.管道天然气	Natural Gas of Pipeline	户	household	1
7.电	Electricity	户	household	34
8.燃料用油	Fuel Oils	户	household	
9.沼气	Biogas	户	household	
10.其他	Others	户	household	1
11.无取暖行为	No Heating Behavior	户	household	29
(十六)主要炊用能源状况	Main Condition of Cooking Energy	户	household	770
1.柴草	Firewood	户	household	55
2.煤炭	Coal	户	household	163
3.罐装液化石油气	Liquefied Petroleum Gas of Can Pack	户	household	7
4.管道液化石油气	Liquefied Petroleum Gas of Pipeline	户	household	
5.管道煤气	Coal Gas of Pipeline	户	household	
6.管道天然气	Natural Gas of Pipeline	户	household	2
7.电	Electricity	户	household	540

6-1 续表 3 continued

指标名称	Item	单位	Unit	总计
8.燃料用油	Fuel Oils	户	household	
9.沼气	Biogas	户	household	1
10.其他	Others	户	household	
11.无炊用行为	No Heating Behavior	户	household	2
二、自有现住房情况	Condition of Own Current Housing	--	--	
(一)自有现住房建筑年份	Year of Built	年	year	
1.当年新建	New Construction of the Year	户	household	14
2.1-5年	1-5 Years	户	household	339
3.6-10年	6-10 Years	户	household	169
4.11-20年	11-20 Years	户	household	142
5.21-50年	21-50 Years	户	household	78
6.51-99年	51-99 Years	户	household	
7.100年以上	More than 100 Years	户	household	
(二)现住房购(建)房时间	Time of Built	年	year	
(三)购(建)房总金额	Amount of Built	万元	10000 yuan	6344
(四)购(建)房时借贷款总额(不含利息)	Total Loan of Built	万元	10000 yuan	859
其中：按揭贷款金额	Mortgage Loan	万元	10000 yuan	253
(五)购(建)房时借贷款总利息	Loan Interest of Built	万元	10000 yuan	99
(六)借贷款还款总年限	Loan Years	年	year	
1.10年以下	Below 10 Years	户	household	169
2.11-20年	11-20 Years	户	household	3
3.21-30年	21-30 Years	户	household	
4.30年以上	More than 30 Years	户	household	
(七)现在是否还在还款	Whether in the Payment at Present	户	household	
1.现在还在还款	Yes	户	household	31
2.现在已经还完借贷款	Pay Off the Loans at Present	户	household	711
三、租赁住房情况	Condition of Leasing Housing	--	--	
(一)租赁住房房屋来源	Source of Leasing Housing	户	household	
1.租赁公房	Public House Leasing	户	household	3
2.租赁私房	Private House Leasing	户	household	8
(二)租赁住房实际月租金	The Market Rent per Month of Leasing Housing	元	yuan	
1.租赁公房实际月租金	The Market Rent per Month of Public House Leasing	元	yuan	366
2.租赁私房实际月租金	The Market Rent per Month of Private House Leasing	元	yuan	4170
四、期末拥有房屋情况	Condition of Own House Term End	--	--	
(一)期末拥有房屋面积	House Floor Space of Term End	平方米	sq.m	
1.自有现住房面积	Floor Space of Current Housing	平方米	sq.m	
2.出租住房面积	Floor Space of Rent Housing	平方米	sq.m	
3.出租商用建筑物面积	Floor Space of Commercial Building	平方米	sq.m	
4.偶尔居住房面积	Floor Space of Residing Occasionally	平方米	sq.m	
5.空宅或其他用途房面积	Floor Space of Empty House or Other Using	平方米	sq.m	

6-1 续表 4 continued

指标名称	Item	单位	Unit	总计
(二)期末拥有房屋价值	Value of Own House Term End	万元	10000 yuan	
1.自有现住房市场价估计值	Value of Current Housing	万元	10000 yuan	
2.出租住房市场价估计值	Value of Rent Housing	万元	10000 yuan	
3.出租商用建筑物市场价估计值	Value of Commercial Building	万元	10000 yuan	
4.偶尔居住房市场价估计值	Value of Residing Occasionally	万元	10000 yuan	
5.空宅或其他用途房市场价估计值	Value of Empty House or Other Using	万元	10000 yuan	
(三)期末拥有房屋市场价月租金	The Market Rent per Month of Own House Term End	--	--	
1.自有现住房市场价月租金	The Market Rent per Month of Current Housing	元	yuan	
2.出租住房市场价月租金	The Market Rent per Month of Rent Housing	元	yuan	
3.出租商用建筑物市场价月租金	The Market Rent per Month of Commercial Building	元	yuan	
五、期内新购住房情况	Condition of Newly Bought Residential Buildings During Period	--	--	
(一)期内新购住房建筑面积	Floor Space of Newly Bought Residential Buildings	平方米	sq.m	
1.10平方米以内	Less than 10 sq.m	户	household	
2.10-20平方米	10-20 sq.m	户	household	
3.20-30平方米	20-30 sq.m	户	household	
4.30-60平方米	30-60 sq.m	户	household	
5.60-90平方米	60-90 sq.m	户	household	
6.90-120平方米	90-120 sq.m	户	household	
7.120-200平方米	120-200 sq.m	户	household	
8.200平方米以上	More than 200 sq.m	户	household	
(二)新购住房购买时间	Purchasing Date	年	year	
(三)新购住房总金额	Total Amount	万元	10000 yuan	6344
(四)新购住房借贷款总额(不含利息)	Total Loan	万元	10000 yuan	859
其中：按揭贷款金额	Mortgage Loan	万元	10000 yuan	253
(五)新购住房借贷款总利息	Loan Interest	万元	10000 yuan	99
(六)新购住房借贷款还款总年限	Loan Years	年	year	408
1.10年以下	Below 10 Years	户	household	169
2.11-20年	11-20 Years	户	household	3
3.21-30年	21-30 Years	户	household	
4.30年以上	More than 30 Years	户	household	
六、期内新建住房情况	Condition of Newly Built Residential Buildings During Period	--	--	
(一)期内新建住房竣工建筑面积	Floor Space of Newly Built Residential Buildings	平方米	sq.m	3630
1.10平方米以内	Less than 10 sq.m	户	household	
2.10-20平方米	10-20 sq.m	户	household	1
3.20-30平方米	20-30 sq.m	户	household	1
4.30-60平方米	30-60 sq.m	户	household	21
5.60-90平方米	60-90 sq.m	户	household	11
6.90-120平方米	90-120 sq.m	户	household	7
7.120-200平方米	120-200 sq.m	户	household	6
8.200平方米以上	More than 200 sq.m	户	household	
(二)新建住房建成时间	Purchasing Date	年	year	
(三)新建住房总费用	Total Cost	万元	10000 yuan	339
(四)新建住房资金来源	Capital Source of Newly Built Residential Buildings	万元	10000 yuan	339
1.银行信用社贷款	Loans from Bank and Credit Cooperative	万元	10000 yuan	80
2.亲友借款	Debt from Relatives and Friends	万元	10000 yuan	40
3.自筹资金	Self-collected Funds	万元	10000 yuan	186
4.其他资金	Others	万元	10000 yuan	34

6-2　2019年扶贫重点县耐用消费品拥有情况
Ownership of Durable Consumer Goods of Key Poverty Alleviation County (2019)

单位：百户均　　　　(per 100 households)

指 标 名 称	Item	单位	Unit	总计
家用汽车	Family Car	辆	unit	31
摩托车	Motorcycle	辆	unit	63
助力车	Moped	台	set	46
洗衣机	Washing Machine	台	set	101
电冰箱(柜)	Refrigerator	台	set	95
微波炉	Microwave Oven	台	set	11
彩色电视机	Color TV Set	台	set	105
其中：接入有线电视网	Cable Television	台	set	
空调	Air Conditioner	台	set	1
热水器	Water Heater	台	set	96
其中：太阳能热水器	Solar Water Heater	台	set	
洗碗机	Dishwasher	台	set	
排油烟机	Ventilator	台	set	20
固定电话	Telephone	线	set	0
移动电话	Mobile Telephone	部	set	307
其中：接入互联网	Internet Mobile Telephone	部	set	282
计算机	Computer	台	set	21
其中：接入互联网	Internet Computer	台	set	17
照相机	Camera	台	set	1
中高档乐器	Middle and Top Grade Instruments	架	set	2
健身器材	Body-building Apparatus	台	set	1
空气净化器(含新风系统)	Air Cleaner(incl. Fresh air system)	台	set	
吸尘器	Vacuum Cleaner	台	set	

6-3　2019年扶贫重点县社区基础设施和基本社会服务情况
Base Installation and Community Service of the Community (2019)

指标名称	Item	单位	Unit	总计
一、社区基础设施和基本社会服务情况	**Base Installation and Community Service of the Community**	--	--	
(一)本社区的土地性质主要属于	Land Status	--	--	
1.国有土地	State Owned	户	household	420
2.集体土地	Collective	户	household	350
(二)本社区是否通公路	Whether Connected Roads	--	--	
1.通公路	Yes	户	household	770
2.不通公路	No	户	household	
(三)本社区能否便利地乘坐公共汽车	Whether Conveniently by Bus	--	--	
1.能便利地乘坐公共汽车	Yes	户	household	730
2.不能便利地乘坐公共汽车	No	户	household	40
(四)本社区是否通电	Whether Electrify	--	--	
1.通电	Yes	户	household	770
2.不通电	No	户	household	
(五)本社区是否通电话	Whether on the Phone	--	--	
1.通电话	Yes	户	household	770
2.不通电话	No	户	household	
(六)本社区能否接收有线电视信号	Whether Receive Cable TV Signal	--	--	
1.能接收有线电视信号	Yes	户	household	770
2.不能接收有线电视信号	No	户	household	
(七)本社区饮用水是否经过集中净化处理	Whether Purified of Drinking Water	--	--	
1.饮用水经过集中净化处理	Yes	户	household	770
2.饮用水没有经过集中净化处理	No	户	household	
(八)本社区主要饮用水水源中是否含有化学污染	Whether Chemical Contamination in Drinking Water	--	--	
1.高氟	Fluoride	户	household	
2.高砷	Arsenic	户	household	
3.其他化学污染	Other Chemical Pollution	户	household	
4.没有化学污染	None Chemical Pollution	户	household	770
(九)本社区是否开通了管道燃气	Whether Launched Pipeline Gas	--	--	
1.开通管道燃气	Yes	户	household	
2.未开通管道燃气	No	户	household	770
(十)本社区是否有市政或小区集中供暖	Whether Central Heating by Municipal or Community	--	--	
1.有市政或小区集中供暖	Yes	户	household	
2.没有市政或小区集中供暖	No	户	household	540
3.不适用	Inapplicability	户	household	230
(十一)进入社区道路的路面状况	Road Condition Outside the Community	--	--	
1.水泥或柏油路面	Cement or Asphalt	户	household	750
2.沙石或石板等硬质路面	Hard Surfacing of Gravel or Slabstone	户	household	20
3.其他	Others	户	household	
(十二)社区内主要道路路面状况	Road Condition in the Community	--	--	
1.水泥或柏油路面	Cement or Asphalt	户	household	720
2.沙石或石板等硬质路面	Hard Surfacing of Gravel or Slabstone	户	household	50
3.其他	Others	户	household	
(十三)社区内主要道路是否有路灯	Whether Have Street Light	--		
1.主要道路有路灯	Yes	户	household	560
2.主要道路没有路灯	No	户	household	210

6-3 续表 1 continued

指 标 名 称	Item	单位	Unit	总计
(十四)社区内垃圾是否能够做到集中处理	Whether Centralized Processing of Rubbish	--	--	
1.垃圾集中处理	Yes	户	household	640
2.垃圾不能集中处理	No	户	household	130
(十五)社区内是否有健身器材	Whether Have Fitness Equipment	--	--	
1.有健身器材	Yes	户	household	740
2.没有健身器材	No	户	household	30
(十六)社区内是否有绿化园林景观设计	Whether Have Garden Design	--	--	
1.有绿化园林景观设计	Yes	户	household	280
2.没有绿化园林景观设计	No	户	household	490
(十七)社区是否有卫生站(室)	Whether Have Health Station	--	--	
1.有卫生站(室)	Yes	户	household	770
2.没有卫生站(室)	No	户	household	
(十八)上幼儿园或学前班的便利程度如何	How Convenient is Kindergarten or Preschool	--	--	
1.社区内有，且便利	Yes, and Convenient	户	household	420
2.社区内无，但入园较便利	No, but Kindergarten is Convenient	户	household	170
3.不便利	Inconvenience	户	household	180
(十九)上小学的便利程度如何	How Convenient is in Primary School	--	--	
1.社区内有，且便利	Yes, and Convenient	户	household	540
2.社区内无，但入学较便利	No, but Entrance is Convenient	户	household	140
3.不便利	Inconvenience	户	household	90
(二十)社区是否在本年度发生过盗窃或其他刑事案件	Whether Happened Theft or Other Criminal Cases This Year	--	--	
1.发生过盗窃或其他刑事案件	Yes	户	household	70
2.没有发生过盗窃或其他刑事案件	No	户	household	700
(二十一)社区是否有专职安全保卫人员	Whether Have Full-time Security Personnel	--	--	
1.有专职安全保卫人员	Yes	户	household	340
2.没有专职安全保卫人员	No	户	household	430
(二十二)本社区是否通宽带	Whether Through Broadband Network	--	--	
1.已通宽带	Yes	户	household	760
2.未通宽带	No	户	household	10
(二十三)本村所处地势	Village Terrain	--	--	
1.平原	Plain	户	household	190
2.丘陵(半山区)	Hill	户	household	90
3.山区	Mountainous	户	household	490
(二十四)本村是否少数民族村	Whether is Minority Village	--	--	
1.少数民族村	Yes	户	household	420
2.不是少数民族村	No	户	household	350
(二十五)本村是否开展退耕还林还草工作	Whether Returning Farmland to Forest and Grass	--	--	
1.开展退耕还林还草工作	Yes	户	household	630
2.没有开展退耕还林还草工作	No	户	household	140
(二十六)本村到最近县城的距离	Distance of the Village to the Nearest County	--	--	
1.2公里以内	Less than 2 km	户	household	40
2.2-5公里	2-5 km	户	household	60
3.5-10公里	5-10 km	户	household	90
4.10-20公里	10-20 km	户	household	160
5.20公里以上	More than 20 km	户	household	420

6-3 续表 2 continued

指标名称	Item	单位	Unit	总计
(二十七)本村到最近乡镇的距离	Distance of the Village to the Nearest Town	--	--	
1.2公里以内	Less than 2 km	户	household	130
2.2-5公里	2-5 km	户	household	220
3.5-10公里	5-10 km	户	household	280
4.10-20公里	10-20 km	户	household	90
5.20公里以上	More than 20 km	户	household	50
(二十八)本村到最近火车站/汽车站/码头的距离	Distance of the Village to the Nearest Railway Station or Bus Station	--	--	
1.2公里以内	Less than 2 km	户	household	210
2.2-5公里	2-5 km	户	household	150
3.5-10公里	5-10 km	户	household	170
4.10-20公里	10-20 km	户	household	110
5.20公里以上	More than 20 km	户	household	130
(二十九)本村到最近邮局的距离	Distance of the Village to the Nearest Post-office	--	--	
1.2公里以内	Less than 2 km	户	household	110
2.2-5公里	2-5 km	户	household	210
3.5-10公里	5-10 km	户	household	290
4.10-20公里	10-20 km	户	household	110
5.20公里以上	More than 20 km	户	household	50
(三十)本村到最近集市的距离	Distance of the Village to the Nearest Market	--	--	
1.2公里以内	Less than 2 km	户	household	140
2.2-5公里	2-5 km	户	household	230
3.5-10公里	5-10 km	户	household	290
4.10-20公里	10-20 km	户	household	100
5.20公里以上	More than 20 km	户	household	10
(三十一)本村是否有拥有合法行医证的医生	Whether Have a Legal Certificate of Practicing Medicine Doctor	--	--	
1.有拥有合法行医证的医生	Yes	户	household	770
2.没有拥有合法行医证的医生	No	户	household	
(三十二)本村是否有合格接生员	Whether Have a Qualified Midwives	--	--	
1.有合格接生员	Yes	户	household	230
2.没有合格接生员	No	户	household	540
(三十三)本村是否有政府组织的文化服务	Whether Have a Government-organised Cultural Service	--	--	
1.有政府组织的文化服务	Yes	户	household	720
2.没有政府组织的文化服务	No	户	household	50
(三十四)本村到最近快递收发点的距离	Distance of the Village to the Delivery point	--	--	
1.2公里以内	Less than 2 km	户	household	310
2.2-5公里	2-5 km	户	household	150
3.5-10公里	5-10 km	户	household	220
4.10-20公里	10-20 km	户	household	60
5.20公里以上	More than 20 km	户	household	30

第七篇
附录
Appendix

附-1 主要年份全国各省、自治区、直辖市全体居民人均可支配收入(新口径)

Per Capita Disposable Income of Urban and Rural Households by Region in Main Years (New Caliber)

单位：元 (yuan)

省\自治区\直辖市	Region	1990	2000	2005	2006	2007	2008	2009	2010
全　国	**National**	**904**	**3721**	**6385**	**7229**	**8584**	**9957**	**10977**	**12520**
北　京	Beijing	1741	9230	16853	19296	21458	24371	26571	29228
天　津	Tianjin	1466	6728	10255	11526	13116	15444	16967	19266
河　北	Hebei	771	3315	5581	6295	7233	8365	9267	10428
山　西	Shanxi	802	2924	5518	6235	7282	8333	8911	10149
内蒙古	Inner Mongolia	804	3379	5985	6876	8340	9923	11015	12538
辽　宁	Liaoning	1202	4024	6979	7937	9421	11125	12183	13953
吉　林	Jilin	984	3388	6010	6757	7791	8921	9671	10798
黑龙江	Heilongjiang	976	3602	6048	6748	7656	8877	9643	10846
上　海	Shanghai	2008	11056	17738	19647	22459	25385	27500	30436
江　苏	Jiangsu	1009	4928	8712	9947	11574	13237	14653	17006
浙　江	Zhejiang	1359	6719	12093	13550	15351	17073	18528	21159
安　徽	Anhui	685	2855	4777	5573	6724	7893	8683	9955
福　建	Fujian	975	4940	8042	8948	10138	11785	12985	14566
江　西	Jiangxi	775	2972	5223	5894	7097	8208	9094	10217
山　东	Shandong	895	4095	6860	7795	9085	10411	11398	12922
河　南	Henan	640	2649	4668	5409	6493	7637	8426	9520
湖　北	Hubei	888	3608	5628	6304	7430	8643	9496	11069
湖　南	Hunan	804	3345	5664	6364	7587	8804	9745	10861
广　东	Guangdong	1506	6899	10150	11147	12238	13605	14728	16579
广　西	Guangxi	780	3013	4870	5353	6614	7839	8655	9739
海　南	Hainan	925	3479	5322	6084	7186	8325	9151	10342
重　庆	Chongqing		3414	5942	6632	7520	8756	9688	10984
四　川	Sichuan	745	3001	4703	5247	6322	7413	8214	9373
贵　州	Guizhou	607	2290	3625	4016	4817	5533	6099	7226
云　南	Yunnan	686	2623	4197	4664	5469	6492	7170	8184
西　藏	Tibet	761	2521	3630	3828	4609	5249	5807	6628
陕　西	Shaanxi	711	2637	4395	5029	5974	7263	8122	9412
甘　肃	Gansu	600	2299	3962	4428	5037	5782	6454	7358
青　海	Qinghai	759	2706	4587	5113	5916	6808	7553	8659
宁　夏	**Ningxia**	**797**	**2777**	**4918**	**5576**	**6630**	**7924**	**8742**	**9864**
新　疆	Xinjiang	923	3024	4707	5290	6273	7012	7656	9042

注：本表收入为空格者均无资料，2013年以前的人均可支配收入国家统计局按照2013年城乡一体化住户调查新口径重新测算。

Note: The blank space means that no data is unavailable in this table. Data before 2013 are recalculated according to the integration of urban and rural reform in 2013.

附-1 续表 continued

单位：元 (yuan)

省\自治区\直辖市	Region	2011	2012	2013	2014	2015	2016	2017	2018	2019
全　国	**National**	**14551**	**16510**	**18311**	**20167**	**21966**	**23821**	**25974**	**28228**	**30733**
北　京	Beijing	33176	36817	40830	44489	48458	52530	57230	62361	67756
天　津	Tianjin	21714	24030	26359	28832	31291	34074	37022	39506	42404
河　北	Hebei	12059	13647	15190	16647	18118	19725	21484	23446	25665
山　西	Shanxi	11959	13592	15120	16538	17854	19049	20420	21990	23828
内蒙古	Inner Mongolia	14715	16800	18693	20559	22310	24127	26212	28376	30555
辽　宁	Liaoning	16429	18761	20818	22820	24576	26040	27835	29701	31820
吉　林	Jilin	12621	14395	15998	17520	18684	19967	21368	22798	24563
黑龙江	Heilongjiang	12605	14302	15903	17404	18593	19838	21206	22726	24254
上　海	Shanghai	34731	38550	42174	45966	49867	54305	58988	64183	69442
江　苏	Jiangsu	19820	22432	24776	27173	29539	32070	35024	38096	41400
浙　江	Zhejiang	24195	27020	29775	32658	35537	38529	42046	45840	49899
安　徽	Anhui	11873	13593	15154	16796	18363	19998	21863	23984	26415
福　建	Fujian	16909	19141	21218	23331	25404	27608	30048	32644	35616
江　西	Jiangxi	11870	13567	15100	16734	18437	20110	22031	24080	26262
山　东	Shandong	15077	17127	19008	20864	22703	24685	26930	29205	31597
河　南	Henan	11206	12772	14204	15695	17125	18443	20170	21964	23903
湖　北	Hubei	12941	14809	16472	18283	20026	21787	23757	25815	28319
湖　南	Hunan	12612	14391	16005	17622	19317	21115	23103	25241	27680
广　东	Guangdong	18916	21268	23421	25685	27859	30296	33003	35810	39014
广　西	Guangxi	11054	12644	14082	15557	16873	18305	19905	21485	23328
海　南	Hainan	12392	14180	15733	17476	18979	20653	22553	24579	26679
重　庆	Chongqing	13037	14924	16569	18352	20110	22034	24153	26386	28920
四　川	Sichuan	11130	12753	14231	15749	17221	18808	20580	22461	24703
贵　州	Guizhou	8594	9850	11083	12371	13697	15121	16704	18430	20397
云　南	Yunnan	9739	11233	12578	13772	15223	16720	18348	20084	22082
西　藏	Tibet	7510	8568	9740	10730	12254	13639	15457	17286	19501
陕　西	Shaanxi	11229	12885	14372	15837	17395	18874	20635	22528	24666
甘　肃	Gansu	8463	9768	10954	12185	13467	14670	16011	17488	19139
青　海	Qinghai	10024	11470	12948	14374	15813	17302	19001	20757	22618
宁　夏	**Ningxia**	**11480**	**13104**	**14566**	**15907**	**17329**	**18832**	**20562**	**22400**	**24412**
新　疆	Xinjiang	10443	12151	13670	15097	16859	18355	19975	21500	23103

附-2 主要年份全国各省、自治区、直辖市全体居民人均生活消费支出

Per Capita Annual Consumption Expenditure of Urban and Rural Households by Region in Main Years

单位：元 (yuan)

省\自治区\直辖市	Region	1990	2000	2005	2006	2007	2008	2009	2010
全 国	**National**	**768**	**2914**	**5035**	**5634**	**6592**	**7548**	**8377**	**9378**
北 京	Beijing	1469	7644	13289	15123	15933	17447	19381	21834
天 津	Tianjin	1225	5018	8227	9072	10352	11641	12974	14711
河 北	Hebei	638	2215	4181	4769	5477	6241	6846	7583
山 西	Shanxi	649	2163	3902	4560	5319	5984	6449	7011
内蒙古	Inner Mongolia	670	2648	4746	5385	6578	7706	8873	10209
辽 宁	Liaoning	1020	3216	5657	6182	7241	8652	9587	10462
吉 林	Jilin	811	2782	4677	5183	6010	6817	7677	8176
黑龙江	Heilongjiang	809	2772	4727	5085	5883	7008	7863	8619
上 海	Shanghai	1709	8565	14135	15284	18001	20345	22230	24758
江 苏	Jiangsu	906	3667	6451	7416	8487	9621	10717	12266
浙 江	Zhejiang	1151	5170	9740	10780	11695	12794	13943	15634
安 徽	Anhui	634	2120	3742	4290	5045	5887	6510	7297
福 建	Fujian	862	3842	6290	7068	8084	9358	10287	11474
江 西	Jiangxi	660	2240	4011	4433	5185	5874	6585	7291
山 东	Shandong	734	2982	4740	5443	6249	7128	7794	8560
河 南	Henan	534	1938	3294	3849	4676	5420	6065	6831
湖 北	Hubei	784	2839	4442	4970	5817	6607	7091	8090
湖 南	Hunan	709	2917	4805	5370	6098	6951	7615	8308
广 东	Guangdong	1319	5544	8221	8771	9952	10860	11615	12907
广 西	Guangxi	656	2452	3983	4001	4778	5574	6080	6697
海 南	Hainan	761	2577	3888	4657	5479	6283	6837	7517
重 庆	Chongqing		2866	5117	5603	6138	7074	7843	8810
四 川	Sichuan	665	2430	3926	4302	5048	5804	7078	7490
贵 州	Guizhou	539	1880	2872	3158	3691	4123	4594	5507
云 南	Yunnan	603	2202	3379	3855	4415	5129	5524	6204
西 藏	Tibet		2020	3398	3141	3693	3927	4347	4809
陕 西	Shaanxi	615	2241	3735	4366	5050	5972	6708	7625
甘 肃	Gansu	491	1848	3392	3630	4130	4670	5258	5846
青 海	Qinghai	643	2275	4105	4434	5184	5952	6619	7713
宁 夏	**Ningxia**	**673**	**2338**	**3996**	**4479**	**4981**	**6172**	**6746**	**7745**
新 疆	Xinjiang	701	2375	3777	4134	4937	5591	6122	7126

注：本表收入为空格者均无资料，2013年以前的人均可支配收入国家统计局按照2013年城乡一体化住户调查新口径重新测算。

Note: The blank space means that no data is unavailable in this table. Data before 2013 are recalculated according to the integration of urban and rural reform in 2013.

附-2 续表 continued

单位：元 (yuan)

省\自治区\直辖市	Region	2011	2012	2013	2014	2015	2016	2017	2018	2019
全 国	**National**	**10820**	**12054**	**13220**	**14491**	**15712**	**17111**	**18322**	**19853**	**21559**
北 京	Beijing	24298	26562	29176	31103	33803	35416	37425	39843	43038
天 津	Tianjin	16796	18542	20419	22343	24163	26129	27841	29903	31854
河 北	Hebei	8852	9773	10872	11932	13031	14247	15437	16722	17987
山 西	Shanxi	8404	9446	10118	10864	11729	12683	13664	14810	15863
内蒙古	Inner Mongolia	11920	13475	14878	16258	17179	18072	18946	19665	20743
辽 宁	Liaoning	11954	13489	14950	16068	17200	19853	20463	21398	22203
吉 林	Jilin	9442	10737	12054	13026	13764	14773	15632	17200	18075
黑龙江	Heilongjiang	9967	10750	12037	12769	13403	14446	15577	16994	18111
上 海	Shanghai	26858	28152	30400	33065	34784	37458	39792	43351	45605
江 苏	Jiangsu	14635	16500	17926	19164	20556	22130	23469	25007	26697
浙 江	Zhejiang	17874	18931	20610	22552	24117	25527	27079	29471	32026
安 徽	Anhui	8683	9878	10544	11727	12840	14712	15752	17045	19137
福 建	Fujian	13218	14843	16177	17645	18850	20167	21249	22996	25314
江 西	Jiangxi	8361	9182	10053	11089	12403	13259	14459	15792	17650
山 东	Shandong	9853	10902	11897	13329	14578	15926	17281	18780	20427
河 南	Henan	7968	9103	10003	11000	11835	12712	13730	15169	16332
湖 北	Hubei	9589	10756	11761	12928	14317	15889	16938	19538	21567
湖 南	Hunan	9713	10806	11946	13289	14267	15750	17160	18808	20479
广 东	Guangdong	14459	16002	17421	19206	20976	23448	24820	26054	28995
广 西	Guangxi	7816	8910	9597	10274	11401	12295	13424	14935	16418
海 南	Hainan	8859	10161	11193	12471	13575	14275	15403	17528	19555
重 庆	Chongqing	10263	11468	12600	13811	15140	16385	17898	19248	20774
四 川	Sichuan	8751	9837	11055	12368	13632	14839	16180	17664	19338
贵 州	Guizhou	6452	7247	8288	9303	10414	11932	12970	13798	14780
云 南	Yunnan	7135	8192	8824	9870	11005	11769	12658	14250	15780
西 藏	Tibet	5063	5468	6307	7317	8246	9319	10320	11520	13029
陕 西	Shaanxi	9026	10175	11217	12204	13087	13943	14900	16160	17465
甘 肃	Gansu	6920	7937	8943	9875	10951	12254	13120	14624	15879
青 海	Qinghai	9032	10386	11577	12605	13611	14775	15503	16557	17545
宁 夏	**Ningxia**	**9010**	**10009**	**11292**	**12485**	**13816**	**14965**	**15350**	**16715**	**18297**
新 疆	Xinjiang	8575	10171	11392	11904	12867	14066	15087	16189	17397

附-3 主要年份全国各省、自治区、直辖市城镇居民人均可支配收入(新口径)

Per Capita Disposable Income of Urban Households by Region in Main Years (New Caliber)

单位：元 (yuan)

省/自治区/直辖市	Region	1978	1979	1980	1981	1982	1983	1984	1985	1986	1987
全　国	**National**	**343**	**405**	**478**	**500**	**535**	**565**	**652**	**739**	**901**	**1002**
北　京	Beijing	365	415	501	555	561	591	694	908	1068	1182
天　津	Tianjin	388	425	527	540	577	604	728	876	1070	1187
河　北	Hebei	276	313	401	402	433	449	519	631	766	855
山　西	Shanxi	301		380	401	433	452	517	595	718	807
内蒙古	Inner Mongolia	301	350	407	449	453	474	549	686	774	820
辽　宁	Liaoning	363		494	508	529	549	636	704	882	992
吉　林	Jilin			368	444	431	451	499	616	755	852
黑龙江	Heilongjiang	455	458	420	424	460	518	580	742	830	889
上　海	Shanghai	406	481	637	637	659	686	834	1075	1293	1437
江　苏	Jiangsu	288		433	448	484	498	626	766	910	1005
浙　江	Zhejiang	332		488	523	530	551	669	904	1104	1228
安　徽	Anhui				425	453	488	559	642	815	925
福　建	Fujian	371		450	452	520	573	582	733	929	1021
江　西	Jiangxi	305		386	407	425	439	499	583	730	792
山　东	Shandong	391	420	448	495	525	537	639	748	854	987
河　南	Henan	291		342	395	402	422	467	601	668	744
湖　北	Hubei	325	324	414	456	481	511	591	704	851	952
湖　南	Hunan	324		476	505	519	564	645	735	904	1018
广　东	Guangdong	412	416	473	561	631	714	818	954	1102	1321
广　西	Guangxi	289		455	460	427	444	563	745	784	899
海　南	Hainan								778		986
重　庆	Chongqing		355	412	481	505	536	616	762	984	1109
四　川	Sichuan	338	369	391	457	445	493	581	700	849	948
贵　州	Guizhou	261	280	344	453	460	483	558	631	824	912
云　南	Yunnan	328	362	420	446	493	533	608	752	872	989
西　藏	Tibet	565	625	683	715	768	840	915	983	1026	1229
陕　西	Shaanxi	310		407	427	452	488	552	650	814	905
甘　肃	Gansu	408	418	403	448	474	491	572	641	777	871
青　海	Qinghai				455			685	747	1002	1084
宁　夏	**Ningxia**	**346**	**358**	**464**	**481**	**521**	**530**	**629**	**697**	**884**	**951**
新　疆	Xinjiang	319		427	581	513	548	649	697	843	920

注：本表收入为空格者均无资料，2013年以前的人均可支配收入国家统计局按照2013年城乡一体化住户调查新口径重新测算。

Note: The blank space means that no data is unavailable in this table. Data before 2013 are recalculated according to the integration of urban and rural reform in 2013.

附-3 续表 1 continued

单位：元 (yuan)

省/自治区/直辖市	Region	1988	1989	1990	1991	1992	1993	1994	1995	1996	1997
全　国	**National**	**1180**	**1374**	**1510**	**1701**	**2027**	**2577**	**3496**	**4283**	**4839**	**5160**
北　京	Beijing	1437	1597	1902	2170	2556	3547	5085	6235	7332	7813
天　津	Tianjin	1330	1478	1639	1845	2238	2769	3982	4930	5967	6609
河　北	Hebei	1080	1257	1397	1489	1763	2201	3008	3674	4430	4959
山　西	Shanxi	945	1176	1291	1410	1623	1957	2566	3306	3703	3990
内蒙古	Inner Mongolia	916	1053	1149	1294	1495	1893	2498	2863	3432	3945
辽　宁	Liaoning	1204	1417	1551	1706	1949	2314	3063	3707	4207	4518
吉　林	Jilin	987	1109	1230	1395	1637	1953	2561	3175	3806	4191
黑龙江	Heilongjiang	1004	1138	1211	1389	1630	1960	2597	3375	3768	4091
上　海	Shanghai	1723	1976	2183	2486	3009	4277	5868	7172	8159	8439
江　苏	Jiangsu	1218	1372	1464	1623	2138	2774	3779	4634	5186	5765
浙　江	Zhejiang	1589	1797	1932	2143	2619	3626	5066	6221	6956	7359
安　徽	Anhui	1075	1248	1355	1485	1808	2248	3048	3795	4513	4599
福　建	Fujian	1236	1555	1749	1953	2351	2923	3935	4853	5574	6144
江　西	Jiangxi	938	1082	1188	1295	1585	1985	2777	3377	3780	4071
山　东	Shandong	1163	1349	1466	1688	1974	2515	3444	4264	4890	5191
河　南	Henan	862	1015	1268	1385	1608	1963	2619	3299	3755	4094
湖　北	Hubei	1128	1263	1427	1593	1874	2439	3346	4017	4350	4673
湖　南	Hunan	1255	1493	1439	1715	2094	2688	3888	4699	5052	5210
广　东	Guangdong	1583	2086	2303	2752	3477	4632	6367	7439	8158	8562
广　西	Guangxi	1158	1304	1588	1794	2104	2895	3981	4792	5033	5110
海　南	Hainan	1196	1367	1650	1799	2318	3072	3920	4770	4926	4850
重　庆	Chongqing	1278	1449	1691	1892	2195	2781	3634	4375	5023	5302
四　川	Sichuan	1130	1349	1488	1703	2001	2421	3311	4003	4483	4763
贵　州	Guizhou	1102	1275	1327	1481	1900	2313	3220	3931	4221	4442
云　南	Yunnan	1156	1305	1515	1703	2062	2639	3434	4065	4978	5558
西　藏	Tibet	1376	1477	1613	2381	2083	2348	4014	4000	6556	5135
陕　西	Shaanxi	1040	1239	1369	1498	1705	2102	2684	3310	3810	4001
甘　肃	Gansu	979	1133	1197	1369	1708	2003	2658	3153	3354	3592
青　海	Qinghai	1154	1275	1321	1449	1806	2127	2813	3320	3834	3999
宁　夏	**Ningxia**	**1084**	**1236**	**1421**	**1565**	**1821**	**2171**	**2986**	**3383**	**3612**	**3837**
新　疆	Xinjiang	1068	1176	1421	1614	1952	2423	3170	4163	4650	4845

附-3 续表 2 continued

单位：元 (yuan)

省/自治区/直辖市	Region	1998	1999	2000	2001	2002	2003	2004	2005	2006	2007
全　国	**National**	**5418**	**5839**	**6256**	**6824**	**7652**	**8406**	**9335**	**10382**	**11620**	**13603**
北　京	Beijing	8536	9322	10590	11939	12949	14535	16502	18775	21415	23752
天　津	Tianjin	7053	7527	7946	8672	8968	9823	10831	11839	13266	15062
河　北	Hebei	5079	5353	5642	5957	6641	7188	7886	9020	10194	11550
山　西	Shanxi	4096	4337	4715	5377	6214	6977	7866	8866	9967	11487
内蒙古	Inner Mongolia	4360	4785	5152	5568	6096	7076	8208	9247	10499	12566
辽　宁	Liaoning	4631	4929	5408	5871	6629	7381	8190	9346	10677	12710
吉　林	Jilin	4194	4452	4765	5273	6159	6869	7662	8464	9488	10916
黑龙江	Heilongjiang	4288	4638	4981	5528	6246	6870	7722	8592	9583	10744
上　海	Shanghai	8788	10972	11781	12976	13367	15026	16891	18912	21001	24048
江　苏	Jiangsu	6005	6510	6756	7311	8088	9140	10319	12098	13799	16009
浙　江	Zhejiang	7825	8402	9236	10399	11624	13055	14387	16089	18007	20250
安　徽	Anhui	4766	5054	5277	5645	6001	6735	7456	8399	9677	11350
福　建	Fujian	6443	6770	7285	8092	8883	9601	10655	11667	12932	14478
江　西	Jiangxi	4255	4729	5116	5525	6363	6937	7605	8679	9625	11551
山　东	Shandong	5361	5766	6417	6995	7473	8212	9191	10422	11780	13726
河　南	Henan	4210	4513	4735	5221	6176	6833	7584	8512	9611	11217
湖　北	Hubei	4823	5205	5512	5838	6762	7287	7978	8730	9733	11394
湖　南	Hunan	5450	5849	6274	6861	7061	7811	8799	9754	10791	12669
广　东	Guangdong	8766	8975	9518	10068	10673	11759	12829	13783	14815	16228
广　西	Guangxi	5401	5597	5800	6612	7242	7692	8568	9138	9720	11953
海　南	Hainan	4845	5320	5332	5800	6764	7185	7643	8013	9250	10807
重　庆	Chongqing	5431	5818	6152	6544	7000	7773	8793	9700	10878	11758
四　川	Sichuan	5125	5473	5886	6348	6595	7022	7684	8354	9310	11045
贵　州	Guizhou	4564	4930	5117	5444	5933	6555	7303	8127	9086	10638
云　南	Yunnan	6027	6147	6277	6729	7149	7528	8713	9078	9840	11202
西　藏	Tibet	5446	6930	7459	7915	8137	8841	9196	9538	9053	11289
陕　西	Shaanxi	4213	4638	5098	5447	6277	6737	7403	8159	9125	10578
甘　肃	Gansu	4024	4508	4970	5461	6264	6803	7566	8323	9215	10380
青　海	Qinghai	4254	4734	5221	5931	6272	6879	7489	8271	9270	10620
宁　夏	**Ningxia**	**4107**	**4462**	**4894**	**5516**	**6030**	**6482**	**7155**	**8013**	**9074**	**10723**
新　疆	Xinjiang	5023	5367	5721	6512	7058	7370	7743	8283	9239	10794

附-3 续表 3 continued

单位：元 (yuan)

省/自治区/直辖市	Region	2008	2009	2010	2011	2012	2013	2014	2015	2016	2017	2018	2019
全　国	**National**	**15549**	**16901**	**18779**	**21427**	**24127**	**26467**	**28844**	**31195**	**33616**	**36396**	**39251**	**42359**
北　京	Beijing	26918	29329	32132	36365	40306	44564	48532	52859	57275	62406	67990	73849
天　津	Tianjin	17726	19371	21800	24158	26586	28980	31506	34101	37110	40278	42976	46119
河　北	Hebei	13263	14505	16009	18006	20222	22227	24141	26152	28249	30548	32977	35738
山　西	Shanxi	13021	13883	15510	17965	20232	22258	24069	25828	27352	29132	31035	33262
内蒙古	Inner Mongolia	14676	16140	18050	20813	23611	26004	28350	30594	32975	35670	38305	40782
辽　宁	Liaoning	14924	16396	18487	21362	24238	26697	29082	31126	32876	34993	37342	39777
吉　林	Jilin	12367	13457	14759	17043	19352	21331	23218	24901	26530	28319	30172	32299
黑龙江	Heilongjiang	12205	13305	14741	16699	18894	20848	22609	24203	25736	27446	29191	30945
上　海	Shanghai	27204	29461	32584	37079	41130	44878	48841	52962	57692	62596	68034	73615
江　苏	Jiangsu	18215	19996	22273	25570	28808	31585	34346	37173	40152	43622	47200	51056
浙　江	Zhejiang	22334	24148	26802	30340	33846	37080	40393	43714	47237	51261	55574	60182
安　徽	Anhui	12836	13903	15566	18345	20729	22789	24839	26936	29156	31640	34393	37540
福　建	Fujian	16649	18023	19914	22772	25650	28174	30722	33275	36014	39001	42121	45620
江　西	Jiangxi	12990	14168	15656	17692	20085	22120	24309	26500	28673	31198	33819	36546
山　东	Shandong	15628	17006	18971	21678	24496	26882	29222	31545	34012	36789	39549	42329
河　南	Henan	12901	13982	15463	17661	19843	21741	23672	25576	27233	29558	31874	34201
湖　北	Hubei	13037	14229	15891	18183	20623	22668	24852	27051	29386	31889	34455	37601
湖　南	Hunan	14288	15641	17229	19599	22173	24352	26570	28838	31284	33948	36698	39842
广　东	Guangdong	17930	19432	21332	24010	26981	29537	32148	34757	37684	40975	44341	48118
广　西	Guangxi	13829	15074	16613	18356	20681	22689	24669	26416	28324	30502	32436	34745
海　南	Hainan	12367	13465	15229	17954	20446	22411	24487	26356	28453	30817	33349	36017
重　庆	Chongqing	13321	14502	16032	18517	21003	23058	25147	27239	29610	32193	34889	37939
四　川	Sichuan	12567	13759	15364	17787	20180	22228	24234	26205	28335	30727	33216	36154
贵　州	Guizhou	11710	12804	14073	16413	18608	20565	22548	24580	26743	29080	31592	34404
云　南	Yunnan	12876	13980	15528	17956	20371	22460	24299	26373	28611	30996	33488	36238
西　藏	Tibet	12677	13775	15258	16496	18362	20394	22016	25457	27802	30671	33797	37410
陕　西	Shaanxi	12613	13836	15343	17836	20269	22346	24366	26420	28440	30810	33319	36098
甘　肃	Gansu	11413	12457	13820	15707	17979	19873	21804	23767	25693	27763	29957	32323
青　海	Qinghai	12071	13205	14462	16287	18336	20352	22307	24542	26757	29169	31515	33830
宁　夏	**Ningxia**	**12751**	**13813**	**15093**	**17291**	**19507**	**21476**	**23285**	**25186**	**27153**	**29472**	**31895**	**34328**
新　疆	Xinjiang	12021	12948	14480	16464	19019	21091	23214	26275	28463	30775	32764	34664

附-4　主要年份全国各省、自治区、直辖市城镇居民人均生活消费支出(新口径)

Per Capita Annual Consumption Expenditure of Urban Households by Region in Main Years (New Caliber)

单位：元　　　　(yuan)

省\自治区\直辖市	Region	1978	1979	1980	1981	1982	1983	1984	1985	1986	1987
全　国	**National**	**311**	**.**	**412**	**457**	**471**	**506**	**559**	**673**	**799**	**884**
北　京	Beijing	360	409	490	511	535	574	667	923	1067	1148
天　津	Tianjin	345	385	475	486	497	521	600	771	949	1071
河　北	Hebei	402	423	460	401	401	420	476	606	718	800
山　西	Shanxi	275	305	357	373	390	394	433	533	635	708
内蒙古	Inner Mongolia	269	351	353	378	397	411	449	595	680	712
辽　宁	Liaoning	337		426	455	460	487	545	619	756	883
吉　林	Jilin				348	367	397	425	554	662	715
黑龙江	Heilongjiang			361	378	405	459	505	651	726	771
上　海	Shanghai	357	429	553	585	576	615	726	992	1170	1282
江　苏	Jiangsu	276		435	441	452	487	578	720	867	953
浙　江	Zhejiang	301		428	476	471	484	562	795	969	1101
安　徽	Anhui				392	403	435	479	566	700	806
福　建	Fujian	285	339	392	405	466	504	494	675	790	893
江　西	Jiangxi			382	374	374	387	436	521	631	703
山　东	Shandong	340	367	396	450	455	473	521	670	751	813
河　南	Henan			384	396	408	431	460	605	654	711
湖　北	Hubei			369	423	431	465	516	644	752	836
湖　南	Hunan	290		426	466	449	493	541	685	715	811
广　东	Guangdong	400	425	486	517	592	660	744	890	999	1216
广　西	Guangxi				423	399	427	492	664	740	861
海　南	Hainan								711	863	921
重　庆	Chongqing										
四　川	Sichuan	314	340	364	396	407	457	517	680	787	889
贵　州	Guizhou	247	274	333	393	404	426	480	618	693	761
云　南	Yunnan	303	343	381	412	456	480	527	704	814	884
西　藏	Tibet				519	522	602	619	909	820	1008
陕　西	Shaanxi	268		371	379	392	417	457	585	698	772
甘　肃	Gansu			399	433	447	482	552	625	737	829
青　海	Qinghai						450	581	679	777	828
宁　夏	**Ningxia**	**300**	**383**	**403**	**423**	**471**	**449**	**533**	**645**	**747**	**792**
新　疆	Xinjiang				446	456	472	564	651	722	765

注：本表支出为空格者均无资料，2013年以前的人均可支配收入国家统计局按照2013年城乡一体化住户调查新口径重新测算。

Note: The blank space means that no data is unavailable in this table. Data before 2013 are recalculated according to the integration of urban and rural reform in 2013.

附-4 续表 1 continued

单位：元 (yuan)

省\自治区\直辖市	Region	1988	1989	1990	1991	1992	1993	1994	1995	1996	1997
全　国	**National**	**1104**	**1211**	**1279**	**1454**	**1672**	**2111**	**2851**	**3538**	**3919**	**4186**
北　京	Beijing	1456	1520	1646	1748	2135	2940	4134	5020	5730	6532
天　津	Tianjin	1279	1291	1440	1586	1907	2322	3301	4064	4680	5204
河　北	Hebei	1119	1188	1278	1336	1612	1984	2613	3257	3424	4004
山　西	Shanxi	856	993	1048	1171	1303	1560	2043	2641	3036	3229
内蒙古	Inner Mongolia	844	913	982	1081	1254	1585	2111	2482	2768	3032
辽　宁	Liaoning	1128	1276	1346	1485	1639	1977	2588	3113	3493	3720
吉　林	Jilin	879	967	1054	1179	1375	1596	2096	2598	3037	3408
黑龙江	Heilongjiang	933	1004	1051	1375	1378	1660	2164	2776	3111	3213
上　海	Shanghai	1648	1812	1937	2167	2509	3530	4669	5868	6763	6820
江　苏	Jiangsu	1239	1301	1339	1592	1769	2311	3080	3772	4058	4534
浙　江	Zhejiang	1453	1556	1604	1806	2154	2856	4079	5263	5764	6170
安　徽	Anhui	1020	1138	1182	1307	1521	1846	2551	3161	3607	3694
福　建	Fujian	1077	1340	1431	1659	1942	2418	3351	4132	4568	4936
江　西	Jiangxi	876	978	984	1110	1276	1586	2201	2712	2942	3200
山　东	Shandong	1026	1161	1229	1407	1599	1947	2635	3285	3771	4041
河　南	Henan	895	964	1068	1232	1343	1609	2155	2674	3009	3378
湖　北	Hubei	1059	1131	1220	1380	1578	2098	2733	3434	3714	3856
湖　南	Hunan	1049	1121	1162	1381	1654	2087	3138	3886	4098	4317
广　东	Guangdong	1507	1921	1984	2389	2831	3777	5181	6254	6736	6853
广　西	Guangxi	1198	1296	1338	1641	1740	2303	3327	4046	4339	4453
海　南	Hainan	1030	1196	1382	1589	1851	2404	3014	3760	3815	3909
重　庆	Chongqing									4467	4920
四　川	Sichuan	1086	1184	1281	1520	1651	2034	2806	3429	3788	4093
贵　州	Guizhou	1020	1064	1109	1325	1564	1876	2532	3251	3573	3556
云　南	Yunnan	1143	1141	1272	1423	1704	2186	2844	3448	4007	4537
西　藏	Tibet	1211	1432			1887				4537	
陕　西	Shaanxi	983	1066	1117	1290	1405	1714	2246	2838	3211	3462
甘　肃	Gansu	1026	1065	1031	1270	1457	1680	2209	2618	2839	2946
青　海	Qinghai	1048	1069	1118	1272	1533	1870	2422	2870	3178	3300
宁　夏	**Ningxia**	**1014**	**1089**	**1212**	**1347**	**1506**	**1877**	**2478**	**2868**	**3039**	**3271**
新　疆	Xinjiang	956	977	1104	1261	1491	1835	2479	3187	3457	3887

附-4 续表 2 continued

单位：元 (yuan)

省\自治区\直辖市	Region	1998	1999	2000	2001	2002	2003	2004	2005	2006	2007
全 国	**National**	**4340**	**4633**	**5027**	**5350**	**6089**	**6587**	**7280**	**8068**	**8851**	**10196**
北 京	Beijing	7069	7712	8866	9443	11050	12122	13487	14851	16869	17682
天 津	Tianjin	5482	5875	6158	7045	7265	7964	8930	9813	10745	12280
河 北	Hebei	3859	4080	4439	4604	5249	5673	6112	7091	7829	8845
山 西	Shanxi	3278	3516	3982	4178	4791	5210	5790	6518	7395	8385
内蒙古	Inner Mongolia	3106	3469	3928	4195	4859	5418	6218	6927	7665	9280
辽 宁	Liaoning	3910	4030	4423	4750	5483	6272	6787	7685	8373	9941
吉 林	Jilin	3450	3662	4021	4338	4975	5493	6071	6797	7355	8564
黑龙江	Heilongjiang	3328	3535	3914	4324	4638	5256	5882	6579	7143	8137
上 海	Shanghai	6935	8430	9162	9747	11046	11777	13628	15022	16272	19243
江 苏	Jiangsu	4922	5077	5429	5680	6246	6982	7684	9102	10236	11470
浙 江	Zhejiang	6255	6600	7150	8153	8990	10087	11116	12894	14135	15014
安 徽	Anhui	3748	3840	4132	4373	4548	4823	5392	5960	6767	7844
福 建	Fujian	5190	5285	5668	6057	6690	7434	8263	8919	9965	11254
江 西	Jiangxi	3267	3482	3623	3894	4548	4913	5336	6107	6643	7807
山 东	Shandong	4136	4497	4991	5209	5539	5994	6577	7333	8309	9464
河 南	Henan	3423	3512	3855	4145	4553	5005	5374	6143	6816	7999
湖 北	Hubei	4066	4323	4617	4767	5552	5891	6308	6628	7263	8525
湖 南	Hunan	4390	4843	5290	5648	5701	6250	7108	7784	8513	9413
广 东	Guangdong	6997	7396	7821	7839	8624	9169	10088	11044	11530	13177
广 西	Guangxi	4362	4545	4785	5127	5287	5602	6234	6768	6508	7768
海 南	Hainan	3837	4027	4096	4387	5492	5541	5849	5983	7202	8391
重 庆	Chongqing	4943	5345	5424	5658	6267	6991	7806	8417	9146	9596
四 川	Sichuan	4378	4489	4839	5153	5383	5720	6321	6829	7448	8592
贵 州	Guizhou	3801	3967	4283	4280	4606	4960	5508	6177	6871	7787
云 南	Yunnan	5025	4927	5162	5222	5785	5971	6766	6914	7282	7805
西 藏	Tibet		5309	5610	6117	7174	8394	8786	9170	6635	8165
陕 西	Shaanxi	3534	3943	4260	4614	5343	5623	6177	6588	7466	8318
甘 肃	Gansu	3106	3697	4153	4458	5119	5367	6026	6641	7109	8045
青 海	Qinghai	3631	4014	4364	4969	5407	5870	6346	6978	7395	8634
宁 夏	**Ningxia**	**3387**	**3564**	**4231**	**4639**	**5166**	**5407**	**5919**	**6527**	**7362**	**8006**
新 疆	Xinjiang	3740	4228	4526	5088	5865	5807	6098	6608	7221	8522

附-4 续表 3 continued

单位：元 (yuan)

省\自治区\直辖市	Region	2008	2009	2010	2011	2012	2013	2014	2015	2016	2017	2018	2019
全　国	**National**	**11489**	**12558**	**13821**	**15554**	**17107**	**18488**	**19968**	**21392**	**23079**	**24445**	**26112**	**28063**
北　京	Beijing	19253	21230	23999	26467	28949	31632	33717	36642	38256	40346	42926	46358
天　津	Tianjin	13732	15174	17015	18928	20572	22306	24290	26230	28345	30284	32655	34811
河　北	Hebei	9832	10547	11324	12741	13752	14970	16204	17587	19106	20600	22127	23483
山　西	Shanxi	9145	9747	10236	11869	12765	13763	14637	15819	16993	18404	19790	21159
内蒙古	Inner Mongolia	10826	12367	13991	15874	17712	19244	20885	21876	22744	23638	24437	25383
辽　宁	Liaoning	11909	13137	14229	15847	17780	19318	20520	21557	24996	25379	26448	27355
吉　林	Jilin	9733	10920	11685	13017	14621	15941	17156	17973	19166	20051	22394	23394
黑龙江	Heilongjiang	9409	10593	11847	13367	14398	15704	16467	17152	18145	19270	21035	22165
上　海	Shanghai	21875	23929	26737	28929	30256	32447	35182	36946	39857	42304	46015	48272
江　苏	Jiangsu	12912	14276	15690	18339	20573	22262	23476	24966	26433	27726	29462	31329
浙　江	Zhejiang	16252	18003	19391	22192	23395	25254	27242	28661	30068	31924	34598	37508
安　徽	Anhui	8681	9251	10317	11812	13452	14594	16107	17234	19606	20740	21523	23782
福　建	Fujian	12749	13742	15096	17052	19030	20565	22204	23520	25006	25980	28145	30946
江　西	Jiangxi	8713	9735	10613	11741	12769	13843	15142	16732	17696	19244	20760	22714
山　东	Shandong	10752	11711	12761	14164	15349	16647	18323	19854	21495	23072	24798	26731
河　南	Henan	9052	9820	11151	12692	14128	15249	16184	17154	18088	19422	20989	21972
湖　北	Hubei	9266	10044	11149	12817	14114	15335	16681	18192	20040	21276	23996	26422
湖　南	Hunan	10461	11443	12555	14230	15510	16867	18335	19501	21420	23163	25064	26924
广　东	Guangdong	14152	15233	16565	18144	20065	21622	23612	25673	28613	30198	30924	34424
广　西	Guangxi	9126	9765	10784	12059	13369	14470	15045	16321	17268	18349	20159	21591
海　南	Hainan	9531	10230	11095	12838	14679	15834	17514	18448	19015	20372	22971	25317
重　庆	Chongqing	10781	11710	12818	14394	15931	17124	18279	19742	21031	22759	24154	25785
四　川	Sichuan	9557	10710	11923	13491	14824	16098	17760	19277	20660	21991	23484	25367
贵　州	Guizhou	8383	9088	10106	11407	12646	13768	15255	16914	19202	20348	20788	21402
云　南	Yunnan	8928	10019	10859	12011	13615	14862	16268	17675	18622	19560	21626	23455
西　藏	Tibet	9118	10000	10831	11629	12507	13679	15669	17022	19440	21088	23029	25637
陕　西	Shaanxi	9633	10539	11623	13550	15074	16399	17546	18464	19369	20388	21966	23514
甘　肃	Gansu	8504	9119	10171	11500	13205	14411	15942	17451	19539	20659	22606	24454
青　海	Qinghai	9548	10382	11519	13127	14794	16223	17493	19201	20853	21473	22998	23799
宁　夏	**Ningxia**	**9815**	**10580**	**11694**	**13305**	**14513**	**15807**	**17216**	**18984**	**20364**	**20219**	**21977**	**24161**
新　疆	Xinjiang	9459	10258	11305	13126	15401	16858	17685	19415	21229	22797	24191	25594

附-5 主要年份全国各省、自治区、直辖市农村居民人均可支配收入(新口径)

Per Capita Disposable Income of Rural Households by Region in Main Years(New Caliber)

单位：元 (yuan)

省/自治区/直辖市	Region	1978	1979	1980	1981	1982	1983	1984	1985	1986	1987
全　国	**National**	**134**	**160**	**191**	**223**	**270**	**310**	**355**	**398**	**424**	**463**
北　京	Beijing	225		290	351	433	519	664	775	823	916
天　津	Tianjin	153	179	278	298	326	412	505	565	635	749
河　北	Hebei	114	136	176	204	239	298	345	385	408	444
山　西	Shanxi	102	145	156	180	227	276	339	358	345	377
内蒙古	Inner Mongolia	100		181	225	273	294	336	360	340	389
辽　宁	Liaoning	185		273	307	334	452	477	468	533	599
吉　林	Jilin	179		236	293	333	462	487	414	457	523
黑龙江	Heilongjiang	172	191	205	224	252	388	432	398	476	474
上　海	Shanghai	290	360	401	444	530	563	785	806	937	1059
江　苏	Jiangsu	155	200	218	258	309	357	448	493	561	627
浙　江	Zhejiang	165		219	286	346	359	446	549	609	725
安　徽	Anhui	113		185	246	269	305	323	369	397	429
福　建	Fujian	138	142	172	232	268	302	345	396	419	485
江　西	Jiangxi	141		181	227	270	302	334	377	396	429
山　东	Shandong	115	160	210	252	300	361	395	408	449	518
河　南	Henan	101		161	216	217	272	301	329	433	378
湖　北	Hubei	111	160	170	217	286	299	392	421	445	461
湖　南	Hunan	143		220	242	284	316	348	395	440	471
广　东	Guangdong	193	223	274	325	382	396	425	495	546	662
广　西	Guangxi	120		174	204	235	262	267	303	316	354
海　南	Hainan										
重　庆	Chongqing										
四　川	Sichuan	117		188	221	256	258	287	315	338	369
贵　州	Guizhou	108		161	209	223	225	261	288	304	342
云　南	Yunnan	131	125	150	178	232	267	310	338	338	365
西　藏	Tibet								353	344	348
陕　西	Shaanxi	133		142	177	218	236	263	295	299	329
甘　肃	Gansu	101	112	153	159	174	213	221	257	283	303
青　海	Qinghai	113		129	158	201	252	294	343	369	392
宁　夏	**Ningxia**	**116**		**178**	**202**	**229**	**289**	**313**	**321**	**374**	**383**
新　疆	Xinjiang	119		198	236	227	307	363	394	420	453

注：本表收入为空格者均无资料，2013年以前的人均可支配收入国家统计局按照2013年城乡一体化住户调查新口径重新测算。

Note: The blank space means that no data is unavailable in this table. Data before 2013 are recalculated according to the integration of urban and rural reform in 2013.

附-5 续表 1 continued

单位：元 (yuan)

省/自治区/直辖市	Region	1988	1989	1990	1991	1992	1993	1994	1995	1996	1997
全　国	**National**	**545**	**602**	**686**	**709**	**784**	**922**	**1221**	**1578**	**1926**	**2090**
北　京	Beijing	1063	1231	1297	1422	1572	1883	2401	3224	3562	3662
天　津	Tianjin	891	1020	1069	1169	1309	1473	1836	2406	3000	3244
河　北	Hebei	547	589	622	657	682	804	1107	1669	2055	2286
山　西	Shanxi	439	514	604	568	627	718	884	1208	1557	1738
内蒙古	Inner Mongolia	500	478	607	618	672	778	970	1208	1602	1780
辽　宁	Liaoning	700	740	836	897	995	1161	1423	1756	2150	2301
吉　林	Jilin	628	624	804	748	807	892	1272	1610	2126	2186
黑龙江	Heilongjiang	553	535	760	735	949	1028	1394	1766	2182	2308
上　海	Shanghai	1301	1520	1665	2003	2226	2727	3437	4246	4846	5277
江　苏	Jiangsu	797	876	884	921	1061	1267	1832	2457	3029	3270
浙　江	Zhejiang	902	1011	1099	1211	1359	1746	2225	2966	3463	3684
安　徽	Anhui	486	516	539	446	574	725	973	1303	1608	1809
福　建	Fujian	613	697	764	850	984	1211	1578	2049	2492	2786
江　西	Jiangxi	488	559	670	703	768	870	1218	1537	1870	2107
山　东	Shandong	584	631	680	764	803	953	1320	1715	2086	2292
河　南	Henan	401	457	527	539	588	696	910	1232	1579	1734
湖　北	Hubei	498	572	671	627	678	783	1170	1511	1864	2102
湖　南	Hunan	515	558	664	689	739	852	1155	1425	1792	2037
广　东	Guangdong	809	955	1043	1143	1308	1675	2182	2699	3183	3468
广　西	Guangxi	424	483	639	658	732	892	1107	1446	1703	1875
海　南	Hainan	567	674	696	730	843	992	1305	1520	1746	1917
重　庆	Chongqing									1479	1692
四　川	Sichuan	449	494	558	590	634	698	946	1158	1459	1681
贵　州	Guizhou	398	430	435	466	506	580	787	1087	1277	1299
云　南	Yunnan	430	478	541	573	618	675	803	1011	1229	1376
西　藏	Tibet	374	397	650	707	830	889	976	1200	1353	1195
陕　西	Shaanxi	404	434	530	534	559	653	805	963	1165	1273
甘　肃	Gansu	345	376	431	446	489	551	724	880	1101	1210
青　海	Qinghai	493	458	560	556	603	673	869	1030	1174	1321
宁　夏	**Ningxia**	**472**	**522**	**578**	**590**	**591**	**636**	**867**	**999**	**1398**	**1513**
新　疆	Xinjiang	496	546	683	703	740	778	947	1136	1290	1504

附-5 续表 2 continued

单位：元 (yuan)

省/自治区/直辖市	Region	1998	1999	2000	2001	2002	2003	2004	2005	2006	2007
全 国	**National**	**2171**	**2229**	**2282**	**2407**	**2529**	**2690**	**3027**	**3370**	**3731**	**4327**
北 京	Beijing	3932	4183	4533	4921	5259	5429	5948	7041	7888	8948
天 津	Tianjin	3388	3396	3598	3911	4229	4502	4938	5475	6096	6845
河 北	Hebei	2407	2445	2484	2611	2695	2865	3187	3501	3826	4324
山 西	Shanxi	1874	1800	1950	2018	2236	2410	2738	3082	3420	3975
内蒙古	Inner Mongolia	1988	2016	2058	1999	2120	2312	2667	3070	3444	4089
辽 宁	Liaoning	2573	2488	2338	2532	2716	2889	3247	3614	3995	4648
吉 林	Jilin	2387	2266	2029	2192	2315	2549	3025	3296	3682	4244
黑龙江	Heilongjiang	2249	2158	2136	2262	2381	2479	2962	3168	3486	4046
上 海	Shanghai	5399	5394	5572	5837	6178	6595	6993	8149	9015	9992
江 苏	Jiangsu	3375	3492	3591	3778	3972	4229	4740	5258	5791	6533
浙 江	Zhejiang	3838	3996	4332	4697	5096	5594	6210	7003	7763	8805
安 徽	Anhui	1875	1925	1972	2073	2187	2211	2617	2784	3152	3804
福 建	Fujian	2951	3100	3245	3401	3565	3767	4132	4503	4900	5549
江 西	Jiangxi	2053	2140	2151	2254	2335	2495	2837	3194	3541	4152
山 东	Shandong	2454	2552	2663	2810	2955	3159	3519	3946	4387	5009
河 南	Henan	1872	1965	2011	2133	2262	2292	2630	2970	3389	4021
湖 北	Hubei	2186	2246	2313	2414	2525	2669	3027	3268	3631	4276
湖 南	Hunan	2076	2151	2234	2351	2465	2619	2952	3262	3567	4134
广 东	Guangdong	3513	3601	3612	3711	3836	3960	4247	4544	4901	5403
广 西	Guangxi	1992	2091	1921	2024	2116	2225	2476	2708	3038	3579
海 南	Hainan	2026	2104	2208	2262	2472	2651	2898	3102	3376	3949
重 庆	Chongqing	1804	1841	1900	1982	2112	2233	2536	2842	2911	3560
四 川	Sichuan	1797	1860	1929	2022	2155	2290	2599	2905	3126	3711
贵 州	Guizhou	1342	1379	1399	1446	1535	1622	1796	1971	2097	2526
云 南	Yunnan	1396	1457	1508	1575	1663	1766	1954	2155	2392	2821
西 藏	Tibet	1231	1309	1330	1402	1460	1688	1858	2073	2429	2780
陕 西	Shaanxi	1415	1475	1472	1529	1648	1741	1953	2162	2396	2824
甘 肃	Gansu	1403	1433	1458	1550	1645	1742	1942	2091	2269	2493
青 海	Qinghai	1429	1476	1504	1577	1695	1828	2001	2206	2427	2771
宁 夏	**Ningxia**	**1734**	**1779**	**1760**	**1873**	**1984**	**2129**	**2435**	**2651**	**2938**	**3411**
新 疆	Xinjiang	1609	1488	1644	1747	1914	2176	2332	2593	2876	3364

附-5 续表 3 continued

单位：元 (yuan)

省/自治区/直辖市	Region	2008	2009	2010	2011	2012	2013	2014	2015	2016	2017	2018	2019
全 国	**National**	**4999**	**5435**	**6272**	**7394**	**8389**	**9430**	**10489**	**11422**	**12363**	**13432**	**14617**	**16021**
北 京	Beijing	10052	10942	12368	13742	15365	17101	18867	20569	22310	24240	26490	28928
天 津	Tianjin	7705	8441	9764	11941	13593	15353	17014	18482	20076	21754	23065	24804
河 北	Hebei	4833	5194	6014	7187	8158	9188	10186	11051	11919	12881	14031	15373
山 西	Shanxi	4480	4677	5263	6225	7064	7949	8809	9454	10082	10788	11750	12902
内蒙古	Inner Mongolia	4834	5143	5780	6942	7956	8985	9976	10776	11609	12584	13803	15283
辽 宁	Liaoning	5415	5770	6671	8011	9061	10161	11191	12057	12881	13747	14656	16108
吉 林	Jilin	5001	5346	6341	7634	8741	9781	10780	11326	12123	12950	13748	14936
黑龙江	Heilongjiang	4743	5075	6040	7382	8367	9369	10453	11095	11832	12665	13804	14982
上 海	Shanghai	11250	12256	13702	15737	17452	19208	21192	23205	25520	27825	30375	33195
江 苏	Jiangsu	7322	7962	9067	10744	12133	13521	14958	16257	17606	19158	20845	22675
浙 江	Zhejiang	9927	10798	12277	14197	15806	17494	19373	21125	22866	24956	27302	29876
安 徽	Anhui	4529	4887	5776	6811	7826	8850	9916	10821	11720	12758	13996	15416
福 建	Fujian	6299	6801	7573	8952	10164	11405	12650	13793	14999	16335	17821	19568
江 西	Jiangxi	4835	5238	5991	7133	8103	9089	10117	11139	12138	13242	14460	15796
山 东	Shandong	5671	6154	7034	8395	9506	10687	11882	12930	13954	15118	16297	17775
河 南	Henan	4672	5064	5846	6989	7963	8969	9966	10853	11697	12719	13831	15164
湖 北	Hubei	5018	5464	6375	7540	8582	9692	10849	11844	12725	13812	14978	16391
湖 南	Hunan	4808	5262	6063	7082	8024	9029	10060	10993	11930	12936	14093	15395
广 东	Guangdong	6122	6580	7484	8889	9999	11068	12246	13360	14512	15780	17168	18818
广 西	Guangxi	4143	4517	5214	6003	6894	7793	8683	9467	10359	11325	12435	13676
海 南	Hainan	4593	4984	5566	6801	7816	8802	9913	10858	11843	12902	13989	15113
重 庆	Chongqing	4193	4557	5378	6605	7526	8493	9490	10505	11549	12638	13781	15133
四 川	Sichuan	4334	4714	5400	6505	7432	8381	9348	10247	11203	12227	13331	14670
贵 州	Guizhou	2996	3240	3768	4499	5159	5898	6671	7387	8090	8869	9716	10756
云 南	Yunnan	3348	3661	4327	5170	5930	6724	7456	8242	9020	9862	10768	11902
西 藏	Tibet	3166	3519	4123	4886	5698	6553	7359	8244	9094	10330	11450	12951
陕 西	Shaanxi	3373	3722	4477	5484	6285	7092	7932	8689	9396	10265	11213	12326
甘 肃	Gansu	2938	3237	3747	4278	4931	5589	6277	6936	7457	8076	8804	9629
青 海	Qinghai	3171	3477	4028	4806	5594	6462	7283	7933	8664	9462	10393	11499
宁 夏	**Ningxia**	**3978**	**4405**	**5125**	**5931**	**6776**	**7599**	**8410**	**9119**	**9852**	**10738**	**11708**	**12858**
新 疆	Xinjiang	3723	4150	4993	5853	6876	7847	8724	9425	10183	11045	11975	13122

附-6 主要年份全国各省、自治区、直辖市农村居民人均生活消费支出(新口径)

Per Capita Living Expenditure of Rural Households by Region in Main Years (New Caliber)

单位：元 (yuan)

省/自治区/直辖市	Region	1978	1979	1980	1981	1982	1983	1984	1985	1986	1987
全 国	**National**	**116**	**135**	**162**	**191**	**220**	**248**	**274**	**317**	**357**	**398**
北 京	Beijing			253	313	362	384	435	510	644	706
天 津	Tianjin	132	135	208	249	267	336	371	426	480	539
河 北	Hebei	95	116	142	165	175	225	243	298	333	365
山 西	Shanxi	91	118	134	148	168	203	224	273	287	313
内 蒙 古	Inner Mongolia			157	177	205	227	246	291	307	349
辽 宁	Liaoning			228	259	266	307	335	402	434	472
吉 林	Jilin			216	246	253	275	336	364	389	442
黑 龙 江	Heilongjiang	125	147	164	175	201	220	239	307	338	361
上 海	Shanghai	193	247	322	390	445	512	619	778	896	977
江 苏	Jiangsu	140	169	195	226	261	322	360	416	499	579
浙 江	Zhejiang	157		192	267	302	326	369	474	561	659
安 徽	Anhui			163	193	240	258	263	299	340	383
福 建	Fujian	112	133	158	199	231	262	288	351	394	443
江 西	Jiangxi			156	194	220	252	270	303	341	390
山 东	Shandong	94	128	165	202	230	264	287	322	365	406
河 南	Henan			136	166	178	196	220	260	292	310
湖 北	Hubei	107	149	153	184	227	252	305	335	374	409
湖 南	Hunan			193	208	249	274	293	348	386	435
广 东	Guangdong	185	205	222	266	312	329	346	388	454	545
广 西	Guangxi			151	171	210	224	238	268	284	309
海 南	Hainan										
重 庆	Chongqing										
四 川	Sichuan			159	184	208	231	252	276	311	348
贵 州	Guizhou			139	163	187	185	209	255	272	304
云 南	Yunnan			125	138	186	224	261	267	305	326
西 藏	Tibet								270	258	246
陕 西	Shaanxi			140	148	169	203	214	233	263	286
甘 肃	Gansu			127	135	141	163	178	205	233	253
青 海	Qinghai				153	153	202	225	275	314	345
宁 夏	**Ningxia**			**135**	**142**	**179**	**209**	**232**	**265**	**301**	**335**
新 疆	Xinjiang			151	169	203	228	251	290	317	360

注：本表支出为空格者均无资料，2013年以前的人均可支配收入国家统计局按照2013年城乡一体化住户调查新口径重新测算。

Note: The blank space means that no data is unavailable in this table. Data before 2013 are recalculated according to the integration of urban and rural reform in 2013.

附-6 续表 1 continued

单位：元 (yuan)

省/自治区/直辖市	Region	1988	1989	1990	1991	1992	1993	1994	1995	1996	1997
全 国	**National**	**477**	**535**	**585**	**620**	**659**	**770**	**1017**	**1310**	**1572**	**1617**
北 京	Beijing	883	976	981	1100	1149	1255	1584	2336	2565	2693
天 津	Tianjin	714	781	733	796	847	938	1161	1548	1957	1882
河 北	Hebei	446	495	486	558	579	697	779	1104	1399	1395
山 西	Shanxi	354	409	488	496	493	599	674	928	1174	1145
内蒙古	Inner Mongolia	404	448	492	571	600	695	835	1180	1438	1560
辽 宁	Liaoning	567	668	679	767	799	940	1241	1472	1764	1790
吉 林	Jilin	516	563	633	648	643	670	854	1495	1513	1624
黑龙江	Heilongjiang	424	482	586	619	674	751	1043	1480	1537	1549
上 海	Shanghai	1229	1319	1262	1540	1967	2200	2715	3368	3868	4228
江 苏	Jiangsu	747	811	787	878	953	1059	1501	1938	2414	2488
浙 江	Zhejiang	839	927	946	1027	1112	1263	1680	2378	2702	2839
安 徽	Anhui	455	498	515	475	502	609	934	1071	1309	1337
福 建	Fujian	571	653	708	747	821	1070	1440	1794	2034	2120
江 西	Jiangxi	477	520	577	597	648	712	1031	1256	1553	1569
山 东	Shandong	482	513	547	613	656	724	996	1338	1653	1626
河 南	Henan	347	390	438	455	473	565	732	929	1206	1271
湖 北	Hubei	451	540	608	615	612	722	1013	1245	1636	1660
湖 南	Hunan	481	516	609	656	708	817	1089	1367	1737	1816
广 东	Guangdong	685	871	933	942	1060	1391	1882	2255	2584	2618
广 西	Guangxi	362	419	537	581	616	705	926	1203	1399	1376
海 南	Hainan	466	578	566	560	672	726	1019	1080	1289	1287
重 庆	Chongqing									1328	1390
四 川	Sichuan	426	474	509	552	569	647	904	1093	1358	1440
贵 州	Guizhou	360	407	403	420	454	550	684	931	1068	1066
云 南	Yunnan	389	436	485	501	536	625	765	981	1209	1318
西 藏	Tibet	271	290	491	490	541	638	564	897	773	805
陕 西	Shaanxi	345	383	477	487	498	560	737	914	1098	1215
甘 肃	Gansu	277	296	339	403	420	538	674	915	986	976
青 海	Qinghai	400	413	475	486	496	639	746	914	1052	1085
宁 夏	**Ningxia**	**398**	**461**	**484**	**508**	**545**	**557**	**807**	**1063**	**1236**	**1250**
新 疆	Xinjiang	414	453	507	580	611	704	850	942	1347	1395

附-6　续表 2　continued

单位：元　　(yuan)

省/自治区/直辖市	Region	1998	1999	2000	2001	2002	2003	2004	2005	2006	2007
全　国	**National**	**1604**	**1604**	**1714**	**1803**	**1917**	**2050**	**2326**	**2749**	**3072**	**3536**
北　京	Beijing	2873	3123	3426	3553	3733	4149	4619	5318	5728	6403
天　津	Tianjin	2008	1963	2088	2179	2334	2543	2945	3442	3850	4142
河　北	Hebei	1314	1373	1420	1507	1578	1734	2019	2420	2831	3208
山　西	Shanxi	1064	1062	1175	1259	1407	1502	1728	2000	2421	2908
内蒙古	Inner Mongolia	1602	1582	1694	1656	1784	1950	2337	2796	3225	3860
辽　宁	Liaoning	1701	1614	1747	1777	1770	1870	2054	2776	3030	3322
吉　林	Jilin	1473	1351	1560	1671	1692	1831	1991	2333	2736	3111
黑龙江	Heilongjiang	1470	1381	1558	1629	1707	1701	1888	2629	2716	3248
上　海	Shanghai	4180	3820	4059	4629	5126	5444	6034	6888	7523	8253
江　苏	Jiangsu	2350	2320	2378	2430	2699	2803	3121	3747	4373	5096
浙　江	Zhejiang	2908	2840	3292	3568	3811	4453	4873	5723	6423	7261
安　徽	Anhui	1355	1345	1387	1508	1603	1764	2042	2521	2829	3278
福　建	Fujian	2225	2320	2522	2659	2786	2973	3356	3722	4125	4732
江　西	Jiangxi	1558	1651	1711	1816	1911	2072	2309	2780	3040	3452
山　东	Shandong	1587	1662	1743	1865	1945	2066	2301	2619	2992	3426
河　南	Henan	1251	1183	1351	1425	1517	1591	1772	2034	2422	2938
湖　北	Hubei	1727	1623	1630	1758	1893	1986	2345	2780	3182	3664
湖　南	Hunan	1913	1952	2017	2092	2203	2306	2703	3056	3385	3846
广　东	Guangdong	2697	2673	2686	2758	2898	3018	3360	3866	4073	4428
广　西	Guangxi	1430	1490	1537	1620	1782	1871	2085	2573	2672	3078
海　南	Hainan	1259	1289	1536	1419	1698	1762	1892	2161	2480	2876
重　庆	Chongqing	1436	1426	1452	1556	1601	1716	2041	2394	2498	2906
四　川	Sichuan	1457	1458	1535	1566	1684	1870	2185	2496	2660	3090
贵　州	Guizhou	1103	1087	1123	1134	1184	1243	1371	1658	1752	2080
云　南	Yunnan	1322	1287	1298	1375	1433	1468	1654	1899	2352	2849
西　藏	Tibet	716	782	1154	1172	1052	1095	1584	1878	2205	2468
陕　西	Shaanxi	1192	1181	1285	1380	1561	1537	1726	2043	2374	2815
甘　肃	Gansu	949	899	1121	1179	1220	1432	1587	1999	2061	2267
青　海	Qinghai	1135	1169	1276	1417	1499	1719	1874	2248	2520	2877
宁　夏	**Ningxia**	**1331**	**1276**	**1429**	**1404**	**1438**	**1665**	**1965**	**2143**	**2305**	**2602**
新　疆	Xinjiang	1466	1309	1275	1409	1489	1563	1825	2104	2247	2631

附-6 续表 3 continued

单位：元 (yuan)

省/自治区/直辖市	Region	2008	2009	2010	2011	2012	2013	2014	2015	2016	2017	2018	2019
全　国	**National**	**4054**	**4464**	**4945**	**5892**	**6667**	**6626**	**8383**	**9223**	**10130**	**10955**	**12124**	**13328**
北　京	Beijing	7289	8904	9262	11086	11888	13553	14535	15811	17329	18810	20195	21881
天　津	Tianjin	4550	5167	6072	8273	10254	10155	13739	14739	15912	16386	16863	17843
河　北	Hebei	3651	3968	4624	5666	6451	6134	8248	9023	9798	10536	11383	12372
山　西	Shanxi	3386	3642	4070	5096	6184	5813	6992	7421	8029	8424	9172	9728
内蒙古	Inner Mongolia	4364	4870	5572	6880	7972	7268	9972	10637	11463	12184	12661	13816
辽　宁	Liaoning	3757	4184	4410	5311	5892	7159	7801	8873	9953	10787	11455	12030
吉　林	Jilin	3500	3973	4228	5409	6307	7380	8140	8783	9521	10279	10826	11457
黑龙江	Heilongjiang	4025	4459	4635	5630	6035	6814	7830	8391	9424	10524	11417	12495
上　海	Shanghai	8453	9025	9336	10103	10947	14235	14820	16152	17071	18090	19965	22449
江　苏	Jiangsu	5710	6260	7104	8788	9921	9910	11820	12883	14428	15612	16567	17716
浙　江	Zhejiang	8096	8360	9721	10849	11598	11760	14498	16108	17359	18093	19707	21352
安　徽	Anhui	3986	4516	5048	6235	6988	5725	7981	8975	10287	11106	12748	14546
福　建	Fujian	5534	6048	6736	8013	9068	8151	11056	11961	12911	14003	14943	16281
江　西	Jiangxi	3871	4191	4710	5611	6176	5654	7548	8486	9128	9870	10885	12497
山　东	Shandong	3835	4132	4472	5489	6304	7393	7962	8748	9519	10342	11270	12309
河　南	Henan	3375	3793	4161	4881	5686	5628	7277	7887	8587	9212	10392	11546
湖　北	Hubei	4414	4576	5114	6264	7159	6280	8681	9803	10938	11633	13946	15328
湖　南	Hunan	4393	4703	5108	6138	6956	6610	9025	9691	10630	11534	12721	13969
广　东	Guangdong	5164	5348	5908	7205	7990	8343	10043	11103	12415	13200	15411	16949
广　西	Guangxi	3383	3704	4006	4882	5720	5206	6675	7582	8351	9437	10617	12045
海　南	Hainan	3284	3559	4020	4860	5572	5466	7029	8210	8921	9599	10956	12418
重　庆	Chongqing	3368	3722	4359	5414	6035	5796	7983	8938	9954	10936	11977	13112
四　川	Sichuan	3562	4785	4550	5458	6265	6309	8301	9251	10192	11397	12723	14056
贵　州	Guizhou	2374	2679	3184	3857	4355	4740	5970	6645	7533	8299	9170	10222
云　南	Yunnan	3257	3208	3759	4424	5045	4744	6030	6830	7331	8027	9123	10260
西　藏	Tibet	2472	2725	3061	3146	3406	3574	4822	5580	6070	6691	7452	8418
陕　西	Shaanxi	3310	3758	4300	5091	5797	5724	7252	7901	8568	9306	10071	10935
甘　肃	Gansu	2733	3188	3430	4273	4834	4850	6148	6830	7487	8030	9065	9694
青　海	Qinghai	3467	3906	4675	5619	6613	6060	8235	8566	9222	9903	10352	11343
宁　夏	**Ningxia**	**3195**	**3466**	**4168**	**4909**	**5558**	**6465**	**7676**	**8415**	**9138**	**9982**	**10790**	**11465**
新　疆	Xinjiang	3050	3383	4014	5105	6154	6119	7365	7698	8277	8713	9421	10318

注：北京市2018年起不公布农村居民收支数据，以"."代替。

附-7 2019年全国各省、自治区、直辖市居民消费和商品零售价格指数
Price Indices for Consumer and Retail by Region (2019)

省/自治区/直辖市	Region	居民消费价格指数 Consumer Price Index		商品零售价格指数 Retail Price Index	
		2015年=100	上年同期=100	2015年=100	上年同期=100
全　国	**National**	**111.2**	**102.9**	**107.8**	**102.0**
北　京	Beijing	109.8	102.3	99.5	100.5
天　津	Tianjin	111.0	102.7	106.1	101.7
河　北	Hebei	111.6	103.0	109.6	101.8
山　西	Shanxi	109.1	102.7	107.0	101.8
内蒙古	Inner Mongolia	109.3	102.4	106.3	101.5
辽　宁	Liaoning	110.3	102.4	106.9	101.7
吉　林	Jilin	111.0	103.0	109.2	102.1
黑龙江	Heilongjiang	110.2	102.8	106.4	102.1
上　海	Shanghai	111.0	102.5	105.2	100.4
江　苏	Jiangsu	112.1	103.1	110.3	102.6
浙　江	Zhejiang	111.2	102.9	108.7	102.5
安　徽	Anhui	110.1	102.7	108.4	101.9
福　建	Fujian	109.2	102.6	106.6	101.9
江　西	Jiangxi	111.3	102.9	106.0	101.9
山　东	Shandong	112.7	103.2	109.4	102.2
河　南	Henan	111.4	103.0	108.9	102.4
湖　北	Hubei	111.3	103.1	106.7	102.6
湖　南	Hunan	110.6	102.9	108.8	102.3
广　东	Guangdong	112.1	103.4	107.3	101.4
广　西	Guangxi	112.3	103.7	108.9	103.2
海　南	Hainan	116.1	103.4	111.5	102.5
重　庆	Chongqing	110.2	102.7	107.3	101.6
四　川	Sichuan	112.0	103.2	108.7	102.7
贵　州	Guizhou	109.1	102.4	107.1	101.7
云　南	Yunnan	110.3	102.5	108.2	101.5
西　藏	Tibet	110.3	102.3	109.1	102.0
陕　西	Shaanxi	110.2	102.9	108.3	102.4
甘　肃	Gansu	109.0	102.3	107.5	101.9
青　海	Qinghai	110.9	102.5	109.1	102.0
宁　夏	**Ningxia**	**109.6**	**102.1**	**108.2**	**101.1**
新　疆	Xinjiang	109.5	101.9	105.2	101.3

附-8 2019年全国居民消费、商品零售和农业生产资料价格指数
Price Indices for Consumer and Retail and Means of Agricultural Production of Nation (2019)

项目名称	Item	上年同期=100			2015年=100		
		合计 General	城市 Urban	农村 Rural	合计 General	城市 Urban	农村 Rural
居民消费价格总指数	**Consumer Price Index**	**102.9**	**102.8**	**103.2**	**111.2**	**111.1**	**111.7**
一、食品烟酒	Food, Tobacco and Liquor	107.0	106.7	107.9	120.1	119.6	121.4
粮　食	Grain	100.5	100.6	100.5	103.6	103.7	103.6
鲜　菜	Fresh Vegetables	104.1	104.1	104.2	117.6	117.8	116.9
畜　肉	Livestock Meat	129.1	127.9	131.9	175.5	174.1	178.6
水产品	Aquatic Products	100.3	100.1	100.9	110.7	110.8	110.5
蛋	Eggs	105.1	105.0	105.4	113.5	113.3	113.9
鲜　果	Fresh Fruits	112.3	112.0	113.5	103.1	102.7	104.3
二、衣着	Clothing	101.6	101.7	101.2	106.3	106.3	106.1
三、居住	Residence	101.4	101.3	101.5	108.4	108.3	108.7
四、生活用品及服务	Household Facilities, Articles and Services	100.9	100.9	100.8	104.1	104.2	103.9
五、交通通信	Transport and Communications	98.3	98.2	98.6	99.1	98.8	100.2
六、教育文化和娱乐	Education, Cultural and Recreation	102.2	102.3	101.9	108.9	108.9	109.1
七、医疗保健	Health Care and Medical Services	102.4	102.5	102.1	118.6	120.6	113.8
八、其他用品及服务	Miscellaneous Goods and Services	103.4	103.5	103.1	111.7	112.0	110.9
商品零售价格总指数	**Retail Price Index**	**102.0**	**101.9**	**102.5**	**107.8**	**107.5**	**109.7**
一、食品	Food	107.8	107.6	109.0	121.8	121.4	124.3
二、饮料、烟酒	Beverages, Tobacco and Liquor	101.3	101.3	101.1	105.9	106.0	105.2
三、服装、鞋帽	Garments, Shoes and Hats	101.6	101.6	101.3	106.0	106.0	106.0
四、纺织品	Textiles	100.7	100.7	100.6	102.8	102.9	102.2
五、家用电器及音像器材	Household Appliances, Music and Video Equipment	98.8	98.7	99.5	95.3	94.9	97.7
六、文化办公用品	Cultural and Office Appliances	99.9	99.7	100.8	98.4	97.9	101.6
七、日用品	Articles for Daily Use	100.7	100.7	101.1	102.7	102.5	103.8
八、体育娱乐用品	Sports and Recreation Articles	100.3	100.3	100.5	102.2	102.1	102.8
九、交通、通信用品	Transport and Communications Appliances	98.4	98.4	98.5	92.7	92.6	93.3
十、家具	Furniture	101.1	101.1	100.7	106.4	106.5	106.1
十一、化妆品	Cosmetics	101.5	101.5	101.3	105.8	105.9	104.5
十二、金银饰品	Gold, Silver and Jewelry	108.3	108.5	106.4	122.0	122.6	117.4
十三、中西药品及医疗保健用品	Traditional Chinese and Western Medicines and Health Care Articles	103.9	103.8	104.3	120.1	119.6	123.2
十四、书报杂志及电子出版物	Books, Newspapers, Magazines and Electronic Publications	104.6	104.6	104.3	112.4	112.4	112.0
十五、燃料	Fuels	97.0	96.9	97.3	112.6	112.5	113.8
十六、建筑材料及五金电料	Building Materials and Hardware	101.0	101.0	101.2	106.9	106.4	109.7
农业生产资料价格指数	**Agricultural Production Index**	**104.6**			**113.6**		

附-9　2019年全国各省、自治区、直辖市工业生产者价格指数
Producer Price Indices for Manufactured Goods by Region (2019)

省/自治区/直辖市	Region	出　厂 Manufacturer's Price Index	购　进 Purchasing Price Index
全　国	**National**	**99.7**	**99.3**
北　京	Beijing	99.6	99.6
天　津	Tianjin	99.3	98.8
河　北	Hebei	100.2	102.1
山　西	Shanxi	99.7	101.1
内 蒙 古	Inner Mongolia	102.1	101.1
辽　宁	Liaoning	99.5	100.8
吉　林	Jilin	98.9	99.2
黑 龙 江	Heilongjiang	98.2	100.3
上　海	Shanghai	98.8	98.7
江　苏	Jiangsu	98.9	97.2
浙　江	Zhejiang	98.9	97.1
安　徽	Anhui	100.3	99.9
福　建	Fujian	100.6	99.0
江　西	Jiangxi	98.9	98.2
山　东	Shandong	99.7	99.2
河　南	Henan	100.2	101.2
湖　北	Hubei	100.2	99.3
湖　南	Hunan	99.6	100.2
广　东	Guangdong	100.2	99.2
广　西	Guangxi	99.3	99.5
海　南	Hainan	97.4	103.1
重　庆	Sichuan	99.8	100.1
四　川	Guizhou	100.4	100.6
贵　州	Yunnan	99.8	99.4
云　南	Tibet	100.0	99.0
西　藏	Chongqing	98.9	
陕　西	Shaanxi	100.8	100.3
甘　肃	Gansu	98.3	99.0
青　海	Qinghai	98.5	98.2
宁　夏	**Ningxia**	**99.4**	**97.5**
新　疆	Xinjiang	98.5	100.0

附-10　2019年全国各省、自治区、直辖市粮食生产情况
Basic Statistics of Grain Production by Region (2019)

单位：千公顷、公斤/公顷、万吨　　(1000 ha, kg/ha, 10000 tons)

省/自治区/直辖市	Region	播种面积 Sown Area	亩　产 Yield per Unit	总产量 Total Output
全国总计	**National**	**116064**	**5720**	**66384**
北　京	Beijing	47	6183	29
天　津	Tianjin	339	6580	223
河　北	Hebei	6469	5780	3739
山　西	Shanxi	3126	4356	1362
内蒙古	Inner Mongolia	6828	5350	3653
辽　宁	Liaoning	3489	6965	2430
吉　林	Jilin	5645	6870	3878
黑龙江	Heilongjiang	14338	5233	7503
上　海	Shanghai	117	8170	96
江　苏	Jiangsu	5381	6887	3706
浙　江	Zhejiang	977	6058	592
安　徽	Anhui	7287	5563	4054
福　建	Fujian	822	6005	494
江　西	Jiangxi	3665	5886	2157
山　东	Shandong	8313	6444	5357
河　南	Henan	10735	6237	6695
湖　北	Hubei	4609	5913	2725
湖　南	Hunan	4616	6444	2975
广　东	Guangdong	2161	5743	1241
广　西	Guangxi	2747	4847	1332
海　南	Hainan	273	5311	145
重　庆	Chongqing	1999	5378	1075
四　川	Sichuan	6279	5571	3498
贵　州	Guizhou	2709	3880	1051
云　南	Yunnan	4166	4489	1870
西　藏	Tibet	184	5678	105
陕　西	Shanxi	2999	4105	1231
甘　肃	Gansu	2581	4504	1163
青　海	Qinghai	280	3767	106
宁　夏	**Ningxia**	**677**	**5500**	**373**
新　疆	Xinjiang	2204	6930	1527

注：由于小数位计算机自动进位问题，分省数合计与全国数略有差异。
Note: Due to the "self-instructed problem", the total number by province are different with the total number by nation .

附-11　2019年全国70个大中城市新建商品住宅价格指数
Price Indices for Newly Built Commercial House by 70 Large and Medium-Sized Cities (2019)

(上年=100)　　(preceding year=100)

城　市	City	一月 January	二月 February	三月 March	四月 April	五月 May	六月 June	七月 July	八月 August	九月 September	十月 October	十一月 November	十二月 December
北　京*	Beijing	102.8	102.9	103.2	103.5	103.9	103.9	104.3	104.8	104.7	104.3	105.4	104.8
天　津	Tianjin	101.1	101.4	101.8	102.4	102.1	102.2	101.9	101.8	101.7	101.3	101.6	101.4
石家庄	Shijiazhuang	115.5	116.6	117.3	117.6	117.5	118.3	116	116.6	116.3	113.1	111.5	109.5
太　原	Taiyuan	111.7	112.6	112.4	111.6	111.2	111.2	110	108.9	108.3	107.7	106.4	104.6
呼和浩特	Hohhot	122.6	123	122.8	122.3	121.4	122.2	120.3	119.5	117.8	118.7	117.1	115.9
沈　阳	Shenyang	112.2	112.3	112.7	112.5	111.7	111.3	110.5	110.1	109.7	109.4	109.3	109.3
大　连	Dalian	112.5	113.3	113.7	113.2	112.9	112.2	112.2	111.7	110.7	110.2	108.9	108.2
长　春	Changchun	111.9	112.7	111.8	111.4	110.6	110.2	109.4	109.5	110.3	110.7	109.8	109.4
哈尔滨	Harbin	115.3	115.2	115.2	114.6	114	113.7	111.7	111.6	111.2	110.5	110.2	110.1
上　海	Shanghai	100.9	101.5	101.2	101.5	101.7	102	101.9	102.2	102.7	103	102.8	102.3
南　京	Nanjing	101.7	101.8	102.3	103	104	104.3	105.7	105.4	105.8	105.7	104	104.1
杭　州	Hangzhou	106	106.6	106.6	107.7	108.5	109.1	108.8	108.2	108.2	106.7	105.8	105
宁　波	Ningbo	106.2	106.7	107.6	107.1	107.8	108.4	108.2	107.2	107.5	107.8	107.8	108.3
合　肥	Hefei	104.8	106	106.7	107.4	107.4	107.7	107.8	106.9	105.7	104.8	104.1	103.9
福　州	Fuzhou	108.7	108.9	109.8	110.6	112.9	110.8	109.9	108.1	107.4	106.6	104.7	104.2
厦　门	Xiamen	99.7	100	100.7	101.1	100.4	101.2	102.6	103.6	103.3	102.7	102.9	103.9
南　昌	Nanchang	109.9	110.3	110.3	110.9	110.7	109.2	107.8	106.6	106.4	105.9	103.9	103.5
济　南	Jinan	115.7	116.4	117.2	118.2	118.3	114.5	111.6	108.2	106.4	104.6	102.1	100.5
青　岛	Qingdao	113.9	114.2	114.3	114.7	113.2	110.8	109.3	108.1	107.8	107	105.1	104.2
郑　州	Zhengzhou	110	109.9	110.5	110.4	108.9	107.5	106.4	105.1	104.8	103.8	102.4	101.7
武　汉	Wuhan	111.2	112.5	113.4	114.8	114.8	114.6	114.6	114.3	114.9	113.2	112.2	111.8
长　沙	Changsha	111.3	111.3	111	110.9	110.2	108.8	106.1	104.3	103.8	103.8	103.9	104.5
广　州	Guangzhou	109.7	111.3	111.9	113.3	112.2	110.5	110.2	109.4	109	108.7	108.1	104.7
深　圳	Shenzhen	99.9	100.5	100.3	100.7	101.2	101.3	100.9	100.6	102	102.9	103.3	103.6
南　宁	Nanning	110	110.4	110.8	111.5	111.6	110.1	109.7	110.3	112.2	114.1	113.9	112.7
海　口	Haikou	120.7	118.8	116.9	115.7	114.7	111.6	110.1	109.1	109.4	109.8	109.2	108
重　庆	Chongqing	111.8	112.2	112.1	112.2	113.3	112.1	111.7	110.3	109.7	109	108.4	108.1
成　都	Chengdu	113.4	114.2	114.7	115.4	113.4	113	113.3	112.8	112.8	112.5	111.5	110.6
贵　阳	Guiyang	119.4	120.5	120.6	120.1	120.5	120.1	119.4	117.7	115	110.2	107.5	106.5
昆　明	Kunming	115.7	116.2	116.2	116.8	116.5	115.7	113.5	113.2	112.3	112.5	112.4	111.1
西　安	Xian	123.5	124.2	124.4	123.8	124.4	125.2	125.3	122.3	116	115.6	114.7	114.2
兰　州	Lanzhou	111.2	110.9	110.6	110.2	110.1	109.1	109	107.7	106.7	105.2	105.5	104.9
西　宁	Xi'an	111.8	113.5	114.6	115.3	115.7	113.3	114	113.2	112.3	114.3	114.2	113.8
银　川	**Yinchuan**	**109.3**	**109.5**	**109.4**	**109.4**	**109.6**	**109.1**	**108.5**	**108.6**	**109.5**	**110.1**	**111.9**	**112.3**
乌鲁木齐	Urumqi	109.7	108.9	108.4	107.9	106.5	106.5	106.4	104.5	104.2	103.7	101.8	101.5

附-11　续表　continued

(上年=100) (preceding year=100)

城市	City	一月 January	二月 February	三月 March	四月 April	五月 May	六月 June	七月 July	八月 August	九月 September	十月 October	十一月 November	十二月 December
唐山	Tangshan	112.9	113.2	113.3	113.2	113.8	113.9	112.7	111.7	110.8	111.3	111.9	112.9
秦皇岛	Qinhuangdao	118.4	118.7	118.8	120.1	120.3	120.3	120	117.6	115.5	114.1	113.6	112.2
包头	Baotou	111	111.1	111.3	111.5	111.2	109.9	108	106.6	106.6	105.8	105.5	106.3
丹东	Dandong	117.5	118.4	120.2	118.5	113	109.2	109.1	109.3	109.3	109.7	109.2	107.7
锦州	Jinzhou	114	112.8	113.5	113.3	113.7	113.4	113	112.1	110.7	110.2	110.1	108.9
吉林	Jilin	114.1	114.3	114.7	114.7	115	114	113	111.6	111.5	110.8	110.2	110.2
牡丹江	Mudanjiang	113.1	113.5	113.2	112.8	113.9	111.8	111.1	110.3	108.5	107.2	106.7	106
无锡	Wuxi	106.1	106.1	107.3	107.7	109.3	110.4	109.7	106.9	108	108.3	107.9	108.7
扬州	Yangzhou	113.4	113.3	113.7	113.3	113.3	113.6	111.7	112.2	112	111.3	110.2	111.1
徐州	Xuzhou	118	118.2	117.8	117.8	117.7	118.2	116.9	114.1	114.1	112.7	111.4	111.6
温州	Wenzhou	101.5	101.8	102.8	102.9	103.5	103	102.9	102.6	102.9	103.8	104.5	104.2
金华	Jinhua	105.2	105.6	105.7	105.3	106.2	106.4	106.6	106.3	106.6	106.6	107.7	108.4
蚌埠	Bengbu	107.9	107.6	108.2	108.8	109.3	110.2	108.6	106.8	105.3	104.8	103.6	102.7
安庆	Anqing	109	108.9	110	110.4	111.2	110.3	109.7	107.7	106.7	104.7	103.7	102.9
泉州	Quanzhou	101.6	101.1	101.1	101.4	101.6	101.3	101.9	101.5	101.7	102.5	102.3	103
九江	Jiujiang	110	110	110.1	110.7	110.5	110.7	110.1	109.3	109.3	109.6	108.3	108.1
赣州	Ganzhou	107.7	107.8	107.2	106.9	106.7	106	106.3	104.3	104	103.8	103.5	103
烟台	Yantai	113.3	113.5	113.7	113.1	113.2	113.4	111.4	110.9	111.5	111	110.8	110
济宁	Jining	113.2	114.1	114.3	114.4	114.7	114.5	113.4	112.8	113.4	112.1	110.8	109.8
洛阳	Luoyang	112.1	112.7	112.4	112.7	114.1	116.7	116.1	115.9	116.2	116.4	114.7	114
平顶山	Pingdingshan	107.6	108.2	109.5	108.8	108.5	109.9	110.8	110.4	109	109.3	108.7	108.5
宜昌	Yichang	112.8	113	112.7	112.9	112.5	110.6	107.8	106	104.4	103.7	102.7	101.3
襄阳	Xiangyang	113.7	114.7	115.1	115.2	115.8	115.7	114	112.2	112.6	111.2	110.8	110.2
岳阳	Yueyang	108	107.2	106.6	106.5	105.4	104.9	104	101.6	99.9	98.8	98.2	97.8
常德	Changde	110.7	110.8	112.4	112.9	112.4	112.3	112.3	110.1	108.3	106.5	105.2	104
惠州	Huizhou	103.5	102.9	103	103	103.2	103.2	103.2	103.1	103	103	103.2	103.9
湛江	Zhanjiang	107.4	108	108.2	108.4	108.8	109	108.4	106.9	106	105.1	104.3	104.3
韶关	Shaoguan	106.3	105.9	105	104.4	105.1	104.8	105.2	102.8	102.1	101.5	100.5	100.2
桂林	Guilin	109.5	110.1	110	109.2	109.5	110	110.6	110.3	110.3	109.7	107.6	107.4
北海	Beihai	112.5	112.8	113.2	113.6	113.4	112.8	113.1	110.8	109.9	108.9	107.8	107.6
三亚	Sanya	114.6	113.6	113.1	112	109.8	107.2	103.8	104.3	104.3	104.8	104.8	105.4
泸州	Luzhou	111.9	111.9	111.8	111.6	110.9	109.2	108.7	106.2	103.3	100.6	99.7	99.1
南充	Nanchong	113.8	112.3	112.8	112.7	112	110.9	109.7	107	105.6	103.7	103.2	102.6
遵义	Zunyi	113.1	113.7	113.3	113.1	112.8	112.2	111.1	110	109.3	107.1	104.7	104.5
大理	Dali	120.3	121.4	121.9	121	122.2	122.9	122.7	121.5	120.6	118.9	116.7	115.4

附-12 2019年全国70个大中城市二手住宅价格指数
Price Indices for Second-Hand House by 70 Large and Medium-Sized Cities (2019)

(上年=100) (preceding year=100)

城市	City	一月 January	二月 February	三月 March	四月 April	五月 May	六月 June	七月 July	八月 August	九月 September	十月 October	十一月 November	十二月 December
北京	Beijing	98.6	99.3	99.9	100.6	100.2	100.1	99.5	99.1	98.8	98.5	98.7	99.5
天津	Tianjin	105.6	105.5	105.4	104.5	103.5	102.1	101.9	100.5	100.5	100.1	100.4	100
石家庄	Shijiazhuang	105.5	105.9	106.4	106.4	105.7	105.1	103.3	102.3	101.5	101.5	101.5	101.3
太原	Taiyuan	109.2	109.8	108.2	108.2	107.9	107.6	107.6	107	106.5	106	104.5	104
呼和浩特	Hohhot	119.1	120.3	120.8	122.1	123.3	123.7	121.7	119.4	117.7	116.4	112.8	110.9
沈阳	Shenyang	108.4	109.2	109.8	110.4	110.4	109.8	109	109.7	109.4	109.6	110.1	110.1
大连	Dalian	107.9	108	108.8	109.1	109.3	108.7	108	107.2	106.4	106.2	105.2	105.1
长春	Changchun	110	110	110.6	111	110.5	108.9	108.9	108.5	108.7	108	107.4	107.3
哈尔滨	Harbin	111	111	110.4	110.5	110.5	110.2	108.9	108.6	108.9	110.3	111.4	111.6
上海	Shanghai	97.2	97.5	98.4	99	99.4	99.7	100.2	100.3	101	101.1	101.2	101.3
南京	Nanjing	101.4	101.8	102.2	101.6	101.9	102.2	103.2	103.7	105.1	105.3	105.3	105.5
杭州	Hangzhou	104.5	104	104	104.1	104.5	104.1	103.2	102.4	102.1	102.4	102.9	103
宁波	Ningbo	104.3	104	103.8	103.9	104.2	104.6	105.1	105.4	105.7	106.7	107.5	107.9
合肥	Hefei	103.6	103.7	103.8	104.2	104.4	104	104.8	104.2	103.5	103.1	103	103.3
福州	Fuzhou	99.5	99.9	100.6	101.2	102.4	102.4	101.4	99.9	99.9	100.9	102.1	103.7
厦门	Xiamen	95.6	96.5	98.4	100.1	100.7	101.1	102.9	103.4	103.6	104.1	104.6	106.1
南昌	Nanchang	110.5	111.2	111.4	111	110.1	108.6	106.3	104.6	104.1	103.1	101.3	101.3
济南	Jinan	111.2	111.6	111.8	111.3	110.5	109.3	106.5	102.6	101.1	99.9	98.7	98
青岛	Qingdao	111	110.3	108.4	106.8	105.5	104.2	101.3	98.9	97.5	96	94.6	94.6
郑州	Zhengzhou	101.3	101.1	101.1	101.4	101.5	100.6	99.4	98.2	97.7	97.5	97.4	96.9
武汉	Wuhan	108	107.8	108	107.8	105.6	104.9	103.4	102.6	101.4	100.3	99.2	98.5
长沙	Changsha	107.7	106.7	106.6	106.2	105.8	104.6	102.1	100.5	99.9	99.3	99	98.8
广州	Guangzhou	102.1	101.6	100.9	100	98.7	98.5	98.6	98	97.6	97.6	97.7	98.1
深圳	Shenzhen	103.6	102.9	102.9	103.8	103	102.6	102.6	101.7	103	104.7	106.4	107.8
南宁	Nanning	108	109.5	110.1	111.7	113	113	113.4	112.2	112.6	112.1	111.6	109.8
海口	Haikou	111.1	110.3	108.4	108.2	106.6	104.9	101.7	99.1	98.6	99	98.8	98.6
重庆	Chongqing	109.5	109.7	109.4	109.3	108.6	107.8	106.8	104.6	103.1	102.4	102.5	101.7
成都	Chengdu	106.1	106.5	106.8	106.9	106.9	106.5	105.7	103.3	102.2	101.8	101.1	100.6
贵阳	Guiyang	112.5	112.6	112.1	111.6	111.8	110.3	108.2	105.9	102.5	100.4	99.1	97.9
昆明	Kunming	115.1	115.4	115.3	115	114.1	114	112	110.9	108.9	107.8	107.8	106.3
西安	Xi'an	114.8	114.8	114.7	113.1	112.1	111	110.1	107.5	104.4	102.1	100.6	100.4
兰州	Lanzhou	109.9	109.8	110.7	110.6	111.5	111.4	111.4	110.4	109	108.2	107.4	107.7
西宁	Xining	107	108.2	110	112.2	113.5	113.5	114.5	114.1	113.3	113.4	113.7	112.8
银川	**Yinchuan**	**105.4**	**105.8**	**106.8**	**106.9**	**107.2**	**107**	**106.9**	**107.4**	**106.6**	**107**	**107.4**	**107.6**
乌鲁木齐	Urumqi	112.9	112.4	109.7	109.6	108.4	108.8	108.4	105.6	104.3	103.8	102.8	102

附-12 续表 continued

(上年=100) (preceding year=100)

城市	City	一月 January	二月 February	三月 March	四月 April	五月 May	六月 June	七月 July	八月 August	九月 September	十月 October	十一月 November	十二月 December
唐山	Tangshan	108.3	108.3	109.3	111	111.7	112	111.3	112.1	114	114.2	114.7	115.2
秦皇岛	Qinhuangdao	110.9	111.1	111.6	112.5	112.7	112.9	112.5	111.4	110.5	110.4	110	109.8
包头	Baotou	106	106.7	107.3	107.6	107.7	107.9	108.3	107	106.8	106	105.8	106
丹东	Dandong	107.3	108	108.3	107.7	107.4	107.4	107.4	107.4	107.8	108.5	109	109.5
锦州	Jinzhou	107.5	107.6	107.2	107	106.4	105.7	106.3	106.4	105.9	105.4	104.6	102.9
吉林	Jilin	108.6	108.8	109.7	110.1	109.8	109.2	107.8	107.1	107.4	108.4	107.4	107.9
牡丹江	Mudanjiang	105.6	106.4	106.3	106.6	106	105.2	104.3	102.9	101.6	100.7	100.1	100.2
无锡	Wuxi	104.6	104.6	104.8	104.9	105.7	106.7	107	106.6	106.3	107.2	108.2	108.6
扬州	Yangzhou	109.4	109.5	109.3	109.3	109.1	109.6	108.1	107	105.9	104.7	104.6	105
徐州	Xuzhou	109.8	109.1	109.5	108.6	108.3	108.5	107.4	105.9	106	105.6	105.4	105
温州	Wenzhou	101	101.4	101.5	102.1	101.9	101.9	101.6	101.8	102.5	102.7	103.7	103.5
金华	Jinhua	104.5	103.8	103.5	103.3	102.9	103.2	102.6	101.7	101.5	101.2	101.1	101.5
蚌埠	Bengbu	107.3	107.2	107.6	107.9	108	108.6	107.8	106.4	105.8	104.6	104.4	104.1
安庆	Anqing	107.6	106.9	106.9	106.2	106	105	104	100.8	99	97	96.4	96.2
泉州	Quanzhou	101.6	101.3	101.5	101.4	101.3	101	100.8	100.8	100.7	100.9	101.5	102
九江	Jiujiang	106.8	106.8	107.1	107.6	107.8	107.7	107.3	106.2	106.5	106.8	106.3	107
赣州	Ganzhou	108.5	108.4	108.7	108.9	108.6	107.7	107.2	105.8	105.3	105	105.3	105.6
烟台	Yantai	111.5	111.6	112.3	112.5	112.8	112.7	111.4	109.8	108.6	107.2	106.1	104.5
济宁	Jining	117.1	117.4	116.7	116.7	116.1	115.7	113.5	112	111.1	110.2	109.3	108.4
洛阳	Luoyang	110.2	110	109.6	110.1	110.7	111.1	111.1	109.9	110.4	110.4	109.2	109
平顶山	Pingdingshan	108.6	108.8	108.8	108.6	108.5	108.9	108.2	107.2	106.6	106.7	106.8	107.3
宜昌	Yichang	110.4	110	109.4	108.8	108	106.7	104.3	101	98.8	97.9	97.3	96.8
襄阳	Xiangyang	110	111	111.8	112.1	112.5	112.8	111.4	109.3	108.1	107.9	106.5	105.4
岳阳	Yueyang	106.4	106.1	106	105.6	105.6	104.8	104.6	101.6	100	99	98.4	98.5
常德	Changde	107.9	107.8	107.9	107.3	106.7	105.6	105.3	101.9	100.3	99.5	99.2	98.5
惠州	Huizhou	106.6	106.1	105.9	105.7	105.8	105.4	105	104.6	103.9	103.3	102.8	103
湛江	Zhanjiang	103.6	103.4	103.4	103.1	102.6	101.8	100.8	99.5	98.6	98.3	97.8	97.4
韶关	Shaoguan	108.2	108.2	108.4	108.2	107.6	107.1	106.9	105.9	104	103.3	101.4	100.9
桂林	Guilin	106.6	106.6	107.3	107.7	108.1	107.8	107.6	107.5	106.7	106.8	105.3	104.6
北海	Beihai	107.7	108.5	109.4	109.6	109.6	108.5	108.4	106.4	103.7	103.2	102.2	101.8
三亚	Sanya	113.8	114.5	114.5	114.1	112.7	110	106.4	103.5	102.4	101.9	101.6	100.4
泸州	Luzhou	109.8	109.7	109.3	108.5	106.8	105.7	104.2	102.6	101.2	100.3	99.5	99.9
南充	Nanchong	109.5	108.6	107.3	106.4	105.9	105.8	104.9	102.5	101	100.4	99.9	100
遵义	Zunyi	109.8	109.7	109.2	108.7	108.1	106.9	104.6	102.6	101.1	99.9	98.1	97.1
大理	Dali	115.6	116.5	118.3	118.6	119.3	119	118.3	116.6	116.4	114.9	112.6	111.7